KB002730

제4판

법과 사회

사회적 쟁점과 법적 접근

홍 완 식

法 文 社

토론의 목적은 상대방을 이기기 위한 것에 있지 아니하고,
의견의 공통점을 찾아 합의를 도출하려는 데 있다.

제4판 머리말

학자를 꿈꾸던 젊은 시절부터 '이런 책이 있었으면 좋겠다'는 생각을 담아낸 것이 이 책이기 때문에 매번 개정판을 낼 때마다 보람과 감사가 있기는 하지만, 빈번하게 개정되거나 제정되는 법령을 혹시나 누락하지는 않을까 그리고 새로이 나온 판례를 소홀히 한 것은 아닐까 하는 걱정을 하면서 매번 개정작업을 하고 있다. 입법과 판례는 시대정신이나 시대현실과 무관할 수가 없기 때문에 통계 · 여론조사나 신문기사 등도 적절한 범위에서 인용을 하고 있으니, 사회와 법규범 간에는 일정한 상호작용이 있다는 관점에서 이러한 자료들을 참고해 주기 바란다.

이번 개정에서는 모든 장에서 전반적으로 개정된 법령과 새로운 판례를 찾아서 반영하고 문헌과 통계 등을 최근의 것으로 보완하였다. 장별로 추가된 부분을 간략히 소개하자면, 아동학대 부분에서는 아동학대 관련 통계를 전부 업데이트하였다. 학교에서의 체벌금지와 교권보호 부분에서는 체벌금지와 교권보호에 관한 정책과 법령상의 균형이 필요한 상황이 되었기 때문에 이러한 관점에서 장의 제목도 변경하고 목차도 새로 구성하였다. 충청남도의 학생인권조례 폐지에 관해서도 설명을 넣었고 법령개정의 과정과 내용도 알 수 있도록 하였으며, 무너지고 있는 선생님들의 교권을 보호하기 위한 교권보호조례에 관한 내용도 추가하였다. 생명공학 부분에서는 비혼모 출산에 관한 이슈를 '비혼여성의 인공수정을 통한 출산'이라는 제목을 만들어 다루어 보았고, 요즈음 이슈가 되고 있는 반려동물 복제를 중심으로 한 동물복제에 관한 내용도 보강하였다. 정보통신 부분에서는 인터넷에서의 표현의 자유와 명예훼손 등에 관한 내용이 많아서 세부목차를 구분하여 서술하였고, 인공지능(AI)의 활용이 점차 늘어나고 있는 현실에서 인공지능의 발전과 활용에서 비롯되는 법적 문제에 관한 내용을 보강하였다. 성범죄 유형의 변화 부분에서는 가독성을 높이기 위해서 성희롱과 스토킹 등 내용이 많은 부분에 세부목차를 넣어서 체계를 구분하고 최근의 판례를 대폭 보강하였다. 사형제도 존폐론에서는 제21대 국회에서 발의된 사형폐지특별법을 내용으로 추가하였다. LGBT 부분에서는 '영화·방송 등의 심의기준과 동성애'라는 세부제목을 신설하여 동성애적 표현의 자유와 이에 대한 규제라는 관점에서 체계를 새로이 구성하였디. 낙내 부분에서는 2019년의 헌법재판소의 헌법불합치 결정에 따른 형법과 모자보건법 개정이 이루어지지 않았기 때문에, 이와 관련된 입법 이슈에 관해서 알 필요가 있기에 입법론의 내용을 그대로 두었다. 반려동물과 법 부분에서는 각종 통계를 업데이트하였고, 개정된 동물보호법의 내용을 반영하고 관련 판례를 보강하였다. 사법개혁 부분에서는 '검수완박'과 '검수원복'에 관한 논쟁의 배경과 내용 및 관련 법률의 개정 등에 관한 내용을 추가하고 변호사시험 통계 등을 업데이트하고 이예람중사 특검법도 특검법 목록에 추가하였다. 존엄사 부분에서는 연명의료결정법 시행 후에 점차 늘어나고 있는 사전연명의료의향서 등록에 관한 통계를 추가하고 관련 문헌을 보강하였다. 연명의료결정법의 제정으로 인하여 사회이슈로서의 중요성이 떨어진 것은 아닐까 하여 다른 주제로 대체를 할까 생각하였는데, 앞으로는 '죽을 권리' 및 '의사조력자살'에 관한 논의가 진행될 것으로 예상되기 때문에 계속해서 이슈추적을 하기로 하였다. 그리고 인구구조변화 부분에서는 최신의 인구추계와 통계 및 자료 등을 업데이트하였다.

　제4판이 나올 수 있도록 물심양면의 지원을 해준 법학연구소 김승태 실장께 감사한다. 또한 김태연 선생은 성실하고 꼼꼼하게 교정작업을 도와주었을 뿐만 아니라 원고를 정독하고 훌륭한 코멘트를 해주었음에 감사한다. 그리고 4판의 출간을 위해서 애써주신 법문사 기획영업부 김성주 과장과 저자의 편집구상을 훌륭하게 구현해 주신 김제원 이사께 감사의 마음을 전한다.

2024년 1월
이스탄불 보스포러스 해협에서

'법과 사회' 책과 토론이 무슨 상관일까? 젊은 시절에 독일에 유학을 하면서 책을 읽고 대화를 하고 강의를 들으며 느낀 것 중에 하나가, 과정이 어떻든지 간에 유일하다고 생각되는 정답을 찾는 방식과 나의 의견을 정리하고 다른 사람의 의견을 경청하면서 다양한 해결방안을 찾아가는 방식과의 차이이다. 저자는 법학을 전공했지만 이러한 문제에 대한 접근방식은 전공과 관계없는 보편성을 지니고 있다고 생각하고 있으며, 연구를 하거나 경영을 하거나 정책을 결정하는 등의 모든 분야에서 이러한 방식의 차이가 있을 수 있다고 본다. 전자의 방식은 정답이라고 유일하게 제시된 결론에 이르지 못하는 많은 사람을 배제하는 결과를 낳을 가능성이 크고, 후자의 방식은 공동의 해결점을 찾기 위하여 많은 사람이 참여하고 합의하여 최선의 결과를 도출할 가능성이 높다. 전자의 방식은 정답이라고 생각되는 것을 찾은 사람이 모두를 이끄는 사회가 될 것이고, 후자의 방식은 모두가 노력하여 최선의 정답을 찾아가려고 노력하는 사회가 될 것이다.

토론은 자신의 의견을 말하고 다른 사람의 의견을 들으며 진실을 찾아가거나 합의점을 찾아가는 과정이라고 할 수 있다. 의견을 말하거나 글을 쓰는데 있어서는 정확한 사실과 신뢰할 수 있는 자료에 근거하여야 하고, 왜곡되거나 부정확한 것에 근거를 둔 주장은 사실과 자료에 의하여 배척되어야 한다. 이러한 과정과 결과물이 바로 요즈음 흔히 말하는 집단지성(Collective Intelligence, 集團知性)이라고 할 수 있고, 이는 독선과 편협의 반대편에 위치한다고 본다. 이러한 생각을 가지고 전공분야인 법학분야에 적용해 보려고 하였으며, 어떻게 하면 다양한 사회적 쟁점에 대한 올바른 법적 접근을 하는 것일까 하는 생각을 점차 확장시켜 왔다고 할 수 있다. 사회적 쟁점은 매우 다양하지만 이러한 생각에 적합하다고 생각되는 몇 가지를 선택하였고, 쟁점에 대한 사회적 합의가 어느 정도 이루어져서 법적인 해결방식을 찾은 경우에는 책을 개정할 때마다 주제를 교체하기도 하였다. 조금 거창하게 머리말을 시작하기는 하였지만, 법과 사회의 이러한 상관관계를 보여주기 위하여 이 책을 기획하였고 개정판을 내고 있다는 저자의 생각을 몇 자 적어 보았다.

이 책은 대학에서의 강의를 위해 만들어진 법학교양서이지만 기자들에게 특히 일독을 권한다. 우리 사회가 마주하는 다양한 쟁점이 올바른 사회적 논의과정을 거치고 있는지 그리고 이러한 사회적 논의가 어떻게 법원의 판결에 반영이 되고 어떻게 국회의 입법과정에 영향을 미치는지를 관찰하고 감시하고 비판하는 최일선에 있는 기자들에게 이 책이 유익하리라 믿는다. 어떠한 쟁점에 관한 찬반의견, 여론조사, 통계, 보도, 논문 등을 통해 사회적 논의를 정리하고, 이러한 사회적 논의를 통해 법원의 판결이 변경되거나 새로운 내용의 법안이 국회에 발의되는 과정을 추적하였다. 그리고, 국회의 입법과정에서는 사안을 보는 상반된 정치적 입장과 관련 전문가와 일반 국민들의 의견이 반영되거나 반영되지 아니하는 과정을 볼 수 있도록 나름의 노력을 기울였기 때문이다.

이번 개정에서는 모든 장에서 전반적으로 개정된 법령과 새로운 판례를 찾아서 반영하고 문헌과 통계 등을 최근의 것으로 보완하였다. 장별로 추가된 부분을 간략히 소개하자면, 아동학대 부분에서는 '정인이법'에 관한 사항을 추가하고 학교체벌 부분에서는 충청남도와 제주특별자치도에서 새로 제정된 학생인권조례를 추가하였다. 생명공학 부분에서는 사유리 씨의 출산으로 촉발된 비혼모 출산권에 관한 내용을 다루어 보았고, 정보통신 부분에서는 인공지능(AI)에 관한 법적 문제를 새로이 추가하였다. 성범죄 유형의 변화 부분에서는 2020년 12월에 내려진 '레깅스 판결'을 추가하였고, 성희롱과 스토킹에 관한 최근 논의를 추가하였다. LGBT 부분에서는 차별금지법 제정논의에 관해서 추가하고 외국의 사례를 업데이트하였고, 낙태 부분에서는 2019년의 헌법재판소의 헌법불합치 결정과 2020년의 형법과 모자보건법 개정안을 둘러싼 후속 입법에 관한 논란을 추가하였다. 이번 개정판에서는 '양심적 병역거부와 법'을 빼고 '반려동물과 법'을 추가하였다. 양심적 병역거부에 관한 문제는 판례의 변화와 법령의 개정을 통해 어느 정도 쟁점의 민감도가 해소되었다고 생각하기 때문이고, 동물을 반려의 대상 혹은 보호의 대상으로 보게 되는 사회적 변화가 여러 판례와 법령에 반영이 되는 과정에 있기 때문에, 이에 관한 주제가 법과 사회 책의 취지에 적당하다고 생각하였기 때문이다. 사법개혁 부분에서는 2020년과 2021년에 이르도록 격렬한 논쟁거리인 공수처법에 관한 내용을 추가하였고, 존엄사 부분에서는 연명의료결정법 시행후의 개선과제와 '죽을 권리' 및 '의사조력자살'에 관한 문헌을 보강하였다. 그리고 인구구조변화 부분에서는 최신의 인구추계와 문헌 등을 추가하였다.

　제3판의 출간을 위해서 애써주신 법문사 김성주 대리와 꼼꼼하고 훌륭하게 편집작업을 해주신 배은영 선생께 감사의 마음을 전한다.

2021년 2월 7일

제주도 서귀포의 파랑재 波浪齋 에서

개정판 머리말

'법과 사회' 과목은 법에 관한 개괄적 소개나 기본지식 혹은 일상생활에 필요한 법률지식을 전달하는 것을 목적으로 하는 법학개론이나 법학입문 혹은 생활법률과는 다르다. 기존의 법률교양서들이 법률에 관한 정보나 지식을 전달하는 것에 목적을 두고 있다면, 이 책은 사회의 변화와 사회적 논의가 어떠한 과정을 거쳐서 입법이나 판결로 연결되는가를 파악할 수 있도록 책의 내용을 구성하였다. 대표적인 사회적 이슈들을 중심으로 하여, 사회의 변화와 사회적 논의가 어떤 과정을 거쳐 법령을 제정·개정·폐지하게 하는지 및 이러한 변화와 논의가 어떻게 판결에 반영되는지를 주로 살펴보고자 하였다. 그래서 책의 제목이 '법과 사회'이고, '사회적 쟁점과 법적 접근'이라고 하는 부제를 달았다.

이 책에서 다루고 있는 사회적 이슈들과 관련해서는 법령도 수시로 바뀌고 법원의 판례도 변경되는 경우가 적지 않다. 이번 개정판에서는 전체적으로 새로운 통계와 자료를 반영하고 새로운 법령과 판례를 추가하였다. 관련 문헌도 가능한 최근 것을 추가하였다. 관련 문헌이나 통계 혹은 법령이나 판결 등이 어떻게 변화하였는가를 보여주고 싶은 경우에는 삭제하지 않고 그대로 두었다. 지금은 당연하다고 생각하거나 바뀔 수 없다고 생각하는 것들이 미래에는 어떻게 바뀔 것이라고 상상하거나 예견하는 일에 참고가 되었으면 한다.

존엄사를 다루는 부분에서는 연명치료결정법이 제정됨으로 인하여 추가될 부분이 많았다. 제정된 연명치료결정법의 중요 내용을 설명하였고, 그간에 발의되었던 법률안에 관한 설명은 대폭 축소하였다. 체벌을 금지하는 학생인권조례는 기존의 4개 광역지방자치단체 이외로는 확산되지 않고 있고, 체벌에 관한 사회적 논쟁은 비교적 줄어들었다. 아동학대는 그간의 학습효과로 인하여 줄어든 것으로 보이지만, 아동학대 사례는 지속적으로 발생하고 있다. 생명공학기술(BT)이나 정보통신기술(IT)에 관한 그간의 논의와 법령 및 판례 등을 추가하였다. 성범죄의 새로운 유형에 관한 법령 개정과 새로운 판례를 추가하였다. 사형제도 폐지는 계속 주장되고 있지만, 사형제도를 폐지하는 것이 현실적으로 쉽지 않다. 사회적 합의와 법감정의 변화가 선행되어야 한다고 본다. LGBT와 법의 분야에서도 최근 자료를 반영하였다. 성적 소수자에 관한 문제는 보수적인 한국사회에서 쉽게 진전되기 어려운 법적 과제이며, 논란은 지속되리라 본다. 낙태 문제는 2018년 하반기에 내려질 것으로 예상되는 헌법재판소의 결정을 앞두고 논의가 뜨거워졌다. 이 부분에서는 낙태에 관한 실태와 인식의 변화를 다룬 조사와 통계 등을 추가하였고, 법적 논의의 변화에 관해서도 설명하였다. 그간 양심적 병역거부자에게 무죄를 선고하는 하급심 판례가 지속적으로 나왔으며, 2018년 6월에 헌재는 양심적 병역거부자에 대한 대체복무관련 규정을 마련하지 않은 것에 대하여 헌법불합치 결정을 내렸다. 헌재의 결정과 대체복무제 도입을 내용으로 하는 제20대 국회의 법안을 소개하였다. 사법제도와 관련해서는 최근에 큰 논란이 있었으며, 검찰과 경찰의 수사권 조정문제도 새롭게 논란이 되고 있다. 이번 개정판에서는 이러한 사법개혁에 관한 논의를 추가하였다. 인구구조의 고령화 현상은 날이 갈수록 심화되고 있으며, 저출산은 문제를 더욱 심각하게 하고 있다. 인구구조의 변화가 초래하는 정책과 법령의 변화에 관한 최근의 논의도 추가하였다.

이번에도 꼼꼼하게 교정을 보아준 김기태 박사와 개정작업을 위해서 수고를 해주신 법문사 김성주 대리와 배은영 선생께 감사의 마음을 전한다.

2018년 7월 6일
베트남 호치민에서

머리말

　대학에서는 대개 법학개론, 생활법률, 법학입문, 현대사회와 법, 법과사회라는 제목으로 강의가 개설되고 있다. 이들 과목을 들어본 학생들은 알 수 있는 것처럼 이들 강의의 내용과 교재는 대동소이한 경우가 있다. 그러나 '법과 사회' 과목에서는 법에 관한 개괄적 소개나 입문 혹은 일상생활에 필요한 법지식을 전달하는 것이 아니라, 사회와 법이 어떠한 관계를 지니고 있으며 상호 어떠한 영향을 주고받는지에 관한 궁금증을 해소하는 시간으로 운영되면 좋을 것이라고 생각해 왔다. 그래서 법과 사회의 상호 관계와 영향 등을 파악할 수 있는 주제를 중심으로 하여, 법과 사회 과목을 10여년간 강의하여 왔다. 법과 사회 강의를 위한 교재를 만들기 위해서 약간의 새로운 시도를 하였는데, 몇 개의 대표적인 사회적 이슈들이 어떠한 사회적 논의를 통해 입법 혹은 판결로 귀결되는지를 살펴보는 것이었다. 즉, 우리 사회의 대표적인 이슈들이 사회적 논의를 거쳐서 국회의 법률과 법원의 판결에 반영되어지는 과정을 국내외 입법사례와 판례 등을 통하여 살펴보는 작업을 하였다.

　생명공학기술(BT)이나 정보통신기술(IT)의 발전이 법령의 해석이나 입법에 어떠한 변화를 초래하는지를 살펴보고, 체벌·아동학대에 대응하는 판례경향과 입법정책을 고찰하고, 낙태·존엄사와 관련하여 자기결정권과 생명권간의 긴장이 법적으로 어떻게 다루어지는지를 살펴보았다. 양성애를 문화적 기반으로 하는 보수적인 한국 사회에서 성적 소수자(LGBT)에 관련된 법적 문제를 검토하고, 성적 자기 결정권의 보호를 위한 현대 사회의 다양한 성범죄 대응정책의 문제도 다루었다. 사형제도와 양심적 병역거부의 문제와 관련해서는 한국적 특수성과 세계적 보편성의 관점에서 입법정책과 판례경향을 검토해보는 것도 유의미하다고 보았다. 끊임없이 제기되는 사법개혁의 문제는 우리 모두의 관심사이자 과제이기 때문에, 사법개혁에 관한 사회적 논의가 어떻게 제도화되는지를 관찰해 볼 필요가 있다고 본다. 인구구조의 변화는 법과 관련이 없어 보이지만, 인구구조의 변화가 초래하는 우려와 문제들에 대해서 법이 어떻게 대응해야 하는지를 살펴봄으로써 사회와 법의 관계를 규명하고자 하였다.

이 책에서 다루고 있는 사회적 이슈들에 대한 서술방식은 사회적 논의의 결과가 법원의 판례나 국회의 입법에 반영되는 '비공식적인 과정'과 '공식적인 절차' 자체를 중시하고 있다. 저자 스스로 특정한 관점을 유지하거나 특정한 결론을 제시하는 것을 가능한 한 자제하기 위하여 노력하였다. 어느 때인가부터 우리 사회에서는 논의의 과정보다는 결과만을 지나치게 중시하여, 사회적 논의의 경향이 '너는 어느 편인가'라는 질문에서 크게 벗어나지 않는 경우를 종종 볼 수 있다. 자신의 확고한 입장이나 이미 내려진 결론을 정당화하기 위하여 논의를 하는 경우가 많다는 것이다. 그러나 논의든 판결이든 입법이든 '과정의 중요성'을 강조하지 않을 수 없다. 내가 가진 생각을 관철하기 위해서나 상대방을 설득하는 기술로서의 토론이 아니라, 상대방과 내가 가진 입장의 공통점을 찾아내어 서로가 만족할 수 있는 합의에 이를 수 있기 위한 '진정한 토론'이 필요하다고 생각하기 때문이다.

가족회의에서의 의사결정은 물론이고 각종 단체의 의사결정이나 국가의 정책 결정에도 가족·회원·국민들의 참여는 대단히 중요하다. 따라서 사회적 이슈에 대하여 정확하고 충분한 자료를 근거로 토론을 하는 훈련은 민주주의를 발전케 하고 법치주의를 견고히 할 뿐만 아니라, 더 나아가서는 경제적으로나 문화적으로도 강한 국가를 만들 수 있다. 모든 국민들이 사회적 이슈뿐만 아니라 정책적 이슈에 대해서 주도적으로 참여하여 결정을 내린다고 생각해 보라! 국가의 발전은 경제력과 군사력의 증강에만 있는 것이 아니라, 국민적 합의를 주도적으로 해낼 수 있는 훈련과 능력에도 기인한다고 본다.

건국대학교 출판부에서 4판이 발간되었던 책을 대폭 손질하여 이번에 새로이 발간하게 되었다. 항상 논쟁이 뜨거운 사회적 이슈를 다루다 보니 수시로 개정되는 법령과 변경되는 법원의 판례를 반영하는 작업에 시간이 많이 소요되었다. 새로운 통계와 자료를 반영하고 외국의 법령이나 판례를 점검하는 작업을 하면서 항상 우려되는 것은 정확성이다. 일차자료와 이차자료를 나름대로 최대한 검색하고 확인하고는 있지만, 수시로 발표되고 변경되는 자료를 반영하지 못할 수도 있다는 한계와 우려 때문에, 어디서 어떠한 자료를 인용하였는지를 각주로 표시하였다. 누가 어떠한 의견을 가지고 있는지를 표시해 주는 것도 서술의 객관성을 유지하는 방법이라고 생각하기 때문에, 가독성이 조금 방해받을지라도 인용주와 설명주를 비교적 많이 달았으니 독자 여러분의 이해를 구한다. 또한 이 책에서 해소되지 못하는 궁금증이 있다면 각주에 표시된 저서와 논문이 유용하게 활용될 수 있으리라고 본다. 이번 집필작업을 도와준 최혜선 박사, 김기태 박사, 이은혜 선생과 송혜림 선생에게 감사의 마음을 전한다. 무더운 여름에 많은 수고를 해주신 법문사 최문용 차장과 김성주 선생께도 감사의 마음을 전한다.

2016년 8월 10일
아프리카 사바나 초원의 시원한 바람을 그리워하며

차 례

Chapter **10 낙태와 법**   **309**

Chapter **11 반려동물과 법**   **349**

법과 사회의 관계

법과 사회의 관계

1. 사회 속에 존재하는 법

"인간은 법 없이 살아갈 수 있을까?"하는 의문을 한번쯤은 가져보았을 것이다. '법'이라고 하는 범위가 넓기도 하거니와 다양한 이해와 관심과 욕망을 지니는 여러 인간이 모여 사는 사회에서 이해·관심·욕망의 충돌은 필연적이고 이러한 충돌을 해결할 일정한 규칙의 존재도 또한 필연적이다. 아리스토텔레스가 인간을 사회적 동물이라고 한 것은, 사회적 조직체의 일원으로서 공동생활을 할 수밖에 없는 인간의 사회적 속성을 강조한 것이다.

인간사회에서의 일정한 규칙이라 함은 여러 종류의 규범을 의미하는데, 규범에는 법규범 이외에도 종교규범, 관습, 예의, 도덕 등의 사회규범이 있다. 고대사회에서는 종교, 관습, 예의, 도덕 등이 혼재된 규범이 인간사회를 통제하였거니와 인간사회가 보다 조직화되어 누군가는 명령을 하고 누군가는 명령을 지켜야 하면서부터 명령을 지키지 않은 자에 대한 제재가 필요하게 되었다. 따라서 명령을 한 자는 명령을 지키지 않은 자에게 일정한 형벌을 줌으로써 명령을 잘 지키도록 하였다. 로마 격언 중에 '사회 있는 곳에 법이 있다(ubi societas ibi jus)'라는 말은 사회가 있다면 반드시 존재할 수밖에 없는 법규범의 필연적인 속성을 강조하였다. '사회 있는 곳에 법이 있다'고 하는 격언은 이중적 의미를 내포한다. 이는 사회에 따라 각각 다른 법이 존재한다는 것을 전제로 하여 법은 사회적 산물이라는 것을 의미하는 것이며, 법이 사람들의 사회생활을 규율하는 사회규범인 이상, 사회의 변화에 따라 법도 또한 변화한다는 것을 의미하는 것이다.

중세에는 종교의 가치와 권위가 다른 사회세력의 가치나 권위보다 우월하였으며, 따라서 모든 사회 구성원은 종교규범을 지켜야만 하였다. 이때는 현재와 같은 의미의 국가가 존재하지 않았다. '주권'을 지닌 국가권력의 형성은 근대 이후의 일이며 국가가 형성되지 않았다는 것은 국가적 강제력에 의하여 유지되는 국가의 법도 형성되지 않았다는 것을 의미한다. 이 때문에 국가의 법률보다는 교회의 종교규범이 사람들을 실질적으로 통제하였고 강력한 지배력을 행사하였다. 근대 이후 주권국가가 형성되면서 국가는 헌법과 법령을 입법하여 국가생활의 규칙을 만들어 인치(人治)가 아닌 법치(法治)를 실현하게 되었는데, 이로써 입헌주의 국가와 법치주의 국가의 틀이 형성되었다. 그러나 종교·경제·문화·교육 등의 영역에서는 강제성 있는 국법보다는 자율적인 사회규범이 주된 규범의 역할을 하였다. 현대 사회에 들어와서는 국가의 역할이 더욱 증대되었다. 복지국가, 급부국가, 행정국가, 적극국가 등으로 표현되는 현대에 있어서의 국가에서는 자율성을 지니는 사회보다는 국가의 역할과 기능이 강조되기 때문에 법규범의 구속력의 정도가 한층 더 강화된 것이다.

고대에는 사람도 물건이나 가축과 같이 매매와 상속의 대상이었다. 고대는 노예제 사회였기 때문에 모든 사람이 존엄하거나 평등하다는 생각은 발생하기 이전이었다. 중세는 신분사회로서 농민은 귀족, 양반 등 지주에게 신분적으로 예속되었으며, 직업의 자유나 거주이전의 자유도 존재하지 않았다. 이는 농노제사회로서 봉건적 폐쇄사회였기 때문이다. 이와 같이 고대에는 고대사회에 적합한 고대법이 있고 중세에는 중세에 적

* 주요 공직을 담당한 인물을 선거로 선출하게 하거나 선출된 자에게 임명되도록 하였고, 선출된 자나 임명된 자는 임기를 정하여 임기동안만 주어진 권한을 행사하게 하였다.

** 권력분립 특히 삼권분립사상과 제도가 도입된 것도 근대 이후이다. 그 이전에는 권력은 절대자나 절대계급에 독점적으로 집중되어 있었다. 즉, 근대 이후에는 국민에 의하여 선출되거나 선출된 공직자에게 임명된 사람들이 입법, 행정, 사법 등의 일정 분야에서 주어진 권한만을 행사하게 되었다.

합한 중세법이 있으며 근대에는 근대에 적합한 근대법이 있는 것이다.[1] 근대에는 모든 인간은 자유롭고 평등하게 태어났고, 국민들이 나라의 주인이라는 주권재민

---

1) 김문현·박은정·신인령·이용식·홍정선, 『법과 사회정의』, 이화여자대학교출판부, 1996, 34쪽.

사상과 천부인권사상이 등장하였다. 근대적 세계관에 따르면, 통치자는 영구히 군림하는 절대자가 아니라 사회계약에 의하여 일정기간*만 일정 분야**에서 국민들에게 '계약직' 봉사를 하는 공복(公僕)으로서의 역할만을 담당하는 것이라고 인식되었다.

서양에서의 법관념에 의하면 무인도에서 혼자 사는 사람이 아닌 한 법이 없이 살 수 없다. 즉, 법이 존재하지 않는 상태는 무법과 무정부의 혼란상태를 의미하기 때문에, 이러한 무법과 무정부의 혼란상태를 해결하기 위하여 법이 필요하다는 생각을 하게 된다. 그러나 한국에서의 법관념은 이와 다르다고 할 수 있다. 우리 사회에서는 전통적으로 '법 없이도 살 수 있는 사람' 즉 법이 없는 상태를 이상적으로 생각하고 있으며 자기의 도리를 다하지 않고 명령을 듣거나 처벌이 두려워 비로소 행하는 것을 수치스럽게 생각하였다. 법이란 명령과 처벌을 위주로 하는 법이라는 생각과 함께, 이상적인 사회란 법이 없이도 평화로운 사회이며 이상적인 인간이란 법 없이도 살 수 있는 사람이라는 생각이 우리의 사고를 오랫동안 지배하고 있었다.[2]

그러나 우리나라에서도 이러한 전통적인 법에 대한 사고는 많은 변화를 겪고 있다. 법이 명령과 처벌만으로 이루어진 것이 아니고 법은 권리를 보장하고 분쟁을 조정하는 것이라는 인식이 생김으로써, 이제는 사소한 이해 다툼이나 권리 침해에도 소송을 불사하는 사람들이 많아졌다. 휴대전화가 등장하기 전 공중전화의 이용률이 높을 때 공중전화기가 반환하지 않는 10원 때문에 소송을 하는 경우도 있었고, 아파트 층간의 소음 때문에 소송을 하는 경우도 있었다. 또한 아버지가 폭행을 했다거나 아들이 나쁜 짓을 했으니 잡아가서 버릇을 고쳐달라고 경찰에 신고하는 경우도 있으며, 대마초를 피울 권리를 달라는 취지의 소송을 하기도 한다. 사람은 변하며 사람의 생각도 변한다. 사회 현실도 변하며 사회적 인식도 변한다. 법은 국가와 사회를 구성하는 사람들에 의하여 만들어지고 사람들의 행위를 규율하는, 그 자체가 목적이 아닌 사람들의 사회생활을 위한 하나의 사회적 제도이다. 사회 현실은 변화하고, 법도 변화하는 것이다.

---

2) 최대권, 『법과 사회』, 서울대학교출판부, 1992, 15쪽.

2. 사회 현실의 변화와 법

일반적으로 법학이라고 하면 주로 좁은 의미의 법학인 법률해석학만을 의미하는데, 이는 실정법의 해석을 주된 임무로 하는 분야로서 대륙법계에서는 법해석학 또는 영미법계에서는 분석법학이라고 하고 있다. 우리가 법학이라고 하면 통상 헌법과 법령 등을 해석하는 법해석학을 의미하는 것이다. 법학의 분야 가운데 법과 사회의 상호관계 또는 상호작용을 연구의 대상으로 하는 분야를 법사회학이라고 하는데, 법사회학은 실정법만을 연구하는 미시적인 분야가 아니라 사회 속에서의 법을 폭넓게 연구하는 거시적인 분야라고 비유할 수 있을 것이다.

이러한 법사회학 분야에서는 법이 사회 변화를 가져올 수 있을 것인가 아니면 법은 단지 사회 변화를 반영하는 데 불과한 것인가에 관해서는 논란이 있어 왔다. 전자와 같이 법을 능동적으로 파악하여 법을 통한 사회 변화 또는 사회 개혁을 하고자 하는 견해가 있는 반면에, 후자와 같이 법의 역할은 기존의 관습이나 도덕과 같은 사회규범을 입법자가 법규범으로 만들어 강제성을 부여하는 것으로 사회가 먼저 변화한 후에 법이 변화된다고 보는 견해가 있다. 즉, 전자는 법을 일정한 사회변동을 이끌어내기 위한 유효한 도구로 보는 견해이기 때문에, 법은 사회변화를 위한 자원(resources for social change)을 제공하는가 하면 사회개혁을 위한 결정적인 전략(a critical strategy for social reform)이 된다고 평가한다.[3] 또한 후자는 법을 기존의 관습이나 도덕과 같은 사회규범을 단지 법규범화한 것에 지나지 않는다는 것인데 사회변동이 선행되지 않는 한 결코 법에 의하여 가치관이나 행동을 변동시킬 수는 없다고 보는 견해이다.[4] 즉, 긍정론은 법을 통한 사회변화는 정당성과 실효성이 있다고 주장하는 것이고, 비판론은 법을 통한 사회변화는 정당성과 실효성이 없다고 반박하는 것[5]이라고 요약될 수 있다.

두 견해는 모두 법을 단면적으로 관찰한 결과이다. 법이 사회의 변화를 수용하여야 법과 현실과의 괴리가 발생하지 않으며, 법과 현실의 괴리가 없어야 법의 실효성이 유지된다는 점에서 법은 사회의 변화를 적극 반영하여야 한다. 또한 목표

---

3) Sharyn L. Roach Anleu, Law and Social Change, Sage Publications, second edition, 2010, p.244.

4) 양건, 『법사회학』, 아르케, 2000, 309쪽.

5) 김동현, "사회운동에 기반한 법을 통한 사회변화 - 기니에와 토레스의 데모스프루던스론을 중심으로", 『연세법학』, 제42호, 2023. 7, 672쪽.

로 하는 정책을 관철시키기 위해서는 법을 통하여 사회 변화를 유도하는 것이 필요한 경우가 있음을 부정할 수는 없다. 정치적으로 억압받는 자나 인종적 소수자를 위한 인권운동, 여성인권운동 등도 각종 인권법, 여성차별금지법, 장애인차별금지법 등의 입법을 통하여 '변화'의 '제도화'를 추구하는 것이라고 할 수 있다. 또한 미국에서의 뉴딜정책이 대표적인 예라고 할 수 있으며, 우리나라에서의 성폭력 관련법, 특별검사법, 부패방지법, 돈세탁방지법, 주민투표법, 상가건물임대차보호법, 정보공개법, 증권집단소송

> * 고비용·저효율의 정치구조를 개선할 수 있도록 공직선거법이나 정치자금법 등의 정치개혁입법이나 국토이용의 효율화·합리화를 도모하고 부동산투기를 방지하려는 취지를 지닌 토지공개념에 관한 입법 등이 또한 개혁입법의 예로 열거될 수 있다. 그리고 2005년 말에 뜨거운 논란을 불러온 '사학재단의 투명한 경영과 비리척결'을 취지로 하는 사립학교법 개정에 관한 논의는 법률을 통하여 사회 변화를 유도하려는 시도로 생각될 수도 있는데, 당시 이러한 시도는 격렬한 반대를 겪은 바 있다. 사회 변화는 법률을 만드는 것만으로는 안 되고, 의식의 변화와 국민적 동의가 필요하다고 할 수 있다.

법, 국민기초생활보장법 등을 사회변동을 위한 입법운동의 대표적인 예라고 할 수 있다.[6] 이러한 각종 개혁입법*이라고 불리는 법들은 법을 통한 사회변화를 시도한 구체적인 예라고 할 수 있다. 그러나 입법을 통해 사회를 변화시키는 것이 유용하기는 하지만, 입법이 모든 유형의 사회변동을 위한 도구일 수는 없다.[7]

법은 사회에 의하여 만들어지지만, 동시에 사회는 법에 의하여 규율된다. 그러므로 법과 사회는 밀접한 상호작용 관계에 있다고 할 수 있다. 법이 사회변화를 일으킬 수 있기도 하지만 반대로 사회 변화가 법의 변화를 초래할 수도 있는 것이다.[8] 끊임없이 일어나는 사회변동은 법질서 내부에 수용되며 법질서 내부의 변화를 통하여 다시 새로운 방향성을 부여받는다. 이러한 상호작용의 과정이 순조롭게 일어날 때에만 사회는 규범적 통합을 유지하면서 내외의 변동에 대응하여 스스로의 변화를 도모할 수 있게 된다.[9] 사회변화는 법의 변화를 초래하는 원인(social changes as causes of legal changes)임과 동시에 법은 사회변화의 도구(law as an instrument of social change)이기 때문에, 법과 사회는 상호작용의 관계에 있다[10]고 보아야 할 것이다. 따라서 법이 사회의 변화를 또는 반대로 사회의 변화가 법

6) 홍성수, "법과 사회변동", 『법사회학, 법과 사회의 대화』, 다산출판사, 2013, 272쪽.
7) 이상수, "입법을 통한 사회변동전략의 유용성과 한계", 『민주법학』, 제15호, 1999, 213쪽.
8) 최대권, 앞의 책, 15쪽.
9) 이국운, "규범적 사회변동의 조건", 『법사회학의 이론과 방법』, 일신사, 1995, 412쪽.
10) Steven Vago, Law & Society, Pearson Prentice Hall, ninth edition, 2009, p.334.

의 변화를 초래한다는 일방적인 관점은 균형성이 없어 보인다.

근대 이전과 근대 이후의 차이는 말할 것도 없거니와, 근대 이후 현대사회에 이르기까지 사회변화의 속도는 나날이 빨라지고 있다. 이러한 사회의 급격한 변화 속에 개인과 가족의 생활양식은 물론이고, 개인의 생활에 큰 영향을 주는 국가와 사회의 구조와 특성도 계속 변화하고 있다.[11] 모든 제도는 시대와 사회의 변화에 따른 개선의 요구를 받는다. 인간의 생활은 물론이고 인식과 가치체계가 공간과 시간의 영향을 받기 때문에 일정한 규칙과 조직을 가지고 인간의 삶에 봉사하는 제도도 이러한 영향 속에서 변화한다. 제도의 개혁과 현대화는 이런 변화에 따른 사회적 요구를 수용하는 것이다.[12] 법제도도 사회의 변화에 대응하여 변화되는 것인데, 다만 사회적 변화에 따른 법적 대응의 속도와 방법(the speed and manner of its response)은 보통 법의 변화를 요구하는 사회적 압력의 정도(the degree of social pressure)에 의하여 결정된다.[13] 사회변화에 대한 대응은 국가기관의 권한에 따라 달리 나타날 수 있다. 입법부는 공동체의 장래를 예측하고 이에 대비하는 법률을 입법하는 역할을 하고, 집행부는 법률을 집행하면서 발생하는 문제를 해결하는 방안을 입법부에 제안하며, 사법부는 이해의 대립이나 견해 차이를 사후에 해결하는 역할을 한다.[14]

우리 「민법」이 규정하고 있는 성년이 되는 나이는 줄곧 20세였다. 외국에서는 18세 또는 19세에 이르면 성년이 되는데, 우리의 경우는 20세에 이르러서야 성년이 되었던 것이다. 성년연령을 낮추기 위한 많은 요구와 논의가 있었지만, 실현되지 않았었다. 다만, 대통령선거나 국회의원선거 및 지방의회선거 등에서 선거를 할 자격을 의미하는 선거연령은 2005년 6월의 「공직선거법」 개정을 통하여 19세로 낮추어졌고, 2020년 1월의 「공직선거법」 개정을 통하여 18세로 낮추어졌다.[15] 그리고 2011년 3월의 「민법」 개정을 통하여 성년연령도 2013년 7월 1일부터 19세로 낮추어졌다.

---

11) 홍완식, 『사회 현실의 변화와 입법』, 입법정책학회·국회 법제연구회 공동학술대회, 2005. 11. 24, 3쪽.

12) 정종섭, 『한국의 사법제도와 발전모델』, 집문당, 1998, 213쪽.

13) Wolfgang Friedmann, Law in a changing society, Columbia university press, second edition, 1972, p.44.

14) 박종보, "사회변화와 헌법재판소의 역할", 『저스티스』, 제121호, 2010, 212쪽.

15) 선거권 연령은 건국 당시인 1948년에 21세, 1960년에 20세, 2005년에 19세, 2020년에 18세로 계속 하향조정되어 왔다.

법의 변화를 초래하는 사회현실의 변화 중 특히 기술의 변화는 법의 변화에 직접적이고 많은 영향을 끼쳤다. 각종 기계의 발명 특히 기차 및 자동차의 발명은 사회의 변화와 법령의 변화를 초래하였다. 또한 컴퓨터의 대중적인 보급과 인터넷의 사용은 역사상 더욱 큰 법의 변화를 야기하였다.[16] 존엄사와 낙태는 그 허용 여부에 관한 논쟁의 역사가 오래되거니와 현대사회에 들어와서는 생명공학기술과 의료기술의 발달로 인하여 기존에는 상상조차 할 수 없었던 생명공학, 뇌사, 장기이식 등의 새로운 규범적 요구를 어느 정도까지 수용할 것이냐의 문제 등 인간의 생명이나 신체와 관련한 많은 법적인 문제가 제기되고 있다. 성과 가정에 대한 인식과 환경의 변화로 인하여 동성 간에도 결혼을 허용할 것이냐, 미혼·비혼 여성이 인공수정을 통하여 자녀를 출산하고자 하는 경우 이를 법적으로 허용할 것인가, 부부간의 강간도 처벌한다고 하는 입법을 할 것이냐 등의 새로운 법적 문제도 등장하고 있다. 이외에도 정보통신기술의 발달이나 경제적 여건, 인구구조, 마약통제정책, 교정(矯正)정책의 변화 등으로 인하여 법의 해석은 물론이고 입법정책에서까지 패러다임의 변화가 요구되고 있다.

법이 국가에서 수행하여야 하는 과제나 임무는 보편적이거나 고정적으로 정해진 것이 아니라 시대와 장소에 따라 달라짐은 물론이거니와, 법의 기능과 내용도 사회의 변화에 맞추어 변화된다. 자유와 자율이 강조되는 생활 영역인 개인과 사회에 대한 최소한의 개입과 간섭만이 미덕으로 생각되던 근대에 있어서의 국가의 역할은 현대에 들어와서는 점차로 증대되고 있으며, 이제는 국가가 개인의 안방과 주방에까지 관심을 지니는 시대라고 할 수 있다. 국가는 부부의 성생활에 법적으로 개입하고, 부모의 체벌이 입법으로 규율되고 법정에서 심판받으며, 주방에 들어오는 식료품이 유해한 화학첨가제를 사용한 것인지 혹은 유전자조작을 한 것인지 등에 대하여도 돌보아야 한다. 또한 경제적 여건의 변화, 국제환경의 변화, 노령자의 비율이 점점 높아지는 인구 구조의 변화에 대응하여 적시에 적절한 입법정책을 수립하고 이를 입법에 반영하여야 하는 의무도 국가는 지니고 있다.

근대국가의 이상형이 도둑만을 잡는 야경국가로서의 역할 수행이라고 한다면, 이상적인 현대국가의 상(像)은 국민들의 모든 필요와 위험을 해결하는 슈퍼맨으로서의 역할*수행이라고 할 수 있을 것이다. 오늘날 법률이 목적으로 하는 사회생활

---

16) Steven E. Barkan, Law and Society, Pearson, 2009, p.189.

* 독일의 법학자 레빈더(Rehbinder)는 현대사회에 있어서의 법 발전의 특징을 법의 통일화, 법의 사회화, 입법의 증대, 법의 전문화·관료화, 법의 과학화 등으로 압축하여 설명하고 있다. 특히 현대국가에서 국가가 활동하는 영역이 확대된다는 것은 입법의 증대를 가져오는 것이다. 법치국가에서 국가의 개입은 법을 통해서만 가능하기 때문이다(이영희, 『법사회학』, 2003, 332쪽).

의 실체는 기술의 진보에 따라 매우 다양하고 복잡해지고 있다. 종래의 법해석학으로는 이러한 사회관계의 변동에 대응하기에 미흡하고 위험할 수 있다. 입법이 법규범의 정립을 통하여 일정한 사회 질서를 사실의 세계에 실현하려는 작업이라면 그러한 입법에 대하여 과학적으로 연구하는 학문체계를 수립하는 것이 절실히 요구되기도 한다.[17] 이러한 관점에서 사회의 변화와 법은 밀접한 연관성을 지닌다.

참다운 법이란 법이 개인 속에서 그리고 사회 속에서 구체적으로 실현될 때 가치가 발현되는 것이다.[18] 그러나 우리가 살아가며 접하고 있는 사회생활의 여러 분야에서 법과 현실과의 괴리가 존재한다. 이러한 법과 현실과의 괴리는 법 자체의 결함에서 기인한다기보다는 사회의 변화에 기인하는 경우가 많다. 법규범은 실정법에 규정되면 고정적이지만 사회적 현실은 유동적인데, 이는 사회가 항상 변화하기 때문이다.[19] 법에 대한 비판자들은 항상 법이 사회 변화에 대응하고 실질적 정의를 실현하는 방법으로는 부적당하다는 점을 지적하고 있다.[20] 사회의 변화는 법의 변화를 앞서 가기 때문[21]에 법과 현실의 괴리가 깊어지는 경우가 발생할 가능성은 상존하며, 이를 방치하는 경우에는 법의 신뢰도 저하와 규범력 결여라는 결과가 따르게 된다.

이러한 이유로 이미 20세기 초반에 미국의 법관 제롬 프랑크(Jerome Frank)는 법은 사회의 필요에 응답하여야 하고, 법은 그 적용의 대상이 되는 사회적 현실을 명확하게 반영할 수 있어야 한다는 점을 강조하고 있다. 스위스의 법학자인 페터놀(Peter Noll)도 입법은 사회현상의 변화에 따라 다시 정립되어야 하며, 단 한 번의 입법을 통하여 영구적인 질서를 수립할 수는 없기 때문에 입법은 항상 사회

---

17) 박영도, "새로운 학문유형으로서의 입법학의 필요성과 성립가능성", 『입법학연구』 창간호, 한국입법학회, 2000, 51쪽.
18) 박홍규·강경선·이상영, 『법과 사회』, 한국방송통신대학교출판부, 1994, 5쪽.
19) 이영희, 『법사회학』, 법문사, 2003, 17쪽.
20) 정동호·신영호(역), 『법과 사회변동』, 나남, 1986, 14쪽.
21) 법이 능동적으로 사회변동을 유도할 수 있는 것인가, 아니면 단지 수동적으로 사회변동을 반영하는데 불과한 것인가에 관하여는 상반된 견해가 있다. 양건, 『법사회학』, 2000, 309쪽.

현실의 변화에 적응할 수 있도록 개방적이어야 하며 언제나 변화할 가능성이 있다고 하였다. 우리 헌법재판소도 "입법권자는 유동적이고 가변적인 현대사회의 다양한 현상에 탄력적으로 대응"[22]할 필요를 인정하고 있다. 특히 입법을 함에 있어서는 가치관·윤리관의 변화나 사회의 변화에 따를 수 있도록 해야 한다.[23]

　사회는 다양한 의견과 주장을 지닌 많은 개인과 단체로 구성되어 있으며, 영향력이 강한 개인이나 단체는 입법에 자신들의 주장을 반영하기 위한 적극적 활동을 하기도 한다. 따라서 사회 변화에 대한 법적 대응방안을 마련하는 경우, 비제도적·제도적 입법과정이 순탄한 것만은 아니다. 사회의 변화에 법이 적극적으로 대응을 하는 경우에는 보수론자들이 반대를 하고, 사회의 변화에 법이 소극적으로 대응을 하거나 그 적응력을 상실하는 경우에는 진보론자들이 법질서의 무기력과 법의 무능에 대하여 비판을 하는 경우가 많다. 또한 사회변화에 맞추어 입법을 하는 경우에도 입법과정에서의 대립과 갈등은 점점 심해진다. 예를 들어 한쪽에서는 환경보호를 제도화하려 하지만 다른 쪽에서는 이를 규제로 받아들이는 경우도 있다. 여당과 야당이 대립하고, 기업과 노조가 대립하며, 보수와 진보가 대립한다. 교육자와 학교경영자 간에 이견이 있으며, 대기업과 중소기업의 입장이 다르고, 중앙정부와 지방정부 간에도 대립하는 경우가 있다.[24]

　그럼에도 불구하고, 시대의 흐름이나 정보통신, 과학기술, 의료기술 등의 변화나 인식의 변화에 따른 적절한 법적 대응은 법의 규범력과 실효성을 유지하기 위하여 필수적이다. 이는 전술한 바와 같이 법과 사회의 상호작용을 수용하는 일이라고 할 수 있다. 이를 위해서는 비제도적인 입법과정이라 할 수 있는 입법정책에 관한 활발한 사회적인 논의가 필요하며, 정부와 국회에서의 제도적 입법과정에서는 이러한 사회 변화와 이에 대한 사회적 논의의 결과를 적절히 반영하는 작업이 필요하다. 특히 비제도적 입법과정과 제도적 입법과정에서는 공히 사회적 힘의 우열이 반영*되는 것이 아니라 국민 모두의 이익이 반영되어야 한다.[25]

> * 미국 등에서는 로비제도 마련되어 기업이나 사회단체 등 각종 이해단체의 의견을 입법과정에 반영할 수 있게 하는 제도적 장치가 있지만, 우리나라에서는 일반적으로 '로비(lobby)' 자체에 대하여 부정적인 인식을 지니고 있으며,

---

22) 헌재 1992. 4. 28. 90헌바24.
23) 김종원, 『형법개정의 기본방향』, 형사법개정심의위원회, 1985, 11쪽.
24) 홍완식, "사회변화와 입법자의 과제", 『사회변화와 입법』, 오름, 2008, 267쪽.
25) 홍완식, 앞의 책, 10쪽.

현실적으로, 법은 한 국가의 영향력 있는 계층의 도덕적 가치와 현실적 이해 등을 반영하게 마련이다.[26] 흔히 말하는 '사회지도층' 또는 '정치지도자'의 도덕성, 사명감, 정의감과 책임감 등이 필요한 이유가 여기에서도 발견된다.

불법적인 영향력 행사에 대하여 로비라는 표현을 사용할 정도이다. 우리나라에서도 로비제도를 도입하기 위한 논의와 입법적 시도가 있었지만, 로비제도의 긍정적인 측면보다는 부정적인 측면이 크게 평가되고 있다. 제출되어진 로비 양성화 관련 법률안들은 모두 국회의 임기만료로 자동 폐기되었다. 상세한 것은 홍완식, "로비제도 관련 법률안에 대한 헌법적 고찰", 『헌법학연구』, 제14권 2호, 2008. 6. 참조.

---

26) Steven E. Barkan, op. cit., p.7.

법의 구조와 기능 및 운용

CHAPTER

2

법의 구조와 기능 및 운용

1. 법의 단계구조

우리는 여러 단계, 여러 종류의 수많은 법규범들에 둘러싸여 살아가고 있다. 헌법과 법률 및 행정입법과 자치입법 등 각종 법규범들은 그 입법권자와 적용 범위 및 체계적 위상 등을 달리하기 때문에, 법령의 위계질서를 정하지 않는다면 법규 상호간에 모순되거나 상충될 가능성이 있다. 주권을 지니고 있는 한 국가 내에서 다양하고 많은 여러 법규범이 통일적인 법질서를 유지하기 위해서는 법규범 상호간 적용의 우선순위를 의미하는 법령의 위계질서가 정해질 필요가 있다. 한 국가의 실정법 체계는 통일성과 일관성이 필요하다. 상위법이 금지하고 있는 사항을 하위법이 허용한다면 통일된 법체계가 유지될 수 없기 때문에, 국내법은 일정한 상하위의 체계를 구성하게 된다.

법의 지배와 법치국가 원리가 뿌리를 내리기 시작한 근대 이후에 형성된 입헌주의적 법치국가에서는 헌법을 최상위의 법규범으로 하여 법률과 행정입법(시행령과 시행규칙), 자치입법(조례와 규칙) 등의 하위법령들이 하나의 통일적이고 계층적인 체계를 이루어 왔다.

이와 같은 법규 상호간에 있어서의 상하위적인 위계는 법규 간에 상호 모순되는 내용을 규정하고 있는 경우에 어느 법규가 우선 적용되어지느냐의 문제를 해결하는 기준으로 작용하고 있다. 이는 하위 법규의 법적 근거는 법규 체계상 상위

표 2-1 법규범의 체계

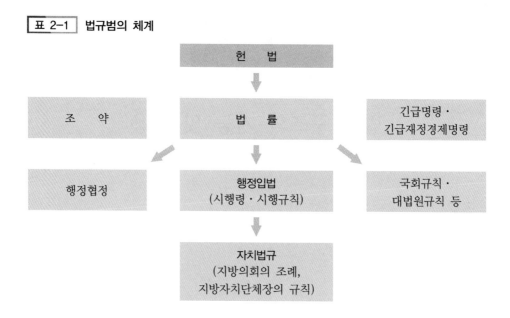

에 위치한 법규범이기 때문에 상위의 법규범에 위반되거나 모순되는 법규는 적용되지 않거나 무효로 된다.

*「헌법」제107조 제2항 "명령·규칙 또는 처분이 헌법이나 법률에 위반되는 여부가 재판의 전제가 된 경우에는 대법원은 이를 최종적으로 심사할 권한을 가진다."
**「헌법」제111조 제1항 "헌법재판소는 다음 사항을 관장한다. 1. 법원의 제청에 의한 법률의 위헌법률심판"

이와 같은 법규범의 상하위 체계를 유지하기 위한 제도적인 장치가 대법원의 명령·규칙·처분에 대한 위헌·위법심사권*과 헌법재판소의 위헌법률심사권**이다. 이와 같은 규범 통제제도는 법률의 위헌 여부를 심사하여 위헌 법률의 효력을 상실시킴으로 인하여 헌법의 최고 규범성을 지키며, 시행령·시행규칙 등 명령의 위헌·위법 여부를 심사하여 위헌·위법인 명령을 적용하지 않음으로 인하여 헌법의 최고 규범성과 규범 간의 상하 체계를 지키는 기능을 하고 있다.

우리나라 법규의 서열구조는 표에서 보는 바와 같이 헌법-법률-행정입법(대통령령/총리령/부령)-자치법규(조례/규칙)의 구조를 기본으로 한다. 법제처 홈페이지의 국가법령정보센터(http://www.law.go.kr)와 국회 홈페이지의 법률지식정보시스템(http://likms.assembly.go.kr/law/jsp/main.jsp)에서는 법률과 시행령과 시행규칙 등

을 검색할 수 있으며, 자치법규정보시스템(http://www.elis.go.kr)에서는 각 지방자치
단체의 조례와 규칙을 검색할 수 있다.

법률은 헌법에 위반되어서는 안 되고, 대통령령·총리령·부령 등의 행정입법
도 또한 법률에서 위임된 사항과 법률을 집행하기 위하여 필요한 사항을 정하는
것이므로, 헌법과 법률에 위반되어서는 안 된다. 국회 규칙·대법원 규칙·헌법재
판소 규칙·중앙선거관리위원회 규칙 등은 법률의 범위 안에서 당해 헌법기관의
운영 등에 관한 일정한 사항을 정하는 것이므로 법규 체계상 법률의 하위에 있으
며 헌법과 법률에 위반되어서는 안 된다.

헌법재판소도 "국가의 법질서는 헌법을 최고법규로 하여 그 가치질서에 의하여
지배되는 통일체를 형성하는 것이며 그러한 통일체 내에서 상위 규범은 하위 규
범의 효력근거가 되는 동시에 해석근거가 되는 것이므로, 헌법은 법률에 대하여
형식적인 효력의 근거가 될 뿐만 아니라 내용적인 합치를 요구"[1]하고 있음을 명
백히 하고 있다. 요약하자면, 헌법-법률-행정입법(대통령령 / 총리령 / 부령)-자치
법규(조례 / 규칙)의 체계에서 하위 규범의 내용은 상위 규범의 내용에 합치하여야
하며, 이를 제도적으로 보장하기 위하여 헌법재판소에 의한 위헌법률 심사제도나
법원에 의한 명령규칙 심사제도 등을 두고 있다.

법규범의 다양한 형태 중에서 헌법에 직접적인 근거를 둔 법규범으로는 헌법,
법률, 대통령령, 총리령, 부령, 국회규칙, 대법원규칙, 헌법재판소규칙, 중앙선거관
리위원회규칙, 지방자치단체의 자치법규, 조약, 긴급명령, 긴급재정경제명령 등을
들 수 있으며, 이들의 규범적 위계질서는 위의 표와 같다. 헌법에 근거를 두지 않
고 법률에 근거를 둔 법규범이 있는데, 이러한 것으로는 감사원규칙, 금융감독위
원회규칙, 공정거래위원회규칙, 중앙노동위원회규칙 등을 들 수 있다. 훈령·예
규·고시 등은 명령 즉 각부 장관이 발령하는 시행규칙보다 낮은 단계의 행정입
법에 해당된다.

---

1) 헌재 1989. 7. 21. 89헌마38.

2. 법의 기능

전통적인 법학은 법해석학이 중심이었기 때문에 법규범이 어떠한 기능을 수행하고 있는지에 관한 관심은 상대적으로 적었으며, 이러한 관심은 사회학이나 정치학 등 다른 학문 분야에서 관심을 지니는 사안이었다. 그러나 법학이 그 임무를 법 해석에만 집중하는 것은 바람직하지 않다. 법해석의 대상은 실정법을 중심으로 하는 법규범이기 때문에, 이러한 법규범이 어떻게 만들어지고 만들어져야 하며 어떠한 기능을 수행하는지에 대한 분석과 평가 등의 연구가 필요하다. 법이 생활 속에서 수행하는 기능 또는 차지하는 중요성은 옛날이나 지금이나 크게 달라진 바 없다. 어느 사회에서나 사람들은 누구나 안정적인 기조 위에서 살려고 하기 때문이다.[2] 이러한 법의 기능은 시대와 학자에 따라 차이가 있을 수는 있지만 일반적으로 거론되는 법의 기능은 다음과 같다.

1) 분쟁해결 기능

분쟁이나 대립 또는 갈등이 없는 사회는 없으며, 이러한 분쟁 등을 처리하는 메커니즘을 가지지 않은 사회 또한 없다.[3] 인류가 사회생활을 시작한 초기에는 분쟁을 처리하는 방법에 폭력만이 존재하였지만, 문화가 발전할수록 평화적인 해결방법으로 정착되었다. 어느 사회나 국가가 분쟁 등을 평화적으로 해결하는 방법을 발전시키지 못한 경우에는 야만과 폭력이 난무할 수밖에 없다. 법은 동서고금을 막론하고 발전과정만 다를 뿐 분쟁과 대립 또는 갈등을 평화적으로 해결하기 위하여 인류가 고안해 낸 발명품이라고 할 수 있다. 물론 법만이 사회의 분쟁을 해결하는 유일한 방법은 아니다. 분쟁 당사자간 협상, 행정부의 유권해석, 행정심판, 조정, 중재 등 공식·비공식 분쟁해결수단이 존재하기도 한다. 그러나 법원이 분쟁해결에서 가장 핵심적인 위치를 차지하는 이유는 법원의 판결이 종국적이고 강제적이기 때문이다.[4] 과거에는 인간적 유대관계를 통해 해결되곤 하던 분쟁이 이제는 법적 분쟁으로 해결하려 하는 경향성을 가진다는 것도 통계 등을 통하여 확인된다.[5] 현대에 와서는 대안적 분쟁해결방법(ADR, alternative dispute resolution)이

---

2) 정동호·신영호(역), 『법과 사회변동』, 나남, 1986, 149쪽.
3) 최대권, 『법과 사회』, 서울대학교출판부, 1992, 98쪽.
4) 황승흠 등, 『법사회학, 법과 사회의 대화』, 다산출판사, 2013, 204쪽.

나 협상(Negotiation) 등의 비중이 늘어나고 있지만, 이러한 분쟁해결방법도 결국은 최종적인 분쟁해결방법으로서의 법의 기능이 있기 때문에 가능하다고 할 수 있다.

2) 행위통제 기능

인간은 다양한 욕구를 충족하기 위하여 행위를 하게 되는데, 이러한 행위는 타인의 이해에 반하거나 권리를 침해하는 결과를 가져올 수 있다. 평화로운 사회가 유지되기 위해서는 사회구성원의 행위를 일정하게 통제할 필요가 있다. 물론 법만이 인간의 행위를 통제하는 유일한 방법은 아니다. 넓게는 사회적으로 칭찬이나 비난을 통해 어떠한 행위를 권장하거나 권장하지 않는다거나, 직장 내에서 승진이나 성과급 지급, 해고를 통해 생산성을 높인다거나, 좁게는 가정 내에서 칭찬이나 보상, 벌칙을 통해서 좋은 행위를 교육하는 방법 등은 인간의 행위를 통제하는 비공식적인 방법이라고 할 수 있다. 법은 일정한 행위를 금지하고 처벌함으로써 공식적으로 인간의 행위를 통제하는 방법이다.[6] 즉 법은 어떠한 행위를 허용하거나 강제하거나 금지하는 등의 방식을 통하여 사회 구성원의 행동을 통제하는 기능이 있다. 예를 들어, 살인이나 폭행, 절도 등 사회적으로 금지하고자 하는 일정한 행위 유형을 설정하고, 이에 해당하는 사람을 처벌하여 사회 구성원이 일정한 행위를 하지 못하도록 하는 기능을 한다. 또한 병역의 이행이나 세금 납부를 법적으로 강제하고 이를 이행하지 않는 사람은 처벌함으로써 사회구성원이 일정한 행위를 반드시 하도록 한다. 반면에 법은 사람을 돕거나 구하는 행위를 유도하거나 격려함으로써 긍정적인 행위통제를 하는 경우도 있다. 일명 '선한 사마리아인 법'[7]이나 「의사상자 등 예우 및 지원에 관한 법률」[8]을 통해, 의무가 없어도 다른 사람을 돕

---

5) 김정오, 『한국의 법문화』, 나남출판, 2006, 150쪽 이하 참조.

6) Steven Vago, Law & Society, Pearson Prentice Hall, ninth edition, 2009, p.19.

7) 독일, 프랑스, 스위스 등에는 '선한 사마리아인 법'이 있지만 우리나라에는 아직 법이 제정된 바 없다. 다만, 이러한 취지의 「형법」개정안은 2016년 6월 24일에 국회에 발의되었다. 제안이유: "사회적 연대성의 강화는 도덕적·윤리적 의무이자 공동체 생활에서 최소한의 법적의무이기도 함. 이미 상당수의 외국 입법례에서는 위험에 처한 사람을 보고도 도움을 주지 않는 경우 처벌하도록 하는 '선한 사마리아인 법'을 도입하여 시행 중에 있으나, 우리 형법에서는 개인의 자율성을 침해할 우려 등으로 이런 현상에 대한 법적 제재가 미흡한 실정임. 이에 범죄를 예방하고 범죄피해자 등을 신속히 구조함으로써 구성원의 공동체의식을 제고하기 위하여 형법에 구조불이행 죄를 도입하려는 것임(안 제275조의2 신설)."

8) 제1조(목적) 이 법은 직무 외의 행위로 위해(危害)에 처한 다른 사람의 생명·신체 또는 재산을 구하다가 사망하거나 부상을 입은 사람과 그 유족 또는 가족에 대하여 그 희생과 피해

는 선한 행위나 의로운 행위를 유도하거나 격려한다. 또한 일정한 자격을 가진 사람에게 판사나 의사가 되게 하는 등 일정한 요건을 충족한 사람에게만 어떠한 행위를 허용하는 기능도 있다.

3) 사회통합 기능

법률은 국가라고 하는 법공동체 구성원들인 국민들이 그들이 지니고 있는 보편적인 가치를 실정법화한 결과물이다. 헌법과 법률 등이 없으면 국가가 유지되기 어렵다. 우선 국가운영에 필요한 조직을 구성하고 권한을 부여하는 것에서부터 법이 있어야 하고, 사회가 유지 및 통합되기 위해서는 법이 있어야 한다. 따라서 국가라고 하는 공동체의 유지를 위하여 구성원들의 충돌을 방지하고 행위 양식을 그들이 정한 일정한 틀에서 벗어나지 않도록 하여 사회생활을 원활히 할 수 있도록 하는 사회적 통합 기능이 있다. 법의 분쟁해결이나 사회 구성원들의 행위통제 기능이란 재판에 의한 분쟁해결이나 개인이 집단의 기대에 일치하는 행동을 하도록 영향을 받는 과정을 의미하는 것[9]이며, 법을 통하여 사회 구성원들 간의 분쟁과 갈등의 처리 및 이를 통한 정치사회의 통합 기능이 수행된다.

4) 인권보장 기능

법률은 인간의 권리를 보장하는 기능을 한다. 누구나 자기의 권리를 주장할 때에는 어느 법에 근거해서 권리를 가지고 있으니, 이를 침해하지 말라거나 권리침해에 대해서 형사적·행정적 제제를 가해달라거나 손해배상을 해달라는 주장을 한다. 법에 의해서 보장되지 않아도 당연히 주어지는 기본적 권리라고 생각되는 것은 천부인권(天賦人權) 혹은 자연권이라 하고, 국제조약이나 헌법에 의하여 보장되는 것은 인권 혹은 기본권이라고 하며, 법률에 의하여 보장되는 것은 법률상의 권리 혹은 그냥 권리라고 한다. 현대사회에서 법의 우선적인 기능은 인권보장이라고 볼 수 있지만, 인권이라는 개념 자체가 고대나 중세부터 존재했던 것이 아니

의 정도 등에 알맞은 예우와 지원을 함으로써 의사상자의 숭고한 뜻을 기리고 사회정의를 실현하는 데에 이바지하는 것을 목적으로 한다. 제2조(정의) 1. "구조행위"란 자신의 생명 또는 신체상의 위험을 무릅쓰고 급박한 위해에 처한 다른 사람의 생명·신체 또는 재산을 구하기 위한 직접적·적극적 행위를 말한다.

9) 양건, 『법사회학』, 아르케, 2000, 269-270쪽.

다. 법이 "억압적이고 통제하는 기제가 아닌 인권보장을 위해 기능하는 시대"[10]는 그리 오래지 않은 것이다. 여기서 더 나아가 인간의 권리로서의 '인권'을 넘어, 인간과 더불어 살아가는 동물들의 권리인 '동물권'이 주장되기도 한다.[11]

이 외에도 법의 기능으로서는 질서유지 기능, 사회통제 기능, 사회변화 기능, 제도형성 기능, 예측확보 기능 등을 들 수 있다.

3. 법의 운용

권력분립의 원리에 따라 법을 만드는 입법권은 입법부인 국회에, 법을 집행하는 권한은 행정부인 정부에, 법을 해석하고 선언하는 권한은 사법부인 법원이 담당하도록 하고 있다. 즉, 법을 운용하는 국가기관은 크게 3분하여 입법부, 행정부, 사법부에 해당하는 국회, 정부, 법원으로 구분된다. 그러나 전통적인 삼권분립에서의 입법권, 행정권, 사법권 이외에도 헌법재판소*, 국가인권위원회**, 감사원***등도 국가의 활동과 국민들의 생활에 중요한 역할을 담당하고 있다.

> * 헌법과 헌법재판소법에 의하여 헌재는 헌법에 관련된 소송만을 담당하는 사법기관이다. 헌재는 법률이 헌법에 위반되는지(위헌법률심판), 공권력에 의하여 국민의 기본권이 침해되었는지(헌법소원심판), 대통령 등 고위공무원이 직무를 행함에 있어서 헌법과 법률을 위반하였는지(탄핵심판), 정당의 목적이나 활동이 민주적 기본질서에 위배되는지(위헌정당해산심판)와 국가기관 및 지방자치단체 간의 분쟁(권한쟁의심판)을 담당한다. 대법원은 각 지방법원과 고등법원에서 올라온 상고사건 등에 대하여 최종적으로 판단하는 사법기관임에 비하여, 헌재는 헌법과 관련한 소송(헌법소송)만을 담당한다는 점에서 차이가 있다.
>
> ** 국가인권위원회법에 의하여 인권위는 인권침해행위의 조사와 구제, 인권과 관련하여 법령, 제도, 정책 등의 연구 및 개선권고 등을 담당한다.
>
> *** 헌법과 감사원법에 의하여 감사원은 대통령소속으로 국가의 회계검사권과 공무원 등에 대한 직무감찰권을 지닌다. 우리나라의 경우 감사원은 행정부에 소속되어 있지만, 외국의 경우 감사원은 의회에 소속된 경우도 있다.

1) 법의 입법

입법이란 법을 만드는 일을 뜻한다. 다른 대부분의 국가와 마찬가지로 우리나라의 최고법인 헌법은 국회를 입법기관으로 정하고 있는데, 국회가 심의해서 의결한 법을 '법률'이라고 하고 입법이란 법률을 제정·개정·폐지하는 것을 의미한다.

법률은 입법부인 국회에서 만들어지지만, 시행령이나 시행규칙 등의 행정입법은 국회에서 만든 법률을 집행하거나 법률에서 위임한 사항을 규정하고 있기 때

---

10) 홍성수 등, 『법사회학, 법과 사회의 대화』, 다산출판사, 2013, 286쪽.
11) 홍완식, 『반려견 법률상식』, 개정판, 마인드탭, 2020, 14쪽 이하 참조.

문에, 비교적 간단한 과정을 통하여 행정부에서 만들어진다. 우리는 이렇게 만들어진 천 개가 넘는 법률을 포함하여 시행령, 시행규칙을 합하면 5천 건에 가까운 수많은 법령(법률, 시행령, 시행규칙)에 둘러싸여 생활하고 있다.[12] 대한민국정부 수립 이후 헌법은 한 번 제정되고 9차례 개정되어 총 10차례의 헌법이 공포되었다. 또한 정부수립 이후 2021년 1월 25일까지 총 17,814건의 법률이 공포되었다. 1978년도 이후의 통계를 통하여 법령의 증가추세를 보면 법률, 대통령령, 총리령, 부령 등은 해마다 꾸준히 늘어나고 있다.

표 2-2 입법과정

입법단계	담당기관	입 법 과 정
제1단계 (법안제출)	정부 또는 국회의원 10인 이상	1.법안제출 → 2.본회의 보고 → 3.소관 상임위원회 회부
제2단계 (법안심의)	국회의 소관 상임위원회	4.소관 상임위원회 접수 → 5.위원회 보고 → 6.법안상정 → 7.제안설명 → 8.전문위원 검토보고 및 대체토론 → 9.질의(공청회 등) → 10.소위원회 구성(심사, 의결) → 11.소위원회 보고 → 12.토론 → 13.축조심사 → 14.위원회 의결 → 15.법제사법위원회 회부(심사요청)
	국회의 법제사법위원회	16.법사위원회 접수 → 17.위원회 보고 → 18.법안상정 → 19.전문위원 검토보고 → 20.질의 → 21.소위원회구성(심사, 의결) → 22.소위원회 심사보고 → 23.토론 → 24.축조심사 → 25.위원회 의결 → 26.소관위원회 심사결과 통보
	국회의 소관 상임위원회	27.소관 상임위원회 접수 → 28.위원회 심사보고서의 본회의 제출
제3단계 (법안의결)	국회 본회의	29.본회의 접수 → 30.본회의에 법안상정 → 31.소관상임위원장 심사보고 → 32.토론 → 33.의결
제4단계 (법률공포)		34.법안의 자구정리 → 35.법안의 정부이송 → 36.법률공포

12) 홍완식, "법령의 현황과 입법의 원칙", 『국회도서관보』, 2004. 6. 참조.

| 표 2-3 | 현행 법령 현황(2024년 1월 8일 기준) |

구　　분		현행 법령의 수
헌　　법		1
법　　률		1,613
행정입법	대통령령	1,878
	총 리 령	79
	부　　령	1,347
기타 (국회규칙 등)		367

* 출전: 법제처(http://www.moleg.go.kr)

　　2024 1월 8일 현재, 법률은 1,613건이고, 법률의 시행령과 시행규칙에 해당하는 대통령령과 총리령 및 부령(대통령령, 총리령, 부령 등은 행정기관이 만들기 때문에 행정입법이라고 부르기도 하고, 법률의 위임에 의하여 만들어지기 때문에 위임입법이라고 부르기도 한다), 기타(국회규칙 등)는 각각 1,878건, 79건, 1,347건 및 367건이다. 즉, 우리가 알든 모르든 간에, 우리가 준수해야 하는 법규범의 수는 헌법과 법령을 모두 합하여 무려 5천건이 넘는다. 현재 시행되고 있는 법률의 수만 따지더라도 1978년에는 689건이었으나 2021년에는 1,613건으로 무려 924건의 법률이 증가하였다. 하위입법과 자치입법을 합하면 더욱 많다. 현대생활의 복잡성과 법규범의 방대성을 짐작케 하는 통계 수치이다.[13]

　　이렇듯 현대국가에서 법령은 수적으로도 많을 뿐만 아니라, 법률 조항은 복잡하고 이해하기 어려운 경우도 많기 때문에, 법령은 체계적이고 일관된 체계를 갖출 필요가 있다.[14] 법의 격언 중에 "권리 위에 잠자는 자는 보호되지 않는다."는 말이 있다. 이렇게 많은 법률 중에서 자신의 권리를 보장받을 수 있는 경우가 있다면 이를 신청·주장하여 받아야 하며, 법률에 의하여 보장받는 타인의 권리는 침해할 수 없다. 또한 "법의 무지는 용서되지 않는다."고 하는 격언이 있다. 카드깡을 해준 것이 처벌받는 행위*인 줄 몰랐다거나, 공직선거 때 후보자에게 식사대

---

13) 현대사회에서의 과다한 법률화는 자율적 사회를 해체하고 있다. 법의 사회형성기능의 강화가 초래되고 있다. 허일태, "위험사회의 출현과 법의 기능변화", 『비교형사법연구』, 제3권 제2호, 2001, 18쪽.

14) 체계정당성의 원칙에 관해 상세한 내용은 홍완식, "체계정당성의 원리에 관한 연구", 『토지공법연구』 제29집, 2005. 12, 467-490쪽 참조.

* 일명 '카드깡'은 거래가 없었음에도 불구하고 거래가 있었던 것처럼 가장하여 현금을 융통하는 등의 행위로서, 「여신전문금융업법」 제19조 및 제70조에 의하여 3년 이하의 징역 또는 2천만 원 이하의 벌금을 받을 수 있는 위법행위이다.

접을 받은 행위가 처벌받는 행위인 줄 몰랐다고 하여 그에 대한 형사처벌이나 손해배상을 면할 수는 없다. 법은 우리의 삶에 있어서 선택적인 것이 아니라 필수적인 것이다.

2) 법의 집행

국회에서 만든 법률을 집행하는 일은 행정부가 맡는다. 행정부를 흔히 정부라고 하는데, 헌법규정에 의하여 정부의 최종적인 책임은 '행정부의 수반'인 대통령이 진다. 대통령은 행정부를 구성하고 지휘·감독할 권한을 지니지만, 국가행정기관의 설치·조직과 직무 범위는 대통령이 마음대로 정하는 것이 아니고 국회가 입법한 「정부조직법」에 의하여 규정되어 있다.* 다만, 대통령은 정부나 국회의원을 통하여 새로운 정부조직법을 발의하는 방법 등을 통하여 정부 부처를 변경할 수 있다. 「정부조직법」에는 대통령 직속의 대통령비서실, 국가안보실, 대통령경호처, 국가정보원의 설치근거와 직무 범위를 정하고 있으며, 국무총리** 직속의 국가보훈처, 인사혁신처, 법제처, 식품의약품안전처의 설치근거와 직무범위를 정하고 있다. 또한 18개의 행정 각부는 「정부조직법」 제26~43조에서 정하고 있는 직무의 범위 내에서 법률이 정하고 있는 사항들을 집행하고 있다.

* 「헌법」 제66조 제3항 "행정권은 대통령을 수반으로 하는 정부에 속한다." 「정부조직법」 제11조(대통령의 행정감독권) 제1항 "대통령은 정부의 수반으로서 법령에 의하여 모든 중앙행정기관의 장을 지휘·감독한다."
** 「정부조직법」 제18조(국무총리의 행정감독권) 제1항 "국무총리는 대통령의 명을 받아 각 중앙행정기관의 장을 지휘·감독한다."

정부조직법 제26조(행정각부) 제1항 대통령의 통할하에 다음의 행정각부를 둔다. 1. 기획재정부 2. 교육부 3. 과학기술정보통신부 4. 외교부 5. 통일부 6. 법무부 7. 국방부 8. 행정안전부 9. 국가보훈부 10. 문화체육관광부 11. 농림축산식품부 12. 산업통상자원부 13. 보건복지부 14. 환경부 15. 고용노동부 16. 여성가족부 17. 국토교통부 18. 해양수산부 19. 중소벤처기업부

예를 들어 2013년 3월 23일의 「정부조직법」 개정으로 외교통상부는 외교부로

바뀌었다. 종전 외교통상부는 "외교, 외국과의 통상교섭 및 통상교섭에 관한 총괄·조정, 국제관계 업무에 관한 조정, 조약 기타 국제협정, 재외국민의 보호·지원, 재외동포정책의 수립, 국제정세의 조사·분석에 관한 사무"를 관장하도록 하고 있었으나, 「정부조직법」 개정으로 "외교, 경제외교 및 국제경제협력외교, 국제관계 업무에 관한 조정, 조약 기타 국제협정, 재외국민의 보호·지원, 재외동포정책의 수립, 국제정세의 조사·분석에 관한 사무"를 담당하도록 규정되어 있다. 외교통상부가 외교부로 되면서, 개정 전 「정부조직법」에서 외교통상부의 사무범위에 있던 '통상교섭 및 통상교섭에 관한 총괄·조정'에 관한 권한은 2013년 3월 23일의 「정부조직법」 개정으로 산업통상자원부가 신설되면서 산업통상자원부로 이전되었다. 또한 2017년 7월 26일의 「정부조직법」 개정으로 과학기술정보통신부와 중소벤처기업부가 신설되었다. 직전 정부에서 신설되었던 국민안전처가 폐지되고, 행정자치부가 행정안전부로 변경되기도 하였다. 2023년 3월 4일의 「정부조직법」 개정으로 국가보훈처가 국가보훈부로 승격되었다.

정부부처나 공무원의 권한도 당연히 헌법과 법률에 의해서 주어진다. 예를 들어, 법무부는 '검찰·행형·인권옹호·출입국관리 그 밖에 법무에 관한 사무'를 담당하도록 하고 있기 때문에 소속 공무원들이 공항이나 항구에서 출입국 심사를 할 수 있는 것이다. 즉, 행정안전부 소속의 경찰공무원이 살인이나 상습적으로 골프내기 도박을 한 사람을 수사하고, 법무부 검찰청 소속의 검사가 이들을 기소하는 과정도 엄밀히 말하자면 「형법」과 「형사소송법」 등 국회가 만든 법률을 집행하는 업무인 것이다.*

> * 검사에 의하여 기소된 사람(피고인)을 재판하는 일은 법의 집행 다음 단계인 법의 해석과 선언에 관계된 일로서, 이는 법원 즉 사법부에 의하여 다루어진다.

이렇게 법의 집행기관인 행정기관이 어떻게 조직되고 어떠한 권한이 부여되는가는 헌법과 법률에 의하여 정해진다. 따라서, 삼권분립원칙에 입각한 헌법과 법률에 따라 행정부인 정부는 입법부인 국회가 만든 법률을 집행하는 기관이다. 이렇듯 이론적으로 행정부는 단지 '법을 집행하는 기관'에 불과하지만, 대통령제를 택하고 있는 우리나라에서 막강한 권한과 권력을 지닌 대통령이 행정부의 수장일 뿐만 아니라 행정부는 법집행을 위한 방대한 조직과 권한을 지니고 있으며, 정당(여당)을 통하여 입법부인 국회에도 실질적인 영향력을 행사할 수 있기 때문에, 실제로는 삼권 중 가장 강력한 권한을 지니게 되는 것이다.

3) 법의 적용

* 이러한 사실의 확정은 원칙적으로 증거에 의하여 사실의 존재 또는 부존재를 증명하는 절차인 입증절차에 의하여 이루어진다.

사법작용이란 법률에 관한 구체적인 분쟁해결 절차에서 법관이 추상적인 법규범을 현실에서의 구체적인 사실관계에 적용하는 행위를 말한다. 사법부인 법원은 소송을 통하여 법적 분쟁의 해결과정에서 최종적이며 구속적인 법적 판단을 내리게 되는데, 법률을 실제생활에 구체적으로 적용하는 과정은 3단계의 논리적 작업으로 이루어진다. 법률 적용의 1단계는 법규범의 해석을 통하여 법규범의 의미를 확정하고 2단계는 사실관계가 존재하는지*와 동 사실관계에 특정의 법규범이 적용되는지를 확인하는 과정이고 3단계는 확인된 사실에 법규범을 적용하는 단계라고 할 수 있다. 이를 공식으로 표현하면 다음과 같다.

법적 삼단논법의 공식
대전제: 추상적인 법규범
소전제: 구체적인 사건
결　론: 구체적인 사건에 추상적인 법규범을 적용한 결과

이러한 삼단논법의 논리적인 과정을 진행하기 위해서는 추상적인 법규범의 해석과 구체적인 사건의 적용이라고 하는 과정이 필요하다. 이와 같이 구체적인 사건에서의 사실행위가 법규범이 정하고 있는 요건을 충족시키고 있는지를 검토하는 것을 포섭(subsumption, 包攝)이라고 한다. 구체적인 사건을 법에 적용하는 과정인 삼단논법은 간단한 것 같지만 구체적으로 들어가면 복잡하다.

살인죄는 비교적 적용이 복잡하지 않은 간단한 것으로 보이지만, 살인죄를 적용하는 과정에서도 '사람'과 '살해'의 의미가 무엇인지에 관한 해석과 적용이 필요하다.

살인죄에 관한 법적 삼단논법의 적용례
대전제: 사람을 살해한 자는 사형이나 징역에
　　　　처한다.*
소전제: 갑이 사람을 죽였다.
결　론: 갑을 사형에 처한다.

*「형법」 제250조 ① 사람을 살해한 자는 사형, 무기 또는 5년 이상의 징역에 처한다.

'뇌사상태에 있는 사람'이 생명을 의존하고 있는 '영양공급 튜브를 빼는 행위'가 살인죄에 해당하는가? '병으로 너무나 고통스러워하는 사람'의 연명치료를 중단하거나 존엄사시키는 것도 살인죄에 해당하는가? 물에 빠져 죽을 위기에 처한 사람에게 자기 앞에 있는 '구명 튜브를 던져주지 않고 지나친 행위'는 살인죄에 해당하는가? 등등의 문제에 있어서 법의 해석과 적용의 과정이 필요하다.

다른 하나의 예를 보자. 우리 사회에서는 내기 골프가 도박이냐 아니냐에 관해서 법원의 판결을 둘러싸고 논쟁을 벌인 적이 있다.

도박죄에 관한 법적 삼단논법의 적용례
대전제: 도박을 한 자는 징역이나 벌금에 처한다.*
소전제: 을이 골프를 치면서 돈내기를 하였다.
결 론: 을을 징역에 처한다.

도박이란 무엇일까? 명절 연휴에 친구들과 속칭 '고도리'나 '포커'를 한 경우는 도박

> * 「형법」 제246조(도박, 상습도박) ① 도박을 한 사람은 1천만 원 이하의 벌금에 처한다. 단, 일시오락 정도에 불과한 때에는 예외로 한다. ② 상습으로 제1항의 죄를 범한 자는 3년 이하의 징역 또는 2천만 원 이하의 벌금에 처한다(2013년 4월 5일 개정).

죄에 해당할까? 내기 당구나 내기 골프를 하였다면 이는 도박에 해당할까? 2005년에 신문을 달구었던 '내기골프' 사건을 이 관점에서 살펴보자. 1심 재판부인 서울남부지법 형사단독 판사는 2002년 12월부터 2004년 5월까지 32회에 걸쳐 8억여 원의 골프 도박을 상습적으로 한 혐의로 기소된 후 검찰에 의하여 징역 2~3년이 구형된 사건에 대하여 "내기 골프는 우연이 아니라 실력이 승패를 좌우하므로 도박이 아니다."라고 보아 무죄를 선고하였다. 이 판사는 "도박은 화투나 카지노처럼 승패의 결정적인 부분이 우연에 좌우되어야 하는데, 경기자의 기능과 기량이 지배적으로 승패에 영향을 끼치는 운동경기인 내기골프는 도박이 아니다."라고 하면서, 내기골프가 도박 행위라면 프로골프 선수들이 상금이 걸린 골프대회에 출전하여 경기를 해도 도박죄를 적용해야 한다는 논리를 전개하였다. 그러나 대법원은 2003년 골프도박을 한 혐의 등으로 기소된 모재벌그룹 회장에게 상습도박 등의 혐의를 적용, 징역 1년에 집행유예 2년을 선고한 선례가 있었던 것처럼, 이 판결은 이례적이어서 사회적으로 많은 논란을 불러일으켰다. 검찰은 즉시 항소를 하였고 항소심 재판부인 서울고법 형사6부는 2006년 1월 11일에 억대 내기 골프를 한 혐의로 기소되었으나 1심에서 무죄가 선고된 4명에 대한 항소심에서 피고인 모두에게 유죄를 선고하였다.[15]

서울고법 재판부는 "설사 기량 차이가 있는 경기자 사이의 운동경기라도 핸디캡 조정과 같은 방식으로 승패의 가능성을 대등하게 하는 방식 등으로 우연이 중요하게 작용하는 도박 조건을 얼마든지 만들 수 있다."고 지적했다. 재판부는 또 "내기 골프로 얻는 돈은 정당하게 일을 해 얻은 것으로 볼 수 없고 내기 골프를 그대로 두면 경제에 관한 도덕적 기초가 허물어질 위험이 높아 내기 골프를 화투 등에 의한 도박과 달리 볼 이유가 없다."고 하였다. 동일한 행위에 대하여 하급심인 1심 재판부와 상급심인 2심 재판부의 법적 평가와 적용이 달랐던 사례이다.

이번에는 위험한 물건을 가지고 폭행한 자를 처벌하는 폭력행위 등 처벌에 관한 법률의 적용례를 살펴보기로 한다.

폭행죄 · 상해죄에 관한 법적 삼단논법의 적용례

대전제: 흉기 기타 위험한 물건을 휴대하여 폭행 등을 한 자는 1년 이상의 유기징역에
　　　　처한다.*

소전제: 병이 위험한 물건을 휴대하고 폭행을 하였다.

결　론: 병을 징역에 처한다.

*「폭력행위 등 처벌에 관한 법률」 제3조(집단적 폭행 등) ① 단체나 다중의 위력으로써 또는 단체나 집단을 가장하여 위력을 보임으로써 제2조 제1항에 열거된 죄를 범한 자 또는 흉기 기타 위험한 물건을 휴대하여 그 죄를 범한 자는 제2조 제1항 각호의 예에 따라 처벌한다(이 법률규정은 형법상의 폭행, 상해, 협박, 주거침입, 체포, 감금 등에 대한 가중처벌 규정임).

흉기 이외에 기타 "위험한 물건"이란 무엇일까? 칼이나 총 등의 경우에는 위험한 물건임이 명백하지만, 우리 주변의 많은 물건 중에 어떠한 기준으로 위험한 물건인지 아닌지를 판단하는 것은 여간 어려운 문제가 아니다. 일반인의 관점에서 보아도 어려운 문제이지만, 재판을 담당하는 판사의 경우에도 역시 일관된 기준을 정하기는 쉽지 않은 문제이다.

헌법재판소는 '위험한 물건'이라는 법률규정의 표현이 명확성원칙에 위배되지 않는다고 하였다.[16] 또한 대법원은 "「폭력행위 등 처벌에 관한 법률」 제3조 제1항에서 정한 '위험한 물건'에 해당하는지는 구체적인 사안에서 사회통념에 비추어 그

---

15) 이 중 1심에서 모두 무죄가 선고되었던 선모 씨는 징역 8개월이 선고되었고, 함께 내기골프를 한 나머지 피고인들에게는 징역 6개월에 집행유예 1년, 징역 8개월에 집행유예 2년 등이 선고되었다.

16) 헌재 2015. 9. 24. 2014헌바154 등; 2006. 4. 27. 2005헌바36.

물건을 사용하면 상대방이나 제3자가 생명 또는 신체에 위험을 느낄 수 있는지 여부에 따라 판단하여야 한다."[17]고 하였다. 그러나 '사회통념'이 무엇인지, '상대방이나 제3자가 생명 또는 신체에 위험을 느낄 수 있는지 여부'를 어떻게 알 수 있는지 등이 확연하게 명백하지 않다. 또한 대법원은 "'위험한 물건'이라 함은 흉기는 아니라고 하더라도 널리 사람의 생명, 신체에 해를 가하는 데 사용할 수 있는 일체의 물건을 포함하고, 본래 살상용·파괴용으로 만들어진 것뿐만 아니라 다른 목적으로 만들어진 칼·가위·유리병·각종 공구·자동차 등은 물론, 화학약품 또는 동물 등도 그것이 사람의 생명·신체에 해를 가하는 데 사용되었다면 본조의 '위험한 물건'이라고 해석하고 있다.[18] 구체적으로 대법원이 위험한 물건에 해당한다고 본 경우는 빈 맥주병, 돌, 의자와 당구큐대,[19] 양주병, 쇠파이프, 각목, 생맥주잔, 농약과 당구큐대,[20] 실탄이 장전되지 않은 공기총, 자동차 등이다. 그러나 대법원의 일부 판결에서는 당구큐대,[21] 당구공[22]은 위험한 물건에 해당하지 않는다고 보기도 하였다.

예를 들어, 주차문제로 다투다가 자동차 열쇠로 상대방의 배를 찔러서 옷에 피가 묻어나올 정도에 이르고 피해자에게 약 3주간의 치료를 요하는 복부절창 등 상해를 가한 경우, 이를 '위험한 물건을 휴대하여 상해를 가한 경우'로 볼 수 있을까? 대법원은 이 사건에서 "피고인이 이 사건 자동차열쇠를 사용하여 상해를 가하였다고 하더라도 이로 인하여 사회통념상 피해자나 제3자가 생명 또는 신체에 위험을 느꼈으리라고 보이지 아니하므로, 같은 취지에서 이 사건 자동차 열쇠를 위법률 제3조 제1항에서 정한 위험한 물건에 해당하지 않는다고 본 원심판단은 정당하다."고 하였다. 이 사건에서 자동차열쇠는 위험한 물건에 해당하지 않는다는 것이다. 대법원의 판결에서도 당구큐대가 위험한 물건이라고 판단된 경우도 있었고 위험한 물건이 아니라고 판단된 경우도 있었듯이, 어떠한 물건이 어떠한 상황에서 어떠한 방식으로 사용되었는가에 따라 법률규정의 해석과 적용이 이루어지는 것이다.

---

17) 대법원 1981. 7. 28. 81도1046; 2004. 5. 14. 2004도176 등.
18) 대법원 1984. 10. 23. 84도2001, 84감도319 판결 등.
19) 대법원 1997. 2. 25. 96도3346.
20) 대법원 2002. 9. 6. 2002도2812.
21) 대법원 2004. 5. 14. 2004도176.
22) 대법원 2008. 1. 17. 2007도9624.

이번에는 조금 더 어려운 법률 적용사례를 살펴보기로 한다. 우리 「형법」 제 311조에는 욕설 등 모욕행위를 처벌하는 모욕죄[23]라는 것이 있다.

모욕죄에 관한 법적 삼단논법의 적용례

대전제: 공연히 사람을 모욕한 자는 1년 이하의 징역이나 금고 또는 200만 원 이하의 벌금에 처한다.

소전제: 정이 길거리에서 지나가던 사람을 모욕하였다.

결 론: 정을 200만 원의 벌금에 처한다.

어떠한 표현 자체만을 보고, 이러한 표현이 모욕죄에 해당하는지 판단하는 것은 대단히 어렵다. 모욕죄로 기소된 사건에 대한 법원의 판결들을 보면 ① "피해자 저 망할 년 저기 오네"[24] ② "막무가내로 학교를 파국으로 몰고 간다", "추태를 부렸다"[25] ③ "듣보잡"[26] ④ "인과응보, 사필귀정"[27] ⑤ "무식이 하늘을 찌르네, 눈 장식품이야? 무식해도 이렇게 무식한 사람은 내 생애 처음 같네요, 거의 국보감인 듯"[28] ⑥ "무뇌아"[29] 같은 표현들은 모욕죄에 해당한다고 판단된 바 있다. 반면에 ⑦ "말도 안 되는 소리 씨부리고 있네. 들고 차버릴라"[30] ⑧ "부모가 그런 식이니 자식도 그런식이다"[31] ⑨ "불쌍하고 한심하다"[32] ⑩ "안하무인", "꼴통", "후안무치"[33] ⑪ "아이 씨발"[34] ⑫ "야, 이따위로 일할래.", "나이 처먹은 게 무슨 자랑이냐."[35] ⑬ "배은망덕한 새끼가 어떻게 되는지 보여줄게", "싸가지 없는 새끼"[36] 같은 표현들은 무죄로 판단되었다. ①, ②, ③, ④, ⑤, ⑥은 유죄이고 ⑦,

---

23) 「형법」에 모욕죄를 규정하여 모욕행위를 처벌하는 것은 표현의 자유를 침해한다는 주장이 있었다. 모욕죄가 표현의 자유 등을 침해하는 법률로서 위헌인지의 여부에 관하여, 헌법재판소는 두 번에 걸쳐 합헌으로 결정하였다. 헌재 2011. 6. 30. 2009헌바199; 헌재 2013. 6. 27. 2012헌바37.

24) 대법원 1990. 9. 25. 90도873.

25) 청주지법 2009. 4. 13. 2009고정255.

26) 대법원 2011. 12. 22. 2010도10130.

27) 서울중앙지법 2006. 3. 10. 2006고정885.

28) 대법원 2016. 8. 17. 2016도8555.

29) 대법원 2016. 8. 2. 2015도8417.

30) 부산지방법원 2009. 11. 5. 2009노2161.

31) 대법원 2007. 2. 22. 2006도8915.

32) 대법원 2008. 7. 10. 2008도1433.

33) 의정부지법 2011. 12. 23. 2011노2089.

34) 대법원 2015. 12. 24. 2015도6622.

35) 대법원 2015. 9. 10. 2015도2229.

⑧, ⑨, ⑩, ⑪, ⑫, ⑬은 무죄임을 쉽게 납득할 수 있는가? 이러한 법원의 판결은 표현 자체 이외에 의견개진 경위와 모욕적 표현이 전체내용에서 차지하는 비중이나 수준 등 이러한 표현을 한 구체적·개별적 상황을 고려한 결과라고는 하지만, 모욕에 해당하는지에 대한 명확한 기준을 찾기는 어렵다.

"you are fucking crazy"라고 하여 기소유예처분을 받은 사람이 억울하다는 취지로 헌법재판소에 헌법소원심판을 제기한 사건에서, 헌재는 이러한 표현에 대한 기소유예처분이 평등권과 행복추구권을 침해한 것이므로 기소유예처분을 취소한다는 결정[37]을 한 적도 있다. 추상적이고 일반적인 법률의 문언을 해석하여 구체적인 사건에 적용하는 사법작용인 재판은, 법률 문언의 의미와 선례, 입법의 취지 등이 고려되어야 한다. 그러나 법률의 문언이 가능한 한 명확하고 구체적이어야, 수사와 기소를 하는 경찰과 검찰도, 재판을 하는 판사도, 법을 지켜야 하는 국민도 법률생활이 예견 가능해진다.

최근에는 '보복운전'에 대한 처벌의 필요성이 대두되고, 실제 처벌사례도 나온 바 있다. 자동차에 장착된 블랙박스라는 기술적 진보도 보복운전의 위험한 행태를 증거로 수집하는 혁혁한 역할을 수행했지만, 보복운전행위에 대하여 적극적인 법집행을 하게 된 것이다. 그렇다면 어떠한 행위가 '보복운전'에 해당하는지가 궁금하지 않을 수가 없다. '보복'의 의미가 광범위하고 불명확한 것처럼, '보복운전'의 의미도 광범위하고 불명확하기 때문이다.

2016년 1월 27일에 개정되어 7월 28일에 시행된 「도로교통법」은 개정이유로 "최근 보복운전이 사회적 문제로 대두됨에 따라 보복운전자에 대한 형사처벌 사례가 증가하고 있으나, 이에 상응하여 적절한 행정처분은 이루어지지 못하고 있는 실정인 바, 보복운전자에 대한 운전면허 취소·정지 근거규정을 신설"한다고 하면

---

36) 대법원 2020. 12. 28. 2020도7988. 1심과 2심에서는 벌금 100만원이 선고되었는데, 대법원에서는 무죄 취지로 원심판결을 파기·환송하였다.

37) 헌법재판소 2017. 5. 25. 자 2017헌마1. "형법 제311조의 모욕죄는 사람의 가치에 대한 사회적 평가를 의미하는 외부적 명예를 보호법익으로 하는 범죄로서, 모욕죄에서 말하는 모욕이란 사실을 적시하지 아니하고 사람의 사회적 평가를 저하시킬 만한 추상적 판단이나 경멸적 감정을 표현하는 것을 의미한다(대법원 1987. 5. 12. 선고 87도739 판결, 대법원 2003. 11. 28. 선고 2003도3972 판결 참조). 그런데 언어는 인간의 가장 기본적인 표현수단이고 사람마다 언어습관이 다를 수 있으므로 그 표현이 다소 무례하고 저속하다는 이유로 모두 형법상 모욕죄로 처벌할 수는 없다. 따라서 어떠한 표현이 상대방의 인격적 가치에 대한 사회적 평가를 저하시킬 만한 것이 아니라면 설령 그 표현이 다소 무례하고 저속한 방법으로 표시되었다 하더라도 이를 모욕죄의 구성요건에 해당한다고 볼 수 없다."

서, 제93조(운전면허의 취소·정지) 제1항에 10의2를 삽입하여 "운전면허를 받은 사람이 자동차 등을 이용하여 「형법」 제258조의2(특수상해)·제261조(특수폭행)·제284조(특수협박) 또는 제369조(특수손괴)를 위반하는 행위를 한 경우"를 추가하였다.

'보복운전'의 해석을 위해서는 '난폭운전'에 관한 「도로교통법」 규정을 비교해 볼 필요가 있다. '보복운전'에 관한 규정이 신설되기 전인 2015년 8월 11일에 개정(시행은 2016년 2월 12일)된 「도로교통법」은 '난폭운전'을 한 경우에 운전면허를 취소·정지할 수 있도록 제93조(운전면허의 취소·정지) 제1항에 제5호의2를 신설하였다. 또한 '난폭운전'이 무엇인지에 관해서 제46조의3(난폭운전 금지)을 신설하여 규정히었다. 즉, 신호·지시 위반, 중앙선침범, 속도위반, 횡단·유턴·후진금지 위반, 안전거리 미확보·진로변경금지 위반·급제동금지 위반, 앞지르기방법 또는 앞지르기의 방해금지 위반, 정당한 사유없는 소음발생, 고속도로에서의 앞지르기 방법 위반, 고속도로에서의 횡단·유턴·후진금지 위반 등의 행위[38] 중 둘 이상의 행위를 연달아 하거나, 하나의 행위를 지속 또는 반복하여 다른 사람에게 위협 또는 위해를 가하거나 교통상의 위험을 발생하게 하여서는 아니 된다고 규정하였다. 난폭운전을 한 사람에 대하여 1년 이하의 징역 또는 500만원 이하의 벌금에 처하도록 하는 벌칙규정도 제151조의2(벌칙)에 신설하였다.

그러나 '보복운전'에 대해서는 전술한 바와 같이 제93조(운전면허의 취소·정지) 제1항에 10의2를 삽입한 것 외에는, 무엇이 '보복운전'에 해당하는지에 관하여 규정하지 않고 있다. 결국 '보복운전'이란 제93조(운전면허의 취소·정지) 제1항 10의2이 규정하고 있는 대로, "자동차 등을 이용하여 「형법」 제258조의2(특수상해)·제261조(특수폭행)·제284조(특수협박) 또는 제369조(특수손괴)를 위반하는 행위"만을 의미하는 것이다. 즉, 자동차를 이용한 일부 「형법」규정 위반을 엄하게 처벌하고, 이에 더하여 보복운전자의 운전면허를 취소·정지하겠다는 의미로 해석된다.

---

38) '난폭운전'에 관한 이러한 상세한 규정에도 불구하고, 앞으로 '난폭운전'에 적용되는지의 여부에 관한 많은 법적 다툼이 발생할 것이다.

아동학대와 법

CHAPTER

3

아동학대와 법

1. 아동학대의 개념과 유형

1) 개 념

자녀교육의 모범이라고 하는 신사임당은 어린 이율곡이 말을 듣지 않자 회초리로 자기 종아리를 때렸다고 하는 이야기가 전해진다. 당시에는 일반적인 양육방법이라고 할 수 있는 체벌을 하지 않고, 자녀가 스스로 회개하게 하는 교육을 통해 율곡을 훌륭한 학자로 길러내었다는 평가를 받게 되는 일화이다. 그러나 요즘의 기준을 적용하면, 자녀가 보는 앞에서 자기 종아리를 때리는 행위는 아동에 대한 정서적 학대라고 비난을 받았을지도 모른다.

우선, 아동학대란 「아동복지법」 제3조 1호에 따른 '아동'의 연령기준인 '18세 미만인 사람'을 학대하는 것을 의미한다. 그리고 '학대'란 몹시 괴롭히거나 가혹하게 대우하는 것을 의미하며, 「아동복지법」은 제3조 제7호에서 아동학대가 무엇을 의미하는지를 보다 상세하게 규정하고 있다. 이에 따르면, "아동학대"란 "보호자를 포함한 성인이 아동의 건강 또는 복지를 해치거나 정상적 발달을 저해할 수 있는 신체적·정신적·성적 폭력이나 가혹행위를 하는 것과 아동의 보호자가 아동을 유기하거나 방임하는 것을 말한다"고 정의하고 있다. 그리고 '아동학대범죄'에 관해서는 「아동학대범죄의 처벌 등에 관한 특례법」 제2조 제4호에서 「형법」 등을 인용하여 구체적으로 열거하고 있다. 즉, 「아동학대범죄의 처벌 등에 관한 특례법」에 따른 '아동학대범죄'란 보호자에 의한 아동학대로서 「형법」및 「아동복지법」에서 규정하고 있는 범죄로서, 상세한 것은 아동학대와 관련된 법률 부분에서 후술하기로 한다.

체벌과 아동학대는 무엇이 다른지에 관해서 명확하지 않다고 보는 견해도 있다. 아동의 신체에 직간접의 물리력을 행사하는 행위를 체벌이라고 한다면, 체벌은 아동학대의 한 유형인 신체적 학대로 보아야 할 것이다. 일반적으로 학생체벌과 아동학대라는 용어와 대상 및 행위의 차이도 인식되고 있다. 학생이라 하면 대개 초등학교 입학부터 고등학교 졸업때까지이지만, 아동은 초등학교 이전 연령부터 18세 미만인 고등학생이며, 체벌은 학생들의 신체에 가해지는 물리력의 행사만을 의미하지만, 아동학대는 아동을 대상으로 하는 다양한 학대행위를 의미하는 것으로 인식되고 있다. 그리고 훈육과 체벌을 구별할 수도 있겠지만, 훈육은 대개 체벌과 유사한 의미로 사용되고 있다.

또한 아동학대와 아동성범죄가 무엇이 다른지에 관해서도 의문이 제기될 수 있다. 아동을 대상으로 하는 성적 폭력이나 가혹행위도 「아동복지법」상의 아동학대 범주에 포함[1]되지만, 아동을 대상으로 하는 성폭력이나 성매매는 이미 「형법」및 「아동청소년 성보호에 관한 법률」등에 의하여 규정되어 있다. 그러나 개념적으로 아동에 대한 성적 폭력이나 가혹행위도 아동학대에 포함된다. 특히 「형법」및 「성폭력범죄의 처벌 등에 관한 특례법」 「아동청소년성보호에 관한 법률」에 위반되어 처벌되는 정도에는 이르지 않는 아동에 대한 성적 학대를 「아동복지법」및 「아동학대범죄의 처벌 등에 관한 특례법」에 의하여 제재를 하는 것은 의미가 있다.

아동학대와 가정폭력과의 관계도 언급될 필요가 있다. 2014년에 「아동학대범죄의 처벌 등에 관한 특례법」이 제정되기 전에는 아동에 대한 학대가 「가정폭력범

---

1) 아동복지법상 금지되는 성적 학대행위라 함은 아동에게 성적 수치심을 주는 성희롱, 성폭행 등의 행위로서 아동의 건강·복지를 해치거나 정상적 발달을 저해할 수 있는 성적 폭력 또는 가혹행위를 말하고, 이에 해당하는지 여부는 행위자 및 피해 아동의 의사·성별·연령, 피해 아동이 성적 자기결정권을 제대로 행사할 수 있을 정도의 성적 가치관과 판단능력을 갖추었는지 여부, 행위자와 피해 아동의 관계, 행위에 이르게 된 경위, 구체적인 행위 태양, 그 행위가 피해 아동의 인격 발달과 정신 건강에 미칠 수 있는 영향 등의 구체적인 사정을 종합적으로 고려하여 그 시대의 건전한 사회통념에 따라 객관적으로 판단하여야 할 것이다 (대법원 2015. 7. 9. 선고 2013도7787 판결[아동복지법위반]).

죄의 처벌 등에 관한 특례법」에 의하여 처벌되기도 하였다.[2] 학대와 폭력은 개념 범위에 따라 포함관계가 다를 수 있지만, 폭력을 물리력의 행사로 한정한다면 정서적 학대를 포함하는 학대의 범위가 더 크다. 그러나 폭력행사의 대상을 기준으로 본다면, 가정폭력은 성인과 아동가족 모두를 대상으로 하지만 아동학대는 아동만을 대상으로 한다는 점에서, 아동학대보다는 가정폭력의 대상이 더 넓다고 할 수 있다. 학대를 당한 아동은 청소년기에도 자살충동이나 우울증, 학교생활 부적응, 비행 등 여러 문제로 나타나게 되기도 하고 성인이 된 이후에도 부정적인 영향이 나타나서 삶을 전반적으로 취약하게 만든다.[3]

2) 유 형

아동학대의 유형은 4가지로 구분된다. 즉, 아동학대는 신체학대(Physical Abuse), 정서학대(Emotional Abuse), 성 학대(Sexual Abuse), 방임(Neglect)으로 구분되고, 이러한 학대유형은 중복되어 발생할 수 있다.

신체학대(Physical Abuse)는 보호자를 포함한 성인이 아동에게 우발적인 사고가 아닌 상황에서 신체적 손상을 입히거나 또는 신체손상을 입도록 허용한 모든 행위이다. 정서학대(Emotional Abuse)[4]는 보호자를 포함한 성인이 아동에게 행하는 언어적 모욕, 정서적 위협, 감금이나 억제, 기타 가학적인 행위를 말하며, 언어적, 정신적, 심리적 학대라고도 한다. 성 학대(Sexual Abuse)[5]는 보호자를 포함한 성인

---

2) 「가정폭력범죄의 처벌 등에 관한 특례법」 제3조(다른 법률과의 관계)에는 "가정폭력범죄에 대하여는 이 법을 우선 적용한다. 다만, 아동학대범죄에 대하여는 「아동학대범죄의 처벌 등에 관한 특례법」을 우선 적용한다"는 규정을 두어, 두 특례법 적용의 우선순위에 관해서 규율하고 있다. 「아동학대범죄의 처벌 등에 관한 특례법」은 특례법의 특례법이라고 할 수 있다.

3) 전혜숙/전종설, 아동학대가 청소년의 자아존중감에 미치는 영향: 인권의식과 우울의 매개효과를 중심으로, 청소년복지연구, 제22권 4호, 2020, 38쪽.

4) '아동의 정신건강 및 발달에 해를 끼치는 정서적 학대행위'란 현실적으로 아동의 정신건강과 정상적인 발달을 저해한 경우뿐만 아니라 그러한 결과를 초래할 위험 또는 가능성이 발생한 경우도 포함되며, 반드시 아동에 대한 정서적 학대의 목적이나 의도가 있어야만 인정되는 것은 아니고 자기의 행위로 아동의 정신건강 및 발달을 저해하는 결과가 발생할 위험 또는 가능성이 있음을 미필적으로 인식하면 충분하다(대법원 2015. 12. 23. 선고 2015도13488 판결[아동복지법위반]).

5) 성적 학대행위라 함은 아동에게 성적 수치심을 주는 성희롱, 성폭행 등의 행위로서 아동의 건강·복지를 해치거나 정상적 발달을 저해할 수 있는 성적 폭력 또는 가혹행위를 말하고, 이에 해당하는지 여부는 행위자 및 피해 아동의 의사·성별·연령, 피해 아동이 성적 자기 결정권을 제대로 행사할 수 있을 정도의 성적 가치관과 판단능력을 갖추었는지 여부, 행위자와 피해 아동의 관계, 행위에 이르게 된 경위, 구체적인 행위 태양, 그 행위가 피해 아동

이 자신의 성적 충족을 목적으로 18세 미만의 아동에게 행하는 모든 성적 행위를 말한다. 방임(Neglect)은 보호자가 아동에게 위험한 환경에 처하게 하거나 아동에게 필요한 의식주, 의무교육, 의료적 조치 등을 제공하지 않는 행위를 말하며, 유기란 보호자가 아동을 보호하지 않고 버리는 행위를 말한다. 아동을 버리는 유기(Abandon)는 방임에 포함된다. 「아동복지법」에 근거한 아동학대의 유형은 다음 표와 같다.[6]

표 3-1 아동학대의 행위유형

유형	구체적인 행위유형
신체 학대	- 직접적으로 신체에 가해지는 행위(손, 발 등으로 때림, 꼬집고 물어뜯는 행위, 조르고 비트는 행위, 할퀴는 행위 등) - 도구를 사용하여 신체를 가해하는 행위(도구로 때림, 흉기 및 뾰족한 도구로 찌름 등) - 완력을 사용하여 신체를 위협하는 행위(강하게 흔듦, 신체부위 묶음, 벽에 밀어붙임, 떠밀고 잡음, 아동 던짐, 거꾸로 매닮, 물에 빠트림 등) - 신체에 유해한 물질로 신체에 가해지는 행위(화학물질 혹은 약물 등으로 신체에 상해를 입히는 행위, 화상을 입힘 등)
정서 학대	- 원망적/거부적/적대적 또는 경멸적인 언어폭력 등 - 잠을 재우지 않는 것 - 벌거벗겨 내쫓는 행위 - 형제나 친구 등과 비교, 차별, 편애하는 행위 - 가족 내에서 왕따 시키는 행위 - 아동이 가정폭력을 목격하도록 하는 행위 - 아동을 시설 등에 버리겠다고 위협하거나 짐을 싸서 쫓아내는 행위 - 미성년자 출입금지 업소에 아동을 데리고 다니는 행위 - 아동의 정서 발달 및 연령상 감당하기 어려운 것을 강요하는 행위(감금, 약취 및 유인, 아동 노동 착취) - 다른 아동을 학대하도록 강요하는 행위
성학대	- 자신의 성적만족을 위해 아동을 관찰하거나 아동에게 성적인 노출을 하는 행위(옷을 벗기거나 벗겨서 관찰하는 등의 - 관음적 행위, 성관계 장면을 노출,

의 인격 발달과 정신 건강에 미칠 수 있는 영향 등의 구체적인 사정을 종합적으로 고려하여 그 시대의 건전한 사회통념에 따라 객관적으로 판단하여야 할 것이다(대법원 2015. 7. 9. 선고 2013도7787 판결[아동복지법위반]).

6) http://www.ncrc.or.kr 2023. 1. 25 방문

나체 및 성기 노출, 자위행위 노출 및 강요, 음란물을 노출하는 행위 등)
- 아동을 성적으로 추행하는 행위(구강추행, 성기추행, 항문추행, 기타 신체부위를 성적으로 추행하는 행위 등)
- 아동에게 유사성행위를 하는 행위(드라이성교 등)
- 성교를 하는 행위(성기삽입, 구강성교, 항문성교)
- 성매매를 시키거나 성매매를 매개하는 행위

방임	• 물리적 방임 　- 기본적인 의식주를 제공하지 않는 행위 　- 불결한 환경이나 위험한 상태에 아동을 방치하는 행위 　- 아동의 출생신고를 하지 않는 행위, 보호자가 아동들을 가정 내 두고 가출한 경우 　- 보호자가 아동을 시설 근처에 두고 사라진 경우 　- 보호자가 친족에게 연락하지 않고 무작정 아동을 친족 집 근처에 두고 사라진 경우 등 • 교육적 방임 　- 보호자가 아동을 특별한 사유 없이 학교(의무교육)에 보내지 않거나 아동의 무단결석을 방치하는 행위 　- 초등학교 및 중학교의 장은 해당 학교에 취학할 예정인 아동이나 취학 중인 학생이 ① 입학·재취학·전학 또는 편입학 기일 이후 2일 이내에 입학·재취학·전학 또는 편입학하지 아니한 경우, ② 정당한 사유 없이 계속하여 2일 이상 결석하는 경우, ③ 학생의 고용자에 의하여 의무교육을 받는 것이 방해당하는 때 지체 없이 그 보호자 또는 고용자에게 해당 아동이나 학생의 취학 또는 출석을 독촉하거나 의무교육을 받는 것을 방해하지 아니하도록 경고하여야 함(초·중등교육법 시행령 제25조) • 의료적 방임 　- 아동에게 필요한 의료적 처치 및 개입을 하지 않는 행위 • 유기 　- 아동을 보호하지 않고 버리는 행위 　- 시설근처에 버리고 가는 행위

2. 아동학대의 실태와 현황

아동에 대한 학대는 가정은 물론이고 가정 외에서도 발생하고 있는데, 가정 외에서는 특히 아동보호시설과 어린이집에서의 아동학대가 사회문제화되었다. 아동보호전문기관에 신고된 아동학대신고는 해마다 증가하고 있다. 특히 아동학대가 언론에 자주 보도되고 2014년에 「아동학대범죄의 처벌 등에 관한 특례법」이 제정·시행되면서 아동학대에 대한 국민적 관심이 높아졌고, 이로 인하여 아동학대 신고건수가 증가한 것으로 분석[7]되었으며, 이후로 아동학대 사건이 계속 발생하고 보도되면서, 아동학대에 관한 관심이 지속되고 있다. 아동학대 건수 자체가 이전에 비하여 증가하였다기 보다는 수면 아래 존재하던 아동학대가 드러나는 것이라 할 수 있으며, 이러한 아동학대의 사회적 이슈화는 아동학대가 더 이상 가정내의 개별적인 사건이 아닌 사회적 문제로 인식하는 계기가 되는 것이다.[8]

<표 3-2>를 보면, 전술한 아동학대의 유형 중에서 정서학대와 신체학대 순으로 많고, 방임과 성학대의 순이다. 과거에는 방임(2001년 37.5%)의 발생비율이 높았으나, 정서학대가 점차 증가하는 경향을 보이고 있으며, 무엇보다도 아동학대는 여러 학대유형이 중복되어 나타난다는 특징을 지니고 있다. 방법을 가리지 않고 아동을 학대하는 경우가 많다는 의미이다.

표 3-2　연도별 아동학대사례 유형[9]　　　　　　　　(단위: 건, %)

구분	2014년	2015년	2016년	2017년	2018년	2019년	2020년	2021년	2022년
합계	10,027	11,715	18,700	22,367	24,604	30,045	30,905	37,605	27,971
중복	4,814	5,347	8,980	10,875	11,792	14,476	14,934	16,026	9,775
신체	1,453	1,884	2,715	3,285	3,436	4,179	3,807	5,780	4,911
정서	1,582	2,046	3,588	4,728	5,862	7,622	8,732	12,351	10,632
성	308	428	493	692	910	883	695	655	609
방임	1,870	2,010	2,924	2,787	2,604	2,885	2,737	2,793	2,044

그리고 <표 3-3>을 통해 볼 수 있는 2014년부터 2022년까지의 통계에 의하더라도, 부모에 의한 학대가 75~83% 정도로 가장 많고, 대리양육자에 의한 학대가 9~17% 정도를 차지하고 있다. 특히 2022년의 통계에 의하면, 부모(23,119건, 82.7%)에 의한 학대가 가장 많고, 대리양육자(3,047건, 10.9%)에 의한 학대, 친인척

---

7) 2014 전국아동학대 현황보고서, 보건복지부/중앙아동보호전문기관, 2015, 249쪽.
8) 황유리/김광혁, 아동학대 발생율에 영향을 미치는 요인: 공공데이터를 활용한 중·거시적 관점을 중심으로, 학교사회복지, 제51호, 2020, 100쪽.
9) 2022 아동학대 주요통계, 보건복지부, 2023. 8, 61쪽 및 2019년 아동학대 연차보고서 보도자료, 보건복지부, 2020. 9. 1, 4쪽을 참고하여 작성.

표 3-3 연도별 아동학대 행위자 유형[10] (단위: 건, %)

구분	2014년	2015년	2016년	2017년	2018년	2019년	2020년	2021년	2022년
계	10,027 (100)	11,715 (100)	18,700 (100)	22,367 (100)	24,604 (100)	30,045 (100)	30,905 (100)	37,605 (100)	27,971 (100)
부모	8,207 (81.8)	9,348 (79.8)	15,048 (80.5)	17,177 (76.8)	18,920 (76.9)	22,700 (75.6)	25,380 (82.1)	31,486 (83.7)	23,119 (82.7)
친인척	559 (5.6)	562 (4.8)	795 (4.3)	1,067 (4.8)	1,114 (4.5)	1,332 (4.4)	1,661 (5.4)	1,517 (4.0)	879 (3.1)
대리 양육자	990 (9.9)	1431 (12.2)	2,173 (11.6)	3,343 (14.9)	3,906 (15.9)	4,986 (16.6)	2,930 (9.5)	3,609 (9.6)	3,047 (10.9)
부모의 동거인	146 (1.5)	158 (1.3)	311 (1.7)	247 (1.1)	270 (1.1)	363 (1.2)	444 (1.4)	403 (1.1)	193 (0.7)
유치원 교직원	99 (1.0)	203 (1.7)	240 (1.3)	281 (1.3)	189 (0.8)	155 (0.5)	118 (0.4)	140 (0.4)	100 (0.4)
초중고교 직원	145 (1.4)	234 (2.0)	576 (3.1)	1,345 (6)	2,060 (8.4)	2,154 (7.2)	882 (2.9)	1,089 (2.9)	1,602 (5.7)
학원 및 교습소 종사자	80 (0.8)	64 (0.5)	167 (0.9)	217 (1)	176 (0.7)	320 (1.1)	208 (0.7)	319 (0.8)	254 (0.9)
보육 교직원	295 (2.9)	427 (3.6)	587 (3.1)	840 (3.8)	818 (3.3)	1,384 (4.6)	634 (2.1)	1,221 (3.2)	600 (2.1)
아동복지 시설 종사자	177 (1.8)	296 (2.5)	253 (1.4)	285 (1.3)	313 (1.3)	408 (1.4)	556 (1.8)	217 (0.6)	175 (0.6)
기타시설 종사자	29 (0.3)	22 (0.2)	28 (0.1)	60 (0.3)	27 (0.1)	63 (0.2)	12 (0.0)	93 (0.2)	69 (0.2)
청소년 시설 종사자	–	7 (0.1)	2 (0.0)	32 (0.1)	33 (0.1)	87 (0.3)	14 (0.0)	58 (0.2)	8 (0.0)
위탁부	5 (0.0)	8 (0.1)	0 (0.0)	4 (0.0)	7 (0.0)	3 (0.0)	4 (0.0)	6 (0.0)	2 (0.0)
위탁모	7 (0.1)	5 (0.0)	5 (0.0)	17 (0.1)	2 (0.0)	8 (0.0)	16 (0.1)	17 (0.0)	9 (0.0)
아이돌보미	7 (0.1)	7 (0.1)	4 (0.0)	15 (0.1)	11 (0.0)	41 (0.1)	42 (0.1)	46 (0.1)	35 (0.1)
타인	124 (1.2)	187 (1.6)	201 (1.1)	294 (1.3)	360 (1.5)	663 (2.2)	565 (1.8)	658 (1.7)	573 (2.0)
기타	129 (1.3)	166 (1.4)	454 (2.4)	441 (2)	304 (1.2)	364 (1.2)	369 (1.2)	335 (0.9)	353 (1.3)

10) 2022 아동학대 주요통계, 보건복지부, 2023. 8, 62-63쪽 및 2019년 아동학대 연차보고서 보도자료, 보건복지부, 2020. 9. 1, 3쪽을 참고하여 작성.

에 의한 학대 879건(3.1%), 타인에 의한 학대 573건(2.0%) 등의 순으로 나타났다. 즉, 2014년 이후 2022년까지의 최근 통계를 종합해 보면, 부모(친부모·계부모·양부모를 포함하나, 친부모에 의한 학대가 계부모와 양부모에 의한 학대보다 압도적으로 많음)에 의한 아동학대가 학교·유치원·어린이집·아동복지시설 등(이를 '대리양육자'라고 총칭함)에서의 아동학대와는 비교할 수도 없이 많다.

　지금까지는 '가정교육'으로 경시되어 왔던 아동학대가 '중대범죄'라는 인식이 확산됨으로써 아동학대 신고건수가 날로 증가하고 있다. 2001년 이후 아동학대 신고율 및 피해아동발견율은 지속적으로 증가하는 추세를 보이고 있다. 저출산으로 인하여 아동인구는 지속적으로 감소하고 있는데 학대피해아동 발견율은 2001년 0.18%에서 2016년 2.15%로 증가하였고,[11] 2018년 2.98%, 2019년 3.81%로 계속 증가하고 있다. 학대피해아동을 조기에 발견하여 아동을 보호하는 것은 매우 중요하기 때문에 학대피해아동 발견율의 증가는 바람직하다. 추계 아동 인구(만 0-17세)를 기준으로 인구 1,000명 당 피해아동 발견율을 산출하여 연도별로 비교한 결과, 2015년부터 2019년까지 추계 아동 인구는 꾸준히 감소하는 반면 아동학대사례가 증가하면서 피해아동 발견율도 꾸준히 증가 하는 추세를 보이고 있다.[12]

　과거의 아동학대는 고아원·보육원·육아원·영육아원에서 발생한 경우가 다수 있었고 위탁가정에서도 간간이 발생하는 것으로 알려졌다. 몇몇의 이러한 아동복지시설에서 발생한 아동학대는 사회문제로 부각되기도 하였다. 이러한 아동복지시설에서의 아동학대는 폐쇄적인 운영과 관리·감독의 미비에 기인한 것으로 볼수 있다. 또한 학교·유치원·어린이집에서의 아동학대가 가정에서의 아동학대에 비해서 비율이 높지 않음에 비하여 사회문제로 부각된 것은 가정에서의 아동학대는 잘 노출이 되지 않음에 비하여 어린이집 등에서의 아동학대는 상대적으로 노출될 가능성이 크기 때문이다. 가정에서의 아동학대는 사회적 감시 하에 있지 않지만, 대리양육자에 의한 아동학대는 사회적 감시 하에 있기 때문이기도 하다. 학교나 유치원에 비하여 어린이집에서의 아동학대가 특히 문제되는 것은, 어린이집에 다니는 아동의 연령이 초중등학교나 유치원에 다니는 아동의 연령보다 낮고, 자기통제능력·자기방어능력·피해구술능력 또한 현저히 낮기 때문이기도 하다.

　아동학대가 발생한 가정에서 나타나는 원인에 대해서는 ① 부모가 사회적 고

---

11) 통계로 보는 사회보장, 보건복지부/한국보건사회연구원, 2017, 95쪽.
12) 2019 아동학대 주요통계, 보건복지부, 2020. 8, 62쪽.

립상태에 처해있거나 가족 구성원 간 갈등이 심한 경우 ② 부모 본인이 성장기에 가정폭력에 노출된 경험이 있는 경우 ③ 게임중독이 있는 경우 ④ 너무 어린 나이에 출산하여 양육스트레스가 있는 경우 ⑤ 경제적 불안정성이 높은 경우 등이 공통적으로 지적되고 있다.[13] 아동학대가해자의 특성으로는 아동기 시절 학대경험, 부부 폭력의 경험, 낮은 사회 경제적 상황, 불안정한 주거의 특성, 양육자의 스트레스, 가족의 결손, 양육방법의 부재 등이 지적되고 있다.[14] 특히, 가정에서 학대가 발생하는 근본적인 이유는 부모들이 훈육과 학대를 구분하지 못하고 자녀에 대한 훈육(징계)은 오로지 부모의 권리라고 생각하고 있기 때문이다. 이러한 생각이 다양한 이유와 방식으로 아동학대로 나타나고 있는 것이다. 아동학대의 원인과 관련하여 학대행위자의 두드러진 특성은 양육태도 및 방법 부족이 전체의 35.6%에 해당하는 16,737건이며, 사회경제적 스트레스 및 고립요인이 17.8%에 해당하는 8,372건이고, 부부 및 가족갈등이 10.4%에 해당하는 4,901건으로 조사되었다.[15] 이러한 아동학대의 원인 혹은 특성을 토대로 하여 아동학대의 대책이 마련되어야 효과적일 것이다. 이러한 관점에서 중·고등·대학 교과과정에서 아동학대 예방, 양육, 가족관계 등의 내용을 포함하는 교육프로그램을 필수 이수과목으로 편성하자는 방안[16]이 제시되기도 한다.

3. 아동학대와 관련된 법률 등

1) 입법연혁

가족의 주요 기능이 아동보호이고, 국가는 이러한 '집안일'에의 개입을 자제하고 돌볼 가족이 없는 아동만을 보호하면 된다는 것이 전통적인 관념이었다. 1961년에 제정된 「아동복리법」은 이러한 전통적인 관념을 반영하고 있었다. 그러나 가정의 해체와 가정에서의 아동학대 등 사회적 환경이 변화되면서 유기아동만이 아

---

13) 김희경, 아동학대는 '괴물 같은 부모'의 탓?-아동학대 대응에서 공공의 역할 들여다보기, 한국방송통신대학교 통합인문학연구, 2016, 97쪽.
14) 이주희/이선화, 아동학대 가해부모의 재학대 예방을 위한 부모교육경험에 관한 현상학 연구, 한국사회복지질적연구, 제14권 2호, 2020, 27쪽.
15) 2016년 전국아동학대 현황보고서, 보건복지부/중앙아동보호전문기관, 2017. 11, 22쪽.
16) 박선권, "아동학대예방사업의 과제와 개선방향", 『현안분석』, 제4권, 국회입법조사처, 2018, 9쪽.

닌 모든 아동에게 사회와 국가의 보호가 제공되어야 할 필요가 생겼고, 이러한 사
회변화는 아동관련법의 변화를 초래하였다. 「아동복리법」이 1981년에 「아동복지
법」으로 전면 개정[17]된 것은 이러한 변화를 반영한 것이다.[18]

2010년대에 아동학대사건이 다수 발생하고 아동학대가 사회문제화되면서 아동
학대를 방지하기 위하여 제도가 개선되고 관련 법률이 입법되었다. 특히 장기결석
초등학생의 아동학대 방지를 위하여 「초중등교육법」을 개정하자거나 학원에서의
아동학대 방지를 위하여 「학원의 설립·운영 및 과외교습에 관한 법률」을 개정하
자는 법안발의도 있었다.[19] 국민들의 여론이 힘입어 아동학대에 대처하기 위해 발
의된 이러한 법률안이 모두 입법에 성공한 것은 아니다. 「아동복지법」에서는 아동
학대 피해를 입은 보호대상아동을 아동보호시설 이외에 아동보호에 적합한 다른
가정에 일정기간 위탁하는 가정위탁제도를 규정하고 있는데,[20] 이러한 가족위탁제
도를 상세히 규정하고 활성화하기 위하여 「가정위탁보호지원법」 제정안이 2012년
에 발의되었다.[21] 동 법안에서는 위탁가정을 친족가정위탁보호, 일반가정위탁보호,

---

17) 개정이유 : 종전의 아동복리법은 구호적 성격의 복지제공에 중점을 두고 있어 그동안의 경
제·사회의 발전에 따라 발생한 사회적 복지요구에 부응하지 못하고 있으므로 요보호아동뿐
만 아니라 일반아동을 포함한 전체아동의 복지를 보장하고 특히 유아기에 있어서의 기본적
인격·특성과 능력개발을 조장하기 위한 여건을 조성할 수 있도록 하려는 것임. 주요내용 :
① 법의 제명을 아동복지법으로 개칭함. ② 보호대상범위를 요구호아동 위주로 되어 있던
것을 전체아동으로 확대함. ③ 아동의 보호·육성책임을 국가·지방자치단체 및 보호자가
공동으로 지도록 함. ④ 5월 5일 어린이날에 대한 법적 근거를 마련함. (후략)
18) 제철웅, "개정 미성년후견제도의 입법상의 문제점에 대한 반성", 『법학논총』, 제36권 제1호,
2016, 405쪽.
19) 법제지원단, "아동학대방지와 관련된 법률안의 주요 내용", 『법제소식』, 제45호, 법제처,
2016. 2, 17쪽.
20) 「아동복지법」 제3조(정의) 6. "가정위탁"이란 보호대상아동의 보호를 위하여 성범죄, 가정폭
력, 아동학대, 정신질환 등의 전력이 없는 보건복지부령으로 정하는 기준에 적합한 가정에
보호대상아동을 일정 기간 위탁하는 것을 말한다.
21) "'가정위탁보호'는 집단적 시설보호에 따른 부작용을 방지할 수 있고, 정상적인 가정의 환경
속에서 위탁부모 및 그 가족구성원과 가족적인 대인관계를 맺을 수 있는데다가, 시설보호보
다 심리적·환경적인 면에서 양육효과가 우월하다는 것이 미국·영국 등 선진국에서 여러
가지 연구를 통하여 이미 입증된 바 있음. 유엔아동권리위원회도 2003년에 우리나라 정부에
대하여 위탁가정에 대한 재정지원 확대와 지원체계 강화를 권고한 바 있을 정도로 가정위탁
보호제도는 효과적인 아동복지정책으로 인정되고 있는 제도임. 그러나 현행법 체계는 가정
위탁보호를 「아동복지법」에 아동복지시설 보호 등 다른 보호조치와 병렬적으로 규정하고 있
어 '가정위탁보호'가 널리 활용되지 못하고 있고, 가정위탁보호의 기준·절차 및 위탁부모의
권리 등이 명확하지 않아 법률적 다툼의 여지도 많은데다가, 지원 수준도 '시설보호' 아동에
미치지 못하고 있는 상황임. 따라서 '가정위탁보호'의 활성화를 위한 별도의 법률을 제정하
여 헌법이 국가에게 부과하고 있는 아동복지증진 의무의 이행을 보다 충실히 하려는 것임."

전문가정위탁보호 등으로 구분하고 가정위탁보호의 대상, 기간, 결정절차, 위탁부모의 자격, 필요한 지원 등에 관해서 규정하고 있다.

특히, 정인이 사건을 계기로 하여 2021년 1월에 개정된 「아동학대처벌법」을 통해서, 아동학대신고가 들어오면 이를 묵살하지 않도록 조사·수사착수를 의무화하고 아동학대 조사를 실효성있게 할 수 있도록 출입장소와 권한을 확대하고 가해자와 피해아동을 즉각 분리하고 응급조치 기간을 연장할 수 있도록 하는 등의 제도적 개선을 하였다. 「아동학대처벌법」은 두달 뒤인 2021년 3월에 또 개정되어 '아동학대살해·치사죄"를 신설하여 해당 범죄에 대하여 사형, 무기 또는 7년 이상의 징역으로 형을 가중하였고, 아동학대피해아동에 대한 국선변호사 선정을 의무화하였다.

2) 「아동복지법」과 「아동학대범죄의 처벌 등에 관한 특례법」

「아동복지법」에서는 아동학대방지에 관한 규정을 두고 있으나, 아동학대범죄에 대한 처벌을 강화하고 아동학대범죄가 발생한 경우 긴급한 조치 및 보호가 가능하도록 하는 내용의 「아동학대범죄의 처벌 등에 관한 특례법」이 2014년 1월 28일에 제정되어 시행되고 있다. 「아동학대범죄의 처벌 등에 관한 특례법」은 아동학대범죄의 처벌 및 피해아동의 보호절차에 관한 내용을 중심으로 하고, 「아동복지법」은 아동학대의 예방 및 피학대아동을 지원하기 위한 내용을 중심으로 하고 있다는 점에서 구별된다.

아동의 권리보장과 복지증진을 위한 기본법이라고 할 수 있는 「아동복지법」은 아동복지정책과 아동에 대한 보호·지원서비스 및 아동복지전담기관·아동복지시설 등에 대해서 규정하고 있으며, 제3장에서는 '아동에 대한 보호서비스 및 아동학대의 예방 및 방지'에 관한 규정을 두고 있다. 아동학대 신고의무자에 대한 교육, 아동학대정보시스템, 피해아동과 가족에 대한 지원, 아동학대행위자에 대한 상담·교육 등의 권고, 아동학대범죄전력자의 아동관련기관 취업제한 등의 사항이 규정되어 있다. 그리고 아동의 권리보장 중에서 아동학대범죄에 관한 특별법이라고 할 수 있는 「아동학대범죄의 처벌 등에 관한 특례법」은 아동학대범죄의 처벌에 관한 특례, 아동학대범죄의 처리절차에 관한 특례, 아동보호사건, 피해아동보호

김춘진의원 대표발의, 2012. 11. 20, 제안이유, 1쪽.

명령, 벌칙 등에 관한 사항이 규정되어 있다.

　이처럼 「아동복지법」은 지원법이고 「아동학대범죄의 처벌 등에 관한 특례법」은 처벌법으로서의 내용과 특성을 지니고 있다. 그러나 두 법률은 밀접하게 연계되어 있다. 예를 들어, 「아동복지법」 제3조(정의) 7의2에는 "아동학대관련범죄"란 아동에 대한 「형법」 제2편 제24장 살인의 죄 중 제250조부터 제255조까지의 죄를 포함하여, 「아동학대범죄의 처벌 등에 관한 특례법」 제2조 제4호에 따른 아동학대범죄라고 정의하고 있다. 그런가하면, 「아동학대범죄의 처벌 등에 관한 특례법」 제2조(정의) 1에는 "아동"이란 「아동복지법」 제3조 제1호에 따른 아동을 말한다고 하고, "아동학대"란 「아동복지법」 제3조 제7호에 따른 아동학대를 말한다고 규정되어 있다. 「아동복지법」과 「아동학대범죄의 처벌 등에 관한 특례법」은 상호 보완적 관계에 있는 법률이라고 할 수 있다.

> **「아동복지법」 제17조(금지행위)** 누구든지 다음 각 호의 어느 하나에 해당하는 행위를 하여서는 아니 된다. 〈개정 2014. 1. 28.〉
> 1. 아동을 매매하는 행위
> 2. 아동에게 음란한 행위를 시키거나 이를 매개하는 행위 또는 아동에게 성적 수치심을 주는 성희롱 등의 성적 학대행위
> 3. 아동의 신체에 손상을 주거나 신체의 건강 및 발달을 해치는 신체적 학대행위
> 4. 삭제 〈2014. 1. 28.〉
> 5. 아동의 정신건강 및 발달에 해를 끼치는 정서적 학대행위(「가정폭력범죄의 처벌 등에 관한 특례법」 제2조제1호에 따른 가정폭력에 아동을 노출시키는 행위로 인한 경우를 포함한다)
> 6. 자신의 보호·감독을 받는 아동을 유기하거나 의식주를 포함한 기본적 보호·양육·치료 및 교육을 소홀히 하는 방임행위
> 7. 장애를 가진 아동을 공중에 관람시키는 행위
> 8. 아동에게 구걸을 시키거나 아동을 이용하여 구걸하는 행위
> 9. 공중의 오락 또는 흥행을 목적으로 아동의 건강 또는 안전에 유해한 곡예를 시키는 행위 또는 이를 위하여 아동을 제3자에게 인도하는 행위
> 10. 정당한 권한을 가진 알선기관 외의 자가 아동의 양육을 알선하고 금품을 취득하거나 금품을 요구 또는 약속하는 행위
> 11. 아동을 위하여 증여 또는 급여된 금품을 그 목적 외의 용도로 사용하는 행위

> **「아동학대범죄의 처벌 등에 관한 특례법」 제2조(정의)** 4. "아동학대범죄"란 보호자에 의한 아동학대로서 다음 각 목의 어느 하나에 해당하는 죄를 말한다.
> 　가. 「형법」 제2편 제25장 상해와 폭행의 죄 중 제257조(상해) 제1항·제3항, 제258조의2(특수상해) 제1항(제257조 제1항의 죄에만 해당한다)·제3항(제1항 중 제257조

제1항의 죄에만 해당한다), 제260조(폭행) 제1항, 제261조(특수폭행) 및 제262조(폭행치사상)(상해에 이르게 한 때에만 해당한다)의 죄

나. 「형법」 제2편 제28장 유기와 학대의 죄 중 제271조(유기) 제1항, 제272조(영아유기), 제273조(학대) 제1항, 제274조(아동혹사) 및 제275조(유기등 치사상)(상해에 이르게 한 때에만 해당한다)의 죄

다. 「형법」 제2편 제29장 체포와 감금의 죄 중 제276조(체포, 감금) 제1항, 제277조(중체포, 중감금) 제1항, 제278조(특수체포, 특수감금), 제280조(미수범) 및 제281조(체포·감금등의 치사상)(상해에 이르게 한 때에만 해당한다)의 죄

라. 「형법」 제2편 제30장 협박의 죄 중 제283조(협박) 제1항, 제284조(특수협박) 및 제286조(미수범)의 죄

마. 「형법」 제2편 제31장 약취, 유인 및 인신매매의 죄 중 제287조(미성년자 약취, 유인), 제288조(추행 등 목적 약취, 유인 등), 제289조(인신매매) 및 제290조(약취, 유인, 매매, 이송 등 상해·치상)의 죄

바. 「형법」 제2편 제32장 강간과 추행의 죄 중 제297조(강간), 제297조의2(유사강간), 제298조(강제추행), 제299조(준강간, 준강제추행), 제300조(미수범), 제301조(강간등 상해·치상), 제301조의2(강간등 살인·치사), 제302조(미성년자등에 대한 간음), 제303조(업무상위력 등에 의한 간음) 및 제305조(미성년자에 대한 간음, 추행)의 죄

사. 「형법」 제2편 제33장 명예에 관한 죄 중 제307조(명예훼손), 제309조(출판물등에 의한 명예훼손) 및 제311조(모욕)의 죄

아. 「형법」 제2편 제36장 주거침입의 죄 중 제321조(주거·신체 수색)의 죄

자. 「형법」 제2편 제37장 권리행사를 방해하는 죄 중 제324조(강요) 및 제324조의5(미수범)(제324조의 죄에만 해당한다)의 죄

차. 「형법」 제2편 제39장 사기와 공갈의 죄 중 제350조(공갈), 제350조의2(특수공갈) 및 제352조(미수범)(제350조, 제350조의2의 죄에만 해당한다)의 죄

카. 「형법」 제2편 제42장 손괴의 죄 중 제366조(재물손괴등)의 죄

타. 「아동복지법」 제71조 제1항 각 호의 죄(제3호의 죄는 제외한다)

파. 가목부터 타목까지의 죄로서 다른 법률에 따라 가중처벌되는 죄

하. 제4조(아동학대치사), 제5조(아동학대중상해) 및 제6조(상습범)의 죄

그러나 지원법인 「아동복지법」과 처벌법인 「아동학대범죄의 처벌 등에 관한 특례법」이 상호 보완되어 작용하지 못하고, 아동학대자에 대한 처벌규정은 강화되었지만 학대아동을 적극적으로 찾아내고 학대피해아동의 보호와 지원을 위한 재원과 인력의 부족으로 법률강화의 효과는 크지 않다는 비판[22]이 이어져 왔다.

2021년 1월에는 정인이 학대사건을 계기로 하여 「아동학대범죄의 처벌 등에

---

22) 김봉수, 「아동학대범죄의 처벌 등에 관한 특례법」상 학대피해아동의 보호를 위한 제도 개선 방안, 아동보호연구, 제1권 제2호, 2016, 119쪽.

관한 특례법」 개정이 이루어졌다.

2021년의 아동학대처벌법 개정이유와 주요내용

〈개정이유〉

　최근 양부모의 학대로 숨진 생후 16개월 입양아동 사건 등 심각한 아동학대범죄사건이 지속적으로 발생하면서 사회적 문제가 되고 있는바, 아동학대범죄의 신고에 따른 현장 대응의 실효성을 높일 필요가 있다는 지적이 있음. 이에 현장출동, 현장조사 및 응급조치 등 현행법상 아동학대사건 대응 절차의 일부 미비점을 개선·보완함으로써 아동학대범죄를 예방하고 피해아동 보호를 강화하려는 것임.

〈주요내용〉

1. 아동학대신고의무자의 신고 시 조사·수사 착수 의무화
2. 현장조사를 위한 출입 장소 확대
3. 아동학대행위자와 피해아동 등의 분리조사
4. 수사기관과 지방자치단체 간 현장조사 결과 상호 통지
5. 아동학대행위자 등의 출석·진술 및 자료제출 의무 위반에 대한 제재
6. 응급조치 기간 연장
7. 사법경찰관리의 응급조치를 위한 출입권한 명시
8. 증인에 대한 신변안전조치
9. 피해아동보호명령 기간 종료 사실의 통지
10. 아동학대 관련 교육 대상에 사법경찰관리 추가
11. 벌금 및 과태료 법정형 상향

3) 「민법」

　부모와 자녀간의 관계에 있어서는 미성년자에 대한 양육과 보호를 부모의 자율에 맡기는 것이 일반적이고, 이는 '친권(親權)'이라고 하는 제도로 민법에 규정되어 있다. 이로 인하여 부모에 의한 아동학대가 발생한 경우에 있어서 학대행위를 훈육을 목적으로 하는 체벌이라고 주장하는 경우가 많았다.[23] 이처럼 친권이 부모에게 주어지는 권리인 것으로만 오해되기 때문에 아동학대의 싹이 자란다고 볼 수 있다.

---

23) 조신행, 「아동·청소년 학대 방지 대책」 내용과 향후 추진계획, 육아정책포럼, 제65권, 2020, 32쪽.

친권은 부모 등 친권자가 행사하는 것이라고 하더라도, 친권은 기본적으로 친권자를 위한 것이 아니라 아동을 위한 것이다. 따라서, 친권자는 무제한적으로 친권을 행사할 수 없는 것이다. 이러한 이유로, 아동학대가 발생한 경우에 민사법의 영역에서는 친권을 제한하거나 박탈할 수 있도록 하고 있다. 즉, 부모의 학대 등으로 자녀의 생명이나 신체에 위해가 발생하는 경우에 친권을 제한할 수 있는데, 기존에는 친권상실에 관해서만 규정되어 있었으나, 2014년 10월 15일의 「민법」 개정으로 친권을 일시 제한하는 내용이 신설되었다.

2014년의 민법 개정이유와 주요내용

〈개정이유〉

현재는 부모의 학대나 개인적 신념 등으로 자녀의 생명·신체 등에 위해가 발생하는 경우에도 자녀의 보호를 위하여 친권의 상실 선고 외에는 활용할 수 있는 제도가 없으나, 친권을 일정한 기간 동안 제한하거나 친권의 일부만을 제한하는 제도 등을 마련함으로써 앞으로는 구체적인 사안별로 자녀의 생명 등을 보호하기 위하여 필요 최소한도의 친권 제한 조치가 가능하도록 하려는 것임.

〈주요내용〉

1. 친권자의 동의를 갈음하는 법원의 재판 제도의 도입(제922조의2 신설)

가정법원은 친권자의 동의가 필요한 행위에 대하여 친권자가 정당한 이유 없이 동의하지 아니하여 자녀의 생명·신체 등에 중대한 손해가 발생할 위험이 있는 경우에는 자녀 또는 검사 등의 청구에 의하여 친권자의 동의를 갈음하는 재판을 할 수 있도록 함.

2. 친권의 일시 정지 제도의 도입(제924조)

가정법원은 부모가 친권을 남용하여 자녀의 복리를 현저히 해치거나 해칠 우려가 있는 경우에는 자녀 또는 검사 등의 청구에 의하여 2년의 범위에서 친권의 일시 정지를 선고할 수 있도록 함.

3. 친권의 일부 제한 제도의 도입(제924조의2 신설)

가정법원은 거소의 지정이나 징계, 그 밖의 신상에 관한 결정 등 특정한 사항에 관하여 친권자가 친권을 행사하는 것이 곤란하거나 부적당한 사유가 있어 자녀의 복리를 해치거나 해칠 우려가 있는 경우에는 자녀 또는 검사 등의 청구에 의하여 구체적인 범위를 정하여 친권의 제한을 선고할 수 있도록 함.

> 제924조(친권의 상실 또는 일시 정지의 선고) ① 가정법원은 부 또는 모가 친권을 남용하여 자녀의 복리를 현저히 해치거나 해칠 우려가 있는 경우에는 자녀, 자녀의 친족, 검사 또는 지방자치단체의 장의 청구에 의하여 그 친권의 상실 또는 일시 정지를 선고할 수 있다.
> ② 가정법원은 친권의 일시 정지를 선고할 때에는 자녀의 상태, 양육상황, 그 밖의 사정을 고려하여 그 기간을 정하여야 한다. 이 경우 그 기간은 2년을 넘을 수 없다.
> ③ 가정법원은 자녀의 복리를 위하여 친권의 일시 정지 기간의 연장이 필요하다고 인정하는 경우에는 자녀, 자녀의 친족, 검사, 지방자치단체의 장, 미성년후견인 또는 미성년후견감독인의 청구에 의하여 2년의 범위에서 그 기간을 한 차례만 연장할 수 있다.
>
> 제924조의2(친권의 일부 제한의 선고) 가정법원은 거소의 지정이나 징계, 그 밖의 신상에 관한 결정 등 특정한 사항에 관하여 친권자가 친권을 행사하는 것이 곤란하거나 부적당한 사유가 있어 자녀의 복리를 해치거나 해칠 우려가 있는 경우에는 자녀, 자녀의 친족, 검사 또는 지방자치단체의 장의 청구에 의하여 구체적인 범위를 정하여 친권의 일부 제한을 선고할 수 있다.

「민법」의 개정으로 친권을 일시적으로 제한하거나 친권의 일부를 제한할 수 있게 되었다. 즉, 자녀의 복리가 매우 심각하게 침해되는 경우에는 친권을 상실시킬 수도 있지만, 친권을 일시 정지시키는 것이 자녀의 복리에 부합하는 경우도 있기 때문에,[24] 친권의 제한에는 구체적인 사정이 감안되어야 한다.

2021년 1월에는 정인이 학대사건을 계기로 하여 아동학대의 명분이 되고 있는 「민법」상 친권자의 징계권을 삭제하는 개정이 이루어졌다.

2021년의 민법 개정이유와 주요내용

친권자의 징계권 규정은 아동학대 가해자인 친권자의 항변사유로 이용되는 등 아동학대를 정당화하는 데 악용될 소지가 있는바, 징계권 규정을 삭제함으로써 이를 방지하고 아동의 권리와 인권을 보호하려는 것임(안 제915조 삭제 등).

자녀를 학대한 부모 등 친권자의 친권을 상실 또는 제한하는 「민법」 개정이나 자녀를 학대한 부모 등 친권자가 아동학대의 방패로 사용하던 징계권을 삭제하는 「민법」 개정은 뒤늦은 감이 있지만, 부모에 의한 아동학대 비율이 가장 높다는 현실에 비추어볼 때 적절한 제도개선이라고 할 수 있다.

---

24) 진도왕, "피학대아동에 대한 법적 보호: 민법상 친권제한제도를 중심으로", 『법학연구』, 제18권 제4호, 인천대학교 법학연구소, 2015, 20쪽.

그러나 「민법」 개정을 통한 부모의 징계권 폐지 이후에도 적정한 범위에서의 자녀 훈육은 가능하다는 취지의 헌법재판소 결정도 있었다.

> **헌법재판소 2021. 4. 29. 2020헌마1415 (기소유예처분 취소)**
>
> 청구인은 피해아동으로부터 폭행당하고 욕설을 듣자 친권자로서 훈육의 의도로 피해아동을 교양하기 위해 죽비를 든 점, 피해아동을 때린 횟수도 2회에 불과하고 그로 인한 상처도 자연 치유될 정도로 그리 중하지 아니한 점, 피해아동을 때린 직후 바로 피해아동을 안고 서로 화해하였고 피해아동도 청구인에 대한 처벌을 원하지 아니한 점, 이 사건 전에는 피해아동을 체벌한 적이 없었고 피해아동이 안전하고 쾌적한 환경에서 건강하게 성장해 온 것으로 보이는 점 등을 종합하면, 청구인의 행위는 사회통념에 비추어 용인될 수 있는 행위로 사회상규에 위배되지 아니한 정당행위에 해당될 소지가 충분히 있다. 그럼에도 불구하고 정당행위 여부를 판단하지 않고 청구인에 대한 아동복지법위반(아동학대) 혐의를 인정한 이 사건 기소유예처분은 자의적인 검찰권의 행사로서 청구인의 평등권과 행복추구권을 침해하였다.

「민법」 개정을 통해 징계권이 폐지되었음에도 불구하고 학대와 체벌, 훈육과 징계에 대한 혼란은 여전하다는 분석[25]이 있다.

4) 지방자치단체의 조례

많은 지방자치단체에서는 아동권익보호 및 아동학대예방을 위한 조례를 만들었다. 특히, 아동학대가 사회문제화되고 아동학대발생건수가 증가하면서 지방자치단체의 아동학대 방지 조례가 급증하였다. 예를 들어 「강원도 아동학대예방 및 보호에 관한 조례」, 「경기도 아동학대예방 및 보호에 관한 조례」, 「대구광역시 아동학대예방 및 보호촉진에 관한 조례」, 「부산광역시 아동학대 예방 및 피해아동 보호에 관한 조례」,[26] 「서울특별시 아동학대 예방 및 방지에 관한 조례」, 「제주특별자치도 아동학대 예방 및 보호에 관한 조례」 등 광역지방자치단체의 조례는 물론

---

25) 장영인, "아동권리의 관점에서 본 징계권 폐지의 실천적 의의와 긍정적 양육 지원", 『사회복지법제연구』, 제13권 제1호, 2022, 81쪽.
26) 제1조 목적, 제2조 정의, 제3조 적용범위, 제4조 아동학대예방계획의 수립 등, 제4조의2 아동학대의 예방과 방지 의무, 제4조의3 아동학대범죄 신고의무와 절차, 제4조의4 아동학대 신고의무자에 대한 교육, 제5조 관계 기관 간의 협력체계의 구축, 제6조 아동학대예방위원회의 설치, 제7조 아동보호전문기관의 설치 등, 제7조의2 사후관리 등, 제8조 사업비의 지원, 제9조 비밀준수의 의무, 제10조 아동학대예방의 날.

이고, 「나주시 아동학대 예방 및 보호에 관한 조례」, 「속초시 아동학대 예방 및 방지 조례」, 「울산광역시 동구 아동학대 예방 및 피해아동 보호에 관한 조례」, 「서울특별시 서초구 아동학대예방 및 방지에 관한 조례」,[27] 「천안시 아동학대 예방 및 보호에 관한 조례」 등 기초지방자치단체에도 조례가 제정·시행되고 있다.

제도를 개선하고 아동학대행위를 찾아내 처벌하며 아동복지예산 등을 배정하는 것은 국가가 주로 담당하는 것이고, 지방자치단체는 아동학대 위기가정의 발굴과 지원 등을 주로 담당하는, 중앙과 지방의 효과적인 역할분담이 유익하리라 본다.

4. 아동학대와 관련한 법원의 판례

아동학대사건이 자주 발생함에 따라 법원의 판결도 엄격해지는 경향을 보이고 있다. 아동학대사건이 발생하는 경우에 여러 가지 법적 대응방법이 있을 수 있고 민사·형사·행정 분야에서 다양한 소송이 제기될 수도 있지만, 아동학대에 관한 판례는 친권의 제한과 관련된 민사재판 판례와 아동학대의 처벌에 관한 형사재판 판례로 대별될 수 있다. 법원의 재판은 아니지만, 아동학대에 관한 국가인권위원회의 결정도 있다.

1) 친권상실 등에 관한 판례

입양아 갑에 대한 양모 을의 친권상실이 문제된 사안에서, 을이 자신이 양육하던 또 다른 입양아 병을 별다른 이유 없이 심하게 구타하여 사망에까지 이르게 하는 등 학대한 점, 그러한 행위 등으로 을이 유죄판결을 받아 앞으로 장기간 수감생활을 하여야 하는 점, 특히 갑이 향후 지속적인 재활치료를 받아야 하는 중증의 장애를 가지고 있는 데 을은 갑의 치료를 위하여 노력을 기울일 수 없는 형편인 점 등에 비추어 보면 을이 갑의 건전한 성장을 위하여 적정하게 친권을 행사하리라 기대할 수 없다고 봄이 타당하다는 이유로, 을에게 갑에 대한 친권을 행사시킬 수 없는 중대한 사유가 있어서 친권을 박탈한 사례[28]가 있다.

---

27) 제1조 목적, 제2조 정의, 제3조 구청장의 책무, 제4조 아동학대 신고의무, 제5조 아동학대 예방계획 수립, 제6조 관계기관 간 협력체계 구축, 제7조 관련정보의 제공, 제8조 위원회의 설치 및 구성, 제9조 위원회의 기능, 제10조 예산지원, 제11조 비밀준수의 의무, 제12조 시행규칙.

서울가정법원 2012. 10. 12. 자 2012느합5 심판: 확정(친권상실선고)

을은 인터넷에 "입양을 원한다. 아들이든 딸이든 상관없으니 연락을 주세요."라는 등의 글을 게시함으로써 입양 상대를 물색하던 중 2011. 8. 22.경 성명불상자로부터 생후 3개월의 여아 갑을 받아 자신이 출산한 친생자인 것처럼 출생신고를 마치고 양육하였다. 을은 입양직후부터 입양아 갑의 이마와 무릎, 하반신 등 온 몸을 수차례 구타하여 허혈성 뇌부종 및 뇌손상(뇌탈출) 등의 상해를 가하였고, 그 결과 갑은 구토를 하는 등 숨을 잘 쉬지 못하며 의식이 없게 되었다. (중략) 을은 상해치사 등의 범죄사실로 인하여 징역 6년의 확정판결을 받았다. (중략) ① 을이 자신이 양육하던 영아인 갑을 별다른 이유 없이 심하게 구타하여 사망에까지 이르게 하는 등 학대한 점 ② 그러한 행위 등으로 인하여 을이 유죄판결을 받아 앞으로 장기간 수감생활을 하여야 하게 된 점, 특히 갑이 향후 지속적인 재활치료를 받아야 하는 중증의 장애를 가지고 있는 데 반하여 을은 갑의 치료를 위하여 노력을 기울일 수 없는 형편에 이른 점 등에 비추어 보면, 을이 사건본인의 건전한 성장을 위하여 적정하게 친권을 행사하리라 기대할 수 없다고 봄이 상당하여, 을에게는 사건본인에 대한 친권을 행사시킬 수 없는 중대한 사유가 있다고 판단된다.

수차례 자녀에 대한 양육의사를 밝히고 양육비의 일부를 지급하였고 이혼절차 진행 중에도 자녀와의 면접교섭을 진행하는 등 자녀에 대한 친권자로서의 권한과 의무를 포기한 적이 없지만, 부가 사망하였고 자녀가 모에 대하여 심한 거부감을 보이고 있으며 이러한 상태가 상당 기간 지속될 것으로 보이기 때문에, 직접 자녀를 양육하는 것은 자녀의 복리를 심히 해칠 우려가 있다는 이유로, 친권을 박탈하지는 않고 친권 중 양육과 관련된 권한을 제한하였다.

대전고등법원 2018. 1. 17. 자 2017브306 결정 [미성년후견인선임및친권상실]

친권은 자녀의 복리실현을 위하여 법률에 의해서 부모에게 인정된 실정법상의 의무인 동시에 권리이다. 따라서 부모는 자녀의 복리에 적합하게 친권을 행사할 의무를 부담하고 이러한 의무에 위반하여 자녀의 복리를 위태롭게 할 때에는 아동의 보호의무를 지고 있는 국가가 개입하여 필요한 조치를 취해야만 한다. 다만 부모로부터 친권을 박탈하는 친권상실선고는 법원이 취할 수 있는 가장 강력한 수단으로 함부로 발동해서는 아니 되고 그 선고에는 신중한 판단이 필요하다. 이러한 견지에서 우리 민법은, 『가정법원은 부 또는 모가 친권을 남용하여 자녀의 복리를 현저히

---

28) 서울가정법원 2012. 10. 12. 자 2012느합5 심판: 확정[친권상실선고].

해치거나 해칠 우려가 있는 경우에는 그 친권의 상실 또는 일시 정지를 선고할 수 있다』고 규정하는 한편(제924조 제1항), 『가정법원은 거소의 지정이나 징계, 그 밖의 신상에 관한 결정 등 특정한 사항에 관하여 친권자가 친권을 행사하는 것이 곤란하거나 부적당한 사유가 있어 자녀의 복리를 해치거나 해칠 우려가 있는 경우에는 구체적인 범위를 정하여 친권의 일부 제한을 선고할 수 있다』고 규정하고(제924조의2), 『제924조에 따른 친권 상실의 선고는 같은 조에 따른 친권의 일시 정지, 제924조의2에 따른 친권의 일부 제한 또는 그 밖의 다른 조치에 의해서는 자녀의 복리를 충분히 보호할 수 없는 경우에만 할 수 있다』고 규정한다(제925조의2 제1항). 한편 아동복지법은 제18조 제1항에서 친권상실사유로 친권남용 뿐만 아니라 현저한 비행이나 아동학대, 그 밖에 친권을 행사할 수 없는 중대한 사유를 규정하고 있다. 따라서 친권상실선고를 위해서는, ① 친권남용, ② 현저한 비행, ③ 아동학대, ④ 그 밖에 친권을 행사할 수 없는 중대한 사유 중 하나의 친권상실사유가 존재하고, 이로 말미암아 자녀의 복리를 현저히 해치거나 해칠 우려가 있어야 한다. 반면에 친권자가 친권을 행사하는 것이 곤란하거나 부적당한 사유가 있지만 위에서 열거한 친권상실사유에까지 해당한다고 보기 어렵거나 친권의 일부 제한 등의 다른 조치에 의해 자녀의 복리를 충분히 보호할 수 있는 경우에는 친권 전부를 상실시키는 선고를 하여서는 아니 되고, 이러한 경우 친권상실선고의 청구에도 불구하고 법원은 친권상실선고 대신 친권의 일부 제한 등을 선고할 수 있다.

부모가 협의이혼을 하면서 두 자녀의 친권자로 어머니와 아버지를 각각 나누어 지정하였는데, 아버지가 사망하자 아동들의 할아버지가 자신을 미성년후견인으로 선임하여 달라고 청구한 사안에서, 어머니에게 아동들의 친권을 행사할 수 없는 중대한 사유가 있으므로 할아버지를 미성년후견인으로 선임하는 것이 타당하다고 한 사례[29]가 있다.

▎제주지방법원 2015. 6. 3. 자 2014느단513 심판: 확정[미성년후견인선임]

갑이 을과 협의이혼신고를 하면서 자녀인 병에 대한 친권자로 어머니인 을을, 정에 대한 친권자로 아버지인 갑을 각 지정하였는데, 갑이 사망하자 병·정의 조부인 무가 자신을 병·정의 미성년후견인으로 선임하여 달라고 청구한 사안에서, 무를 포함한 병·정의 조부모가 갑과 을의 협의이혼 이전 및 이후 적지 않은 기간 동안 병·정을 양육하였는데, 오랜 기간 안정적으로 형성된 양육환경을 변경하는 것은

---

29) '친권 자동부활 금지법'이라고도 불린 '최진실법'이 적용된 첫 사례이다. 홍완식, 『실명입법론』, 피엔씨미디어, 2020, 237쪽.

미성년자의 복리 측면에서 바람직하지 않은 점, 병은 을에게 애착을 보이고는 있으나 현재의 양육상황이 변경되는 것을 원하지 않고 있고, 정은 을과 애착 관계가 형성되어 있지 않은 점, 을도 갑과 이혼한 이후 병·정과 연락을 하거나 만나지 않았고 이미 재혼하여 그 사이에 자녀를 양육하고 있는 점 등에 비추어, 정의 경우 복리를 위하여 무를 미성년후견인으로 선임하는 것이 옳고, 병의 경우 제반 사정들을 종합하면 을에게 병의 적절한 보호와 교양을 기대할 수 없어 친권을 행사할 수 없는 중대한 사유가 있으므로 무를 미성년후견인으로 선임하는 것이 타당하다고 한 사례.

2) 아동학대에 관한 판례

어린이집 보육교사가 낮잠을 자기 위해 누워 있던 아동(3세)에게 휴대전화로 무서운 영상을 틀어 주어 이를 본 아동이 다리가 떨릴 정도로 극도의 공포심을 느껴 울게 함으로써 아동복지법상 정서적 학대행위를 하였다는 내용으로 기소된 사안에서, 피고인의 행위는 갑의 정신건강 및 발달에 해를 끼치는 정서적 학대행위가 된다고 판결한 경우가 있다.

> **춘천지방법원 2016. 1. 22. 선고 2015고단651 판결: 항소[아동복지법위반]**
>
> 아동복지법상 아동학대죄에서 정서적 학대행위는 유기에 준할 정도로 아동을 보호 없는 상태에 둠으로써 생명·신체에 위험을 가져올 수 있는 반인륜적 침해행위에까지 이를 필요는 없을지라도, 최소한 아동의 신체에 손상을 주는 등의 행위나 보호·감독 아래에 있는 아동을 유기하거나 방임하는 행위에 준하여 정서적 폭력이나 가혹행위 등으로 아동의 정신건강 및 발달에 위험을 가져올 것이 명백히 인정되는 행위로 해석함이 타당한데, 당시 갑의 반응과 행동을 살펴볼 때 피고인은 그 전에도 최소한 한 차례 이상 갑이 두려워하는 영상을 보여 주어 위협하면서 자신의 의사를 관철하여 온 것으로 보이는 점, 갑이 쉽게 공포심을 느끼는 소양이 있었더라도 이를 이용하여 공포심을 야기하는 영상을 강제로 보게 하는 행위가 정당화될 수는 없는 점, 갑은 어머니에게 불안감과 두려움을 호소하였고 그로 인해 심리 치료를 받았던 점 등에 비추어, 피고인의 행위는 갑의 정신건강 및 발달에 해를 끼치는 정서적 학대행위[30]가 된다.

---

30) 그러나 ① 식사 시간에 식사를 하지 않겠다고 한 아동을 다른 아동들이 식사를 할 동안에 다른 활동을 하지 못하게 하고 자신의 옆에 앉아 있도록 한 행위 ② 다른 아동이 들고 있던 장난감 바구니를 붙잡고 실랑이를 한다는 이유로, 장난감 바구니를 빼앗고는 교구장에 정리되어 있던 종이벽돌을 꺼내어 바닥에 흩뜨린 뒤 10여 분간 정리하게 한 행위 ③ 수업 시간

피고인은 아동에게 무서운 영상을 보여 준 사실을 부인하며, 해당 아동이 종종 사소한 것에 놀라 다리와 팔을 떠는 점을 알아서 이불로 덮어 주고 달래 주어 곧 잠들 수 있도록 하였을 뿐, 정서적으로 학대한 사실이 없다고 주장하였으나, 벌금 150만원이 선고되었다. 양형(量刑)을 함에 있어서는 "어린 아동을 대상으로 한 학대 범죄로서 그 죄책이 가볍다고 할 수 없고, 피고인이 수사 및 재판 과정에서 보인 태도에 비추어 피고인이 진지하게 반성하고 있다고 할 수 없는 점에서 피고인에 대한 엄중한 처벌이 불가피"하지만, 이 사건으로 벌금형이 확정되면 10년간 어린이집을 운영하거나 근무할 수 없게 되는 점, 피고인에게 전과가 없는 점 등이 참작되었다.

> **수원지방법원 2009. 9. 3. 선고 2009가합2913 판결: 항소[손해배상]**
> 피고 2는 2008. 12. 17. 00:10경 위 △△△ 복지시설에서 김○○이 야간임에도 큰소리로 울자 김○○을 자신의 승용차 뒷좌석에 태우고 화성시 정남면 발산리 소재 번지불상의 농로로 갔다. 그곳에서도 김○○은 울음을 그치지 않았고, 피고 2는 김○○의 바지를 벗긴 채 승용차에 방치하고 밖으로 나갔다. 김○○은 겁을 먹고 피고 2를 쫓아오던 중 농로 옆 논둑 밑으로 떨어졌고, 피고 2는 김○○을 논둑 밑에서 끌어올린 후 농로에 두고 다시 걷기 시작하였다. 피고 2를 다시 쫓아가던 김○○은 농수로(깊이 70㎝, 폭 130㎝)에 넘어져 그곳에 있는 콘크리트 배수관에 머리를 부딪쳤고, 이로 인하여 2009. 1. 11. 뇌간마비로 사망하였다. (중략) 이 사건 사고는 피고 2에 의한 지속적인 아동학대의 과정에서 발생한 것이고 만일 화성시 담당 공무원이 이 사건 복지시설을 방문하여 김○○을 비롯한 양육되고 있는 아동들을 점검하고 상담하는 등 운영실태를 파악하였다면, 김○○이 피고 2에 의하여 지속적으로 학대받는 상황을 막을 수 있었다. 그렇다면 이 사건 사고는 피고 화성시 소속 공무원의 아동복지법상 의무를 태만히 한 과실과 피고 2의 보호, 양육의무를 태만히 한 과실이 경합하여 발생하였다고 할 것이므로, 피고들은 이 사건 사고로 김○○ 및 원고들에 대하여 공동불법행위자로서 책임을 부담한다.

아동복지시설의 장이 자신의 보호·감독을 받는 아동을 지속적으로 학대하다가 보호 및 양육의무를 게을리 하여 추락사에 이르게 한 사안이며, 지방자치단체

에 장난을 치자 양팔을 잡아당겨 다른 아동들을 등지고 2분 정도 앉아 있게 하였고, 다시 베개로 장난을 치자 3분 정도 마주 보고 앉아 양팔을 붙잡기도 하고 자세를 교정하기도 하면서 야단을 친 행위 등은 훈육의 한 방법이고 정서적 학대행위라 하기는 어렵다고 하였다. 춘천지방법원 2016. 1. 22. 선고 2015고단651 판결: 항소[아동복지법위반].

와 아동복지시설의 장에게 공동불법행위책임을 인정하였다.[31]

울산지방법원 2018. 10. 30. 선고 2018고단1586 판결: [아동복지법 위반]

피고인은 2013. 일자불상일 피고인과 피해자의 주거지에서, 피해자가 학원에 가지 않고 친구집에서 놀았다는 이유로, 플라스틱 재질의 빗자루 손잡이(길이 약 50cm)를 이용하여 피해자의 팔과 다리 부위를 수 회 때렸다. 이로써 피고인은 아동인 피해자의 신체의 건강 및 발달을 해치는 신체적 학대행위를 하였다. 피고인은 2015. 6.경 피고인과 피해자의 주거지에서, 피해자가 보고 있음에도 불구하고 반려견이 대소변을 못가린다는 이유로 철재 화분 받침대(길이 약 80cm)를 이용하여 반려견을 때려 피해자로 하여금 공포심을 느끼도록 하였다. 이로써 피고인은 아동인 피해자의 정신건강 및 발달에 해를 끼치는 정서적 학대행위를 하였다. 피고인은 2016. 7. 30.경 피고인과 피해자의 주거지에서, 아침 식사 중 피해자가 오빠와 싸운다는 이유로, 피해자에게 "씨발년아, 쌍년아"라고 욕설을 하면서 숟가락으로 피해자의 코 부위를 1대 때려 피가 나도록 하였다. 이로써 피고인은 아동인 피해자의 신체의 건강 및 발달을 해치는 신체적 학대행위를 하였다.

이 사건에서 법원은 딸에게 신체적 학대행위와 정서적 학대행위를 저지른 피고인에게 징역 8개월에 집행유예 2년을 선고하였다.[32]

대법원 2015. 7. 9. 선고 2013도7787 판결[아동복지법위반]

만 10세에 불과한 피해자는 성적 가치관과 판단능력이 충분히 형성되지 아니하여 성적 자기결정권을 제대로 행사하기 어렵고 자신을 보호할 능력도 상당히 미약하다고 볼 수 있는데, 피고인은 위와 같은 피해자의 성적 무지와 타인의 부탁을 쉽게 거절하지 못하는 피해자의 성향을 이용하여 자신의 성적 만족을 얻기 위한 의도로 영상통화를 하면서 음부를 보여 달라는 요구를 반복하였던바, 피고인의 이러한 행위는 일반인의 선량한 성적 도덕관념을 기준으로 볼 때 피해자에게 성적 수치심을 주는 성희롱으로서 피해자의 건강·복지를 해치거나 정상적 발달을 저해할 수 있는 가혹행위, 즉 성적 학대행위에 해당한다고 보아야 할 것이고, 설령 피해자가 피고인의 위와 같은 요구에 특별한 저항 없이 응하였다거나 이 때문에 현실적으로 육체적 또는 정신적 고통을 느끼지 아니한 사정이 있다 하더라도 당시 피해자가 자신의 성적 행위에 관한 자기결정권을 자발적이고 진지하게 행사한 것으로

---

31) 원고인 부모에게 각각 131,031,610원과 124,123,177원을 지급하라고 판결하였다.
32) 울산지방법원 2018. 10. 30. 선고 2018고단1586 판결 [아동복지법 위반]

보기는 어려우므로, 위와 같은 사정 때문에 피고인의 피해자에 대한 위와 같은 행위가 성적 학대행위에 해당하지 아니한다고 볼 수는 없다.

육군 이병이던 피고인은 인터넷 게임을 통하여 알게 된 초등학교 4학년의 피해자(여, 10세)와 3회에 걸친 영상통화 과정에서 피고인의 요청에 의하여 피해자가 음부를 보여주는 행동을 하였다. 하급심에서는 피고인이 피해자에게 물리적 내지 정신적 위해를 가하기 어려웠고 피해자가 피고인의 요구를 거부하지 아니한 사정에만 주목하여 피고인의 행위가 성적 학대행위에 해당하지 아니한다고 판단하였으나, 대법원에서 이를 성적 학대로 보아 하급심 판결을 파기하였다. 아동에게는 성적 자기결정권을 행사하거나 자신을 보호할 능력이 부족하기 때문에, 설령 행위자의 요구에 피해 아동이 명시적인 반대 의사를 표시하지 아니하였거나 행위자의 행위로 인해 피해 아동이 현실적으로 육체적 또는 정신적 고통을 느끼지 아니하는 등의 사정이 있다 하더라도, 이는 「아동복지법」 상의 '성적 학대행위'에 해당한다고 본 것이다.

어느 어린이집 원장이 재롱잔치 연습을 하면서 보육교사의 지시를 따르지 않은 4세 아동의 머리를 스펀지블록으로 때려서 아동복지법 위반으로 기소된 적이 있었다. 해당 원장은 재롱잔치 연습 도중의 질서유지를 위한 훈육이었으며 학대할 의도는 전혀 없었다고 무죄를 주장하였으나, 의정부지법에서의 1심과 2심에서는 동일하게 300만원의 벌금이 선고되었다. 이 판결은 서울변호사회와 이데일리가 선정한 이달의 판결에 선정되기도 하였다.[33] 대법원에 상고되었으나 상고가 기각되면서 벌금 300만원이 확정되었다.

> **대법원 2015. 12. 23. 선고 2015도13488 판결[아동복지법위반]**
>
> 구 아동복지법(2014. 1. 28. 법률 제12361호로 개정되기 전의 것) 제17조는 아동에 대한 금지행위로 제3호에서 '아동의 신체에 손상을 주는 학대행위'를 규정하고, 별도로 제5호에서 '아동의 정신건강 및 발달에 해를 끼치는 정서적 학대행위'를 규정하고 있는데, 아동의 신체에 손상을 주는 행위 가운데 아동의 정신건강 및 발달에 해를 끼치지 않는 행위를 상정할 수 없는 점 및 위 각 규정의 문언 등에 비추어 보면, 제5호의 행위는 유형력 행사를 동반하지 아니한 정서적 학대행위나 유형력을 행사하였으나 신체의 손상에까지 이르지는 않고 정서적 학대에 해당하는

---

33) "'스펀지로도 때리지 마라' 상처없어도 정서학대", <이데일리>, 2015. 10. 19.

행위를 가리킨다. 여기에서 '아동의 정신건강 및 발달에 해를 끼치는 정서적 학대행위'란 현실적으로 아동의 정신건강과 정상적인 발달을 저해한 경우뿐만 아니라 그러한 결과를 초래할 위험 또는 가능성이 발생한 경우도 포함되며, 반드시 아동에 대한 정서적 학대의 목적이나 의도가 있어야만 인정되는 것은 아니고 자기의 행위로 아동의 정신건강 및 발달을 저해하는 결과가 발생할 위험 또는 가능성이 있음을 미필적으로 인식하면 충분하다.

성인인 가해자는 모텔에서 14세의 아동인 피해자에게 옷을 벗으라고 시킨 후 미리 준비해온 철제 개목걸이를 피해자의 목에 채운 뒤 피해자를 동물인 개처럼 취급하며 복종시키고, 손바닥으로 피해자의 엉덩이를 수회 때리고 손가락으로 유사성교행위를 한 사건이다. 이 사건에서 대법원은 아동복지법상 금지되는 '성적 학대행위'는 아동에게 성적 수치심을 주는 성희롱 등의 행위로서 아동의 건강·복지를 해치거나 정상적 발달을 저해할 수 있는 성적 폭력 또는 가혹행위를 의미한다고 하였다.

대법원 2017. 6. 15. 선고 2017도3448 판결[아동·청소년의성보호에관한법률위반(음란물제작·배포등)·아동복지법위반(아동에대한음행강요·매개·성희롱등)·아동복지법위반(아동학대)]

아동복지법의 입법목적과 기본이념, '아동에게 음란한 행위를 시키는 행위'와 '성적 학대행위'를 금지하는 규정의 개정 경과 등을 종합하면, 아동복지법상 금지되는 '성적 학대행위'는 아동에게 성적 수치심을 주는 성희롱 등의 행위로서 아동의 건강·복지를 해치거나 정상적 발달을 저해할 수 있는 성적 폭력 또는 가혹행위를 의미하고, 이는 '음란한 행위를 시키는 행위'와는 별개의 행위로서, 성폭행의 정도에 이르지 아니한 성적 행위도 그것이 성적 도의관념에 어긋나고 아동의 건전한 성적 가치관의 형성 등 완전하고 조화로운 인격발달을 현저하게 저해할 우려가 있는 행위이면 이에 포함된다.

3) 국가인권위원회의 결정

국가인권위원회는 아동학대가 의심되는 아동복지시설을 중심으로 방문조사 및 현장모니터링을 하고 있다. 인권침해가 확인될 경우에는 해당시설 및 감독기관에 개선권고를 하고, 제도개선이 필요한 경우에는 관계부처에 아동학대 예방을 위한 정책권고를 하고 있다.

아동학대 현장 모니터링 사례 1[34)

사례 1: 112를 통해 신고접수 된 K는 부의 신체학대로 인해 눈에 멍이 들고, 실명 위기에 처함. 현장조사에서 사건의 심각성을 인지했음에도 경찰은 부에 대한 경고조 치 후 수사를 진행하지 않음. 계모의 지속적인 신체·정서학대로 112를 통해 재신고 된 사례. 현장에서 피해상황을 경찰이 확인했음에도 계모의 '잘못했다'는 말에 반성을 하고 있어 수사를 진행할 수 없다고 함. 부가 만취상태에서 H를 폭행하여 모가 ○○ 지구대로 신고하였으나 부를 가정에 복귀시킨 사례 등 아동학대에 대한 인식의 미흡 으로 인한 소극적인 대응 사례들이 발생.

사례 2: 피학대 아동에 대한 긴급분리 및 보호를 위한 일시보호시설 및 쉼터의 부 족으로 인해 보호에 상당한 애로사항 발생. 가령, 모의 알콜홀릭과 가정폭력으로 영 아 2명(18개월, 7개월)의 일시보호가 필요한 상황이 발생함. 관련 지자체는 영아보호 시설의 정원이 찼고, 아동양육시설은 영아물품 미구비라는 이유로 보호를 거부함.

사례 3: 조현병 질환자로 의심되는 모는 K(중학교 1학년)가 정신적 돌봄이 필요하 다며 6개월간 학교에 보내지 않겠다고 함. 여러 차례 설득을 시도한 학교 측은 모를 아동방임으로 경찰에 신고함. 하지만 경찰은 방임의 기준이 모호하고 관련 매뉴얼이 없다며 별다른 개입을 하지 않음. K가 초등학교 재학시에 같은 사유로 경찰에 신고 가 됐지만 별다른 조치가 이루어지지 않았음.

아동학대 현장 모니터링 사례 2

국가인권위원회 결정 2013. 3. 26, 12직권0001500 아동양육시설에서의 시설아 동에 대한 인권침해

피해자 27의 머리를 말몽둥이로 때려 다치게 한 사실이 인정된다. (중략) 피해자 31의 욕을 근절하기 위하여 생마늘과 청양고추를 먹였다는 사실도 추가로 인정하였 다. (중략) 피조사자 4는 인권위 조사과정에서 아동에게 마늘을 먹이는 행위와 아동 을 독방에 수용하는 행위에 대해 "인권침해가 아니다"라고 답변하였다. (중략) 시설 운영자가 자의적으로 타임아웃방의 입퇴실을 결정하고, 나아가 타임아웃방 운영과 관 련하여 기록이나 평가가 전혀 없었다는 점에서 사실상 감금에 해당하는 것으로 아동 복지법 제17조 제5호 및 제6호를 위반한 것으로 판단된다. (중략) 말을 듣지 않는 아 동에 대해 식사를 주지 말라고 지시한 적이 있다. (중략) ○○영육아원의 아동간 성 폭행 사건 피해자는 용돈이 모자라 500원~1000원을 받고 옷을 벗었다고 진술하였

---

34) 보도자료, "인권위, 아동인권보호·학대예방위해 최선의 역할 도모", 국가인권위원회, 2016.
   1. 27, 4쪽 이하.

다. (중략) ○○영육아원의 체벌, 가혹행위, 아동에 대한 과도한 행동제한 등을 직접 지시하거나 알고도 묵인한 사실이 광범위하게 인정된다.

〈결정주문〉

검찰총장에게, ○○영육아원 아동에 대한 신체적·정신적 학대 및 방임 등의 혐의로 피조사자 3 및 피조사자 16을 각 고발한다.

4. ○○○○지사에게, 사회복지법인 ○○○아동복지회에 대한 관리감독 강화, ○○○아동보호시설의 지도점검시 교차점검 도입 등 아동인권침해 재발방지대책을 수립할 것을 권고한다.

5. 보건복지부장관에게, 아동시설에 대한 지도점검에 있어 객관성과 공정성 확보를 위한 개선방안을 마련할 것을 권고한다.

5. 아동학대관련 국제규범과 주요 외국의 대응방법

아동의 권리보호를 위하여 1989년 11월 20일에 유엔에서는 유엔아동권리협약(UN Convention on the Rights of the Child: CRC)이 채택되었고, 우리나라는 1991년 11월 20일에 아동권리협약에 가입하였다. 유엔아동권리협약은 생존권, 보호권, 발달권, 참여권 등으로 구분될 수 있는 아동권리보호를 위한 협약으로 40개의 조문으로 구성되어 있다.

보호되어야 하는 권리 중에서도 특히 '학대받지 않을 권리'는 권리중의 권리라고 할 수 있다. 따라서 제19조에서는 "모든 아동은 폭력과 학대·유기로부터 보호받아야 하며, 당사국 정부는 아동학대를 막고 학대로 고통 받는 아동을 보호하기 위한 조치를 취해야 한다."는 아동학대 금지규정을 두고 있으며, 경제적 착취(제32조)·성착취와 성폭력(제34조)를 포함하여 모든 형태의 착취(제36조)를 금지한다는 규정을 두고 있다. 유엔 아동권리위원회는 아동학대와 관련하여 우리나라에 수차례 권고를 하였다.

유엔 아동권리위원회 주요 권고사항[35]

○ 제1차(1996년) 권고사항
 − 가정폭력 및 아동학대 대응 조치 확립: 가정 폭력과 아동 학대를 방지하고 피

[35] 보도자료, "인권위, 아동인권보호·학대예방위해 최선의 역할 도모", 국가인권위원회, 2016. 1. 27, 9쪽.

해아동을 보호하고 적절한 육체적, 사회적 회복을 실현시키기 위한 조치를 할 것. 가정폭력이나 아동학대를 조기에 발견하고 감독하고 적절한 기관에 의뢰할 수 있는 체계를 확립할 것

○ 제2차(2003년) 권고사항

 − 아동학대 전국 시스템 구축: 아동학대와 방임관련 진정을 접수·모니터·조사 하는 전국적 시스템을 구축하기 위해 법률 개정을 포함하여 모든 적합한 조치 를 취할 것

 − 아동학대 관련 절차에서 아동친화적 방식 도입 및 관계자 훈련: 기소가 필요한 경우에는 아동 친화적인 방식으로 이루어져야 하며 법집행공무원과 사회사업가 및 검사들에게 이 점에 관한 훈련을 할 것

 − 가정내 아동폭력 가·피해자 상담·회복·재통합: 개입 또는 처벌에 그치기보 다는 가정폭력의 피해자와 가해자 모두에게 원조를 제공하고, 폭력의 모든 피 해자들에게 상담과 회복, 재통합을 위한 지원을 보장하는 전국적인 대응 체계 의 구축을 위하여 아동학대예방센터 설립을 위한 노력을 강화할 것

 − 아동학대 가·피해자 자료수집 체계구축: 아동학대 및 방임의 문제 정도를 적 절히 평가하고 그에 관한 정책 및 프로그램을 구상할 수 있도록 성별 및 연령 대로 분산돼 있는 학대 및 방임의 가해자와 피해자에 관한 자료수집 체계를 구 축할 것

○ 제3·4차(2011년) 권고사항

 − 대안돌봄시설 내 아동학대 진정절차 보장: 대안돌봄시설 내 아동학대 관련 진 정접수, 조사 및 기소제도를 보장하고, 학대 피해자들이 진정절차, 상담, 진료 및 필요한 다른 회복지원 서비스를 이용할 수 있도록 할 것

 − 아동에 대한 폭력 방지를 위한 국가전략 개발: 아동에 대한 모든 형태의 폭력 을 방지하고 해결하기 위한 포괄적 국가전략의 개발할 것. 아동폭력을 명시적 으로 금하는 법의 도입과 자료수집, 분석, 보급 체계 통합 및 아동폭력 관련 연구 의제를 통합할 것

 − 아동학대 및 방임 피해아동 지원: 더 많은 보호기관 설치, 학대 및 또는 방임 피해자 위한 충분한 외상 후 지원 및 재활지원 제공 등의 효과적 운영에 필요 한 인적, 기술적, 재정적 지원을 할 것

 − 아동학대 및 방임 신고의무자 법적의무 강화: 아동학대 및 방임 신고자의 신원 및 안전을 고려하는 적절한 보고체계를 마련하여, 아동학대 및 방임을 신고할 법적 의무를 강화하고 확대할 것

주요 국가들에서는 대개 형법에서는 아동에 대한 학대행위를 범죄로 규정하여 처벌하고 있으며 민법에서는 아동학대의 예방과 재발방지를 위하여 친권의 제한·박탈 및 후견제도 등에 관한 규정을 두고 있다. 미국은 「아동학대의 예방 및 치료에 관한 법률(Child Abuse Prevention and Treatment Act)」에서 아동학대를 예방하기 위한 보고의무 등과 학대받은 아동을 위한 치료프로그램 및 각종 지원에 대하여 규정하고 있다. 독일은 「아동·청소년 지원법(Kinder- und Jugendhilfegesetz)」에서 학대아동에 대한 보호조치와 이를 위한 사법·행정절차와 긴급구호 등에 관하여 규정하고 있다. 일본은 「아동학대의 방지 등에 관한 법률」에서 아동학대 통보, 통보후 조치, 통보에 관한 면책규정, 아동상담소의 안전확인의무, 경찰청장에 대한 원조요청 등에 관하여 규정하고 있다.[36] 영국은 「아동법(Child Act)」에서 면접교섭명령, 금지조치명령, 거소명령, 특정명령, 피해아동에 대한 지원 등을 규정하고 있으며, 아동학대사건에 있어서의 법원의 조정권한을 강화하였다.[37]

6. 아동학대에 대응하기 위한 개선방안

그간 아동학대 사건은 친부모는 물론이고 양부모나 여러 아동 돌봄시설에서도 끊이지 않고 발생하였는데, 사회적 이슈가 된 적도 있지만 아무런 관심을 받지 못한 경우도 있다. 2020년 말에 생후 16개월된 정인이가 학대로 사망하자 아동학대 근절을 위한 여론이 들끓었고, '정인이법'으로 불리는 「아동학대범죄의 처벌 등에 관한 특례법」 개정안과 「민법」 개정안이 국회를 통과하여 2021년 1월 26일에 공포되었다. 공포된 「아동학대범죄의 처벌 등에 관한 특례법」 개정법률[38]은 지방자치단체나 수사기관이 아동학대 신고 의무자로부터 신고를 받으면 즉각 조사나 수

---

36) 김잔디, "일본의 아동학대에 대한 대처와 동향", 『서울법학』, 제22권 제2호, 2014, 483쪽.

37) 장영인, "학대피해아동 보호에서의 아동권리와 부모권리의 균형모색 – 영국 아동보호관련법의 전개과정을 중심으로", 『아동과 권리』, 제17권 제4호, 2013, 560쪽.

38) 개정이유 및 주요내용: 최근 양부모의 학대로 숨진 생후 16개월 입양아동 사건 등 심각한 아동학대범죄사건이 지속적으로 발생하면서 사회적 문제가 되고 있는바, 아동학대범죄의 신고에 따른 현장 대응의 실효성을 높일 필요가 있다는 지적이 있음. 이에 아동학대 신고시 즉시 조사착수, 아동학대 피해자·신고자 등의 행위자와의 분리조사, 현장출동 조사결과의 관련기관 통지, 출석·진술·자료제출의무 강화, 학대현장 출입권한 명시, 응급조치 상한기간 연장, 증인신변 보호, 아동학대사건 조사에 관한 교육 등 현행법상 아동학대사건 대응 절차의 미비점을 개선·보완함으로써 아동학대범죄를 예방하고 피해아동 보호를 강화하려는 것임.

사에 착수하도록 하고 경찰관과 아동학대 전담 공무원이 현장조사나 피해아동 격리조치를 위해 출입할 수 있는 장소를 확대하는 등의 규정을 신설하였고, 「민법」 개정법률[39]은 그간 아동학대의 근거로 오해되어 오던 자녀에 대한 징계권 규정을 삭제하였다. 또한 2020년 12월 29일의 「아동복지법」 개정법률[40]은 아동학대를 한 보호자로부터 피해아동을 즉시 분리할 수 있도록 하는 규정을 신설하였다.

아동학대는 어제·오늘의 새로운 문제가 아니며, 우리나라만의 문제도 아니다. 아동학대의 보편성이나 지속성에도 불구하고 이 문제에 관심을 기울여야 하는 이유는, 아동학대는 그 자체도 문제지만 사회 전반의 폭력 허용도와 관련이 있기 때문이다. 아동학대에 관대한 사회는 다른 사람에 대한 폭력도 관대하게 된다. 아동에게 신체적 학대 혹은 체벌을 하는 지역에서는 부인이나 형제자매에 대한 과도한 폭력이 동시에 관찰되고 있다.[41] 따라서, 아동학대의 예방과 처벌은 우리 사회의 폭력 허용도를 낮추는 시작점이 될 수 있다.[42] 아동의 권리와 복지에 대한 위협은 아동학대 만이 아니라 아동의 노동착취나 아동포르노, 아동을 대상으로 하는 인신매매와 성범죄 등 다양하고 뿌리 깊다. 국제연합(UN)이 아동권리보호협약을 통해 각국의 아동복지증진을 촉구하거나, 대개의 국가에서 아동학대방지를 위한 제도를 마련하게 하는 것은, 일면으로는 아동학대의 보편성을 나타내 주는 것이고 일면으로는 아동학대의 방지정책에 공감하고 있기 때문이다.

아동학대와 양육을 위해 불가피한 훈육의 한계가 불분명하다는 의견이 있으며, 법원의 판결에서도 아동학대를 훈육이라고 주장하는 경우에는 주장 자체가 신빙성이 없는 경우가 아니라면 가해자에게 유리한 양형사유로 고려되고 있다.[43] 그리고 국가와 법은 가정에서 일어나는 가정사에 관여하지 말아야 한다는 의견도 있

---

39) 개정이유 및 주요내용: 친권자의 징계권 규정은 아동학대 가해자인 친권자의 항변사유로 이용되는 등 아동학대를 정당화하는 데 악용될 소지가 있는바, 징계권 규정을 삭제함으로써 이를 방지하고 아동의 권리와 인권을 보호하려는 것임.

40) 개정이유 및 주요내용: 원가정 보호원칙을 개선하기 위해 <u>아동학대가 강하게 의심되고, 피해아동에 대한 조사를 위해 필요한 경우 보호자로부터 피해아동을 즉시 분리할 수 있는 제도를 마련</u>하고, 시장·군수·구청장이 보호대상아동의 가정 복귀여부를 결정할 때 아동보호전문기관의 장, 아동을 상담·치료한 의사 등의 의견을 존중하도록 하며, 아동학대행위자가 상담·교육·심리적 치료 등을 받지 않은 경우에는 원가정 복귀를 취소할 수 있도록 함.

41) 정연우(역), 『헤더 몽고메리, 유년기 인류학』, 연암서가, 2015, 195쪽.

42) 김은정, "아동학대 현황과 예방정책", 『보건복지포럼』, 한국보건사회연구원, 2016. 3, 43쪽.

43) 장혜영, "우리나라의 아동학대 현황 및 법적 규율", 『사회보장법연구』, 서울대 사회보장법연구회, 제11권 제1호, 2022, 103쪽.

다. 그러나 앞서 본바와 같이 아동학대가 가장 많이 발생하는 장소는 아동의 가정
이고, 주요 학대행위자는 친부와 친모를 포함한 부모인 것으로 나타나고 있다. 이
는 아동이 부모의 소유물이 아니며, 훈육이라는 외피에 감추어진 아동학대는 가정
의 문제가 아니라 사회의 문제라는 인식이 필요하다는 생각을 갖게 한다. 그렇기
때문에 아동학대를 막기 위해서는 국가의 개입이 필요하다. 여기서 '국가의 개입'
이란 형사처벌만이 아니고, 교육이나 상담 프로그램 등을 포함하는 것이다.

  아동학대를 예방하고 처벌하기 위한 제도에 관한 논의나 아동에 대한 법적 보
호의 문제가 사회적 이슈가 된 것도 근래의 일이 아니다. 무단결석을 하는 아동들
과 부모가 알콜이나 약물중독으로 인하여 적절히 돌보지 못하여 위험에 처해있거
나 도움이 필요한 아동들에 대한 대책마련이 촉구되고 있으며, 관련법의 개선도
이미 1993년의 논문[44]이나 2002년의 논문[45]에서 주장되고 있다. 어린이집 등에서
발생하는 아동학대를 방지하기 위해 CCTV설치가 의무화되기도 하였다. 이외에도
그간 아동학대의 예방과 처벌을 위한 제도들이 도입되었고, 이를 위해서 여러 법
령이 제정·개정되기도 하였다. 그럼에도 불구하고 여전히 제도를 개선하자는 주
장도 있고 집행을 엄격히 하자는 주장도 계속되고 있다. 아직도 우리 사회에서는
학대행위자의 처벌에 관심이 더 크고, 상대적으로 피해아동의 보호와 지원에 대해
서는 미흡하다는 평가이다.[46] 그렇지 않아도 아동학대에 관한 우리의 법체계와 현
실이 형사절차에 편중되어 있다는 비판[47]이 있음을 볼 때에, 아동학대에 대한 형
사처벌을 가중[48]하는 것이 능사는 아니라고 본다. 아동학대의 대부분은 가정에서
이루어지기 때문에, 막연한 가중처벌은 가정의 붕괴만을 가져올 수가 있다.[49] 아
동학대가 발생한 가정에서는 재발할 가능성이 크다는 점도 관련대책에 반영될 필
요가 있다.

---

44) 허남순, "아동학대의 실태 및 대책, 한국아동복지학", 『창간호』, 1993, 23쪽 이하.
45) 황옥경, "아동학대 관련법에 대한 분석", 『아동과 권리』, 제6권 제2호, 2002, 287쪽 이하.
46) 강동욱, "아동학대범죄 피해아동의 보호를 위한 법·제도적 보완방안", 『홍익법학』, 제17권
    제1호, 2016, 74쪽.
47) 장혜영, "우리나라의 아동학대 현황 및 법적 규율", 『사회보장법연구』, 서울대 사회보장법연
    구회, 제11권 제1호, 2022, 121쪽.
48) 형사처벌의 가중이 오히려 보호자를 불안하게 만들고, 이로 인해 아동보호가 오히려 방치될
    우려가 있다고 하여 가중처벌규정을 삭제하자는 의견도 있다. 강동욱, "아동학대행위의 처벌
    및 이에 관한 법제의 검토", 『법학논총』, 제21권 제1호, 2014, 468쪽.
49) 고명수, "아동학대범죄의 처벌 등에 관한 특례법 제정에 대한 형법적 고찰", 『서울법학』, 제
    22권 제2호, 2014, 47쪽.

표 3-4	아동 재학대 발생건수[50]								(단위: 건)
구 분	2014	2015	2016	2017	2018	2019	2020	2021	2022
재학대건수	1,027	1,240	1,591	2,160	2,543	3,431	3,671	5,517	4,475

따라서 "아동의 재학대 가능성을 높이는 배우자 폭력, 양육기술, 음주문제 등은 행위가인 부모의 변화를 위해 보다 적극적인 서비스제공이 강력하게 이루어질 필요가 있다"는 지적에 주목해야 한다.[51] 아동학대의 대부분이 가정에서 발생한다는 점과 재학대 가능성이 높다는 점을 감안한다면, 가정에서의 아동학대 발생을 억제하는 다양한 지원정책을 마련하여 원가정회복을 우선하는 것이 아동학대해결의 궁극적인 해결책이요 목표로 지적되고 있다.[52] 이를 위해서는 관련기관들의 유기적 협력과 긴급보호서비스 체계의 강화 필요성이 제기되기도 한다.[53] 즉, 지방자치단체의 아동학대 전담공무원, 아동보호전문기관, 법원의 가사조사관, 법원공무원, 보호관찰관, 경찰 등이 정보공유와 협력을 통하여 아동학대에 대처하고 아동학대 예방을 위해 노력하여야 한다.[54]

아동학대에 대한 국가적 개입의 단계는 예방, 발견, 개입, 보호 등의 단계로 구분[55]이 가능한데, 아동학대는 특히 예방과 치유가 우선되어야 할 분야라고 할 수 있다. 우선, 아동학대가 범죄라는 점을 부모, 아동돌보미, 교사 등에게 인식시키기 위한 정기적인 교육과 홍보가 필요하고, 아동복지시설·어린이집·유치원 등에 대한 모니터링 등 예방적 조치가 꾸준히 진행되어야 한다.[56] 특히 어린이집 교사들을 아동학대의 잠재적 가해자로 볼 것이 아니라, 교사들은 아동의 보호와 양육 및 아동학대의 예방 그리고 가정에서 발생할 수 있는 아동학대의 발견에 있어서 조

---

50) 2022년 아동학대 연차보고서, 보건복지부, 2023. 8; 2022 아동학대 주요통계, 2023, 48쪽.
51) 이주희/이선화, 아동학대 가해부모의 재학대 예방을 위한 부모교육경험에 관한 현상학 연구, 한국사회복지질적연구, 제14권 2호, 2020, 27쪽.
52) 김화미, 아동학대범죄의 예방 및 대책방안, 아동보호연구, 제2권 제2호, 2017, 84쪽.
53) 김유경, "아동학대 실태와 정책방안", 『보건복지포럼』, 한국보건사회연구원, 2008. 9, 43쪽.
54) 장영인, "학대피해아동 보호를 위한 지자체 역할 강화 : 아동학대처벌법과 아동복지법의 상호연계성을 중심으로", 『사회복지법제연구』, 사회복지법제학회, 2022. 11, 77쪽.
55) 김성규, "아동학대에 관한 형법적 대응의 의미와 과제", 『형사정책』, 제27권 제1호, 2015, 118쪽.
56) 이춘화·이승남·최현경·김현수, "아동학대처벌규정에 관한 비교연구", 『아동과 권리』, 제19권 제4호, 2015, 583쪽.

력자로 인식하여야 한다.[57] 아동학대 사건에 있어서 외견적으로는 학대로 보여짐에도 불구하고 해당 교사는 이를 학대로 생각하지 않았다는 사례가 적지 않다. 사례중심의 교육과 홍보가 절실하고 시급하게 요청되는 이유이다.

제도나 법령은 개선될 수는 있으나 완벽할 수는 없다. 그간 여러 아동학대사건이 알려지면서 관련 법령은 나름대로 개선되었다. 따라서 "최근 일어난 아동사망사건들은 법률의 문제라기보다는 운영의 문제라고 보인다"[58]는 의견에 주목하게 된다. 그치지 않고 발생하는 아동학대를 최소화하기 위해서는 제도의 개선과 함께 가정과 사회·국가 모두의 인식개선과 상호협력이 동반되어야 한다. 법령이 개선되었음에도 불구하고 "피해아동은 신고 후에도 별다른 조치없이 방치되거나, 가정이 회복되지 않은 상황에서 원가정으로 복귀되는 경우가 많다"[59]면 법령의 개선이 무슨 소용이 있겠는가? 법령의 개선도 중요하지만, 있는 법을 지키는 것이 더 중요하다는 점을 강조하고 싶다.

현실적으로 부모가 자녀를 양육하는 것도 쉬운 일은 아니지만, 부모 대신 아동을 돌보는 것은 더욱이 쉽지 않은 일이다. 부모와 대리양육자들의 책임의식도 강화되어야 하지만, 국가와 사회의 관심도 확대되어야 한다. "아이를 키우는 것도 마을 공동의 책임이고 아이를 학대하는 것도 마을 공동의 책임이다"[60]는 영화 '스포트라이트'의 대사는 아동학대의 구조 혹은 현실과 아이가 속한 공동체의 의무 혹은 사명을 투영하는 것이라 본다.

---

57) 김형모, "한국 아동학대 예방정책의 향후 과제", 『아동과 권리』, 제7권 제3호, 2003, 23쪽.
58) 최준혁, "아동학대에 대한 대응수단으로서의 형법 —2020년 아동복지법과 아동학대범죄 처벌 등에 관한 특례법의 개정을 중심으로—", 『비교형사법연구』, 제22권 제4호, 2021, 55쪽.
59) 오시아, "현행 아동학대 관련법에 대한 소고 —아동학대 관련법의 실효성 확보를 중심으로—", 『중소기업과 법』, 제14권 제1호, 2022, 72쪽.
60) If it takes the village to raise the child, it takes the village to abuse one.

학교에서의
체벌금지와
교권보호

CHAPTER
4

학교에서의 체벌금지와 교권보호

1. 체벌의 개념과 유형

　학교에서 학생에게 비교육적이고 비인격적인 폭행을 하여 기소된 교사들은 한결같이 해당 행위가 교육상 필요불가결한 체벌이라고 주장한다. 따라서 "체벌은 정당한가?", "체벌을 허용해야 하는가?"라는 질문은 우리 사회에서 벌어지는 '체벌'에 대한 제도적 대응을 이끌어내기에는 정확하지 않은 표현일 수 있다. '체벌'이라는 단어가 포함하고 있는 행위유형이 너무나도 다양하고 '폭행'과의 경계가 매우 모호하기 때문에, 이러한 다양한 행위유형들을 일률적으로 정당하다거나 허용해야 한다고 하는 것은 바람직한 논의전개가 아니다.

　우리는 흔히 체벌이라고 하면, 김홍도의 그림에서 연상되듯이 서당에서 훈장님이 회초리로 학생의 종아리를 때리는 장면을 상상할 수 있다. 그러나 흔히 체벌이라고 주장되는 행위유형에는 주먹이나 발, 야구방망이나 각목을 사용하는 경우도 있었고, 때리는 부위도 엉덩이나 종아리는 물론이고 얼굴·머리·배 등도 있었다. 알몸으로 세워놓아 수치를 느끼게 하거나 성기를 꼬집는 '변태성 체벌'도 있었다. 일부 유치원이나 어린이집에서 일어나는 '가학성 체벌'이나, 운동선수들의 합숙소나 훈련장에서 일어나는 '폭행성 체벌'마저도 정당한 체벌이라고 주장되기도 한다. 이렇게 가정과 학교에서 행해지는 체벌은 언제부터인가 사건이 터지면 모두가 흥분하지만, 누구도 체벌의 명확한 한계와 기준을 제시하지 못하는, 통제 불가능한 사회적 이슈가 되고 말았다. 가정에서 체벌을 경험하는 청소년들은 폭력비행을 저지를 가능성이 높다는 연구결과[1]도 있고, 학교에서의 체벌은 체벌동영상을 통하여 최근 몇 차례 사회문제화 된 바 있기 때문에, 체벌의 문제는 법적인 측면에서도 신중하게 다루어져야 할 것이다.

체벌은 크게 가정에서의 체벌과 학교에서의 체벌로 대별될 수 있다. 그 외에 운동부 등에서의 체벌은 법적 근거도 존재하지 않는, 체벌이 아닌 폭력에 해당하는 것이다. 가정에서의 체벌의 경우에는 가정폭력과의 한계가 불분명하고 국가가 개입하기 어렵다는 한계가 있지만, 학교에서의 체벌은 법령과 학교에서의 생활규정 등을 통하여 일정한 기준과 한계를 정하고 있다. 이러한 이유로 여기에서는 가정에서의 체벌은 다루지 않고, 학교에서의 체벌에 한정하여 논의를 하기로 한다.

학교에서의 체벌은 허용될 수 없다고도 하지만, 교육상 필요한 경우 학생지도의 한 방법이라고 하기도 한다. 체벌은 직접체벌과 간접체벌로 대별된다. 즉, 체벌에는 도구나 신체를 이용하는 직접체벌이 있고, 도구나 신체를 이용하지 아니하는 토끼뜀, 꿇어앉기, 팔굽혀펴기 등 일명 '얼차려'라고 불리기도 하는 간접체벌[2]이 있다. 직접체벌은 도구나 신체를 이용하여 학생의 신체에 유형력을 직접적으로 행사하는 행위이기 때문에 비난가능성이 높고 체벌의 적정성 여부에 관한 논란이 크지만, 간접체벌은 직접체벌보다 비난가능성이 낮고 직접체벌을 대체하는 대안으로서도 여겨지고 있으며 체벌의 적정성 여부에 관한 논란이 크지 않다. 이러한 점에서 직접체벌과 간접체벌의 구분실익이 있다. 교육부는 직접체벌은 금지하고 있지만, 간접체벌은 학생지도에 불가피하다는 입장이다. 반면에 경기도교육청 등은 간접체벌도 허용될 수 없다는 입장이다.

2. 체벌의 실태와 현황

한국에서의 체벌의 실태를 조사한 연구결과들은 많다. 한국형사정책연구원이 서울의 남녀 중고등학생 1,919명을 대상으로 한 1997년 조사에 따르면, 한 해 동

---

1) 이성식, "가정에서의 체벌과 청소년 폭력비행", 『교정연구』, 제12호, 2001. 6, 255쪽.
2) 고교생에게 5초간 엎드려뻗쳐를 시키는 등 간접체벌을 했다는 이유로 경기도교육청으로부터 '불문경고(不問警告)'라는 징계처분을 받은 경기도 남양주의 교사에 대해 교육과학기술부 교원소청심사위원회가 2011년 9월 5일 징계취소결정을 내렸다.

안 교사로부터 부적절한 체벌이나 언어적 폭력을 당하는 비율이 전체 학생의 37%나 된다.[3] 1999년 8월에 실시된 학생과 교사를 대상으로 체벌에 관한 설문조사를 하여 학생들의 응답지 650부와 교사들의 응답지 313부를 분석한 결과, 1년의 기간 동안 벌서기를 경험한 학생은 전체의 79.2%, 얼차려 등 간접체벌은 83.9%, 매 맞기는 94.1%, 주먹으로 맞거나 발로 차이는 등 부적절한 직접체벌은 72.3%, 단체벌은 88%에 이르는 것으로 조사되었다.[4] 이러한 조사결과에 따르면 교육현장에서의 체벌은 일상화되어 있다는 점을 발견할 수 있고, 일부 체벌의 경우에는 비교육적이고 비인간적인 방법으로 행해지고 있다는 점을 알 수 있다.

국가인권위원회의 의뢰로 2002년 부산교육연구소가 전국의 초·중·고등학교 교사 876명을 대상으로 인권의식을 조사한 결과에 따르면, 학생들이 '체벌 이외의 방법으로 처벌받을 권리'를 가지는가에 대해서 90% 이상이 '매우 중요하다' 또는 '중요하다'고 답했다. 그러나 조사대상 교사 중 50세 이상은 8.5%가 '전혀 중요하지 않다', 39.2%가 '중요하지 않다'고 응답하였다.[5] 이러한 조사결과를 보면, 체벌에 관한 인식이 연령과 세대에 따라 현격한 차이가 있음을 알 수 있다.

그동안 언론에 보도되어 국민적 분노를 유발하였던 몇 건의 체벌 동영상에 따르면, '정당한' 체벌로 위장된 일부 교사의 학생 폭행 문제는 심각해 보인다. 2010년 7월에는 맞은 아이가 장풍을 맞은 것처럼 나가떨어졌다고 해서 붙은 별명인 '오장풍' 교사가 제자인 초등학생들을 폭행하는 동영상이 언론을 통해 공개되었고, 이 사건을 계기로 학교에서의 폭행과 체벌에 관한 논란이 재개된 바 있다. 2003년에서 2010년 5월까지의 '교원 중징계 현황' 자료에 따르면, 이 기간 동안 전국 16개 시도 교육청 징계위원회로부터 중징계 처분을 받은 교사 813명 가운데 학생체벌·폭행으로 징계를 받은 교사는 총 10명이었다. 이 중 파면은 1명, 해임은 5명 (이 중 3명은 교원소청심사위원회를 거쳐 정직 3개월로 되었음)이고 4명은 정직(1~3개월)처분을 받았다. 정직 후 교단에 복귀한 한 교사는 폭행으로 징역 8월에 집행유예 2년을 선고받아 당연퇴직된 경우도 있다.[6] '과도한 체벌'로 인하여 형벌이 부과되거나 교육청의 징계를 받은 경우에, 교사는 억울하다고 하고 학부모·학생은 당

---

3) 김은경, 『체벌의 실태와 영향에 관한 연구』, 한국형사정책연구원, 1999, 62쪽.
4) 김은경, 위의 책, 19쪽.
5) 국가인권위원회, 보도자료, 2003. 2. 5.
6) <경향신문>, 2010. 7. 24.

연하다고 한다. 형벌이나 징계가 과도하다는 반응도 있고, 솜방망이처럼 너무 약하다는 반응도 있다. 이러한 관점과 반응의 차이가 체벌에 대한 국가정책이 필요한지 및 어떠한 정책을 취하고 법령에는 어떻게 규정을 해야 하는지를 결정하는데 어려움을 가져오는 것이다.

3. 체벌의 찬성론과 반대론

학교현장에서 교육적 효과를 높이기 위해서는 일정 수준의 체벌이 불가피하다는 체벌 찬성론과 학생들의 인권을 보호하기 위해서는 체벌이 금지되어야 한다는 체벌 반대론이 대립하고 있다.

1) 체벌 찬성론

체벌 찬성론은 체벌의 교육적 효과를 긍정적으로 본다. 학생들이 체벌을 싫어하고 반대하는 것은 당연하겠지만, 체벌의 교육적 효과는 무시할 수 없다는 점을 강조한다. 특히 우리의 현실여건상 학급당 학생 수가 적지 않은 상황에서 체벌 이외에 학생들을 통제할 수단이 별로 없다는 점에서 체벌은 필요불가결한 수단이라는 것이다. 즉, 체벌 찬성론은 체벌을 통하여 자기규율을 학습시키며, 사회화에 기여하고, 효과가 신속하며, 학교질서 유지의 수단이 된다는 긍정적 면을 중시하고 있다. 또한 교사의 수업권에는 필요한 경우 학생들에게 체벌할 권한이 포함된다는 주장이 있다. 교사의 교육권에는 교과과정편성권, 교육방법결정권, 평가권, 징계권 등을 들 수 있으며, 교사는 교육방법에 있어서 때로는 훈육이나 훈계, 신체적 또는 정신적 고통을 주는 방법 등에 의한 교육방법을 선택할 수 있는 재량권을 가진다는 것이다.[7] 한국교원단체총연합회(한국교총)은 2010년 11월에 '빼앗긴 교편(教鞭), 교육자는 통탄한다'는 보도자료를 통하여 "학생교육과 지도에 있어서 비교육적인 체벌과 폭행은 단호히 거부하고, 없어져야 할 대상임을 다시 한 번 천명한다. 그러나 정상적인 교육과 지도를 한사코 외면하고, 수업방해 행위와 여타 학생들의 학습권을 저해하는 행위를 한 학생들에 대한 교육적 벌마저 없애는 것은 결코 바람직하지 않음을 재차 확인한다."[8]고 하여 교육적 체벌은 필요하다는 입장을

---

7) 정순원, "학생체벌을 둘러싼 학생의 인권과 교권과의 관계", 『법과인권교육연구』, 제3권 제3호, 2010, 76쪽.

밝히고 있다.

2) 체벌 반대론

체벌 반대론은 체벌이 하나의 폭력이기 때문에 교육적 수단으로는 적합하지 않다는 점을 강조한다. 체벌의 효과는 일시적이고, 공포심을 자극하여 학습동기와 탐구정신을 억압하며, 학생을 타율적으로 만들고, 교사와 학생 간의 신뢰관계를 해침으로써 궁극적으로 인간의 존엄성을 해친다는 부정적인 면을 강조하고 있다. 더 나아가 체벌이 정당화될 경우에는, (교육이라는) 목적을 위해서는 (폭력이라는) 수단이 사용될 수도 있다는 인식을 심어주고, 이러한 잘못된 사고가 학생들에게 학습되어, 폭력이 일상적인 것으로 될 수도 있다. 미국에서 시행된 여러 과학적인 연구결과에 따르면, 체벌은 인지능력의 발전과 학업성취에 나쁜 영향을 미치고, 학교체벌과 반사회적 행위 및 폭력행위의 증가와 관련이 있는 것으로 나타나고 있다.[9] 교사의 체벌을 경험한 학생은 그렇지 않은 학생에 비해 인권교육의 효과조차 감소하였다는 분석결과도 있다.[10] 전국교직원노동조합(전교조)은 2011년 4월에 510명의 조합원·비조합원을 대상으로 한 설문조사를 하였다. 이 설문조사에 참여한 경기 및 서울 지역 교사들 중 '학생인권조례 및 체벌 금지가 교육적으로 바람직한 방향'이라고 생각한 교사는 설문조사 대상 교사 중 88.7%에 달했으며 동감하지 않는 교사는 10.2%에 불과하였다. 이는 시행 과정의 논란에 비해 10명 중 9명의 교사들은 이 정책이 교육적으로 바람직하다고 평가하고 있음을 보여준다. 또한 체벌이 학생의 반성을 이끌어 낼 수 있는 효과적인 지도방법이냐는 물음에 대해 84.2%가 동감하지 않았다는 조사결과를 발표[11]하였다.

4. 체벌금지에 관한 법령

체벌과 관련해서, 「초·중등교육법」에는 "법령과 학칙으로 정하는 바에 따라 학생을 징계할 수 있다."고 규정되어 있다. 체벌의 근거가 되었던 "기타의 방법으

---

8) 한국교원단체총연합회, 보도자료, 2010. 11. 1.
9) 이종근, "체벌의 본질과 헌법적 한계", 『동아법학』, 제59호, 2013, 11-15쪽.
10) 유성상, 『2021아동·청소년 권리에 관한 국제협약 이행 연구』, 한국청소년정책연구원, 2021, 43쪽.
11) 전국교직원노동조합, 보도자료, 2011. 4. 20.

로 지도"라는 문언이 2022년 12월의 법률 개정으로 삭제되어, 체벌로 해석될 수 있는 간접적인 근거규정이 없어졌다. 동법 시행령에는 "지도를 할 때에는 학칙으로 정하는 바에 따라 훈육·훈계 등의 방법으로 하되, 도구·신체 등을 이용하여 학생의 신체에 고통을 가하는 방법을 사용해서는 아니된다."고 규정되어 있다가, 2023년 6월의 시행령 개정으로 제8항 자체가 삭제되었다.

> **초·중등교육법 제18조(학생의 징계)** ① 학교의 장은 교육을 위하여 필요한 경우에는 법령과 학칙으로 정하는 바에 따라 학생을 징계할 수 있다. 다만, 의무교육과정에 있는 학생은 퇴학시킬 수 없다. 〈개정 2021. 3. 23., 2022. 12. 27.〉[12]
> ② 학교의 장은 학생을 징계하려면 그 학생이나 보호자에게 의견을 진술할 기회를 주는 등 적정한 절차를 거쳐야 한다.
>
> **초·중등교육법 시행령 제31조(학생의 징계 등)** ① 법 제18조 제1항 본문의 규정에 의하여 학교의 장은 교육상 필요하다고 인정할 때에는 학생에 대하여 다음 각호의 어느 하나에 해당하는 징계를 할 수 있다.
> 1. 학교 내의 봉사
> 2. 사회봉사
> 3. 특별교육이수
> 4. 1회 10일 이내, 연간 30일 이내의 출석정지
> 5. 퇴학처분
> ② 학교의 장은 제1항의 규정에 의한 징계를 할 때에는 학생의 인격이 존중되는 교육적인 방법으로 하여야 하며, 그 사유의 경중에 따라 징계의 종류를 단계별로 적용하여 학생에게 개전의 기회를 주어야 한다.
> ③ 학교의 장은 제1항에 따른 징계를 할 때에는 학생의 보호자와 학생의 지도에 관하여 상담을 할 수 있다.
> ④ 교육감은 제1항 제3호 및 제4호의 특별교육이수 및 출석정지의 징계를 받은 학생을 교육하는 데 필요한 교육방법을 마련·운영하고, 이에 따른 교원 및 시설·설비의 확보 등 필요한 조치를 하여야 한다.
> ⑤ 제1항 제5호의 퇴학처분은 의무교육과정에 있는 학생외의 자로서 다음 각호의 어느 하나에 해당하는 자에 한하여 행하여야 한다.
> 1. 품행이 불량하여 개전의 가망이 없다고 인정된 자
> 2. 정당한 이유 없이 결석이 잦은 자
> 3. 기타 학칙에 위반한 자
> ⑥ 학교의 장은 퇴학처분을 하기 전에 일정기간 동안 가정학습을 하게 할 수 있다.

---

12) 2022년 12월의 개정 전에는 "① 학교의 장은 교육을 위하여 필요한 경우에는 법령과 학칙으로 정하는 바에 따라 학생을 징계하거나 그 밖의 방법으로 지도할 수 있다. 다만, 의무교육을 받고 있는 학생은 퇴학시킬 수 없다."였다. 즉, "그 밖의 방법으로 지도할 수 있다"는 문언이 삭제되었다.

⑦ 학교의 장은 퇴학처분을 한 때에는 당해 학생 및 보호자와 진로상담을 하여야 하며, 지역사회와 협력하여 다른 학교 또는 직업교육훈련기관 등을 알선하는데 노력하여야 한다.

⑧ 삭제 〈2023. 6. 27.〉

위 시행령 중 제8항은 개정 전에 제7항에서 "학교의 장은 법 제18조 제1항 본문의 규정에 의한 지도를 하는 때에는 교육상 불가피한 경우를 제외하고는 학생에게 신체적 고통을 가하지 아니하는 훈육·훈계 등의 방법으로 행하여야 한다."고 규정하고 있었다. 이러한 문언은 "교육상 불가피한 경우에는 신체적 고통을 가하는 체벌이 가능하도록"[13] 해석될 수 있었고, 이러한 해석 하에 학교현장에서는 체벌이 시행되고 있었다. 그러나 2011년 3월 18일의 시행령 개정을 통하여 직접체벌은 금지되고 간접체벌만은 허용되는 것으로 해석되고 있었다. 즉, 「초·중등교육법」 제18조의 "기타의 방법으로 지도"를 하는 경우에 해당하는 훈육과 훈계를 하더라도 "도구, 신체 등을 이용하여 학생의 신체에 고통을 가하는 방법을 사용해서는 아니 된다". 즉, 도구, 신체 등을 이용하여 학생의 신체에 고통을 가하는 '직접체벌'은 명시적으로 금지되고 있었다. 2023년 6월 27일에는 시행령 개정을 통하여 논란이 있는 이 조항 자체가 삭제되었다.

표 4-1 초·중등교육법 시행령 신·구 조문 대비표

구 시행령 [2008. 2. 29. 개정]	구 시행령 [2011. 3. 18. 개정]	현행 시행령 [2023. 6. 27. 개정]
제31조(학생의 징계 등) ⑦ 학교의 장은 법 제18조 제1항 본문의 규정에 의한 지도를 하는 때에는 교육상 불가피한 경우를 제외하고는 학생에게 신체적 고통을 가하지 아니하는 훈육·훈계 등의 방법으로 행하여야 한다.	제31조(학생의 징계 등) ⑧ 학교의 장은 법 제18조 제1항 본문에 따라 지도를 할 때에는 학칙으로 정하는 바에 따라 훈육·훈계 등의 방법으로 하되, 도구, 신체 등을 이용하여 학생의 신체에 고통을 가하는 방법을 사용해서는 아니 된다.	⑧ 삭제

이러한 체벌과 관련된 법령이 있음에도 불구하고, "학교체벌과 관련한 중대한 사회적 쟁점들에 대하여 우리의 입법부는 별로 관심을 보이지 않고 있다. 즉, 우

---

13) 정연부, "학생인권조례에 대한 공법적 검토", 『토지공법연구』, 제52집, 2011. 2, 583쪽.

리가 입법적으로 채택하고 있는 체벌 관련 정책은 허용정책인지 금지정책인지 여부가 분명하지 않다."는 비판이 있었다.[14] 2011년의 「초·중등교육법 시행령」개정을 통하여 개선되기는 하였지만, '체벌'이라는 용어를 사용하지 않은 채 '직접체벌 금지'로 해석될 수 있는 용어만을 사용하였기 때문에, 이 규정의 해석을 놓고도 의견이 분분한 것이다. 입법자는 일반적 교육수준의 국민 누구나가 이해할 수 있는 법률용어를 사용하여야 하고, 가능하면 추상적이거나 모호하고 불명확한 용어를 사용하지 말아야 한다. 헌법재판소도 "징계방법으로서의 체벌은 허용되지 않으며, 기타 방법으로서도 훈육·훈계가 원칙이고 학생에게 신체적 고통을 가하는 체벌은 교육상 불가피한 경우에 예외적으로만 허용된다는 취지이다. 이러한 법령들에는 시대적인 조류에 따라 교육과정에서 학생들의 기본적 인권을 특별히 존중하겠다는 입법자의 결단이 서려 있다."[15]라고 「초·중등교육법」상의 체벌 관련조항을 평가하고 있다. 이러한 헌법재판소의 체벌 관련조항의 평가는 "국민의 권리·의무 및 국가·지방자치단체의 책임을 정하고 교육제도와 그 운영에 관한 기본적 사항을 규정함을 목적으로" 하는 「교육기본법」에서 다음과 같이 학생들의 인권존중에 관한 규정을 두고 있는 입법정신과 무관하지 않다.

> **교육기본법 제12조(학습자)** ① 학생을 포함한 학습자의 기본적 인권은 학교교육 또는 평생교육의 과정에서 존중되고 보호된다.
> ② 교육내용·교육방법·교재 및 교육시설은 학습자의 인격을 존중하고 개성을 중시하여 학습자의 능력이 최대한으로 발휘될 수 있도록 마련되어야 한다.
> ③ 학생은 학습자로서의 윤리의식을 확립하고, 학교의 규칙을 지켜야 하며, 교원의 교육·연구활동을 방해하거나 학내의 질서를 문란하게 하여서는 아니 된다. 〈개정 2023. 9. 27.〉
>
> **초·중등교육법 제18조의4(학생의 인권보장 등)** ① 학교의 설립자·경영자와 학교의 장은 「헌법」과 국제인권조약에 명시된 학생의 인권을 보장하여야 한다.
> ② 학생은 교직원 또는 다른 학생의 인권을 침해하는 행위를 하여서는 아니 된다. 〈신설 2022. 12. 27.〉

교육부는 근래 발생한 학생에 의한 교사·학생에 대한 폭력행사 등 인권침해를 방지하기 위하여 「초·중등교육법」 제18조의4에 제2항에 "학생은 교직원 또는 다

---

14) 이종근, 앞의 책, 24쪽.
15) 헌재 2006. 7. 27. 2005헌마1189.

른 학생의 인권을 침해하는 행위를 하여서는 아니된다"는 조항을 신설한 것이다.

5. 교권보호에 관한 법령

근래에는 학부모나 학생들에 의한 선생님들의 교권을 포함한 인권이 침해되는 사례가 다수 발생하였고, 이에 대응하여 2020년대에는 선생님들의 교권을 보호하기 위한 법령을 입법하여야 한다는 여론이 거세졌다.

선생님들의 교권을 보호하기 위하여 '교권보호 4법'의 입법이 추진되었는데, '교권보호 4법'이라 함은 2023년 9월 27일에 개정된 「교원지위법」(「교원의 지위향상 및 교육활동 보호를 위한 특별법」), 「초·중등교육법」, 「유아교육법」, 「교육기본법」을 의미한다. 이들 「교원지위법」, 「초·중등교육법」, 「유아교육법」 및 「교육기본법」의 '교권보호 4법'에는 ① 교원 대상 무분별한 아동학대 신고로부터 보호, ② 학부모 악성 민원으로부터 교원의 교육활동 보호, ③ 보호자 권리와 책임 간의 균형을 위한 의무 부여, ④ 피해 교원의 확실한 보호 및 가해학생 조치 강화, ⑤ 정부 책무성 및 행정지원체제 강화, ⑥ 유아생활지도 권한 명시 등에 관한 내용이 포함되어 있다.

이 중에서 「초·중등교육법」과 「초·중등교육법 시행령」에서 새로이 규정하고 있는 학생생활지도에 관한 규정을 보면 다음과 같다.

> **초·중등교육법 제20조의2(학교의 장 및 교원의 학생생활지도)** ① 학교의 장과 교원은 학생의 인권을 보호하고 교원의 교육활동을 위하여 필요한 경우에는 법령과 학칙으로 정하는 바에 따라 학생을 지도할 수 있다.
> ② 제1항에 따른 교원의 정당한 학생생활지도에 대해서는 「아동복지법」 제17조제3호, 제5호 및 제6호의 금지행위 위반으로 보지 아니한다. (2023. 9. 27. 개정)
>
> **초·중등교육법 시행령 제40조의3(학생생활지도)** ① 학교의 장과 교원은 법 제20조의2에 따라 다음 각 호의 어느 하나에 해당하는 분야와 관련하여 조언, 상담, 주의, 훈육·훈계 등의 방법으로 학생을 지도할 수 있다. 이 경우 도구, 신체 등을 이용하여 학생의 신체에 고통을 가하는 방법을 사용해서는 안 된다.
> 1. 학업 및 진로
> 2. 보건 및 안전
> 3. 인성 및 대인관계
> 4. 그 밖에 학생생활과 관련되는 분야
> ② 교육부장관은 제1항에 따른 지도의 범위, 방식 등에 관한 기준을 정하여 고시한다.

위 법령에도 불구하고, 선생님은 구체적으로 학생들을 어떻게 지도할 수 있는 가 및 학생이 선생님의 생활지도에 불응할 경우 무슨 일을 할 수 있는가가 의문 이다. 이에 교육부는 2023년 9월 1일에 「교원의 학생생활지도에 관한 고시」를 제 정하여 발표하였다. 초중등학교의 교원이 이 고시에 따라 행한 학생생활지도는 법 령과 학칙에 의한 정당한 교육활동에 포함된다. 개별 학교의 학칙은 초중등교육법 령과 이를 구체화한 이 고시의 범위 내에서 정할 수 있다.

▌ **교원의 학생생활지도에 관한 고시**(2023. 9. 1. 제정)

제1조(목적) 이 고시는 「초 · 중등교육법」 제20조의2 및 「초 · 중등교육법 시행령」 제40 조의3에서 학교의 장과 교원에게 부여한 학생생활지도 권한의 범위 및 방식 등에 관한 기준을 정함을 목적으로 한다.

제2조(정의) 이 고시에서 사용하는 용어의 뜻은 다음과 같다.
1. "학생"이란 「초 · 중등교육법」 제2조에 따른 학교에 재학 중인 사람을 말한다.
2. "특수교육대상자"란 「장애인 등에 대한 특수교육법」 제2조제3호에 따른 사람을 말 한다.
3. "교육활동"이란 「학교안전사고 예방 및 보상에 관한 법률」 제2조제4호에 따른 활동 을 말한다.
4. "학생생활지도"란 학교의 장과 교원이 교육활동 과정에서 학생의 일상적인 생활 전 반에 관여하는 지도 행위(이하 "생활지도"라 한다)를 말한다.
5. "조언"이란 학교의 장과 교원이 학생 또는 보호자에게 말과 글로(정보통신망을 이용 한 경우를 포함한다) 정보를 제공하거나 권고하는 지도 행위를 말한다.
6. "상담"이란 학교의 장과 교원이 학생 또는 보호자와 학생의 문제를 해결해 나가는 일체의 소통활동을 말한다.
7. "주의"란 학교의 장과 교원이 학생 행동의 위험성 및 위해성, 법령 및 학칙의 위반 가능성 등을 지적하여 경고하는 지도 행위를 말한다.
8. "훈육"이란 학교의 장과 교원이 지시, 제지, 분리, 소지 물품 조사, 물품 분리보관 등 을 통해 학생의 행동을 중재하는 지도 행위를 말한다.
9. "훈계"란 학교의 장과 교원이 학생을 대상으로 바람직한 행동을 하도록 문제행동을 지적하여 잘잘못을 깨닫게 하는 지도 행위를 말한다.
10. "보상"이란 학교의 장과 교원이 학생의 바람직한 행동을 장려할 목적으로 유형 · 무형의 방법으로 동기를 부여하는 지도 행위를 말한다.

제3조(교육 3주체의 책무) ① 학생, 학교의 장과 교원, 학부모 등 보호자(이하 "보호자" 라 한다)는 상호 간에 권리를 존중하고 타인의 권리를 부정하거나 침해하지 않도록 노 력해야 한다.
② 학생은 학칙을 준수하고 학교의 장과 교원의 생활지도를 존중하며 따라야 한다.
③ 학교의 장과 교원은 생활지도를 통해 학생의 건강한 성장과 발달을 지원하고 학내

의 질서를 유지하기 위하여 노력해야 한다.

④ 학교의 장은 학생 및 보호자와 교원 간의 상호 소통 증진을 위하여 노력하며, 교원의 원활한 생활지도를 위하여 시설, 인력 등 제반 여건을 갖추도록 지원해야 한다.

⑤ 보호자는 학교의 장과 교원의 전문적인 판단과 생활지도를 존중해야 하며, 학생이 학칙을 준수하도록 지도하여 교육활동이 원활히 이루어지도록 협력해야 한다.

제4조(수업 중 휴대전화 사용) 학생은 수업 중에 휴대전화를 사용해서는 안 된다. 다만, 교육 목적의 사용, 긴급한 상황 대응 등을 위하여 사전에 학교의 장과 교원이 허용하는 경우에는 휴대전화를 사용할 수 있다.

제10조(상담) ① 학교의 장과 교원, 학생 또는 보호자는 학생의 문제를 해결하기 위한 원인 분석, 대안 모색 등이 필요한 경우 누구든지 상담을 요청할 수 있다.

② 상담은 수업시간 외의 시간을 활용함을 원칙으로 한다. 다만, 진로전담교사 또는 전문상담교사에 의한 상담, 학교의 장과 보호자 간의 상담 등은 예외로 한다.

③ 상담의 내용은 해당 학생 또는 보호자 외의 제3자에게 누설해서는 안 된다. 다만, 다른 법령에 특별한 규정이 있는 경우에는 그 법령에서 정하는 바에 따른다.

④ 학교의 장과 교원, 보호자는 상호 간에 상담을 요청할 수 있고, 상대방의 요청이 있는 경우 명백한 사유가 없으면 이에 응해야 한다.

⑤ 제4항에 따른 상담의 일시 및 방법 등은 학교의 장이 정하는 바에 따라 사전에 협의해야 한다.

⑥ 제4항에도 불구하고 학교의 장과 교원은 다음 각 호의 상담을 거부할 수 있다.

1. 사전에 목적, 일시, 방법 등이 합의되지 않은 상담
2. 직무범위를 넘어선 상담
3. 근무 시간 외의 상담

⑦ 학교의 장과 교원은 학생 또는 보호자의 폭언, 협박, 폭행 등의 사유로 상담을 지속하는 것이 불가능하다고 판단하는 경우 상담을 즉시 중단할 수 있다. 이 경우 학교의 장과 교원은 교직원에게 도움을 요청하거나 주변 학생에게 신고를 요청할 수 있다.

제11조(주의) ① 학교의 장과 교원은 학생의 행동이 학교 안전 및 교내 질서 유지를 저해할 소지가 있는 경우 학생에게 주의를 줄 수 있다.

② 학교의 장과 교원은 수업 중 휴대전화를 사용하거나 그 밖에 수업에 부적합한 물품을 사용하는 학생에게 주의를 줄 수 있다.

③ 학교의 장과 교원이 주의를 주었음에도 학생의 행동에 변화가 없거나, 학생의 행동으로 교육활동에 지장을 받을 경우 제12조에 따른 훈육 또는 제13조에 따른 훈계를 할 수 있다.

④ 학교의 장과 교원이 주의를 주었음에도 학생이 이를 무시하여 인적·물적 피해가 발생한 경우, 사전에 주의를 준 학교의 장과 교원은 생활지도에 대한 책무를 다한 것으로 본다.

제12조(훈육) ① 학교의 장과 교원은 제9조에 따른 조언 또는 제11조에 따른 주의로 학생에 대한 행동 중재가 어려운 경우 훈육할 수 있다.

② 학교의 장과 교원은 학생이 바람직한 행동변화를 위하여 노력하도록 특정한 과업을

부여하거나, 특정한 행위를 할 것을 지시할 수 있다. 이 경우 학생의 인권을 존중해야 하며 법령과 학칙의 범위에서 지시가 이루어져야 한다.

③ 학교의 장과 교원은 법령과 학칙에 따른 금지된 행동을 하는 학생을 발견한 경우, 이를 즉시 중지하도록 말로 제지할 수 있다.

④ 학교의 장과 교원은 자신 또는 타인의 생명·신체에 위해를 끼치거나 재산에 중대한 손해를 끼칠 우려가 있는 긴급한 경우 학생의 행위를 물리적으로 제지할 수 있다. 이 경우 학교의 장과 교원은 교직원에게 도움을 요청하거나 주변 학생에게 신고를 요청할 수 있다.

⑤ 제4항에 따른 물리적 제지가 있는 경우, 해당 교원은 이를 학교의 장에게 지체 없이 보고해야 하며, 학교의 장은 그 사실을 보호자에게 신속히 알려야 한다.

⑥ 학교의 장과 교원은 학생이 교육활동을 방해하여 다른 학생들의 학습권 보호가 필요하다고 판단하는 경우, 다음 각 호의 방법에 따라 해당 학생을 분리할 수 있다. 다만, 제3호 및 제4호에 따른 분리 장소·시간 및 학습지원 방법 등의 세부사항은 학칙으로 정한다.

1. 수업시간 중 교실 내 다른 좌석으로의 이동

2. 수업시간 중 교실 내 지정된 위치로의 분리(실외 교육활동 시 학습집단으로부터의 분리를 포함한다)

3. 수업시간 중 교실 밖 지정된 장소로의 분리

4. 정규수업 외의 시간에 특정 장소로의 분리

⑦ 학교의 장은 제6항제3호 및 제4호에 따른 분리를 거부하거나 1일 2회 이상 분리를 실시하였음에도 학생이 지속적으로 교육활동을 방해하여 다른 학생들의 학습권 보호가 필요하다고 판단하는 경우, 보호자에게 학생인계를 요청하여 가정학습을 하게 할 수 있다.

⑧ 학교의 장과 교원은 학생이 자신 또는 타인의 생명·신체에 위해를 끼치거나 재산에 중대한 손해를 끼칠 우려가 있는 물품을 소지하고 있다고 의심할 만한 합리적 이유가 있는 경우 필요한 범위 내에서 학생의 소지 물품을 조사할 수 있다.

⑨ 학교의 장과 교원은 학칙으로 정하는 바에 따라 다음 각 호의 물품을 학생으로부터 분리하여 보관할 수 있다.

1. 제11조제2항에 따라 2회 이상 주의를 주었음에도 학생이 계속 사용하는 물품

2. 학생 및 교직원의 안전과 건강에 위해를 줄 우려가 있는 물품

3. 관련 법령에 따라 학생에게 판매될 수 없는 물품

4. 그 밖에 학칙으로 정하여 소지·사용을 금지한 물품

⑩ 교원은 제6항제3호·제4호 및 제9항에 따라 생활지도를 한 경우 지도의 일시 및 경위 등을 학교의 장에게 보고해야 하며, 학교의 장은 그 사실을 보호자에게 알려야 한다.

⑪ 「초·중등교육법 시행령」 제36조의5에 따른 학급담당교원은 학생 및 학부모의 의견을 들어 학급의 생활지도에 관한 세부 사항을 법령과 학칙의 범위에서 학급생활규정으로 정하여 시행할 수 있다. 다만, 특수교육대상자가 배치된 학급에서는 보호자 또는 특수교육교원의 의견을 듣고 이를 반영할 수 있다.

제13조(훈계) ① 학교의 장과 교원은 제9조에 따른 조언, 제10조에 따른 상담, 제11조

에 따른 주의, 그리고 제12조에 따른 훈육 등에도 불구하고 자신의 잘못을 인정하지 않거나 잘못된 언행의 개선이 없는 경우 학생에 대해 훈계할 수 있다.

② 학생을 훈계할 때에는 그 사유와 바람직한 행동 개선방안을 함께 제시해야 한다.

③ 학교의 장과 교원은 학생을 훈계할 때에는 훈계 사유와 관련된 다음 각 호의 과제를 함께 부여할 수 있다.

1. 문제행동을 시정하기 위한 대안 행동
2. 성찰하는 글쓰기
3. 훼손된 시설·물품에 대한 원상복구(청소를 포함한다)

제16조(생활지도 불응시 조치) ① 학교의 장은 학생 또는 보호자가 생활지도에 불응하여 의도적으로 교육활동을 방해하는 경우, 「교원의 지위 향상 및 교육활동 보호를 위한 특별법」 제15조에 따른 교육활동 침해 행위로 보아 이에 대한 조치를 취할 수 있다.

② 교원은 지속적인 생활지도에 불응하는 학생에 대하여 학교의 장에게 징계를 요청할 수 있다.

이러한 구체적인 생활지도에 관한 지침들은 실제의 교육현장에서 적용될 수 있다. 더 구체적인 규정이 필요한 경우에 학교장은 이 고시에서 학칙으로 위임한 사항 및 그 밖에 생활지도에 필요한 세부적인 사항을 학칙으로 정하여 시행할 수 있다. 이러한 학생생활지도에 관한 지침이 모든 것을 해결해 줄 수는 없을지라도 학생생활지도의 범위와 한계에 관한 기준을 제공해 줄 수 있을 것이다.

6. 학생인권조례와 교권보호조례

각 시·도 교육청은 교육에 관한 자치기구이기 때문에, 해당 교육청의 교육문제에 관하여 자치법규로서 조례와 규칙, 훈령과 지침 등을 제정할 수 있다.[16] 물론 교육에 관한 자치법규로서의 조례와 규칙 등은 상위규범인 헌법과 법령 등에 반하는 내용을 담을 수는 없다. 학교생활에서 학생의 인권을 보장하는 조례를 만들자는 주장이 있어 왔고, 침해되는 교권을 보장하기 위한 조례를 만들자는 주장이 있어 왔다. 전국 17개 광역자치단체 중에서 6개 시·도에 학생인권조례가 만들어져 있고, 7개 시·도에 교권보호조례가 만들어져 있다.

---

16) 예를 들어, 서울시교육청만 하더라도, 서울특별시 학원의 설립·운영 및 과외교습에 관한 조례, 서울특별시 교육청 공익신고보상금 지급에 관한 조례, 서울특별시 학교환경위생정화위원회 조례, 서울특별시 학교 수업료 및 입학금에 관한 조례 등 많은 조례, 규칙, 훈령, 지침 등이 입법되어 있다.

1) 학생인권조례

근래, 체벌에 관한 문제를 포함하여 두발 및 복장, 자율학습에 관한 내용 등 학생들의 인권 전반에 관한 사항을 규정하는 학생인권조례를 제정하자고 하는 움직임이 있다. 2010년에 경기도에서는 전국에서 처음으로 학생인권조례를 제정하였고, 광주광역시는 2011년에, 서울특별시는 2012년에, 전라북도는 2013년에, 충청남도는 2020년(2023년에 폐지)에, 제주특별자치도는 2021년에 제정하였다. 물론, 우리 사회에는 체벌금지에 대한 반대론은 물론이고, 학생인권조례의 제정 자체에 대한 반대론[17]도 있다. 각 지방자치단체의 교육청이 학생인권조례를 통하여 체벌문제를 개선하려는 노력을 이해할 수 있으나, 이는 죄형법정주의 원칙에 위배될 소지가 크기 때문에, 바람직하지 않은 것으로 평가되기도 한다.[18]

▎**경기도 조례 제4085호**

경기도 학생인권 조례 제6조(폭력으로부터 자유로울 권리) ① 학생은 따돌림, 집단 괴롭힘, 성폭력 등 모든 물리적 및 언어적 폭력으로부터 자유로울 권리를 가진다.
② 학교에서 체벌은 금지된다.
③ 학교와 교육감은 따돌림, 집단 괴롭힘, 성폭력 등 학교폭력 및 체벌을 방지하기 위하여 최선의 노력을 다하여야 한다.

제46조(규정개정심의위원회) ① 학교는 학생의 인권을 보장하는 이 조례에 부합하도록 학칙 및 규정을 제·개정하기 위한 심의위원회(규정개정심의위원회)를 두어야 한다.
② 규정개정심의위원회는 교원, 보호자, 인권 관련 지식이나 경험이 있는 전문가, 학생 대표로 구성한다.

▎**광주광역시 조례 제4017호**(제정 2011. 10. 28)

광주광역시 학생인권보장 및 증진에 관한 조례 제11조(신체의 자유) ① 학생은 존엄한 인격체로서 신체의 자유를 가진다.
② 학교에서 비인도적이거나 굴욕적인 처우 등을 포함한 체벌은 금지된다.
③ 학교에서는 교육적 목적의 활동을 제외한 강제노동은 금지된다.

---

17) 2009년 12월에 학생교원단체총연합회(한국교총)가 전국 초중고 교원 442명을 대상으로 한 '학생인권조례에 대한 인식조사'에 따르면, 학생인권조례가 제정될 경우 92.3%가 '학생지도에 어려움 생길 것'이라고 답했고, 76%가 '학생인권조례 제정에 반대'하는 것으로 답했다. <연합뉴스>, 2010. 7. 6.
18) 조현욱, "교사의 체벌과 정당행위의 성립 여부", 『홍익법학』, 제11권 제3호, 2010, 424쪽. "뉴질랜드의 입법례에서 보듯이 초중등교육법 등의 법률개정을 통해서 체벌을 전면적으로 금지하는 조문을 두는 것이 현재의 논란을 잠재울 하나의 방법이라 판단된다."

▍ **서울특별시 조례 제5247호**(제정 2012년 1월 26일)

> 서울특별시 학생인권조례 제6조(폭력으로부터 자유로울 권리) ① 학생은 체벌, 따돌림, 집단괴롭힘, 성폭력 등 모든 물리적 및 언어적 폭력으로부터 자유로울 권리를 가진다.
> ② 학생은 특정 집단이나 사회적 소수자에 대한 편견에 기초한 정보를 의도적으로 누설하는 행위나 모욕, 괴롭힘으로부터 자유로울 권리를 가진다.
> ③ 교육감, 학교의 장 및 교직원은 체벌, 따돌림, 집단괴롭힘, 성폭력 등 모든 물리적 및 언어적 폭력을 방지하여야 한다.

▍ **전라북도 조례 제3781호**(제정 2013년 7월 12일)[19]

> 전라북도 학생인권조례 제9조(폭력으로부터 자유로울 권리) ① 학생은 따돌림, 집단 괴롭힘, 성폭력 등 모든 물리적 · 언어적 폭력으로부터 자유로울 권리를 가진다.
> ② 학교교육과정에서 체벌은 금지된다.
> ③ 교육감과 학교의 장은 학교 내 폭력, 가정폭력, 성폭력, 성매매 피해자가 발생할 경우 관계기관과 연계하여 긴급구조 조치를 취하여야 한다.

▍ **충청남도 조례 제4780호**(제정 2020년 7월 10일, 폐지 2023년 12월 15일)

> 충청남도 학생인권조례 제6조(신체의 자유) ① 학생은 신체의 자유를 가지며, 체벌은 허용되지 않는다.
> ② 교직원과 학생은 서로 인격을 존중해야 하며, 폭언을 사용해서는 안 된다.
> ③ 교직원은 학생에게 교육 목적과 무관한 일을 강요해서는 안 된다.

▍ **제주특별자치도 조례 제2755호**(제정 2021년 1월 8일)

> 제주특별자치도교육청 학생인권조례 제9조(폭력으로부터 자유로울 권리) ① 학생은 따돌림, 집단 괴롭힘, 성폭력 등 모든 물리적 및 언어적 폭력으로부터 자유로울 권리를 가진다.
> ② 도교육감과 학교장 등은 체벌, 따돌림, 집단괴롭힘, 성폭력 등 모든 물리적 및 언어적 폭력을 방지하기 위하여 노력하여야 한다.
> ③ 도교육감과 학교장 등은 학교 내 폭력, 가정폭력, 성폭력, 성매매 피해자가 발생할 경우 관계기관과 연계하여 긴급구조 조치를 취하여야 한다.

여기서는 학생인권조례의 내용 중에 체벌의 문제만을 다루고 있지만, 학생인권

---

19) 이 조례는 전라북도의회에서 2013년 6월 25일에 의결되었다. 조례가 공포되기 직전인 7월 11일에 교육부장관은 전라북도교육감에게 조례안에 대하여 재의요구(「지방교육자치에 관한 법률」 제28조 제1항, 「지방자치법」 제107조 제1항)를 하도록 요청하였으나, 교육감은 7월 12일에 조례를 공포하였다. 이에 교육부장관은 조례안 의결의 효력 배제를 구하는 소를 대법원에 제기(「지방교육자치에 관한 법률」 제3조 및 「지방자치법」 제107조 제7항)하였다. 대법원은 이에 대하여 교육부장관의 청구를 기각하였고, 전라북도의 학생인권조례는 대법원 판결로 인하여 효력이 유지되었다. 대법원 2015. 5. 14. 선고 2013추98.

조례에 대해서는 많은 논점에 있어서 논란이 있었다. 예를 들어, 성적 지향을 이유로 차별하지 못하도록 금지하는 문제, 학생들에게 집회의 자유를 허용하는 문제, 두발과 복장의 자율성을 허용하는 문제, 학생인권옹호관 등의 제도가 교육권이나 학교경영권을 과도하게 제한하는지 여부에 관한 문제 등에 있어서 각 시도에서 학생인권조례를 제정하는 과정에서 격렬한 논란이 있었다. 이러한 논란은 소송으로 이어지기도 했다. 2013년에 제정·공포된 전라북도 학생인권조례에 대한 재의요구가 거부되자 대법원에 제소되었다. 교육부는 학생인권옹호관 설치와 정규교과 시간 이외에 교육활동 강요 금지, 소지품 검사 금지 등의 내용이 상위법령에 어긋난다며 소송을 제기하였지만, 대법원은 교육부장관이 전라북도의회를 상대로 낸 학생인권조례 무효확인 청구소송에서 조례의 효력이 유효하다고 판결하였다.

> **대법원 2015. 5. 14. 2013추98 판결[조례안의결무효확인]**
>
> 전라북도의 학생인권조례는 전체적으로 헌법과 법률의 테두리 안에서 이미 관련 법령에 의하여 인정되는 학생의 권리를 열거하여 그와 같은 권리가 학생에게 보장되는 것임을 확인하고 학교생활과 학교 교육과정에서 학생의 인권 보호가 실현될 수 있도록 내용을 구체화하고 있는 데 불과할 뿐, 법령에 의하여 인정되지 아니하였던 새로운 권리를 학생에게 부여하거나 학교운영자나 학교의 장, 교사 등에게 새로운 의무를 부과하고 있는 것이 아니고, 정규교과 시간외 교육활동의 강요 금지, 학생인권 교육의 실시 등의 규정 역시 교육의 주체인 학교의 장이나 교사에게 학생의 인권이 학교 교육과정에서 존중되어야 함을 강조하고 그에 필요한 조치를 권고하고 있는 데 지나지 아니하여, 그 규정들이 교사나 학생의 권리를 새롭게 제한하는 것이라고 볼 수 없으므로, 국민의 기본권이나 주민의 권리 제한에서 요구되는 법률유보원칙에 위배된다고 할 수 없고, 내용이 법령의 규정과 모순·저촉되어 법률우위원칙에 어긋난다고 볼 수 없다.

즉, 교육부장관이 전북 교육감에게, 전북의회가 의결한 학생인권조례안에 대하여 재의요구를 하도록 요청하였으나, 교육감이 이를 거절하고 학생인권조례를 공포하자, 교육부장관은 조례안 의결을 무효로 해달라는 소를 대법원에 제기하였다. 이에 대하여 대법원은 전북의 학생인권조례가 유효하다는 취지의 판결을 내린 것이다.

서울시 학생인권조례의 제정에 반대하여, 「지방교육자치에 관한 법률」 제28조 및 「지방자치법」 제107조에 따른 재의요구가 거부되자 대법원에 제소[20]하였지만 소송은 제소기간을 넘겼다는 이유로 각하된 바 있다.

학생인권조례는 조례의 실효성 확보를 위하여, 각 학교의 교장에게 학생인권조례에 따라 각 학교의 학칙 등 학교규정을 제·개정하도록 의무화하는 규정을 두었다. 그러나, 학생인권조례의 제정 혹은 내용에 반대하는 학교의 교장들은 학생인권조례에 따른 학칙 개정에 반발하였고, 학생인권조례에 따른 학칙 개정을 거부하기도 하였다. 이러한 갈등에 대한 해법으로, 국회는 2012년 3월 21일에 「초·중등교육법」을 아래와 같이 개정하였다.

표 4-2	「초·중등교육법」 신·구 조문 대비표
구 초·중등교육법 [2008. 2. 29. 개정]	현행 초·중등교육법 [2012. 3. 21. 개정]
제8조(학교규칙) ① 학교의 장(학교를 설립하는 경우에는 당해 학교를 설립하고자 하는 자를 말한다)은 법령의 범위 안에서 지도·감독기관(국립학교인 경우에는 교육인적자원부장관, 공·사립학교인 경우에는 교육감을 말한다.)의 인가를 받아 학교규칙을 제정할 수 있다. ② 학칙의 기재사항 및 제정절차 등에 관하여 필요한 사항은 대통령령으로 정한다.	제8조(학교규칙) ① 학교의 장(학교를 설립하는 경우에는 그 학교를 설립하려는 자를 말한다)은 법령의 범위에서 학교 규칙(이하 '학칙'이라 한다)을 제정 또는 개정할 수 있다. ② 학칙의 기재사항과 제정·개정 절차 등에 관하여 필요한 사항은 대통령령으로 정한다.

---

20) 서울특별시의회는 2011년 12월 19일에 학생인권 조례안을 의결하고 다음날 서울특별시교육감 권한대행에게 이송하였다. 교육감 권한대행(이대영)은 2012년 1월 9일에 「지방교육자치에 관한 법률」 제28조 제1항, 「지방자치법」 제107조 제1항에 따라 이 사건 조례안에 대하여 서울특별시의회에 재의를 요구하였다. 그런데 서울특별시교육감(곽노현)이 업무에 복귀한 뒤 2012년 1월 20일 16:45에 조례안에 대한 재의요구를 철회하였고, 교육부장관은 2012년 1월 20일 17:08에 서울특별시교육감에게 조례안에 대한 재의요구를 하도록 요청하였다. 그러나 서울특별시교육감은 재의요구 요청을 따르지 아니하고, 2012년 1월 26일에 「서울특별시 학생인권 조례」(서울특별시조례 제5247호)를 공포하였다. 이에 교육부장관은, 조례안에 대한 재의요구 요청 권한이 침해되었음을 주장하며 헌법재판소에 권한쟁의심판을 청구하였다. 헌법재판소는 이에 대하여, 「지방교육자치에 관한 법률」 제28조 1항 등에 따라 교육부장관은 조례안을 이송받고 20일이 경과하면 재의요구를 할 수 없다는 이유로, 교육감의 조례 공포행위는 교육부장관의 조례안 재의요구 요청권한을 침해하지 않았다는 결정을 선고하였다(헌재 2013. 9. 26. 2012헌라1). 이와는 별도로 교육부 장관이 서울특별시 의회를 상대로 낸 학생인권조례 무효확인소송에서 대법원은 '교육부장관이 시·도의회의 의결사항에 대하여 대법원에 직접 제소하기 위한 기간인 20일'을 넘겼다고 하여 각하하였다(대법원 2013. 11. 28. 2012추15 판결).

이러한 「초·중등교육법」의 개정을 통하여 이제는 학교의 장이 학교규칙을 제정함에 있어서 해당 시도 교육감의 인가를 받을 필요가 없어졌다. 따라서, 각 학교는 학생인권조례에 부응하도록 학칙을 개정할 것인지를 '자율적'으로 결정할 수 있게 되었다. 즉, 각 학교의 장은 운영위원회 등의 절차를 거쳐 학생인권조례에 따라 학교규칙을 제정·개정할지 말지를 스스로 결정할 수 있게 되었다. 다시 말해, 학생인권조례를 반영한 학교규칙을 만들 것인지 여부는, 이전처럼 교육감이 결정하는 것이 아니라 각 학교의 장에게 달렸다.

학생인권조례에 관한 찬반과 체벌에 관한 찬반이 반드시 일치하지는 않는다. 학생인권조례에는 체벌에 관한 사항 이외에도 성적 소수자에 관한 문제, 표현의 자유에 관한 문제, 복장과 용모에 관한 문제 등 여러 민감한 쟁점이 있기 때문이다. 학생인권조례에 찬성하지 않으니 체벌금지도 반대한다는 주장을 한다면, 학교에서의 체벌을 어떻게 할 것인가에 관한 논의가 올바로 진행될 수 없다.

2023년 12월 15일에 충청남도의회는 재적의원 47명중 44명의 출석에 찬성 31명 반대 13명으로 학생인권조례 폐지를 의결하였다.

▌충청남도 학생인권조례 폐지조례안의 제안이유

    ○ 최근 일선 교육현장에서 무제한·무조건적인 불가침 권리로 인식된 학생인권으로 인한 일부 학부모의 악성민원과 정상적인 학습을 저해하는 학생들로 인하여 다수 학생의 학습권과 교권 침해가 심각함.
    ○ 현 조례에는 성적지향·성별 정체성·성소수자 학생·임신·출산 등 왜곡되고 잘못된 차별받지 않는 권리와 소수자 학생 권리 등이 포함되어 있어 학교 교육을 통하여 올바른 가치관을 형성할 중요한 시기의 학생에게 잘못된 인권개념을 추종하게 함.
    ○ 학생의 권리만을 부각하고 책임을 외면한 충청남도 학생인권 조례를 폐지하고자 함.

최근에 학생체벌이 특별히 문제가 되지는 않았지만 2023년 서울 모 초등학교 교사의 사망사건 이후에 학생인권조례의 폐지가 추진되었고, 학생인권조례를 제정한 전국 6개의 광역지방자치단체 중에서 충청남도가 처음으로 폐지한 것이다.

2) 교권보호조례

전국 17개 광역지방자치단체 중에서 '교원의 교권과 교육활동보호를 위한 조례'를 만들어 시행하고 있는 곳은 광주광역시(2012년 제정), 충청남도(2012년 제정),

울산광역시(2016년 제정), 경기도(2020년 제정), 전라북도(2020년 제정) 등이다. '교권
보호위원회 구성 및 운영에 관한 조례'를 만들어 시행하고 있는 곳도 있는데, 교
원의 교권보호를 위해서는 '교원의 교권과 교육활동보호를 위한 조례'가 보다 구체
적이고 효과적이다. '교권보호위원회 구성 및 운영에 관한 조례'는 말 그대로 교권
보호위원회의 구성과 운영에 관한 사항을 규정하고 있는 것이지, 교권보호를 위한
구체적인 사항은 규정하고 있지 않다. 내용은 대동소이하지만 경기도 교육청의 교
권보호조례 중에서 교권보호를 위한 중요 조항을 살펴보기로 한다.

▌경기도 교육청 교원의 교권과 교육활동 보호에 관한 조례

제1조(목적) 이 조례는 경기도 교원의 교권과 교육활동을 보호하고, 이에 필요한 행정적·
재정적 방안을 마련하여 교원이 예우받고 존중되는 학교문화를 조성하는 것을 목적으
로 한다.

제2조(정의) 이 조례에서 사용하는 용어의 뜻은 다음과 같다.
1. "교원"이란 「유아교육법」 제20조제1항의 교원과 「초·중등교육법」 제19조제1항의
교원을 말한다.
2. "교권"이란 헌법과 법률에서 보장하거나 대한민국이 가입·비준한 국제인권조약 및
국제관습법에서 인정하는 기본적 인권 및 교육권 등 교원의 직무수행에 수반되는 모든
권한을 말한다.
3. "학교"란 경기도에 있는 「유아교육법」 제2조제2호의 유치원과 「초·중등교육법」 제
2조의 학교를 말한다.
4. "교육활동 침해행위"란 「교원의 지위 향상 및 교육활동 보호를 위한 특별법」(이하
"법"이라 한다) 제15조제1항에 해당하는 행위를 말한다.〈개정 2022.12.28.〉

제5조의2(교육활동 침해행위에 대한 조치 등) ① 교육감은 교원에 대하여 폭언 등으로
인한 신체적·정신적 피해를 예방하기 위한 계획을 수립하여야 한다.
② 교육감과 학교장은 법 제15조제1항에 해당하는 교육활동 침해행위 발생 즉시 다음
각 호에 해당하는 피해 교원의 치유와 교권회복에 필요한 조치(이하 "보호조치"라 한
다)를 하여야 한다.
1. 심리상담 및 조언
2. 법률상담
3. 치료 및 치료를 위한 요양
4. 그 밖에 치유와 교권 회복에 필요한 조치
③ 교육감은 교육활동과 관련하여 폭언등으로 교원에게 신체적·정신적 피해가 발생하
거나 현저히 발생할 우려가 있는 경우에는 업무의 일시적 중단 또는 전환 등 필요한
조치를 하고, 이러한 교육활동 침해행위가 관계 법률의 형사처벌규정에 해당될 경우 관
할 수사기관에 고발하여야 한다. 다만, 제3항 본문에 의한 조치나 고발의 경우 피해 교
원의 의사에 반하지 아니하는 경우에 한한다.

④ 교육활동 침해행위로 피해를 입은 교원의 보호조치에 필요한 비용은 교육활동 침해 행위를 한 학생의 보호자 또는 교육활동 침해행위를 한 자가 부담하여야 한다. 다만, 피해교원의 신속한 치료를 위하여 교육활동 침해행위로 피해를 입은 교원 또는 학교장 이 원하는 경우 교육청이 부담하고 이에 대한 구상권을 청구하여야 한다.

⑤ 교원은 교육감에게 제2항과 제3항에 따른 조치를 요구할 수 있고 교육감은 교원의 요구를 이유로 불리한 처우를 해서는 아니 된다. [본조신설 2023.10.11.]

제5조의4(학생 분리교육) ① 학교장은 법령과 학칙에 따라 교육활동 침해 학생에 대해 적합한 교육을 위하여 교실로부터 분리 및 외부 위탁교육을 실시할 수 있다.

② 학교장은 제1항에 따른 분리교육을 실시할 경우 교직원 또는 관계 전문가 등으로 구성된 협의기구를 통해 자문을 구할 수 있다. [본조신설 2023.10.11.]

제8조(교원의 개인정보 보호) ① 교육감은 보호자 등으로부터 교원의 휴대전화번호 등 개인정보를 보호하기 위하여 노력하여야 하며, 교원은 본인의 의사에 반하여 개인정보 공개를 강요받지 아니한다. 〈개정 2023.10.11.〉

② 교육감과 학교장은 제1항에 따른 교원의 개인정보 보호에 필요한 시책을 마련 · 시 행해야 하며, 필요한 경우 행정적 · 재정적 지원을 할 수 있다.

학생인권조례가 제정된 배경은 2010년 '오장풍 사건'이다. 서울 동작구의 초등학교 교 사 오모씨가 학생에게 욕설을 퍼붓고 뺨을 때려 바닥에 내동댕이치는 영상이 큰 논란으 로 번졌다. 그해 6월 당선된 곽노현 당시 서울시교육감은 '체벌금지'를 선언했다. 민주당 이 다수를 차지한 서울시의회는 2012년 학생인권조례를 제정했다. 보수에서 받아들이기 어려운 교내 집회 허용, 성적 지향 등을 이유로 차별 받지 않는다는 조항을 담아 현재까 지도 갈등이 이어지고 있다. 교육부도 체벌금지 조항 등 일부 내용이 상위 법령을 위배 한다며 대법원에 학생인권조례 무효확인 소송을 제기했으나 2015년 전북 등을 시작으로 패소했다. 보수시민단체로부터 위헌확인 소송도 제기됐으나 헌법재판소에서 2019년 합헌 결정을 내리면서 유지됐다. 학생인권도 교권도 모두 존중받아야 할 가치이나 '학생인권 조례'를 두고 찬반 양측은 극한 대립을 반복하고 있다.

– 뉴시스 (2023. 12. 26.)

7. 체벌에 관한 입법론

아동 · 청소년에게 가해지는 체벌 특히 학교에서의 체벌은 인권에 대한 침해라 고 보는 시각에서 체벌금지를 법제화하기 위한 입법적 시도가 있어 왔다. 교육을 빌미로 체벌을 하는 경우가 있는데, 체벌은 교육일 수 없기 때문에 「초 · 중등교육 법」에 체벌이 허용되지 않는다는 것을 명시적으로 규정하자는 것이다. 그러나 체벌에 대한 찬성론과 반대론이 있듯이, 체벌에 대한 합헌론과 위헌론이 있으며, 체벌금지의 법제화에도 찬반양론이 대립하고 있다. 과잉체벌이 문제되는 경우에는 법제화 찬성론이 대두되다가, 이러한 문제가 잊힌 경우에는 법제화 찬성론이 여론의 지지를 받지 못하는 형국이라고 할 수 있다. 체벌금지법 입법은 학생들에 의하여 주장되기도 하고, 교육부에 의하여 추진되기도 하고, 국회의원에 의하여 법안이 발의되기도 하였다.

최근 교사의 과도한 학생 체벌 사례가 잇따라 문제로 불거지자 교육인적자원부가 체벌을 법으로 금지하는 방안을 추진키로 했다. 교육부는 체벌을 법적으로 금지하는 것을 포함한 학생인권 보호 방안을 하반기 최우선 과제로 정해 본격적으로 공론화 과정을 밟기로 했다. 교육부는 교육상 불가피한 체벌의 경우 '학교 공동체 구성원의 민주적 합의절차를 거쳐 사회통념상 합당한 범위 내에서' 각 학교 학생생활규정에 명시해 시행토록 하고 있다. 2005년 현재 1만 1,000여 개 초ㆍ중ㆍ고등학교 중 5,458개교(51%)는 체벌을 금지하고 있으나 나머지 학교에선 '교육상 불가피한 경우' 체벌을 허용하고 있다. 체벌금지 법제화에 대해 양대 교원단체는 엇갈린 입장을 내놓고 있다. 한국교원단체총연합회 관계자는 "현행 학교 생활규정으로도 과도한 체벌을 막을 수 있다."며 "체벌금지가 법제화되면 교단의 자율성을 침범할 우려가 크다."며 반대 입장을 밝혔다. 반면 전국교직원노동조합 관계자는 "학생인권 보호를 위해 올해 하반기 중 체벌금지 규정을 반드시 법제화해야 한다."고 주장했다.

– 문화일보(2006. 8. 19.)

권영길 의원은 체벌금지를 포함하여 학생인권을 보호하기 위한 방안을 규정한 초ㆍ중등교육법 개정법률안*(일명 '아동인권법안')을 2008년 12월 3일에 국회에 발의한 바 있다.

> * 권영길 의원이 대표 발의한 초ㆍ중등교육법 개정법률안은 2008년 12월 3일에 발의되었다. 제안이유로는 "초ㆍ중등학교에서의 학생들은 체벌, 조기등교, 두발규정, 개인인격 침해 등이 교육적 목적이라는 명목으로 일어나고 있음. 학생 또한 헌법에 보장하는 국민적 기본권을 향유하여야 함에도 실제적으로 보장되지 않는 실정임. 또한 교육당국은 학생들의 인권에 대한 정책적인 접근을 하지 못하고 있음. 따라서 학생들의 인권 침해적 요소에 대한 금지, 인권실태조사 및 관련 교육을 진행할 필요가 있기에 금지규정을 명문화 하고, 관련 조사와 교육 사업에 대한 입법화를 하고자 함."을 제시하고 있다.
> 이보다 앞서 제17대 국회인 2005년 11월 11일에 김선미 의원과 2006년 3월 13일에 최순영 의원은 학생들에 대한 체벌금지규정을 포함한 「초ㆍ중등교육법」 개정법률안을 발의하였으나, 동 법안들은 2008년 5월에 제17대 국회의 임기만료로 인하여 자동 폐기되었다.

▌ **권영길 의원의 초·중등교육법 개정법률안의 주요 내용**

① 학생 징계 시 해당 학생과 학부모에게 의견진술 및 재심청구의 기회를 부여하는 등 적정한 절차를 거치도록 함.

② 육체적 체벌을 금지하도록 함.

③ 정규수업 이외의 교과수업 또는 자율학습 등의 명목으로 정규 수업시간 시작 이전에 등교시키는 행위, 추가학습이나 자율학습을 강요하는 행위, 학생 두발·복장·개인 소지품·일기를 검사하는 행위, 가정환경·성적·외모·성별·국적·종교·장애·신념·성정체성에 따른 차별 행위 등 학교에서 학생인권을 침해하는 행위를 금하도록 함.

④ 교육공무원 및 학생들을 대상으로 인권에 대한 교육을 실시하도록 하고, 5년마다 학생인권실태조사를 하도록 함.

국가인권위원회는 2002년 9월에 "체벌은 학생들의 신체의 자유를 침해하는 행위이며, 학생의 지도는 학생의 인간적 존엄성을 존중하는 방식으로 행해져야 하고, 따라서 교육공동체가 회초리를 들지 않고도 교육적 효과를 낼 수 있도록 해야 한다."면서, 체벌의 근거가 되고 있는 「초·중등교육법」과 동법 시행령 관련 조항을 개정해 체벌 금지를 적극적으로 수용할 것을 정부와 국회에 권고한 바 있다. 또한 2008년 7월에도 체벌에 관한 인권위의 일관된 입장을 다시 한번 확인한 바 있다.

주요 국가는 가정과 학교에서 체벌을 법적으로 금지하는 경향인 것으로 평가되고 있다.[21] 캐나다와 유럽연합 회원국 등에서는 학교에서의 체벌이 금지되고 있다. 미국은 주마다 체벌 허용 여부가 다른데, 1980년대 이후 학교체벌을 금지하는 주법이 만들어지고 있다. 2018년 현재는 워싱턴 DC와 31개 주에서 체벌이 금지되고 있으며, 19개 주에서는 체벌이 허용되고 있다.[22]

8. 체벌과 관련된 법원의 판례

체벌이 적정한 선에서 머물러 체벌을 가하는 교사에게나 체벌을 당하는 학생에게나 이른바 '사랑의 매'로서 인식되고 용인되는 경우에는 아무런 법적 문제가

---

21) 홍신기·김현욱·권동택, "주요국의 아동 체벌 금지 입법사례와 시사점", 『비교교육연구』, 제20권 제1호, 2010, 43쪽.

22) https://en.wikipedia.org/wiki/School_corporal_punishment_in_the_United_States 2024. 1. 29. 방문.

발생하지 않는다. 또한 과도한 체벌에 대한 문제제기가 해당 학생에게 불이익이 될 것을 염려하는 부모의 묵인으로 인하여, 도를 넘은 체벌임에도 불구하고 법원에 소송이 제기되지 않는 경우도 있다고 볼 수 있다. 그러나 체벌을 당하는 학생이나 학생의 부모 등이 체벌을 용인하지 않는 경우나, 체벌의 정도가 심하여 형사처벌이나 민사상 손해배상이 문제되고 체벌을 가한 교사의 징계책임이 문제되는 경우에는 법적 분쟁이 발생하게 된다. 통상적으로 '학생이 잘못했으면 선생님에게 맞아야지'라고 하는 인식이 사람들을 지배하고 있었으며, 이러한 일반적인 인식은 어느 정도의 체벌에 관해서는 관대하게 보아주고 있었다. 따라서 체벌이 법적으로 문제되는 경우에 법원은 체벌이 '사회통념'에 비추어 볼 때 허용될 수 있는지를 기준으로 따져왔다.

1996년에 대구지방법원에서는 교사가 교내에서 흡연하고 거짓말까지 한 학생을 체벌한 데 대하여 정당행위를 이유로 무죄를 선고한 경우가 있었다. 즉, "학생들을 교육하고 학생들의 생활을 지도하는 교사로서 학생이 교내에서 흡연을 하였을 뿐만 아니라 거짓말까지 하여 이를 훈계하고 선도하기 위한 교육 목적의 징계의 한 방법으로서 그 학생을 때리게 된 것이고, 그 폭행의 정도 또한 그리 무거운 것이 아니라면, 그 교사의 행위는 교사의 교육 목적 달성을 위한 징계로서 사회통념상 비난의 대상이 될 만큼 사회상규를 벗어난 것으로 볼 수 없으므로 형법 제20조 소정의 정당행위에 해당한다는 이유로, 그 교사의 체벌에 대하여 무죄를 선고"[23]하였다. 그러나 2000년 대전지방법원에서는 여자중학교 체육교사 겸 태권도 지도교사가 교실 밖 공개된 장소에서 학생들을 폭행하고 욕설을 하여 모욕한 경우에 해당교사에게 유죄를 선고하였다.[24] 또한 중학교 교사가 단체로 체벌을 받고 있던 중 갑자기 웃어버린 학생에게 구둣발로 여러 번 차고 머리를 때리는 등 심히 비인격적·비교육적 방법까지 사용한 체벌로 인해 6주간의 치료를 요하는 상해를 입히고 후유장애로 일반노동능력의 70퍼센트를 상실하게 한 경우를 판단함에 있어서, 교사로서 개인적인 감정의 개입을 억제하고 품위를 유지하여 체벌을 가하는 신체부위와 그 정도 및 방법 등에 대하여 조금만 주의를 기울였다면 위와 같은 결과를 충분히 예견할 수 있었다고 할 것인데도 불구하고 징계의 목적으로 체벌을 가하는 교사로서 통상 요구되는 주의의무를 현저히 게을리 하였다고 판단

---

23) 대구지법 1996. 12. 27. 선고 96노170 판결: 상고기각.
24) 대법원 2004. 6. 10. 선고 2001도5380.

을 하였다.[25] 체벌에 관한 가장 주목할 만한 판례는 대법원이 선고한 2004년 6월 10일의 판결이다.

> **대법원 2004. 6. 10. 선고 2001도5380 판결(폭행&모욕)**
>
> 초·중등교육법령에 따르면 교사는 학교장의 위임을 받아 교육상 필요하다고 인정할 때에는 징계를 할 수 있고 징계를 하지 않는 경우에는 그 밖의 방법으로 지도를 할 수 있는데 그 지도에 있어서는 교육상 불가피한 경우에만 신체적 고통을 가하는 방법인 이른바 체벌로 할 수 있고 그 외의 경우에는 훈육, 훈계의 방법만이 허용되어 있는바, 교사가 학생을 징계 아닌 방법으로 지도하는 경우에도 징계하는 경우와 마찬가지로 교육상의 필요가 있어야 될 뿐만 아니라 특히 학생에게 신체적·정신적 고통을 가하는 체벌, 비하하는 말 등의 언행은 교육상 불가피한 때에만 허용되는 것이어서, 학생에 대한 폭행, 욕설에 해당되는 지도행위는 학생의 잘못된 언행을 교정하려는 목적에서 나온 것이었으며 다른 교육적 수단으로는 교정이 불가능하였던 경우로서 그 방법과 정도에서 사회통념상 용인될 수 있을 만한 객관적 타당성을 갖추었던 경우에만 법령에 의한 정당행위로 볼 수 있을 것이고, 교정의 목적에서 나온 지도행위가 아니어서 학생에게 체벌, 훈계 등의 교육적 의미를 알리지도 않은 채 지도교사의 성격 또는 감정에서 비롯된 지도행위라든가, 다른 사람이 없는 곳에서 개별적으로 훈계, 훈육의 방법으로 지도·교정될 수 있는 상황이었음에도 낯모르는 사람들이 있는 데서 공개적으로 학생에게 체벌·모욕을 가하는 지도행위라든가, 학생의 신체나 정신건강에 위험한 물건 또는 지도교사의 신체를 이용하여 학생의 신체 중 부상의 위험성이 있는 부위를 때리거나 학생의 성별, 연령, 개인적 사정에서 견디기 어려운 모욕감을 주어 방법·정도가 지나치게 된 지도행위 등은 특별한 사정이 없는 한 사회통념상 객관적 타당성을 갖추었다고 보기 어렵다.

교사가 학생을 징계 아닌 방법으로 지도하는 경우에도 징계의 경우와 마찬가지로 교육상의 필요가 있어야 된다. 특히, 학생에게 신체적·정신적 고통을 가하는 체벌, 비하하는 말 등의 언행은 '교육상 불가피한 때'에만 허용된다는 것이다. 또한 체벌의 방법과 정도에서 사회통념상 용인될 수 있을 만한 객관적 타당성을 갖추었던 경우에만 법령에 의한 정당행위로 볼 수 있다는 것이다.[26]

2009년 4월에는 거짓말을 하거나 숙제를 안 해 온다는 이유로 초등학교 2학년 학생 2명을 막대기로 수십 대씩 때린 교사가 법정에 선 적이 있다.

---

25) 대법원 1990. 2. 27. 선고 89다카16178.
26) 대법원 2004. 6. 10. 선고 2001도5380.

인천지법의 형사3단독 판사는 2009년 4월 23일에 초등학생에게 지나친 체벌을 가해 전치 2～3주의 상처를 입힌 혐의(상해)로 불구속 기소된 인천 모 초등교 교사(29·여)에 대해 "다른 교육적 수단이 없지 않았는데도 체벌을 가했고, 그 방법과 정도도 지나쳤다"고 하여 징역 8개월에 집행유예 2년을 선고하였다. 교사 A씨는 지난해 10월 담임을 맡은 교실에서 받아쓰기 시험을 보던 도중 B(당시 8세)군이 예상되는 답을 미리 연필로 흐리게 써놓고 거짓말을 한다는 이유로 다른 학생들이 보는 앞에서 분필 굵기에 50cm 길이의 막대기로 엉덩이를 80대 때려 전치 2주의 상처를 입혔다. 8일 후에는 숙제를 해오지 않는다는 이유로 C양(당시 8세)의 엉덩이를 막대기로 27대 때려 전치 3주의 상처를 입혔다.

　　　　　　　　　　　　　　　　　　　　　　　　　　　　　– 세계일보(2009. 4. 24.)

교사의 처벌이 이처럼 형사사건화되는 경우에는 체벌이 법적으로 어떻게 평가되는지를 판단해볼 수 있는 기회가 있지만, 체벌이 형사사건화되지 않고 묻히는 경우가 허다하였다.[27] 즉, 법의 사각지대에서 벌어지는 체벌이 있다는 것이다.

헌법재판소도 체벌에 관한 기본적인 입장을 피력하면서, 현행 교육관련 법령 아래서 사회통념상 체벌의 객관적 타당성 여부를 판단하는 네 가지의 기준을 제시하였다. 첫째, 체벌은 '교육상 불가피한 경우'에만 행해져야 한다. '교육상 불가피한 경우'란 훈육이나 훈계 등 다른 교육적 수단으로는 교정이 불가능하여 체벌을 할 수밖에 없는 경우를 말한다. 교사의 성격에서 비롯되거나 감정을 내세워 행해지는 폭력행위는 교육상 필요한 목적을 위한 것이라고 하기 어렵고 다른 대체수단으로 지도할 수 있음에도 체벌을 하는 경우에는 체벌의 불가피성을 충족하기 어렵다. 둘째, 체벌의 절차를 준수해야 한다. 체벌 전에 학생에게 체벌의 목적을 알리고 훈계하여 변명과 반성의 기회를 주고, 신체의 이상 유무를 살핀 후 시행해야 한다. 만약 학칙에서 정한 체벌 절차가 따로 있는 경우에는 특별한 사정이 없는 한 그에 따라야 한다. 셋째, 방법이 적정해야 한다. 체벌은 부득이한 사정이 없는 한 정해진 체벌 도구를 사용해야 하고 위험한 도구나 교사의 신체를 이용하여서는 아니 된다. 체벌의 장소는 가능한 한 비공개 장소에서 개별적으로 행해야 한다. 체벌 부위는 상해가 발생할 위험이 적은 둔부 등이어야 한다. 넷째, 그 정도가 지나치지 않아야 한다. 학생의 성별·연령·개인적인 사정에 따라 수인할 수 있는 정도이어야 하고, 특히 견디기 어려운 모욕감을 주어서는 아니 된다(대법원 2004. 6. 10. 선고 2001도5380 판결을 참고한 헌법재판소 2006. 7. 27. 선고 2005헌마1189 결정).

---

27) 조국, 앞의 논문, 117쪽.

> **헌법재판소 2006. 7. 27. 선고 2005헌마1189(기소유예처분 취소－기각)**
>
> 　초·중등교육법령에 따르면 교사는 학교장의 위임을 받아 교육상 필요하다고 인정할 때에는 징계를 할 수 있고 징계를 하지 않는 경우에는 그 밖의 방법으로 지도를 할 수 있는데 그 지도에 있어서는 심한 체벌은 대상학생의 신체의 자유를 제한하고 인격권 내지 인격성장의 권리에 손상을 가져 올 수 있다. 다만 정도가 심하지 않은 체벌은 체벌대상 학생에게도 학습의 효과를 높여주고, 질서가 유지된 상태에서 공부할 수 있도록 함으로써 다른 학생들의 학습권을 보호할 가능성이 있다. 또 교육목표를 실현하는 과정에서 훈계와 벌, 지도와 징계 등이 필요할 수 있으므로 교사는 체벌을 효과적인 교육방법의 하나로 여길 소지가 있다. 이처럼 학교체벌에는 체벌대상 학생과 교사, 다른 학생의 이해관계가 얽혀 있으므로 그 규율의 형식과 내용, 절차는 법령에 의해 엄격하게 정해져야 한다. 따라서 교사가 학생에게 체벌을 하려면 원칙적으로 위에 본 법령과 규정을 준수하여 행해야 한다. 물론 학생생활규정만이 체벌의 정당성 여부를 판단할 때 절대적인 기준이 되는 것은 아니지만, 교사가 이를 무시하고 직무상의 재량이라는 이유로 멋대로 체벌을 가하는 행위는 특별한 사정이 없는 한 사회통념상 용인되기 어려울 것이다. 이미 교육관련 법령에서 체벌은 자유롭게 선택할 수 있는 교육방법이 아니라 극히 제한적인 지도방법으로 정하였고 학생생활규정은 이를 구체화하였으며, 학교는 민주주의를 학습하는 기본적인 장소이므로 교사가 먼저 인권과 적법절차를 중시하는 모범을 보여야 하기 때문이다.

　위 헌재결정에서도 반대의견을 낸 헌법재판관은 미성년 학생의 인격이 올바르게 형성되도록 지도·훈육하는 일은 교사의 소중한 직책이므로, 필요한 경우에 교사는 학생에 대하여 체벌을 훈계의 수단으로 선택하는 것이 허용되어야 하고, 이는 교사의 정당한 직무수행이자 책임이라는 의견을 밝히고 있다.

9. 체벌에 관한 입법정책의 방향

　조금 큰 관점에서 이야기하자면, 인류가 일상적인 폭력에서 벗어나기 시작한 것은 역사상 그리 오래되지 않는다. 국가적 차원에서는, 전쟁이 외교의 한 수단이고 타국에 대한 폭력적인 식민지배가 문명전파와 근대화의 한 방법으로 정당화되었던 시절이 그리 오래지 않다. 또한 동서양을 막론하고 군대와 감옥에서의 폭력적인 '관리'는 물론이고 가정과 학교 심지어는 농장이나 공장 등 일터에서의 폭력도 일상적인 것이었다. 종종 문제되는 군생활에서의 폭행·가혹행위 등도 가정과 학교에서 보아온 '체벌을 가장한 폭력'의 영향일 수 있다.[28] 폭력이 - 위계질서를 위해, 기강이나 관리를 위해, 순화를 위해, 가정의 평화와 부모의 권위유지를 위해, 교육을 위해, 생산성 향상을 위해 등등 - 정당화되는 문화라면, 폭력은 쉽게 일상화될 수 있다. 이러한 폭력의 일상화로부터 벗어나기 위한 노력들이 있어 왔다. 선진국가라고 불리는 국가에서는 이미 군대, 감옥, 가정, 학교 등에서의 폭력이 대부분 없어졌거나, 최소한 폭력을 방지하고 처벌하기 위한 법제도적 장치들을 지니고 있다. 특히 가정과 학교에서의 폭력의 피해자가 대부분 여성과 아동이기 때문에 더욱 강력하게 대응하고 있다. 우리나라의 경우에도 이러한 일상적인 폭력을 없애기 위한 정책적 및 법제도적인 노력을 하여 왔고, 많은 점에서 개선되었다고 평가할 수 있다. 그러나 아직도 시대착오적인 의식의 잔재로 인하여 폭력적 충동을 제어하지 못하는 경우가 있으며, 학교에서의 폭력을 '정당한 체벌'인 것으로 인식하는 경우가 있다.

체벌을 수단으로 하여 학생들을 교육한다는 전근대적인 사고는 바람직하지 못하다. 이제 우리 교육도 권위와 강요에 의지해 교육하던 과거의 구습을 벗어버려야 한다. 체벌은 동서양을 막론하고 중세에 이르기까지 가장 효과적인 교육수단으로 여겨져 왔지만, 근대에 이르러 많은 교육사상가들에 의해 체벌이 근본적인 비난을 받게 되었다.[29] 체벌 금지는 구습을 탈피하는 대표적인 사례에 해당한다고 할 수 있다. 말 그대로, 체벌에 의존하는 교육방식은 '전근대적'인 것이라 할 수 있다. 근대에 이르러 많은 교육사상가들에 의해 체벌이 근본적인 비난을 받게 되면서 점차 체벌이 사라지게 되었으며, 현대에 이르러서는 미국의 일부 주나 소수 국가를 제외한 대부분의 선진국에서 체벌이 비인간적이고 학습에 부정적인 영향을 준다는 이유 등으로 법으로 금지하는 경향에 있다.[30]

학교 내의 체벌은 기본적으로 인권침해적 요소를 지니지만, 다른 한편으로 교

---

28) 각종 가혹행위와 폭행에 시달리다 사망한 2014년 윤일병 사건과 같은 군내 폭력을 근본적으로 차단하기 위해서는 사회 모든 분야에서의 폭행이 근절되어야 한다. 그 시작은 가정과 학교이다. "폭력범죄로 처벌받는 사람은 연간 35만명에 달한다. 우리 사회가 학교→군대→직장→사회로 돌고 도는 폭력바이러스의 악순환(惡循環) 고리를 끊어내는 근본대책을 고민하지 않으면 안되는 시점에 도달했다", <조선일보>, 2014. 8. 6.
29) 헌법재판소 2006. 7. 27. 선고 2005헌마1189.
30) 헌법재판소 2006. 7. 27. 선고 2005헌마1189.

육적 성격을 지니고 있기 때문에, 사회적으로 폭넓게 관용되어 왔다. 한국 문화에 서는 훈육을 위한 체벌의 전통이 뿌리 깊게 남아있다. 흔히 교사가 되는 것을 "교 편(教鞭)을 잡는다"고 하는 것처럼 선생님의 회초리가 상징하는 사랑의 매는 교육 에 필요불가결한 것으로 여겨져 왔다.[31] 그러나 체벌이 그 한계를 벗어나지 아니 하고 그 목적을 상실하지 않는다면 체벌이 옹호될 여지가 있지만, 정도를 넘고 목 적을 상실한 과도하고 부적절한 체벌은 폭력의 재생산 기제로서 기능하고, 낙인효 과로서 부정적인 자아정체성을 초래하며, 공격성학습 및 일탈적 성향의 발달을 가 져온다[32]는 점에서 체벌은 옹호될 여지가 없다. 물론, 통제가 어렵거나 불가능한 학생의 언행에 대한 시정이나 제재의 문제를 과소평가할 수는 없다. 그러나 이러 한 문제가 체벌로 해소될 수 있다거나, 체벌이 이러한 문제를 시정하기 위한 가장 효과적인 수단이 될 수는 없다.

최근에는 학생과 학부모에 의한 교사의 인권침해사례가 발생하면서 교권수호 와 교육활동 보장에의 필요가 등장하였고 앞에서 본 바와 같이 교권보호 4법이 만들어지는 등 선생님들의 교권보호조치가 마련되었다. 교권 보장과 학생인권 보 장은 상호 모순되는 것이 아니라, 서로 존중되어야 하고 상호 유기적 관계에 있다 고 볼 수 있다. 학교교육에 있어서 선생님은 교육의 주체이며, 학교교육에서 제일 중요한 역할을 담당하고 있는 선생님의 교권은 당연히 보호받아야 한다. 따라서 선생님의 교권신장이나 교권보호를 위한 개선방안[33]이 마련되어야 한다. 그러나, 교권수호를 위해 체벌을 허용하자는 주장은 설득력이 없다. 선생님들의 인권이나 학생들의 인권은 어느 하나가 어느 하나를 위하여 희생되어야 하는 것이 아니라, 상호 존중되고 지켜져야 하는 것이다.

> 학생인권의 신장은 교권침해로 이어지지 않는다. 교권의 침해는 학생의 잘못된 인성이 나 갈등관계에서 이루어지며, 이는 학생인성교육이나 교사와 학생간의 관계 개선으로 해 결할 문제이다. 또한 학생인권이 교사의 지도에 응하지 않아도 될 권리로의 오해 소지가 있다면, 이 역시 올바른 학생인권교육에서 해답을 찾아야 한다.
> – 신강숙, 학생인권 보장 현황과 입법개선 방향에 대한 연구; 학생인권조례를 통하여 본 학생인권의 나아갈 길, 교육법학연구, 제33권 2호, 2021, 135쪽.

---

31) 김은경, 앞의 책, 19쪽.
32) 김은경, 위의 책, 19쪽.
33) 김희규, 교원의 교육권 보호 및 법제도 개선방안, 홀리스틱융합교육연구, 제24권 제1호, 2020, 150, 155쪽.

그동안 우리 사회에서 문제가 된 것은 과도하고 감정적이고 폭력적인 체벌이었다. 2010년에 경기도를 시작으로 하여, 2011년 광주광역시, 2012년 서울특별시, 2013년 전라북도, 2020년 충청남도, 2021년 제주특별자치도에서는 학생인권조례를 제정하여 체벌 혹은 물리적 폭력을 금지하는 규정을 두었다. 이제 체벌이 교육이나 훈육의 일종이라고 강변하면서 모욕적이고 지나친 체벌을 일삼던 시대는 지나갔다. 학생인권조례를 만드는 과정에서는 체벌금지가 초기의 관심사 였지만, 이후에는 성적 지향으로 인한 차별금지에 관한 규정에 논란이 집중되면서, 체벌규정에 대한 관심은 상대적으로 줄어들었다. 이제는 학교에서의 체벌금지는 당연한 것으로 받아들이는 분위기가 만들어졌다. 오히려 최근에는 학생과 학부모 등에 의하여 침해되는 교권을 보장하기 위한 방안을 마련하는데 사회적 관심이 집중되고 있다. 국가는 선생님의 교권이 침해되는 것을 방지할 책임과 학생들의 인권보장을 위한 책임을 동시에 지고 있는 것이다.

CHAPTER

5

생명공학의
발전과 법

CHAPTER
5

생명공학의 발전과 법

1. 생명공학의 발전과 법적 대응

오늘날 세계적으로 인간의 의식과 생활을 바꾸는 위력적인 과학기술의 대명사는 단연 생명공학이다.[1] 양이나 소, 개 등 동물복제의 성공으로 미루어 볼 때 인간복제마저도 기술적으로 가능한 것으로 여겨지고 있다. 생명공학 연구가 불임부부의 자녀출산[2], 난치병 환자의 치료 등을 위하여 필요하다는 이유로 찬성하는 견해도 있지만, 반면에 인간 존엄성의 침해 등을 이유로 생명공학 연구를 반대하는 견해도 있다.

인간의 배아(胚芽)는 수정란 등이 세포분열을 계속하여 14일 후에는 배반포의 단계에서 간, 심장 등 인체의 210여 개 기관으로 성장할 부분으로 나뉘는데, 수정 후 14일 후부터 모든 장기가 형성되는 8주까지를 배아라고 한다. 인간배아의 복제를 금지해야 한다는 주장도 있지만, 현재 배아 복제를 찬성하는 사람들이 주장하는 인간배아복제의 유용성은 인공배반포에서 인체의 특정 부위가 될 부분인 줄기세포를 떼어내 배양시킨 후에 부작용이 없는 대체장기로서 제공하려는 연구와 의학적 이용이다. 2004년 레이건 전 미국 대통령의 사망 후에도 치매 등을 치료하는

---

1) 박은정, 『생명공학시대의 법과 윤리』, 이화여자대학교출판부, 2000, 5쪽.
2) 인체 외에서 난자와 정자를 수정한 후 자궁안에 넣어 임신시키는 세계 최초의 '시험관 아기' 루이스 브라운은 1978년 7월 25일에 태어났다. 이후 세계 각지에서 인공수정 시술이 일반화되었다.

것이 가능하다고 여기고 있는 줄기세포의 연구에 대한 허용 논의가 미국에서 일어난 적이 있으며, 2006년 7월에는 부시 대통령이 인간배아 줄기세포 연구에 연방기금을 지원하도록 한 법안에 대해 '생명 파괴'를 이유로 거부권을 행사하여 논란이 되기도 하였다. 줄기세포에 관한 연구는 미국뿐만 아니라 과학과 의학의 발전을 주도하려는 모든 국가의 관심사라고 할 수 있다. 줄기세포연구의 유용성은 이외에도, 근육계 세포의 이상으로 파킨슨씨병을 앓고 있는 환자, 조혈계 세포의 이상으로 백혈병을 앓고 있는 환자, 췌장세포의 이상으로 백혈병을 앓고 있는 환자 등에게 배양세포를 이식함으로써 질병을 치료할 수 있다는 주장이다. 질병치료라는 명분이 인간배아복제의 연구 및 응용에 정당성을 제공하고, 이를 반대하는 논리는 오히려 의료기술의 발전과 환자의 건강권을 침해하는 논거로 간주되는 경우도 있다. 그러나 인간 개체의 복제단계 이전이라고 할 수 있는 인간배아의 복제가 인간 존엄을 위협하는 인간복제로 이어질 수 있다는 점이 큰 문제로 지적되고 있다.

따라서 각국마다 생명공학 또는 특별히 인간복제를 규율하는 법률을 제정하였거나 마련 중에 있다. 독일은 1990년 「수정란보호법」(Gesetz zum Schutz von Embryonen)을 통하여 인간복제를 절대적으로 금지하고 있고, 일본은 인간복제를 금지하는 「인간클론금지법」을 2000년 11월 30일에 제정하여 시행하고 있다. 우리나라에서도 2004년 1월 29일에 제정·공포된 「생명윤리 및 안전에 관한 법률」*(약칭 「생명윤리법」)은 2005년 1월 1일부터 시행되고 있다.

* 오랜 논란 끝에 2003년 12월 29일에 국회 본회의를 통과하여 2004년 1월 29일에 공포된 「생명윤리 및 안전에 관한 법률」은 2005년 1월 1일부터 시행되고 있다. 이 법은 급격히 발전하고 있는 생명과학 기술에 있어서의 생명윤리 및 안전을 확보하여 인간의 존엄과 가치를 보장하고, 국민의 건강과 삶의 질 향상을 위하여 질병 치료 및 예방 등에 필요한 생명과학 기술을 위하여 개발·이용할 수 있는 제도적 장치를 마련하기 위하여 입법되었다.

「생명윤리법」 제20조에는 인간 복제를 금지하는 규정을 두고 있다. 인간을 복제하려는 계획은 아직 인간복제를 금지나 제한하지 않는 국가에서 시도된다고 한다. 이러한 입법적 공백으로 인하여 각국은 인간 복제의 절대적 금지에서 원칙적 금지와 예외적 허용으로 입법 경향을 보일 것으로 예견된다.

과학기술이나 의학기술의 발전이라는 사회적 현상과 이에 대한 법의 태도가 문제될 수 있으며, 새로운 과학적 가능성에 대하여 법률이 보이는 반응은 다음의 네 가지 정도라고 할 수 있다. 즉, 법제도적으로 장려하거나, 아무런 법규를 두지 않음을 통하여 자유방임적 태도를 보인다거나, 연구와 이용을 전면적으로 금지하거나, 일정 부분은 금지하고 일정 부분은 허용하는 입법례 등이 있다.[3]

2. 인간배아복제의 연구와 이용

현재 생명공학과 의료기술의 발달은 인간생명을 연장할 뿐만 아니라, 생명을 '제작'하고 '조작'하는 것도 가능한 수준에 이르렀다. 이러한 생명공학과 의료기술은 적절한 연구와 이용으로 불치병을 치료하는 등 인류에 유익한 결과를 가져올 수도 있고, 과도

> * 과학기술의 발전이 인간사회의 법질서에 초래하는 결과는 오로지 긍정적이거나 오로지 부정적이지 않다. 대개는 긍정과 부정의 계기가 모두 과학기술에 내재해 있다(이상돈, 『법학입문 — 법이론적·법사회학적 접근』, 1997, 250쪽).

한 남용으로 인간을 대상화하여 결과적으로는 인간 존엄에 위해를 초래할 수도 있다.* 따라서 법은 인간의 생명을 대상으로 하는 연구와 관련하여 인류에 유익한 결과를 가져오는 측면은 권장하고, 인간 존엄에 위해를 초래하는 측면은 억제하여야 할 것이다. 특히, 인간의 줄기세포 연구는 난치병 치료의 희망으로 이야기되고 있다. 이 문제는 국제사회에서도 인간개체 복제만을 금지하자는 의견과 인간개체 복제와 배아 복제를 모두 금지하자는 의견이 대립하고 있으며, 줄기세포 연구의 문제는 미국에서 대통령선거운동의 단골 이슈가 될 정도로 논란이 분분한 사안이다. 이에 관한 각국의 입법정책도 다양함은 물론이다.[4]

결국은 체세포 복제를 통한 줄기세포가 존재하지 않았던 것으로 밝혀지면서 연구 결과가 조작되었다고 결론이 났지만, 2004년 2월 황우석·문신용 교수팀이 ≪사이언스≫지에 인간배아복제에 관한 연구논문을 게재한 이래 인간 줄기세포연구의 허용과 관련한 입법정책이 본격적으로 논란이 되었다. 일부는 배아줄기세포 등 생명공학 연구는 허용되어야 한다고 주장하고, 일부는 배아줄기세포는 결과적으로 인간개체 복제 등 인간 존엄에 반하는 방향으로 나아갈 것이어서 허용되어서는 안 된다고 주장한다.

---

3) 정상기·명재진, 『생명과학기술의 응용과 기본권보호적 한계』, 2003, 13-20쪽.
4) 외국의 유전공학관련법제, 『법제자료』 제221집, 법무부, 1998.

황우석 교수는 1999년 2월 한국 최초로 체세포 복제 젖소(송아지) '영롱이'를 탄생시켰다고 발표하면서부터 동물복제 연구 분야에서 세계적 인물로 떠올랐다. 그가 세계적 과학자로 명성을 얻은 결정적 계기는 2004년 2월 사람의 체세포를 난자에 이식해 만든 복제배아로 줄기세포를 만들었다고 ≪사이언스≫에 발표한 논문이었다. 이후 2005년 5월에는 척수마비와 파킨슨씨병, 선천성 면역결핍증을 앓고 있는 환자 11명을 대상으로 '환자 맞춤형 배아줄기세포'를 만들었다는 내용의 논문을 ≪사이언스≫지에 발표했다. 이러한 연구 성과는 당시 난치병 치료의 새로운 지평을 개척한 것으로 평가받으면서 세계적인 관심을 보았다. 황 교수는 2005년 8월 세계 최초로 개(스너피)를 복제하였다는 내용의 논문을 ≪네이처≫지에 발표하였다. 하지만 2004년 2월과 2005년 5월 ≪사이언스≫지에 보고했던 배아줄기세포는 실체가 없는 것으로 밝혀졌다.

2005년 1월 1일부터 본격적으로 시행되고 있는 「생명윤리법」은 배아복제 연구를 포함하여 생명과 관련된 연구 등 사항을 규율하고 있으며 기관생명윤리심의위원회 및 국가생명윤리심의위원회에서 생명공학의 연구를 승인하고 연구의 적정성을 통제하는 사항도 규율 대상으로 하고 있다. 이 법은 생명과학기술을 윤리적으로 사용하기 위한 원칙과 절차에 대해 한국 사회가 갈등과 조정을 통해 만들어낸 합의물로서, 오랜 사회적 논의의 결과물이자 한국사회가 지키고자 했던 핵심가치를 반영한 것이다.[5] 생명공학 연구는 연구 과정을 통제하지 못하면 회복불가능의 결과를 가져올 수 있다. 각 단계마다 지켜야 할 연구지침과 연구기준을 정하고 생명공학 관련연구를 적절히 규율할 수 있도록 법령을 정비하고, 이의 준수 여부를 통제할 수 있도록 제도화하여 연구의 투명성을 확보하여야 한다.[6] 이러한 제도적 틀을 잡아주지 못한다면, 우리 사회는 생명공학 연구만 육성하는 것이 아니라 그 위험성도 함께 '배양'하는 결과를 낳을 것이다.

생명공학 연구에서 또 하나의 중요한 문제는 인간 난자의 불법적인 기증이나 매매와 관련된 사안이다. 이미 알려진 바와 같이 황우석 교수팀의 배아줄기세포 연구와 관련하여 팀 내 연구원의 난자제공이 헬싱키선언* 등 윤리규정에 위반되는지 및 매매된 난자를 연구에 이용한 것이 「생명윤리법」에 위반되는지가 문제되었

---

5) 홍정화, "생명윤리 및 안전에 관한 법률과 유전자 윤리", 『생명윤리』, 제11권 제1호, 2010, 62쪽, 75쪽.

6) 신동일, 『인간복제의 금지필요성과 제한적 허용연구』, 한국형사정책연구원, 2001, 145쪽.

다. 특히 난자 제공자에게 건강상의 위험을 충분히 고지하지 않은 점과 건강을 해할 정도의 빈도로 난자를 추출한 점 등이 법적·윤리적으로 문제가 되었다.

국제윤리규정

> **헬싱키선언 제22조** 의학연구에 대상자로서 참여하는 개인은 반드시 자원자이어야 한다. 비록 가족구성원이나 대표자 등과 상의를 하였다고 하더라도, 연구과제에 등록되어 있는 개인은 자유로운 동의를 할 수 없는 지위에 있기 때문에 연구대상자가 될 수 없다.

> * 헬싱키선언은 세계의사협회(WMA)에서 제정한 것으로 선언의 원칙을 의사들이 준수해주기를 권고하고 있다. 정식 명칭은 '인간을 대상으로 하는 의학연구에 관한 윤리원칙(Ethical Principles for Medical Research Involving Human Subjects)'이다. 1964년에 헬싱키에서 채택되어 헬싱키선언으로 불린다. 1964년 제정 이후에 8차례 수정되었는데, 최근의 수정은 2008년 10월 서울 회의에서 의결된 것이다. (http://www.wma.net/en/20activities/10ethics/10helsinki/index.html) 헬싱키선언은 의학적 입장에서 치료의 내용과 한계를 정하는 기준이며, 특히 생명공학 연구를 허용하는 사유인 '치료 목적의 연구를 정당화하는 기준'이 무엇인지를 판단하는 데 유용한 것으로 간주되고 있다.

헬싱키선언은 자율적인 윤리규정이기 때문에 직접적인 구속력이나 강제력은 없지만, 동 선언의 준수를 의사와 연구자로서의 명예이자 의무로 여기고 있다. 그러나 「생명윤리법」에서는 배아생성을 위해서 정자 또는 난자를 추출하는 때에는 서면동의를 얻도록 다음과 같이 규정하고 있다.

> **생명윤리법 제24조(배아의 생성 등에 관한 동의)** ① 배아생성의료기관은 배아를 생성하기 위하여 난자 또는 정자를 채취할 때에는 다음 각호의 사항에 대하여 난자 기증자, 정자 기증자, 체외수정 시술대상자 및 해당 기증자·시술대상자의 배우자가 있는 경우 그 배우자(이하 '동의권자'라 한다)의 서면동의를 받아야 한다. 다만, 장애인의 경우는 그 특성에 맞게 동의를 구하여야 한다.
> 1. 배아생성의 목적에 관한 사항
> 2. 배아·난자·정자의 보존기간 및 그 밖에 보존에 관한 사항
> 3. 배아·난자·정자의 폐기에 관한 사항
> 4. 잔여배아 및 잔여난자를 연구 목적으로 이용하는 것에 관한 사항
> 5. 동의의 변경 및 철회에 관한 사항
> 6. 동의권자의 권리 및 정보 보호, 그 밖에 보건복지부령으로 정하는 사항
> ② 배아생성의료기관은 제1항에 따른 서면동의를 받기 전에 동의권자에게 제1항 각호의 사항에 대하여 충분히 설명하여야 한다.
> ③ 제1항에 따른 서면동의를 위한 동의서의 서식 및 보관 등에 필요한 사항은 보건복지부령으로 정한다.

이와 같은 인간 난자의 기증이나 매매와 관련하여서 인간 존엄과 생명윤리의 훼손이 문제된다. 난자의 매매나 부적절한 난자의 채취는 2005년 1월 1일부터 발효된 「생명윤리법」에 의하여 엄격히 금지되며 이를 위반한 경우에는 형사처벌된다. 전술한 바와 같이 난자채취의 윤리성이 문제된 이후 수년간의 입법논의과정을 거쳐 2008년 6월 5일에 난자채취 관련규정이 신설·보완되었으며, 이후 꾸준히 개정되었다. 난자의 매매나 과도한 채취는 이제 단순히 윤리적 문제에서 그치는 사안이 아니라 형사처벌을 받을 수 있는 사안이다.* 즉, 배아연구목적으로 난자를 채취하는 경우에 문제점으로 지적되었던 점이 개선되었는데, 난자제공자에 대한 건강검진, 난자채취빈도의 제한, 난자제공자에 대한 실비보상을 규정하는 조항이 2008년 6월 5일에 신설되었고, 2012년 2월 21일에 개정되어 오늘에 이르고 있다.

2012년 개정 법률 조항

생명윤리법 제27조(난자 기증자의 보호 등) ① 배아생성의료기관은 보건복지부령으로 정하는 바에 따라 난자를 채취하기 전에 난자 기증자에 대하여 건강검진을 하여야 한다.
② 배아생성의료기관은 보건복지부령으로 정하는 건강 기준에 미치지 못하는 사람으로부터 난자를 채취하여서는 아니 된다.
③ 배아생성의료기관은 동일한 난자 기증자로부터 대통령령으로 정하는 빈도 이상으로 난자를 채취하여서는 아니 된다.
④ 배아생성의료기관은 난자 기증에 필요한 시술 및 회복에 걸리는 시간에 따른 보상금 및 교통비 등 보건복지부령으로 정하는 항목에 관하여 보건복지부령으로 정하는 금액을 난자 기증자에게 지급할 수 있다.

의사윤리지침 제14조에서도 인공수태시술을 함에 있어서 의사는 인공수정에 필요한 정자 및 난자의 매매 등 불법적인 거래행위에 관여하여서는 아니 된다고 규정하고 있으며, 대한의사협회에서는 '인공수태윤리에 관한 선언'을 만들어 이를 준용하도록 하고 있다.

연구목적이 아닌 경우에도 인간난자의 매매가 행해지는 경우가 있는데, 이러한 거래나 알선 등은 불법적인 행위이다. 2005년 우리나라에서는 국제적인 난자매매 사건이 보도되었는데, 이렇게 젊은 여성의 난자매매를 알선하고 알선료를 챙기는 행위는 난자를 제공한 여성에 대한 경제적 착취이자 건강을 해치는 행위이며 이는 또한 형사처벌되는 행위이다.

> 생명윤리법 제23조(배아의 생성에 관한 준수사항) ③ 누구든지 금전, 재산상의 이익 또는 그 밖의 반대급부(反對給付)를 조건으로 배아나 난자 또는 정자를 제공 또는 이용하거나 이를 유인하거나 알선하여서는 아니 된다.

이러한 난자 매매는 인터넷의 매매 사이트나 경매 사이트 등을 통하여 이루어지는 것으로 조사되었는데, 인간 난자의 대상화 및 상품화는 결과적으로 인간 존엄성의 상실로 이어질 가능성이 크다는 점이 일반적으로 지적되고 있다. 그간 미국, 유럽, 일본

> * 과학기술의 발전이 인간사회의 법질서에 초래하는 결과는 오로지 긍정적이거나 오로지 부정적이지 않다. 대개는 긍정과 부정의 계기가 모두 과학기술에 내재해 있다(이상돈, 『법학입문 — 법이론적・법사회학적 접근』, 1997, 250쪽).

등에서 난자를 매매하거나 기증을 받는다는 사이트가 등장하여, 사이트가 폐쇄되는 등 국제적으로 논란이 된 바 있다.

인간배아복제의 연구 등과 관련하여 생명공학 분야의 연구는 경제성이나 효율성만 강조할 것이 아니라, 인간존엄과 생명윤리를 항상 염두에 두어야 할 것이며, 관련 입법사항을 규율하는 데는 이 점을 고려해야 한다.

3. 비혼여성의 인공수정을 통한 출산

또 하나 사회적으로 및 법적으로 민감한 문제는 미혼(未婚) 혹은 비혼(非婚) 여성이 정자를 기증받아 출산을 할 수 있느냐이다. 비혼출산의 인공수정허용 여부에 관한 문제는 이미 오래전부터 제기되어 왔는데, 2020년말 방송인 사유리씨가 혼인관계에 있지 아니한 상태에서 기증받은 정자를 이용해 출산하였다는 사실이 보도되면서 논란이 재개되었다. 외국국적의 사람이 외국에서 정자를 제공받아 시술이 이루어졌기 때문에 국내법 위반의 문제는 발생하지 아니하였지만, 이를 계기로 비혼출산에 관한 사회적 논쟁 및 및 입법정책의 문제가 제기된 것이다.

통계청의 사회조사에서는 '결혼을 하지 않고도 자녀를 가질 수 있다'는 인식은 지속적으로 증가하고 있는데, 특히 20대를 중심으로 하는 젊은층에서 비혼출산에

대한 지지율이 높다.

<table>
<tr><td colspan="7">표 5-1   결혼하지 않고도 자녀를 가질 수 있다는 의견</td></tr>
</table>

구분	2012	2014	2016	2018	2020	2022
비율	22.4%	22.5%	24.2%	30.3%	30.7%	34.7%

* 통계청, 사회조사 결과.

혼인관계에 있지 아니한 여성이 자연적으로 임신을 하고 출산을 하는 문제는 원칙적으로 법이 간여할 영역이 아니지만, 「의료법」의 적용을 받는 의사의 인공수정이라는 진료행위의 허용 여부, 그리고 허용된다면 그 요건과 절차가 문제될 수 있다. 특히 인공수정을 통해 출산을 하는 경우에는 정자제공자와의 관계에서 파생하는 법적 문제(정자제공자의 공개 여부, 친자관계확인에 관한 법적 분쟁) 등의 복잡한 문제가 발생하게 된다.

대한산부인과학회에서 만든 「보조생식술 윤리지침」은 산부인과 의사들이 인공수정 등의 보조생식술을 할 때에 지켜야 할 윤리지침을 규정하고 있다. 처벌규정 등 직접적인 법적 강제력은 없다고 하더라도, 관련 법령을 기반으로 하여 보조생식술의 구체적인 기준과 요건 등이 만들어졌기 때문에 의료현장에서의 실질적인 효력을 지니고 있다.

▌**법률대한산부인과학회 보조생식술 윤리지침**(2021년 개정)

Ⅰ. 제정목적

1. 보조생식술을 보다 엄격히 생명윤리에 입각하여 시행하며 정도관리에 최선을 다하여 완벽하게 수행함으로써, 생명윤리 및 안전을 확보하여 생명의 존엄성과 절대가치를 보호한다.

2. 보조생식술과 관련된 전문 의학용어에 대한 정의를 명확히 함으로써 용어의 오해에서 비롯되는 사회적, 학술적 혼란을 방지한다.

3. 난자 및 정자 공여에 의한 시술이나 대리출산 등과 관련하여 적정한 시술을 통해 공여자나 대리모의 신변과 건강 보호, 보상 및 권리와 의무, 법적/윤리적 지위 등을 보장한다.

4. 난자 및 정자, 배아에 관한 연구를 할 경우, 생명윤리에 반하지 않는 범위 내에서 엄격한 시행지침에 입각하여 시행토록 하여 보조생식술과 생식의학 연구의 안전성과 신중성, 정밀성에 대한 국민의 신뢰를 얻도록 한다.

5. 보조생식술에 대한 사회적 이해를 증진시키고, 생식의학 분야의 자율적 규제와 최소한의 법률 입법을 선도하고자 한다.

IV. 정자공여시술

정자공여시술에 관련하는 자는 공여과정을 절차에 따라 투명하게 함으로써 정자를 무분별하게 이용하여 인간의 존엄과 가치를 침해하거나 인체에 위해를 끼치는 것을 방지하여야 한다.

1. 정자 수증자의 조건 및 기준
   가. 정자 공여 시술은 원칙적으로 부부(사실상의 혼인 관계에 있는 경우를 포함)만을 대상으로 시행한다.
   나. 정자 공여 시술은 시술 대상 부부에게 정자 공여 및 수증에 관한 본 학회 윤리 지침과 관련 법률, 시술 과정과 합병증을 충분히 설명한 후에 시술 대상 부부 모두가 이를 수락하고 동의한 경우 시행되어야 한다.
   다. 시술 대상 부부는 정자 공여 시술로 태어난 출생아를 정상적으로 양육할 능력이 있어야 하며 출생아는 제반 문제에 있어서 친자와 동일시되어야 한다.
   라. 정자 수증자의 조건
      1) 비가역적인 무정자증으로 판단된 남성불임
      2) 심각한 유전 질환 또는 염색체 이상을 가지고 있는 경우
      3) Rh 항원에 감작된 Rh 음성 여성에서 남편이 Rh 양성인 경우
      4) 기타 정자 공여 시술이 필요하다고 판단된 경우

2. 정자 공여자의 조건 및 기준
   가. 신체적 · 정신적으로 건강한 젊은 남성으로서 간염, 매독, 후천성 면역 결핍증 등 정액을 매개로 전염될 수 있는 질환이 없다고 판정받아야 한다.
   가. 정액검사 소견이 시술에 적절한 범위에 속해야 한다.
   나. 정자 공여자와 수증자의 배우자(아내)가 팔촌 이내의 혈족인 경우에는 공여를 승인하여서는 안 된다.
   다. 정자 공여자는 어떠한 경우라도 정자 공여 시술로 태어난 출생아에 대해 친자관계를 청구할 수 없음에 동의해야 한다.
   라. 한 공여자당 정자 공여를 출생자 10명 이하로 제한적으로 사용한다.

3. 시술 의사 및 시술 기관에 관한 사항
   가. 정자 공여자에 대한 검진
      1) 시술 의사는 정자 공여자의 병력과 가족력의 청취 결과, 신체적 이상 유무, 혈액형, 정액 검사 결과 등을 기록하여 보관하여야 한다.
      2) 정자 공여자에게 정자 공여 전에 시행해야 할 혈청 검사는 다음과 같다.
         가) 혈액형 검사
         나) 척수성 근위축증(Spinal Muscular Atrophy) 혈액 DNA 검사
         다) Total Cytomegalovirus(CMV) 항체(IgG와 IgM)
         라) 성인 T림프구성 백혈병 바이러스 (HTLV-1와 HTLV-2)
         마) B형/C형 간염
         바) 에이즈와 매독에 대한 혈청학적 검사
      3) 정자 공여자에게 임질과 비임균성 요도염에 대한 소변 혹은 요도 도말 검사도 시행하여 이상이 없음을 확인하여야 한다.

4) 위에서 언급된 감염병에 대해선 3개월 이후 다시 혈청학적 검사 및 소변 혹은 요도 도말 검사를 시행하여 이상이 없는 경우에만 공여된 정자를 사용할 수 있도록 한다.

나. 정자 공여에 대한 동의 및 철회

1) 시술 의사는 정자 공여자에게 다음의 내용을 설명하고 그에 대한 동의서를 작성하여 보관한다.

가) 정자 사용 목적

나) 정자 보존 기간 및 보존 기간이 지난 후의 처리에 관한 설명

다) 정자 채취 방법

라) 정자를 공여하는 것이 새로운 법적 권리나 의무를 발생시키지 않는다는 설명

마) 공여 의사의 철회 방법 및 본인의 권리 및 정보 보호에 관한 사항

바) 공여자 개인 식별정보의 보관 사실

사) 공여된 정자로 태어날 아이가 성인이 되어 공여자에 대한 정보를 요청할 경우 정보 공개 여부 및 그 범위

2) 위에 따라 정자 공여에 동의한 자라도 정자가 이용되기 전에는 언제든지 동의 의사를 철회할 수 있다. 이 경우 시술 의사 및 시술 기관은 해당 정자를 동의 의사를 철회한 자의 의사에 따라 처리하여야 한다.

다. 정자 공여 시술에 관한 정보 보호 및 관리

1) 시술 기관은 정자 공여자 및 수증자의 인적 사항, 의학적 검사 결과, 그 밖의 공여자에 관한 정보를 체계적으로 보존 및 관리를 하여 정자 공여자 및 수증자를 보호해야 한다.

2) 시술 기관은 정자 공여자 및 수증자의 인적 정보 등 정자 공여와 관련된 자료를 일정 기간 보관하여야 한다.

3) 정자 공여자 또는 수증자가 자신의 진료 기록 열람이나 그 사본의 발급을 요구하는 경우이거나 공여된 정자로 태어난 아이가 성인이 된 후 정자 공여자에 대한 자료의 열람을 요청하는 경우에는 법적 절차에 따라 정자 공여자가 공개에 동의한 정보에 한정하여 해당 자료를 열람하게 하거나 사본을 발급할 수 있다.

4) 정자 채취와 공여, 수증에 관한 업무를 담당했거나 담당하지 않더라도 동 시술 기관에 종사하고 있는 자 또는 종사하였던 자는 직무상 알게 된 비밀을 누설해서는 안된다.

5) 정자 공여자에게 시술 결과를 공개하지 않는다.

라. 정자 제공자에 대한 실비 보상

1) 정자 공여는 무상으로 하는 것을 원칙으로 한다.

2) 정자의 공여에 사용된 실비를 지급할 수 있다.

그리고 관련 법률로는 난임부부만 인공수정 등 보조생식술을 받을 수 있도록 기준을 정하도록 규정하고 있는 「모자보건법」 제11조의2이 있다. 또한 정자채취에

있어서 기증자와 그 배우자가 있는 경우에는 해당 배우자의 서면동의를 받도록 규정하고 있는 「생명윤리법」 제24조가 있다. 즉 비혼여성의 인공수정은 이러한 법률 위반 여부가 문제되는 것이다.

> **모자보건법 제2조(정의)** 이 법에서 사용하는 용어의 뜻은 다음과 같다.
> 12. "보조생식술"이란 임신을 목적으로 자연적인 생식과정에 인위적으로 개입하는 의료행위로서 인간의 정자와 난자의 채취 등 보건복지부령으로 정하는 시술을 말한다.
>
> **모자보건법 제11조의2(난임시술의 기준 고시)** 보건복지부장관은 난임시술 의료기관의 보조생식술 등 난임치료에 관한 의학적·한의학적 기준을 정하여 고시할 수 있다.
>
> **생명윤리 및 안전에 관한 법률 제24조(배아의 생성 등에 관한 동의)** ① 배아생성의료기관은 배아를 생성하기 위하여 난자 또는 정자를 채취할 때에는 다음 각 호의 사항에 대하여 난자 기증자, 정자 기증자, 체외수정 시술대상자 및 해당 기증자·시술대상자의 배우자가 있는 경우 그 배우자(이하 "동의권자"라 한다)의 서면동의를 받아야 한다.
> 1. 배아생성의 목적에 관한 사항
> 2. 배아·난자·정자의 보존기간 및 그 밖에 보존에 관한 사항
> 3. 배아·난자·정자의 폐기에 관한 사항
> 4. 잔여배아 및 잔여난자를 연구 목적으로 이용하는 것에 관한 사항
> 5. 동의의 변경 및 철회에 관한 사항
> 6. 동의권자의 권리 및 정보 보호, 그 밖에 보건복지부령으로 정하는 사항
> ② 배아생성의료기관은 제1항에 따른 서면동의를 받기 전에 동의권자에게 제1항 각 호의 사항에 대하여 충분히 설명하여야 한다.
> ③ 제1항에 따른 서면동의를 위한 동의서의 서식 및 보관 등에 필요한 사항은 보건복지부령으로 정한다.

특히 이러한 「생명윤리법」을 위반한 의료행위에 대해서는 징역형이나 벌금형에 처해질 수 있고, 행정적으로는 해당 의사에 대한 의사면허의 취소 여부도 문제가 될 수 있는 것이어서 현재의 여러 법률에 따르면 혼인하지 아니한 여성은 인공수정을 통해 출산을 할 수 없는 것이다.

만일 이러한 법적 규제를 없애고 혼인하지 아니한 여성에게 인공수정을 통한 출산을 하도록 하기 위해서는, 정자제공자의 공개 여부나 출산 후 법적 지위, 정자채취와 인공수정 시술행위의 요건과 절차 등의 법적 문제가 해결되어야 한다. 이러한 법적 문제의 해결은 여러 법률의 개정이나 제정을 필요로 하는데, 국민들 사이에서도 찬반대립이 극명한 사안에 대하여, 국회에서 이러한 법률이 입법될 수 있을 것이라고 기대하기는 쉽지 않다.

2023년 5월 31일에는 장혜영 의원의 대표발의로 비혼여성의 인공수정을 가능하게 하기 위한 「모자보건법」 개정안이 발의된 바 있다.

모자보건법 개정안의 제안이유와 주요내용

제안이유: 비혼 출산에 대한 한 연구보고서에 따르면 '결혼하지 않고도 자녀를 가질 수 있다'라는 사회 인식 변화에 대해 57%가 긍정적으로 인식하고 있으며, 이러한 인식은 20~30대 비혼여성의 경우 더 긍정적인 것으로 나타나고 있습니다. 또한 응답자의 47.9%는 우리 사회가 비혼 출산을 더 포용해야 한다고 응답했으며, 그 이유로 '결혼 여부와 무관하게 임신과 출산의 선택은 여성의 자유이자 권리이기 때문'이라고 답했습니다. 그러나 현행 법률은 보조생식술 대상을 '난임 부부'로만 한정하고 있기에 법률적 혼인 관계 또는 파트너 없이 임신 및 출산을 희망하는 여성의 보조생식술 접근을 제한하고 있습니다. 2019년 기준 한국의 혼외 출생 자녀 비율은 2.3%로 세계에서 가장 저조한 수준이며, 저출생 사회 해소를 위해서는 비혼 출산의 법적 보호를 시작으로 인구정책의 근본적 변화를 모색해야 합니다. 이에 법률혼 관계인 부부의 난임 극복으로만 한정시킨 보조생식술을 임신을 원하는 사람에게 확대하고 기존 난임전문상담센터를 임신지원상담센터로 변경하는 등 여성의 임신·출산에 대한 자기결정권을 보장하고 비혼 출산을 법적으로 보호하고자 합니다.

주요 내용:

① 임신 및 출산의 어려움을 비정상적 관점에서 정의한 "난임(難姙)" 정의 규정 삭제(안 제2조제11호)

② 혼인여부에 관계없이 임신과 출산을 원하는 사람에 대하여 보조생식술 등 출산지원과 그 밖에 필요한 조치를 국가와 지방자치단체의 책무로 명시함(안 제3조제3항 신설)

③ 난임 등 생식건강 문제 극복이 아닌 임신을 원하는 사람에 대한 지원으로 개정(안 제11조제1항)하고, 난임시술을 보조생식술 시술로, 난임전문상담센터를 임신지원상담센터로 개정(안 제11조의2부터 안 제11조의4까지)

이 법안에 대해서는 "보조생식술은 임신을 위한 보편적인 방법이 아니라 자연임신이 어려운 경우에 한하여 치료목적으로 사용되고 있고, 시술여성의 건강에 미치는 영향 뿐만 아니라 다양한 측면에서 이견이 제시될 수 있는 사안으로 보인다는 점에서, 제도 수용을 위해서는 우선적으로 사회적인 합의나 공감대 형성이 필요할 것"[7]이라는 검토의견이 있다.

4. 동물복제

인간 이외의 생명체의 연구는 '생명공학' 분야 연구의 한 범주에 드는 것으로서, 이는 생명공학육성법에 의하여 규율되고 있다. 동법에 의하여 국가는 생명정책육성 기본계획과 시행계획을 수립하고, 관련 정보의 수집과 보급, 연구의 육성 및 응용지원 등을 하도록 규정하고 있다.

> **생명공학육성법 제1조(목적)** 이 법은 생명공학연구의 기반을 조성하여 생명공학을 보다 효율적으로 육성ㆍ발전시키고 그 개발기술의 산업화를 촉진하여 국민경제의 건전한 발전과 국민의 삶의 질 향상에 이바지함을 목적으로 한다.
>
> **제2조(정의)** 이 법에서 사용하는 용어의 뜻은 다음과 같다.
> 1. "생명공학"이란 각종 생물체의 생물학적 시스템, 생체, 유전체 또는 그들로부터 유래되는 물질ㆍ정보를 연구ㆍ활용하는 학문과 기술을 말하며, 기초의과학(基礎醫科學)을 포함한다.

1997년 2월 영국에서의 양의 복제(돌리)를 시작으로 하여 개나 소 등 여러 동물의 복제가 성공하였고, 우리나라에서도 1999년 2월 소의 복제(영롱이)가 성공한 것으로 보고되었고, 2005년에는 개의 복제(스너피)가 성공한 것으로 보고되었다. 체세포를 이용한 복제의 성공은 영국, 미국, 일본, 뉴질랜드에 이어 우리나라가 세계에서 다섯 번째로 알려져 있다. 그간 인간 이외의 동물의 복제 및 형질전환 동물의 창조에 대하여는 연구자들 스스로의 윤리에 맡기는 경향이 강했지만, 이로 인한 환경ㆍ생태의 교란 내지는 파괴 및 이로 인하여 종의 다양성이 파괴된다는 비판이 강해지고 있기 때문에 법률이 아닌 실험 '지침'을 통하여 규제를 가하고 있다.

> **생명공학육성법 제14조(실험지침의 작성ㆍ시행 등)** ① 정부는 생명공학연구 및 산업화의 촉진을 위한 실험지침을 작성ㆍ시행하여야 한다.
> ② 제1항의 실험지침에서는 생명공학의 연구와 이의 산업화 과정에서 예견될 수 있는 생물학적 위험성, 환경에 미치는 악영향 및 윤리적 문제발생의 사전방지에 필요한 조치가 강구되어야 하며, 유전적으로 변형된 생물체의 이전ㆍ취급ㆍ사용에 대한 안전기준이 마련되어야 한다.

---

7) 조문상 전문위원, 모자보건법 일부개정법률안 검토보고, 국회 보건복지위원회, 2023. 9, 13쪽.

> * 다만 전술한 헬싱키선언 제9조에 "환경에 영향을 미칠 수 있는 연구를 할 경우 특별한 주의가 필요하며, 연구에 사용되는 동물의 복지도 존중해야 한다."고 규정하고 있다. 동물 연구의 필요성이 긍정된다는 전제하에, 불필요하게 동물을 연구용으로 사용한다거나 불필요한 고통을 준다거나 하는 행위는 동물학대에 해당될 수 있다.

인간복제와는 달리 동물복제에 대하여는 윤리적인 논란이 상대적으로 적기 때문에, 동물의 복제를 엄격히 금지하는 입법례는 찾기 어렵다.* 경제적인 관점에서 고부가가치를 지니는 동물복제 연구에 대하여는 법적 규제를 하지 않는 경향이라고 일반적인 평가를 할 수 있으며, 윤리적인 관점에서는 인간복제 연구의 대안으로서 동물복제를 금지하지 않고 있다고도 평가될 수 있다. 우리나라에서는 「생명윤리법」 제21조에 의하여 인간과 동물의 잡종인 키메라의 생성만은 금지하고 있지만, 동물의 복제를 전면적으로 금지하는 규정은 두고 있지 않다. 다만, 동물의 사육 및 취급 등에 있어서 준수하여야 할 법률로서 「동물보호법」이 있다.

> **동물보호법 제47조(동물실험의 원칙)** ① 동물실험은 인류의 복지 증진과 동물 생명의 존엄성을 고려하여 실시하여야 한다.
> ② 동물실험을 하려는 경우에는 이를 대체할 수 있는 방법을 우선적으로 고려하여야 한다.
> ③ 동물실험은 실험에 사용하는 동물(이하 '실험동물'이라 한다)의 윤리적 취급과 과학적 사용에 관한 지식과 경험을 보유한 자가 시행하여야 하며 필요한 최소한의 동물을 사용하여야 한다.
> ④ 실험동물의 고통이 수반되는 실험은 감각능력이 낮은 동물을 사용하고 진통·진정·마취제의 사용 등 수의학적 방법에 따라 고통을 덜어주기 위한 적절한 조치를 하여야 한다.
> ⑤ 동물실험을 한 자는 그 실험이 끝난 후 지체 없이 해당 동물을 검사하여야 하며, 검사 결과 정상적으로 회복한 동물은 분양하거나 기증할 수 있다.[8] 〈개정 2018. 3. 20.〉
> ⑥ 제5항에 따른 검사 결과 해당 동물이 회복할 수 없거나 지속적으로 고통을 받으며 살아야 할 것으로 인정되는 경우에는 신속하게 고통을 주지 아니하는 방법으로 처리하여야 한다. 〈신설 2018. 3. 20.〉
> ⑦ 제1항부터 제6항까지에서 규정한 사항 외에 동물실험의 원칙에 관하여 필요한 사항은 농림축산식품부장관이 정하여 고시한다. 〈개정 2018. 3. 20.〉
> **제49조(동물실험의 금지 등)** 누구든지 다음 각호의 동물실험을 하여서는 아니 된다. 다

---

8) 개정 전에는 "검사 결과 해당 동물이 회복될 수 없거나 지속적으로 고통을 받으며 살아야 할 것으로 인정되는 경우에는 가능하면 빨리 고통을 주지 아니하는 방법으로 처리하여야 한다."고 하여 안락사를 시키도록 하고 있었다.

만, 해당 동물종(種)의 건강, 질병관리연구 등 농림축산식품부령으로 정하는 불가피한 사유로 농림축산식품부령으로 정하는 바에 따라 승인을 받은 경우에는 그러하지 아니하다.

1. 유실·유기동물(보호조치 중인 동물을 포함한다)을 대상으로 하는 실험
2. 「장애인복지법」 제40조에 따른 장애인보조견 등 사람이나 국가를 위하여 봉사하고 있거나 봉사한 동물로서 대통령령으로 정하는 동물을 대상으로 하는 실험

이외에도 「동물보호법」에는 실험동물의 보호와 윤리적인 취급을 위하여 동물실험윤리위원회를 설치하여 운영하도록 하고 있다. 또한 동물의 실험에 있어서 준수하여야 할 법률로서 「실험동물에 관한 법률」이 있다. 「실험동물에 관한 법률」은 「동물보호법」의 특별법이라고 할 수 있다. 실험동물의 사용 또는 관리에 관해서는 우선적으로 「실험동물에 관한 법률」이 적용되고, 동 법률에 규정된 것을 제외하고는 「동물보호법」에 규정된 바에 따른다.

실험동물에 관한 법률 제1조(목적) 이 법은 실험동물 및 동물실험의 적절한 관리를 통하여 동물실험에 대한 윤리성 및 신뢰성을 높여 생명과학 발전과 국민보건 향상에 이바지함을 목적으로 한다.

제2조(정의) 이 법에서 사용하는 용어의 정의는 다음과 같다.

1. '동물실험'이란 교육·시험·연구 및 생물학적 제제(製劑)의 생산 등 과학적 목적을 위하여 실험동물을 대상으로 실시하는 실험 또는 그 과학적 절차를 말한다.
2. '실험동물'이란 동물실험을 목적으로 사용 또는 사육되는 척추동물을 말한다.
3. '재해'란 동물실험으로 인한 사람과 동물의 감염, 전염병 발생, 유해물질 노출 및 환경오염 등을 말한다.
4. '동물실험시설'이란 동물실험 또는 이를 위하여 실험동물을 사육하는 시설로서 대통령령으로 정하는 것을 말한다.
5. '실험동물생산시설'이란 실험동물을 생산 및 사육하는 시설을 말한다.
6. '운영자'란 동물실험시설 혹은 실험동물생산시설을 운영하는 자를 말한다.

제3조(적용 대상) 이 법은 다음 각호의 어느 하나에 필요한 실험에 사용되는 동물과 그 동물실험시설의 관리 등에 적용한다.

1. 식품·건강기능식품·의약품·의약외품·생물의약품·의료기기·화장품의 개발·안전관리·품질관리
2. 마약의 안전관리·품질관리

일반적으로 동물을 대상으로 하는 연구에 대해서는 인간 관련 연구에 비하여 상대적으로 관대하며, 법령도 이러한 점을 반영하고 있다. 그러나 '혹성탈출 ― 진

화의 시작' 등의 영화를 통해 동물을 대상으로 하는 연구의 윤리성을 각성시키고 위험성을 경고하는 의견도 있다. 동물을 대상으로 하는 연구에 대해서도 투명성과 윤리성을 강화할 필요가 있다.

최근에는 한 인기 유튜버가 죽은 반려견을 복제한 강아지를 공개하면서 동물 복제에 관한 논란이 커졌다. 동물복제는 발전된 생명공학연구로 인하여 기술적으로 가능하고 상업적으로는 유망하다고 볼 수 있다. 유전학적으로는 질병에 취약하다는 주장이 있으며 환경적으로는 생태계 교란의 우려가 있다. 펫로스를 극복하는 대안으로 주목받기도 하지만, 고가의 특정종만을 복세함으로 인한 생태계 교란의 우려도 있는 것이다. 법적으로는 금지나 규제가 없음으로 인하여 규범 공백상태에 있다. 생명윤리와 생태계를 보호하고 및 과도한 상업화를 방지할 근거법령의 마련이 필요하다고 본다.[9]

5. 유전정보의 보호 및 이용

* 유전정보(genetic information)는 넓은 의미로는 '유전자와 관련된 모든 질병에 관한 정보', 좁은 의미로는 'DNA와 관련된 검사의 산물'로 이해되기도 한다. 우리나라의 「생명윤리 및 안전에 관한 법률」 제2조 7호에서는 '유전정보'의 정의를 '유전자검사의 결과로 얻어진 정보'라고 하고 있다. 이러한 유전자는 개인차가 극도로 심하여 손가락지문과 같이 개인식별에 유용하기 때문에(DNA Fingerprint, 遺傳子指紋)이라는 용어로 표현되고 있다. 유전정보는 개인식별의 기능에서는 지문과 비교될 수 있고, 질병관련 정보로서는 일반의료정보와 비교될 수 있다. 이러한 유전정보의 개인식별성에 착안한 유전자지문의 분석기술은 범죄수사 및 친생자 감정에 획기적인 방법으로 그 중요성이 강조되고

유전정보(genetic information)*에 관한 연구와 이용을 둘러싼 윤리적 논쟁과 법적 대응도 세계 각국의 관심사로 등장하였으며, 우리나라에서도 논란이 되었다. 특히 유전자은행**에 의한 유전정보의 수집, 보관, 연구, 이용을 촉진하면서도 그 이용의 범위와 한계를 규정하는 법률이 필요하게 되었다. 유전정보를 데이터베이스화(유전자은행 설치)함에 대하여는 찬성론과 반대론도 있지만, 허용의 필요와 규제의 필요가 동시적으로 공존한다는 것이 옳은 평가일 것이다. 세계 각국의 입법태도는 기술의 후진성으로 인하여 관련 법제가 전혀 존재치 않는 국가에서부

---

9) 홍완식 건국대 법학전문대학원 교수는 "해외에서도 사업이 활발히 진행되는 것을 고려했을 때 동물 복제를 완전히 금지하는 것은 바람직하지 않다"며 "불필요한 학대를 막고 복제과정을 관리·감독할 수 있는 기준이 필요하다"고 제언했다. <한국일보> 2024. 1. 15.

터, 생명공학 발전과 유전정보의 수집, 연구 및 그 응용을 국가 전략사업으로 삼아서 이를 촉진·통제할 입법을 이미 마련한 국가에 이르기까지 다양하다고 할 수 있다. 우리나라의 경우는 유전정보 관련 기술이 나날이 발전하고 있으며, 오랜 논쟁 이후에 관련 입법도 마련되어 있다.

생명공학이 발달한 사회라고 하더라도 인간 존재에 당연히 부여된 기본적 인권의 본질이 변하지는 않는다.[10] 그러나 법은 항상 규범 대상인 사회 현실의 변화를 감안하여 시대와 사회의 변화에 맞추어서 개정되어야 하기 때문에, 변화하는 기술적 변화를 수용하고 변화된 기술적 환경에서도 기본권을 보장하는 입법이 필요하다.

있고, 범죄수사에 있어서 유용하도록 유전자 목록을 전산화하여 유전자정보은행에 저장하는 추세이다. 유전자은행을 통한 인간유전정보의 수집은 범죄수사나 친생자 감정 등과 같은 국가에 의한 공적 이용뿐만 아니라, 보험계약의 체결이나 고용절차 등의 상업적 이용에서 유용성을 지닌다.

** 유전자은행(DNA Databank)이란 유전자 검사로부터 얻은 많은 사람들의 DNA다형성 — 즉, 유전자형 — 을 저장한 '유전자데이터베이스'를 의미한다. 유전자은행은 "유전자샘플 및 유전자샘플로부터 획득한 정보를 수집·보관하고 분석·관리하는 것"으로 정의되기도 한다. 법적 개념정의에서는 "유전자은행이라 함은 유전정보의 획득을 목적으로 검사 대상물·유전자 또는 개인정보가 포함된 유전정보(이하 '유전정보 등'이라 한다)를 수집·보존하여 이를 직접 이용하거나 타인에게 제공하는 기관"을 말한다.

유전정보를 수집하고 관리할 필요는 '미아찾기사업'이나 '친자확인', '성범죄 수사', '질병퇴치', '관련 특허를 통한 세계시장의 선점' 등의 목적에서 직접적·간접적으로 유용성을 지니고 있다. 유전정보의 개체 식별력이 뛰어나기 때문에 법 집행에 있어서의 유용한 효과가 기대되고 있으며, 시간이 경과할수록 자료가 축적되기 때문에 범죄사건에서뿐만 아니라 단순절도, 교통사고 등에서도 그 이용을 확대하려는 경향이 있다.[11] 예를 들어 1983년 영국에서 일어난 성범죄를 동반한 살인사건의 범인 콜린 피츠포크를 잡은 것이 첫 번째 DNA과학수사의 결실로 기록되었다. 우리나라에서도 2001년 나주에서 일어난 '드들강 여고생 살인사건'이라는 장기 미제사건의 범인을 잡은 것도 DNA과학수사의 결실이었다. 2012년에 대검찰청이 피해자의 체내에서 검출되었던 체액과 강도살인사건으로 복역 중인 무기수의 DNA와 일치하는 것을 발견한 것이다.

10) 주용기, "입법정책결정을 위한 사전적 논쟁점 제시에 관하여 — 유전자 관련 법안에 필요한 유전학적인 논쟁제기", 『법과 정책연구』 제1집, 2001, 148쪽.
11) 황적준, "유전자자료은행(The DNA Databank)", 『검찰』 제111권, 2000. 12, 328쪽.

* 사생활의 자유로부터 도출되는 유전자 프라이버시 또는 유전정보자기결정권의 내용으로는 ① 유전정보를 알권리 ② 유전정보가 알려지는 것으로부터 보호받을 권리-유전정보에 대한 '알권리'와 대비되는 것으로, 유전정보에 대하여 '알지 않을 권리(the right not to know)'를 의미하는 것이다.-(김상득, "인간 유전정보이용의 윤리적·사회적 쟁점", 인간 유전정보와 인권 토론회, 참여연대 시민과학센터, 2000. 8. 18, 19쪽) ③ 제3자에 의한 연구로부터 유전정보가 보호받을 권리 ④ 제공된 유전정보가 목적 이외의 용도로 사용되어지는 것으로부터 보호받을 권리 ⑤ 유전자조작으로부터 보호받을 권리 등이 포함되어 있다(Markus Tjaden, *Genanalyse als Verfassungs-problem*, Frankfurt am Main: Peter Lang, 2001, S.116).

이러한 유전정보의 수집 및 이용은 그 유용성만 있는 것이 아니라 위험요소도 지니고 있다. 즉, 유전정보를 포함하고 있는 개인정보들이 당사자도 모르는 사이에 유출 및 이용되고 있는 경우가 있으며, 이러한 유전정보의 유출 및 부당한 이용은 날로 증가할 전망이기 때문에 유전정보 보호의 필요성이 등장하게 된다.

이러한 유전공학 또는 생명공학기술의 발달이라는 사회현실의 변화에 직면하여 일면 기술발달을 촉진하고 개인정보 누출 등의 부작용을 규제하는 입법적 대응은 신속하지 않은 경향을 보이고 있다. 앞으로는 지금보다 더욱 유전정보에 의한 경제적·사회적 영역에서의 차별대우가 우려되며, 이는 헌법상 보장되는 평등권이 침해되는 결과를 초래할 것이다. 이는 유전자로 인한 차별대우로서 평등권(「헌법」 제11조)뿐만이 아니라 인간존엄(「헌법」 제10조), 사생활에 대한 비밀과 자유*(「헌법」 제17조)에 대한 침해를 가져올 수 있다.

우리나라에서도 의료기관, 생명공학 관련기업 등에서 유전자 검사와 유전정보의 저장·관리 등이 이루어지고 있다.[12] 한국보건사회연구원의 조사 결과를 보면 많은 종합병원들이 선천성유전질환에 대한 검사, 암의 확진을 위한 검사로 유전자 검사를 실시하고 있으며, 국립보건원도 혈우병 등 다양한 유전질환에 대하여 검사를 하고 유전질환 DB를 보유하고 있다고 한다.

뿐만 아니라 적지 않은 바이오벤처들이 친자 확인과 같은 개인식별 목적의 유전자 검사, 질병진단과 성격·비만·치매·지능 등과 같은 비질병적이며 사회행동적인 측면에 대한 유전자 검사를 실시하고 있다고 알려져 있다.[13] 또한 1991년에

---

12) 이상용, 『유전자정보의 보호와 이용통제에 관한 연구』, 한국형사정책연구원, 2002, 51쪽 이하.
13) 한국보건사회연구원 자문회의, 유전자검사와 유전정보 관리방안, 2001. 3. 9.; 김태명, "생명공학의 발전에 대한 국가와 법의 대응", 『사회과학연구』 제17집, 가톨릭대학교 사회과학연구소, 2001, 25쪽.

는 국립과학수사연구소에 유전자 분석실이 설치되어 범죄수사에 유전자 분석이 큰 기여를 하고 있는데,[14] 특히 살인과 강간 등 중범죄와 성범죄 등의 수사에 결정적인 기여를 한 사례가 보고되었다.[15]

이렇게 유전자은행의 설치 및 이용은 많은 점에서 유용성*을 지니고 있으며, 인도적인 목적에서 추진되어 긍정적인 효과가 기대되기도 한다. 문제는 바로 이 과정에서 사

> * 성폭력범죄 등에서 그 유용성이 증명되고 있으며, 괌에서의 대한항공여객기 추락사고나 대구지하철 참사에서와 같은 대형사건에서는 실제로 신원확인에 결정적인 기여를 하였다. 또한 2006년에 발생한 서초동 서래마을 영아유기사건에서도 유기된 영아의 부모가 누구인지에 관한 수사에 결정적인 단서를 제공한 바 있다.

생활을 비롯하여 평등권 등 개인의 인권이 침해될 개연성이 아주 높다는 점이다.[16]

따라서 국가는 유전자은행의 유용성과 오용·남용의 위험성을 동시에 고려하여, 유전자은행의 구축과 활용에 따르는 인권 침해를 방지할 안전장치를 우선 마련하고 유전자은행을 설립·운영하여야 할 것[17]이라는 주장이 강력하게 제기되었다. 현행법에서의 유전자은행 관련 규정은 다음과 같다.

생명윤리 및 안전에 관한 법률 중 유전정보 관련부분

① 유전자검사기관의 신고의무 및 준수사항
② 유전자검사를 하여서는 아니 되는 유전자검사의 제한사유
③ 유전자검사대상자의 서면동의 및 서면동의 없는 유전자검사
④ 유전자검사대상물의 제공, 폐기, 기록의 관리 및 열람 등
⑤ 유전정보에 의한 교육, 고용, 승진, 보험에서의 차별의 금지
⑥ 유전자은행의 허가 및 신고에 관한 요건과 절차
⑦ 유전자은행으로부터 유전정보를 이용하는 절차
⑧ 유전자은행장의 개인정보보호 등 준수사항
⑨ 유전정보의 보호, 익명화된 보관과 관리

1996년 인간게놈협의회(HUGO) 산하의 ELSI*위원회에서는 인간유전자연구가 윤리적·법적·사회적으로 균형 잡힌 연구가 되기 위하여 준수하여야 할 원칙에 대한 권고

> * ELSI는 윤리적·법적·사회적 함의(ethical, legal, social implication)를 약칭한 것으로 과학기술에 있어서 윤리적·법적·사회적 관련성과 방향성을 모색하기 위한 노력을 의미한다.

---

14) 최상규, "유전자은행의 설립", 『수사연구』, 1994. 10, 51쪽.
15) 최상규, "최근 유전자(DNA)감정 사례", 『수사연구』, 1994. 1, 52쪽 이하.
16) 한국생명공학연구원, 생명공학 육성과 생명윤리의 조화를 위한 토론회, 2003. 1. 14, 45쪽.
17) 생명윤리자문위원회, 생명윤리기본법(가칭)의 근본골격 마련을 위한 공청회, 2001. 5. 22, 6쪽.

** ① 인간게놈은 인류의 공동유산임을 선언하고 ② 인권에 대한 국제규약의 준수 ③ 가치, 전통, 문화 및 참여자의 통합의 존중 ④ 인간의 존엄성과 자유의 인정 및 지지를 주요 내용으로 하고 있다.
*** 인간게놈과 인권에 관한 보편선언(The Universal Declaration on the Human Genome and Human Rights)은 ① 인간존엄과 인간게놈 ② 인권에 관한 사항 ③ 인간게놈에 대한 연구 ④ 과학적 활동의 수행을 위한 조건 ⑤ 국제협력 및 연대 ⑥ 선언에서 제시된 원칙들의 촉진 ⑦ 선언의 이행 등 총 25개의 조문으로 구성되어 있다.

안**을 발표하였으며, 1997년 11월 11일의 유네스코 제29차 총회에서는 '인간게놈과 인권에 관한 보편선언'***을 채택하였다.

동 선언 중 특히 유전정보와 관련해서는 제6조에서 "그 어느 누구도 유전적 특성에 기인하여 인권을 침해하려 하거나 침해하는 효과를 가지거나 기본적으로 자유와 인간존엄을 침해하는 차별을 받아서는 안 된다."라고 규정함으로써 유전자 평등을 규정하고 있으며, 제7조에서는 "연구나 기타의 목적으로 저장되거나 가공된 식별 가능한 개인의 유전자료는 법에 의해 예견된 조건하에서 비밀이 유지되어야 한다."고 하여 유전자 프라이버시를 규정하고 있다. 미국, 영국, 독일, 일본, 프랑스, 캐나다 등에서는 관련 입법을 마련하여 인간 유전정보의 연구의 발달에 상응하는 유전정보 이용과 그 법적 통제방법에 대하여 규정하고 있다.

우리나라에서는 「생명윤리 및 안전에 관한 법률」이 제정되기 전까지는 유전자은행을 설립할 법적인 근거가 불충분하였으나, 동법의 제정으로 유전자은행의 설립의 법적 근거가 마련되었다. 특히, 실종아동찾기나 성폭력·살인 등 중범죄의 수사를 위한 유전자 DB의 법적 근거를 마련하려 할 때에 찬반논란이 있었다. 실종아동찾기나 강력범죄수사의 필요성에는 이론이 있을 수 없지만, 유전정보의 국가적 관리는 사생활침해와 유전정보로 인한 차별이 우려된다는 것이었다. 이러한 상반된 관점에서의 기대와 우려를 동시에 충족시키기 위해서는 정당한 목적을 지닌 유전자은행의 설립은 허용하면서도, 유전정보의 집적으로 인한 부작용과 인권침해의 가능성을 차단할 필요가 있었다.[18]

특별히, 앞서 논란이 있다고 설명한 범죄수사를 위해서 유전정보를 수집·활용할 수 있는 법적 근거로는 「디엔에이 신원확인정보의 이용 및 보호에 관한 법률」(2010년 4월 15일 시행), 실종아동 등을 찾기 위해서 유전정보를 수집·활용할 수 있는

---

18) 유전정보의 보호 및 이용과 관련한 상세한 사항은 홍완식, "인간유전정보 데이터베이스화의 유용성과 위험성에 대한 헌법적 평가 및 법제적 대응", 『Elsi연구』 제2권 제1호, Kaist-Press, 2004, 20쪽 이하를 참조.

법적 근거로는 「실종아동 등의 보호 및 지원에 관한 법률」(2005년 12월 1일 시행)을 입법하였다.

디엔에이 신원확인정보의 이용 및 보호에 관한 법률

① 디엔에이신원확인정보에 관한 사무의 관장: 검찰총장은 형을 선고받고 확정된 사람 등의 디엔에이정보에 관한 사무를, 경찰청장은 구속된 피의자와 범죄현장에서 발견된 디엔에이정보에 관한 사무를 총괄함. 두 기관의 DB를 서로 연계하여 운용.

② 적용대상 범죄: (1) 방화·실화의 죄 (2) 살인·상해·폭행·체포·감금·협박죄 (3) 약취·유인·인신매매의 죄 (4) 강간·추행·주거침입·권리행사방해의 죄 (5) 절도·강도·사기·공갈·손괴의 죄 (6) 폭행·단체적 폭행의 죄 및 단체의 구성·활동에 관한 죄 (7) 「특정범죄가중처벌 등에 관한 법률」상 상습 강·절도죄 등 (8) 「성폭력범죄의 처벌 및 피해자보호에 관한 법률」상 성폭력범죄 (9) 「마약류관리에 관한 법률」상 마약에 관한 죄 (10) 「아동·청소년 성범죄에 관한 법률」상 성폭력범죄 (11) 「군형법」상 상관 살인 죄 등 재범의 가능성이 높거나 강력범죄로 발전할 가능성이 높은 범죄

③ 적용대상자: 적용대상 범죄를 범하여 형의 선고, 보호관찰명령, 치료감호선고, 소년 법상 보호처분결정을 받고 확정된 사람, 적용대상 범죄를 범하여 구속된 피의자 또는 보호구속된 치료감호대상자

④ 디엔에이감식시료채취영장: 판사로부터 시료채취영장을 발부받아, 검사의 지휘에 따라 사법경찰관리나 교도관 등이 집행함. 채취대상자의 동의가 있는 경우에는 영장 없이 시료를 채취할 수 있음.

⑤ 디엔에이신원확인정보의 삭제: 수형인 등에 대하여 재심에서 무죄, 면소, 공소기각 판결 또는 공소기각 결정이 확정된 경우, 구속피의자 등에 대하여 불기소처분이 있거나 무죄, 면소, 공소기각 판결 또는 공소기각 결정이 확정된 경우, 당사자가 사망한 경우 등

실종아동 등의 보호 및 지원에 관한 법률

① 유전자검사대상물의 채취: 경찰청장은 실종아동 등의 발견을 위하여 보호시설의 입소자 중 보호자가 확인되지 아니한 아동, 실종아동 등을 찾고자 하는 가족, 보호시설의 입소자였던 무연고아동으로부터 서면동의를 얻어 유전자검사대상물을 채취할 수 있도록 함.

② 목적 외 이용금지, 누설금지: 누구든지 실종아동 등을 발견하기 위한 목적 외로 유전자검사대상물의 채취 또는 유전자검사를 실시하거나 유전정보를 사용할 수 없고, 관련 업무에 종사하거나 종사하였던 자는 검사대상물 또는 유전정보를 외부로 유출할 수 없도록 하며, 이를 위반한 자에 대하여는 2년 이하의 징역 또는 1천만 원 이하의 벌금에 처하도록 함.

③ 유전자검사대상물과 유전정보의 폐기: 유전자검사를 전문으로 하는 기관의 장은 유전자검사를 완료한 때에는 지체 없이 검사대상물을 폐기하도록 하고, 실종아동 등이 보호자를 확인한 경우, 검사대상자 또는 법정대리인이 요구하는 경우 등에는 당해 유전정보를 지체 없이 폐기하도록 함.

이처럼 「생명윤리 및 안전에 관한 법률」, 「디엔에이 신원확인정보의 이용 및 보호에 관한 법률」, 「실종아동 등의 보호 및 지원에 관한 법률」의 입법을 통하여 유전정보의 수집과 이용이 가능케 되었다. 그러나 이를 시행하는 과정에서는 개인들의 유전정보 DB로 인하여 발생 가능한 평등권, 인간존엄, 사생활 등의 기본권 침해가 발생되지 않도록 유의할 필요가 있다. 국가적 다짐과 시민적 감시에도 불구하고 각종 개인정보가 유출되었던 그동안의 경험을 보더라도 유전정보의 보호는 필요한 일이다.

6. 유전자변형식품

* GMO(Genetically Modified Organism)란 일반적으로 생산량 증대 또는 유통 및 가공 상의 편의를 위하여 유전공학기술을 이용, 기존의 번식방법으로는 나타날 수 없는 형질이나 유전자를 지니도록 개발된 생물체를 의미한다. 이 용어는 WTO나 OECD 등에서 일반적으로 사용되어지고 있다. LMO(Living Modified Organisms)는 유전물질이 생명공학기술에 의해 자연상태에서 인위적으로 변형된 생물체를 포괄적으로 지칭하는 개념이라고 할 수 있다. LMO는 GMO보다 광의의 개념으로서 1992년 유엔환경계획(UNEP; United Nations Environment Programme)의 Rio회의에서 논의된 「생물다양성협약」에서 사용되어진 용어이다. 우리의 실정법에서는 '유전자변형생물체'(유전자변형생물체의 국가 간 이동 등에 관한 법률), '유전자변형농산물'(농산물품질관리법), '유전자변형수산물'(수산물품질관리법), '유전자재조합식품'(식품위생법) 등의 용어를 사용하고 있다.

유전자변형생물체(GMO; LMO)*는 유전자 재조합기술 등 현대 생명공학기술을 이용하여 새롭게 조합된 유전물질을 포함하고 있는 식물, 동물, 미생물을 말하는 것으로 LMO(Living Modified Organisms) 또는 GMO(Genetically Modified Organisms)라고 한다. 두 용어는 기관이나 단체에 따라, 맥락에 따라, 시대흐름에 따라 달리 사용하고 있으므로, 여기서는 혼용하기로 한다. 근래에는 'Biotech'라는 용어를 사용하기도 한다. 옥수수, 콩, 토마토, 감자, 면화 등과 어류 등 동물성 식품을 재료로 하는 유전자변형식품 등은 고부가가치의 창출, 기아해결, 낮은 가격, 유통기간의 연장 등의 이유로 각광을 받아 오고 있으며, 우리의 식단에도 우리가 알건 모르건 유전자변형식품이 오르고 있다.

유전자변형기술 혹은 유전자재조합기술은 지속적으로 발달되어 왔지만, 이러한 유전자변형생물체의 안전성을 정확하게 규명할 과학적 수단은 마련되지 않았기에 유전자변형식품 등의 안전성은 검증되지 않았다고 주장하는 견해가 있다. '유전자변형식품 표시제도(GMO 표시제도)'에 대해서는 찬반론이 대립되고 있다. 표시제도를 찬성하는 측에서는 소비자의 알권리와 자기결정권 등이 존중되어야 한다[19]는 입장이고, 반대하는 측에서는 GMO의 위험성이 입증되지도 않았고[20] 표시제도는 가격상승과 심리적 불안 및 소비양극화를 초래할 가능성이 크다는 입장이다. 그러나 안전성이 검증되지 않은 이들 식품이 개발되고 대량으로 섭취되어질 경우의 인체 및 전체 생태계에 미치는 위험성을 감안하여 최소한 이들 식품이 유전자변형식품이라는 것을 표시하여 선택을 소비자의 판단에 맡기자는 견해가 우세하며, 우리나라를 포함하여 주요 국가의 입법은 이러한 견해를 반영하여 2001년부터 GMO 표시제도를 채택하고 있다.

즉, GMO 기술의 확대와 이에 대한 대처가 필요하다는 국제적인 추세에 따라 2000년 1월 캐나다 몬트리올에서는 「바이오안전성에 관한 카르타헤나 의정서」가 채택되었고, 이에 따라 우리나라에서는 동 의정서의 시행과 유전자변형생물체의 개발·생산·수입·수출·유통 등에 관한 안전성의 확보 등을 위하여 「유전자변형생물체의 국가 간 이동 등에 관한 법률」이 제정되었다. 또한 일정한 품목의 유전자변형농수산물 및 유전자변형식품 등은 다음의 각 법률에 의하여 유전자변형물임을 표시하도록 하고 있다.

> **농수산물품질관리법 제56조(유전자변형농수산물의 표시)** ① 유전자변형농수산물을 생산하여 출하하는 자, 판매하는 자, 또는 판매할 목적으로 보관·진열하는 자는 대통령령으로 정하는 바에 따라 해당 농수산물에 유전자변형농수산물임을 표시하여야 한다.
> ② 제1항에 따른 유전자변형농수산물의 표시대상품목, 표시기준 및 표시방법 등에 필요한 사항은 대통령령으로 정한다.
>
> **식품위생법 제12조의2(유전자변형식품 등의 표시)** ① 다음 각 호의 어느 하나에 해당하는 생명공학기술을 활용하여 재배·육성된 농산물·축산물·수산물 등을 원재료로 하여 제조·가공한 식품 또는 식품첨가물(이하 "유전자변형식품등"이라 한다)은 유전자변형식품임을 표시하여야 한다. 다만, 제조·가공 후에 유전자변형 디엔에이(DNA, Deoxyribonucleic acid) 또는 유전자변형 단백질이 남아 있는 유전자변형식품등에 한정한다.
> 1. 인위적으로 유전자를 재조합하거나 유전자를 구성하는 핵산을 세포 또는 세포 내

19) 양정미, WTO체제에서 유전자변형식품의 표시제도에 관한 연구: 우리나라 GM식품 표기의 개선방안을 중심으로, 무역학회지, 제43권 제5호, 2018, 197쪽; 김아영, 왜 GMO완전표시제인가?-GMO표시제의 현황과 과제, 농정연구, 제67호, 2018, 187쪽.
20) 이일하, "'GMO논란' 과학 제쳐두고 마녀사냥인가", <조선일보>, 2016. 7. 27.

소기관으로 직접 주입하는 기술

2. 분류학에 따른 과(科)의 범위를 넘는 세포융합기술

② 제1항에 따라 표시하여야 하는 유전자변형식품등은 표시가 없으면 판매하거나 판매할 목적으로 수입·진열·운반하거나 영업에 사용하여서는 아니 된다.

③ 제1항에 따른 표시의무자, 표시대상 및 표시방법 등에 필요한 사항은 식품의약품안전처장이 정한다.

건강기능식품에 관한 법률 제17조의2(유전자변형건강기능식품의 표시) ① 영업자(「수입식품안전관리 특별법」 제15조에 따라 등록한 수입식품등 수입·판매업자를 포함한다. 이하 이 조에서 같다)는 다음 각 호의 어느 하나에 해당하는 생명공학기술을 활용하여 재배·육성된 농산물·축산물·수산물 등을 원재료로 하여 제조·가공한 건강기능식품(이하 "유전자변형건강기능식품"이라 한다)에 유전자변형건강기능식품임을 표시하여야 한다. 다만, 제조·가공 후에 유전자변형 디엔에이(DNA, Deoxyribonucleic acid) 또는 유전자변형단백질이 남아 있는 유전자변형건강기능식품에 한정한다. 〈개정 2019. 1. 15.〉

1. 인위적으로 유전자를 재조합하거나 유전자를 구성하는 핵산을 세포 또는 세포 내 소기관으로 직접 주입하는 기술

2. 분류학에 따른 과(科)의 범위를 넘는 세포융합기술

② 제1항에 따라 표시하여야 하는 유전자변형건강기능식품은 표시가 없으면 판매하거나 판매할 목적으로 수입·진열·운반하거나 영업에 사용하여서는 아니 된다.

③ 제1항에 따른 표시대상 및 표시방법 등에 필요한 사항은 식품의약품안전처장이 정한다. 〈개정 2019. 1. 15.〉

이러한 법률규정에 따라 유전자변형농수산물, 유전자변형식품, 유전자변형건강기능식품 등의 경우에는 유전자변형 농수산물·식품·건강기능식품임을 표시하여야 한다. 이에 따라서, 식품의약품안전처 고시 제2019-98호에서 위 법률에서 위임하는 '유전자변형식품 등의 표시기준'을 정하고 있다. 동 표시기준은 농수산물·식품·건강기능식품 분야에 공동으로 적용된다.

유전자변형식품 등의 표시기준

제1조(목적) 이 고시는 「식품위생법」 제12조의2, 「건강기능식품에 관한 법률」 제17조의2 및 「식품 등의 표시·광고에 관한 법률」 제4조 관련 「식품등의 표시기준」(식품의약품안전처 고시) 및 「농수산물 품질관리법 시행령」 제20조에 따른 유전자변형식품등의 표시대상, 표시의무자 및 표시방법 등에 필요한 사항을 규정함으로써 소비자에게 올바른 정보를 제공함을 목적으로 한다.

제2조(용어의 정의) 이 고시에서 사용하는 용어의 뜻은 다음과 같다.

1. "유전자변형식품등"이란 다음 각 목의 것을 말한다.

가. 「식품위생법」 제12조의2 제1항의 유전자변형식품 및 유전자변형식품첨가물
나. 「건강기능식품에 관한 법률」 제17조의2의 유전자변형건강기능식품
다. 「축산물 위생관리법」 제2조 제2호에 따른 축산물 중 유전자변형농축수산물을 원재료로 하여 제조·가공한 축산물
라. 「농수산물 품질관리법」 제2조 제11호의 유전자변형농수산물(콩나물, 콩잎처럼 해당품목의 종자를 싹틔워 기른 채소 등을 포함한다. 이하 같다)
6. "비의도적 혼입치"란 농산물을 생산·수입·유통 등 취급과정에서 구분하여 관리한 경우에도 그 속에 유전자변형농산물이 비의도적으로 혼입될 수 있는 비율을 말한다.

제3조(유전자변형식품등의 표시대상) ① 「식품위생법」 제18조에 따른 안전성 심사 결과, 식품용으로 승인된 유전자변형농축수산물과 이를 원재료로 하여 제조·가공 후에도 유전자변형 DNA 또는 유전자변형 단백질이 남아 있는 유전자변형식품등은 유전자변형식품임을 표시하여야 한다.
② 제1항의 표시대상 중 다음 각 호의 어느 하나에 해당하는 경우에는 유전자변형식품임을 표시하지 아니할 수 있다.
1. 유전자변형농산물이 비의도적으로 3% 이하인 농산물과 이를 원재료로 사용하여 제조·가공한 식품 또는 식품첨가물. 다만, 이 경우에는 다음 각목의 어느 하나에 해당하는 서류를 갖추어야 한다.
　가. 구분유통증명서
　나. 정부증명서
　다. 「식품·의약품분야 시험·검사 등에 관한 법률」 제6조 및 제8조에 따라 지정되었거나 지정된 것으로 보는 시험·검사기관에서 발행한 유전자변형식품등 표시대상이 아님을 입증하는 시험·검사성적서 를 갖추어야 한다.
2. 고도의 정제과정 등으로 유전자변형 DNA 또는 유전자변형 단백질이 전혀 남아 있지 않아 검사불능인 당류, 유지류 등

　유전자변형식품의 표시는 '유전자변형식품' 또는 '유전자변형식품첨가물', '유전자변형건강기능식품' 또는 '유전자변형 ○○포함 식품', '유전자변형 ○○포함 식품첨가물', '유전자변형 ○○포함 건강기능식품' 등으로 표시할 수 있고, 유전자변형 여부를 확인할 수 없는 경우에는 '유전자변형 ○○포함가능성 있음' 등으로 표시한다.
　1996년 미국에서 유전자변형 콩이 판매된 이후, 미국 등에서는 유전자변형 면화와 옥수수, 콩 등이 상업적 목적으로 대량으로 재배되고 있다. 국제농업생명공학정보센터(ISAAA)에 따르면, 전자변형작물의 상업화가 시작된 해인 1996년으로부터 20년이 지나는 동안 유전자변형작물의 재배면적이 100배 증가하였다.[21] 그리고

---

21) http://www.isaaa.org/kc/default.asp 2024년 1월 8일 방문.

2024년 현재 유전자변형작물을 가장 많이 재배하는 국가는 미국, 브라질, 아르헨티나, 캐나다, 인도(Big 5)이고, 이어서 파라과이, 중국, 파키스탄, 남아공, 볼리비아(Big 10)의 순이다. 특히 1위인 미국의 경우에는 전체 옥수수의 92.0%, 전체 콩의 94%가 유전자변형작물이다. 그리고 현재 전체 곡물재배면적 대비 유전자변형작물 재배면적을 보자면, 콩은 74%, 면화는 79%, 옥수수는 31%, 유채(카놀라) 27%이다.[22]

대부분의 국가에서 유전자변형작물을 수입하고 있는 것처럼, 유전자변형작물은 우리나라에도 수입되고 있는데, 우리나라는 유전자변형작물을 많이 수입하는 국가에 속한다. 특히 사료용과 식품용 곡물수요를 충족하기 위하여 대두와 옥수수의 대부분이 수입되고 있다. 국내로 수입되는 유전자변형작물은 주로 대두(콩)와 옥수수이며 2022년 전체 유전자변형생물체 수입 승인량 중에서 85.0%인 940만톤톤을 사료용 LMO가 차지하고 나머지 15%인 165.3만톤을 식품용 LMO가 차지하고 있다. 부터 2017년까지 5년간 연간 200만톤 수준으로 수입되었다.[23] 우리나라에서 농작물을 제일 많이 수입해 오는 국가는 미국, 브라질, 아르헨티나(Big 3) 순이며, 이들 국가에서 수입되는 대두과 옥수수의 많은 양이 유전자변형작물(LMO)인 것이다.[24]

세계적으로 과자와 빵 등에 들어가는 전분을 만드는 데 필요한 옥수수가 대량으로 유통되고 있는데, 일부에서는 유전자변형 옥수수는 안전성이 입증되지 않은 '괴물식품(Franken Food)'이라며 반대하였고, 일부에서는 값비싼 일반 옥수수보다 저렴한 유전자변형 옥수수의 수입은 경제적이라며 유전자식품일반에 대하여 지나치게 민감한 반응을 보일 필요가 없다는 견해를 보였다.

우리나라에서는 안정성심사에서 식품용으로 승인된 유전자변형농산물 5종(콩, 옥수수, 면화, 유채, 사탕무) 및 이를 주요 원재료로 한 가지 이상 사용하여 제조·가공한 식품(건강기능식품 포함) 또는 식품첨가물은 유전자변형임을 표시할 의무가 있다. 다만, 사용된 유전자변형농산물이 식품원료의 함량 5순위 이내에 들지 않거나 유전자변형 DNA 또는 유전자변형 단백질이 남아있지 않은 경우에는 표시하지

---

22) https://www.biosafety.or.kr/portal/page/f_01 2024년 1월 8일 방문.
23) 『식품의약품 안전백서』, 식품의약품안전처, 2017, 63쪽.
24) 2022 유전자변형생물체 주요통계, 한국바이오안전성정보센터(http://www.biosafety.or.kr) 2023년 4월, 4-8쪽.

않아도 된다. 또한 유전자변형농산물이 3% 이하(비의도적 혼합치)로 포함된 경우에는 표시할 의무가 없다.[25] 즉, 우리나라의 GMO 표시제도에 의하면, GMO 표시대상이 한정되어 있고 3% 이하인 경우에는 표시가 제외되기 때문에, GMO가 함유되었다고 하더라도 모르고 섭취하는 경우가 있다. 즉 GMO 표시에서 제외되는 범위가 너무 넓다는 점이 가장 큰 문제로 지적되고 있다.[26]

표 5-2	GM식품 표시제외 수치 비교			
구분	한국	유럽연합	호주 · 뉴질랜드	일본
표시제외	0.9% 이하	0.9% 이하	1% 이하	5% 이하

그래서 GMO 현재의 표시제도('GMO 불완전표시제')를 강화('GMO 완전표시제')하려는 시도가 있다.[27] 2008년 10월에 식품의약품안전청이 GMO 표시제 확대를 내용으로 하는 개정안을 입안하여 입법예고를 한 적도 있으나, 찬반양론이 치열하여 GMO 표시제도의 확대는 이루어지지 않았다. 2013년에는 한국소비자원에서 식품안전처에 유전자변형 DNA 또는 단백질의 검출여부와 상관없이 GMO를 원료로 사용한 모든 식품에 대한 표시 의무화, 순위와 상관없이 원재료 전 성분을 GMO 표시대상으로 확대, 전 세계적으로 유통 가능한 모든 GMO 작물로 표시대상을 확대, GMO의 '비의도적 혼입 허용치'를 1% 수준으로 하향 조정하도록 GMO 표시제도의 개선을 요청하였다.[28]

---

25) 식품안전정책 비교보고서, 식품의약품안전처/식품안전정보원, 2014, 3쪽.

26) 이기춘, GMO/LMO식품 표시제를 통한 리스크소통과 공존의 원칙 실현을 위한 동아시아법제 비교연구, 강원법학, 제61권, 2020, 309쪽.

27) "누구나 과학계에서 안정성 논란이 지속되고 있음을 알 수 있을 것이다. 물론 GMO가 위험하다고 단정하기 어려울 것이다. 이러한 상황에서 소비자가 요구할 수 있는 최선의 대안 한 가지는 알권리를 충족시키는 완전표시제도이다." 김훈기, "표류하는 GMO표시제", <경향신문>, 2014. 2. 24.

28) "우리나라는 시험검사를 통해 유전자변형 DNA나 단백질을 검출할 수 없는 식품은 GMO 표시를 면제하고 있어, 특정 영양성분(지방산, 전분, 식이섬유, 비타민 등)에 변화가 발생한 GMO는 사실상 표시관리가 불가능하다. 반면 유럽연합(EU)은 유전자변형 DNA나 단백질의 검출여부와 상관없이 GMO를 원료로 사용하면 표시를 강제하고 있고, GMO 수출 종주국으로서 「GMO 표시제도」를 시행하지 않고 있는 미국조차 일반품종과 비교해 영양성분이 차이가 나는 GMO를 원료로 만든 식품은 표시를 의무화하고 있다. 또한 우리나라는 전 세계적으로 상업화된 18개 GMO 작물 중 7개(108개 품종)만이 표시대상이며, 제품에 많이 사용한 원재료 5순위에 포함되지 않거나, GMO가 검출되더라도 함량이 3% 이하면 '비의도적 혼입

표시제 확대에 대해서 찬성론은 ① 표시대상 품목을 늘려야 한다 ② 표시대상 원료의 예외가 많다 ③ 표시대상업종의 예외를 없애야 한다 ④ 비의도적 혼합률을 낮춰야 한다고 주장하고 있으며, 반대론은 ① 안전성 평가로 충분하다 ② 원료가 아닌 최종생산물 중심의 표시제로 충분하다 ③ 식품산업을 위태롭게 한다 ④ 소비자부담을 가중시킨다고 주장하고 있다.[29] 우리나라에서는 학교급식에 GMO식품을 사용하는 것을 두고 토론회[30]가 개최되는 등 찬반논란이 벌어지기도 하였다. GMO표시제에 대한 찬반논쟁이 학교급식에서의 GMO식품 사용금지정책에 대한 찬반논쟁으로 확대된 것이다.

해충 저항성과 성장력이 강하여 원가가 절감되기 때문에 가격이 저렴한 유전자변형 식품·농산물은 신속한 입법적인 대처가 마련되지 않은 국가를 주요 판매시장으로 하고 있는 점이 우려되므로, 지속적인 관찰과 관련 법률의 적절한 개정작업 및 지속적인 행정적 대처가 요구된다. 유전자변형작물을 먹더라도 국민들은 이에 관한 정보를 알권리가 있으며, 국가에게는 국민들이 이를 알고 먹도록 할 의무가 있다. 소비자의 알권리와 소비자의 선택권은 이 경우에도 존중되어야 한다.

7. 생명공학기술의 특허 문제

특허권이란 발명자의 노력에 대한 보상으로서 해당 발명품에 대한 독점적인 사용권을 일정기간 동안 보장하는 것이다. 이러한 독점적 사용권을 침해하는 자는 민·형사상의 책임을 진다. 정보기술(IT) 분야와 함께 생명공학기술(BT)이 부가가치가 높은 미래의 산업으로 각광을 받고 있기 때문에 각국은 생명공학분야의 연구를 보호·육성하고 있다. 즉, 생명공학 분야가 세계경제의 견인차 역할을 할 것이라는 기대하에 각국은 생명공학 연구에 많은 투자를 하고 있고, 특허권 획득을

허용치'로 인정돼 표시가 면제된다. 따라서 나머지 11개 GMO 작물은 국내에 수입되더라도 유통관리가 쉽지 않고, 동일한 함량의 GMO 원료도 제품에 사용된 순위에 따라 각 제품마다 표시여부가 달라질 수 있으며, 3% 수준까지 GMO가 포함된 식품을 일반 식품(Non-GMO)으로 인정하기에는 그 함량이 지나치게 과도하다는 지적도 계속되고 있다. 전 세계적으로 유통되는 GMO의 종류가 다양해지고 신규 품종의 개발·승인 속도 또한 빨라져 시험검사를 통한 현재의 표시관리는 한계에 이르렀다." "GMO 표시의무, 모든 가공식품으로 확대해야", 한국소비자원 보도자료, 2014. 3. 4, 2면.

29) 김은진, "GMO표시제의 확대 논쟁에 관한 연구", 『경영법률』, 2014, 541쪽 이하.

30) "학교급식에 GMO식품 사용금지는 바람직한가?", 한국생명공학연구원 바이오 안전성 정보센터, 2018. 7. 16.

통한 연구 결과의 상업적 독점 및 시장선점을 위하여 세계시장에서 각축을 보이고 있다. 오랜 기간 인간이 우려해오던 식량난을 해소할 수 있고 병충해에 강한 유전자변형 농산물 등에 대한 특허는 이미 일반화되어 있다. 또한 질병의 치료제 내지 치료기술의 연구와 개발이 특허를 통해 보호받기 때문에, 생명공학은 고부가가치의 창출이 가능한 첨단산업 분야로 평가되고 있다.

그러나 생명공학기술의 결과를 무제한하게 특허권의 대상으로 허용할 것인가에 대하여는 논란이 있다. 인간의 DNA를 비롯하여 인간에 대한 생명공학기술이나 자연상태로부터 분리·확인된 생명체 및 생명체의 일부에 특허를 주는 것에 대하여는, 그 연구성과를 지적재산권의 대상에 포함시켜 보호해야 한다는 찬성론이 있는가 하면, 이러한 연구 결과의 상업적 이용이 가져올 폐해를 지적하면서 환경적 위해성과 인간의 존엄성 등을 해할 우려가 있는 특허제도에 대하여 반대하는 견해도 있다. 절충설로는 이것이 단지 특허법의 개정에만 관련되는 사안이 아니고 환경적 무해성이 입증되고 인간의 존엄에 위배되지 않는 특허 출원에 대하여 심의·허용할 수 있는 넓은 범위의 법제도적 틀을 먼저 갖추어야 한다고 주장되고 있다. 즉, "우리의 경우에도 관련 법 및 특허심사기준 검토 및 개정을 통해 이러한 변화에 대응해야 할 것이며, 생명공학 발명의 적절한 특허보호와 공공의 이익의 균형을 이루어야 할 것"[31]이라는 절충적인 의견이 있다.

2013년 6월 13일에 미국연방대법원은 인간 DNA가 특허의 대상이 될 수 없다는 판결을 내렸다. 미국 시민자유연맹(ACLU)이 미리어드 제네틱스(Myriad Genetics)라는 생명공학 회사를 대상으로 2개의 돌연변이 유전자의 특허권이 무효라고 주장하였는데, 미연방대법원이 이를 인정하였다. 즉, 여성의 유방암·난소암의 발병률을 높이는 유전자 BRCA1과 BRCA2가 특허권으로 보호받고 있어서, 다른 회사는 이를 이용한 검사나 약품개발을 할 수 없었다. 이 두 유전자의 변이를 알기 위해서는 오직 이 회사에 의해서, 1회 진단비용이 수천달러에 이르는 검사를 받아야 했다. 생명공학기술의 특허가 개인의 의료비를 증가시키는 '치명적인' 문제를 야기하였다. 미연방대법원에 따르면, 인간 DNA가 어떤 특성을 지닌 것인지에 대해서 연구와 실험을 통해 알아냈다고 하더라도, 인간 DNA 자체는 특허의 대상이 될 수 없다는 것이다. 다만, 자연적이 아닌 인공적 DNA는 특허의 대상이 될 수 있다

---

31) 기혜나, "특허보호대상으로서 유전자에 대한 고찰", 『과학기술과 법』, 제7권 제1호, 2016, 144쪽.

고 보았다. 호주 연방대법원도 이와 유사한 소송에서 분리된 인간유전자에 대한 특허적격을 부정하였다.[32] 프랑스의 경우에는 인체의 일부·산출물·유전자 정보는 그 자체로서는 특허의 대상이 될 수 없다는 규정을 「지적재산권법」(Code de la propriété intellectuelle 제611~617조)에 명시하고 있는데, 이는 인간의 존엄성이 보장되기 위해서 인간을 대상으로 하면 안 된다는 사고에 기초를 두고 있다.

그러나 유럽에서는 분리된 유전자 등 일부 인간 DNA에 대해서 특허를 인정하고 있다. 즉, 많은 국가에서는 인체의 산출물로 만들어진 의약품이나 유전자 등에 대하여 특허를 부여하고 있으며, 생명공학기술의 발전에 따라서 특허의 대상과 범위가 점차 넓어지는 경향을 보이고 있다. 이미 현재에도, 인간유전자에 대한 특허 건수는 수만 건에 이르는 것으로 알려져 있다. 찬반양론이 대립되고 논란이 심하기는 하지만, 생명공학기술 분야의 지적 재산권도 원칙적으로 헌법이 보장하는 재산권의 범위에 속하기 때문에, 특허권으로서 보호받을 수 있다는 주장이 더욱 힘을 받을 것으로 생각된다. 생명과학기술의 특허는 생물체를 대상으로 하는 것이기 때문에 비생물체를 대상으로 하는 발명과는 차이가 있지만, 기술의 적정한 보호와 관련제도의 구축을 위한 노력이 계속되고 있다.[33] 더욱이 생명공학의 특허문제를 국가발전이나 일자리창출에 긍정적으로 여겨지기 때문에, 넓게 허용하려는 경향성을 지니고 있다. 따라서 생명공학분야에서의 특허문제는 허용 여부의 문제가 아니라 허용 한계의 문제로 인식될 수밖에 없다고 본다.

8. 앞으로의 전망과 과제

인간배아복제를 포함하여 생명공학기술의 응용에서 발생하는 문제는 단순한 윤리 논쟁의 대상이거나 미래의 일이 아닌 현실적인 법적 문제이다. 이와 같이 생명공학기술의 연구와 응용은 전면 허용하거나 전면 금지하여야 하는 대상이 아니라, 그 허용과 금지의 범위와 한계를 정해야 하는 사안이다.

고통스럽고 오래 걸리는 임신과 출산 대신 인공수정과 '베이비 공장'을 통해서 인간이 '생산'되지 않을 것이라고 누가 단언할 수 있는가? 그러나 인간복제가 「헌

---

32) 윤여강, "분리된 유전자의 특허적격에 대한 연구", 『아주법학』, 제11권 제1호, 2017, 209쪽.
33) 김원준, "의료관련 발명의 특허법적 보호와 쟁점", 『법학논총』, 제32집 2호, 전남대학교 법학연구소, 2012, 75쪽.

법」제10조에서 보장하는 인간의 존엄을 해
치고 인간의 상업적인 '생산'을 초래하므로
허용될 수 없다는 견해가 압도적이며, 유전
정보에 관하여는 「헌법」제17조에서 보장하
는 사생활의 비밀과 자유가 지켜져야 한다.
「헌법」제11조에서 정하는 바와 같이 누구

> * 자율적인 규제의 사슬에서 풀려난 생
> 명공학의 위험성은 법적으로 통제할 수
> 밖에 없다. 그 법적 통제란 잠재적 위
> 헌성과 남용의 가능성을 관리하며 제한
> 하는 것이다(신동일, 『생명공학 남용과
> 법적 규제를 위한 연구』, 한국형사정책
> 연구원, 2002, 113쪽).

든지 성별, 종교, 사회적 신분에 의하여 차별을 받아서는 안 되는 것처럼, 유전자
정보로 인하여 보험, 고용 등에서 차별받는 것은 평등권 위반이다. 유전자 연구
및 인간배아복제 연구는 원칙적으로 「헌법」제22조에 의하여 보장되지만, 학문 연
구의 자유도 무제한한 것이 아니라 「헌법」제37조의 규정에 따라 법률을 통하여
제한이 가능하다. 이러한 기본적인 틀 및 기준이 법률로 정해져야 할 것이며,* 국
제적인 생명공학 기술수준 및 법제적 대처에 대한 관찰 및 평가를 통하여 우리나
라도 적절한 법제적 대처를 해야 할 것이다.

생명공학기술의 연구와 응용에 대한 법적 규제는 그 한계를 규정하는 어떤 실
체적 기준을 정하기가 어렵다는 특성을 지니고 있다. 생명공학기술의 발전이 어
느 정도의 수준에 이를지 예측이 곤란하고, 이러한 기술이 미칠 긍정적 · 부정적
영향 또한 예측이 불가하기 때문이다. 생명공학기술의 허용론과 반대론 중 어느
하나만을 채택하는 경우에는 법의 중립성에 상처를 입힐 뿐만 아니라, 극단적인
경우 생태계의 교란으로 인한 재앙을 초래하거나 아니면 의학기술의 진보를 막게
되는 결과를 가져올 수도 있다. 따라서 생명공학 분야의 법제화는 급변하는 과학
기술의 발전에 탄력적으로 대처할 수 있어야 하고, 관련 전문가들의 창의적인 연
구와 유익한 응용을 방해하지 않도록 마련되어야 한다. 이를 위한 법률이 앞에서
말한 「생명윤리 및 안전에 관한 법률」이다.

생명공학 분야의 연구 및 이를 실생활에 응용하는 위험성에 대한 의식화작업
이 시급하다는 점은 이미 오래 전부터 지적되어 왔다.[34] 이는 생명공학이 실용화
라는 이름으로 상업주의와 결합하게 되면 생명공학의 효용을 극대화하는 방향으
로 집중되기 때문에 인간의 존엄성 보호라든가 생명윤리라는 문제는 도외시되고
생명공학 연구의 발전과 연구 결과의 효용성의 문제만이 남게 된다는 점과 일맥

---

34) 박은정, 『현대사회의 문제와 법철학』, 교육과학사, 1993, 209쪽.

상통한다고 할 수 있다.

생명공학의 연구와 활용이 필요한 시대이기는 하지만, 생명공학을 연구하고 활용함에 있어서 인권과 생명윤리가 존중되어야 한다. "기술은 인간을 위해서 존재하여야 한다."는 단순한 진리 또는 우리의 희망은 그냥 지켜지지 않으며, 이를 위한 법 제도가 존재하고 기능할 때만 지켜질 수 있다. 이러한 의미에서 인간 존엄성과 생명윤리를 침해하는 일이 발생하지 않도록, 일면으로는 생명공학기술의 발달을 적극 지원하고 다른 일면으로는 이를 적절히 규제할 수 있도록 제도와 법령이 정비되어야 할 것이다.

정보통신의
발전과 법

CHAPTER

6

정보통신의 발전과 법

1. 정보통신의 발전

15세기의 인쇄술의 발달 이후 인터넷은 정보와 통신 및 지식 전달의 혁명적인 변화를 초래하고 있다. 컴퓨터의 발명과 인터넷을 통한 세계적인 정보통신망의 구축 등 정보과학기술의 발달은 정보화 사회의 도래와 이로 인한 급격한 사회적 환경의 변화를 초래하고 있는 것이다. 즉, 인류는 농업혁명을 거치고 산업혁명이 시작된 이후에 가장 커다란 변혁으로 일컬어지는 정보혁명의 과정을 거치고 있으며, 현재 4차 산업혁명의 중심에는 인공지능(AI)·사물인터넷·빅데이터 등으로 대표되는 정보통신기술(ICT)이 그 핵심적인 역할을 담당하고 있다. 더욱이 2020년 코로나의 전세계적 확산을 통하여 비대면이 일상화되면서 정보통신기술 의존도는 더욱 강화되었고, 포스트 코로나 혹은 뉴-노멀 사회에서 정보통신의 영향력은 인간의 일상에 지금보다도 더욱 큰 위력을 발휘할 것으로 예상되고 있다. 의도한 것이든 의도하지 않은 것이든, 이러한 경제·사회·문화 등 사회전반을 변화시키는 패러다임의 전환은 제도와 법령의 변화를 필요로 한다. 특히 제도의 변화라고 하는 것은 제도의 구체적인 사항을 정해주는 법률의 변화를 전제로 하는 것이기 때문에 정보통신기술 분야의 변화 또는 발전에 직면하여 법체계는 바뀔 수밖에 없다.

지능정보화는 인공지능, 빅데이터, 사물 인터넷, 클라우드, 5세대(5G) 이동통신 등의 혁신적 발전으로 초연결·초지능 사회로의 대변화에 대비하여 국가경쟁력을 강화하고 국민의 삶의 질 향상에 기여하기 위한 정책 방향이다. 정부는 정보화 혁명을 성공적으로 뒷받침하기 위하여 기존의「국가정보화 기본법」을「지능정보화 기본법」(2020. 6. 9. 공포, 2020. 12. 10. 시행)으로 전면 개정하여 범국가적 지능정보화 추진체계를 마련했다.「지능정보화 기본법」에서는 '지능정보화'를 '정보의 생산·유통 또는 활용을 기반으로 지능정보기술이나 그 밖의 다른 기술을 적용·융합하여 사회 각 분야의 활동을 가능하게 하거나 그러한 활동을 효율화·고도화하는 것'이라고 명시하고 있다.
– 2022 국가지능정보화 백서, 한국지능정보사회진흥원, 2022. 12, 66쪽.

대개 새로운 사회현상은 장점과 단점, 가능성과 위험성을 동시에 지니고 있다. 가능성만을 본다면 사회는 위험에 노출되는 경우가 생기게 되는 것이고, 위험성만 본다면 사회 발전의 가능성을 차단하거나 저해하는 결과가 생길 수 있다. 인터넷을 중심으로 하는 정보통신 기술의 발전도 다른 새로운 사회현상과 마찬가지로 가능성과 위험성을 동시에 지니고 있다.

사이버 공간은 정보화의 순기능으로 인류에게 순기능을 발휘하고 있기도 하지만, 정보화의 역기능이라고 할 수 있는 사이버 범죄와 일탈 등 각종 비윤리적이고 반사회적인 행위가 발생하기도 한다. 법적 대응은 원론적으로 순기능을 강화하고 역기능을 줄이는 것이지만, 항상 문제는 '어떻게' 이를 행하느냐이다. 이는 우리 모두의 과제이자, 법과 사회의 상호 작용이라고 하는 법의 피할 수 없는 본질인 것이다.

2. 인터넷의 현황과 특징

세계적으로 컴퓨터 보유율과 인터넷 보급률은 급격하게 증가하여, 이제는 인터넷을 통한 통신·상품거래·정보교환 등은 일상적인 것이 되었다. 국내 가구의 컴퓨터 보유율만 보더라도 2000년(71.0%)에 이미 70%대를 넘어섰다. 이후 컴퓨터 보유율은 계속 증가하였으나, 스마트폰 등 스마트기기의 수요 증가로 데스크톱 컴퓨터 보유가구가 감소하는 경향을 보이고 있다. 우리나라의 컴퓨터 보유율은 2012년 (82.3%)을 기점으로 점진 하락하여 2017년에는 74.7%를 기록하였는데, 스마트폰이 데스크톱을 대체하면서 이제 컴퓨터 보유율 통계는 의미가 크지 않다. 정보통신

인프라의 관점에서 컴퓨터 보유율보다 중요한 지표는 인터넷 보급률인데, 우리나라의 인터넷 보급률은 99.96%이며, 컴퓨터(81.0%)보다는 스마트폰(98.6%)을 통해 인터넷에 접속을 하고 있다. 이는 대부분의 가구에서 인터넷 접속(99.96%)이 가능하다는 것을 의미하는 것이다.

우리나라는 지식(knowledge), 기술(technology), 미래대비도(future readiness)를 통합하여 측정하는 세계디지털경쟁력지수[1](World Digital Competitiveness Ranking)에서 2022년 기준 덴마크, 미국, 스웨덴, 싱가포르, 스위스, 네덜란드, 핀란드에 이어 8위(2018년 14위, 2019년 10위, 2020년 8위, 2021년 12위)를 차지하였다.[2] 우리나라가 인구대국이 아님에도 불구하고, 인터넷 보급률과 인터넷 가입자수 등의 통계를 보면 우리나라가 IT 강국임이 여러 통계를 통해 입증되고 있다. 이에 더하여 각 분야에서의 디지털화, 인터넷쇼핑(73.7%)과 인터넷뱅킹(79.2%)의 비중 증가, 음식주문의 배달앱 활용이 결합되고 원격근무(11.0%), 화상회의(16.7%), 온라인 교육(39.8%) 등이 활성화되면서 정보통신분야에서의 시너지효과가 나타나고 있다.[3]

불과 한 세대 이전만 하더라도 아이들이 구슬치기나 딱지치기를 하면서 자랐는데, 이제는 모바일게임을 하면서 자라고 있다. 불과 한 세대 이전만 하더라도 현실공간을 대체하는 가상공간의 개념은 존재하지 않았다. 그러나 이제는 많은 일들이 사이버스페이스*라고 하는 가상공간에서 이루어지고 있다. 예를 들어, 인터넷뱅킹 이용율이 79.2%로 인터넷뱅킹을 이용하는 사람이 은행을 직접 찾는 이용객을 넘어섰으며,

> * 사이버스페이스라고 하는 개념은 윌리암 깁슨(William Gibson)이 1984년에 그의 공상과학 소설인 『뉴로맨서』(Neuromancer)에서 처음 사용한 것으로 알려져 있다.

인터넷쇼핑 이용율이 73.7%로 인터넷쇼핑 매출이 오프라인쇼핑 매출을 넘어선지 오래다. 특히 코로나 팬데믹으로 인하여 인터넷을 통한 비대면 활동이 증가하였으며, 일상생활에서 SNS 의존도는 매우 높아졌고 모바일게임 산업은 그 규모가 나날이 확장되고 있다.

---

1) 세계디지털경쟁력지수는 스위스 로잔에 있는 국제경영개발원(IMD)에서 국가경쟁력을 디지털 관점에서 국가경쟁력을 종합평가하는 것이다. 세계디지털경쟁력지수는 세계 각국마다 디지털 신기술을 통한 정부, 경영, 사회부문의 전환 역량을 측정하기 위해 고안되었다.
2) 『2022 국가지능정보화 백서』, 한국지능정보사회진흥원, 2022, 86쪽.
3) 보도자료, 『2022 인터넷이용실태조사』, 과학기술정보통신부, 2023. 3. 31, 1-2쪽.

인터넷을 통한 온라인 환경은 현실 세계인 오프라인 환경과 비교하여 일정한 특징을 지니고 있다. 즉 인터넷은 익명성, 불특정 다수성, 시간적 및 공간적 무한계성, 무흔적성 등의 특징을 지니고 있다.

첫째는 익명성이다. 인터넷에서는 실명과 신분을 밝히지 않을 수 있다. 현실 사회는 얼굴, 목소리, 지문, 혈액형 등으로 개인을 식별하지만, 인터넷상의 가상공간에서는 아이디와 비밀번호 등으로 개인을 식별할 수 있을 뿐이기 때문에 신분을 밝히지 않거나 신분을 도용하는 것이 가능하다는 특성을 지니고 있다.

둘째는 불특정 다수성이다. 인터넷에서는 불특정 다수가 불특정 다수에게 이메일을 발신하는 것이 가능하며, 게시판 등을 통하여 불특정 다수에게 의견과 정보를 전달하는 것이 가능하다. 예를 들어, 마약거래, 총기제조 및 거래, 명예훼손, 성매매 등의 불법 거래가 용이하게 되었다.

셋째는 시간적·공간적 무한계성이다. 현실 사회는 시간과 공간이 특정되지만, 가상공간에서는 지리적 차이나 시차가 중요하지 않다. 즉, 가상공간에는 장소라는 개념이 존재하지 않으며, 국가 간의 국경도 존재하지 않는다. 넷째는 무흔적성이다. 컴퓨터는 정보를 디지털 형식으로 변환하여 처리하므로, 인터넷상의 정보는 물리적인 흔적을 남기지 않는 전자적인 신호이기 때문에 원본의 변조나 삭제가 기술적으로 가능하다. 2005년 부동산 등기부 등 인터넷으로 신청하여 발급받을 수 있는 서류의 위조가 가능한 것으로 밝혀져 문제가 된 적이 있는데 이러한 위조의 무흔적성이라는 인터넷 환경의 특징 때문이다.

그리고 인터넷 공간에서는 특히 언어폭력이 심각한데, 사이버 언어폭력의 원인과 특성으로서는 다음의 내용들이 지적되고 있다. 첫째는 기회상황 요인으로서 인터넷공간의 익명성과 익명성이 자기규제를 곤란하게 함으로써 초래되는 탈억제, 증거확보와 수사의 어려움으로 인한 처벌의 미흡, 인터넷 환경에서는 폭력기회에 노출되는 가능성이 높다는 점이다. 둘째로는 사회규범 요인을 들 수 있는데 이에는 집단 간의 갈등상황에서 집단정체성의 발현, 일정한 가치규범이 존재하지 않는 사이버 문화환경, 가상공간에서의 언어폭력에 대해 관대해지는 개인태도와 윤리의식의 부족을 들 수 있다. 셋째로는 개인동기 및 성향 요인을 들 수 있는데 이에는 재미와 호기심, 자기과시, 일상 긴장의 표출과 낮은 자기통제력을 들 수 있다. 이러한 사이버상의 특성과 원인으로 인하여 인터넷에서는 언어폭력 등 반사회적인 행위가 자주 발생한다는 것이다.[4] 인터넷에서는 실명으로서의 타인과 면대면의 인간관계에서는 생각할 수 없는 비이성적이고 반윤리적인 행위를 용이하게 할 수 있는 환경이 마련된다.[5] 이러한 인터넷의 특징은 새로운 현상과 문제를 야기하고 있으며, 입법자와 법률가에게는 새로운 과제를 부여하고 있다.

3. 정보통신의 발전에 따른 법적 문제

인터넷은 이메일, SNS, 인터넷 카페, 블로그, 전자상거래 등의 형식을 통하여 시·공간적으로 자유로운 가상공간에서의 만남이 이루어지고 교류가 이루어지고 있다. 이러한 가상공간에 대한 법적 규율태도는 다음과 같은 경우의 수로 나누어 볼 수 있다. 즉, 사이버공간 참여자들의 자율적인 통제에 모든 것을 맡김으로써 법적으로는 방임하는 것, 기존의 법률을 통하여 일정한 규제를 가하는 것, 기존법을 수정·보완하여 일정한 규제를 가하는 것, 특별법에 의하여 규율하거나 또는 새로운 법원리에 의한 전혀 별개의 법을 통하여 규율하는 등으로 나누어 볼 수 있다.[6] 그러나 이는 가상공간에 대한 법적 규제의 과도기적 해결방식일 뿐이며, 종국적으로는 가상공간에서의 여러 행위를 규제하기 위한 규범체계가 필연적으로 요구되어질 것이다.

가상공간에서는 새롭고 다양한 형태의 신종 범죄가 발생하고 있으며, 이에 대한 형사법적 대응이 필요하다. 인터넷을 이용한 사기, 해킹, 사이버머니 절도, 사이버 명예훼손, 사이버 스토킹, 음란물 반포, 사이버 성매매, 저작권 침해, 사생활 침해, 사적 정보의 유출 등의 문제가 발생하고 있다. 이들 중 새로운 유형의 범죄에 대하여는 기존법을 적극적으로 해석함으로써 대처하기도 하고 「성폭력범죄의 처벌 등에 관한 특례법」(동법 제13조에서 '통신매체를 이용한 음란행위'를 규정하고 있다) 등 기존에 제정된 법률에 새로운 규정을 추가하기도 하며, 「정보통신망 이용촉진 및 정보보호 등에 관한 법률」, 「개인정보보호법」 등 새로운 법률의 제정 등을 통하여 대처하고 있다.[7] 「컴퓨터프로그램보호법」이라는 법률은 1986년 12월

---

4) 이성식, "사이버언어폭력의 원인과 방지대책", 『형사정책』, 제18권 제2호, 2006, 423쪽.
5) 허일태, "위험사회의 출현과 법의 기능변화", 『비교형사법연구』, 제3권 제2호, 2001, 6쪽.
6) 최승원, 『공법상의 사이버법령용어 및 문장의 문제점과 개선방안』, 한국법제연구원, 2003, 14쪽.
7) 『인터넷범죄의 규제법규에 관한 연구』, 한국형사정책연구원, 2000; 『사이버공간에서의 범죄피해』, 한국형사정책연구원, 2000. 참조.

31일에 제정·공포되었다가 2009년 7월 23일에 폐지되었다.[8] 또한 가상공간에서의 상거래 행위가 급격하게 증가함과 동시에 전자상거래에 있어서 여러 가지 법적 문제도 발생하고 있으며, 「전자상거래 등에서의 소비자보호에 관한 법률」 등이에 관한 입법정책도 점차 발전하고 있다.[9] 앞으로는 가상공간의 이용이 더욱 확대되고 법률관계도 다양·복잡해질 것이 예상되므로, 이에 따른 입법적 대응도 점차 확대되고 심화될 것이 요청된다.

개인용 컴퓨터(PC)가 대중화되는 초기라고 할 수 있는 1985년에 「형법」 개정에 관하여 논의하면서, 사회 정세의 변화에 따라 「형법」도 개정되어야 한다는 취지의 형법개정론은 30년이 지난 오늘날의 시점에서도 시사하는 바가 크다.

1985년의 형법 개정론

정보화 현상은 컴퓨터의 보급과 더불어 더욱 가속화하고 있는 실정이다. 그런데 문서죄의 객체에 문서·도서 또는 '기타의 기록물'이라고 규정한다고 해도 전자적 기록은 작성 명의를 파악하기 어렵고 또 현행법은 정보 그 자체를 형법적 보호의 대상으로 삼고 있지 아니하므로, 컴퓨터 범죄나 산업 스파이를 처벌하는 입법은 필요한 것이 아닌가 생각된다.[10]

급속하게 변화하는 정보통신기술보다 정보통신 관련법이 빠르게 변화할 수는 없지만, 최소한 변화하는 정보통신기술에 대응하여 제도와 법령도 변화되어야 한다. 예를 들어, 가상화폐를 어느 정도 허용하고 어떻게 법적으로 규제하여야 하는지 등에 관한 사항도 법이 담당하여야 하는 과제의 일부이다. 가상화폐는 종래의 법정화폐나 전자화폐와는 달리, 블록체인 시스템에 기반한 새로운 화폐로 여겨지고 있다. 그러나 이러한 가상화폐를 교환하는 교환소가 난립하여 부실 운영되거나 파산하는 경우 등에는, 가상화폐 이용자들이 큰 피해를 입게 된다. 법정화폐 등은 일반적으로 신뢰성과 안정성의 확보를 매우 중시함에 비해, 가상화폐는 은행법이나 전자금융거래법 등 종래 관련 법규의 적용대상에서 제외되기 때문에 규제의

---

8) "성격이 유사한 일반저작물과 컴퓨터프로그램저작물을 「저작권법」과 「컴퓨터프로그램 보호법」에서 각각 규정하고 있어 정책 수립과 집행에 효율성이 떨어지므로 2개의 법을 통합함." 「컴퓨터프로그램보호법」 폐지이유와 주요내용, 2009. 4. 22.
9) 『전자거래입법의 문제점과 개선방안』, 한국법제연구원, 2002. 참조.
10) 김종원, 『형법개정의 기본방향』, 형사법개정특별심의위원회, 1985, 11쪽.

사각지대에 놓여 있다.[11] 또한 가상화폐는 인터넷에서 익명으로 거래되는 특성상 사기, 마약거래, 탈세, 자금세탁 등 범죄에 크게 노출되어 있는데, 익명으로 거래되는 가상화폐의 특성을 이용하는 범죄가 늘어나고 있다. 이러한 이유로 각 국가마다 가상화폐에 관한 해결방안을 모색하고 있다.[12] 비교법적으로 보면, 가상화폐를 상품, 자산으로 보거나 통화, 화폐로 보는 입장으로 나뉜다. 가상통화를 허용 또는 금지 차원에서만 논의할 것이 아니라 법률과 기술을 정비하여 어떻게 제도적으로 수용할 것인지 및 가상통화의 불법적 이용을 어떻게 저지할 것인지에 대한 대책이 필요하다.[13] 이러한 것도 역시 정보통신기술의 발전에 따른 법적 문제인 것이다.

　사이버 공간을 이용하는 새로운 범죄의 대부분은 기존의 형벌 법규가 전혀 예상하지 못한 범죄의 유형들이기 때문에 기존의 형벌 법규로는 처벌하기가 곤란한 '법의 공백'이 생길 수밖에 없다. 그리하여 세계 각국에서는 사이버 범죄에 대처하기 위하여 새로운 처벌 법규를 신설하거나 기존의 처벌 법규를 보완하는 입법을 하였다. 우리나라도 개별적인 특별법의 제정과 1995년 형법 개정을 통하여 부분적으로 사이버 범죄에 대한 처벌 규정을 마련하였다. 검찰과 경찰에서도 사이버 범죄 전담 수사팀을 설치하여 사이버 범죄에 대처하고 있다.[14]

　인터넷의 익명성으로 인하여 인터넷상에서는 현실세계와 비교하여 볼 때 상대적으로 범죄행위가 용이하다. 특히 불법거래의 소비자를 찾기가 쉽고 불법거래의 시장을 형성하기가 쉽다는 특징으로 인하여 무기거래, 마약거래, 성매매, 사기, 도박 등 현실 세계의 범죄 행위가 광범위하고 은밀하게 행하여진다. 아날로그 시대의 범죄 유형이 디지털적인 방법으로 행하여지는 경우인데, 이러한 것들은 음란행위, 성매매, 명예훼손, 사기 등으로 이는 기존의 범죄 행위가 새로운 매체를 통하여 광범위하게 행해지는 유형들이다. 또한 해킹, 보이스 피싱, 컴퓨터 바이러스 유포, 온라인게임 아이템사기, 스팸메일 유포 등 현실 세계에서는 볼 수 없었던 사

---

11) 맹수석, "블록체인방식의 가상화폐에 대한 합리적 규제 방안－비트코인을 중심으로", 『상사법연구』, 제93호, 한국상사법학회, 2017, 137쪽.

12) 황석진, "가상통화의 악용사례와 법적 대응방안에 관한 고찰", 『한국산학기술학회 논문지』, 제19권 제2호, 한국산학기술학회, 2018, 585쪽.

13) 이창민, "가상통화의 법적 성격과 제도적 수용에 대한 연구－비트코인을 중심으로", 『Law & Technology』, 제13권 제4호, 서울대학교 기술과 법센터, 2017, 60쪽

14) 박희영, "사이버 음란물에 대한 형법적 대응방안－전기통신기본법상 전기통신역무이용 음란물죄의 해석을 중심으로", 『법학연구』 제41권 제1호, 부산대학교 법학연구소, 2000. 12, 250쪽.

이버범죄라고 할 수 있는 새로운 유형의 범죄행위가 등장하였다.

4. 개인정보의 침해와 보호

인터넷을 통하여 개인의 공적인 정보는 물론이고 사적인 정보까지도 집적될 수 있으며 이렇게 모여진 대량의 정보가 순식간에 송신될 수 있으며, 이러한 개인 정보는 고가에 거래되기도 한다. 상품의 마케팅 대상이 되는가 하면 선거 등에 있어서는 선거 후보자들의 홍보 대상이 되기도 한다. 더욱 심각한 것은 개인정보가 범죄 대상을 찾는 데 이용되기도 한다.

일례로 1993년에서 1994년까지 연쇄 납치·살인 행위를 저지른 '지존파'가 범행 대상을 물색한 것은 유명 백화점의 고객명단이었다. 이외에도 주민등록번호가 잘못 입력되어 있어 범죄혐의자로 오인되어 수차례 경찰에 연행되어 부당한 조사를 받은 사례, 의료보험 관련 자료를 담당자가 유출하여 선거에 이용한 사례, 주민등록기록을 열람한 후 가족상황을 파악하여 독신녀 주거지를 강도의 대상으로 삼은 사례, 자동차관리 전산망을 통하여 외제 고급승용차의 차주를 확인하여 강도 대상으로 선정한 사례 등이 발생한 것으로 보고되고 있다.[15] 한 대형마트는 2011년부터 2014년까지 11차례의 경품행사를 통하여 수집된 712만건의 개인정보와 일반 회원정보 1,694건을 보험사에 팔아서 231억원의 불법수익을 올린 것으로 보도되었다. 프라이버시, 개인정보, 사생활이 보호되어야 한다는 추상적인 접근 이외에, 이렇게 자기가 원하지 않음에도 불구하고 마케팅이나 선거전의 홍보대상이 되거나, 극단적으로는 범행의 대상이 되는 것을 피하기 위해서는 개인정보의 보호 필요성이 절실하다.

헌법에 명문으로 규정되어 있는 것은 아니지만, 「헌법」 제17조 사생활의 비밀과 자유 조항의 해석을 통하여 헌법상 보장되는 기본권으로서 '개인정보 자기결정권'이라는 것이 있다. 개인정보 자기 결정권이란 타인이 보유하고 있는 자기 자신의 정보에 대하여 열람, 삭제, 정정, 차단 등을 요구하고 잘못된 정보로 야기된 결과의 제거를 요구할 수 있는 권리를 의미한다. 가령 국가기관이나 기업 등이 개인정보를 불필요하게 보유하고 있거나 잘못된 정보를 보유하고 있다면, 해당 개인정

---

15) 권건보, 『개인정보보호와 자기정보통제권』, 경인문화사, 2005, 85쪽.

보의 주체는 이의 시정이나 삭제를 요구할 수 있다.

여기서 '개인정보'의 개념은 「개인정보보호법」 제2조와 「정보통신망 이용촉진 및 정보보호 등에 관한 법률」 제2조에 규정되어 있다. 「개인정보보호법」 제2조에 따른 '개인정보'는 "살아있는 개인에 관한 정보로서 성명, 주민등록번호 및 영상 등을 통하여 개인을 알아볼 수 있는 정보(해당 정보만으로는 특정 개인을 알아볼 수 없더라도 다른 정보와 쉽게 결합하여 알아볼 수 있는 것을 포함한다)"이다.

또한 「정보통신망 이용촉진 및 정보보호 등에 관한 법률」 제2조에 따른 '개인정보'는, "생존하는 개인에 관한 정보로서 성명·주민등록번호 등에 의하여 특정한 개인을 알아볼 수 있는 부호·문자·음성·음향 및 영상 등의 정보(해당 정보만으로는 특정 개인을 알아볼 수 없어도 다른 정보와 쉽게 결합하여 알아볼 수 있는 경우에는 그 정보를 포함한다)"이다. 두 법률의 '개인정보' 개념이 유사하면서도 약간의 차이가 있다.

국가에 의한 개인정보의 침해, 즉 행정 목적을 위한 수집된 개인정보가 불필요한 개인정보의 수집이거나 수집된 정보의 잘못된 이용인 경우에는 이른바 '전자감시사회' 또는 '전제주의적 통제사회'로의 위험성을 내포하고 있다. 또한 기업 및 개인에 의한 개인정보의 침해는 광고 목적의 스팸메일 발송을 위한 자료로 사용되거나 범죄행위의 대상으로 될 가능성이 있다.

개인정보의 형태에는 신상정보, 가족정보, 소득정보, 재산정보, 고용정보, 병역정보, 질병·의료정보, 법적 정보, 조직정보, 신용카드 사용정보, 출입국정보, 학력정보, 유전자정보, 습관·취미정보 등 여러 가지의 형태가 있다. 그 중에서 전 국민을 대상으로 하는 엄격한 주민등록제도를 두고 있는 우리나라의 경우, 주민등록번호라는 개인정보가 중요하기 때문에 주민등록번호 자체가 거래의 대상이 되고 있을 뿐만 아니라 타인의 주민등록번호를 알아내어 신용카드를 발급받고 사기 대출에 이용하거나, 타인의 주민등록번호를 이용하여 각종 홈페이지에 가입하는 등의 다양한 개인정보 침해 사례가 나타난 바 있다. 이러한 문제에 대처하기 위하여 주민등록법은 타인의 주민등록번호를 부정 사용한 사람을 처벌하는 규정을 두고 있다.

> **주민등록법 제37조(벌칙)** 다음 각호의 어느 하나에 해당하는 자는 3년 이하의 징역 또는 3천만원 이하의 벌금에 처한다.

1. 제7조 제4항에 따른 주민등록번호 부여방법으로 거짓의 주민등록번호를 만들어 자기 또는 다른 사람의 재물이나 재산상의 이익을 위하여 사용한 자
2. 주민등록증을 채무이행의 확보 등의 수단으로 제공한 자 또는 그 제공을 받은 자
3. 제10조 제2항 또는 제10조의2 제2항을 위반하여 이중으로 신고한 사람
3의2. 주민등록 또는 주민등록증에 관하여 거짓의 사실을 신고 또는 신청한 사람
4. 거짓의 주민등록번호를 만드는 프로그램을 다른 사람에게 전달하거나 유포한 자
5. 제29조 제2항부터 제4항까지의 규정을 위반하여 거짓이나 그 밖의 부정한 방법으로 다른 사람의 주민등록표를 열람하거나 그 등본 또는 초본을 교부받은 자
6. 제30조 제5항을 위반한 자
7. 제31조 제2항 또는 제3항을 위반한 자
7의2. 제36조의3을 위반하여 직무상 알게 된 비밀을 누설하거나 목적 외에 이용한 사람
8. 다른 사람의 주민등록증을 부정하게 사용한 자
9. 법률에 따르지 아니하고 영리의 목적으로 다른 사람의 주민등록번호에 관한 정보를 알려주는 자
10. 다른 사람의 주민등록번호를 부정하게 사용한 자. 다만, 직계혈족·배우자·동거친족 또는 그 배우자 간에는 피해자가 명시한 의사에 반하여 공소를 제기할 수 없다.

개인정보의 침해, 불법유출 등은 특히 국경이 없는 인터넷에서 끊임없이 발생하고 있다. 이와 같이 종종 발생하는 개인정보 대량유출 사건을 통해서도 개인정보의 보호를 위한 법률 규정이 필요함은 충분한 공감을 얻고 있다. 이러한 필요와 공감으로 인하여 공공분야에서의 개인정보를 보호하기 위한 법률로는 1994년에 「공공기관의 개인정보보호에 관한 법률」이 만들어졌고, 민간분야에서의 개인정보를 보호하기 위한 법률로는 1999년에 「정보통신망 이용촉진 및 정보보호 등에 관한 법률」이 만들어졌다.[16] 이후 2011년에는 공공분야와 민간분야에서의 개인정보보호를 통합하여 규율하는 「개인정보보호법」이 제정되었다(「개인정보보호법」이 제정되면서, 「공공기관의 개인정보보호에 관한 법률」은 폐지되고, 「정보통신망 이용촉진 및 정보보호 등에 관한 법률」 중 개인정보보호에 관한 내용 상당 부분이 삭제되었다). 그리고 개인의 신용정보 보호에 관해서는 1995년에 제정된 「신용정보의 이용 및 보호에 관한 법률」이 별도로 규정하고 있다.

개인정보를 보호하기 위한 여러 법률에 의하여 개인정보의 수집이 의무화되어 있는 경우(주민등록법이나 가족관계의 등록 등에 관한 법률에 의하여 국가는 성명, 성별,

---

16) 1986년에 제정된 「전산망보급 확장과 이용에 관한 법률」이 1999년에 「정보통신망 이용촉진 등에 관한 법률」로 개정되면서 개인정보 보호에 관한 규정이 신설되었다. 이 법률은 2001년에 「정보통신망 이용촉진 및 정보보호 등에 관한 법률」로 법률 명칭이 바뀌었다.

생년월일, 주민등록 번호, 혼인 여부 등에 관한 사항을 수집한다)를 제외하고는, 개인정보의 수집에는 당사자의 동의가 필요하고, 개인정보의 불법한 이용 및 제3자에의 제공이 금지된다. 개인정보의 수집에 동의하였다고 하더라도 개인은 개인정보 이용 동의를 철회할 수 있음은 물론이고, 잘못된 정보의 정정을 요구할 수도 있다. 특히 「개인정보보호법」은 개인정보유출이 심한 온라인 환경에서의 개인정보를 보호하기 위하여 상세한 규정을 두고 있다.

한동안은 이메일 주소의 무단 수집 및 판매 행위도 개인정보의 침해로 보아 아래와 같이 「정보통신망법」 제50조의2 규정을 두어 처벌을 하다가(「정보통신망법」 제74조 5호에 의하여, 1년 이하의 징역 또는 1천만 원 이하의 벌금에 처한다), 2014년 5월 28일에 제50조의2와 제74조의 5호를 삭제하였다.

▌폐지 법률

> 구 정보통신망 이용촉진 및 정보보호에 관한 법률 제50조의2(전자우편주소의 무단 수집행위 등 금지) ① 누구든지 인터넷 홈페이지 운영자 또는 관리자의 사전 동의 없이 인터넷 홈페이지에서 자동으로 전자우편주소를 수집하는 프로그램이나 그 밖의 기술적 장치를 이용하여 전자우편주소를 수집하여서는 아니 된다.
> ② 누구든지 제1항을 위반하여 수집된 전자우편주소를 판매 · 유통하여서는 아니 된다.
> ③ 누구든지 제1항과 제2항에 따라 수집 · 판매 및 유통이 금지된 전자우편주소임을 알면서 이를 정보전송에 이용하여서는 아니 된다.

개인정보에 관한 분쟁을 처리하기 위해서 '개인정보분쟁조정위원회'가 설치되어 있다. 개인정보 분쟁조정제도는 개인정보와 관련한 피해의 특성을 고려하여 전문기관에 의해 신속 · 간편 · 공정하게 분쟁을 해결할 수 있도록 마련된 소송 외적 분쟁해결 수단이다. 양 당사자가 양보하여 분쟁이 조정되는 경우에는 분쟁이 종료되지만, 조정이 성립되지 않은 경우에는 소송의 제기가 가능하다. 2011년에 제정된 「개인정보보호법」 제40조 이하에는 개인정보분쟁조정위원회에 관한 사항이 규정되어 있다.

개인정보를 보호하기 위해서는 개인정보보호를 위한 기본법의 제정이 급선무[17]라고 주장되어 왔지만, 제17대 국회에서 제출되어진 개인정보 보호법안은 제17대 국회의 임기만료로 자동 폐기되었다. 이러한 입법의 지연은, '개인정보 수집

---

17) 이민영, 『개인정보법제론』, M&B, 2007, 123쪽.

자로서의 정부'와 '개인정보 보호자로서의 정부'라는 정부의 양면성으로 지적되면서, 개인의 자기정보통제권을 보장하기 위한 국가의 입법활동에 대한 신뢰에 의심을 던져주고 있다[18]는 비판이 제기되기도 하였다. 그러나 제18대 국회인 2011년에 「개인정보보호법」이 제정되어 시행되고 있다. 사회의 변화와 입법에의 요구가 법률 제정으로 이어진 사례라고 할 수 있다.

2011년에 제정된 개인정보보호법의 제정 이유와 주요 내용

〈제정 이유〉

정보사회의 고도화와 개인정보의 경제적 가치 증대로 사회 모든 영역에 걸쳐 개인정보의 수집과 이용이 보편화되고 있으나, 국가사회 전반을 규율하는 개인정보 보호원칙과 개인정보 처리기준이 마련되지 못해 개인정보 보호의 사각지대가 발생할 뿐만 아니라, 최근 개인정보의 유출·오용·남용 등 개인정보 침해 사례가 지속적으로 발생함에 따라 국민의 프라이버시 침해는 물론 명의도용, 전화사기 등 정신적·금전적 피해를 초래하고 있는바, 공공부문과 민간부문을 망라하여 국제 수준에 부합하는 개인정보 처리원칙 등을 규정하고, 개인정보 침해로 인한 국민의 피해 구제를 강화하여 국민의 사생활의 비밀을 보호하며, 개인정보에 대한 권리와 이익을 보장하려는 것임.

〈주요 내용〉

① 개인정보 보호의 범위(제2조)
② 개인정보 보호위원회 설치(제7조 및 제8조)
③ 개인정보의 수집, 이용, 제공 등 단계별 보호기준 마련(제15조부터 제22조까지)
④ 고유식별정보의 처리 제한 강화(제24조)
⑤ 영상정보처리기기의 설치제한 근거마련(제25조)
⑥ 개인정보 영향평가제도 도입(제33조)
⑦ 개인정보 유출사실의 통지·신고제도 도입(제34조)
⑧ 정보주체의 권리 보장(제35조부터 제39조까지)
⑨ 개인정보 분쟁조정위원회 설치 및 집단분쟁조정제도의 도입(제40조부터 제50조까지)
⑩ 단체소송의 도입(제51조부터 제57조까지)
⑪ 개인정보 침해사실의 신고(제62조)

개인정보의 활용과 관련하여 중요한 제도변화를 알기 위해서는 2020년의 데이

---

18) 권건보, 앞의 책, 2쪽.

터 3법 시행에 주목할 필요가 있다. 2020년 2월 4일에 공포되어 8월 5일에 시행된 '데이터 3법'은 「개인정보보호법」, 「정보통신망 이용촉진 및 정보보호 등에 관한 법률」(「정보통신망법」), 「신용정보의 이용 및 보호에 관한 법률」(「신용정보법」) 인데, 「개인정보보호법」 개정을 통해 개인정보의 가명처리를 통하여 활용범위를 확대하였고, 「신용정보법」 개정을 통해 금융분야에서 개인의 금융정보를 활용과 제한에 관한 법적 근거를 마련하였으며, 「정보통신망법」 개정을 통해 개인정보 보호에 관한 내용을 「개인정보보호법」으로 일원화하였다. 소위 개인정보 '빅데이터'가 여러 분야에서 활용될 수 있도록 하면서도, 악용되지 않도록 안전장치를 마련하고자 한 것이 2020년의 '데이터 3법' 개정이다.

개인정보의 부당한 노출과 악용으로부터 개인정보를 보호해야 하는 것은 국가의 책무이다. 그러나 국가 스스로도 개인정보의 수집자이자 이용자이기 때문에, 국가가 개인정보를 언제나 적극적으로 보호하지는 않을 가능성이 크다. 그렇기 때문에 우리들은 국가가 개인의 정보를 충실하게 보호하고 있는지를 지속적으로 점검하고 요구해야 한다. 이에 한발 더 나아가서, 기업이나 단체 또는 타인에 의한 개인정보침해를 예방하고 처벌하도록 국가에 관련 법령과 제도의 정비를 요구해야 한다. 개인정보라는 사안에 한정해서 보더라도, 권력과 시장이 스스로 자제하는 것을 기대하는 것은 쉽지 않다.

5. 저 작 권

인터넷에서는 정보의 디지털화와 디지털화된 정보의 인터넷을 통한 대량유통이 특징으로 지적된다. 또한 아날로그 정보의 경우에는 대개 복제물이 원본보다 품질이 떨어지지만, 디지털 정보의 경우에는 복제하여도 품질은 대개 동일하기 때문에, 동일한 품질의 복제품이 대량으로 신속하게 복제 및 유통이 가능하다는 점에서 저작권 침해의 가능성이 더욱 크다. 즉, 정보의 디지털화 및 디지털화된 정보의 용이한 복제와 전송으로 인하여 저작권의 침해가 용이하였으며, 온라인에서는 국경이라는 의미가 존재하지 않기 때문에 국제적인 저작권 분쟁도 더욱 빈번해지고 있다. 법은 국가주권을 배경으로 하는 지리적인 관할을 기초로 하는데, 인터넷에는 국경이 없으므로 인터넷에서 발생하는 법률문제에 대하여 어느 국가가 재판권을 행사하여야 하는지 또는 인터넷 상거래를 통하여 발생하는 소득에 대하여 어느 국가가 과세권을 지니는지 등 많은 법적인 문제가 발생하고 있다.

실제 인터넷 공간에서는 음악, 영화, 만화, 소설 등의 저작물이 합법적 및 불법적으로 유통되고 있으며, 저작물의 불법적인 유통으로 인한 저작권 침해 사례가 많이 보고되고 있다. 이들 저작권 침해에 대한 '묻지마 저작권 소송'[19]이 사회적으로 문제된 적도 있다.

> 대검찰청 형사부는 27일 법무법인들의 '저작권 고소' 남발로 부작용이 속출하고 있다는 보도와 관련, "최근 지적재산권 전담부장 검사회의 등을 통해 합의금을 노린 법무법인의 '묻지마식 저작권 고소'가 저작권법의 입법 취지와 부합하지 않는다는 데 인식을 같이하고, 경미한 청소년 피고소인에 대해 최대한 선처하기로 방침을 세웠다."고 밝혔다. 또한 "청소년이 범법자가 되는 것을 최대한 막겠다는 취지에서 경미한 사안인 경우 교육 조건부 기소유예 제도를 적극 활용키로 했다."고 밝혔다. 이 제도는 저작권 침해 정도가 상대적으로 가벼운 만 19세 미만 청소년의 경우 8시간의 저작권 보호 관련 교육 이수를 전제로 기소를 유예하는 제도다. 저작권법 개정을 통해 처벌 규정을 완화할 수도 있지만, 그럴 경우 국제 기준과 부합하지 않아 또 다른 시빗거리가 될 가능성이 있기 때문에 피해자를 줄이기 위한 방책을 마련한 것이다.
>
> – 문화일보(2008. 11. 27.)

인터넷에서 정보의 공공 이용을 강조하는 입장과 인터넷상에서의 저작권 보호를 강화하려는 입장이 대립하고 있다. 저작재산권(copyright)을 중시하는 견해는 저작재산권은 무체재산권의 일종으로서 보호되어야 한다는 주장임에 반해서, Copyleft 운동은 인터넷에서의 정보는 공공성을 강하게 지니므로 저작권 보호가 완화되어야 한다는 주장이다. 전자에 따르면 저작권자 또는 저작권 보유기업의 피해가 심하고 개인의 창작 의욕 및 기업의 영업 활동이 저하될 것이라는 우려가 있기 때문에 저작권은 강력하게 보호되어야 한다는 것이고, 후자에 따르면 저작재산권의 강력한 보호는 인터넷의 정보전달 기능을 약화시키고 대중을 가난한 '정보소비자' 내지 '문화소비자'로 만들 우려가 있다는 점을 주로 지적하고 있다.

---

19) 이는 인터넷에서 영화, 만화, 음악 등을 업로드하거나 다운로드한 사람을 조사하여 저작권 침해에 대한 금전적 배상을 청구한 소송이다. 성인뿐만이 아니라 초중고 학생들에게도 무차별적으로 손해배상에 해당하는 '합의금'을 요구하였다고 하여 '묻지마 소송' 또는 '묻지마 저작권 소송'으로 불린 바 있다.

인터넷과 관련해서 저작권이 특히 문제되는 경우는 첫째, 인터넷을 통한 음원이나 동영상 등의 송신이나 내려 받기(다운로드)에 따른 저작 재산권의 침해 둘째, 인터넷 환경에 있어서의 저작 인격권의 침해 셋째, 저작권 침해 방지기술의 보호 넷째, 인터넷상의 저작권 침해에 관한 인터넷 서비스 사업자나 온라인 서비스 제공자의 책임 등이다.[20]

저작권을 침해한 불법복제물은 침해건수를 기준으로 보면 음악, 방송, 영화, 출판, 게임의 순서로 많다. 즉, 저작물 중에서 음악 저작물이나 영상 저작물과 같이 재산적 가치가 높은 경우에 법적 분쟁의 여지가 크다. 2016년 기준으로 음악 불법복제물 유통건수는 약 15억 2,260만건으로 이는 전체 불법복제물 유통의 약 64%를 차지하고 있다. 2016년 한 해 동안 불법복제물 이용경험을 보면, 13-69세 인구의 42.4%가 불법복제물을 이용한 것으로 나타났다.[21]

저작권 분쟁 중에서도 특히 음악저작권 분쟁과 관련한 미국과 한국의 대표적 분쟁사례를 살펴보기로 하자. 인터넷이 대중화되기 시작한 초기에 미국에서는 냅스터(www.napster.com), 한국에서는 소리바다(www.soribada.com)가 화제가 되었다. '냅스터'란 1999년 3월 미국의 19세 젊은이 숀 패닝이 개발해서, 한 때 전 세계적으로 인기를 모았던 MP3 음악 교환 웹사이트이다. 회원들이 보유한 MP3 파일 목록을 만들어 제공하고 서로의 컴퓨터를 연결해주는 서버를 운영하여, 많은 가입자들이 음악파일을 무료로 내려 받아 들을 수 있도록 하였다. 결국 미국 법원은 냅스터가 음악 저작권을 침해했다고 판결한 바 있다. 한국판 냅스터라고도 하는 '소리바다'의 경우에도 역시 음악 저작물을 무료로 다운로드할 수 있는 매체 역할을 한다는 점을 이유로, 저작권법 위반에 대한 여러 차례의 소송이 제기되었다. 저작권자의 허락을 받지 않고 MP3파일로 만든 음악 저작물을 유통할 수 있도록 한 것이 문제되었다. 소리바다에 관해서는 여러 건의 소송이 진행되었는데, 2007년 대법원에서는 소리바다가 타인의 저작권을 침해하였다는 판결을 내린 바 있다.

대법원 2007. 12. 14. 2005도872 소리바다 저작권법 위반죄 사건

P2P 프로그램을 이용하여 음악파일을 공유하는 행위가 대부분 정당한 허락 없는 음악파일의 복제임을 예견하면서도 MP3 파일 공유를 위한 P2P 프로그램인 소리바

20) 정상조(편), 『인터넷과 법률』, 현암사, 2000, 16쪽.
21) 2017 저작권 보호 연차보고서 요약본, 한국저작권보호원, 2017, 37-42쪽.

다 프로그램을 개발하여 이를 무료로 널리 제공하였으며, 그 서버를 설치·운영하면서 프로그램 이용자들의 접속정보를 서버에 보관하여 다른 이용자에게 제공함으로써 이용자들이 용이하게 음악 MP3 파일을 다운로드 받아 자신의 컴퓨터 공유폴더에 담아 둘 수 있게 하고, 소리바다 서비스가 저작권법에 위배된다는 경고와 서비스 중단 요청을 받고도 이를 계속한 경우, MP3 파일을 다운로드 받은 이용자의 행위는 구 저작권법(2006. 12. 28. 법률 제8101호로 전문 개정되기 전의 것) 제2조 제14호의 복제에 해당하고, 소리바다 서비스 운영자의 행위는 구 저작권법상 복제권 침해행위의 방조에 해당한다.

이전의 민사소송에서도 소리바다 개발자들은 한국음악저작권협회가 제기한 손해배상 청구소송에서 패소하여 손해배상을 한 적이 있다.

수원지법 성남지원 민사합의1부는 24일 한국음악저작권협회가 소리바다 개발자 양모 씨 형제를 상대로 낸 음반 복제 및 전송권 침해로 인한 손해배상 청구소송에서 음악저작권협회 측에 1,960만 3,040원을 지급하라며 원고 승소 판결을 내렸다. 재판부는 "소리바다 이용자들이 컴퓨터를 통해 소리바다 서버와 접속해 MP3파일을 교환한 것은 저작권자들의 복제권과 전송권을 침해한 것"이라며 "양씨 형제는 이런 행위를 알면서 프로그램 공급 및 서버 운영을 통해 침해행위가 가능하도록 관여했고, 배너광고 수입 등 이익을 얻은 것이 인정된다."고 밝혔다. 재판부는 또 "소리바다 서비스가 사용자들의 파일교환을 매개하는 단순한 P2P 프로그램에 불과하다는 운영자들의 주장은 운영자들이 중앙 서버를 통해 침해행위를 통제할 수 있었던 것으로 미루어 인정할 수 없다."고 덧붙였다. 배상금액은 2000년 6월부터 지난해 7월까지 소리바다를 통해 무단으로 파일이 공유됐다고 한국음악저작권협회가 제시한 5,002곡의 이용료를 산정한 금액이다.

― 조선일보(2003. 10. 25.)

이처럼 소리바다는 음악저작권 단체 등과 저작권 관련 분쟁을 겪었으나, 소리바다 측은 2006년경 한국음원제작자협회, 한국음악저작권협회 등과 합법적인 사용료 지급계약을 체결하고 포괄적인 합의를 함으로써 분쟁을 종료시킨 바 있다. 이후에는 멜론·지니뮤직·엠넷·벅스·네이버뮤직 등이 등장하여 음원판매를 유료화하였다. 이처럼 정보통신기술의 발전 초기에는 국내외를 불문하고 음악이나 영화, 만화 등의 저작권 보호에 관한 법제가 형성되지 않아서, 저작권의 보호에 소홀하고 저작권에 관한 법적 분쟁의 처리가 혼란스러운 측면이 있었다. 그러나 이제는 인터넷공간에서의 저작권 보호법제가 어느 정도 형성되었고, 이러한 법령이 실제로 저작권 침해행위를 적발하여 처벌하고 있는지에 대한 법집행의 문제로 논의의 중심이 옮겨졌다. 저작권을 보호하기 위하여 1957년에 저작권법이 제정됨으로써 오프라인에서의 저작권이 법적으로 보호되기 시작하였고, 2000년에는 온라인에서 저작물이 보호될 수 있도록 저작권법 개정을 통하여 저작자의 '전송권' 보호규정이 신설되었다.

2012년에 개봉된 '건축학개론'에 삽입된 음악인 '기억의 습작'과 관련한 저작권 분쟁사례를 살펴보는 것도 흥미롭다. 영화제작사는 한국음반저작권협회에 음악저작료 1,800만원을 지불했음에도, 협회는 지불된 1,800만원은 음악을 영화에 삽입하는 복제권에 해당하는 것이고, 음악의 공연권에 대한 비용을 추가로 요구하였다. '건축학개론'과 관련한 저작권 분쟁 이후에 통상적으로, 영화제작자는 음악저작권자나 한국음반저작권협회에 공연권에 대한 비용도 지불하고 있는 것으로 알려져 있다. 문화체육관광부는 저작권법 및 동법 시행령에 의하여 음악관련협회 등에 저작권 사용료 징수규정을 만들도록 하고 있다. 2013년 3월 15일에 한국음악저작권협회 '저작권 사용료 징수규정'을 개정하여, '복제사용료' 이외에도 '공연사용료'를 지불하도록 규정하였다. 이 규정은 2015년 12월 23일에 개정되었다.[22] 이외에도 '함께하는 음악저작인 협회 사용료 징수규정', '음반산업협회 사용료 징수규정', '음악실연자연합회 사용료 징수규정' 등이 있다.

이전에는 권리주장에 소홀하던 저작권자들이 협회 등을 결성하여 권리주장을 하고 있는데, 이는 일면으로는 저작권을 보호하여 창작을 촉진하기도 하지만 다른

---

22) 저작권사용료 징수규정(2015년 12월 23일 개정) 제34조(영화 사용료) ① 영화에 음악저작물을 이용함에 있어서 복제·배포·공연 등을 일괄적으로 허락하는 경우의 곡당 사용료는 다음과 같다. 300만원＋(스크린당 곡단가 × 개봉 첫날 스크린 수) × 지분율
비고1) 스크린당 곡단가는 13,500원으로 한다.
비고2) 개봉 첫날 스크린 수는 영화진흥위원회 극장 입장권전산망 집계를 기준으로 한다.
비고3) 순제작비 10억 미만 영화의 경우, 위 기준에 의하여 산출된 사용료의 1/10로 한다.
비고4) 저작인격권과 관련된 사항에 대하여는 저작자와 협의하여 정한다.
② 영화에 음악저작물을 이용함에 있어서 복제와 공연 등을 별도로 허락하기로 특약이 있는 경우 곡당 복제사용료는 아래 표의 금액에 지분율을 곱한 금액으로 산정한다.

사용량에 따른 구분	5초 이상 1분 미만	1분 이상 5분 미만	5분 이상
영화제 출품	4만원	8만원	12만원

비고1) 별도 영화개봉(공연)시의 공연사용료는 (스크린당 곡단 ×개봉 첫날 스크린 수)×지분율로 하고, 위 ①항의 비고1) 내지 비고4)를 준용한다.

일면으로는 영화제작비용을 높이는 요인이 되어 창작을 저해한다는 주장도 있다. 몇십년 전에는 거리나 건물에서 울려 퍼지던 유행가나, 연말이면 흔히 들을 수 있던 크리스마스 캐롤을 이제는 듣기가 어렵게 되었다. 야구장에서 응원가로 부르던 개사곡[23])을 부를 수 없게 되어 화제가 되기도 하고, 선거기간 중에 부르던 선거송의 경우에도 저작권 침해의 논란이 있어서 근래에는 저작권료를 지불하고 정식으로 사용하고 있다. 마트나 백화점, 헬스클럽이나 놀이장 등에서 음악을 트는 것도 저작권자에게 대가를 지불을 하여야 하기 때문인데, 한쪽에서는 저작권 보호를 위해 당연하다고 하고 다른 한쪽에서는 지나친 저작권 보호로 인하여 대중들은 이제 대중문화를 향유할 수 없게 되었다는 비판을 제기하고 있다.

6. 인터넷에서의 표현의 자유와 명예훼손 등

1) 표현의 자유 일반론

언론·출판·집회·결사를 포괄하는 개념으로서의 표현의 자유란 정신적 자유의 일종으로서 인간의 내면에서 형성된 양심, 신앙, 사상 등을 외부로 표출하는 외면적 자유이며, 이는 다시 언론, 출판의 개별적 표현의 자유와 집회, 결사의 집단적 표현의 자유로 나누어진다. 표현의 자유는 헌법에 의하여 보장되는 기본권이다.

> **헌법 제21조 제1항** 모든 국민은 언론출판의 자유와 집회결사의 자유를 가진다.

표현의 자유는 원칙적으로 오프라인에서 보장되는 것과 마찬가지로 온라인에서도 동일하게 보장되어야 한다. 그러나 인터넷 환경에서의 의견개진이나 댓글 등의 표현은 '익명성과 불특정 다수를 대상으로 하는 고도의 파급성'이라고 하는 인터넷 환경의 특성으로 인하여 강력한 사회적 영향력이 있다. 따라서 표현의 자유의 한계를 벗어난 음란한 표현, 욕설, 명예훼손적인 표현 등이 문제되고 있으며,

---

23) 저작권은 저작재산권과 저작인격권으로 나뉘는데, 저작자의 동의없이 개사하여 가사를 바꾸어 부르는 것은 '저작물의 내용·형식 및 제호의 동일성을 유지할 권리'(저작인격권)를 침해하는 것이다. 참고로, 「저작권법」 제11조(공표권), 제12조(성명표시권), 제13조(동일성유지권) 등이 저작인격권을 보호하기 위한 규정이며, 제16조(복제권), 제17조(공연권), 제18조(공중송신권), 제19조(전시권), 제20조(배포권), 제21조(대여권), 제22조(2차적저작물작성권) 등이 저작재산권을 보호하기 위한 규정이다.

이러한 행위에 대한 강력한 처벌의 필요성이 대두되었다. 이러한 표현에 대한 처벌은 사후적 대처방법이고, 인터넷 실명제를 통하여 이러한 표현의 발생 자체를 억제하려고 하는 방안은 사전적 대처방법이라고 할 수 있다.

2) 인터넷실명제의 도입과 폐지

인터넷실명제에 대하여는 논란이 많았다.[24] 인터넷실명제는 인터넷에서의 표현을 순화화고 네티즌들의 자기책임성을 강화하는 제도이므로 찬성하는 주장도 있지만, 반대로 인터넷실명제는 표현의 자유를 과도하게 제약할 수 있기 때문에 이를 반대하는 주장도 있었다. 이 중에서 찬성론이 법령에 반영되어, '제한적 인터넷실명제'인 '본인확인제'가 시행되었었다. 인터넷실명제 중에서도 본인확인제란, 인터넷게시판을 운영하는 정보통신서비스 제공자에게 게시판 이용자의 신상정보를 확인하도록 의무를 부과하는 제도이다. 그간 인터넷에서의 욕설과 명예훼손 및 소위 '신상털기' 등으로 인한 피해발생이 사회문제가 되자 인터넷실명제의 도입이 논의되었고, 2007년 1월 26일에 「정보통신망법」이 개정되면서 본인확인제가 도입되었다.

본인확인조치 시행 초기에는 하루 평균 이용자가 30만 명이 넘는 포털과 20만 명이 넘는 인터넷 언론 사이트는 회원가입을 받을 때 본인확인을 하도록 하였다. 이후에는 하루 평균이용자가 10만 명이 넘는 사이트에 대하여 본인확인 조치를 확대하여 시행하였다. 이에 따라, 네이버, 다음 등의 포털사이트와 동아닷컴, 조선닷컴 등 인터넷 언론 사이트 등에 본인확인 조치가 의무화되었다.

> **정보통신망 이용촉진 및 정보보호에 관한 법률 제44조의5(게시판 이용자의 본인확인)**
> ① 다음 각호의 어느 하나에 해당하는 자가 게시판을 설치·운영하려면 그 게시판 이용자의 본인 확인을 위한 방법 및 절차의 마련 등 대통령령으로 정하는 필요한 조치(이하 '본인확인조치'라 한다)를 하여야 한다.
> 1. 국가기관, 지방자치단체, 「공공기관의 운영에 관한 법률」 제5조 제3에 따른 공기업·준정부기관 및 「지방공기업법」에 따른 지방공사·지방공단
> 2. 정보통신서비스 제공자로서 제공하는 정보통신서비스의 유형별 일일 평균 이용자 수가 10만명 이상이면서 대통령령으로 정하는 기준에 해당되는 자 (2012년 8월 23일에 헌법재판소에서 이 규정을 위헌으로 결정하였고, 2014년 5월 28일에 국회는 법률 제12681호에 의하여 이 규정을 삭제하였음.)

---

24) 상세한 내용은 홍완식, "인터넷실명제 관련 법률안의 입법원칙에 따른 검토", 『토지공법연구』, 제31집, 2006. 5, 285쪽 이하 참조.

2007년에 「정보통신망법」의 개정을 통해서 인터넷실명제 찬성론의 입장이 반영되었지만, 입법 이후에도 인터넷실명제 반대론의 주장은 물러서지 않았다. 인터넷실명제를 의무화한 정보통신망법 조항은 기본권을 침해하는 위헌적인 규정이라며 헌법소원이 제기되었고, 이에 대하여 헌법재판소는 2012년에 인터넷실명제가 인터넷게시판 이용자 및 운영자의 기본권을 침해하여 위헌이라는 결정을 내렸다. 우리나라에서 인터넷실명제는 이렇게 2007년부터 2012년까지 5년 동안 시행되다가 사라졌다.

> **헌재 2012. 8. 23. 2010헌마47 결정**
>
> 이 사건 법령조항들이 표방하는 건전한 인터넷 문화의 조성 등 입법목적은 인터넷 주소 등의 추적 및 확인, 당해 정보의 삭제·임시조치, 손해배상, 형사처벌 등 인터넷 이용자의 표현의 자유나 개인정보자기결정권을 제약하지 않는 다른 수단에 의해서도 충분히 달성할 수 있음에도, 인터넷의 특성을 고려하지 아니한 채 본인확인제의 적용범위를 광범위하게 정하여 법집행자에게 자의적인 집행의 여지를 부여하고, 목적달성에 필요한 범위를 넘는 과도한 기본권 제한을 하고 있으므로 침해의 최소성이 인정되지 아니한다. 또한 이 사건 법령조항들은 국내 인터넷 이용자들의 해외 사이트로의 도피, 국내 사업자와 해외 사업자 사이의 차별 내지 자의적 법집행의 시비로 인한 집행 곤란의 문제를 발생시키고 있고, 나아가 본인확인제 시행 이후에 명예훼손, 모욕, 비방의 정보의 게시가 표현의 자유의 사전 제한을 정당화할 정도로 의미 있게 감소하였다는 증거를 찾아볼 수 없는 반면에, 게시판 이용자의 표현의 자유를 사전에 제한하여 의사표현 자체를 위축시킴으로써 자유로운 여론의 형성을 방해하고, 본인확인제의 적용을 받지 않는 정보통신망상의 새로운 의사소통수단과 경쟁하여야 하는 게시판 운영자에게 업무상 불리한 제한을 가하며, 게시판 이용자의 개인정보가 외부로 유출되거나 부당하게 이용될 가능성이 증가하게 되었는바, 이러한 인터넷게시판 이용자 및 정보통신서비스 제공자의 불이익은 본인확인제가 달성하려는 공익보다 결코 더 작다고 할 수 없으므로, 법익의 균형성도 인정되지 않는다. 따라서 본인확인제를 규율하는 이 사건 법령조항들은 과잉금지원칙에 위배하여 인터넷게시판 이용자의 표현의 자유, 개인정보자기결정권 및 인터넷게시판을 운영하는 정보통신서비스 제공자의 언론의 자유를 침해를 침해한다.

이후에도 「공직선거법」[25]에 따른 선거기간 중의 인터넷실명제는 계속 유지되

---

25) 「공직선거법」 제82조의6(인터넷언론사 게시판·대화방 등의 실명확인)

고 있다가, 선거법상의 인터넷실명제 또한 위헌으로 결정되었다.

헌재 2021. 1. 28. 2018헌마456 결정

입법목적은 정당이나 후보자에 대한 인신공격과 흑색선전으로 인한 사회경제적 손실과 부작용을 방지하고 선거의 공정성을 확보하기 위한 것이고, 익명표현이 허용될 경우 발생할 수 있는 부정적 효과를 막기 위하여 그 규제의 필요성을 인정할 수는 있다. 그러나 심판대상조항과 같이 인터넷홈페이지의 게시판 등에서 이루어지는 정치적 익명표현을 규제하는 것은 인터넷이 형성한 '사상의 자유시장'에서의 다양한 의견 교환을 억제하고, 이로써 국민의 의사표현 자체가 위축될 수 있으며, 민주주의의 근간을 이루는 자유로운 여론 형성이 방해될 수 있다. (중략) 실명확인제가 표방하고 있는 선거의 공정성이라는 목적은 인터넷 이용자의 표현의 자유나 개인정보자기결정권을 제약하지 않는 다른 수단에 의해서도 충분히 달성할 수 있다. 공직선거법은 정보통신망을 이용한 선거운동 규제를 통하여 공직선거법에 위반되는 정보의 유통을 제한하고 있고, '정보통신망 이용촉진 및 정보보호 등에 관한 법률'상 사생활 침해나 명예훼손 등의 침해를 받은 사람에게 인정되는 삭제요청 등의 수단이나 임시조치 등이 활용될 수도 있으며, 인터넷 이용자의 표현의 자유나 개인정보자기결정권을 제약하지 않고도 허위 정보로 인한 여론 왜곡을 방지하여 선거의 공정성을 확보하는 새로운 수단을 도입할 수도 있다. 인터넷을 이용한 선거범죄에 대하여는 명예훼손죄나 후보자비방죄 등 여러 사후적 제재수단이 이미 마련되어 있다. (중략) 심판대상조항은 과잉금지원칙에 반하여 인터넷언론사 홈페이지 게시판 등 이용자의 익명표현의 자유와 개인정보자기결정권, 인터넷언론사의 언론의 자유를 침해한다.

그러나 우리나라에서 모든 인터넷실명제가 폐지된 것은 아니다. 국가기관과 지방자치단체 및 공공기관 등 게시판의 인터넷실명제를 규정하고 있는 「정보통신망법」 제44조의5 제1항의 1호는 아직도 유효한데, 이러한 기관에서 운영하는 인터넷게시판에는 익명으로 댓글을 달 수 없다.

3) 인터넷에서의 명예훼손

다음은 명예훼손의 문제이다. 정보통신망을 이용한 명예훼손에 관하여 규정하고 있는 「정보통신망 이용촉진 및 정보보호 등에 관한 법률」 제61조(벌칙)가 입법되기 이전에는, 인터넷상에서의 명예훼손이나 모욕 등의 행위가 기존의 「형법」 제

307조에 의하여 처벌될 수 있었다. 예를 들어, 직장의 전산망에 설치된 전자게시판에 타인의 명예를 훼손하는 내용의 글을 게시한 행위가 명예훼손죄를 구성한다고 하여 처벌된 사례가 있다.

| 대법원 판례

  1997년 12월 30일 및 1998년 1월 6일 피고인 및 피해자의 직장인 공무원 및 사립학교 교직원 의료보험관리공단의 전산망에 설치된 전자게시판에 "모 직원은 공단과 직접 관계된 소송사건에서 공단이 신청한 증인으로 법정에 나와 양심에 따라 사실대로 증언할 것을 선서하였음에도 불구하고 거짓 사실로 증언을 하였고 그에 따라 위증죄로 고소를 당하여 결국 검찰로부터 기소유예 처분을 결정한 바 있습니다. 그럼에도 불구하고 또다시 자신의 양심을 저버리고는 검찰의 기소유예 처분이 마치 헌법상 보장된 기본권을 침해한 것인 양 주장하면서 헌법재판소에 헌법소원을 제기하였지만 얼마 전에 결국 기각당하고 말았습니다. 이러한 제반 사실은 공직자로서의 품위를 손상시킨 행위인바 공단은 마땅히 그에 상응하는 인사조치를 취하여야 할 것으로 판단되어 여론광장을 통해 의견을 개진합니다."는 글을 게시하였다. 이러한 게시내용에 포함된 사실이 진실한 사실이기는 하나 위 피해자를 비방하는 취지가 게시내용의 주조를 이루고 있는 등 표현의 방법과 위 전자게시판은 위 공단의 임직원 모두가 열람할 수 있는 점 및 피고인의 이 사건 범행에 의하여 훼손되거나 훼손될 수 있는 위 피해자의 명예의 침해 정도 등에 비추어 보면, 이 사건 범행이 오로지 공공의 이익에 관한 것이라고는 할 수 없다.[26]

* 원심판결인 제1심 판결에서는 피고인에 대하여 벌금 200만 원이 선고되었고, 피고인이 이에 항소하였다. 항소심에서는 항소기각되었고, 대법원에서도 상고기각되어, 원심판결이 확정되었다(원심판결: 서울중앙지법 2007. 6. 12. 선고 2007노120 판결).

  이와 같이 아날로그 환경에서, 명예훼손에 관한 범죄는 「형법」 제307조에서 제312조까지의 규정에 의하여 처벌되었다. 특별법규가 만들어지기 이전에는 인터넷에서의 명예훼손도 이 규정에 의하여 처벌되었지만, 익명성을 이용한 인터넷에서의 명예훼손*의 중대성을 감안하여 2001년 1월의 법률개정을 통하여 디지털 시대의 명예훼손 규정이 별도로 마련되었다.

| 정보통신망 이용촉진 및 정보보호 등에 관한 법률 제70조(벌칙) ① 사람을 비방할 목

---

26) 대법원 2000. 5. 12. 선고 99도5734 판결.

적으로 정보통신망을 통하여 공공연하게 사실을 드러내어 다른 사람의 명예를 훼손한
자는 3년 이하의 징역 또는 3천만 원 이하의 벌금에 처한다. 〈개정 2014. 5. 28.〉
② 사람을 비방할 목적으로 정보통신망을 통하여 공공연하게 거짓의 사실을 드러내어
다른 사람의 명예를 훼손한 자는 7년 이하의 징역, 10년 이하의 자격정지 또는 5천만
원 이하의 벌금에 처한다.
③ 제1항과 제2항의 죄는 피해자가 구체적으로 밝힌 의사에 반하여 공소를 제기할 수 없다.

이 규정이 적용된 대법원 판례를 살펴보면 다음과 같다.

대법원 2007. 10. 25. 선고 2007도5077 판결[정보통신망 이용촉진 및 정보보호 등에 관한 법률 위반(명예훼손)]*

피해자가 동성애자가 아님에도 불구하고
피고인은 인터넷사이트 싸이월드에 7회에
걸쳐 피해자가 동성애자라는 내용의 글을
게재한 바 있다. 현재 우리 사회에서 자신
이 스스로 동성애자라고 공개적으로 밝히
는 경우 사회적으로 상당한 주목을 받는
점, 피고인이 피해자를 괴롭히기 위하여
이 사건 글을 게재한 점 등 그 판시의 사
정에 비추어 볼 때, 피고인이 위와 같은
글을 게시한 행위는 피해자의 명예를 훼손
한 행위에 해당한다.

> * 인터넷상에서의 명예훼손을 '사이버 명
> 예훼손'이라고 부르기도 한다. 사이버 명
> 예훼손에 대한 처벌 규정은 형법 제307
> 조의 명예훼손죄(2년 이하의 징역이나 금
> 고 또는 500만 원 이하의 벌금)와 제309
> 조의 출판물에 의한 명예훼손죄(3년 이
> 하의 징역이나 금고 또는 700만 원 이
> 하의 벌금)의 구성요건을 '정보통신망을
> 통하여' 한 행위로 한정하되, 형량을 조금
> 더 무겁게(3년 이하의 징역이나 금고
> 또는 2,000만 원 이하의 벌금) 하였다.

그렇다면 공개적인 인터넷게시판이 아닌 인터넷 블로그를 통한 비밀대화를 통
하여 타인의 명예가 훼손될 수 있는 대화가 이루어진 경우에는 어떨까? 이에 관한
법원의 판례를 살펴보기로 하자.

의정부지방법원 2007. 8. 30. 2007노579

피고인은 자신의 인터넷 블로그에 "어떤 여성이 타인으로부터 사주를 받고 금전
적 대가를 받는 조건으로 모 부장의 사생활을 보고한다."는 내용의 소설을 게재하
면서, 위 여성이 알고 지내던 피해자 A씨(필명: ○○오)임을 암시하는 듯한 글을
게재해 오던 중, 2006. 5.경 피고인의 인터넷 블로그에 꽃뱀이 누구냐는 B씨의 질
문에 "○○오입니다.", "혹여 필요하시면 B님께서 본인을 직접 신문해 보세요. 주
소, 전화, 실명 등 필요하시면 적어드릴 수 있고요. 제게 증거를 필요로 하신다면

조용히 대면보고 드릴 수 있습니다."라고 게재하여 마치 꽃뱀이 A씨인 것처럼 정보통신망을 이용하여 공연히 허위의 사실을 적시하여 피해자의 명예를 훼손하였다. 이렇게 피고인이 ○○이라는 아이디를 사용하는 자와 사이에 나눈 대화는 인터넷 블로그에서 이루어진 일대일 비밀대화로서 공연성이 없으므로 「정보통신망 이용촉진 및 정보보호 등에 관한 법률」상의 정보통신망을 통하여 공연히 허위의 사실을 적시하여 타인의 명예를 훼손한 경우에 해당하지 아니한다.

1심과 2심에서는 위와 같이 이 사건 공소사실인 피고인과 B씨 사이의 대화는 피고인의 블로그에서 이루어진 일대일 비밀대화로서, 이른바 '공연성'(불특정 또는 다수인이 인식할 수 있는 상태)이 없다는 이유로 이 사건 공소사실을 무죄로 판단하였다. 그러나 대법원에서는 이에 관하여 다음과 같이 다르게 판단하였다.

> **대법원 2008. 2. 14. 선고 2007도8155 판결[정보통신망 이용촉진 및 정보보호 등에 관한 법률 위반(명예훼손)]**
>
> 대화가 인터넷을 통하여 일대일로 이루어졌다는 사정만으로 그 대화 상대방이 대화내용을 불특정 또는 다수인에게 전파할 가능성이 없다고 할 수는 없는 것이고, 또 상대방이 비밀을 지키겠다고 말하였다고 하여 그가 당연히 대화내용을 불특정 또는 다수인에게 전파할 가능성이 없다고 할 수도 없는 것이므로, 원심이 판시한 위와 같은 사정만으로 위 대화가 공연성이 없다고 할 수는 없다. 그러므로 원심으로서는 대화를 하게 된 경위, 서로의 관계, 대화 당시의 상황, 대화 이후의 태도 등 제반 사정에 관하여 나아가 심리한 다음, 과연 상대방이 피고인으로부터 들은 내용을 불특정 또는 다수인에게 전파할 가능성이 있는지 여부에 대하여 검토하여 공연성의 존부를 판단하였어야 할 것이다. 그럼에도 불구하고, 원심은 위와 같은 조치를 취하지 아니한 채 피고인의 공소사실과 같은 대화가 인터넷 블로그에서 이루어진 일대일 비밀대화라는 이유만으로 공연성이 없다고 판단하였는바, 원심의 위와 같은 판단에는 공연성에 관한 법리를 오해하여 판결 결과에 영향을 미친 잘못이 있다고 할 것이다.

그러나 「정보통신망법」에 명예훼손행위를 처벌하는 규정이 새로 신설되었다고 하더라도, 인터넷에서의 표현행위가 표현의 자유에 해당하는 것이냐 명예훼손이냐의 문제는 단순하고 명확히 결정되는 사안이 아니다. 법적으로도 명예훼손 행위가 진실한 사실로서 오로지 공공의 이익에 관한 때에는 처벌하지 아니한다는 규정(「형법」 제310조 — 명예훼손에 대한 위법성 조각사유)이 있기 때문에 표현의 자유와 그 한계를 결정짓는 것은 애매한 경우가 많다.

따라서 사실을 말했다고 명예훼손죄로 처벌하는 것은 부당하다는 취지, 즉 '공연히 사실을 적시하여 사람의 명예를 훼손'한 자를 처벌하도록 규정한 형법 제307조 제1항이 표현의 자유를 침해하는지 여부를 판단해 달라는 헌법소원심판이 제기되었다.

> **헌재 2021. 2. 25. 2017헌마1113 등 결정**
>
> 오늘날 매체가 매우 다양해짐에 따라 명예훼손적 표현의 전파속도와 파급효과는 광범위해지고 있으며, 일단 훼손되면 완전한 회복이 어렵다는 외적 명예의 특성상, 명예훼손적 표현행위를 제한해야 할 필요성은 더 커지게 되었다. 형법 제307조 제1항은 공연히 사실을 적시하여 사람의 명예를 훼손하는 자를 형사처벌하도록 규정함으로써 개인의 명예, 즉 인격권을 보호하고 있다. 명예는 사회에서 개인의 인격을 발현하기 위한 기본조건이므로 표현의 자유와 인격권의 우열은 쉽게 단정할 성질의 것이 아니며, '징벌적 손해배상'이 인정되는 입법례와 달리 우리나라의 민사적 구제방법만으로는 형벌과 같은 예방효과를 확보하기 어려우므로 입법목적을 동일하게 달성하면서도 덜 침익적인 수단이 있다고 보기 어렵다. 형법 제310조는 '진실한 사실로서 오로지 공공의 이익에 관한 때에 처벌하지 아니'하도록 정하고 있고, 헌법재판소와 대법원은 형법 제310조의 적용범위를 넓게 해석함으로써 형법 제307조 제1항으로 인한 표현의 자유 제한을 최소화함과 동시에 명예훼손죄가 공적인물과 국가기관에 대한 비판을 억압하는 수단으로 남용되지 않도록 하고 있다.
>
> 만약 표현의 자유에 대한 위축효과를 고려하여 형법 제307조 제1항을 전부위헌으로 결정한다면 외적 명예가 침해되는 것을 방치하게 되고, 진실에 부합하더라도 개인이 숨기고 싶은 병력·성적 지향·가정사 등 사생활의 비밀이 침해될 수 있다. 형법 제307조 제1항의 '사실'을 '사생활의 비밀에 해당하는 사실'로 한정하는 방향으로 일부 위헌 결정을 할 경우에도, '사생활의 비밀에 해당하는 사실'과 '그렇지 않은 사실' 사이의 불명확성으로 인해 또 다른 위축효과가 발생할 가능성은 여전히 존재한다. 헌법 제21조가 표현의 자유를 보장하면서도 타인의 명예와 권리를 그 한계로 선언하는 점, 타인으로부터 부당한 피해를 받았다고 생각하는 사람이 법률상 허용된 민·형사상 절차에 따르지 아니한 채 사적 제재수단으로 명예훼손을 악용하는 것을 규제할 필요성이 있는 점, 공익성이 인정되지 않음에도 불구하고 단순히 타인의 명예가 허명임을 드러내기 위해 개인의 약점과 허물을 공연히 적시하는 것은 자유로운 논쟁과 의견의 경합을 통해 민주적 의사형성에 기여한다는 표현의 자유의 목적에도 부합하지 않는 점 등을 종합적으로 고려하면, 형법 제307조 제1항

은 과잉금지원칙에 반하여 표현의 자유를 침해하지 아니한다.

사실적시 명예훼손을 합헌으로 본 법정의견에 대하여 "진실한 사실은 공동체의 자유로운 의사형성과 진실발견의 전제가 되므로, '적시된 사실이 진실인 경우'에는 허위사실을 바탕으로 형성된 개인의 명예보다 표현의 자유 보장에 중점을 둘 필요성이 있다"는 반대의견이 있다. 공적인물이나 공적사안에 대해서는 자유로운 의견이 교환되어야 하는데, 공적인물·공적사안에 대한 감시·비판을 봉쇄할 목적으로 형사고발을 남용하는 '전략적 봉쇄소송'이 가능하고, 진실한 사실이 가려진 채 형성된 허위·과장된 명예가 표현의 자유에 대한 위축효과를 야기하면서까지 보호해야 할 필요가 있는지를 소수의견은 반문하고 있는 것이다.

4) 인터넷에서의 모욕

2008년과 2009년에는 인터넷에서의 명예훼손뿐만이 아니라 인터넷에서의 모욕죄에 대해서도 처벌을 할 수 있는 명시적인 규정을 신설하자는 의견이 대두되었다. 사이버공간에서 욕설과 폭언이 과도한 현상을 보였고, 이를 법적으로 규제할 필요가 있는 것으로 인식되었으며, 이러한 의견은 정부와 여당의 강력한 지원을 받았다. 이러한 '사이버 모욕죄' 신설 주장에 대하여, 형법의 모욕죄 규정에 의해서도 충분히 처벌할 수 있는 행위를 「정보통신망법」에 두는 것은 인터넷에서의 표현의 자유를 과도하게 위축시킬 것이라는 이유로 반대하는 의견도 있었다.[27]

결국 「정보통신망법」에의 사이버 모욕죄의 신설은 이루어지지 않았다. 근래에는 인터넷 공간에서의 언어공방, 즉 사이버 모욕죄가 신설되었다면 가중처벌이 될 수 있는, '사이버 모욕행위'에 대하여 법원이 판결을 내린 사례가 있다. 진보논객으로 알려진 인사가 보수논객으로 알려진 인사에게 인터넷 게시판을 통하여 '듣보잡'이라는 등의 표현을 한 것이 문제가 되었다.

> **대법원 2011. 12. 22. 선고 2010도10130 판결[모욕 등]**
> 원심은 피고인이 2009. 1. 26. 진보신당 인터넷 게시판에 게시한 글과 2009. 6. 21. 자신의 인터넷 블로그에 게시한 글의 내용과 문맥, 그 표현의 통상적 의미와

---

27) "기존 법체계로 처벌이 불가능한 법적 공백이 없는데도 새로운 규정을 만드는 것은 명백한 과잉입법이다", <경향신문>, 2008. 7. 24.

용법 등에 비추어 보면, 피고인이 게시한 글들 중 '듣보잡', '함량미달', '함량이 모자라도 창피한 줄 모를 정도로 멍청하게 충성할 사람', '싼 맛에 갖다 쓰는 거죠', '비욘 드보르잡', '개집' 등이라고 한 부분은 피해자를 비하하여 사회적 평가를 저하시킬 만한 추상적 판단이나 경멸적 감정을 표현한 것으로서 모욕적인 언사에 해당한다고 판단하고, 나아가 이는 피고인이 피해자의 구체적인 행태를 논리적·객관적인 근거를 들어 비판하는 것이 아니라 피고인이 주장하는 바와 관계가 없거나 굳이 기재할 필요가 없는 모멸적인 표현들을 계속하여 사용하면서 피해자에 대하여 인신공격을 가한 경우에 해당하여 피고인의 행위를 사회상규에 위배되지 아니하는 것으로 볼 수 없다고 판단하였다. (중략) '듣보잡'이라는 신조어(新造語)가 '듣도 보도 못한 잡것(잡놈)'이라는 의미 외에 피고인의 주장과 같이 '유명하지 않거나 알려지지 않은 사람'이라는 의미로 사용될 수도 있음을 고려하더라도, 피고인이 이 부분게시 글에서 듣보잡 이라는 용어를 '함량 미달의 듣보잡', '개집으로 숨어 버렸나? 비욘 드보르잡이 지금 뭐하고 있을까요?' 등과 같이 전자(前者)의 의미로 사용하였음이 명백한 이상 이로써 피해자의 사회적 평가를 저하시킬 만한 추상적 판단이나 경멸적 감정을 표현한 것으로 볼 수 있으므로, 원심의 위와 같은 판단은 정당 (후략)

인터넷에서 욕을 하는 등 모욕에 해당하는 행위는 모욕죄로 처벌받을 수 있다. 악플(惡＋reply, 악성 댓글)이란 인터넷 게시판·공지사항·댓글 등에서의 욕설이나 인신공격성 댓글을 의미하는 것이다. 특정인에 대하여 1만여 개가 넘는 악플을 쓰거나, 연예인에게 지속적으로 악플을 보내거나, 자녀의 죽음을 조롱하는 악플을 달았다가 처벌을 받은 사례가 있다.

다른 사람이 싫다고 폭행을 하면 폭행죄에 대한 법적 책임을 져야 하듯이, 다른 사람을 모욕하거나 명예를 훼손하는 경우에는 모욕죄나 명예훼손죄에 대한 법적 책임을 져야 한다. 인터넷에서 타인을 모욕하거나 명예훼손을 하는 경우에는, 불특정 다수에 대한 광범위한 전파력으로 인하여 그 법적 책임이 더욱 무거워질 수 있다. 그러나, 입법정책적으로 일상적인 '가벼운' 욕설이나 비속어의 사용을 「경범죄처벌법」도 아닌 「형법」상의 범죄로서 규정하여 '강력히' 처벌하고, 더 나아가 「정보통신망법」 등에 사이버모욕죄를 두고 가중처벌하자는 것은 바람직하지 않다.

7. 인공지능(AI)과 법

사회 각 분야에서 인공지능(Artificial Intelligence)의 활용은 나날이 확대되고 있으며, 세계는 "기존의 제조업 기반 경제에서 데이터, AI 중심경제로 패러다임 전환"[28]이 이루어지고 있다. 그리고 이와 같은 인공지능의 등장과 확산은 우리 사회와 일상의 변화를 초래하고 제도와 법령의 변화를 필요로 하고 있다.

인공지능과 관련하여 발생하는 법적 문제는 우선 인공지능의 판단과 행동의 법적 책임을 누구에게 물어야 하는가 하는 것이다. 인공지능의 설계자, 인공지능이 적용된 제품의 제조자와 운영자 등이 있는 경우 인공지능으로 인한 형사책임 혹은 민사책임이 발생하는 경우에 관해서 현재는 논의하는 단계이지만, 인공지능으로 인한 법적 분쟁이 발생할 경우를 대비해야 할 것이다. 또한 인공지능이 만든 그림이나 글, 음악 등의 저작권이 누구에게 있는지에 관해서는 이미 활발한 논의가 전개되고 있다. 또한 챗gpt등이 언론사의 기사 등 저작물을 학습하여 답을 내놓는 과정에서 저작권 침해가 발생하는지에 관한 논의도 있다.

나아가 인간처럼 스스로 결정을 내릴 수 있는 인공지능이 등장하는 경우에 인공지능은 단순한 기계나 물건 이상의 법적 지위를 갖게 될지도 모른다.[29] 인공지능기술이 계속 발전하면서 이를 단지 권리객체에 해당하는 '물건'으로 볼 것인지 아니면 지능화한 로봇에게 전자적 인간(electronic personhood)이나 전자적 인격(electronic personality)과 같은 새로운 법적 지위를 부여하는 것이 바람직한가 하는 문제들은 이미 논의되고 있는 주제이다.[30]

인공기능 기술은 날로 발전되고 있기 때문에, 인공지능의 법적 지위나 인공지능이 생성한 문서나 작품에 대한 저작권 논의 말고도, 수많은 법적 또는 사회적·경제적·문화적 이슈가 새로 등장하고 있다. 인간의 편리함을 위해 인공지능이 개발·활용되고 있지만. 인공지능에 대한 규제 필요성에 대한 논의도 동시에 진행되고 있다. 유럽연합(EU)은 인종·종교·정치적 성향 등으로 인간을 구분하거나 개인정보인 생체정보를 대량수집하여 안면인식기술을 통해 전자감시사회를 만들고,

---

28) 『국가정보화백서』, 한국정보화진흥원, 2020, 259쪽.
29) 손영화, 인공지능(AI) 시대의 법적 과제, 법과 정책연구, 제16권 제4호, 2016, 323쪽.
30) 김민배, AI 로봇의 법적 지위에 대한 쟁점과 과제 — Bryson 등의 법인격 이론을 중심으로, 토지공법연구, 제87호, 2019, 791쪽.

개인과 기업에게 점수를 매기는 소셜스코어링(social scoring) 등 인간에게 잠재적 위험과 차별을 초래할 인공지능을 규제하는 법(AI Act)을 최초로 만들었고, 이는 유럽연합 회원국에 적용될 예정이고 다른 나라의 법령과 판례에도 영향을 미칠 가능성이 크다.

인공지능과 관련해서는 기술개발만을 위해 노력해야 하는 것이 아니라 "종래의 제도와 새로운 제도의 조화, 인간의 존엄성, 윤리적인 가치 등을 존중"[31]할 필요가 있다. 개별 국가의 차원에서는 인공지능에 관한 법적 및 윤리적 규제가 필요하고, 국제적 차원에서도 표준화와 안전 및 보안에 관한 규범이 논의되고 있는 것이다.[32] 그러나 인공지능의 획기적인 발전은 계속되고 있지만 이에 관한 법령체계가 갖추어졌다고 할 수 있는 국가는 아직 볼 수 없고 국제적인 산업표준이나 윤리지침 정도의 구속력없는 문서가 인공지능 개발과 활용에 관한 일종의 방향타 역할을 하고 있다.[33] 이에 더하여 규제와 법령은 원칙적으로 국가에 한정되는 것이기 때문에, 인공지능을 규제함에 있어서는 국가마다 다르고 국가 간의 격차가 생길 수 있다[34]는 점에도 주목할 필요가 있다. 정보통신과학기술의 발전에 대응하여 법적 과제가 주어진 가장 첨단분야가 인공지능 관련 분야라고 할 수 있다.

---

31) 송기복, 인공지능(AI) 시대의 도래와 법제도의 방향에 관한 논의—독일의 인공지능 정책을 중심으로, 경찰법연구, 제18권 제2호, 2020, 195쪽.
32) 심민석, 로봇과 인공지능(AI)의 법적·윤리적 입법방안에 관한 연구—EU의 「로봇공학에 관한 민법 규칙」을 중심으로, 동국대 비교법연구, 제19권 제2호, 2019, 78쪽.
33) John P. Sullins, 권현영(감수), 미국의 인공지능(AI) 윤리 및 거버넌스 현황, 서울대 경제규제와 법, 제12권 제2호, 2019, 100쪽 이하.
34) Lisa Webley, 권현영(역), 인공지능(AI)과 법조분야: 윤리적 규제적 고려사항, 서울대 경제규제와 법, 제12권 제2호, 2019, 80쪽.

성범죄 유형의
변화와 법

CHAPTER

7

성범죄 유형의 변화와 법

1. 성범죄 일반론

1) 형법과 성폭력특별법에 규정된 성범죄

성범죄라고 하면 「형법」 제32장에서 규정하고 있는 행위들이다. 형법에서 규정하고 있는 '전통적인' 성폭력범죄의 유형을 크게 구분하면 간음죄와 추행죄로 구분한다. 간음죄는 성교행위를 수반하는 성범죄를 주로 의미하고, 추행죄는 성교행위를 수반하지 않는 성범죄를 주로 의미한다. 간음죄에는 강간, 유사강간, 준강간, 미성년자 간음, 업무상 위력에 의한 간음 등이 있다. 또한 추행죄에는 강제추행, 준강제추행, 미성년자추행, 업무상 위력에 의한 추행 등이 있다.

> **형법 제297조(강간)** 폭행 또는 협박으로 사람[1]을 강간한 자는 3년 이상의 유기징역에 처한다.
>
> **제297조의2(유사강간)** 폭행 또는 협박으로 사람에 대하여 구강, 항문 등 신체(성기는 제외한다)의 내부에 성기를 넣거나 성기, 항문에 손가락 등 신체(성기는 제외한다)의 일부 또는 도구를 넣는 행위를 한 사람은 2년 이상의 유기징역에 처한다. [신설 2012. 12. 18.]
>
> **제298조(강제추행)** 폭행 또는 협박으로 사람에 대하여 추행을 한 자는 10년 이하의 징역 또는 1천 500만 원 이하의 벌금에 처한다.

---

1) 2012년 12월 18일의 형법 개정을 통하여, '부녀를 강간한 자'에서 '사람을 강간한 자'로 개정되었다. 2013년 6월 19일부터 시행되고 있다.

제299조(준강간, 준강제추행) 사람의 심신상실 또는 항거불능의 상태를 이용하여 간음 또는 추행을 한 자는 제297조, 제297조의2 및 제298조의 예에 의한다.

제300조(미수범) 제297조, 제297조의2, 제298조 및 제299조의 미수범은 처벌한다.

제301조(강간 등 상해·치상) 제297조 내지 제300조의 죄를 범한 자가 사람을 상해하거나 상해에 이르게 한 때에는 무기 또는 5년 이상의 징역에 처한다.

제301조의 2(강간 등 살인·치사) 제297조, 제297조의2 및 제298조부터 제300조까지의 죄를 범한 자가 사람을 상해하거나 상해에 이르게 한 때에는 무기 또는 5년 이상의 징역에 처한다.

제302조(미성년자 등에 대한 간음) 미성년자 또는 심신미약자에 대하여 위계 또는 위력으로써 간음 또는 추행을 한 자는 5년 이하의 징역에 처한다.

제303조(업무상 위력 등에 의한 간음) ① 업무, 고용 기타 관계로 인하여 자기의 보호 또는 감독을 받는 사람에 대하여 위계 또는 위력으로써 간음한 자는 5년 이하의 징역 또는 1천 500만 원 이하의 벌금에 처한다.
② 법률에 의하여 구금된 사람을 감호하는 자가 그 사람을 간음한 때에는 7년 이하의 징역에 처한다.

제304조(혼인빙자 등에 의한 간음)[2] [삭제 2012. 12. 18.]

제305조(미성년자에 대한 간음, 추행) 13세 미만의 사람에 대하여 간음 또는 추행을 한 자는 제297조, 제297조의2, 제298조, 제301조 또는 제301조의2의 예에 의한다.

제305조의2(상습범) 상습으로 제297조, 제297조의2, 제298조부터 제300조까지, 제302조, 제303조 또는 제305조의 죄를 범한 자는 그 죄에 정한 형의 2분의 1까지 가중한다.

제306조(고소)[3] [삭제 2012. 12. 18.]

---

2) 혼인빙자간음죄에 대하여 헌법재판소는 2002년에는 합헌이라고 결정(헌재 2002. 10. 31. 99헌바40)하였으나, 2009년에는 위헌으로 결정(헌재 2009. 11. 26. 2008헌바58)하였다. "최근의 우리 사회는 급속한 개인주의적·성개방적인 사고의 확산에 따라 성과 사랑은 법으로 통제할 사항이 아닌 사적인 문제라는 인식이 커져 가고 있으며, 전통적 성도덕의 유지라는 사회적 법익 못지않게 성적자기결정권의 자유로운 행사라는 개인적 법익이 더한층 중요시되는 사회로 변해가고 있다. 성의 개방풍조는 선진 국제사회의 변화추이에 따라, 이젠 우리 사회에서도 막을 수 없는 사회변화의 대세가 되었고 그것을 용인할 수밖에 없게 된 것이다. (중략) 결국 "교활한 무기를 사용하여 순결한 성을 짓밟고 유린하는 남성"과 "성의 순결성을 믿고 있는 여성" 간의 대립항은 21세기 한국 사회에서는 더 이상 통용되기 어려워졌다고 할 것이다."(※ 헌재의 위헌결정 이후, 혼인빙자간음죄 조항은 2012년 12월 18일에 형법 개정을 통하여 삭제되었다).

3) 고소가 있어야 공소를 제기할 수 있는 범죄를 '친고죄'라 한다. 2012년 12월 18일의 형법 개정으로 제306조가 삭제되어, 2013년 6월 19일부터는 피해자의 고소가 없이도 수사 및 공소가 제기될 수 있다. 이제는 성범죄의 가해자와 피해자가 합의를 했더라도 성범죄자를 처벌할 수 있게 되었고, 가해자 측의 끈질긴 합의요구로부터 피해자가 자유롭게 되었다는 평가도 있다. 다만, 새로운 제도 하에서는 성범죄 피해자의 신상정보가 보호될 수 있는 방안이

이와 같은 「형법」과는 별도로, 형사특별법인 「성폭력범죄의 처벌 등에 관한 특례법」에서는 '성폭력범죄'라는 개념을 사용하여 성범죄를 보다 포괄적으로 지칭하고 있다. 이 법률 제2조에서는 '성폭력범죄'를 정의하고 있는데 이에 따르면, 「형법」 제22장 성풍속에 관한 죄 중 일부, 형법 제31장 약취와 유인 및 인신매매의 죄 중 추행, 간음 또는 성매매와 성적 착취를 목적으로 하는 죄, 형법 제32장 강간과 추행의 죄 전부, 형법 제339조 강도강간의 죄가 이에 속한다. 또한 「성폭력범죄의 처벌 등에 관한 특례법」에서는 「형법」에 규정된 성범죄를 포함하여 별도의 성폭력범죄를 규정하고 있다. 즉, 「성폭력범죄의 처벌 등에 관한 특례법」 제3조에서 제14조까지 특수강도강간, 특수강간, 친족관계에 의한 강간, 장애인에 대한 강간·강제추행 등, 13세 미만의 미성년자에 대한 강간·강제추행 등, 강간 등 상해·치상, 강간 등 살인·치사, 업무상 위력 등에 의한 추행, 공중 밀집 장소에서의 추행, 성적 목적을 위한 공공장소 침입행위, 통신매체를 이용한 음란행위, 카메라 등을 이용한 촬영 등의 처벌에 관하여 별도의 규정을 두고 있다.[4]

2) '성폭력'이라는 용어와 '성적 자기결정권'의 의미

일반적으로 사용하는 '성폭력'이라는 개념은 포괄적인 의미로 사용된다. 특히 언론에서 '강간'이라는 용어 대신 '성폭행'이라는 표현을 사용하고, 강간과 강제추행, 성희롱을 포함하여 피해자의 의사에 반하는 일체의 성적 자기결정권의 침해를 모두 '성폭력'이라고 표현하는 경우가 있다. 그러나 '성폭력'이라는 단어가 형법상의 전문용어로서는 지나치게 포괄적이어서 적절하지 못할 뿐만 아니라, 범죄학상 용어 또는 일상용어로 사용하기에도 적합하지 않다는 주장이 있다. 이는 민법상 불법행위에 포함되는 성적 침해와 형벌부과 대상인 범죄행위에 대해 일반의 혼란을 야기할 우려가 있기 때문이다.[5] '성폭력'이라는 용어에 포함되는 행위유형은 강간에서 성희롱이나 불법촬영에 이르기까지 너무 넓기 때문에, 행위의 특정이 대단히 어려운 용어이다. '성폭력'이라는 표현 자체에서는 성폭력의 경중이 드러나지 않기 때문에, 중대한 성적 자기결정권 침해행위의 심각성이 제대로 전달되지 않는

보완되어야 한다.

4) 「성폭력범죄의 처벌 등에 관한 특례법」 제2조(정의) 규정 참조.

5) 김용세, "성희롱의 개념과 구제-성희롱과 강제추행의 한계", 『새울법학』 제3호, 대전대학교 법문화연구소, 1999, 131쪽.

경우도 있는 것이다.

성범죄는 남성 피해자[6]도 늘어나고 있지만 여성 피해자가 대부분이다. 성범죄 처벌은 여성을 성범죄로부터 보호하는 기능을 수행하지만, 기존의 통념은 여성의 기본적 인권 침해를 방지하고 처벌한다는 관점과 함께 여성의 순결을 지켜야 한다는 관점에 바탕을 두고 있었다. 따라서 '순결 이데올로기'에 부응하지 못하는 여성이나 남성에 대한 성범죄는 충분한 제도적인 보호를 받지 못했다. 그러나 이제는 인간의 성적 자기결정권을 보호하기 위한 것이 성범죄처벌의 가장 중요한 목적으로 인식되고 있다. 성적 자기결정(sexual autonomy, sexual self-determination, sexuelle selbstbestimmung)에 관한 권리인 성적 자기결정권이란, 적극적으로는 자신이 원하는 성생활을 스스로 결정할 권리를 의미한다. 또한 소극적 의미로는 자신이 원하지 않는 사람과의 성관계 등 원하지 않는 성생활을 거부할 권리를 뜻한다. 좀 더 넓게 보면 성적 자기결정권이란 원하지 않는 성행위나 임신, 출산 등을 강요받지 않고 모든 성관련 행위를 본인의 결정에 따를 수 있는 권리를 의미하는 것이다. 성적 자기결정권은 모든 개인에게는 인간으로서의 존엄과 행복추구권(「헌법」 제10조)이 보장되며, 남녀 차별 없이 법 앞에 평등(「헌법」 제11조 제1항)하다고 하는 헌법에 의하여 도출되는 기본적인 권리이다. 자기의 의사에 반한 성행위인 강간은 대표적으로 성적 자기결정권을 침해받는 행위로서 형법에 의하여 강력한 처벌을 받도록 규정되어 있다. 그러나 간통행위를 처벌하는 법률 규정이 성적 자기결정권을 침해하는가라는 논란이 있었고, 헌법재판소는 결국 간통죄를 위헌으로 결정하였다.[7]

---

6) 보건및사회복지·금융및보험·공공행정및공무직·서비스업·건설업·제조업 등 6개 직군에 종사하는 6,027(남성 3,159명, 여성 2,835명)의 설문조사를 분석한 결과 직장내 성희롱 피해자가 22%에 이른다는 2016년의 연구결과도 있다. 서유정, "직장 성희롱 및 폭력분석", 한국직업능력개발원, 2016, 11쪽.

7) 남녀 쌍벌주의와 친고죄를 내용으로 하는 간통죄는 1953년 10월 3일부터 시행된 우리나라의 제정 「형법」 제241조에 규정되어 있었다. 간통죄 존치냐 폐지냐에 관한 사회적 논쟁이 있었고 간통죄를 폐지하거나 간통행위에 대한 처벌을 완화하는 개정안도 발의되었으나, 이러한 입법시도는 한 번도 성공하지 못했다. 헌법재판소는 1990년, 1993년, 2001년, 2008년의 위헌법률 심판사건에서, 간통죄를 규정하고 있는 형법규정에 대하여 합헌결정을 내렸다. 그러나 결국 헌법재판소는 2015년에 간통죄가 성적 자기결정권 및 사생활의 비밀과 자유를 침해하므로 위헌(헌재 2015. 2. 26. 2009헌바17등)이라고 결정하였다(※ 헌재의 위헌결정 이후, 간통죄 조항은 2016년 1월 6일에 형법 개정을 통하여 삭제되었다).

2. 부부간 강간에 관한 문제

1) 관련 판례의 변화

2004년 8월 20일 서울 중앙지방법원의 형사합의 재판부는 아내를 강제추행하고 상처를 입힌 혐의로 기소된 남편에 대해 징역 2년 6월에 집행유예 3년을 선고하였다. 성관계를 거부한 아내를 강제로 추행한 남편에 대하여 법원이 강제추행치상죄를 적용하여 유죄로 인정한 판결은 1970년에 남편이 아내를 강간한 사건에 대하여 대법원이 무죄를 선고한 이후 34년 만에 처음이라 획기적인 판결로 받아들여졌다.

1970년의 대법원 판결은 혼인 중에 있는 부부 사이에는 강간죄가 성립되지 않는다는 취지의 판결이었다. 즉, 다른 여자와 동거하고 있는 남편을 상대로 간통죄고소와 이혼소송을 제기하였으나 그 후 부부간에 다시 새 출발을 하기로 약정하고 간통죄고소를 취하하였다면, 실질적인 부부관계가 없다고 단정할 수 없으므로 설사 남편이 강제로 처를 간음하였다 하여도 강간죄는 성립되지 아니한다는 것이다.*

* 대법원 1970. 3. 10. 선고 70도29[폭력행위 등 처벌에 관한 법률 위반]: 대구지방법원 경주지원에서 내린 제1심 판결(69고1910 판결)에 따르면, 피고인이 간음한 여자는 그 아내로서 간음 당시 법률상 부부의 신분관계는 해소되지 않았어도 동녀가 이미 이혼소송을 제기하였고, 또 피고인은 다른 여자와 동거중이라 실질적으로는 피고인과 그 아내는 서로 상대방에 대한 성교승낙의 철회 내지 정조권 포기의 의사표시를 철회한 상태에 있었으므로 이러한 상태하에 있는 동녀를 간음하기 위하여 폭력으로 그 반항을 억압하고 강제로 그를 간음한 이상 강간죄에 해당한다고 판시하였다. 그러나 제2심인 대구고등법원(1970. 6. 24. 70노138 형사부판결[강간 등 피고 사건], 1969. 12. 11. 선고 69노482 판결)에서는 이와 같이 혼인 중에 있는 부부 사이에 강간죄가 성립할 수 있는지 여부에 관하여 법률상 부부관계가 계속되는 중에는 비록 처가 남편과 정교관계를 거절하였더라도 강간죄는 성립치 아니한다고 하여 원심을 파기하였다.

위에서 언급한 2004년의 서울 중앙지방법원의 판례가 강간죄 사건은 아니었지만 강제추행죄 역시 상대방의 성적 자기결정권을 침해한다는 점에서, 부부생활에 있어서의 아내에게도 성적 자기결정권이 있음을 인정하는 취지의 판결로 평가되었다.

2009년 1월 16일 부산지방법원 제5형사부는 부부간에도 폭행이나 협박을 통한 강제적인 성행위에 대해서는 강간죄가 성립한다는 '획기적이거나 또는 이례적인' 판결을 하였다. 이 사건에서 피고인은 피고인의 처가 생리 중이어서 성관계를 거부하자 가스분사기와 과도를 피해자의 머리와 가슴에 겨누고 죽여 버리겠다고 협박하면서 피해자의 반항을 억압한 후 간음하여 피해자를 강간하였다. 이에 대하여 법원은 「형법」 제297조를 가중처벌하는 「성폭력범죄의 처벌 및 피해자보호에 관한 법률」 제6조 제1항의 특수강간죄를 적용하여 징역 2년 6월에 집행유예 3년을 선고하였다. 부부 사이의 강제적 성관계를 형법상 강간죄로 인정할 것인지의 여부에 관하여 의견이 나누어짐에도 불구하고, 이 사건에서의 행위는 "피해자의 정당한 성적 자기결정권의 행사를 무시하고 의심의 여지가 없는 폭력의 방법으로 강간을 자행한 것"[8]으로 인정하였다. 판결 선고 4일 후 피고인이 자살하여, 이 판결에 대한 항소는 제기되지 않았다.

▌부산지방법원 판례

남편의 성적 교섭의 요구는 처의 소극적인 성적 자기결정권의 행사가 시작되는 지점에서 멈추어야 한다. 이때 남편으로서는, 현안으로 대두된 갈등양상의 해소를 위하여 대화와 설득 등을 통한 해법을 모색하여야 하고, 그래도 여의치 아니하는 경우에는 동거의무의 불이행을 전제로 한 이혼청구의 방법으로 사태해결을 시도하여야 한다. 국가가 명백하게 불법으로 규정한 폭력적인 방법 등을 동원하여 상대를 굴복시키려고 하는 시도는 그것이 부부사이라고 하여 이를 용인할 것이 아니다.[9]

2009년에 대법원에서는 혼인관계가 파탄에 이르러서 실질적인 부부관계가 인정될 수 없는 상태에서 (가정법원에 협의이혼서류를 제출한 다음날) 아내를 칼로 위협하고 강간한 행위를 강간죄로 인정하여 징역 6년을 선고한 원심을 확정하였다.

▌2009년 대법원 판례

혼인관계가 존속하는 상태에서 남편이 처의 의사에 반하여 폭행 또는 협박으로 성교행위를 한 경우 강간죄가 성립하는지 여부는 별론으로 하더라도, 적어도 당사자 사이에 혼인관계가 파탄되었을 뿐만 아니라 더 이상 혼인관계를 지속할 의사가 없고 이혼의사의 합치가 있어 실질적인 부부관계가 인정될 수 없는 상태에 이르렀다면, 법률상의 배우자인 처도 강간죄의 객체가 된다(대법원 1970. 3. 10. 선고 70

---

8) 부산지방법원 제5형사부 판결 2009. 1. 16. 2008고합808 성폭력범죄의 처벌 및 피해자보호에 관한 법률위반(특수강간).
9) 부산지방법원 제5형사부 판결 2009. 1. 16. 2008고합808. '법률상 처를 강간죄의 객체로 인정한 이유', 9쪽.

도29 판결 참조). 원심은 그 채용 증거들을 종합하여, 피고인과 피해자는 서로 별거를 하다가 이 사건 발생 전날 의정부지방법원 고양지원에 협의이혼신청서를 제출한 사실 등을 인정한 다음, 피고인과 피해자가 아직 법률상 혼인관계에 있기는 하나 실질적으로는 혼인관계가 파탄에 이르렀다는 이유로, 그와 같은 상황에서 피고인이 피해자의 의사에 반하여 강제로 성관계를 가졌으므로 강간죄가 성립한다고 판단하였는바, 앞서 본 법리 및 기록에 비추어 살펴보면, 원심의 위와 같은 판단은 정당하고 거기에 상고이유의 주장과 같은 강간죄의 객체에 관한 법리오해 등의 위법이 없다〔대법 2009. 2. 12. 선고 2008도8601 「성폭력범죄의 처벌 및 피해자보호 등에 관한 법률」 위반(특수강간) · 성폭력범죄의 처벌 및 피해자보호 등에 관한 법률 위반(카메라 등 이용 촬영)〕.

이후 2011년에 서울고법에서는 아내를 주먹으로 때리고 과도로 찌른 후 강제로 성관계를 가진 혐의로 기소된 40세 남편에게 징역 2년 6월에 집행유예 3년을 선고한 판결이 나왔다. 피고인이 대법원에의 상고를 포기하여 형이 확정되었다.

서울고등법원 판례

혼인관계는 지속적으로 성관계를 가지는 것을 전제로 하는 것이므로 법률상 부부 사이에서 성적 자기결정권의 행사 및 그 침해 여부는 제3자에 대한 경우와 동일하게 볼 수 없고, 배우자의 명시적 · 묵시적 의사에 반하는 성관계가 있었다고 하더라도 강간죄의 성립 여부에 대하여는 혼인관계의 특수성을 고려하여 이를 신중하게 판단하여야 할 필요가 있다. 그러나 형법 제297조에서 강간죄의 객체를 '부녀'로 규정하고 있을 뿐 다른 제한을 두고 있지 않는 이상 법률상 처가 모든 경우에 당연히 강간죄의 객체에서 제외된다고 할 수는 없고, 부부 사이에서 성관계를 요구할 권리가 있다고 하더라도 폭행 · 협박 등으로 반항을 억압하여 강제로 성관계를 할 권리까지 있다고 할 수는 없으므로 그와 같은 경우에는 처의 승낙이 추인된다고 할 수 없고 강간죄가 성립한다고 봄이 상당하다. 법률상의 처는 강간죄의 객체가 될 수 없다는 피고인의 주장은 이유 없다.[10]

지금까지 가정폭력 상담과 관련된 보고에서는 가정폭력의 한 유형으로 아내강간 문제가 심각한 수준이라는 점을 지적하고 있다. 미국, 영국, 독일 등 주요 외국에서는 아내강간을 포함한 부부간의 강간을 성적 자기결정권을 침해한 범죄행위

---

10) 서울고등법원 제9형사부 판결 2011. 9. 22. 2011노2052. 「성폭력범죄의 처벌 등에 관한 특례법」 위반(특수강간), 폭력행위 등 처벌에 관한 법률 위반(흉기 등 상해).

로 인정하여 처벌하고 있다. 그러나 우리의 경우에는 가정 내 문제라고 보아 국가가 개입을 피하려고 했으며, 또한 가부장적인 사회 분위기로 인하여 이러한 문제를 도외시했다.

2013년 5월 16일에 대법원은 아내를 강간한 행위로 기소되어 2심에서 징역 3년 6개월을 선고받은 남편의 상고를 기각함으로써, 부부간의 강간죄가 성립됨을 확인하였다.

2013년 대법원 판례

「형법」 제297조는 부녀를 강간한 자를 처벌한다고 규정하고 있는데, 형법이 강간죄의 객체로 규정하고 있는 부녀란 성년이든 미성년이든, 기혼이든 미혼이든 불문하며 곧 여자를 가리키는 것이다. 이와 같이 형법은 법률상 처를 강간죄의 객체에서 제외하는 명문의 규정을 두고 있지 않으므로, 문언 해석상으로도 법률상 처가 강간죄의 객체에 포함된다고 새기는 것에 아무런 제한이 없다. 한편, 1953. 9. 18. 법률 제293호로 제정된 형법은 강간죄를 규정한 제297조를 담고 있는 제2편 제32장의 제목을 '정조에 관한 죄'라고 정하고 있었는데, 1995. 12. 29. 법률 제5057호로 형법이 개정되면서 그 제목이 '강간과 추행의 죄'로 바뀌게 되었다. 이러한 형법의 개정은 강간죄의 보호법익이 현재 또는 장래의 배우자인 남성을 전제로 한 관념으로 인식될 수 있는 '여성의 정조' 또는 '성적 순결'이 아니라, 자유롭고 독립된 개인으로서 여성이 가지는 성적 자기결정권이라는 사회 일반의 보편적 인식과 법감정을 반영한 것으로 볼 수 있다. 「민법」 제826조 제1항은 부부의 동거의무를 규정하고 있고, 여기에는 배우자와 성생활을 함께 할 의무가 포함된다(대법원 2013. 5. 16. 선고 2012도14788).

부부 사이에 「민법」상의 동거의무가 인정된다고 하더라도 거기에 폭행, 협박에 의하여 강요된 성관계를 감내할 의무가 내포되어 있다고 할 수 없다. 헌법이 보장하는 혼인과 가족생활의 내용, 가정에서의 성폭력에 대한 인식의 변화, 「형법」의 체계와 개정경과, 강간죄의 보호법익과 부부의 동거의무의 내용 등에 비추어 보면, 「형법」 제297조가 정한 강간죄의 객체인 '부녀'에는 법률상 처가 포함된다. 따라서, 혼인관계가 파탄된 경우뿐만 아니라 실질적인 혼인관계가 유지되고 있는 경우에도, 남편이 반항을 불가능하게 하거나 현저히 곤란하게 할 정도의 폭행이나 협박을 가하여 아내를 간음한 경우에는 강간죄가 성립한다.

실질적인 부부관계가 유지되고 있을 때에는 남편이 강제로 아내를 간음하였다

고 하더라도 강간죄가 성립하지 아니한다고 판시한 1970년의 대법원 판결은 변경
되었다. 그리고 부부간의 강제추행과 강간을 인정한 2004년과 2009년, 2011년과
2013년의 각급 법원의 판결은 부부간에도 '성적 자기결정권'이 있으며 이를 침해하
는 행위는 형사상 처벌되어야 함을 명백히 하였다. 특히 2013년 5월 16일의 대법
원 판결은 부부간 강간에 관하여, 향후에 있을 각급 법원 판결에 기준이 될 것이다.

이러한 판결의 소개에 아직도 '파격적'이라거나 '최초'라는 수식어가 붙는 이유
는 지금까지 '아내'라는 이름의 여성들은 남편으로부터 성적 학대를 당해도 법이
보호해 주지 않았을 뿐만 아니라, 이러한 행위가 성범죄라는 사실조차 법원이 (나
아가서는 국가가) 인정해 주지 않았음을 반증한다. 이러한 기존의 인식은 성범죄를
'부녀에 대한 정조 침해의 죄'로 바라보는 기존의 법학적 시각을 반영한다고도 할
수 있는데, 이는 결혼한 여성에게는 지켜야 할 '정조'는 있지만 스스로의 '성적 자
기결정권'은 없다고 보는 시각이다.

실질적인 부부관계가 유지되고 있는 경우에는 설령 남편이 폭력으로써 강제로
아내를 간음했다 하더라도 강간죄는 성립하지 않는다고 하여 남편의 강간행위를
처벌하지 않은 기존의 판결은 우리나라에서 부부간 강간행위를 은폐시켜 왔다.
즉, 입법부는 아내강간이라고 하는 문제에 적극적으로 대처하지 않았고,* 사법부
는 아내강간에 대한 무죄판결을 오랫동안
유지하여 왔으며, 행정기관은 아내강간이나
성추행에 대하여 적극적인 수사와 기소를
하지 않았다. 즉, 아내강간의 문제는 끊임없
이 제기되어 왔으나, 법률과 제도는 이러한
성폭력을 혼인관계에서의 성관계로 묵인하
여 결과적으로는 혼인상태인 여성의 인권을
적절히 보장하지 못했다. 현실적으로는 대개
남편에 의한 아내강간의 문제지만, 규범적으
로는 부부간 강간의 문제로 다루어진다.

> * 일반적인 성폭력 범죄에 대하여는 형
> 법에서 처벌하고 있는 이외에 1994년 1
> 월 5일에 「성폭력범죄의 처벌 및 피해
> 자보호에 관한 법률」이 제정되었다. 이
> 법률은 2010년 4월 15일에 「성폭력방지
> 및 피해자보호에 등에 관한 법률」과 「성
> 폭력범죄의 처벌 등에 관한 특례법」으
> 로 분법(分法)되었다.
> ** 개정안의 부부간 강간에 관한 해당 규
> 정은 다음과 같다. "제9조의2(폭행을 수
> 반한 부부강간) 법률상 혼인관계가 있
> 는 자들 사이에 폭행을 수반한 강제적
> 성행위가 있는 경우에는 제9조 제1항과
> 같이 처벌한다."

2) 관련 법률의 변화?

2005년 6월 22일 아내 강간 등 부부간의 성폭력 행위에 대한 처벌을 내용으로
하는 「성폭력범죄의 처벌 및 피해자보호에 관한 법률」의 개정안**이 국회에 제출

되었는데, "부부간 강간의 경우 처의 성적 자기결정권 및 인격권을 고려해 법적 처벌의 대상"으로 하고자 하는 취지를 지니고 있었다.[11] 「성폭력범죄의 처벌 및 피해자보호에 관한 법률」은 「형법」의 특별법에 해당한다. 부부간 강간을 처벌하고자 하는 내용의 이러한 개정안에 대하여 논란이 있었다.

예를 들어, 대한변호사협회는 성폭력범죄 처벌 및 피해자 보호 등에 관한 법률 개정안에 '부부강간죄'를 포함시킬 경우 가정 붕괴를 촉진할 수 있으며 "부부간의 성 문제를 쉽게 형사 문제화하는 것은 바람직하지 않을 뿐만 아니라 폭행·협박을 수반한 성행위가 있다면 형법에 의해서도 처벌이 가능하다."는 의견을 제시하였다. 만일 입법을 하는 경우에는 "'폭행을 수반한 부부강간'을 '부부강간'으로 바꾸고 조문에 '폭행 또는 협박으로 처를 강간한 자는 3년 이상의 유기징역에 처한다'고 명시하는 것이 타당하다."는 대안을 제시한 바 있다.[12] 또한 "부부라는 인적 결합관계는 오랜 역사를 거쳐서 형성되어 온 인류의 가장 소중하고 기초적인 결합체이며, 민법의 강력한 보호를 받는다. 이러한 부부관계에 「형법」이 개입하여 부부강간죄라는 명목으로 가정을 해체시킨다는 것은 옳지 못하다. 더구나 오랜 역사를 거쳐서 민법이 쌓아올린 부부관계의 성적 충실의무와 권리의 보호를 물거품으로 만들어 놓을 수도 있다. 이러한 점에서 형법이 배우자 일방을 친고죄 폐지라는 명목 하에 최종 형사처벌 한다는 것은 매우 신중해야 하며, 극히 예외적인 경우에만 개입해야 한다"[13]는 의견도 있다.

「성폭력범죄의 처벌 등에 관한 특례법」이 2012년 12월 18일에 개정되면서, 제5조(친족관계에 의한 강간 등) 제4항이 "친족의 범위는 4촌 이내의 혈족 및 인척으로 한다."에서 "친족의 범위는 4촌 이내의 혈족 및 인척과 동거하는 친족으로 한다."로 개정되었다. 이러한 개정을 통해, 부부간의 강간도 친족관계에 의한 강간으로 처벌가능하다고 해석되고 있지만, 부부간의 강간에 이 규정이 적용된 판례는 아직 없다.

부부간 강간은 가정폭력의 한 유형으로 볼 수 있는데, 역사상 가정폭력은 「형법」이 관여할 수 없는 사안이었다. 특히 아내들을 폭행하는 것은 공공연하게 인정

---

11) 「성폭력범죄의 처벌 및 피해자보호 등에 관한 법률」 일부개정 법률안(이은영 의원 대표발의), 의안번호 2091, 2005. 6. 22, 제안이유.
12) <연합뉴스>, 2005. 8. 17.
13) 임석원, "범죄성립의 관점에서 본 부부강간에 대한 올바른 해석의 방향", 『법조』, 제63권 11호, 2014, 96쪽.

되었고 가장인 남편의 권리로 여겨졌다.[14] 유엔 인권위원회는 2006년 10월에 한
국의 '시민적·정치적 권리에 관한 국제규약(B규약)' 이행 여부에 관한 심사의견을
발표하면서, 부부간 강간을 형사처벌할 수 있도록 하는 등 가정폭력을 퇴치하기
위하여 적절한 조처를 취할 것을 한국 정부에 권고하였다. '부부간 강간을 형사처
벌할 수 있도록 하는 적절한 조처'에는 부부간 강간을 처벌하는 법원의 적극적인
해석이 있을 수 있고, 이에 관한 처벌규정을 신설하는 방법이 있을 수 있다.

2013년 5월 16일의 대법원 판결로 인하여, 향후에는 부부간 강간이라는 점이
증명되는 한 법원의 판결이 일관될 것으로 예상된다. 그러나 이는 일반적인 '강간
죄'에 부부간 강간도 포함되는 적용되는 구조를 지니고 있다. 외국의 입법례나 지
난 국회에서 폐기된 개정안은 일반적인 강간죄와는 별도로 부부간 강간의 처벌규
정을 신설하자는 취지이다. 이러한 입법시도에 대해서는 찬반 논란이 매우 심하다.

3. 직장 내 성희롱

1) 성희롱의 개념 및 유형 등

성희롱이란 성적인 언동 등 다양한 방법으로 성적 굴욕감 또는 혐오감을 느끼
게 하는 행위를 의미한다. 성희롱은 sexual harassment의 번역어로서 1974년 미국
코넬 대학의 Lin Farley에 의하여 사용[15]된 이래 전 세계적인 반향과 공감을 가져
온 개념이다. 특히 미시건 로스쿨의 교수인 캐서린 맥키넌(Catharine MacKinnon)이
1979년에 발간한 책(『직장여성의 성희롱』; Sexual Harassment of Working Woman)은
성희롱을 「민권법」(Civil Right Act of 1964)이 금지하는 성차별의 한 형태로서 분류
하고, 성차별 이슈로서의 성희롱을 사회적 논의로 이끌어내는 데 큰 영향을 주었
다. 미국의 고용평등위원회(Equal Employment Opportunity Commission)는 1980년에
성희롱을 고용관계에서 금지되어야 하는 행위로 규정한 가이드라인을 채택하였다.
우리나라에서 1980년대까지는 성희롱에 대한 개념이나 인식이 존재하지 않았으나,
대략 1990년대 들어와서 성희롱이 사회문제화 되었다. 성희롱은 「형법」상의 강제
추행과는 달리 비록 범죄를 구성하지는 않더라도 여성의 인격권을 침해하는 불법

---

14) 석지영 저, 김하나(역), 『법의 재발견』, W미디어, 2011, 40쪽.
15) 김덕호·김연진, 『현대 미국의 사회운동』, 비봉출판사, 2001, 354쪽.

행위로서 손해배상의 근거가 될 수 있다는 사실이 인식되기 시작하였다.[16)]

「국가인권위원회법」 제2조 5호에서는 성희롱에 관한 개념정의를 하고 있다. 이에 따르면, "성희롱이라 함은 업무, 고용 그 밖의 관계에서 공공기관의 종사자, 사용자 또는 근로자가 그 직위를 이용하거나 업무 등과 관련하여 성적 언동 등으로 성적 굴욕감 또는 혐오감을 느끼게 하거나 성적 언동 그 밖의 요구 등에 대한 불응을 이유로 고용상의 불이익을 주는 것을 말한다."고 규정하고 있다.

「양성평등기본법」[17)] 제3조 2호에도 성희롱에 관한 개념정의를 하고 있다. 여기서는 '성희롱'이란 업무, 고용, 그 밖의 관계에서 국가기관·지방자치단체 또는 대통령령으로 정하는 공공단체의 종사자, 사용자 또는 근로자가 다음 각 목의 어느 하나에 해당하는 행위를 하는 경우를 말한다고 하고 구체적으로는 ① 지위를 이용하거나 업무 등과 관련하여 성적 언동 또는 성적 요구 등으로 상대방에게 성적 굴욕감이나 혐오감을 느끼게 하는 행위 ② 상대방이 성적 언동 또는 요구에 대한 불응을 이유로 불이익을 주거나 그에 따르는 것을 조건으로 이익 공여의 의사표시를 하는 행위를 열거하고 있다.

성희롱에는 단순히 스치는 말에서부터 포옹이나 다양한 형태의 육체적 접촉 등이 포함되는데, 대부분의 성희롱의 개념요소로는 성희롱이란 성희롱을 당하는 사람의 관점에서 환영받을 수 없거나 원치 않는(unwelcome or unwanted) 성적인 언동이라는 점이 공통적으로 지적되고 있다.[18)] 또한 성희롱의 개념에서 가장 핵심적인 것은 성희롱이란 단순히 성적 욕구에 기초한 행위가 아니라 고용관계 등 권력의 불평등과 관련한 행위라는 점이다.[19)] 이러한 이유로 일반적인 관계에서 일어나는 성희롱이 아닌 '직장내 성희롱'에 관해서 법률에서 규율하고 있으며, 직장내 성희롱은 「형법」이 아닌 「남녀고용평등과 일·가정양립지원

* 이전에는 1999년 2월 8일에 개정되어 7월 1일부터 시행된 「남녀차별금지 및 구제에 관한 법률」에 성희롱을 남녀차별로 규정하고 이에 대한 제재수단을 두고 있었다. 「남녀차별금지에 관한 법률」은 폐지되었고, 현재 성희롱에 대하여는 「남녀고용평등과 일·가정양립지원에 관한 법률」에만 규정되어 있다. 이 법률은 「남녀고용평등법」이 2007년 12월 21일 개정되면서 법률의 제명이 변경된 것이다.

---

16) 김용세, 앞의 책, 1999, 128쪽.
17) 이전의 「여성발전기본법」
18) Sharyn L. Roach Anleu, Law and Social Change, Sage Publications, second edition, 2010, p.191.
19) 문성제, 『현대여성과 법률』, 법문사, 2002, 227쪽.

에 관한 법률」에 규정되어 있는 것이다.* 그리고 「양성평등기본법」과 「국가인권위
원회법」은 성희롱의 개념 정의만을 규정하고 있고, 직장내 성희롱에 관한 자세한
사항에 관해서는 「남녀고용평등과 일·가정양립지원에 관한 법률」에 규정되어 있
는 것이다.

> **남녀고용평등과 일·가정양립지원에 관한 법률 제2조(정의) 2호** '직장 내 성희롱'이란
> 사업주·상급자 또는 근로자가 직장 내의 지위를 이용하거나 업무와 관련하여 다른 근
> 로자에게 성적 언동 등으로 성적 굴욕감 또는 혐오감을 느끼게 하거나 성적 언동 또는
> 그 밖의 요구 등에 따르지 아니하였다는 이유로 고용에서 불이익을 주는 것을 말한다.

대법원에서는 성희롱에 관한 규정을 두고 있는 「양성평등기본법」, 「국가인권위
원회법」, 「남녀고용평등과 일·가정양립지원에 관한 법률」을 모두 종합하여 성희
롱이란 무엇인지를 다음과 같이 밝혔다.

> **대법원 2018. 4. 12. 선고 2017두74702 판결[교원소청심사위원회결정취소]**
> 법원이 성희롱 관련 소송의 심리를 할 때에는 그 사건이 발생한 맥락에서 성차
> 별 문제를 이해하고 양성평등을 실현할 수 있도록 '성인지 감수성'을 잃지 않아야
> 한다(양성평등기본법 제5조 제1항 참조). 그리하여 우리 사회의 가해자 중심적인
> 문화와 인식, 구조 등으로 인하여 피해자가 성희롱 사실을 알리고 문제를 삼는 과
> 정에서 오히려 부정적 반응이나 여론, 불이익한 처우 또는 그로 인한 정신적 피해
> 등에 노출되는 이른바 '2차 피해'를 입을 수 있다는 점을 유념하여야 한다. 피해자
> 는 이러한 2차 피해에 대한 불안감이나 두려움으로 인하여 피해를 당한 후에도 가
> 해자와 종전의 관계를 계속 유지하는 경우도 있고, 피해사실을 즉시 신고하지 못하
> 다가 다른 피해자 등 제3자가 문제를 제기하거나 신고를 권유한 것을 계기로 비로
> 소 신고를 하는 경우도 있으며, 피해사실을 신고한 후에도 수사기관이나 법원에서
> 그에 관한 진술에 소극적인 태도를 보이는 경우도 적지 않다. 이와 같은 성희롱 피
> 해자가 처하여 있는 특별한 사정을 충분히 고려하지 않은 채 피해자 진술의 증명
> 력을 가볍게 배척하는 것은 정의와 형평의 이념에 입각하여 논리와 경험의 법칙에
> 따른 증거판단이라고 볼 수 없다. (중략) 우리 사회 전체의 일반적이고 평균적인
> 사람이 아니라 피해자들과 같은 처지에 있는 평균적인 사람의 입장에서 성적 굴욕
> 감이나 혐오감을 느낄 수 있는 정도였는지를 기준으로 심리·판단하였어야 옳았다.

대법원은 위 2018년 4월 12일의 판결을 통해서 성희롱이란 어떠한 행위인지를

판단하는 기준을 변경하였다. 즉, 기존에 제시된 "객관적으로 상대방과 같은 처지에 있는 일반적이고도 평균적인 사람으로 하여금 성적 굴욕감이나 혐오감을 느낄수 있게 하는 행위가 있고, 그로 인하여 행위의 상대방이 성적 굴욕감이나 혐오감을 느꼈음이 인정되어야 한다"는 것에서 새로이 "우리 사회 전체의 일반적이고 평균적인 사람이 아니라 피해자들과 같은 처지에 있는 평균적인 사람의 입장에서성적 굴욕감이나 혐오감을 느낄 수 있는 정도였는지를 기준으로 심리·판단"하여야 한다고 하였다. 즉, 성희롱의 판단기준 혹은 판단관점을 "일반적이고도 평균적인 사람"에서 "피해자들과 같은 처지에 있는 평균적인 사람"으로 변경한 것이다.

그리고 「남녀고용평등과 일·가정양립지원에 관한 법률」은 제2절에서 '직장 내성희롱의 금지 및 예방'에 관한 다음의 5개 조문을 두고 이에 위반하는 경우에는벌금이나 과태료를 물도록 하여, 성희롱을 근절하고자 하는 강력한 법률적 의지를표현하고 있다. 특히, 제14조의2 '고객에 의한 성희롱 방지' 조항은 처음에는 없다가 2007년 12월 21일의 법률 개정으로 신설된 조항이다. 이는 직장 내 성희롱이고객에 의하여 종종 발생된 것에 대한 보완적인 입법 대응이라고 할 수 있다.

> **남녀고용평등과 일·가정양립지원에 관한 법률 제12조(직장 내 성희롱의 금지)** 사업주, 상급자 또는 근로자는 직장 내 성희롱을 하여서는 아니 된다.
>
> **제13조(직장 내 성희롱 예방교육 등)** ① 사업주는 직장 내 성희롱을 예방하고 근로자가안전한 근로환경에서 일할 수 있는 여건을 조성하기 위하여 직장 내 성희롱의 예방을위한 교육(이하 '성희롱 예방 교육'이라 한다)을 매년 실시하여야 한다. 〈개정 2017. 11. 28.〉
> ② 사업주 및 근로자는 제1항에 따른 성희롱 예방 교육을 받아야 한다. 〈신설 2014. 1. 14.〉
> ③ 사업주는 성희롱 예방 교육의 내용을 근로자가 자유롭게 열람할 수 있는 장소에 항상 게시하거나 갖추어 두어 근로자에게 널리 알려야 한다. 〈신설 2017. 11. 28.〉
> ④ 사업주는 고용노동부령으로 정하는 기준에 따라 직장 내 성희롱 예방 및 금지를 위한 조치를 하여야 한다. 〈신설 2017. 11. 28.〉
> ⑤ 제1항 및 제2항에 따른 성희롱 예방 교육의 내용·방법 및 횟수 등에 관하여 필요한 사항은 대통령령으로 정한다. 〈개정 2017. 11. 28.〉
>
> **제14조(직장 내 성희롱 발생 시 조치)** ① 누구든지 직장 내 성희롱 발생 사실을 알게된 경우 그 사실을 해당 사업주에게 신고할 수 있다.
> ② 사업주는 제1항에 따른 신고를 받거나 직장 내 성희롱 발생 사실을 알게 된 경우에는 지체 없이 그 사실 확인을 위한 조사를 하여야 한다. 이 경우 사업주는 직장 내 성희롱과 관련하여 피해를 입은 근로자 또는 피해를 입었다고 주장하는 근로자(이하 "피

해근로자등"이라 한다)가 조사 과정에서 성적 수치심 등을 느끼지 아니하도록 하여야 한다.

③ 사업주는 제2항에 따른 조사 기간 동안 피해근로자등을 보호하기 위하여 필요한 경우 해당 피해근로자등에 대하여 근무장소의 변경, 유급휴가 명령 등 적절한 조치를 하여야 한다. 이 경우 사업주는 피해근로자등의 의사에 반하는 조치를 하여서는 아니 된다.

④ 사업주는 제2항에 따른 조사 결과 직장 내 성희롱 발생 사실이 확인된 때에는 피해근로자가 요청하면 근무장소의 변경, 배치전환, 유급휴가 명령 등 적절한 조치를 하여야 한다.

⑤ 사업주는 제2항에 따른 조사 결과 직장 내 성희롱 발생 사실이 확인된 때에는 지체 없이 직장 내 성희롱 행위를 한 사람에 대하여 징계, 근무장소의 변경 등 필요한 조치를 하여야 한다. 이 경우 사업주는 징계 등의 조치를 하기 전에 그 조치에 대하여 직장 내 성희롱 피해를 입은 근로자의 의견을 들어야 한다.

⑥ 사업주는 성희롱 발생 사실을 신고한 근로자 및 피해근로자등에게 다음 각 호의 어느 하나에 해당하는 불리한 처우를 하여서는 아니 된다.

1. 파면, 해임, 해고, 그 밖에 신분상실에 해당하는 불이익 조치
2. 징계, 정직, 감봉, 강등, 승진 제한 등 부당한 인사조치
3. 직무 미부여, 직무 재배치, 그 밖에 본인의 의사에 반하는 인사조치
4. 성과평가 또는 동료평가 등에서 차별이나 그에 따른 임금 또는 상여금 등의 차별 지급
5. 직업능력 개발 및 향상을 위한 교육훈련 기회의 제한
6. 집단 따돌림, 폭행 또는 폭언 등 정신적·신체적 손상을 가져오는 행위를 하거나 그 행위의 발생을 방치하는 행위
7. 그 밖에 신고를 한 근로자 및 피해근로자등의 의사에 반하는 불리한 처우

⑦ 제2항에 따라 직장 내 성희롱 발생 사실을 조사한 사람, 조사 내용을 보고 받은 사람 또는 그 밖에 조사 과정에 참여한 사람은 해당 조사 과정에서 알게 된 비밀을 피해근로자등의 의사에 반하여 다른 사람에게 누설하여서는 아니 된다. 다만, 조사와 관련된 내용을 사업주에게 보고하거나 관계 기관의 요청에 따라 필요한 정보를 제공하는 경우는 제외한다. [전문개정 2017.11.28.]

제14조의2(고객 등에 의한 성희롱 방지) ① 사업주는 고객 등 업무와 밀접한 관련이 있는 사람이 업무수행 과정에서 성적인 언동 등을 통하여 근로자에게 성적 굴욕감 또는 혐오감 등을 느끼게 하여 해당 근로자가 그로 인한 고충 해소를 요청할 경우 근무장소 변경, 배치전환, 유급휴가의 명령 등 적절한 조치를 하여야 한다. 〈개정 2017. 11. 28., 2020. 5. 26.〉

② 사업주는 근로자가 제1항에 따른 피해를 주장하거나 고객 등으로부터의 성적 요구 등에 따르지 아니하였다는 것을 이유로 해고나 그 밖의 불이익한 조치를 하여서는 아니 된다. 〈개정 2020. 5. 26.〉

이러한 위 5개 조문의 실효적인 집행을 위해 제37조 이하에 사업주에게 부과되는 벌칙을 규정하고 있다. 위반 행위의 유형과 경중에 따라, 과태료 500만 원

이하의 행정상 제재에서부터 3년 이하의 징역형이라는 형사처벌에 이르기까지 다양한 벌칙을 규정하고 있다.[20] 그러나 이러한 과태료 등 벌칙조항의 실효성 여부에 관한 문제제기도 있다. 사용자의 의무불이행에 대한 과태료 부과가 '허술하고 형식적'이기 때문에 성희롱 예방의무 등을 위반한 사용자에게 징벌적 손해배상제도 등을 통해 엄청난 액수의 배상액을 부과하는 미국의 경험을 검토할 필요가 있다는 주장도 있다.[21]

성희롱의 구체적인 행위유형으로 볼 수 있는 것은 가슴, 엉덩이 등 신체 부위를 만지는 행위, 부하 직원에게 안마를 강요하는 행위, 회식 자리에서 무리하게 옆에 앉혀 술을 따르게 하는 행위, 노래방 등에서 춤을 추면서 애무를 하는 행위, 음담패설을 하는 행위, 상대방을 성적 대상으로 하는 표현, 외설적인 표현물을 보여주는 행위 등 다양하다.[*] 그러나 '농담과 범죄'의 경계가 불분명하고, 남성 또는 여성 그 누구도 성희롱의 명확한 기준을 알기 어렵다는 비판도 있다. 이렇게 성희롱의 기준에 대한 논란이 있기는 하지만, 성희롱에 해당하는 행위를 한 사람은 형사 또는 행정상의 책임이나 민사상의 손해배상책임을 질 수 있다.

> * 노동부는 1999년 『성희롱행위 예시집』을 내면서 음란한 농담이나 언사, 외모에 대한 성적인 비유나 평가, 원하지 않는 신체접촉, 회식 야유회 자리에서 옆에 앉히거나 술을 따르도록 강요하는 행위 등을 성희롱으로 간주했다. '음란한 눈빛'이 성희롱에 속하느냐가 논란이 되었는데 이는 주관적인 특성이 다분하여 이는 성희롱의 항목에서 제외되었다.

┃ 대법원 1998. 2. 10. 선고 95다39533 판결(일명 '우 조교 사건' 혹은 '신 교수 사건')

성적 표현행위의 위법성 여부는 쌍방 당사자의 연령이나 관계, 행위가 행해진 장소 및 상황, 성적 동기나 의도의 유무, 행위에 대한 상대방의 명시적 또는 추정적인 반응의 내용, 행위의 내용 및 정도, 행위가 일회적 또는 단기간의 것인지 아니면 계속적인 것인지 여부 등의 구체적 사정을 종합하여, 그것이 사회공동체의 건전한 상식과 관행에 비추어 볼 때 용인될 수 있는 정도의 것인지 여부 즉 선량한 풍속 또는 사회질서에 위반되는 것인지 여부에 따라 결정되어야 한다.[22]

---

20) '직장 내 성희롱 예방 교육을 하지 아니한'(제13조 제1항) 사업주에게는 500만 원 이하의 과태료를, '직장 내 성희롱을 한' 경우(제12조 위반)에는 1천만 원 이하의 과태료를 부과한다. 또한 사업주가 '직장 내 성희롱 발생 사실을 신고한 근로자 및 피해근로자등에게 불리한 처우를 한 경우'(제14조 제6항 위반)에는 3년 이하의 징역 또는 3천만 원 이하의 벌금에 처한다.

21) 국미애, 『성희롱과 법의 정치』, 푸른 사상, 2004, 48쪽. "미국에서 사용자의 의무이행을 강제해 온 주요 방법은 경제적 비용의 부담과 '성희롱이 빈발하는 기업'이라는 사회적 낙인이다."

2) 성희롱 관련 판례

미국에서는 성희롱사건에 관한 사건이 많이 공론화되었고 관련 판례가 많이 발전되었는데, 클린턴 대통령에 의한 폴라 존스와 모니카 르윈스키 성희롱사건은 전 세계적으로 유명해진 바 있다. 또한 1991년 미국연방대법관 인준청문회에서 문제가 된 클라렌스 토마스에 의한 애니타 힐 성희롱 사건도 미국역사상 큰 성희롱 사건으로 기억될 수 있다.

우리나라에서의 직장 내 성희롱 사건으로는 이른바 '우 조교 사건' 또는 '신 교수 사건'이 유명한데 이는 6년간의 소송이 지속되는 동안 무수한 법적·사회적 논란을 불러일으킨 사건이다. 1992~93년에 S대 화학과의 실험실 조교로 일하던 우씨가 자신에 대한 재임용권을 가진 지도교수가 뒤에서 껴안는 듯한 자세를 취하고 머리를 만지는 등 원치 않는 신체 접촉과 '입방식을 하자'는 등의 발언으로 정신적 고통을 입었다며 5천만 원의 손해배상 청구소송을 제기하였다. 1994년 4월에 제1심인 서울지법은 "직장 내 근로자의 지휘·인사권을 갖고 있는 상사가 성과 관련된 언동으로 불쾌한 성적 굴욕감을 느끼게 한다면 법률상 책임을 져야 한다."며 3천만 원을 지급하라고 판결했다.

그러나 1995년 7월 항소심 재판부인 서울고법에서는 성희롱의 범위를 엄격히 봐야 한다는 취지로 가해자의 행동에 대해 법적 책임을 묻기 어렵다는 판결을 내렸다. 재판은 상고심으로 이어졌고 대법원은 성희롱의 개념을 "상대방의 인격권과 존엄성을 훼손하고 정신적 고통을 주는 정도라면 위법"이라며 사건을 서울고법으로 되돌려 보냈다. 결국 1999년 6월 서울고법은 우씨의 주장 중 일부를 인정, "재임용 추천권을 이용하여 계속적으로 성적 의도를 드러낸 언동을 했으며, 이는 사회통념상 허용되는 단순한 농담이나 호의적 언동의 수준을 넘어섰다."고 성희롱 책임을 인정하여 신 교수는 우 조교에게 500만 원을 지급하라는 판결을 내렸다.[*]

> * 우리나라에서 성희롱에 본격적인 주의를 기울이기 시작한 것은 이 사건으로부터이다. 종래 성희롱은 민법상의 불법행위로도 주목을 받지 못했지만, 이 사건을 계기로 성희롱은 민법상의 손해배상책임이 인정되어야 할 불법행위로 인식되기 시작했거니와, 이 사건이 가지는 더욱 중요한 의의는 우리나라 여성의 사회적 지위 및 남녀차별 문제에 관한 본격적 논의의 계기를 제공하였다는 점에 있다(김용세, "성희롱의 개념과 구제－성희롱과 강제추행의 한계", 『새울법학』 제3호, 대전대학교 법문화연구소, 1999, 133쪽).

---

22) 대법원 1998. 2. 10. 선고 95다39533.

> **대법원 1998. 2. 10. 선고 95다39533 판결('우 조교 사건' 또는 '신 교수 사건')**
>
> 피해자가 엔엠알 기기 담당 유급조교로서 정식 임용되기 전후 2, 3개월 동안, 가해자가 기기의 조작 방법을 지도하는 과정에서 피해자의 어깨, 등, 손 등을 가해자의 손이나 팔로 무수히 접촉하였고, 복도 등에서 피해자와 마주칠 때면 피해자의 등에 손을 대거나 어깨를 잡았고, 실험실에서 "요즘 누가 시골 처녀처럼 이렇게 머리를 땋고 다니느냐"고 말하면서 피해자의 머리를 만지기도 하였으며, 피해자가 정식 임용된 후에는 단둘이서 입방식을 하자고 제의하기도 하고, 교수연구실에서 피해자를 심부름 기타 명목으로 수시로 불러들여 위아래로 훑어보면서 몸매를 감상하는 듯한 태도를 취하여 피해자가 불쾌하고 곤혹스러운 느낌을 가졌다면, 화학과 교수 겸 엔엠알 기기의 총책임자로서 사실상 피해자에 대하여 지휘·감독관계에 있는 가해자의 위와 같은 언동은 분명한 성적인 동기와 의도를 가진 것으로 보여지고, 그러한 성적인 언동은 비록 일정 기간 동안에 한하는 것이지만 그 기간 동안만큼은 집요하고 계속적인 까닭에 사회통념상 일상생활에서 허용되는 단순한 농담 또는 호의적이고 권유적인 언동으로 볼 수 없고, 오히려 피해자로 하여금 성적 굴욕감이나 혐오감을 느끼게 하는 것으로서 피해자의 인격권을 침해한 것이며, 이러한 침해행위는 선량한 풍속 또는 사회질서에 위반하는 위법한 행위이고, 이로써 피해자가 정신적으로 고통을 입었음은 경험칙상 명백하다.[23]

성희롱과 관련된 법의 해석에서 주로 논의되는 것은 성희롱은 강제성이나 행위자의 성적 만족을 동반하여야만 하는가, 성희롱의 범위, 피해자의 성적 수치심을 요소로 하는가, 누구를 성희롱의 판단기준으로 할 것인가 등이다. 또한 성희롱의 피해자는 대개의 경우 여성이지만 남성도 피해자가 될 수 있으며, 동성에 의한 성희롱도 존재할 수 있다. 우리의 경우 아직은 동성 간 성희롱으로 알려진 사례는 없지만, 미국의 경우에는 동성 간 성희롱 사례를 찾을 수 있다. 즉, 옹클(Oncle)이 직장에서 상급자와 동료로부터 성희롱을 당해왔다고 주장하며 회사를 상대로 소송을 제기한 사건에서, 미국 연방대법원은 남성이 남성을 성희롱하는 경우에도 성희롱적 차별로 볼 수 있다고 판결하였다.[24] 직장 내에서 여성을 성희롱으로부터 보호하기 위해서 국가적 개입이 시작되었지만, 더 나아가 직장이나 공공기관 등에서 남녀를 불문하고 이성이나 동성에 의한 성희롱을 당하지 않을 권리로 발전하

---

23) 대법원 1998. 2. 10. 선고 95다39533.
24) Oncle v. Sundowner Offshore Servs. Inc., 최희경, "미연방대법원의 성희롱판결에 대한 연구", 『법학논집』, 제16권 제1호, 2011, 208쪽.

고 있다.

직장 내 성희롱에 관해서는 그 동안 주목할 만한 판결들이 있었다. 카드회사 지점장이 직장 여직원들을 성희롱하였다는 이유로 2회에 걸쳐 징계해고를 당하였는데, 지방노동위원회와 중앙노동위원회에 재심을 신청하였으나 기각 당하자 법원에 재심판정 취소소송을 제기한 사건이다. 법원에서도 1심에서는 청구가 기각되었으나, 2심에서는 이와 달리 성희롱은 인정되지만 이로 인한 징계해고는 징계권 남용에 해당한다는 이유로 중앙노동위원회의 재심판정을 취소하였다. 이어서 대법원에 상고가 제기되었는데, 대법원은 이 정도의 성희롱 가해자에 대한 해고를 징계권의 남용으로 볼 수 없다고 하여 2심판결을 파기 환송하였다.

> ### 대법원 2008. 7. 10. 선고 2007두22498 판결(직장 내 성희롱 행위자에 대한 징계해고의 정당성)
>
> 여직원들을 껴안거나 볼에 입을 맞추거나 엉덩이를 치는 등 강제추행 또는 업무상 위력에 의한 추행으로 인정될 정도의 성적 언동도 포함된 성희롱 행위로서, 객관적으로 상대방과 같은 처지에 있는 일반적이고도 평균적인 사람의 입장에서 보아 고용환경을 악화시킬 정도로 그 정도가 매우 심하다고 볼 수 있을 뿐 아니라, 한 지점을 책임지고 있는 지점장으로서 솔선하여 성희롱을 하지 말아야 함은 물론 같은 지점에서 일하는 근로자 상호간의 성희롱 행위도 방지해야 할 지위에 있음에도, 오히려 자신의 우월한 지위를 이용하여 자신의 지휘·감독을 받는 여직원 중 8명을 상대로 과감하게 14회에 걸쳐 반복적으로 행한 직장 내 성희롱이라고 할 것이므로 (중략) 이 사건 징계해직처분은 객관적으로 명백히 부당하다고 인정되지 않는다.

2007년 6월에는 소위 '초등학교 여교사 술 권유사건'에 대한 대법원의 판결이 나와 논란이 된 바 있었다. 이 사건에서는 직장 내 성희롱에서의 '성적 언동 등'의 의미 및 판단 기준에 관하여 논란이 되었다. 즉, 교사들의 회식 자리에서 교감이 여교사들에 대하여 교장에게 술을 따라 줄 것을 두 차례 권한 언행에 관한 것이다. 대법원은 이러한 술 권유가 그 경위나 정황, 발언자의 의도 등에 비추어 객관적으로나 일반적으로 여교사들로 하여금 성적 굴욕감이나 혐오감을 느끼게 하는 성적 언동에 해당하지 않는다고 판단하였다.

대법원 2007. 6. 14. 선고 2005두6461 판결(성희롱 결정처분 취소)

성희롱의 전제요건인 '성적 언동 등'이란 남녀 간의 육체적 관계나 남성 또는 여성의 신체적 특징과 관련된 육체적·언어적·시각적 행위로서 사회공동체의 건전한 상식과 관행에 비추어 볼 때 객관적으로 상대방과 같은 처지에 있는 일반적이고도 평균적인 사람으로 하여금 성적 굴욕감이나 혐오감을 느끼게 할 수 있는 행위를 의미하고, 위 규정상의 성희롱이 성립하기 위해서는 행위자에게 반드시 성적 동기나 의도가 있어야 하는 것은 아니지만, 당사자의 관계, 행위가 행해진 장소 및 상황, 행위에 대한 상대방의 명시적 또는 추정적인 반응의 내용, 행위의 내용 및 정도, 행위가 일회적 또는 단기간의 것인지 아니면 계속적인 것인지 여부 등의 구체적 사정을 참작하여 볼 때, 객관적으로 상대방과 같은 처지에 있는 일반적이고도 평균적인 사람으로 하여금 성적 굴욕감이나 혐오감을 느낄 수 있게 하는 행위가 있고, 그로 인하여 행위의 상대방이 성적 굴욕감이나 혐오감을 느꼈음이 인정되어야 한다. 따라서 객관적으로 상대방과 같은 처지에 있는 일반적이고도 평균적인 사람으로 하여금 성적 굴욕감이나 혐오감을 느끼게 하는 행위가 아닌 이상 상대방이 성적 굴욕감이나 혐오감을 느꼈다는 이유만으로 성희롱이 성립할 수는 없다.

2018년 4월에는 제자를 상습적으로 성희롱한 이유로 해임된 대학교수의 상고심에서 해임처분을 취소하라고 한 2심 판결을 파기하면서, 법원이 성희롱 여부를 판단할 때에는 일반적이고 평균적인 사람이 아니라 피해자 입장에서 판단해야 한다는 취지의 판결을 내려 주목을 받았다.

대법원 2018. 4. 12. 선고 2017두74702 판결[교원소청심사위원회결정취소]

성희롱이 성립하기 위해서는 행위자에게 반드시 성적 동기나 의도가 있어야 하는 것은 아니지만, 당사자의 관계, 행위가 행해진 장소 및 상황, 행위에 대한 상대방의 명시적 또는 추정적인 반응의 내용, 행위의 내용 및 정도, 행위가 일회적 또는 단기간의 것인지 아니면 계속적인 것인지 등의 구체적 사정을 참작하여 볼 때, 객관적으로 상대방과 같은 처지에 있는 일반적이고도 평균적인 사람으로 하여금 성적 굴욕감이나 혐오감을 느낄 수 있게 하는 행위가 있고, 그로 인하여 행위의 상대방이 성적 굴욕감이나 혐오감을 느꼈음이 인정되어야 한다. (중략) 법원이 성희롱 관련 소송의 심리를 할 때에는 그 사건이 발생한 맥락에서 성차별 문제를 이해하고 양성평등을 실현할 수 있도록 '성인지 감수성'을 잃지 않아야 한다(양성평등기본법 제5조 제1항 참조). 그리하여 우리 사회의 가해자 중심적인 문화와 인식, 구조 등으로 인하여 피해자가 성희롱 사실을 알리고 문제를 삼는 과정에서 오히려 부정적 반응이나 여론, 불이익한 처우 또는 그로 인한 정신적 피해 등에 노출되는 이른바 '2차 피해'를 입을 수 있다는 점을 유념하여야 한다. 피해자는 이러한 2차 피해에 대한 불안감이나 두려움으로 인하여 피해를 당한 후에도 가해자와 종전의 관계를 계속 유지하는 경우도 있고, 피해사실을 즉시 신고하지 못하다가 다른 피해자 등 제3자가 문제를 제기하거나 신고를 권유한 것을 계기로 비로소 신고를 하는 경우도 있으며, 피해사실을 신고한 후에도 수사기관이나 법원에서 그에 관한 진술에 소극적인 태도를 보이는 경우도 적지 않다. 이와 같은 성희롱 피해자가 처하여 있는 특별한 사정을 충분히 고려하지 않은 채 피해자 진술의 증명력을 가볍게 배척하는 것은 정의와 형평의 이념에 입각하여 논리와 경험의 법칙에 따른 증거판단이라고 볼 수 없다. (중략) 우리 사회 전체의 일반적이고 평균적인 사람이 아니라 피해자들과 같은 처지에 있는 평균적인 사람의 입장에서 성적 굴욕감이나 혐오감을 느낄 수 있는 정도였는지를 기준으로 심리·판단하였어야 옳았다.

2018년의 판결을 공보하면서 대법원은 "이번 판결은 향후 전국 법원의 모든 성희롱 사건에서 중요한 판단기준이 될 것"이라고 하였다.[25] 대법원의 이와 같은 새로운 성희롱 판단기준에 따르면, 앞으로는 "우리 사회 전체의 일반적이고 평균적인 사람"이 아니라 "피해자들과 같은 처지에 있는 평균적인 사람"의 입장에서 성적 굴욕감이나 혐오감을 느낄 수 있는 정도였는지를 기준으로 판단되어질 것이다.

성희롱의 개념과 의미를 밝히려는 법령과 판례에도 불구하고, 현실세계에 있어서의 성희롱 행위 유형은 매우 다양하기 때문에, 어떠한 행위가 '성희롱'에 해당되는지에 관한 기준과 판단은 명확하지 않다. 또한 성희롱이 개방된 공간보다는 은밀하고 폐쇄된 공간에서 발생하기 때문에 제3자의 증언을 확보하기도 어렵고 확실한 증거가 존재하기도 어렵다. 이러한 이유로 국가인권위원회나 법원은 성희롱에 대한 명확하고 일관된 기준을 제시하기가 곤란한 것이다. 그러나 여러 성희롱 사건과 판례 등을 통하여, 어떠한 행위가 성희롱에 해당되는지에 대하여 알 수 있게 되었다. 향후에는 「남녀고용평등과 일·가정양립지원에 관한 법률」, 「국가인권위원회법」, 「여성발전기본법」의 성희롱 관련 규정을 통합하고, 성희롱 관련 법령의 명확성, 실효성, 체계성의 문제를 개선해야 한다.[26]

---

25) <조선일보>, 2018. 4. 14.
26) 홍완식, "성희롱 관련법에 대한 입법평론", 『법제』, 법제처, 2013. 8. 참조.

4. 스 토 킹

1) 스토킹 일반론

현재 우리나라에서는 스토킹(stalking)을 범죄시하여 처벌하는 법률 규정을 두고 있지 않기 때문에, 스토킹이 무엇을 의미하는지에 관한 법률적 정의는 존재하지 않는다. 그러나 일반적으로 스토킹이란, 의도적으로 타인을 반복적으로 추근대거나 괴롭힘을 의미한다. 스토킹에는 전화(침묵전화, 음란전화, 협박전화), 편지, 이메일, 팩스, 선물, 미행, 감시, 방문, 기물파손, 납치, 위협, 폭력행위, 소문내기 등등의 다양한 행위가 포함된다.

한국형사정책연구원의 조사에 의하면 16세 이상 60세 미만의 수도권 거주 인구의 5.4%(여성 6.6%, 남성 4.2%)가 최근 1년간 스토킹 피해경험이 있는 것으로 나타나고 있는 것처럼,[27] 발생건수와 그 행위의 심각성이 점차 증대하고 있다. 오프라인 공간에서의 스토킹도 문제지만 특히 온라인 공간에서의 스토킹은 가해자의 익명성과 스토킹 피해범위의 광범성으로 인하여 더욱 큰 사회문제화되고 있다. 특히, 온라인 공간에서의 스토킹으로 인하여 유명 연예인이 자살을 한 사건이 몇 건 발생하여, 스토킹이 문제된 바 있다. 스토킹은 행위유형이나 동기 등에 있어서 성범죄자와 공통성이 없다고 할 수도 있지만, 변태적 동기나 성적인 집착을 가지고 행해지기도 한다.

통계에 따르면 스토커는 주로 남성(75%)이며, 특히 피해자가 여성일 경우에는 남성 스토커(90%)일 경우가 대부분으로 스토킹의 일정 부분은 성범죄로서의 성격도 띠고 있다. 스토킹의 행위유형은 미국의 경우 인터넷 26%, 재물파괴·침입폭력이 60%이고, 일본의 경우 전화·서면이 80%, 미행·잠복·기다림이 51%이다. 한국의 경우 1999년 조사에서는 전화 73.2%, 미행·잠복·기다림 35%, PC통신 7%였고, 2000년 조사에서는 전화·편지·선물 78.5%, PC통신 7.7%였으며, 2006년의 조사에서는 전화·편지·선물 61.1%, 기다림 16.7%, PC통신 11.1%이고, 2010년의 조사에서는 전화·문자 68.3%, 미행·잠복·기다림 63.4%였다.[28]

스토킹으로 지칭되는 행위들은 심각한 사회문제로서 뿐만 아니라 스토킹 행위

---

27) 박철현, "스토킹의 실태와 대책에 관한 연구", 한국형사정책연구원, 2000. 참조.
28) 곽영길·임유석·송상욱, "스토킹의 특징에 관한 연구—미국·일본·한국의 스토킹 현황을 중심으로", 『한국범죄심리연구』, 제7권 제3호, 2011, 67쪽.

의 대상자들에게는 심각한 피해를 초래하는 범죄행위로 인식되었다. 특히 스토킹 행위는 물리적이고 언어적인 폭력뿐만 아니라 정신적인 폭력도 포함하는 경우가 많아서, 기존의 형법을 적용하여 처벌하기는 곤란하기 때문에 스토킹 행위를 처벌 하는 특별법을 제정하자는 의견이 있었다.

일반적으로 스토킹 행위의 요건은 첫째 상대의 의사와는 전혀 관계없는 일방 적 행위일 것, 둘째 본인이 원치 않는 행위가 지속적·반복적·의도적으로 행해질 것, 셋째 통상의 판단능력을 지닌 사람이라면 누구나 자신 또는 가족의 생명, 신 체의 안전에 위협을 느낄 만한 행위 등으로 구성된다.[29] 이러한 스토킹 행위 중에 는 현행법 특히 형법으로 처벌되는 경우도 있다. 즉, 스토킹 행위에 따라 협박죄(「형 법」 제283조), 명예훼손죄(「형법」 제307조), 모욕죄(「형법」 제311조), 주거침입죄(「형법」 제319조) 등으로 처벌될 수 있다. 그러나 스토킹이 폭행과 같은 범죄행위로 나타나 기 이전에 따라다니고 괴롭히는 행위에 머물러 있는 한 처벌하거나 규제하기 어 렵다. 또한 형법을 적용하여 스토킹 행위를 처벌할 수 있는 시점에서는 이미 피해 자가 심각한 피해를 입은 경우일 것이기 때문에 현행법으로 스토킹을 규제하거나 예방하는 것은 불가능하다.[30] 이처럼, 단순히 따라다닌다거나 선물을 계속 보낸다 거나 침묵전화를 한다거나 하는 스토킹 행위를 현행 형법 등으로 처벌하기는 곤 란하기 때문에 스토킹을 처벌하는 입법의 필요성이 제기된다.

미국에서는 1989년 레베카 쉐퍼(Rebecca Schaeffer)라는 유명 여배우가 극렬 팬 에게 살해된 사건을 계기로 1990년 캘리포니아 주를 시작으로 반스토킹법(일반적 으로는 Anti-stalking statutes, 구체적으로는 California Penal Code Section 646.9)이 제 정[31]된 이후에, 50개 주 모두에서 스토킹을 처벌하는 법률이 제정되었다.[32] 영국 에서는 1996년에 제출된 스토킹처벌법안(Stalking Bill)이 통과되지는 않았지만, 1997년에 'Protection from Harrassment Act 1997'이 제정되어 스토킹과 같은 행 위를 처벌하고 있다. 일본에서는 「스토커 행위 등 규제 등에 관한 법률」이 2000 년 5월에 제정되어 스토킹 행위를 처벌하고 있다. 독일에서는 2007년에 「형법」

---

29) 이건호·김은경·황지태, 『스토킹 피해실태와 입법쟁점에 관한 연구』, 여성부, 2002, 29쪽, 56쪽.
30) 김학태, "독일과 한국에서의 스토킹 규제에 관한 비교법적 고찰", 『EU연구』, 제28호, 2010, 190쪽.
31) 문성제, 앞의 책, 256쪽.
32) 박상열, "미국의 스토킹금지법에 대한 연구", 『비교형사법연구』, 제5권 제1호, 2003, 724쪽.

제238조에 스토킹(Nachstellung)을 신설하여, 정당한 이유없이 지속적으로 따라다니는 행위를 처벌하고 있다.[33]

우리나라의 경우, 2000년 11월에 가수 김창완 씨에게 스토킹을 한 사람에게 「폭력행위 등 처벌에 관한 법률」에 따라 징역 1년이 선고된 적이 있고, 2006년 9월에는 MC 강병규 씨에게 스토킹을 한 사람에게 「형법」상의 무고죄가 적용되어 징역 1년이 선고된 적이 있으며, 스토킹에 시달리다가 자살을 한 연예인의 경우도 있었다. 인기 연예인에게 가해지는 스토킹 행위는 사회적인 주목을 받았고 공론화되어 스토커의 일부는 처벌되기도 하였지만, 많은 스토킹 행위는 조사되거나 처벌되지 않기 때문에 피해자들이 더욱 고통스러워하기도 한다. 5일간 2,056번에 걸쳐 전화를 하거나 문자메시지를 보내는 등의 행위로 구속수사를 당한 사례[34]나 한 여성을 17년 동안이나 쫓아다니며 이메일 발송, 전화, 방문을 하여 괴롭히다가 결국에는 어깨를 밀어 바닥에 넘어뜨리는 폭행으로 기소되어 징역 10개월의 형을 선고받은 사례[35]도 보도되었다.

2) 스토킹행위의 처벌을 위한 입법적 노력

제15대 국회인 1999년 5월에 처음으로 '스토킹처벌에 관한 특례법안'이 발의되었다가 15대 국회의 임기 만료로 폐기되었고, 16대 국회인 2003년 10월의 '스토킹방지 법안'과 2005년 11월에 발의된 '지속적 괴롭힘 행위의 처벌에 관한 특례법안'도 임기만료로 폐기되었다.

▎ 법률안(1999년)

스토킹처벌에 관한 특례법안 제2조(정의) 이 법에서 '스토킹'이라 함은 특정한 사람을 그 의사에 반하여 반복적으로 미행하거나 편지, 전화, 모사전송기, 컴퓨터통신 등을 통해 반복하여 일방적으로 말이나 글 또는 사진이나 그림을 전달함으로써 심각한 공포심이나 불안감을 유발하는 행위를 말한다.

제3조(스토킹죄) 다음 각호의 자에 대하여는 2년 이하의 징역 또는 500만 원 이하의 벌금에 처한다.
 1. 특정한 사람을 그 의사에 반하여 반복적으로 미행하여 특정한 사람 또는 그 가족에

---

33) 김성룡, "독일의 '스토킹행위의 처벌에 관한 법률'의 고찰", 『형사정책연구』, 제72권, 2007, 136쪽.
34) <조선일보>, 2006. 5. 23.
35) <조선일보>, 2007. 8. 9.

게 심각한 공포심이나 불안감을 유발하는 행위를 한 자 다만, 수사기관의 범죄수사 등 다른 법률의 규정에 의하여 허용된 경우에는 그러하지 아니하다.
2. 편지, 전화, 모사전송기, 컴퓨터통신 등을 통해 반복하여 일방적으로 말이나 글을 전달하여 특정한 사람 또는 그 가족에게 심각한 공포심이나 불안감을 유발하는 행위를 한 자

법률안(2003년)

스토킹방지법안 제2조(정의) 이 법에서 '스토킹'이라 함은 당사자가 거부하거나 싫어함에도 정당한 사유 없이 특정인에게 다음 각호의 1에 해당하는 행위로 당사자나 그 가족에게 공포감이나 불안감을 유발하거나 정신적 · 신체적으로 고통을 주는 것을 말한다.
1. 특정한 사람을 반복적으로 미행하거나 추적하는 것
2. 편지 · 전화 · 모사전송기(模寫電送機) · 컴퓨터통신 또는 그 밖의 통신수단을 이용하여 특정한 사람에게 일방적으로 말이나 글을 반복적으로 전달하는 것
3. 특정한 물건을 반복적으로 전달하는 것

법률안(2005년)

지속적 괴롭힘 행위의 처벌에 관한 특례법안 (이 법률안은 '스토킹 등 대인공포 유발행위의 처벌에 관한 특례법안'으로 발의되었으나, 철회된 후 제목과 일부 내용이 변경되어 다시 발의되었다.)

제2조(정의) 이 법에서 지속적 괴롭힘 행위(이하 '스토킹'이라 한다)라 함은 특정인에게 정당한 이유 없이 다음 각호의 어느 하나에 해당하는 행위를 시도하여 특정인 또는 특정인의 배우자, 직계존속, 동거친족 또는 특정인과 사회생활상 밀접한 관계를 갖는 자에게 불안 · 공포를 유발시킬 수 있는 행위를 말한다.
1. 상대방이 원하지 아니함에도 2회 이상 접근을 시도하여 면회나 교제를 요구하는 행위
2. 상대방의 의사에 반하여 일방적인 글이나 사진, 그림 또는 물건 등을 피해자에게 2회 이상 보내거나 전송하는 행위
3. 상대방이 감시받고 있다는 인식을 할 수 있도록 묵시적인 위협이 될 수 있는 행동이나 표현을 2회 이상 반복하는 행위
4. 상대방이 원하지 않았거나 거부함에도 불구하고 2회 이상 반복적으로 전화 걸기, 지속적으로 따라다니기, 잠복하여 기다리기, 진로에 막아서기, 주거 · 근무처 · 학교 등 상대방이 통상 소재하는 장소 부근에서 지켜보는 행위

스토킹행위의 범죄구성 요건 중에서 피해자 또는 그 가족의 공포심이나 불안감 유발과 같은 주관적 요소가 포함됨으로써 죄형 법정주의, 법률 명확성 원칙과의 관계에서 문제의 소지가 있다는 점 때문에 스토킹의 범죄화를 반대하는 논거가 있었다. 이러한 반대론의 이유는 협박행위 등이 현행 형법으로 처벌될 수 있으

며 불안감 조성, 과다 노출, 장난전화, 괴롭힘메일 발송행위 등은 「경범죄처벌법」이나 「정보통신망 이용촉진 및 정보보호 등에 관한 법률」* 등으로 처벌될 수 있다는 것이었다.

2009년 1월 9일에 또 다시 스토킹 행위를 처벌하고 방지하기 위한 '스토킹 처벌 및 방지에 관한 법률안'이 발의되었으나, 2012년 5월에 제18대 국회의 임기만료로 폐기되었다.

▌법률안(2009년)

스토킹 처벌 및 방지에 관한 법률안 제2조(정의) 이 법에서 사용하는 용어의 정의는 다음과 같다.
1. '스토킹'이란 당사자의 의사에 반하여 다음 각 목의 어느 하나에 해당하는 행위를 하는 것을 말한다.
가. 정당한 이유 없이 지속적 · 반복적으로 접근하거나 미행하는 행위
나. 주거지 · 근무지학교 등 특정인이 일상적으로 활동하는 장소 및 그 인근지역에서 지속적 · 반복적으로 지켜보거나 통행로에서 있는 행위
다. 전화 · 편지 · 모사전송기 · 컴퓨터통신 또는 「정보통신망 이용촉진 및 정보보호 등에 관한 법률」 제2조 제1항 제1호의 정보통신망을 이용하여 지속적 · 반복적으로 자신의 의사를 전달하거나 특정한 사진 · 그림 또는 문자를 보내는 행위
라. 본인이나 제3자를 통하여 특정 물건, 그림 또는 사진 등을 반복적으로 보내는 행위

*「경범죄 처벌법」(2013년 3월 22일 시행) 제1조 19호(불안감 조성) 정당한 이유 없이 길을 막거나 시비를 걸거나 주위에 모여들거나 뒤따르거나 또는 몹시 거칠게 겁을 주는 말 또는 행동으로 다른 사람을 불안하게 하거나 귀찮고 불쾌하게 한 사람 또는 여러 사람이 이용하거나 다니는 도로 · 공원 등 공공장소에서 고의로 험악한 문신을 노출시켜 타인에게 혐오감을 준 사람, 33호(과다 노출) 여러 사람의 눈에 뜨이는 곳에서 공공연하게 알몸을 지나치게 내놓거나 가려야 할 곳을 내놓아 다른 사람에게 부끄러운 느낌이나 불쾌감을 준 사람, 40호(장난전화 등) 정당한 이유 없이 다른 사람에게 전화 · 문자메시지 · 편지 · 전자우편 · 전자문서 등을 여러 차례 되풀이하여 괴롭힌 사람. 41호(지속적 괴롭힘) 상대방의 명시적 의사에 반하여 지속적으로 접근을 시도하여 면회 또는 교제를 요구하거나 지켜보기, 따라다니기, 잠복하여 기다리기 등의 행위를 반복하여 하는 사람 「정보통신망 이용촉진 및 정보보호 등에 관한 법률」 제44조의7(불법정보의 유통금지 등) 제1항 3호: 공포심이나 불안감을 유발하는 부호 · 문언 · 음향 · 화상 또는 영상을 반복적으로 상대방에게 도달하도록 하는 내용의 정보

이렇듯 스토킹과 관련한 여러 번의 입법시도가 무산되었으며, 우리나라에서 독자적인 스토킹방지법은 입법되기 쉽지 않은 것처럼 보였다. 따라서 2012년 3월 21일에는 경범죄처벌법이 개정되어 이전에는 없던 '지속적 괴롭힘'을 처벌하는 규정이 신설되어, 1년의 준비기간을 거쳐 2013년 3월 22일부터 시행되었다. 즉, 「경범죄처벌법」 제1조 41호(지속적 괴롭힘)에는 "상대방의 명시적 의사에 반하여 지속

적으로 접근을 시도하여 면회 또는 교제를 요구하거나 지켜보기, 따라다니기, 잠복하여 기다리기 등의 행위를 반복하여 하는 사람"은 10만 원 이하의 벌금, 구류 또는 과료의 형으로 처벌된다. 비록 본격적인 스토킹처벌법은 아니지만, 지속적인 스토킹을 하는 사람을 처벌할 법적 근거가 마련되었다는 점에서 경범죄처벌법의 개정은 의미가 있다.

경범죄처벌법의 개정을 통한 스토킹 처벌근거의 마련에도 불구하고, 제19대 국회에서는 스토킹 관련 입법이 다시 발의되었다. 2012년 8월 27일에 이낙연 의원에 의하여 '스토킹 처벌 및 피해자 보호에 관한 법률안'이 발의되었고, 2013년 6월 19일에는 김제남 의원에 의하여 '스토킹방지법안'이 발의되었다.[36) 제20대 국회에서는 2018년 5월 10일에 정부가 '스토킹범죄의 처벌 등에 관한 법률안'을 입법예고[37)하고 국회에 제출하였으나, 이 법안도 제20대 국회의 임기만료로 폐기되었다. 제21대 국회에 들어와서는 국회의원들이 8건의 스토킹 관련 법안을 발의하였고, 정부는 2020년 12월 30일에 '스토킹범죄의 처벌 등에 관한 법률안'을 이전과 비슷한 내용으로 국회에 제출하였다.[38)

▌ 스토킹범죄의 처벌 등에 관한 법률안(2021년)

1. 스토킹범죄의 정의(안 제2조 제1호)

피해자의 의사에 반하여 정당한 이유 없이 지속적 또는 반복적으로 피해자에게 접근하거나 따라다니거나 진로를 막아서는 행위, 주거·직장·학교, 그 밖에 일상적으로 생활

---

36) 2012년과 2013년의 두 법률안의 제1조(목적)는 한 치의 오차도 없이 동일하고, 스토킹을 정의하고 있는 제2조(정의)도 거의 동일할 정도로 유사하다. 이 두 법률안은 2009년 1월 9일에 김재균 의원에 의하여 발의된 '스토킹처벌 및 방지에 관한 법률안'과 놀랍도록 일치한다.

37) 제안이유: 최근 스토킹으로 인하여 정상적인 일상생활이 어려울 만큼 정신적 신체적 피해를 입는 사례가 증가하고, 초기에 가해자 처벌 및 피해자에 대한 보호조치가 이루어지지 않아 스토킹이 폭행, 살인등 신체 또는 생명을 위협하는 강력범죄로 이어져 사회 문제가 되고 있음. 이에 스토킹을 범죄로 명확히 규정하고 가해자 처벌 및 그 절차에 관한 특례와 스토킹범죄 피해자에 대한 각종 보호절차를 마련하여 범죄 발생 초기 단계에서부터 피해자를 보호하고, 스토킹이 더욱 심각한 범죄로 이어지는 것을 방지하여 건강한 사회 질서의 확립에 이바지하고자 함.

38) 제안이유: 최근 스토킹으로 인하여 정상적인 일상생활이 어려울 만큼 정신적·신체적 피해를 입는 사례가 증가하고, 범행 초기에 가해자 처벌 및 피해자에 대한 보호조치가 이루어지지 아니하여 스토킹이 폭행, 살인 등 신체 또는 생명을 위협하는 강력범죄로 이어져 사회 문제가 되고 있음. 이에 따라 스토킹이 범죄임을 명확히 규정하고 가해자 처벌 및 그 절차에 관한 특례와 스토킹범죄 피해자에 대한 각종 보호절차를 마련하여 범죄 발생 초기 단계에서부터 피해자를 보호하고, 스토킹이 더욱 심각한 범죄로 이어지는 것을 방지하여 건강한 사회질서의 확립에 이바지하려는 것임.

하는 장소 또는 그 부근에서 기다리거나 지켜보는 행위, 우편·전화·정보통신망 등을 이용하여 물건이나 글·말·그림·부호·영상·화상을 도달하게 하는 등의 행위를 하여 불안감 또는 공포심을 일으키는 것을 스토킹범죄로 정의함.

2. 스토킹범죄에 대한 응급조치 등(안 제3조 및 제5조)

1) 사법경찰관리는 진행 중인 스토킹범죄에 대하여 스토킹범죄 신고를 받은 즉시 현장에 나가 스토킹행위를 제지하고, 향후의 스토킹행위를 금지함을 통보하며, 잠정조치 요청 절차 등을 피해자에게 안내하는 등의 조치를 하도록 함.

2) 경찰서장은 스토킹범죄가 발생할 우려가 있다고 인정하면 스토킹범죄를 저지를 우려가 있는 사람에게 지방법원 판사의 승인을 받아 피해자가 될 우려가 있는 사람이나 그 주거 등으로부터 100미터 이내의 접근 금지나 피해자가 될 우려가 있는 사람에 대한 전기통신을 이용한 접근 금지 조치를 할 수 있도록 함.

3) 경찰서장은 스토킹범죄가 발생할 우려가 있으나 긴급을 요하여 지방법원 판사의 승인을 받을 수 없는 때에는 직권으로 또는 신고자 등의 요청에 따라 긴급응급조치를 할 수 있도록 함.

3. 잠정조치의 청구 및 결정(안 제8조 및 제9조)

1) 검사는 스토킹범죄가 재발될 우려가 있다고 인정하는 경우 직권으로 또는 사법경찰관의 신청에 의하여 법원에 잠정조치를 청구할 수 있도록 함.

2) 법원은 피해자 보호를 위하여 필요하다고 인정하는 경우 피해자나 그 주거 등으로부터 100미터 이내의 접근 금지, 피해자에 대한 전기통신을 이용한 접근 금지나 유치장 또는 구치소에 유치하는 것 등을 내용으로 하는 잠정조치 결정을 할 수 있도록 함.

4. 스토킹범죄 전담 검사 및 전담 사법경찰관 지정(안 제17조)

검찰총장은 각 지방검찰청 검사장에게 스토킹범죄 전담 검사를 지정하도록 하고, 경찰청장은 각 경찰서장에게 스토킹범죄 전담 사법경찰관을 지정하도록 하여 스토킹범죄에 대한 전문적 대응 및 수사가 이루어질 수 있도록 함.

5. 스토킹범죄에 대한 벌칙(안 제18조)

스토킹범죄를 저지른 사람을 3년 이하의 징역 또는 3천만원 이하의 벌금에 처할 수 있도록 하고, 흉기 또는 그 밖의 위험한 물건을 휴대하거나 이용하여 스토킹범죄를 저지른 사람을 5년 이하의 징역 또는 5천만원 이하의 벌금에 처할 수 있도록 함.

스토킹 행위에 대한 법률적 대책으로서 스토킹 행위자에 대한 처벌 규정을 만드는 것과 아울러 경고나 금지명령 등의 스토킹 예방조치의 근거를 마련하고, 스토커에게는 상담 및 치료조치를 강제할 수 있고 스토킹 피해자에게는 보호 및 원조 제도를 마련하여야 한다는 제안이 있었다.[39] 2005년에 발의되었던 '지속적 괴롭힘 행위의 처벌에 관한 특례법안'에는 스토킹피해센터를 설치하여, 스토킹으로

---

39) 박철현, 앞의 책, 107쪽.

인한 피해자의 보호 및 상담, 효과적인 스토킹 피해의 방지, 가해자에 대한 재발
방지교육 등의 업무를 담당시키자는 내용이 있다. 또한 2009년에 발의된 '스토킹
처벌 및 방지에 관한 법률안'에도 신변안전조치, 오프라인과 온라인에서의 접근금
지 등 임시조치, 접근금지 · 보호관찰 · 사회봉사 · 수강명령 · 상담 · 치료 등의 보
호처분에 관한 내용을 담고 있는 점은 주목할 만하다. 2018년에 정부가 입법예고
한 '스토킹범죄의 처벌 등에 관한 법률안'에는 응급조치나 잠정조치, 긴급잠정조치
등도 효과적인 반스토킹 대책이라 볼 수 있다.

또한 문자나 전화, 이메일을 통한 스토킹의 사례가 많아지고 있는 현상과 관련
하여, '연락금지명령' 제도를 주요 정책수단으로 하는 법률의 제정은 의미가 있다
고 본다. 스토킹 피해자로 부터의 연락금지명령 신청, 연락금지명령 위반의 횟수
와 정도에 따른 가해자에 대한 제재(경한 경우에는 사회봉사나 수강명령, 중한 경우와
반복되는 경우에는 치료나 처벌)를 한 내용으로 하는 법률의 제정은 입법에 대한 사
회적 요청에도 부응하는 것이라 생각된다. 피해자가 싫어하거나 두려워하는 문자
나 전화, 이메일의 의도나 피해를 입증할 필요 없이 법적 제재를 가할 수 있고,
이를 통해 문자 등의 발송행위를 억제하는 법적 효과를 가져 올 수 있다.

3) 스토킹 가해자 처벌법과 스토킹 피해자 보호법의 제정 · 시행

2021년 4월 20일에 드디어 「스토킹범죄의 처벌 등에 관한 법률」이 제정되어
같은 해 10월 21일부터 시행되고 있으며, 2023년 1월 17일에는 「스토킹방지 및
피해자보호 등에 관한 법률」이 제정되어 같은 해 7월 18일부터 시행되고 있다.

▌스토킹범죄의 처벌 등에 관한 법률(2021년)의 주요 내용

1. 상대방의 의사에 반하여 정당한 이유 없이 피해자에게 접근하거나 따라다니거나 진
   로를 막아서는 행위, 주거 · 직장 · 학교, 그 밖에 일상적으로 생활하는 장소 또는 그
   부근에서 기다리거나 지켜보는 행위, 우편 · 전화 · 정보통신망 등을 이용하여 물건이
   나 글 · 말 · 부호 · 음향 · 그림 · 영상 · 화상을 도달하게 하는 행위, 직접 또는 제3자
   를 통하여 물건등을 도달하게 하거나 주거등 또는 그 부근에 물건등을 두는 행위,
   주거등 또는 그 부근에 놓여져 있는 물건등을 훼손하는 행위를 하여 불안감 또는
   공포심을 일으키는 것을 스토킹행위로 정의하고, 지속적 또는 반복적으로 스토킹행
   위를 하는 것을 스토킹범죄로 정의함(제2조제1호 및 제2호).
2. 사법경찰관리는 진행 중인 스토킹행위에 대하여 신고를 받은 즉시 현장에 나가 스
   토킹행위를 제지하고, 향후 스토킹행위의 중단을 통보하며, 잠정조치 요청 절차 등

을 피해자에게 안내하는 등의 조치를 하도록 함(제3조).

3. 사법경찰관은 스토킹범죄가 발생할 우려가 있고 그 예방을 위하여 긴급을 요하는 경우 직권으로 또는 스토킹행위의 상대방이나 그 법정대리인 등의 요청에 따라 스토킹행위의 상대방이나 그 주거 등으로부터 100미터 이내의 접근 금지나 스토킹행위의 상대방에 대한 전기통신을 이용한 접근 금지 조치를 할 수 있도록 함(제4조).

4. 검사는 스토킹범죄가 재발될 우려가 있다고 인정하는 경우 직권으로 또는 사법경찰관의 신청에 의하여 법원에 잠정조치를 청구할 수 있도록 하고, 법원은 스토킹범죄의 원활한 조사 · 심리 또는 피해자 보호를 위하여 필요하다고 인정하는 경우 피해자나 그 주거 등으로부터 100미터 이내의 접근 금지, 피해자에 대한 전기통신을 이용한 접근 금지나 유치장 또는 구치소에 유치하는 것 등을 내용으로 하는 잠정조치 결정을 할 수 있도록 함(제8조 및 제9조).

5. 검찰총장은 각 지방검찰청 검사장에게 스토킹범죄 전담 검사를 지정하도록 하고, 경찰관서의 장은 스토킹범죄 전담 사법경찰관을 지정하여 스토킹범죄에 대한 전문적 대응 및 수사가 이루어질 수 있도록 함(제17조).

6. 스토킹범죄를 저지른 사람을 3년 이하의 징역 또는 3천만원 이하의 벌금에 처할 수 있도록 하고, 흉기 또는 그 밖의 위험한 물건을 휴대하거나 이용하여 스토킹범죄를 저지른 사람을 5년 이하의 징역 또는 5천만원 이하의 벌금에 처할 수 있도록 함(제18조).

▌스토킹방지 및 피해자보호 등에 관한 법률(2023년)의 주요 내용

1. 이 법은 스토킹범죄를 예방 · 방지하고 피해자를 보호 · 지원함으로써 인권증진에 이바지함을 목적으로 하고, 스토킹, 스토킹행위자, 피해자의 뜻을 정의함(제1조 및 제2조).

2. 스토킹범죄 예방 · 방지와 피해자 보호 · 지원을 위한 스토킹 신고체계의 구축 · 운영 등 국가와 지방자치단체의 책무를 규정함(제3조).

3. 여성가족부장관은 3년마다 스토킹에 대한 실태조사를 실시하도록 하고, 국가기관과 지방자치단체 등은 스토킹의 예방과 방지를 위하여 스토킹 예방교육을 실시할 수 있도록 하되, 수사기관의 장은 업무 관련자를 대상으로 필요한 교육을 실시하도록 함(제4조 및 제5조).

4. 피해자 등에 대하여 금지되는 불이익조치의 내용을 구체적으로 규정하고, 피해자를 고용하고 있는 자는 피해자의 요청이 있으면 업무 연락처 및 근무 장소의 변경 등의 적절한 조치를 할 수 있도록 함(제6조).

5. 피해자 등을 보호 · 지원하기 위한 지원시설을 설치 · 운영할 수 있도록 하고, 지원시설 종사자 등의 자격기준, 교육 관련 내용을 규정함(제8조-제11조).

6. 피해자 지원시설의 장은 피해자 등이 밝힌 의사에 반하여 지원업무를 할 수 없도록 하고, 피해자 지원시설의 장 등이 직무상 알게 된 비밀을 누설한 경우에는 벌칙을 부과하도록 함(제12조, 제15조 및 제16조).

7. 사법경찰관리는 스토킹 신고가 접수된 때에는 지체 없이 현장에 출동하여야 하고, 출동한 사법경찰관리는 신고된 현장 등 관련 장소에 출입하여 관계인을 조사할 수

있으며, 정당한 사유 없이 조사를 거부하는 등 그 업무 수행을 방해한 자에게는 1천만원 이하의 과태료를 부과함(제14조 및 제18조).

4) 스토킹 관련 판례

2021년 10월 21일에 스토킹처벌법이 시행된 이후에 많은 사건들이 경찰에 신고되었고 사법처리되었다. 2011년 한해만 10,547건이 발생하였다고 신고되었고 이중 9,897건이 검거되었으며[40], 수천건의 판례가 나왔다. 스토킹 처벌법 시행 다음 해에 이렇게 많은 사건처리가 있었으니, 향후 스토킹처벌법 관련 사건과 판례는 더욱 늘어날 것으로 예측할 수 있다.

스토킹 행위에 대하여 1심에서는 무죄를 선고하였으나 2심(항소심)에서 벌금 200만원과 40시간의 스토킹 치료프로그램 이수를 명한 사건이 있다.

춘천지방법원 2023. 5. 12. 선고 2023노184 판결 [스토킹범죄의처벌등에관한법률위반]
　피고인은 피해자 B(여, 27세)와 2021. 11. 28.부터 2021. 11. 30. 사이 'C여행사'에서 제공하는 여행패키지에서 처음 알게 된 사이이다. 피고인은 2021. 11. 28. 18:00경 경상북도 울릉군 언덕에 있는 횟집에서 피해자와 회를 먹으며 피해자 연락처를 알아낸 뒤 같은 날 22:00경부터 2021. 11. 30. 05:18경까지 3일에 걸쳐 피해자에게 별지 범죄일람표와 같이 총 6회 전화, 총 1회 문자메시지를 전송하고,1) 2021. 11. 29. 21:00경부터 2021. 11. 30. 01:00경까지 옆방에서 계속 쿵쿵 소리를 내고 욕설을 하고, 계속 큰 소리로 벽을 치고 시끄럽게 하였다. 이로써 피고인은 피해자 의사에 반하여 정당한 이유 없이 피해자에게 지속적·반복적으로 전화 또는 정보통신망을 이용하거나 직접 글이나 음향을 도달하게 하는 행위로 피해자에게 불안감 또는 공포심을 일으키게 하는 스토킹을 하였다. (중략) 피고인과 피해자의 관계, 연령, 피고인이 피해자에게 전화번호를 요구하고 연락한 경위, 연락한 시각, 피고인의 발언 내용 및 이에 대한 피해자의 반응 등을 종합하면 피고인이 별지 범죄일람표 순번 1, 6 기재와 같이 피해자에게 전화를 하고, 문자메시지를 보낸 행위는 피해자에게 불안감 또는 공포감을 일으키기에 충분하다고 보아야 한다. 또한, 피고인이 별지 범죄일람표 순번 2 내지 5, 7 기재와 같이 피해자에게 수차례 전화를 하여 부재중 전화 표시 등을 나타나게 한 행위는 스토킹범죄의 처벌 등에 관한 법률(이하 '스토킹처벌법'이라 한다) 제2조 제1호 다목의 스토킹행위에 해당하고, 피고인이 피해자의 옆방에서 이 사건 공소사실과 같이 쿵쿵 소리를 내고 욕설을

---

40) 『2023, 스트킹범죄 사법처리 현황』, 경찰청, 2023.

하는 등의 행위를 한 것은 스토킹처벌법 제2조 제1호 라목의 스토킹행위에 해당한 다고 보아야 한다. 그럼에도 이 사건 공소사실을 무죄로 판단한 원심판결에는 사실 오인 내지 법리오해의 위법이 있다.

스토킹행위가 협박에도 해당되어 벌금 900만원과 40시간의 스토킹 치료프로그 램 이수를 명한 사건이 있다.

울산지방법원 2023. 11. 14. 선고 2023고단3296 판결 [스토킹범죄의처벌등에관한 법률위반, 협박]

피고인은 2022. 6. 12. 07:20경 불상지에서, 전 연인 관계인 피해자와 2021. 9. 경 결별하였음에도, 재차 만나자고 요구하기 위해 휴대폰으로 피해자에게 8회에 걸 쳐 전화를 걸고, 3회에 걸쳐 통화 어플리케이션인 'B'를 통해 전화를 걸어 전화벨 소리와 부재중 전화 표시를 피해자에게 도달하게 한 것을 비롯하여 그 무렵부터 2023. 1. 2.경까지 15회에 걸쳐 전화 또는 정보통신망을 이용하여 글, 부호, 음향 등을 전송하는 등 피해자의 의사에 반하여 정당한 이유 없이 지속적 또는 반복적 으로 스토킹행위를 하여 피해자에게 불안감 또는 공포심을 일으킴과 동시에, 2회에 걸쳐 마치 피해자와의 불륜 관계를 피해자의 남편에게 알릴 것처럼 말하여 피해자 를 협박하였다. (중략) 스토킹범죄는 그로 인해 피해자가 겪는 정신적인 공포심과 불안감이 크고, 다른 범죄로 발전할 가능성이 높다. 피고인은 피해자의 의사에 반 하여, 피해자에게 만나자고 요구하면서 지속적으로 전화하거나 카카오톡·문자 메 시지를 보내어 피해자를 스토킹하고 피해자와의 불륜 관계를 피해자의 남편에게 알릴 것처럼 피해자를 협박하는 등 범행 동기와 수단 및 그 내용 등에 비추어 죄 책이 가볍지 않다. 피고인의 범행이 2022. 6.경부터 2023. 1.경까지 상당 기간 이 어졌고 그동안 피해자가 상당한 불안과 공포를 느꼈을 것으로 보인다. 다만, 피고 인이 음주운전으로 1회 벌금형 처벌을 받은 것 외에 다른 처벌을 받은 전력은 없 고 범행을 인정하며 잘못을 뉘우치면서 재범하지 않을 것을 다짐하고 있는 점, 피 고인이 2023. 1. 2.(마지막 범행일) 이후부터는 피해자에게 일절 연락하지 않는 등 재범의 위험성이 낮은 것으로 보이는 점 등을 참작하고, 그 밖에 피고인의 연령, 성행, 환경, 범행 후 정황 등 이 사건 변론과 기록에 나타난 형법 제51조에서 정한 양형의 조건이 되는 모든 사정을 종합하여 주문과 같이 형을 정한다.

충간소음으로 인한 갈등이 스토킹행위에 해당되어 징역 8개월에 집행유예 2년이 선고된 사건도 있다. 스토킹처벌법이 충간소음에 적용되는 것은 전혀 예상되었던 바가 아니지만, 층간소음보복행위가 스토킹처벌법의 요건에 해당되었기 때문이다.

> **대법원 2023. 12. 14. 2023도10313 판결[스토킹범죄의처벌등에관한법률위반](원심**
> **은 창원지방법원 2023. 7. 11. 선고 2022노2407 판결)**
>
> 이웃 간 소음 등으로 인한 분쟁과정에서 위와 같은 행위가 발생하였다고 하여 곧바로 정당한 이유 없이 객관적·일반적으로 불안감 또는 공포심을 일으키는 '스토킹행위'에 해당한다고 단정할 수는 없다. 그러나 원심판결 이유를 위 법리와 적법하게 채택된 증거에 비추어 살펴보면, 피고인은 층간소음 기타 주변의 생활소음에 불만을 표시하며 수개월에 걸쳐 이웃들이 잠드는 시각인 늦은 밤부터 새벽 사이에 반복하여 도구로 벽을 치거나 음향기기를 트는 등으로 피해자를 비롯한 주변 이웃들에게 큰 소리가 전달되게 하였고, 피고인의 반복되는 행위로 다수의 이웃들은 수개월 내에 이사를 갈 수밖에 없었으며, 피고인은 이웃의 112 신고에 의하여 출동한 경찰관으로부터 주거지문을 열어 줄 것을 요청받고도 '영장 들고 왔냐'고 하면서 대화 및 출입을 거부하였을 뿐만 아니라 주변 이웃들의 대화 시도를 거부하고 오히려 대화를 시도한 이웃을 스토킹혐의로 고소하는 등 이웃 간의 분쟁을 합리적으로 해결하려 하기보다 이웃을 괴롭힐의도로 위 행위를 한 것으로 보이는 점 등 피고인과 피해자의 관계, 구체적 행위태양 및 경위, 피고인의 언동, 행위 전후의 여러 사정들에 비추어 보면, 피고인의 위 행위는 층간소음의 원인 확인이나 해결방안 모색 등을 위한 사회통념상 합리적 범위 내의 정당한 이유 있는 행위에 해당한다고 볼 수 없고 객관적·일반적으로 상대방에게 불안감 내지 공포심을 일으키기에 충분하다고 보이며, 나아가 위와 같은 일련의 행위가 지속되거나 반복되었으므로 '스토킹범죄'를 구성한다고 본 원심의 판단은 수긍할 수 있고, 거기에 논리와 경험의 법칙을 위반하여 자유심증주의의 한계를 벗어나거나 구 스토킹처벌법 위반죄의 성립에 관한 법리를 오해함으로써 판결에 영향을 미친 잘못이 없다.

스토킹처벌법의 입법취지와는 다소 다르지만, 원치않는 행위를 반복적으로 상대방에게 도달하게 하는 행위는 행위의 동기가 무엇인지를 불문하고 스토킹처벌법에 의하여 처벌될 수 있다. 층간소음 유발행위는 일반적으로 형사처벌할 수 없기 때문에 층간소음 유발행위에 대한 우회적인 제재수단으로 스토킹 처벌법이 활용될 수 있다는 점이 나타나고 있다. 공동주택이 많은 우리나라의 거주환경의 특성과 층간소음 분쟁이 많고 해결이 어렵다는 특성, 그리고 스토킹처벌법의 필요성에도 불구하고 오랫동안 입법되지 않았었던 우려사항이 나타나고 있는 것이다. 층간소음을 하지 말아달라고 이웃에 수차례 호소하는 행위도 경우에 따라서는 스토킹처벌법에 의하여 처벌될 수 있다.

5) 문제점과 개선방안

스토킹처벌법과 스토킹피해자보호법의 입법에도 불구하고, 스토킹은 크게 줄어든 것 같지 않다. 법률의 실효성을 강화하기 위하여 2023년 7월 11일의 스토킹처벌법 개정을 통해 스토킹행위자에게 위치추적 전자장치(전자발찌) 부착조치가 추가되기도 하였다. 스토킹으로 경찰에 신고하고 긴급응급조치나 잠정조치가 취해졌음에도 불구하고, 신고자가 보복신고를 당하거나 스토킹행위가 계속되는 경우도 있었다. 스토킹처벌법에 따른 긴급응급조치나 잠정조치가 취해졌음에도 불구하고 스토킹행위가 억제되지 않는다면 법집행기관에 대한 불신이 생길 수 밖에 없다.[41] 법률시행 이후 1년반 기간동안의 판결 분석을 보면, 실형선고는 11.5%, 벌금형은 32.5%, 징역형 집행유예가 32.1%이고 공소기각이 21.9%이다. 형량이 낮고 공소기각으로 형사처벌에서 제외되는 경우가 많기 때문에 스토킹범죄에 대한 처벌이 제대로 되고 있는지 의문이라는 비판도 있다.[42] 반의사불벌 조항의 삭제, 단기유치제도의 도입, 보안처분의 강화, 형량강화 등의 개선방안이 제시되고 있다. 신고해도 별다른 보호가 안되고, 가해자는 처벌되지 않거나 가벼운 처벌을 받고 끝난다는 인식이 생긴다면, 스토킹처벌법과 피해자보호법 제정의 의미가 없다.

5. 카메라폰 등을 이용한 불법촬영

스마트폰에 카메라 기능이 추가된 카메라폰이 대중화되고 그 성능이 고도화되면서, 이를 이용하여 여성의 다리나 엉덩이 등을 몰래 촬영하는 행위가 종종 발생하였음에도 불구하고, 이러한 행위를 처벌할 수 있는 적합한 법률 규정이 없는 것이 문제되었다. 따라서 이러한 파렴치한 행위를 규제하기 위한 법의 필요성에 대한 사회적 공감대가 형성되었다. 이러한 사회적 공감대를 바탕으로 하여 「성폭력범죄의 처벌 및 피해자보호에 관한 법률」이 개정되었고, 이를 통하여 '불법촬영

---

41) 김영식, "스토킹범죄 예방을 위한 법적 조치의 실효성 확보방안 : 스토킹관련 하급심 판례 분석을 중심으로", 『한국경찰연구』, 제22권 제3호, 2023, 5쪽.

42) 정현미, "스토킹범죄의 처벌례 분석과 효율적 대응방안 연구 - 스토킹처벌법 시행 이후 스토킹처벌법 위반 1심판결을 중심으로", 『법학논집』, 제27권 제4호, 이화여자대학교, 2023, 1쪽.

행위(일명 '몰카')를 처벌할 수 있는 법적 근거가 마련되었다. 2010년 4월 15일에는 「성폭력범죄의 처벌 및 피해자보호에 관한 법률」이 폐지되고, 「성폭력범죄의 처벌 등에 관한 특례법」이 제정되었다.[43)]

> **성폭력범죄의 처벌 등에 관한 특례법 제14조(카메라 등을 이용한 촬영)** ① 카메라나 그 밖에 이와 유사한 기능을 갖춘 기계장치를 이용하여 성적 욕망 또는 수치심을 유발할 수 있는 다른 사람의 신체를 그 의사에 반하여 촬영하거나 그 촬영물을 반포·판매·임대·제공 또는 공공연하게 전시·상영한 자는 5년 이하의 징역 또는 1천만원 이하의 벌금에 처한다.
> ② 제1항의 촬영이 촬영 당시에는 촬영대상자의 의사에 반하지 아니하는 경우에도 사후에 그 의사에 반하여 촬영물을 반포·판매·임대·제공 또는 공공연하게 전시·상영한 자는 3년 이하의 징역 또는 500만원 이하의 벌금에 처한다.
> ③ 영리를 목적으로 제1항의 촬영물을 「정보통신망 이용촉진 및 정보보호 등에 관한 법률」 제2조 제1항 제1호의 정보통신망(이하 "정보통신망"이라 한다)을 이용하여 유포한 자는 7년 이하의 징역 또는 3천만원 이하의 벌금에 처한다.

이러한 법률의 적용에 있어서도 불법촬영 행위가 어떠하냐에 따라 유죄 또는 무죄가 될 수 있다. 즉, 본인의 의사에 반하여 촬영한 부위가 '성적 욕망 또는 수치심을 유발할 수 있는 타인의 신체'에 해당하는지 여부에 따라 법적용 여부가 결정된다. 구체적인 불법촬영 행위의 유형이나 비난가능성이 다양하기 때문에, 법적용과 관련한 논란이 크다.

대법원 2008. 9. 25. 2008도7007 판결[성폭력범죄의 처벌 및 피해자보호 등에 관한 법률 위반(카메라 등 이용 촬영)]

카메라 기타 이와 유사한 기능을 갖춘 기계장치를 이용하여 성적 욕망 또는 수치심을 유발할 수 있는 타인의 신체를 그 의사에 반하여 촬영하는 행위를 처벌하는 성폭력범죄의 처벌 및 피해자보호 등에 관한 법률(이하 '성폭법'이라고 한다) 제14조의2 제1항은 인격체인 피해자의 성적 자유 및 함부로 촬영당하지 않을 자유를 보호하기 위한 것이므로, 촬영한 부위가 '성적 욕망 또는 수치심을 유발할 수 있는 타인의 신체'에 해당하는지 여부는 객관적으로 피해자와 같은 성별, 연령대의 일반

---

43) 이와 별도로 같은 날인 2010년 4월 15일에 성폭력피해자를 보호·지원하는 내용의 「성폭력방지 및 피해자보호에 관한 법률」이 제정되었다. 즉, 이전의 「성폭력범죄의 처벌 및 피해자보호에 관한 법률」이 「성폭력범죄의 처벌 등에 관한 특례법」이라는 처벌법과 「성폭력방지 및 피해자보호에 관한 법률」이라는 지원법으로 분법(分法)된 것이다.

> 적이고도 평균적인 사람들의 입장에서 성적 욕망 또는 수치심을 유발할 수 있는 신체에 해당되는지 여부를 고려함과 아울러, 당해 피해자의 옷차림, 노출의 정도 등은 물론, 촬영자의 의도와 촬영에 이르게 된 경위, 촬영 장소와 촬영 각도 및 촬영 거리, 촬영된 원판의 이미지, 특정 신체 부위의 부각 여부 등을 종합적으로 고려하여 구체적·개별적·상대적으로 결정하여야 한다.

이 사건에서는 59세의 남성 피고인은 밤 9시 무렵 마을버스 바로 옆 좌석에 앉아 있는 만 18세의 여성인 피해자의 치마 밑으로 드러난 무릎 위 허벅다리 부분을 휴대폰 카메라를 이용하여 불과 30cm 정도의 거리에서 정면으로 촬영하였다. 대법원은 피해자의 치마 밑으로 드러난 무릎 위 허벅다리 부분은 성폭법 제14조의2 제1항이 규정하는 '성적 욕망 또는 수치심을 유발할 수 있는 타인의 신체'에 해당한다고 판단하여 벌금 100만 원을 선고한 원심을 확인하였다.

그러나 이와 유사한 다른 사건에서는 무죄가 선고된 경우도 있다. 상당히 추상적인 법 문언이라고 할 수 있는 '성적 욕망 또는 수치심을 유발할 수 있는 타인의 신체'에 해당하느냐에 대해서, 사건과 판사에 따른 판단의 차이가 있다.

레깅스 바지를 입고 있는 여성의 엉덩이 부위 등 하반신을 피해자 몰래 휴대전화로 8초간 동영상 촬영한 행위가 '성적 욕망 또는 수치심을 유발할 수 있는 타인의 신체'를 촬영한 것에 해당하느냐의 여부가 문제되어 사회적 주목을 받은 바 있다. 1심(의정부지법 고양지원)에서는 벌금 70만원을 선고하였는데, 2심에서는 원심판결을 파기하고 무죄를 선고하였다.[44] 그러나 대법원에서는 무죄를 선고한 2심 판결을 파기·환송하였다.

---

44) 법원은, 피고인이 피해자의 상반신부터 발끝까지 전체적인 피해자의 우측 후방 모습을 촬영하였는데, 특별히 피해자의 엉덩이 부위를 확대하거나 부각시켜 촬영하지는 아니한 점, 피해자가 당시 입고 있던 레깅스는, 피해자와 비슷한 연령대의 여성들 사이에서 운동복을 넘어 일상복으로 활용되고 있고[한때 유행하였던 몸에 딱 붙는 청바지(이른바 '스키니진')는 피해자가 입고 있던 레깅스와 소재의 색깔이나 질감에서 차이가 있는 것을 제외하고 신체에 밀착하여 몸매를 드러낸다는 점에서 별반 차이가 없다], 피해자 역시 위와 같은 옷차림으로 대중교통에 탑승하여 이동하였으므로, 레깅스를 입은 젊은 여성이라는 이유로 성적 욕망의 대상이라 할 수 없는 점, 피해자가 경찰조사에서 당시 심정에 대하여 "기분 더럽고, 어떻게 저런 사람이 있나, 왜 사나 하는 생각을 했다."고 진술하였는데, 피고인의 이 사건 행위가 부적절하고 피해자에게 불쾌감을 유발하는 것임은 분명하지만, 피해자의 위와 같은 진술이 불쾌감이나 불안감을 넘어 성적 수치심을 나타낸 것이라고 단정하기 어려운 점 등을 무죄판결의 이유로 밝혔다(의정부지방법원 2019. 10. 24. 선고 2018노3606 판결).

대법원 2020. 12. 24. 선고 2019도16258 판결[성폭력범죄의 처벌 및 피해자보호 등에 관한 법률 위반(카메라 등 이용 촬영)]

피해자가 공개된 장소에서 자신의 의사에 의하여 드러낸 신체 부분이라고 하더라도, 이를 촬영하거나 촬영당하였을 때에는 성적 욕망 또는 성적 수치심이 유발될 수 있으므로 카메라등이용촬영죄의 대상이 되지 않는다고 섣불리 단정하여서는 아니된다. (중략) '성적 욕망 또는 수치심을 유발할 수 있는 신체'에 성기, 엉덩이, 여성의 가슴이 포함된다는 것은 일반적으로 받아들여지고 있으며, 다른 신체 부분, 가령 여성의 허벅지나 배 등도 경우에 따라 이에 해당할 가능성도 있다(헌법재판소 2016. 12. 29. 선고 2016헌바153결정). 그리고 카메라등이용촬영죄의 대상이 되는 신체가 반드시 노출된 부분으로 한정되는 것은 아니다. 이 사건과 같이 의복이 몸에 밀착하여 엉덩이와 허벅지 부분의 굴곡이 드러나는 경우에도 성적 욕망 또는 수치심을 유발할 수 있는 신체에 해당할 수 있다.

2020년 12월에 내려진 대법원의 이 판결은, 본인의 의사에 반하여 신체가 촬영됨으로써 성적 대상화가 되지 않을 자유가 보호되어야 한다는 사회적 메시지를 지니고 있다. 이후 파기환송심을 담당한 의정부지법은 피고인의 항소를 기각함으로써 70만원의 벌금형이 확정되었다.

이외에도 숙박업소, 백화점 등 화장실이나 대중목욕탕·수영장의 탈의실에 도난 방지를 한다는 명분으로 몰래카메라를 설치하여 촬영하는 행위 등도 위 법률 규정으로 처벌이 가능하다. 이러한 몰래카메라를 이용하여 찍은 사진이나 동영상은 정보통신의 발달에 힘입어 인터넷을 통하여 유포되는 경우 광범위한 전파력이 있기 때문에 더욱 문제가 되고 있다.

과거에는 휴대전화로 사진을 찍을 때 신호음을 내지 않는 휴대전화가 대부분이었으나, 2004년부터는 사진을 찍을 때는 반드시 신호음을 내도록 휴대전화가 만들어졌다. 몰래 사진찍는 것을 방지하기 위한 기술적 조치인데, 이는 불법촬영행위를 억제하는 효과와 함께 촬영대상자가 몰래 촬영하는 행위를 알 수 있도록 하여 자기방어의 기회를 부여하자는 취지를 지니고 있다. 휴대전화 신호음의 의무화도 그냥 얻어진 것이 아닌 사회적인 논쟁과 이러한 논쟁의 성과이다. 그러나 이것도 과거의 논의라고 할 수 있다. 스마트폰의 경우 촬영 시 소리가 나지 않는 앱을 설치하면, 촬영 시에도 소리가 나지 않는다. 이러한 무소음앱을 이용하여 불법촬영이 쉬워진 환경도 불법촬영이 늘어나는 요인이다. 2018년에도 홍대 누드모델 몰

* 휴대전화 촬영음 발생은 불법촬영방지를 위하여 한국정보통신기술협회의 기술표준 변경에 따라 업계 자율규제의 형식으로 2004년 5월부터 도입되었다. 이 규제에 따르면 사진이나 동영상을 촬영하기 시작할 때 반드시 60−68dB의 소리를 내도록 휴대전화가 만들어져야 한다. 촬영음은 휴대전화가 전동이나 무음모드에 있다고 하더라도 사용자가 이 기능을 없애지 못하도록 설정되어야 한다.

그러나 이후 카메라의 줌기능이 고도화되고 무소음앱이 개발됨에 따라 촬영음 규제의 실효성이 낮아지게 되었다. 한국과 일본을 제외한 대부분의 국가에서는 이러한 촬영음 의무화 규제가 없고, 앞서 언급한 하드웨어와 소프트웨어의 개발로 인하여 실효성이 낮아졌기 때문에, 이러한 규제를 폐지하자는 의견도 있다.

카 사건과 대학가 사진관에서의 불법촬영사건 그리고 연이어 발생한 여러 대학 화장실 등에서의 몰카 발견 등 불법촬영범죄는 더욱 늘어나고 있다. 불법촬영범죄는 신상등록·공개 대상이 되는 성범죄이다. 이렇게 불법촬영범죄가 많아지면서 이를 사전예방하고 강력하게 사후처벌하자는 의견이 많다. 특히 다중이용건물의 정기점검을 통해 화장실에 숨겨진 몰카를 찾아내고, 불법촬영은 강한 처벌을 받는 범죄라는 사실을 홍보하고 교육하는 등 범죄발생을 사전예방하는 것도 좋은 방법이다.

6. 통신매체 이용 음란죄

통신매체이용 음란죄는 인터넷과 휴대전화 등 통신매체의 발달로 인하여 음란물을 대량으로 신속하게 전송하는 행위를 처벌하기 위하여 만든 법률 규정이다. 인터넷을 사용하는 남녀 대학생 300명을 대상으로 2005년 5월에 실시한 사이버 성폭력 등에 대한 조사결과를 보면, 사이버 음란의 경우 90% 이상이 피해경험을 가지고 있는 것으로 조사되었을 정도로 인터넷에서의 음란물 노출은 심각할 정도이다.[45] 특히, 많은 미성년자들이 인터넷을 사용하거나 온라인 접속이 가능한 휴대전화를 사용하기 때문에, 통신매체를 이용한 음란물의 제공을 「형법」으로 강력하게 규제할 필요가 더욱 절실해 졌다. 이 '통신매체를 이용한 음란행위'를 처벌하는 법률 규정이 만들어지기 전에는 단순히 '음란죄'를 처벌할 수 있는 「형법」 규정이 있었다. 이는 어떠한 매체를 이용하건 간에 적용되는 규정이었다.

---

45) 김대권, "사이버폭력 피해에 관한 연구−인터넷을 사용하는 20대 남·여 대학생을 중심으로", 『한국범죄심리연구』, 제2권 제2호, 2006. 11, 164쪽.

> **형법 제243조(음화반포 등)** 음란한 문서, 도화, 필름 기타 물건을 반포, 판매 또는 임대
> 하거나 공연히 전시 또는 상영한 자는 1년 이하의 징역 또는 500만 원 이하의 벌금에
> 처한다.

「형법」제243조는 주로 오프라인에서의 음화 등의 반포나 판매 등을 처벌하였
으나, 온라인에서의 음화 등의 판매 등을 처벌하는 규정이 필요함에 따라 '불법정
보의 유통금지 등'을 「정보통신망 이용촉진 및 정보보호 등에 관한 법률」에 규정
하여, 온라인에서의 음란물 판매 등을 처벌하는 규정을 두었다. 또한 「성폭력범죄
의 처벌 등에 관한 특례법」에는 '통신매체를 이용한 음란행위'를 규정하고 있다.
「형법」제243조와 「정보통신망법」제44조의7 및 「성폭력범죄 처벌 특례법」제12
조는 일반법 조항과 특별법 조항의 관계에 있다고 할 수 있다.

> **정보통신망 이용촉진 및 정보보호 등에 관한 법률 제44조의7(불법정보의 유통금지 등)**
> ① 누구든지 정보통신망을 통하여 다음 각 호의 어느 하나에 해당하는 정보를 유통하
> 여서는 아니 된다.
> 1. 음란한 부호 · 문언 · 음향 · 화상 또는 영상을 배포 · 판매 · 임대하거나 공공연하게
> 전시하는 내용의 정보
>
> **제74조(벌칙)** ① 다음 각 호의 어느 하나에 해당하는 자는 1년 이하의 징역 또는 1천만
> 원 이하의 벌금에 처한다.
> 2. 제44조의7 제1항 1호를 위반하여 음란한 부호 · 문언 · 음향 · 화상 또는 영상을 배
> 포 · 판매 · 임대하거나 공공연하게 전시한 자

정보통신망을 통한 음란물의 유통을 금지하고 처벌하는 규정에서 문제가 되는
것은 어떠한 내용을 '음란'으로 볼 것이냐이다. '음란'의 개념은 넓게 보면 시대와
국가에 따라 다르지만, 최근의 대법원 판례에서 보더라도 '음란물'의 기준을 정하
는 것은 쉽지 않아 보인다. PC방 컴퓨터 바탕화면 중앙에 음란물을 제공하는 전
문사이트로 바로가기 아이콘들을 설치하고 성인인증을 미리 받아 두어 이용자가
아무런 제한 없이 음란한 영상을 볼 수 있도록 한 것을 처벌하였다.[46] 그러나 인
터넷 폰팅광고 및 연예인 누드광고 사이트에 전라의 여성사진, 남녀의 성행위 장
면을 묘사한 만화 등은 음란한 화상을 게시한 행위로 평가하지 않았다.[47]

---

46) 서울동부지방법원 2007. 9. 20. 선고 2007노380; 대법원 2008. 2. 1. 선고 2007도8286. 이
   사건에서는 서울동부지방법원과 대법원의 의견이 일치되어, 상고가 기각되었다.
47) 서울중앙지방법원 2007. 12. 27. 선고 2007노3222; 대법원 2008. 4. 11. 선고 2008도254.

대법원 2008. 3. 13. 선고 2006도3558 판결

동영상을 정보통신망을 통하여 제공하는 행위가 아동이나 청소년을 유해한 환경에 빠뜨릴 위험성이 상대적으로 크다는 것을 부정할 수는 없지만, 이는 엄격한 성인인증절차를 마련하도록 요구·강제하는 등으로 대처해야 할 문제이지 (중략) 그 내용이 상당히 저속하고 문란한 느낌을 주는 것은 사실이라고 할지라도 이를 넘어서서 형사법상 규제의 대상으로 삼을 만큼 사람의 존엄성과 가치를 심각하게 훼손·왜곡하였다고 평가할 수 있을 정도로, 노골적인 방법에 의하여 성적 부위나 행위를 적나라하게 표현 또는 묘사한 것이라고 단정할 수는 없다.

이처럼 음란물인지의 여부를 판단하는 것은 어렵다. 따라서 사안별로 개별적·구체적으로 판단하여야 할 것인데, 특정 표현물을 형사처벌의 대상이 될 음란 표현물이라고 하기 위한 요건 및 판단 기준은 다음과 같다.

대법원 2017. 10. 16. 선고 2012도13352 판결[(정보통신망이용촉진및정보보호등에 관한법률위반(음란물유포)]

정보통신망 이용촉진 및 정보보호 등에 관한 법률 제44조의7 제1항 제1호, 제74조 제1항 제2호에서 규정하는 '음란'이란 사회통념상 일반 보통인의 성욕을 자극하여 성적 흥분을 유발하고 정상적인 성적 수치심을 해하여 성적 도의관념에 반하는 것을 말한다. 음란성에 관한 논의는 자연스럽게 형성·발전되어 온 사회 일반의 성적 도덕관념이나 윤리의식 및 문화적 사조와 직결되고, 아울러 개인의 사생활이나 행복추구권 및 다양성과도 깊이 연관되는 문제로서, 국가 형벌권이 지나치게 적극적으로 개입하기에 적절한 분야가 아니다. 이러한 점을 고려할 때, 특정 표현물을 형사처벌의 대상이 될 음란 표현물이라고 하기 위하여는 표현물이 단순히 성적인 흥미에 관련되어 저속하다거나 문란한 느낌을 준다는 정도만으로는 부족하다. 사회통념에 비추어 전적으로 또는 지배적으로 성적 흥미에만 호소할 뿐 하등의 문학적·예술적·사상적·과학적·의학적·교육적 가치를 지니지 아니한 것으로서, 과도하고도 노골적인 방법에 의하여 성적 부위나 행위를 적나라하게 표현·묘사함으로써, 존중·보호되어야 할 인격체로서의 인간의 존엄과 가치를 훼손·왜곡한다고 볼 정도로 평가될 수 있어야 한다. 나아가 이를 판단할 때에는 표현물 제작자의 주관적 의도가 아니라 사회 평균인의 입장에서 전체적인 내용을 관찰하여 건전한 사회통념에 따라 객관적이고 규범적으로 평가하여야 한다.

이 사건에서는 서울중앙지방법원과 대법원의 의견이 일치되지 아니하여, 서울지방법원에서 유죄로 인정된 판결이 대법원에서 파기·환송되었다.

「성폭력범죄의 처벌 등에 관한 특례법」에도 통신매체를 이용한 음란행위를 처벌하는 규정이 있는데, 여기서의 '음란행위'인지 여부를 판단하는 것도 역시 어렵다. 해당 법률규정은 다음과 같다.

> **성폭력범죄의 처벌 등에 관한 특례법 제13조(통신매체를 이용한 음란행위)** 자기 또는 다른 사람의 성적 욕망을 유발하거나 만족시킬 목적으로 전화, 우편, 컴퓨터, 그 밖의 통신매체를 통하여 성적 수치심이나 혐오감을 일으키는 말, 음향, 글, 그림, 영상 또는 물건을 상대방에게 도달하게 한 사람은 2년 이하의 징역 또는 500만 원 이하의 벌금에 처한다.[48]

통신매체 이용 음란행위의 구체적인 유형으로는 전화로 성행위를 하는 듯한 신음소리를 들려주는 행위, 상대방의 의사에 반하여 음란한 말을 하는 행위, 음란한 녹음테이프를 들려주는 행위, 컴퓨터나 팩스, 휴대전화, 우편을 통하여 나체사진 등 음란한 화면을 보내는 행위 등이며 이러한 행위를 하는 경우에는 위 법률규정에 근거하여 처벌된다.[49] 이러한 행위가 특정한 대상에게 반복적으로 전달되면, 전술한 '사이버 스토킹'에 해당될 수도 있다.

위의 두 형사특별법 규정은 음란행위를 처벌하고자 하는 것은 동일하지만, 그 규정의 입법목적과 성격이 전혀 상이하다. 「정보통신망 이용촉진 및 정보보호 등에 관한 법률」에서 처벌하는 음란물의 유통행위는 불특정인을 대상으로 하는 것이고, 「성폭력범죄의 처벌에 관한 특례법」에서 처벌하는 통신매체 이용 음란행위는 특정인을 대상으로 하는 경우가 많을 것이다.

7. 성 추 행

「형법」 제298조에 규정된 강제추행이란 행위가 구체적으로 어떠한 행위를 의

---

48) 「성폭력범죄의 처벌 및 피해자보호에 관한 법률」에 의하면, 이전에는 "1년 이하의 징역 또는 300만 원 이하의 벌금"에 처하도록 하고 있었으나, 2006년 10월 27일의 개정을 통하여 "2년 이하의 징역 또는 500만 원 이하의 벌금"으로 통신매체이용음란죄에 대한 처벌이 엄해 졌다. 2010년 4월 15일에는 동 법률이 폐지되고 「성폭력범죄의 처벌 등에 관한 특례법」이 제정되었는데, 동 규정은 '통신매체를 이용한 음란행위'로 명칭이 다소 바뀌어 규정되어 있다. 범죄의 구성요건이나 벌칙은 이전과 동일하다.
49) 조명원, 『여성을 위한 성범죄 법률상식』, 가림, 2000, 136쪽.

미하는지에 대하여 논란이 있다. 엉덩이를 만지면 추행이고 어깨를 만지면 추행이
아니라고 생각하듯이 어떠한 신체 부위를 접촉하느냐에 따라 추행 여부가 결정되
는 것인가? 아니면 행위자가 추행의 의도를 지니고 있는가 아닌가에 의하여 추행
여부가 결정되는 것인가? 이에 관한 해석 즉 추행 여부의 판단에서도 시대 흐름이
반영된다.

대법원 판례에 따르면 '추행'이라 함은 객관적으로 일반인에게 성적 수치심이나
혐오감을 일으키고 선량한 성적 도덕관념에 반하는 행위로서 피해자의 성적 자유
를 침해한다고 정의하고 있다. 또한 성추행에 해당하는지 여부는 피해자의 의사,
성별, 연령, 행위자와 피해자의 이전부터의 관계, 그 행위에 이르게 된 경위, 구체
적 행위형태, 주위의 객관적 상황과 그 시대의 성적 도덕관념 등을 종합적으로 고
려하여 신중히 결정되어야 할 것이라고 하고 있다.[50] 그러나 구체적인 상황에 있
어서 어떠한 행위가 강제추행에 해당하는지를 판단하기는 매우 어렵다.

2002년 4월 중순경 영업부 대리인 피고인은 2002년 3월경부터 부하 여직원인
피해자(여, 22세)에게 자신의 어깨를 주무르게 한 후 이를 거절하면 큰 소리로 화
를 내 피해자로 하여금 이를 거절할 수 없도록 하였다. 피고인이 회장과 대표이사
의 조카인 관계로 위 회사 관계자들이 피고인을 제지하지 않자 계속하여 피해자
로 하여금 피고인의 어깨를 주무르게 하여 오던 중, 2002년 4월 중순경 사무실에
서 자신의 어깨를 주무르라는 요구를 피해자가 거절하자 피해자의 등 뒤로 가 "이
렇게 하는 거야"라고 말하면서 양손으로 피해자의 어깨를 주물러 업무상 위력에
의하여 피해자를 추행하였다. 이에 대하여 원심은 피고인이 이 사건 이전에도 피
해자나 그 동료 여직원 등에게 어깨를 주물러 달라고 한 적이 있고 그에 따라 피
해자 등이 피고인의 어깨를 주물러 준 적도 있는 점, 위 행위 시에도 피고인이 피
해자에게 어깨를 주물러 달라고 하였다가 피해자가 거절하자 피고인이 피해자의
어깨를 주물렀으며 이러한 행위가 비록 피해자의 의사에는 반할 수 있으나 그 당
시에는 적극적으로 반항을 하지는 않았고 나중에 피고인이 피해자에게 상해를 가
한 행위 때문에 이러한 행위도 비로소 문제 삼게 된 경위, 어깨를 주무른 장소가
공개된 사무실인 점 등의 사정과 이 시대의 성적 도덕관념 및 피고인의 위 행위
가 통상 일반인에게 성적 수치와 혐오의 감정을 일으킬 정도인지 여부 등을 종합

---

50) 대법원 2004. 4. 16. 선고 2004도52 판결.

적으로 고려할 때, 피고인의 위 행위는 도덕적으로 비난받을 여지가 있음은 별론
으로 하고 적어도 「성폭력범죄의 처벌 및 피해자보호 등에 관한 법률」 제11조 제
1항의 '추행'에 해당한다고 보기 어렵다는 이유로 이 부분 공소사실에 대하여 유
죄를 선고한 제1심 판결을 파기하고 무죄를 선고하였다. 그러나 대법원은 이러한
무죄 선고를 다음과 같은 이유로 파기하였다.

대법원 2004. 4. 16. 선고 2004도52 판결

피고인은 30대 초반의 가정을 가진 남성인 데 반해 피해자는 20대 초반의 미혼
여성인 사실, 피고인과 피해자가 함께 근무하는 회사 직원은 전부 합하여 10여 명
정도인데 피해자가 유일한 여직원인 사실, 피고인의 직장 상사들도 피고인이 회사
의 회장 및 대표이사의 조카라는 점 때문에 그가 동료나 부하직원들에게 함부로
대하거나 피해자로 하여금 피고인의 어깨를 주무르게 하는 것을 제지하지 못하였
고, 피해자도 이러한 사정 때문에 어깨를 주물러 달라는 직장 상사인 피고인의 요
구를 거절하지 못한 채 어쩔 수 없이 여러 차례 이에 응하여 준 사실, 피고인은
2002년 4월 중순경에 평소와 마찬가지로 피해자에게 어깨를 주물러 달라고 요구하
였으나 거절당하자 곧바로 등 뒤로 가 양손으로 피해자의 어깨를 서너 번 주무르
다가 피해자의 반발로 이를 그만 둔 사실, 피해자는 수사기관에서 피고인의 어깨를
주무르는 것에 대하여 평소 수치스럽게 생각하여 왔는데 피고인이 등 뒤에서 자신
의 어깨를 주물렀을 때에는 온 몸에 소름이 돋고 피고인에 대하여 혐오감마저 느
꼈다고 진술한 사실, 피고인이 두 차례에 걸쳐 사무실에서 피해자를 갑자기 껴안았
고, 이러한 일들로 인해 피해자는 회사에 사직서를 제출한 사실 등을 알 수 있다.

여성에 대한 추행에 있어 신체 부위에 따라 본질적인 차이가 있다고 볼 수는 없
다 할 것인데, 위에서 본 사실관계에 의하면 피고인의 어깨를 주무르는 것에 대하
여 평소 수치스럽게 생각하여 오던 피해자에 대하여 그 의사에 명백히 반하여 그
의 어깨를 주무르고 이로 인하여 피해자로 하여금 소름이 끼치도록 혐오감을 느끼
게 하였고, 이어 나중에는 피해자를 껴안기까지 한 일련의 행위에서 드러난 피고인
의 추행 성행을 앞서 본 추행에 관한 법리에 비추어 볼 때 이는 20대 초반의 미혼
여성인 피해자의 성적 자유를 침해할 뿐만 아니라 일반인의 입장에서도 도덕적 비
난을 넘어 추행행위라고 평가할 만한 것이라 할 것이고, 나아가 추행행위의 행태와
당시의 경위 등에 비추어 볼 때 피고인의 범의나 업무상 위력이 행사된 점 또한
넉넉히 인정할 수 있다. 그럼에도 불구하고, 원심은 그 판시와 같은 납득하기 어려
운 이유만으로 피고인의 행위가 '추행'에 해당한다고 보기 어렵다고 하여 이 부분
공소사실에 대하여 유죄를 인정한 제1심 판결을 파기하고 무죄를 선고하고 말았으

니, 거기에는 「성폭력법」 제11조 제1항에서의 '추행'의 법리를 오해하여 판결 결과에 영향이 미친 위법이 있다고 할 것이므로, 이 점을 지적하는 상고이유의 주장은 이유 있다. 그러므로 원심판결 중 무죄 부분을 파기하고, 이 부분 사건을 다시 심리·판단하게 하기 위하여 원심법원에 환송한다.[51)]

2008년 3월에 대법원은 골프장 식당에서 러브샷을 거부한 여종업원에게 러브샷을 강요한 혐의로 기소된 피고인에게 유죄판결을 한 원심을 확정하였다. 1심에서는 징역 4월에 집행유예 1년 및 사회봉사 80시간, 2심에서는 벌금 300만 원을 선고하였고, 대법원에서는 상고를 기각하여 형이 확정되었다.

> **대법원 2008. 3. 13. 선고 2007도10050 판결**
>
> 피고인이 이 사건 당일 ○○ 컨트리클럽 회장 공소외인 등과 골프를 친 후 위 컨트리클럽 내 식당에서 식사를 하면서 그곳에서 근무 중인 여종업원인 피해자들에게 함께 술을 마실 것을 요구하였다가 피해자들로부터 거절당하였음에도 불구하고, 위 컨트리클럽의 회장인 위 공소외인과의 친분관계를 내세워 피해자들에게 어떠한 신분상의 불이익을 가할 것처럼 협박하여 피해자들로 하여금 목 뒤로 팔을 감아 돌림으로써 얼굴이나 상체가 밀착되어 서로 포옹하는 것과 같은 신체접촉이 있게 되는 이른바 러브샷의 방법으로 술을 마시게 한 사실을 인정한 다음, 피고인과 피해자들의 관계, 성별, 연령 및 위 러브샷에 이르게 된 경위나 그 과정에서 나타난 피해자들의 의사 등에 비추어 볼 때 강제추행죄의 구성요건인 '강제추행'에 해당하고, 이 때 피해자들의 유효한 승낙이 있었다고 볼 수 없다.

또한 초등학생 등 어린이의 성기를 꼬집거나 만지는 행위는 우리의 초등학교 교실에서 늘 일어나는 '보기 드물지 않은' 행위였다고 할 수 있다. 특히 남자 아이들의 고추를 재미삼아 만지는 행위는 선생님들의 어린 제자에 대한 순수한 애정의 표현이라 여겨지고 있었고 이를 범죄시하거나 사회적으로 문제시한다는 발상조차 시도되지 않았다. 가끔 외국의 초등학교에서 이러한 문제가 발생하여 이것이

---

51) 대법원 2004. 4. 16. 선고 2004도52 판결. 동 판결은 강제추행죄에 있어서 추행의 의미 및 기준에 대하여 판단한 사건으로서, 직장 상사가 등 뒤에서 피해자의 의사에 명백히 반하여 어깨를 주무른 경우, 여성에 대한 추행에 있어 신체 부위에 따라 본질적인 차이가 있다고 볼 수 없다는 이유로 추행에 해당한다고 한 사례이다. [「성폭력범죄의 처벌 및 피해자보호 등에 관한 법률」 위반(업무상 위력 등에 의한 추행)] (원심판결) 서울지법 2003. 12. 11. 선고 2003노8108 판결.

사회적 문제가 되고 법적 문제로서 소송에까지 이르는 사건을 우리는 말 그대로 '남의 나라 일'로만 여기고 있었다. 그러나 우리나라에서도 이러한 문제가 소송으로 비화되어 2006년에 대법원의 판결이 내려진 적이 있다.

2004년에 모 초등학교의 교사가 수업 도중이나 숙제나 일기장 검사를 하면서 "고추 있나 보자"며 4학년 남학생의 성기를 수차례 만진 행위로 「형법」 제305조의 '미성년자에 대한 추행'으로 기소되었다. 해당 교사는 성적인 의도나 악의가 없이 공개된 장소에서 할아버지가 손자를 대하듯이 했다고 하였으며, 직접 성기에 손을 댄 게 아니라 바지 위를 살짝 스치거나 만진 것이라고 주장하였다. 그러나 피해자인 박 군과 다른 학생들은 이 교사가 여러 어린이들의 고추를 만졌으며, 고추를 5분 동안 아프게 만진 적도 있다고 주장하였다. 이러한 교사와 학생의 상반된 주장에 대하여 우리 법원은 기존의 잘못된 관습보다는 초등학생을 보호하는 취지의 판결을 하였다.

원심법원인 서울중앙지법은 2005년 8월 30일에 선고된 판결을 통하여 "학교라고 하는 공개된 공적 공간에서 초등학생들의 전인격적인 지도를 담당하여야 할 교사가 만 9세인 남학생의 성기를 수차례 접촉한 행위는 그 동기가 아무리 순수한 것이라고 하더라도 교육의 방법과 수단으로서의 적정성을 그르친 것이라는 점, 정신적·육체적으로 미숙한 피해자의 성장 및 성적 정체성의 형성에 부정적인 영향을 미치는 점, 현 시대의 성적 도덕관념의 변화 등에 비추어 보아 이를 추행으로 볼 수 있다."고 하였다.

이 판례는 시대가 바뀌고 가치관이 바뀐 만큼 이러한 행위는 현재의 성적 가치 기준·도덕관념 등에 부합되지 않는다는 의미를 지니고 있다. 전통적으로 어린 남자아이의 성기 노출이나 접촉을 관대하게 봐주고 이를 큰 문제로 삼지 않았던 것이 사실이지만, 현재는 성적 침해와 유혹으로부터 아동을 보호해야 할 필요성이 이전보다 증가했기 때문에 이러한 추행행위는 처벌할 필요가 있다는 것이다. 재판부에 따르면 A군은 "미움 받고 때릴까 봐 거부하지 못했다", "창피해서 어머니에게 일찍 말하지 못했다"고 하는 등 '성적 자기결정의 자유'의 침해 및 억압에 대한 초보적인 인식을 보유하고 있다고 보았다. 재판부는 이 교사의 행위가 비록 교육적인 의도에서 비롯된 것이라 할지라도 교육방법으로서의 적정성을 갖추지 못하였고, 정신적·육체적으로 미숙한 A군의 심리적 성장 및 성적 정체성의 형성에 부정적 영향을 미쳤기 때문에 형사처벌의 필요를 인정한 것이다. 대법원은 2006년

1월 13일 이 교사에게 벌금 500만 원을 선고한 원심을 확정하였다.

대법원 2006. 1. 13. 선고 2005도6791 판결 [미성년자 의제강제추행]

「형법」 제305조의 미성년자에 대한 추행죄는 "13세 미만의 아동이 외부로부터의 부적절한 성적 자극이나 물리력의 행사가 없는 상태에서 심리적 장애 없이 성적 정체성 및 가치관을 형성할 권익"을 보호법익으로 하는 것으로서, 그 성립에 필요한 주관적 구성요건요소는 고의만으로 충분하고, 그 외에 성욕을 자극·흥분·만족시키려는 주관적 동기나 목적까지 있어야 하는 것은 아니다. 원심(서울중앙지법 2005. 8. 30. 선고 2005노2022 판결)은 그 설시 증거들을 종합하여 초등학교 4학년 담임교사(남자)인 피고인이 교실에서 자신이 담당하는 반의 남학생인 피해자의 성기를 4회에 걸쳐 만진 사실을 인정한 다음, 그와 같은 피고인의 각 행위는 비록 교육적인 의도에서 비롯된 것이라 하여도 교육방법으로서는 적정성을 갖추고 있다고 볼 수 없고, 그로 인하여 정신적·육체적으로 미숙한 피해자의 심리적 성장 및 성적 정체성의 형성에 부정적 영향을 미쳤으며, 현재의 사회환경과 성적 가치기준·도덕관념에 부합되지 아니하므로, 「형법」 제305조에서 말하는 '추행'에 해당한다고 판단하였는바, 이러한 원심의 사실인정과 판단은 위의 법리나 이 사건 기록에 비추어 정당한 것으로 수긍되고, 거기에 피고인이 상고이유로 내세운 것처럼 채증법칙 위배로 사실을 오인하거나 미성년자의제강제추행죄의 성립요건에 관한 법리를 오해하는 등으로 판결 결과에 영향을 미친 위법이 없다.

이 문제는 가해자인 교사에 대한 형사상 처벌만이 아니라 민사상 손해배상청구로도 이어졌다. '성추행'을 당한 A군의 부모는 담임교사의 사과와 교체를 학교에 요구했다. 그러나 다른 학부모들은 '성기를 만진 것은 귀여움의 표시일 뿐'이라며 오히려 A군의 전학을 요구했고, A군은 '왕따'를 당하면서 우울증과 수면장애를 보여 이듬해 다른 초등학교로 전학했다. A군은 전학한 이후에도 한 달 이상 입원치료를 받기도 하였으나 공격적 행동과 같은 반항성 장애는 지속됐다. 이에 A군의 부모는 성추행을 한 담임교사와 교장 및 소속학교의 설립·운영자인 서울시를 상대로 손해배상 청구소송을 냈고 일부 승소판결을 받아내었다. 이 사건을 담당한 서울중앙지법 민사합의 19부는 2006년 9월 21일에 "담임교사와 서울시는 치료비와 위자료 등 3,200여만 원을 지급하라."고 판결했다. 재판부는 "담임은 A군의 성적(性的) 정체성 확립을 위해 노력해야 할 의무를 저버리고 A군의 의사에 반해 성기를 만지는 등 성추행해 스트레스 장애의 원인을 제공했다."며 손해배상의 책임을 인정한 것이다.

또한 수원지방법원은 2009년 10월에 초등학교 여학생의 볼에 입맞춤하고 엉덩이를 툭툭 친 혐의로 기소된 59세 남성에게 「성폭력범죄의 처벌 및 피해자보호 등에 관한 법률」의 '13세 미만 미성년자 강제추행죄'를 적용하여 250만 원의 벌금형을 선고하였다. 그는 2008년 8월 6일 오후 술에 취해 경기 안양시의 한 슈퍼마켓 앞을 지나가는 B양(9세, 초등 3년)을 껴안고 볼에 뽀뽀한 뒤 손으로 엉덩이를 툭툭 쳤다. B양의 친구로부터 이 사실을 전해들은 B양의 부모는 남성을 고소했다. 그는 "볼에 뽀뽀하고 엉덩이를 손으로 친 것은 사실이지만 추행에 대한 인식이나 의욕도 없었다."며 무죄를 주장했지만, 재판부는 판결문에서 "거절 의사를 표시했는데도 껴안고 뽀뽀한 점, 피해자가 성에 대한 인식이 정립되는 단계인 점, 피고인과 피해자가 한 동네에 거주하나 서로 알고 지내는 사이가 아닌 점, 최근 아동 성범죄가 날로 증가해 아동을 성적 침해로부터 보호하는 것이 중요한 사회적 과제로 대두되는 점 등을 종합해 강제추행이 인정된다."고 하여 벌금 250만 원을 선고하였다.

또한 대구지방법원은 2013년 7월 12일에 초등학교운동장 놀이터에서 4세 여야에게 뽀뽀한 혐의 등 통신매체이용음란, 추행 등 여러 성범죄와 사기 등을 저지른 남성에게 징역 2년 6월에 80시간의 성폭력치료프로그램이수 및 5년간 신상공개 등을 선고했다. 4세인 피해자가 "몸을 비틀며 싫다는 표현을 하였음에도 강제로 피해자를 끌어안고 손으로 뺨을 만지며 4~5회에 걸쳐 입으로 피해자의 뺨에 뽀뽀를 하는 등 피해자를 강제로 추행"하였음을 유죄로 판단하였다.[52]

시대의 흐름에 따라 법도 변화하고 있다. 유사한 사안과 동일한 법규범이라고 하여도 법을 해석하는 판사의 시각과 인식에 따라, 이전에는 '사회적으로 용인되는 행위'였을지라도 이제는 '법적으로 범죄인 행위'가 될 수 있다.

또한 특별한 성추행의 형태를 처벌하는 법률 규정이 입법되었다. 지하철 버스 등의 대중교통 수단, 공연·집회가 개최되는 장소나 기타 공중이 밀집하는 장소에서의 추행사건이 종종 발생하였으며 이들을 처벌할 특별한 법률 규정이 필요하다는 공감대가 형성되었다. 특히 지하철 등 혼잡한 대중교통 수단 안에서 여성들에 대한 추행행위가 사회문제로 대두되면서, 이러한 공중 밀집장소에서의 추행행위를

---

52) 대구지방법원 2013. 7. 12. 선고 2012고합1237.

처벌할 법률 규정(「성폭력범죄의 처벌 및 피해자 보호에 관한 법률」 제13조)이 1994년 1월 5일에 입법되었다. 이후 2010년 4월 15일에는 「성폭력범죄의 처벌 등에 관한 특례법」이 새로이 제정되면서, 해당 규정이 이 법률에 계승되었다.

> **성폭력범죄의 처벌 등에 관한 특례법 제11조(공중밀집장소에서의 추행)** 대중교통수단, 공연·집회장소 그 밖에 공중(公衆)이 밀집하는 장소에서 사람을 추행한 사람은 1년 이하의 징역 또는 300만 원 이하의 벌금에 처한다.

이 규정은 2010년 12월 1일에 발생한 지하철 2호선에서의 성추행으로 유명해졌다. 한 남성이 옆자리에서 잠든 여성의 허벅지를 더듬는 장면이 건너편 승객에 의하여 촬영, 인터넷에 공개되면서 사회문제화 되자, 남성은 지하철경찰대에 자수하였고 검찰에 의하여 기소되었다. 그러나 지하철 성추행범에 대한 강력한 형사처벌만이 이러한 문제를 해결하는 유일한 방법은 아니다. 일본 등 외국에서는 지하철의 일부 객차를 여성전용으로 운영하고 있는데, 이는 '지하철 성추행' 방지를 위한 방안 중의 하나로서 좋은 아이디어이다. 법률에 따른 처벌도 필요하지만 형사처벌만이 유일하고 효과적인 대처방법은 아니다. 이른바 사회적 '거버넌스'가 강조되는 이유이다.

8. 성범죄 예방 및 처벌의 강화

그간 우리나라에서 발생한 강력 성범죄 특히 아동과 청소년을 대상으로 하는 강력 성범죄의 발생과 이에 따라 성범죄를 예방하고 처벌을 강화하자는 여론이 고조되었다. 특히 성범죄 건수의 증가 및 성범죄 행위의 극악성 등으로 인하여 성범죄를 예방하고 처벌을 강화하기 위한 여러 제도와 법령이 마련되었다. 성범죄자에 대한 신상등록 및 공개제도, 전자발찌 부착명령 제도, 성범죄자에 대한 형량의 강화, 화학적 거세 제도 등이 법령에 새로이 도입되었다.

▌전자장치 부착 등에 관한 법률 (전자장치부착법)

> **제1조(목적)** 이 법은 수사·재판·집행 등 형사사법 절차에서 전자장치를 효율적으로 활용하여 불구속재판을 확대하고, 범죄인의 사회복귀를 촉진하며, 범죄로부터 국민을 보호함을 목적으로 한다.

▧ 성폭력범죄자의 성충동 약물치료에 관한 법률 (성충동약물치료법)

제1조(목적) 이 법은 사람에 대하여 성폭력범죄를 저지른 성도착증 환자로서 성폭력범죄를 다시 범할 위험성이 있다고 인정되는 사람에 대하여 성충동 약물치료를 실시하여 성폭력범죄의 재범을 방지하고 사회복귀를 촉진하는 것을 목적으로 한다.

▧ 아동 · 청소년의 성보호에 관한 법률 (청소년성보호법)

제1조(목적) 이 법은 아동 · 청소년대상 성범죄의 처벌과 절차에 관한 특례를 규정하고 피해아동 · 청소년을 위한 구제 및 지원 절차를 마련하며 아동 · 청소년대상 성범죄자를 체계적으로 관리함으로써 아동 · 청소년을 성범죄로부터 보호하고 아동 · 청소년이 건강한 사회구성원으로 성장할 수 있도록 함을 목적으로 한다.

「전자장치부착법」은 성폭력범죄, 미성년자 대상 유괴범죄, 살인범죄, 강도범죄 등의 강력범죄를 저지른 사람의 재범방지를 위하여 검사의 청구와 법원의 판결을 통하여 전자발찌를 착용하도록 할 수 있고 이와 더불어 야간외출 제한, 피해자에의 접근금지, 특정지역 출입금지, 치료프로그램 이수 등을 부과할 수 있도록 하고 있다. 그리고 「청소년보호법」(아청법이라고도 함)은 아동 · 청소년을 대상으로 하는 성범죄자에 대하여 신상을 등록 및 공개[53][54]하도록 하고, 아동청소년 관련기관 등에의 취업을 제한[55][56]하고 있다. 「성충동약물치료법」은 화학적 거세 제도를 법제

---

53) 「성폭력범죄의 처벌 등에 관한 특례법」 제42조(신상정보 등록대상자) 이하와 「아동 · 청소년의 성보호에 관한 법률」 제49조(등록정보의 공개) 이하에서는 아동 · 청소년대상 성범죄는 물론이고 성인대상 성범죄 중에서 '등록대상 성범죄'로 유죄판결이 확정된 자 등은 신상정보를 등록하고 이 중 일정한 경우에는 법원의 판결로 성명, 나이, 주소 및 실제거주지, 신체정보(키와 몸무게), 사진, 등록대상 성범죄요지(판결일자, 죄명, 선고형량을 포함한다), 성범죄 전과사실(죄명 및 횟수), 전자장치부착여부 등의 신상정보를 공개하도록 규정하고 있다.

54) 헌법재판소는 몰카범죄로 유죄가 확정된 자의 신상등록정보를 20년 동안 보존 · 관리하도록 규정하고 있는 「성폭력범죄의 처벌 등에 관한 특례법」 제42조 중 관련 조항에 대하여 헌법불합치 결정을 하였다(헌재 2014헌마340, 2015. 7. 30.). 또한 통신매체이용음란죄로 유죄판결이 확정된 자는 신상정보 등록대상자가 된다고 규정한 「성폭력범죄의 처벌 등에 관한 특례법」 제42조 제1항 중 관련 부분은 개인정보자기결정권을 침해하여 헌법에 위반된다고 선고하였다(헌재 2015헌마688, 2016. 3. 31).

55) 「아동 · 청소년의 성보호에 관한 법률」 제56조(아동 · 청소년 관련기관 등에의 취업제한 등)에서는 아동 · 청소년대상 성범죄는 물론이고 성인대상 성범죄로 형 또는 치료감호를 선고받아 확정된 자에 대하여 10년 동안 어린이집이나 유치원, 학교, 의료기관, 연예기획사, PC방 및 아동 · 청소년 관련시설 등에의 취업을 제한하고 있다.

56) 헌법재판소는 성인대상 성범죄를 저질러 벌금형을 선고받은 의사에게 10년 동안 의료기관에

화 한 것으로, 일정범위의 성범죄자에게 검사의 청구와 법원의 판결로 성충동 약
물치료를 받도록 치료명령을 부과하는 것을 내용[57)]으로 한다. 성충동 약물치료란
비정상적인 성적 충동이나 욕구를 억제하기 위한 조치로서 성도착증 환자에게 약
물 투여 및 심리치료 등의 방법으로 도착적인 성기능을 일정기간 동안 약화 또는
정상화하는 약물치료를 말한다.

이전에는 없던, 성범죄에 대한 이러한 새로운 대응수단은 성범죄에 대하여 비
교적 관대하던 인식과 제도를 전환하는 의미를 가지며, 성범죄를 근절하고자하는
국민들의 생각을 법제화한 것으로 평가할 수 있다.

최근에는 성범죄자의 거주지를 제한하는 미국의 '제시카 런스포드법'[58)]을 벤치
마킹하여 '한국형 제시카법'을 만들겠다고 하여 논란이 되고 있다. 아동을 대상으
로 끔찍한 성범죄를 저지른 조두순 등 고위험 성범죄자가 출소하였을 때, 거주지

의 취업을 금지한 사건에서, 위에서 설명한 「아동・청소년의 성보호에 관한 법률」 제56조
(아동・청소년 관련기관 등에의 취업제한 등) 규정은 직업선택의 자유에 대한 과도한 제한
으로서 위헌(헌재 2013헌마585, 2016. 3. 31)이라고 결정하였다. 또한 아동대상 성범죄를
저질러 징역형 및 치료감호를 선고받은 사람에게 10년 동안 아동・청소년 관련기관을 개설
하거나 취업할 수 없도록 금지한 사건에서도 동 규정을 위헌(헌재 2015헌마98, 2016. 4.
28)이라고 결정하였다.

57) 헌법재판소는 「성충동약물치료법」 일부조항이 신체의 자유 등 기본권을 침해하는지 여부에
대하여, "심판대상조항들은 성폭력범죄를 저지른 성도착증 환자의 동종 재범을 방지하기 위
한 것으로서 그 입법목적이 정당하고, 성충동 약물치료는 성도착증 환자의 성적 환상이 충
동 또는 실행으로 옮겨지는 과정의 핵심에 있는 남성호르몬의 생성 및 작용을 억제하는 것
으로서 수단의 적절성이 인정된다. 또한 성충동 약물치료는 전문의의 감정을 거쳐 성도착증
환자로 인정되는 사람을 대상으로 청구되고, 한정된 기간 동안 의사의 진단과 처방에 의하
여 이루어지며, 부작용 검사 및 치료가 함께 이루어지고, 치료가 불필요한 경우의 가해제제
도가 있으며, 치료 중단시 남성호르몬의 생성과 작용의 회복이 가능하다는 점을 고려할 때,
심판대상조항들은 원칙적으로 침해의 최소성 및 법익균형성이 충족된다. 다만 장기형이 선
고되는 경우 치료명령의 선고시점과 집행시점 사이에 상당한 시간적 간극이 있어 집행시점
에서 발생할 수 있는 불필요한 치료와 관련한 부분에 대해서는 침해의 최소성과 법익균형성
을 인정하기 어렵다. 따라서 이 사건 청구조항은 과잉금지원칙에 위배되지 아니하나, 이 사
건 명령조항은 집행 시점에서 불필요한 치료를 막을 수 있는 절차가 마련되어 있지 않은 점
으로 인하여 과잉금지원칙에 위배되어 치료명령 피청구인의 신체의 자유 등 기본권을 침해
한다"고 하여 헌법불합치 결정을 하였다. (헌재 2013헌가9, 2015. 12. 23) 이후 성폭력범죄
를 다시 범할 위험성이 없을 정도로 개선되어 성충동약물치료가 필요치 않은지 여부를 치료
감호심의위원회에서 결정하는 절차에 관한 규정을 신설하였다.

58) 2005년 미국 플로리다에서 9세 소녀 제시카 런스포드가 이웃에 살던 성범죄전과자에 의하
여 강간・살해된 사건을 계기로 하여 만들어진 성범죄 대응입법이다. 상세한 사항은 홍완식,
"미국의 아동대상 성범죄 관련 법률에 대한 입법론적 검토", 세계헌법연구, 제16권 제3호,
2010, 183쪽 이하 참조.

주변 주민들의 반발과 함께 촉발된 논란이 '한국형 제시카법' 입법논의로 이어진 것이다. 재범률이 높다고 알려진 고위험 성범죄자로부터 아동과 여성을 보호한다는 입법취지에는 이의가 존재할 수 없다. 그러나 미국에서조차 집행가능성과 실효성에 논란이 있다는 점을 감안하여 대상과 기준, 기간, 해제조건 등에 관한 구체적인 사항이 사전에 검토되어야 하고, 국가지정시설로 거주를 제한하는 것의 집행가능성, 재범예방을 위한 감시인력과 IT장비 등 감시체계, 국가지정시설의 선정기준, 위치 및 이 제도의 실효성, 위헌성 등도 검토되어야 할 것이다. '한국형 제시카법'에 관해서는 이미 찬반론이 뜨겁다.

9. 앞으로의 전망

위에서 논의한 여러 가지 유형의 행위가 모두 성범죄의 유형에 포함되는 것은 아니다. 그러나 반사회적인 성적 호기심을 실행에 옮기거나 타인의 권리와 자유를 부당하게 침해한다는 점에서 함께 살펴보았다. 이 중에서 성희롱이나 스토킹, 초등학생의 '고추 만지기' 등 일련의 사건은 많은 사람의 흥미를 유발하는 사건이었으며, 우리의 인식의 변화가 필요하였기 때문에 흥미가 유발되었는지도 모른다.

외국에서 시작된 '미투(Me Too)' 캠페인은 성추행이나 성희롱 등의 성폭력을 당한 여성들이 '나에게도 그런 일이 있었다'(Me too)는 고백을 통해 성폭력 범죄의 심각성을 알리고 처벌을 촉구하는 것이었다. 2018년에 현직 여검사의 폭로로 시작되어 예술계와 교육계 등으로 이어진 한국에서의 미투운동도 이전에는 문제되거나 범죄시되지 않았거나 감추어졌던 언행들이 이제는 성범죄로 처벌될 수 있게 되는 사회적 변화를 가져오고 또한 성범죄에 대한 판례와 법령의 변화를 가져오게 되었다.

이처럼 과거에는 문제시되지 않았던 성적 언동이었지만, 이제는 불법행위로서 손해배상 책임을 지거나 벌금형이나 징역형 등의 형사책임을 지게 될 수도 있다. 남성의 입장에서 보면, 여성이나 아동에게 언행을 조심해야 하는, 인식과 행동의 변화가 필요한 상황에 직면하였다. 그러나 이러한 변화는 사회적 약자인 여성과 아동 등의 입장에서는 차별과 무시를 극복할 수 있는 첫걸음으로 인식된다. 이러한 인식의 변화는 새로운 유형의 성적 범죄를 기존의 법률체계 속에서도 처벌할 수 있는 판결이 나오게 하였다.

이러한 사건은 또한 새로운 유형의 성적 범죄를 대상으로 하는 법률을 만드는 변화를 가져오게 하였다. 이와 더불어 강력한 성범죄 특히 아동·청소년을 대상으로 하는 성범죄의 잦은 발생으로 인하여 성범죄자에 대한 형사처벌과 보안처분 등이 점차 강력해지고 있다.

사형제도
존폐론

CHAPTER

8

사형제도 존폐론

1. 사형제도 일반론

사형제도는 인류의 오래된 형벌제도의 하나이고 이는 법적 논의를 넘어 종교, 철학, 윤리학, 사회학, 인류학 등에서도 논의가 되어 왔으며, 현재도 세계적으로 찬반 논쟁의 대상이 되는 주제이다. 인류의 진보를 측정하는 척도에는 여러 가지가 있지만, 어떠한 국가가 야만으로부터 벗어나 문명사회로 나아가고 있다는 중요한 척도 중의 하나는 어떠한 법규범을 가지고 있느냐 하는 것이다.[1] 어떠한 국가가 사형제도를 존치하고 있느냐의 문제가 국제사회에서 유난히 논란이 되는 이유는 이러한 관점과 관련이 있다고 볼 수 있다. 물론 사형제도의 존치 여부는 인류사회의 진보 여부와는 전혀 관계가 없는, 단순히 특정 국가의 형벌제도의 하나일 뿐이라는 입장도 있다. 미국의 많은 주와 일본 등에서는 아직 사형제도를 유지·시행하고 있다는 점 등에서, 사형제도의 유무는 해당 국가 고유의 형벌제도의 선택에 관한 문제이지 그 이상의 평가로 확대할 필요는 없다는 것이다.

사형제도에 대하여는 여러 가지 관점에서 폐지론과 존치론이 대립하고 있는데, 법학자들도 사형폐지론이 우세한 가운데 사형폐지는 아직 시기상조라고 하는 의견도 있으며, 일반 국민들의 의견도 찬성과 반대로 팽팽하게 갈리고 있다. "끔찍

---

1) William A. Schabas, The Abolition of the Death Penalty in international Law, Cambridge University Press, Third Edition, 2002, p.363.

한 살인 현장을 본 사람들은 사형 존치론자가 되고 처연한 사형집행을 목격한 사람들은 사형 폐지론자가 된다"[2]고 하는 의견도 있다. 그런가 하면, 사형제도의 폐지를 위한 여러 단체의 활동이 적극적인데 국제사면위원회나 사형폐지범종교연합, 한국사형폐지운동협의회[*] 등이 이들 단체이다. 일반적인 여론의 향배를 보면 평소에는 사형폐지론이 우세하다가도 1994년 지존파나 1996년 막가파, 2004년 유영철과 같은 흉악범이나 연쇄 살인범의 범행이 사회적 공분의 대상이 되는 시기에는 사형존치론이 강세를 보이고 있다.

> [*] 한국사형폐지운동협의회(사폐협)는 1989년 5월 30일에 창립되어 그간 사형제도에 관한 위헌심판청구소송지원, 각종 강연회, 책자 발간, 성명서 발표 등의 활동을 하고 있다(『사폐협 10년의 발자취』, 한국사형폐지운동협의회, 1999. 참조).

대법원은 원칙적으로 사형이라는 형벌을 두는 문제는 형사정책과 인도적 차원에서 심각하게 논의되고, 국가 발전과 도덕적 감정의 변화에 따라 입법적으로 존폐가 고려될 문제라고 하여 유연한 입장을 보이고 있다. 그러나 현실적으로 우리 실정과 국민의 도덕적 감정을 고려하여, 국가의 형사정책으로 질서유지와 공공복리를 위해 형법 등에 사형이라는 형벌을 규정했다고 하여 이것을 헌법에 위반된 조문이라 할 수 없다는 견해이다.[3] 다만, 사형은 사람의 목숨을 빼앗는 마지막 형벌이므로 범행에 대한 책임의 정도와 형벌의 목적에 비추어 사형이 정당화될 수 있는 특별한 사정이 있는 경우에만 허용될 수 있다는 것이다.[4] 15대 국회에서 19대 국회까지 매 입법기마다 사형폐지 법률안이 발의된 적이 있으나, 법률로 성립되지 못하고 국회의 임기 만료로 인하여 모두 자동 폐기되었다.

사형제도의 존폐 문제와 관련하여서는 일시적이고 감정적인 대응보다는 사형제도가 헌법이나 형벌제도의 목적에 부합하는 제도인지, 참고할 만한 외국의 입법례는 어떠한지, 사형을 폐지한 국가의 강력범죄 발생 추이에는 어떠한 변화가 있는지, 사형을 폐지할 경우에 사회에 미치는 영향은 어떠할지, 흉악범죄에 대한 다른 대안 형벌이 있는지와 대안 형벌로서의 종신형이나 무기형 등은 어떠한 내용을 담고 있어야 하는지 등에 관한 검토를 통하여 신중하고 이성적인 논의를 거친 후에 사회적 합의를 모아 입법정책을 세워야 할 것이다.

---

2) 조갑제, 『사형수 오휘웅 이야기』, 한길사, 1986, 22쪽.
3) 대법원 1967. 9. 19. 선고 67도988.
4) 대법원 2000. 7. 6. 선고 2000도1507; 1987. 10. 13. 선고 87도1240.

2. 사형제도와 관련한 법률규정

헌법에는 사형제도를 둔다거나 사형제도를 폐지한다는 명시적인 규정이 없다. 다만, 「헌법」 제110조에서 군사재판과 관련하여 사형을 언급하고 있는 규정이 있다. 사형제도 존치론자들은 동 헌법 규정을 사형제도의 헌법적 근거로 보고 있다.

> 제110조 ④ 비상계엄하의 군사재판은 군인·군무원의 범죄나 군사에 관한 간첩죄의 경우와 초병·초소·유독음식물공급·포로에 관한 죄 중 법률이 정한 경우에 한하여 단심으로 할 수 있다. 다만, 사형을 선고한 경우에는 그러하지 아니하다.

법률에는 사형에 관하여 규정하고 있는 조문이 많다. 우선, 형벌의 종류로서 사형을 정하고 있는 법률 규정과 사형의 집행에 관한 법률 규정이 있다.

> 형법 제41조(형의 종류) 형의 종류는 다음과 같다.
> 1. 사형 2. 징역 3. 금고 4. 자격상실 5. 자격정지 6. 벌금 7. 구류 8. 과료 9. 몰수
> 형법 제66조(사형) 사형은 형무소 내에서 교수하여 집행한다.
> 행형법 제57조(사형의 집행) ① 사형은 교도소와 구치소안의 사형장에서 집행한다. ② 국가경축일, 일요일 기타 공휴일에 사형을 집행하지 아니한다.
> 군형법 제3조(사형집행) 사형은 소속 군참모총장 또는 군사법원의 관할관이 지정한 지소에서 총살로써 이를 집행한다.

이외에도 법률에서 사형을 법정형으로 규정하고 있는 범죄가 있다. 현행 「형법」 조문에서 사형선고가 가능한 범죄로는 내란, 간첩, 살인 등의 18개 조문이 있다. 이에 더하여 「특정범죄가중처벌 등에 관한 법률」, 「폭력 행위 등 처벌에 관한 법률」, 「국가보안법」 등의 법률에 의해서도 사형선고가 가능하다. 즉, 우리나라의 경우에는 「형법」을 비롯한 17개 법률에 사형이 규정되어 있다. 법정형에 사형이 규정된 조문의 수는 총 149개이고 법정형으로 사형만을 규정하고 있는 규정도 16개 조문이 있다.[5] 이렇게 사형대상범죄를 규정하고 있는 법률의 문제점으로는 ① 인명침해 없는 범죄에 대한 사형규정, ② 미수범 등에 대한 사형규정, ③ 결과적 가중범에 대한 사형규정, ④ 절대적 법정형으로서의 사형규정, ⑤ 특수가중으로서의

---

5) 배종대, 『형법총론』, 2017, 570쪽 이하.

사형규정 등이 지적되고 있다.[6]

이러한 사형을 존치하고 있는 법률규정에도 불구하고 1997년 12월 30일에 사형이 집행된 이후로는 한 건의 사형집행도 없었다. 이렇게 법률상 사형은 규정되어 있으나 사실상 10년간 사형집행이 없는 국가는 '사실상 사형폐지국'으로 분류되고 있으며, 우리나라는 2007년 12월 30일 이후로 사실상 사형폐지국으로 분류되고 있다. 2024년 1월 현재 국제사면위원회 홈페이지(www.amnesty.org)에는 우리나라가 23개의 '사실상 사형폐지국'(Death penalty: Countries abolitionist in practice) 가운데 하나로 분류되어 있다.

3. 사형제도의 역사

1) 근대 이전

역사적으로 형벌은 개인이나 집단의 복수심을 기초로 하는 응보의 목적에서 행해졌다.[7] 즉, 형벌은 범죄를 행한 자에 대한 공적인 복수라는 측면이 강조되었기 때문에, 해당 범죄에 의한 피해보다도 큰 피해를 부과하거나 잔혹한 방법으로 사형이 집행되는 경우가 많았다. 또한 잔혹한 형벌을 공개적으로 집행하면 형벌이 두려워서 범죄를 저지르지 않을 것이라고 생각되었다. 즉, 사형제도는 범죄 예방 효과를 발휘해 줄 것으로 기대되었다. 때문에 화형, 십자가형, 능지처참, 거열형, 참수형, 수장, 독살, 책형, 박살형 등의 각종 잔인한 사형 방법이 동원되었으며, 사형은 군중들 앞에서 공개적으로 집행되었던 것이다. 이와 같이 근대 이전 형벌의 특징은 일반 국민에 대한 범죄 예방의 목적을 가지고 행하여졌다는 점이다.

2) 근대 이후

중세시대를 지나면서 형법 및 형벌의 목적 내지는 본질, 그리고 그 내용과 대상 등에 관한 반성이 시작되었다. 형벌의 목적이 응보보다는 범죄인의 개선, 교화로 인식되기 시작하였고, 봉건시대의 붕괴와 더불어 계몽사상의 등장은 사형에 대

---

6) 강석구·김한균, 『사형제도의 합리적 축소정비방안』, 한국형사정책연구원, 2005, 150쪽 이하.

7) 오영근, "사형존폐논쟁의 역사적 고찰", 『사형제도의 이론과 실제』, 국제사면위원회 한국연락위원회, 1989, 55쪽 이하 참조.

한 사람들의 시각을 변화시키기 시작하였다. 이러한 변화 속에서 벡카리아는 1764년에 『범죄와 형벌』이라는 책을 통해 사형 폐지를 주장하였다. 이후 산업혁명, 종교개혁 등을 거치면서 봉건제도의 붕괴와 시민계급의 성장과 함께 인간의 존엄과 자유가 주장되고, 천부인권사상이 등장하였다. 이러한 변화에 힘입어 근대 이전의 잔인한 형벌의 폐지와 인간 존엄과 가치에 입각한 형벌제도의 도입이 주장되었다. 이에 따라 인간의 생명을 박탈하는 사형의 적용 범위와 사형 방법의 잔혹성이 문제되기 시작했고, 사형은 보편적인 형벌에서 예외적인 형벌로서 인식되기 시작했다. 사형의 집행 방법도 잔인하지 아니하고 고통이 적으며 신체를 훼손하지 아니하고 공개적이지 않은 방법으로 개선되기 시작하였다. 인류가 야만에서 문명으로 이행하는 시기였다.

4. 사형선고 및 사형집행의 실태

사형집행의 실태에 관해서는 다른 국가의 실태와 우리나라의 실태를 비교해 볼 필요가 있다. 사형집행통계는 드러내고 싶어 하지 않는 것이라 누락되거나 부정확한 자료가 있을 수 있다. 따라서, 오랫동안 세계 각국의 사형집행 실태를 조사해 오고 있는 국제사면위원회(Amnesty International)의 통계가 신뢰할 수 있으므로 이를 중심으로 살펴보기로 한다. 다만, 이 수치는 국제사면위원회(amnesty international)가 수집한 사례만을 산정한 것이기 때문에, 실제 수치는 더 높을 것으로 추측되고 있다. 그리고 사형 집행의 절대 다수가 중국, 이란, 사우디 아라비아, 이라크, 파키스탄 등의 국가에서 이루어지고 있으며, 국제사면위원회가 제한적이고 불완전한 정보만을 지니고 있는 중국의 경우는 통계에서 제외되고 있다.

2002년에는 67개국에서 최소 3,248명이 사형을 선고받았고, 31개국(이하 중국 제외)에서 1,526명의 사형이 집행되었다고 보고되었다. 2009년에는 58개국 중 18개국에서 714명의 사형이 집행되었다. 이들 국가 중 이란(388명 이상), 이라크(120명 이상), 사우디아라비아(69명 이상), 미국(52명), 예멘(30명 이상), 수단(9명 이상), 베트남(9명 이상), 일본(7명 이상) 등이 비교적 많은 수의 사형이 집행된 국가이다.[8] 2012년에는 58개국 중 21개국에서 682명의 사형이 집행되었다.[9] 2015년도에는

---

8) http://www.amnesty.org, 2010. 6. 20. 방문.

1,634명에 대한 사형이 집행되었으며, 이는 1989년 이래 최고 수치를 기록한 것이라고 발표되었다.[10] 2022년도에는 사형제도를 두고 있는 55개국에서 최소한 883건의 사형이 집행되었다.[11]

미국의 경우에는 연방 차원에서 사형제도가 폐지되지는 않았지만, 22개 주에서는 사형제도가 공식적으로 폐지되었고 3개 주에서는 사형을 집행하지 않고 있다. 1972년 6월 29일 미국 연방대법원은 사형제도가 미연방수정헌법 제8조가 규정하고 있는 '잔혹하고 비정상적인 형벌(cruel and unusual punishment)'에 해당하므로 위헌이라고 판결함을 통하여 한동안 사형제도가 폐지된 적이 있었다. 이후 미국 연방대법원은 1976년 7월 2일에 사형이 자의적이거나 차별적으로 부과되지 않도록 양형에 적당한 지침이 부여되었다는 등의 이유로 수정헌법 제8조에 위반하는 것은 아니라는 판결을 내려서, 미국에서 사형제도는 다시 부활되었다. 현재 미국에서 사형제도를 두고 있는 주는 25개이고, 사형제도를 폐지한 주는 22개이며, 주지사가 집행하지 않겠다(Governor-imposed moratorium)는 선언을 한 곳은 3개 주이다.[12] 간단히 말하자면, 미국 연방 50개 주에서 절반은 사형존치 절반은 사형폐지를 한 주라고 정리할 수 있다. 그리고 미국에서 인구의 증가추세와 사형집행비율을 보면 사형은 점차 줄고 있다는 평가가 있다.[13]

2009년의 국정감사 자료에 의하면, 우리나라에서는 1948년 정부 수립 이후 902명에 대한 사형이 집행되었다.[14] 1948년 정부수립 이후 1,310명에 대한 사형이 집행되었다는 기록[15]도 있지만, 1948년 8월 26일의 8명에 대한 사형집행이 누락

9) http://www.amnesty.org, 2013. 8. 14. 방문.
10) http://www.amnesty.org, 2016. 6. 30. 방문.
11) http://www.amnesty.org, 2024. 1. 3. 방문.
12) 해당주의 목록은 http://www.deathpenaltyinfo.org/states-and-without-death-penalty 참조, 2021. 2. 5. 방문.
13) Howard Allen / Jerome Clubb, Race, Class and the Death Penalty, State University of New York Press, 2008, p.186.
14) 이 통계는 일반법원의 사형선고와 집행에 관한 통계로서 군사법원의 사형선고와 집행에 관한 통계는 포함되지 않았다.
15) "1950년 228명, 1951년 194명, 1952년 63명, 1953년 21명, 1954년 58명, 1955년 33명, 1956년 52명, 1957년 15명, 1958년 13명, 1959년 49명, 1960년 18명, 1961년 56명, 1962년 19명, 1964년 2명, 1965년 11명, 1966년 33명, 1967년 3명, 1968년 20명, 1969년 32명, 1970년 14명, 1971년 9명, 1973년 7명, 1974년 58명, 1976년 27명, 1977년 28명, 1979년 10명, 1980년 10명, 1982년 21명, 1983년 9명, 1985년 1명, 1986년 13명 및 1987년부터 1997년까지 111명으로 총합계 1,310명"임을 밝히고 있다. 정확히 밝히고 있지 않지만, 이는

되어 있다는 점에서 정확성이 의심된다. 통계수치에 차이가 있는 것은 일반법원의 선고에 따른 사형집행만을 대상으로 하느냐 아니면 군사법원의 선고에 따른 사형 집행도 대상으로 하느냐에 따른 것이라고 보여지지만, 국가기관에서 발표하는 통계자료가 부정확한 것은 사형제도를 바라보는 우리의 무관심한 태도가 아닌가 하는 반성도 있다.[16)]

<table>
<tr><td colspan="2">표 8-1</td><td colspan="8">1990년대 이후의 사형집행 현황</td></tr>
<tr><td>연도</td><td>1990</td><td>1991</td><td>1992</td><td>1993</td><td>1994</td><td>1995</td><td>1996</td><td>1997</td><td>1998~2020</td></tr>
<tr><td>인원</td><td>14</td><td>9</td><td>9</td><td>0</td><td>15</td><td>19</td><td>0</td><td>23</td><td>0</td></tr>
</table>

1997년 12월 30일에 사형수 23명에 대한 사형이 집행된 이후, 현재까지 한 건의 사형도 집행되지 않았다. 1997년 이후 사형이 집행되지 않고 있는 것은 사형선고에도 영향을 미치고 있다. 1심판결을 기준으로 보면 1990년대 초반에는 연간 30건 내외의 사형판결이 내려졌는데, 2000년대 초반에는 10명 이내로 감소하였고, 2010년 이후에는 연간 1-2건의 사건에서만 사형이 선고되고 있다. 장기적인 사형 미집행은 법원의 양형에도 영향을 미치고 있으며, 사형은 이제 극히 예외적인 사건에서만 선고되고 있다.[17)]

사형선고가 내려진 사건으로 일명 윤일병 사건이 있다. 소속 부대의 간부나 동료 병사들의 피고인에 대한 태도를 따돌림 내지 괴롭힘이라고 생각하던 중 초소 순찰일지에서 자신의 외모를 희화화하고 모욕하는 표현이 들어 있는 그림과 낙서를 보고 충격을 받아 수류탄과 소총으로 상관 및 동료 병사 5명을 살해하고 7명에게 중상을 가한 사건이다. 법원은 "비록 피고인에게 일부 참작할 정상이 있고 예외적이고도 신중하게 사형 선고가 이루어져야 한다는 전제에서 보더라도, 범행에 상응하는 책임의 정도, 범죄와 형벌 사이의 균형, 유사한 유형의 범죄 발생을 예방하여 잠재적 피해자를 보호하고 사회를 방위할 필요성 등 제반 견지에서 법

군사법원에 의하여 사형이 선고되어 집행된 수를 포함하는 것으로 생각된다. 유인태의원 대표발의, 사형폐지에 관한 특별법안, 2015. 7. 6, 3쪽.
16) 이경렬, "종극 사법살인: 사형법제의 폐지를 위한 보론", 『비교형사법연구』, 제17권 4호, 143쪽.
17) 한인섭, "사형의 법률적 폐지를 향하여", 사형제도의 완전한 폐지와 그 이후, 제14회 세계사형폐지의날 기념, 2016. 10. 10, 29쪽.

정 최고형의 선고가 불가피"하다고 하여 사형을 선고하였다.[18] 안산 부녀자 연쇄살인사건의 범인 왕리웨(2001년 선고), 연쇄살인범 강호순과 유영철, 초등학생 혜진 예슬양 등을 살해한 정성현(2009년 선고), 군부대에서 총기를 난사해 동료병사 5명을 살해한 임도빈 병장(2016년 선고), 딸의 친구를 성추행하고 살해한 이영학(2018년 선고) 등이 사형선고를 받았다. 교도소에 복역 중인 사형수는 60명 정도가 된다. 또한 국군교도소에는 군복무중 총기를 난사하여 상관 및 대원을 살해하여 사형을 선고받은 4명이 수감되어 있으며, 그들은 최소 3년에서 20년 이상 복역 중이다.[19] 간혹 사형미집행자 통계수치와 현재 사형수 현황과 차이가 있는 경우가 있다. 이는 사형선고를 받고 복역하다가 무기징역으로 감형 등을 받은 경우가 있기 때문이다.

5. 사형제도 존폐론과 여론

> * "모든 시대의 역사는 경험으로 증명하고 있다. 사형은 확고한 결심이 선 악인들이 사회를 침해하는 것을 예방하지 못했다. 이것은 로마시대의 수많은 사례와 자비에 넘친 러시아 여제 엘리자베드의 20년간의 치세에 의해 입증된 진리이다"(이수성·한인섭(역), Beccaria, Cesare, 『범죄와 형벌』, 지산, 2000, 90쪽).

사형제도 존폐 논쟁의 시작은 1764년 근대 형법학의 아버지라고 불리는 벡카리아(Beccaria)가 그의 저서인 『범죄와 형벌』에서 최초로 사형제도의 폐지를 주장*한 이후 현재에 이르기까지 사형제도 존폐 논쟁은 계속되고 있다.

1) 사형폐지론

첫째, 사형제도의 위헌성 여부에 관한 사항이다. 사형폐지론은 사형이 사람의 생명을 박탈하는 제도로서 비인도적이고 야만적인 잔혹한 형벌이라는 점에 출발점을 두고 있다. 사형제도는 인간의 존엄성을 박탈하고 부정하는 것으로, 잔혹한 보복적 개념의 연장선에 있다.[20] 생명권을 규정하는 명시적 헌법 규정은 없지만, 생명권은 인간의 존엄성을 규정하고 있는 「헌법」 제10조, 신체의 자유를 규정하고

---

18) 대법원 2016. 2. 19. 선고 2015도12980.
19) 국가인권위원회, 군형법내 사형제도 폐지에 대한 의견표명, 2018. 4. 23, 2쪽.
20) 이동명, "사형제도의 위헌성 고찰", 『법학연구』, 한국법학회, 제38권, 2010, 264쪽.

있는 「헌법」 제12조 및 헌법에 열거되지 아니한 권리에 대한 보장을 규정하고 있는 제37조 제1항에 근거하고 있는 기본권이다. 생명의 박탈을 의미하는 사형제도는 생명권에 대한 본질적인 침해에 해당되므로 법률로써도 기본권의 본질적인 내용은 침해할 수 없도록 한 「헌법」 제37조 제2항 단서의 규정에 위배된다. 즉, 성질상 제한이 불가능한 절대적 기본권으로 보아야 하지만, 생명권을 상대적 기본권으로 취급하여 「헌법」 제37조 제2항에 의하여 제한이 가능하다 하더라도 사형은 생명권의 본질적 내용을 침해하는 것이기 때문에 위헌이라고 보아야 한다. 나아가 양심에 반하여 법 규정에 의하여 사형을 선고하여야 하는 법관은 물론 직무상 어쩔 수 없이 사형의 집행에 관여하는 자들의 양심의 자유와 인간으로서의 존엄과 가치를 침해한다.

둘째, 사형제도의 범죄억제효과(위하효과)에 관한 사항이다. 강력범죄를 저지르면 사형을 당할 수 있다는 두려움을 갖게 되어 잠재적 범죄를 예방하는 효과가 있느냐는 것이다. 사형제도의 범죄인에 대한 위하 효과 즉, 일반적으로 범죄를 예방하는 효과는 학문적 가설일 뿐이고 통계적으로나 과학적으로 입증된 바 없다. 반대로 19세기 또는 20세기 초에 사형을 폐지한 유럽국가 등에 있어서, 사형폐지 이후에 살인사건이 오히려 감소되었음을 알 수 있다.[21] 사형의 대상이 되는 잔혹한 범죄를 저지르는 범죄인이나 정치적 확신범의 경우에는 사형 여부에 상관없이 범죄행위를 저지른다. 이러한 예는 사형제도의 위하 효과에 근거한 사형제도 존치론은 근거가 없다는 것을 증명한다. 사형제도와 살인율의 상관관계에 대하여 주목할 만한 연구조사는 유엔이 실시한 1988년과 2002년도의 조사이다. 이 두 차례의 연구조사를 통하여 사형제도와 범죄율의 상관관계를 보면, 사형제도를 폐지하더라도 범죄율이 증가할 것이라는 추측은 근거가 없는 것이며, 사형제도가 종신형에 비하여 범죄예방적 효과를 가진다는 가설을 수용하는 것은 신중하지 못하다는 결론을 내리고 있다. 사형의 폐지가 오히려 범죄율의 감소를 초래한다는 대표적인 예로 캐나다 사례가 손꼽힌다. 살인죄에 대한 사형을 폐지하기 직전인 1975년의 캐나다의 인구 10만 명당 살인율은 3.09명이었는데, 1980년에는 2.41명이고, 1999년에는 1.76명, 2001년에는 1.78명으로 줄어들었다. 캐나다의 2001년도의 인구 10만 명당 살인율은 1975년에 비해서 43%나 감소한 것이다.[22] 우리나라에서 "1997

---

21) Ezzat A. Fattah, "사형이 특별한 억제책인가", 『사형제도의 이론과 실제』, 국제사면위원회 한국연락위원회, 1989, 150쪽.

년에 살인사건이 789건이나 발생하자 23명의 사형수를 처형하였으나, 그 다음해인 1998년에는 범죄발생건수가 전년도보다 177건이 증가한 966건이었다." 법무연수원의 범죄백서를 근거로 하여, 국가인권위원회는 사형의 범죄예방 효과에 대한 주장은 설득력이 없다는 논거를 제시하고 있다.[23] 1990년대에 사형집행이 많았던 다음해의 살인율이 오히려 높아졌다는 점에 사형의 범죄억제효과가 없는 것으로 볼수 있다.[24] 이처럼 우리의 경험과 사형을 폐지한 국가와 사형제도를 두고 있는 국가의 중범죄 발생률 등을 고려해 보면, 사형존치론자들이 주장하는 것처럼 사형제도는 범죄억제효과를 가지지 못한다는 주장이다.

셋째, 사형제도는 형벌의 목적에 반하는 제도라는 것이다. 일반적으로 형벌의 목적으로 드는 것은 범죄인에 대한 응보라는 응보형주의, 일반인의 위하(威嚇)를 통한 범죄예방이라는 일반예방주의 그리고 범죄인의 사회 격리, 교육 등을 통한 사회복귀라는 특별예방주의 등이다. 사형폐지론은 사형은 범죄인의 사회복귀라는 특별예방주의와 모순되는 제도이고, 사형이 피해자에게 일시적 응보적 만족감을 줄 수는 있지만, 그 유족의 고통을 완화하거나 실질적 보상은 가져다 줄 수 없기 때문에 형벌의 목적과도 일치하지 않는 면이 있다고 주장된다. 또한 사형이 선고되는 흉악범죄의 대부분은 순간적인 흥분으로 인한 경우가 많아서 형벌의 예고를 통하여 범죄를 억제하는 '위하력'을 사실상 기대할 수 없다고 한다. 앞에서 말했듯이 사형폐지국과 사형존치국 간 또는 사형폐지국의 사형폐지 전·후 시기를 기준으로 살인사건의 발생률을 살펴보면 사형제도가 있다고 하여 강력 범죄가 적다는 결론은 낼 수 없다는 것이다. 오늘날 모든 문명국가에서 형벌을 시행하는 궁극적인 목적은 범죄자의 개선과 교화 그리고 사회 복귀를 돕는 이른바 교육형의 이념과 정신에 기반을 두고 있다. 사형은 응보나 범죄의 일반 예방 및 범죄인의 개선이라는 형벌의 목적 달성에 필요한 정도를 넘어서 범죄자의 개선, 교화 및 사회복귀 가능성을 송두리째 부정하는 제도라는 것이다.

---

22) 오완호, "세계 사형제도 현황과 한국의 사형폐지운동", 『사형제도는 폐지되어야 한다』, 사형폐지를 위한 한일의원모임, 2002. 11, 55쪽.

23) 국가인권위원회, 사형제도에 대한 국가인권위원회의 의견, 2005, 15쪽.

24) 사형집행이 많았던 1995년도, 1997년도에 사형의 집행건수와 그 다음해의 살인율과 비교해 본 결과, 96년도는 인구 10만 명당 살인율이 오히려 5.9% 증가하였고, 특히 97년도 대규모 사형집행이 있었던 다음해인 98년도와 99년도는 97년도에 비해 17.3%, 99년도는 97년도에 비해 18.5%가 각각 증가하였다. 김상균, "사형의 심리적 억제효과에 관한 탐색적 연구", 『한국범죄심리연구』, 제11권 제3호, 2015, 27쪽.

넷째, 오판의 가능성 및 사형제도의 남용 가능성이다. 실체적 진실의 발견을 위하여 노력하더라도 재판은 인간이 하는 것이기 때문에 오판의 가능성은 상존한다. 오판으로 인하여 사형이 무고한 자에 대하여 집행된 경우에는 생명의 회복이 불가능하기 때문에 사형제도는 폐지되어야 한다는 주장이다. 인혁당사건은 32년 한강폭파사건은 12년 후에야 오판으로 판명되었고, 미국의 경우에도 1973년부터 2004년까지 사형수의 무죄가 입증되어 석방된 경우가 114건이나 된다고 한다.[25] 이외에도 사형제도는 정치적, 사회적 및 경제적 약자를 주요 대상으로 하기 때문에 사형제도가 악용되고 있다는 지적도 있다. 예를 들어 미국에서 사형이 선고된 피고인의 대부분이 흑인이나 히스패닉계의 소수인종 출신이 많다고 하는 '연방사형제도 법률고문 프로젝트'의 조사가 있다.

다섯째, 사형제도를 폐지하더라도 대안이 있다는 것이다. 사형제도의 위하 효과가 없음을 확신하여 사형제도를 폐지한 대부분의 국가에서는 사형 대신 사형으로 규정하였던 범죄를 종신형이나 무기형으로 대체하고 있다. 종신형이나 무기형을 도입하더라도 범죄의 종류, 죄질, 정상 여하에 따라 판결이 확정되고 그 복역을 개시한 후 15년이 경과하지 아니하면 형법에 의한 가석방이나 사면법에 의한 일반사면·특별사면 또는 감형을 할 수 없도록 하자는 등의 의견이다.

2) 사형존치론

첫째, 생명권은 제한이 가능한 기본권이기 때문에 사형제도는 합헌이라는 것이다. 생명권은 상대적 기본권으로서 「헌법」 제37조 제2항에 의하여 제한을 할 수 있는데, 사형이 비례의 원칙에 따라서 최소한 동등한 가치가 있는 다른 생명 또는 그에 못지않은 공공의 이익을 보호하기 위한 불가피성이 충족되는 예외적인 경우에는 위헌이 될 수 없다는 것이다. 다만, 사형이 타인의 존귀한 생명을 박탈하는 결과를 가져온다는 점에서 타인의 생명을 부정하는 불법행위이거나 그에 준하는 공공의 이익을 침해하는 범죄 등에 한하여 사형을 형벌로 규정하여야만 합헌적인 기본권 제한이 될 수 있다고 한다.* 또한 「헌법」 제110조 제4항은 비상계엄하의 군사재판과 관련하여 '사형선고'를 명시하고 있으므로 우리나라 헌법은 사형을 간접적으로 인정하고 있다고 보아야 한다는 것이다.

---

25) 윤영철, "사형제도에 대한 헌법재판소의 결정(2010. 2. 25. 2008헌가23)의 문제점과 사형제도 폐지에 관한 소고", 『중앙법학』, 제12집 제3호, 2010, 263쪽.

* 생명권 역시 「헌법」 제37조 제2항에 의한 일반적 법률유보의 대상이 될 수밖에 없는 것이나, 생명권에 대한 제한은 곧 생명권의 완전한 박탈을 의미한다 할 것이므로, 사형이 비례의 원칙에 따라서 최소한 동등한 가치가 있는 다른 생명 또는 그에 못지 아니한 공공의 이익을 보호하기 위한 불가피성이 충족되는 예외적인 경우에만 적용되는 한, 그것이 비록 생명을 빼앗는 형벌이라 하더라도 「헌법」 제37조 제2항 단서에 위반되는 것으로 볼 수는 없다. 인간의 생명은 자연적 존재로서 동등한 가치를 갖는다고 할 것이나 그 동등한 가치가 서로 충돌하게 되거나 생명의 침해에 못지 아니한 중대한 공익을 침해하는 등의 경우에는 국민의 생명·재산 등을 보호할 책임이 있는 국가는 어떠한 생명 또는 법익이 보호되어야 할 것이지 그 규준을 제시할 수 있는 것이다.

인간의 생명을 부정하는 등의 범죄행위에 대한 불법적 효과로서 지극히 한정하는 경우에만 부과되는 사형은 죽음에 대한 인간의 본능적인 공포심과 범죄에 대한 응보욕구가 서로 맞물려 고안된 '필요악'으로서 불가피하게 선택된 것이며 지금도 여전히 기능하고 있다는 점에서 정당화 될 수 있다. 따라서 사형은 이러한 측면에서 헌법상의 비례의 원칙에 반하지 아니한다 할 것이고 적어도 우리나라 현행 헌법이 스스로 예상하고 있는 형벌의 한 종류이기도 하므로 아직은 우리의 헌법질서에 반하는 것이라고는 판단되지 아니한다(헌재 1996. 11. 28. 95헌바1). 인도적 또는 종교적 견지에서 존귀한 생명을 빼앗아가는 사형제도는 모름지기 피해야 할 일이겠지만, 한편으로는 범죄로 인하여 침해되는 또 다른 귀중한 생명을 외면할 수 없고, 사회공공의 안녕과 질서를 위하여 국가의 형사정책상 사형제도를 존치하는 것도 정당하게 긍인할 수밖에 없는 것이므로 「형법」 제338조(강도살인·치사)가 그 법정형으로 사형을 규정하였다 하더라도 이를 헌법에 위반되는 조문이라고 할 수 없다(대법원 1987. 9. 8. 87도1458, 1992. 8. 14. 92도1086).

둘째, 사형은 형벌의 목적으로서 응보형에 부응하는 제도이다. 사형제도가 폐지될 경우, 응보형의 관점에서 볼 때 종전에는 자신이 행할 보복을 국가가 대신해 줄 것이라고 믿고 있던 상당수 사람들이 이제는 그럴 가능성이 없어졌으므로 범죄 피해에 대한 직접 보복에 나섬으로 인하여 사형(私刑)이 횡행할 가능성도 배제할 수 없다고 한다. 사형제도는 죽음에 대한 인간의 본능적 공포심과 범죄에 대한 응보 욕구가 서로 맞물려 고안된 '필요악'으로써 지금도 여전히 제 기능을 하고 있다는 점에서 정당화될 수 있다는 것이다. 흉악한 범죄로 타인의 생명을 부정하는 자에 대하여는 사형을 선고하는 것이 정당한 응보이며, 이는 일반 국민의 정의관념과 일치한다고 한다. 또한 범죄인의 개선 및 사회 복귀라는 형벌 목적은 궁극적으로 사회 방위를 위한 것이므로 개선이 불가능한 범죄인에 대하여는 영구히 사회로부터 격리하는 것이 오히려 형벌 목적에 부합한다는 것이다.

셋째, 사형제도의 위하성 여부에 관한 사항이다. 인간은 본능적으로 자기 생명에 대한 애착을 갖고 있기 때문에 사형은 흉악범을 비롯한 모든 범죄인에 대하여 아직도 범죄억지 효과를 지닌다. 특히, 새로운 유형의 극악범죄 즉, 항공기 테러, 생화학 테러 등에 의한 대량 살상죄 등을 효과적으로 예방하고 응징할 수 있으려면 사형제도가 필요하다고 한다.

넷째, 사람을 살해한 자는 그 생명을 박탈하지 않으면 안 된다는 것이 국민 일반이 가지는 법적 확신이며, 연쇄 살인범 등 흉악범 등이 등장하고 있는 상황에서 사형제도의 폐지는 일반 국민의 법 감정이나 도덕관념에 반한다고 주장된다. 사형폐지가 이상론으로는 바람직하다고 할 수 있지만, 수세기 동안 사형은 전통적인 형벌로 운용되어 왔고, 국민 다수의 법 감정이 사형폐지에 반대하고 있는 상황에서 사형폐지는 아직 시기상조라는 것이다. 각 국가의 사정이나 시대 변화에 따라 형벌의 종류를 포함한 형사정책은 변할 수 있지만, 중요한 정책 결정을 담당하는 입법자는 마땅히 국민의 법 감정을 중요하게 고려해야 한다고 한다. 국민 대다수는 사형제도의 존치를 원하고 있다는 주장이다. 또한 사형폐지의 수혜자는 극소수의 사형수이고, 억울하게 희생된 피해자와 그 가족의 존엄성과 인권을 고려해야 한다는 주장이다.[26)]

다섯째, 과도적으로 사형제 자체를 존치시키면서도 사형에 처해지는 대상범죄를 축소하고 존치된 사형조항에 대해서도 최대한 문제의 소지를 제거하는 등 점진적인 방법을 통하여 제도를 개선해 나아가야 한다는 입장도 있다. 이러한 방안은 사형제도의 전면적인 폐지나 전면적인 존치와 같은 극단적인 방법보다 현실적인 대안이라고 한다.[27)]

3) 여론조사

우리나라에서는 사형제도의 존폐 여부에 관한 국민들의 여론조사가 여러 차례에 걸쳐 시행되었다. 1992년에 세계일보가 한국여론조사에 의뢰하여 전국의 20세 이상 성인 남녀 729명을 대상으로 한 전화 조사에 의하면 존치 66.5%, 폐지 20.2%, 모르겠다 13.3%의 결과를 보이고 있다. 2000년에 한국형사정책연구원이 전국 1,118명의 남녀노소를 대상으로 실시한 여론 조사는 존치 54.3%, 폐지 45.3%, 무응답자/모르겠다는 0.4%의 결과를 나타내고 있다. 고학력이나 고소득자, 대도시 거주자일수록 폐지의 의견을 나타낸 것으로 분석되었으며, 1992년에 비하여 2000년에는 사형제도 존치의 비율은 낮아지고 폐지의 비율이 2배 이상 높아졌다는 점이 주목할 만하다.[28)] 국가인권위원회가 2003년에 실시한 설문조사 결과를 보면, 일반국민

---

26) 서석구, 『나는 왜 사형존치론자가 되었나』, 월간조선사, 2003, 24, 87쪽.
27) 박찬걸, "사형제도의 합리적 대안에 관한 연구", 『법학연구』, 제29집 제1호, 한양대학교 법학연구소, 2012, 24쪽.

의 65.9%가 존치, 34.1%가 폐지의견을 나타내고 있다.[29] 한국법제연구원의 2015
년 국민법의식 조사연구에서도, 사형제 폐지에 대하여 찬성한다는 의견이 34.2%
로 반대한다는 의견 65.2% 보다 낮게 나타났다.[30]

일반국민들의 사형제도에 관한 의견은 전술한 바와 같이 시기에 따라 다르지
만, 아직은 폐지론보다는 존치론의 비율이 상대적으로 높다. 그러나 사형제도 폐
지론자들은 독일이나 프랑스의 경우에도 사형제도 존치여론이 높을 때에 사형제도
를 폐지하였다는 점을 강조하고 있다.

2007년에 AP통신과 Ipsos여론조사기관이 행한 국제적인 여론조사의 결과를 보
면 흥미롭다. 이 여론조사는 9개국에서 각 1,000명의 성인을 대상으로 시행되었는
데, 영국·캐나다·프랑스·독일·이탈리아·멕시코·한국·스페인·미국에서 행
해진 여론조사 결과는 <표 8-2>와 같다. 9개국 중 한국과 미국을 제외하고는
사형제도를 완전히 폐지한 국가이다.

| 표 8-2 | 사형폐지와 사형제 대안형벌에 관한 여론조사 결과 |

구 분	살인범에 대한 사형 선호율 (질문 1)	살인범에 대한 사형과 징역형에 대한 선호율 (질문 2)	
캐 나 다	44%	사형	25%
		절대적 종신형	51%
		상대적 종신형	20%
프 랑 스	45%	사형	21%
		절대적 종신형	55%
		상대적 종신형	22%
독 일	35%	사형	11%
		절대적 종신형	59%
		상대적 종신형	27%
이탈리아	31%	사형	16%
		절대적 종신형	60%
		상대적 종신형	15%
멕 시 코	71%	사형	46%

---

28) 『한국사형폐지운동의 현황과 전망』, 한국사형폐지운동협의회, 2001, 33쪽 이하.
29) 『사형제도에 대한 국민의식 조사』, 국가인권위원회, 2003. 12, 25쪽.
30) 현대호·김명아, 『2015 국민법의식 조사연구』, 한국법제연구원, 2015, 119쪽 이하.

		절대적 종신형	43%
		상대적 종신형	7%
		사형	35%
한 국	72%	절대적 종신형	44%
		상대적 종신형	21%
		사형	12%
스 페 인	28%	절대적 종신형	64%
		상대적 종신형	20%
		사형	34%
영 국	50%	절대적 종신형	44%
		상대적 종신형	19%
		사형	52%
미 국	69%	절대적 종신형	37%
		상대적 종신형	9%

* 자료: Roger Hood / Carolyn Hoyle, *The Death Penalty A worldwide perspective*, Oxford University Press, 4 edition, 2008, p.364.
  <질문 1> 살인죄로 유죄선고된 사람들에 대한 사형에 대하여 찬성하는가 반대하는가?
  <질문 2> 살인죄로 유죄선고된 사람들에 대하여 어떠한 형벌을 선호하는가? ① 사형 ② 가석방의 가능성이 없는 종신형 ③ 가석방의 가능성이 있는 장기의 징역형(이해의 편의를 위하여 ②는 절대적 종신형 ③은 상대적 종신형으로 번역함).

<질문 1>에 대한 답변에서는 한국(72%)과 멕시코(71%), 미국(69%)에서 사형제도 지지율이 높은 편임을 알 수 있다. 유럽국가에서는 영국(50%)을 제외하고는 응답자의 절반 이하 만이 사형제도에 찬성하고 있다. 대체형벌과 사형을 선택할 수 있도록 한 <질문 2>에 대한 답변에서 미국(52%)의 응답자들만이 대체형벌보다는 사형을 선호하고 있는 것으로 나타났지만, 그 외의 국가들에서는 사형을 선호하고 있지 않다. 대체형벌로서는 상대적 종신형보다 절대적 종신형을 국가에 따라 2배 이상 내지 6배 이상 선호하는 것으로 나타났다. 절대적 종신형과 상대적 종신형을 '종신형'으로 묶어서 분석하는 경우에는, 미국을 제외한 8개 국가의 응답자들 모두 사형보다 종신형을 선호하고 있다. <표 8-2>에서 나타난 여론조사 결과를 보면 미국 응답자들의 사형제도 지지율이 높지만, 미국 연방 중에서 사형집행률이 가장 높은 텍사스 Harris County에서는 절대적 종신형의 지지율이 높았던(2003년 53%, 2005년 64%) 여론조사결과도 있다.[31]

---

31) Roger Hood / Carolyn Hoyle, The Death Penalty A worldwide perspective, Oxford

6. 외국의 사형제도 존치 여부와 사형폐지에 관한 국제협약

사형폐지에 관한 논의가 시작된 때는 1764년 벡카리아의 '범죄와 형벌'이 출판된 때부터라고 여겨지고 있다. 이때부터 사형 존폐에 대한 논쟁이 본격화되고, 20세기에 들어와서 사형을 폐지하는 국가가 점차로 늘어나기 시작하였다. 2차 대전 이후 전생의 참상으로부터 벗어나 인간존엄에 대한 성찰이 있었으며, 1948년 12월의 세계인권선언을 계기로 하여 많은 국가가 사형폐지에 동참하기 시작하였다.[32] 2차 세계대전의 중심무대였던 유럽에서 핀란드와 독일이 1949년에 사형제도를 폐지하였고, 오스트리아가 1968년, 영국이 1969년, 스웨덴이 1972년, 포르투갈이 1976년, 룩셈부르크가 1979년, 프랑스가 1981년에 사형을 폐지하여 유럽을 '사형자유지역(death penalty free area)'으로 만들기 시작하였으며,[33] 현재 유럽연합의 모든 국가는 사형제도를 완전히 폐지하였다.

각국의 사형제도 존폐 여부에 관한 유형은 ① 모든 범죄에 대한 사형폐지국(Abolitionist for all crimes) ② 통상 범죄에 대한 사형폐지국(Abolitionist for ordinary crimes only) ― 이는 군법(military law)이나 전시(war time)와 같은 특별한 상황에서만 사형제도를 유지하고 있는 경우를 의미함 ③ 사실상 사형폐지국(abolitionist in practice) ― 이는 법률상으로는 사형제도를 두고 있으나, 과거 10년간 사형집행을 하지 않은 국가를 의미함 ④ 사형존치국(retentionist)의 넷으로 구분할 수 있다. 이러한 유형구분은 국제사면위원회의 유형구분이기도 하다. 또한 전자의 둘을 합하여 사형폐지국, 사실상 사형폐지국, 사형존치국의 셋으로 구분할 수도 있다.

2018년 7월 현재 총 142개 국가는 사형제도를 법률상으로 폐지하였거나 또는 실제적으로 집행하지 아니하고 있다. 사형폐지국 142개국 중 모든 범죄에 대해 사형을 폐지한 국가는 106개국이고 전쟁 범죄를 제외한 일반 범죄에 대해 사형을 폐지한 국가는 8개국 그리고 사실상 사형을 폐지한 국가는 28개국에 달한다. 이에 비하여 아직도 사형제도를 두고 있는 사형존치국은 56개국이다.[34] 이들 사형존치

University Press, 4 edition, 2008, pp.364-365.

32) William A. Schabas, The Abolition of the Death Penalty in International Law, Cambridge University Press, Third Edition, 2002, p.363.

33) Robert Badinter, Preface-Moving towards universal abolition of the death penalty, Death penalty Beyond abolition, Council of Europe Publishing, 2004, p.7.

34) www.amnesty.org, 2021. 2. 5. 방문.

국은 응보주의적 관점 및 일반예방 차원의 형벌목적과 사회문화적 특수성을 내세우면서 그 제도적 정당성을 주장하지만, 실제로는 정치적인 맥락에 따라 사회통제를 위한 수단으로 사형제도를 존치하고 있다는 평가도 있다.[35]

전체적으로 보면 이미 전세계의 3분의 2를 넘은 사형폐지국의 수는 지속적으로 증가하고 있는 추세이다. 2024년 1월을 기준으로[36] 사형폐지국은 144개국이고 사형존치국은 55개국으로서, 1999년(폐지 · 사실상 폐지국: 100개국, 사형존치국: 90개국)에 비하여 사형폐지국의 숫자가 현저히 증가하였음을 알 수 있다. 특히 모든 범죄에 대하여 사형을 폐지한 국가의 수가 2024년 초에는 112개국이지만, 1977년만 하더라도 사형을 폐지한 국가의 수는 16개국에 불과하였다는 점을 생각하면, 사형제도에 관한 각국의 입법태도는 상당한 변화를 보이고 있다는 점을 알 수 있다.

독일은 1949년에 사형제도를 폐지한다는 명문의 규정을 연방기본법(헌법)에 추가함으로써 사형제도를 폐지하였다. 그리고 사형제도의 대체 방안으로 종신형 제도를 채택하고 있는데, 사형제도 폐지 초기에는 절대적 종신형을 취하였으나, 1981년에 상대적 종신형으로 전환하였다. 즉, 상대적 종신형이란 15년의 형을 집행한 후에 심사를 하여 보호관찰부 가석방을 허용할 수 있도록 하는 제도이다. 1978년 독일 연방헌법재판소가 종신형을 선고받더라도 다시 사회에 복귀할 수 있는 가능성이 제시되는 제도를 만드는 것이 국가의 임무라고 하는 결정을 내렸으며, 이에 따라 독일 연방의회가 입법을 한 결과이다.

유엔은 1950년대부터 사형폐지를 위한 논의를 시작하였고, 1990년대에 이르러 사형폐지를 위한 논의를 본격적으로 가속화하였다. 1989년 12월 유엔총회에서는 전 세계 국가가 사형폐지를 위한 모든 조처를 강구하도록 하는 국제인권규약(B규약)의 제2선택 의정서를 채택하였다. 1997년에는 유엔 인권위원회(Commission on Human Rights)[37]가 인간의 존엄성을 증대시키고 인권의 점진적 발전을 도모하기 위하여 사형폐지 권고결의안을 낸 바 있다. 국제사면위원회는 1977년 12월에 사형제도는 극도로 가혹하고 비인도적이며 모욕적인 형벌이자 천부 인권인 생명권을 침해하는 제도이므로 모든 국가는 사형제도를 폐지하여야 한다는 스톡홀름 선언서를 발표하였다. 2007년 11월 유엔총회에서는 사형제 폐지를 목표로 하는 사형집행

---

35) 이덕인, "사형제도의 정당성에 대한 비판적 검토", 『형사정책』, 제23권 제1호, 2011, 277쪽.
36) www.amnesty.org, 2024. 1. 3. 방문.
37) 현재의 유엔 인권이사회(Human Rights Council).

정지에 관한 결의안을 통과시킨 후 사형폐지와 관련한 일련의 결의안을 채택하고 있다. 2012년도 유엔총회 결의안은 사형제를 점진적으로 제한하고 특히 18세 이하의 미성년자와 임신부에 대한 사형을 폐지하도록 하는 내용을 담고 있다.[38]

이외에도 사형폐지를 위한 주요 국제협약은 시민적 정치적 권리에 관한 국제협약 제2선택 의정서, 사형폐지를 위한 미주인권협약 의정서, 유럽인권협약 제6의정서, 유럽인권협약 제13의정서 등이 있다. 이들 국제조약들은 해당 회원국들에게 사형제도의 폐지를 촉구하는 내용을 담고 있다.

7. 사형제도의 위헌성 여부에 관한 헌법재판소의 결정

헌법재판소는 1996년과 2010년에 사형제도가 위헌인지의 여부를 판단한 후에 사형제도가 헌법에 반하지 않는다고 하여 합헌결정을 내린 적이 있다.

살인과 특수강간 등의 혐의로 기소되어 제1심 및 항소심에서 사형을 선고받은 형사재판의 한 피고인은 대법원에 상고를 함과 동시에 살인죄에 대한 법정형의 하나로서 사형을 규정한「형법」제250조 제1항, 사형을 형의 종류의 하나로서 규정한 같은 법 제41조 제1호, 사형집행의 방법을 규정한 같은 법 제66조, 사형집행의 장소를 규정한「행형법」제57조 제1항에 대한 위헌여부 심판의 제청을 하였으나, 대법원은 1994년 12월 19일에 청구인의 위 신청을 기각하였다. 이에 청구인은 1995년 1월 3일에「헌법재판소법」제68조 제2항에 따라 이 사건 헌법소원 심판을 청구하였으나, 헌법재판소는 9인의 헌법재판관 중 7대 2로 합헌 결정을 내렸다.[39]

1996년의 헌법재판소 결정

생명권 역시「헌법」제37조 제2항에 의한 일반적 법률유보의 대상이 될 수밖에 없는 것이나, 생명권에 대한 제한은 곧 생명권의 완전한 박탈을 의미한다 할 것이므로, 사형이 비례의 원칙에 따라서 최소한 동등한 가치가 있는 다른 생명 또는 그에 못지 아니한 공공의 이익을 보호하기 위한 불가피성이 충족되는 예외적인 경우에만 적용되는 한, 그것이 비록 생명을 빼앗는 형벌이라 하더라도「헌법」제37조 제2항 단서에 위반되는 것으로 볼 수는 없다. 모든 인간의 생명은 자연적 존재로서

---

38) 이세련, "사형폐지에 관한 국제법적 고찰과 정책적 지향점",『홍익법학』, 제14권 제2호, 2013, 633쪽.

39) 헌재 1996. 11. 28. 95헌바1.

동등한 가치를 갖는다고 할 것이나 그 동등한 가치가 서로 충돌하게 되거나 생명의 침해에 못지 아니한 중대한 공익을 침해하는 등의 경우에는 국민의 생명 재산 등을 보호할 책임이 있는 국가는 어떠한 생명 또는 법익이 보호되어야 할 것인지 그 규준을 제시할 수 있는 것이다. 인간의 생명을 부정하는 등의 범죄행위에 대한 불법적 효과로서 지극히 한정적인 경우에만 부과되는 사형은 죽음에 대한 인간의 본능적 공포심과 범죄에 대한 응보욕구가 서로 맞물려 고안된 '필요악'으로서 불가피하게 선택된 것이며 지금도 여전히 제 기능을 하고 있다는 점에서 정당화될 수 있다. 따라서 사형은 이러한 측면에서 헌법상의 비례의 원칙에 반하지 아니한다 할 것이고, 적어도 우리의 현행 헌법이 스스로 예상하고 있는 형벌의 한 종류이기도 하므로 아직은 우리의 헌법질서에 반하는 것으로 판단되지 아니한다. 형법 제250조 제1항이 규정하고 있는 살인의 죄는 인간생명을 부정하는 범죄행위의 전형이고, 이러한 범죄에는 그 행위의 태양이나 결과의 중대성으로 미루어 보아 반인륜적 범죄라고 규정지어질 수 있는 극악한 유형의 것들도 포함되어 있을 수 있는 것이다. 따라서 사형을 형벌의 한 종류로서 합헌이라고 보는 한 그와 같이 타인의 생명을 부정하는 범죄행위에 대하여 행위자의 생명을 부정하는 사형을 그 불법효과의 하나로서 규정한 것은 행위자의 생명과 그 가치가 동일한 하나의 혹은 다수의 생명을 보호하기 위한 불가피한 수단의 선택이라고 볼 수밖에 없으므로 이를 가리켜 비례의 원칙에 반한다고 할 수 없어 헌법에 위반되는 것이 아니다.

■ 재판관 김진우의 반대의견

「헌법」 제10조에 규정된 인간의 존엄성에 대한 존중과 보호의 요청은 형사입법, 형사법의 적용과 집행의 모든 영역에서 지도적 원리로서 작용한다. 그러므로 형사법의 영역에서 입법자가 인간의 존엄성을 유린하는 악법의 제정을 통하여 국민의 생명과 자유를 박탈 내지 제한하는 것이나 잔인하고 비인간적인 형벌제도를 채택하는 것은 「헌법」 제10조에 반한다. 사형제도는 나아가 양심에 반하여 법규정에 의하여 사형을 언도해야 하는 법관은 물론, 또 그 양심에 반하여 직무상 어쩔 수 없이 사형의 집행에 관여하는 자들의 양심의 자유와 인간으로서의 존엄과 가치를 침해하는 비인간적인 형벌제도이기도 하다.

■ 재판관 조승형의 반대의견

사형제도는 생명권의 본질적 내용을 침해하는 생명권의 제한이므로 「헌법」 제37조 제2항 단서에 위반된다. 가사 헌법 제37조 제2항 단서상의 생명권의 본질적 내용이 침해된 것으로 볼 수 없다고 가정하더라도, 형벌의 목적은 응보, 범죄의 일반예방, 범죄인의 개선에 있음에도 불구하고 형벌로서의 사형은 이와 같은 목적달성에 필요한 정도를 넘어 생명권을 제한하는 것으로 목적의 정당성, 그 수단으로서의 적정성 피해의 최소성 등 제 원칙에 반한다.

대법원은 사형만을 유일한 법정형으로 규정하고 있는 「군형법」 제53조(상관살해죄) 제1항에 대하여, 상관살해로 재판을 받던 피고인의 신청을 받아 2006년 8월 31일에 위헌심판제청결정을 하였고, 헌법재판소는 2007년 11월 29일에 「군형법」 제53조를 위헌으로 결정한 바 있다.[40]

2007년의 헌법재판소 결정

법정형의 종류와 범위를 정하는 것이 기본적으로 입법자의 권한에 속하는 것이라고 하더라도, 형벌은 죄질과 책임에 상응하도록 적절한 비례성이 지켜져야 하는 바, 군대 내 명령체계유지 및 국가방위라는 이유만으로 가해자와 상관 사이에 명령복종관계가 있는지 여부를 불문하고 전시와 평시를 구분하지 아니한 채 다양한 동기와 행위태양의 범죄를 동일하게 평가하여 사형만을 유일한 법정형으로 규정하고 있는 이 사건 법률조항은, 범죄의 중대성 정도에 비하여 심각하게 불균형적인 과중한 형벌을 규정함으로써 죄질과 그에 따른 행위자의 책임 사이에 비례관계가 준수되지 않아 인간의 존엄과 가치를 존중하고 보호하려는 실질적 법치국가의 이념에 어긋나고, 형벌체계상 정당성을 상실한 것이다.

헌법재판소는 사형제도 자체가 위헌이라는 것이 아니라 사형만을 유일하게 상관살해죄의 법정형으로 규정하고 있다는 점이 위헌이라는 결정을 하였다. 이후 국회는 2009년 11월에 「군형법」 제53조(상관살해죄)를 사형 또는 무기징역에 처할 수 있도록 개정하였다.

2008년 10월에는 전남 보성군에서 젊은 남녀 4명을 살해한 혐의로 1심에서 사형선고를 받은 어부(70세)에 대한 항소심을 담당한 광주고등법원은 피고인의 사형제도에 대한 위헌법률심판신청을 받아들여서 헌법재판소에 위헌법률심판을 제청하였다. 광주고법은 1996년의 합헌결정이 단계적 사형폐지론이라고 평가하면서, "지금은 사형제에 대한 인식이 달라진 만큼 재고가 필요하다"라고 하여, "사형과 무기징역 사이의 대체형벌을 마련해야 한다"는 의견을 제시하였다.

---

40) 헌재 2007. 11. 29. 2006헌가13.

광주고법의 위헌제청 이유 요지

사형제도는 "「헌법」 제12조 제1항, 제110조 제4항이 군사법 분야가 아닌 일반 범죄에서 사형을 예정하고 있지 않다. 사형수에 대한 인간의 존엄과 가치를 침해함은 물론이고 법관 등 사형의 선고와 집행에 관여하는 자들의 양심의 자유와 인간의 존엄과 가치를 침해한다. 잘못된 재판에 의한 사형 판결이 집행된 경우 어떠한 방법으로도 원상회복이 불가능한 데다가, 사형제도에 의하여 달성하려는 범인의 영구적 격리나 범죄의 일반예방이라는 공익은 가석방이 불가능한 종신형에 의하여도 충분히 달성될 수 있음에도 국민의 기본권 중 가장 기초적인 의미를 갖는 생명권을 최종적으로 박탈하는 사형제도는 피해의 최소성원칙에 반하여 기본권제한에 있어서의 과잉금지의 원칙에 위반되는 것으로서 「헌법」 제37조 제2항에 반한다. 범죄인은 자신의 생명이 박탈될 것이라고 예상하고 더욱 흉포한 범죄를 저지를 수 있어 형벌로서의 사형의 일반예방적인 효과는 그리 크지 않다. 범죄의 원인에는 국가와 사회 환경적 요인도 적지 않은데 국가가 범죄의 모든 책임을 범죄인에게 돌리고 반성의 기회조차 박탈하는 것은 형벌에 있어서 책임의 원칙에 반한다."는 등 여러 점에서 위헌의 의심이 크다. 또한 우리나라는 1997. 12. 30. 이후 사형을 집행하지 않고 있어 사회적·문화적으로 사형집행에 대한 인식이 1996년의 헌법재판소 합헌결정 당시의 상황과는 달라졌다고 할 것이고, 우리나라의 정치·문화 수준이 높아지고 종교와 자선단체의 활동이 증가하고 있으며, 국제화 및 세계화의 물결 속에 시민적·정치적 권리에 관한 국제협약에 참가한 국가들이 증가하고 있는 추세이고, 이미 전 세계적으로 사형폐지가 대세인데 굳이 우리나라가 사형존치국으로 남아 있을 만큼 사회적·문화적으로 열악한 위치에 있는 것인지도 의문이다.

사형제도가 위헌인지의 여부를 묻는 광주고등법원의 위헌법률심판제청에 대하여 헌법재판소는 9인의 헌법재판관 중 5대 4로 사형제도는 헌법에 위반되지 아니한다고 결정하였다.[41] 이후 2010년 6월 10일 이 살인 사건에 대한 상고심을 담당한 대법원에서는 사형을 선고한 원심을 확정하였다.

2010년의 헌법재판소 결정

① 사형은 일반국민에 대한 심리적 위하를 통하여 범죄의 발생을 예방하며 극악한 범죄에 대한 정당한 응보를 통하여 정의를 실현하고, 당해 범죄인의 재범 가능성을 영구히 차단함으로써 사회를 방어하려는 것으로 그 입법목적은 정당하고, 가장 무거운 형벌인 사형은 입법목적의 달성을 위한 적합한 수단이다.

---

41) 헌재 2010. 2. 25. 2008헌바23.

② 사형은 무기징역형이나 가석방이 불가능한 종신형보다도 범죄자에 대한 법익 침해의 정도가 큰 형벌로서, 인간의 생존본능과 죽음에 대한 근원적인 공포까지 고려하면, 무기징역형 등 자유형보다 더 큰 위하력을 발휘함으로써 가장 강력한 범죄억지력을 가지고 있다고 보아야 하고, 극악한 범죄의 경우에는 무기징역형 등 자유형의 선고만으로는 범죄자의 책임에 미치지 못하게 될 뿐만 아니라 피해자들의 가족 및 일반국민의 정의관념에도 부합하지 못하며, 입법목적의 달성에 있어서 사형과 동일한 효과를 나타내면서도 사형보다 범죄자에 대한 법익침해 정도가 작은 다른 형벌이 명백히 존재한다고 보기 어려우므로 사형제도가 침해최소성원칙에 어긋난다고 할 수 없다. 한편, 오판가능성은 사법제도의 숙명적 한계이지 사형이라는 형벌제도 자체의 문제로 볼 수 없으며 심급제도, 재심제도 등의 제도적 장치 및 그에 대한 개선을 통하여 해결할 문제이지, 오판가능성을 이유로 사형이라는 형벌의 부과 자체가 위헌이라고 할 수는 없다.

③ 사형제도에 의하여 달성되는 범죄예방을 통한 무고한 일반국민의 생명 보호 등 중대한 공익의 보호와 정의의 실현 및 사회방위라는 공익은 사형제도로 발생하는 극악한 범죄를 저지른 자의 생명권이라는 사익보다 결코 작다고 볼 수 없을 뿐만 아니라, 다수의 인명을 잔혹하게 살해하는 등의 극악한 범죄에 대하여 한정적으로 부과되는 사형이 그 범죄의 잔혹함에 비하여 과도한 형벌이라고 볼 수 없으므로, 사형제도는 법익균형성원칙에 위배되지 아니한다.

사형제도는 우리 헌법이 적어도 간접적으로나마 인정하고 있는 형벌의 한 종류일 뿐만 아니라, 사형제도가 생명권 제한에 있어서 「헌법」 제37조 제2항에 의한 헌법적 한계를 일탈하였다고 볼 수 없는 이상, 범죄자의 생명권 박탈을 내용으로 한다는 이유만으로 곧바로 인간의 존엄과 가치를 규정한 「헌법」 제10조에 위배된다고 할 수 없으며, 사형제도는 형벌의 경고기능을 무시하고 극악한 범죄를 저지른 자에 대하여 그 중한 불법 정도와 책임에 상응하는 형벌을 부과하는 것으로서 범죄자가 스스로 선택한 잔악무도한 범죄행위의 결과인 바, 범죄자를 오로지 사회방위라는 공익 추구를 위한 객체로만 취급함으로써 범죄자의 인간으로서의 존엄과 가치를 침해한 것으로 볼 수 없다. 한편 사형을 선고하거나 집행하는 법관 및 교도관 등이 인간적 자책감을 가질 수 있다는 이유만으로 사형제도가 법관 및 교도관 등의 인간으로서의 존엄과 가치를 침해하는 위헌적인 형벌제도라고 할 수는 없다.

1996년의 합헌결정에서는 사형제도가 위헌이라는 의견이 2인(김진우, 조승형 재판관)이었지만, 2010년의 합헌결정에서는 사형제도가 위헌이라는 의견이 4인(조대현, 김희옥, 김종대, 목영준 재판관)으로 늘었다. 또한 사형제도를 위헌으로 볼 수 없다는 다수의견도 입법자에게 사회적 및 국가적 법익에 관련된 범죄에 대해서는 사형을 삭제하라거나 "입법자는 외국의 입법례 등을 참고하여 국민적 합의를 바탕으로 사형제 전반에 걸친 문제점을 개선하고 필요한 경우 문제가 되는 법률이나 법률조항을 폐지하는 등의 노력을 게을리 하여서는 아니 될 것이다"라는 의견을 보충적으로 제시하였다.

1996년과 2010년의 2번에 걸친 사형제도의 위헌여부에 관한 판단에서 헌법재판소의 다수의견은 사형제도를 위헌으로 볼 수 없다는 동일한 결론을 유지하고 있지만, 다수의견 지지재판관의 수나 결정의 내용에 있어서는 변화가 있다고 평가할 수 있다. 그럼에도 불구하고 사형제도에 관한 문제가 사법부나 헌법재판소가 아닌 국회에서 결정해야 할 문제라고 소극적 태도로 임하는 것은, 국민의 인권을 보장하는 최후의 보루로서 헌법재판소의 지위를 스스로 폄하하는 것이라는 평가[42]도 있다.

8. 우리나라에서의 사형제도 폐지를 위한 입법적 시도

그간 법제도적으로 사형을 폐지하기 위하여, 수많은 사형폐지 법안이 발의되었다. 지금까지 발의되었던 사형폐지 법안들의 내용은 나름대로 각각의 특징이 있다. 제15대 국회에서 발의된 사형폐지 법안에서는 대체형에 대한 언급이 없이 사형을 폐지하자는 것이었다. 이와는 달리 제16대 국회에서 발의된 사형폐지 법안에서는 '최소한 15년까지는 가석방이나 사면 등을 금지하는 무기형'을 채택하여 '상대적 종신형'을 도입하려 하였다. 제17대 국회에서 발의된 사형폐지법안은 사망 때까지 가석방을 할 수 없는 종신징역과 종신금고의 '절대적 종신형'을 도입하려 하였다. 제18대와 제19대 국회에서 발의된 사형폐지법안들도, 사망 때까지 가석방을 할 수 없을 뿐만 아니라 사면법에 의한 사면도 할 수 없는 엄격한 '절대적 종신형'을 도입할 것을 제안하고 있다. 사형의 대체형으로서의 종신형 규정이 법안 제출이 거듭될수록 더욱 엄격해지고 있음을 알 수 있다.[43] 이는 사형의 대체형을

---

42) 허일태, "사형제도의 세계적 추세와 위헌성", 『동아법학』, 제45집, 2009, 292쪽.

43) 그러나 절대적 종신형에 대한 비판론(나아가 위헌론)도 있다. 2010년의 사형제도에 대한 헌법재판소의 결정에서도 "절대적 종신형제도는 사형제도와는 또 다른 위헌성 문제를 야기할 수 있고, 현행 형사법령하에서도 가석방제도의 운영 여하에 따라 사회로부터의 영구적 격리

받을 수 있는 규정을 엄격하게 함으로써, 사형폐지에 대한 반대론을 완화시키기 위한 의도라고 해석할 수 있다.

1) 제15대 국회의 사형폐지 특별법안

1999년 12월 7일에 법률안이 유재건 의원 외 90인은 사형폐지 특별법안을 발의하였다. 그러나 이 법률안은 2000년 5월 29일 제15대 국회의 임기 만료로 인하여 자동 폐기되었다.

> **사형폐지 특별법안 제1조(목적)** 이 법은 사형의 폐지를 목적으로 한다.
>
> **제2조(형법 등의 사형 규정의 삭제)** 「형법」 제41조 제1호·제66조 및 「형사소송법」 제463조 내지 제469조를 삭제한다.
>
> **제3조(사형부분의 효력 상실)** 형법, 군형법, 국가보안법, 대마관리법, 마약류불법거래방지에 관한 특례법, 마약법, 문화재보호법, 보건범죄단속에 관한 특별조치법, 성폭력범죄의 처벌 및 피해자보호 등에 관한 법률, 원자력법, 장기 등 이식에 관한 법률, 전투경찰대설치법, 폭력행위 등 처벌에 관한 법률, 특정범죄가중처벌 등에 관한 법률, 한국조폐공사법, 항공기운항안전법, 항공법, 향정신성의약품관리법 및 화학무기의 금지를 위한 특정화학물질의 제조·수출입규제 등에 관한 법률 등에서 형벌로서 사형을 규정하고 있는 부분은 효력을 상실한다. 다만 「형법」 제93조 중 '사형'은 '무기징역'으로 한다.

2) 제16대 국회의 사형폐지에 관한 특별법안

'사형폐지에 관한 특별법안'이 2001년 10월 30일에 정대철 의원 등에 의하여 발의되었으나, 이 법안 역시 2004년 5월 29일 제16대 국회의 임기 만료로 자동 폐기되었다.

> **사형폐지에 관한 특별법안 제1조(목적)** 이 법은 국가의 형벌 중에서 사형을 폐지함으로써 인간으로서의 존엄과 가치를 존중하고 범죄자의 인권보호 및 교화·개선을 지향하는 국가형벌체계를 수립함을 목적으로 한다.
>
> **제2조(사형의 폐지)** 형법 및 그 밖의 법률에서 규정하고 있는 형벌중 사형을 폐지한다.

가 가능한 절대적 종신형과 상대적 종신형의 각 취지를 살릴 수 있다는 점 등을 고려하면, 현행 무기징역형 제도가 상대적 종신형 외에 절대적 종신형을 따로 두고 있지 않은 것이 형벌체계상 정당성과 균형을 상실하여 「헌법」 제11조의 평등원칙에 반한다거나 형벌이 죄질과 책임에 상응하도록 비례성을 갖추어야 한다는 책임원칙에 반한다고 단정하기 어렵다.”고 하여, 최근의 사형제폐지 법안을 의식한 듯한 의견을 제시하고 있다.

제3조(가석방 등의 제한) 법원은 무기징역 또는 무기금고를 선고할 경우에 범죄의 종류나 죄질, 정상에 따라 판결이 확정되어 그 복역을 개시한 후 15년이 경과하지 아니하면 형법에 의한 가석방이나 사면법에 의한 일반사면·특별사면 또는 감형을 할 수 없다는 취지의 선고를 함께 할 수 있다.

3) 제17대 국회의 사형폐지에 관한 특별법안

제17대 국회인 2004년 12월 9일에 유인태 의원 등 175명의 의원이 발의한 '사형폐지에 관한 특별법안'이 2005년 2월 18일에 국회 법제사법위원회에 상정되었다. 이 법안은 형법과 관련 법률에서 형벌의 하나로 규정하고 있는 사형을 전면 폐지하면서 동시에 사형을 가석방이 불가능한 종신형으로 대체한다는 내용을 담고 있었다. 제17대 국회에서 제출된 이 법안은 국회의원 299명의 3분의 2에 가까운 175명의 의원이 법안 발의에 동의하였지만, 결국은 법률로 되지 못하고 제17대 국회의 임기만료로 자동폐기되었다.

사형폐지에 관한 특별법안의 제안 이유

우리 「헌법」 제10조는 '인간으로서의 존엄과 가치'를 천명하고 있는바, 이러한 인간으로서의 존엄과 가치는 생명권을 전제로 하고 있음. 또한 인간의 생명은 인간 실존의 근거이기 때문에 절대적인 가치를 지니며 따라서 다른 목적을 위한 수단이 되어서도 안 되고, 다른 가치와 비교의 대상이 될 수도 없는 것임. 그럼에도 불구하고 국가가 범죄예방과 진압의 수단으로 사형제도를 유지하는 것은 국가사회의 구성원인 인간으로서의 존엄과 가치를 훼손할 뿐만 아니라 나아가 인간존재 자체를 근본적으로 부정하는 결과가 될 것임. 그 뿐만 아니라 국가가 생명의 절대적 가치를 전제로 하여 살인행위를 범죄로 하고 있으면서 다른 한편으로는 범인의 생명을 박탈한다는 것은 그 자체가 모순임. 오늘날 형벌의 목적이 범죄인의 개선과 교화를 통해 사회복귀를 도모하는 것이라고 한다면 사형은 이와 같은 목적에 전혀 부합되지 아니하는 형벌일 뿐만 아니라, 설사 형벌의 목적이 응보와 범죄의 예방이라고 하더라도 생명을 박탈하는 형벌인 사형은 이와 같은 목적달성에 필요한 정도를 넘는 것으로 목적의 정당성, 그 수단으로서의 적정성·피해의 최소성·법익의 균형성 등과 같은 제 원칙에 반하는 '잔혹하고 비인도적인 형벌'이라는 비판을 면치 못할 것임. 또한 사형이 범죄자에 대한 일반예방적 효과도 없다는 것은 지금까지의 행형경험과 오늘날의 범죄적 상황이 설명해 주고 있고, 세계적인 추세도 사형제도 자체를 폐지하고 있는 경향임. 따라서 이러한 반인권적이고 비인도적인 형벌이라고 할 수 있는 사형을 폐지함으로써 국민의 인권을 보호하고 존중하는 형벌체계를 수립하여 인권신장국가로 거듭나게 하려는 것이다.

동 법률안의 주요 내용으로는 첫째, 형법 및 그 밖의 법률에서 규정하고 있는 형벌 중 사형을 폐지하고 이를 종신형으로 대체하고(안 제2조), 둘째, '종신형'은 사망 때까지 형무소 내에 구치하며 가석방을 할 수 없는 종신징역과 종신금고(안 제3조)로 하고 있다. 유인태 의원이 발의한 사형폐지 법안은 사형을 폐지하는 대신 사망 때까지 가석방이 금지된 종신형(종신징역형과 종신금고형)을 도입할 것을 제안하고 있다.

이 법안은 이전에 제출된 법안과 비교될 수 있다. 즉, 1999년 유재건 의원이 대표 발의한 법안에서는 대체형에 대한 조문이 없었으며, 2001년 정대철 의원이 대표 발의한 법안에서는 대체형을 도입하지 않는 대신 법원이 무기징역 또는 무기금고를 선고할 경우에 범죄의 종류나 죄질, 정상 등을 참작하여 선택적으로 15년이 경과할 때까지는 가석방이나 사면 등의 금지하는 취지의 선고를 함께 할 수 있도록 하는 방안을 택하고 있었다.

> **사형폐지에 관한 특별법안 제1조(목적)** 이 법은 국가 형벌 중에서 사형을 폐지함으로써 인간으로서의 존엄과 가치를 존중하고 범죄자의 인권보호 및 교화·개선을 지향하는 국가형벌체계를 수립함을 목적으로 한다.
>
> **제2조(사형의 종신형 대체)** 형법 및 그 밖의 법률에서 규정하고 있는 형벌 중 사형을 폐지하고 이를 종신형으로 대체한다.
>
> **제3조(종신형의 정의와 종류)** ① 종신형이라 함은 사망 때까지 형무소 내에 구치하며 형법에 의한 가석방을 할 수 없는 형을 말한다.
> ② 종신형은 종신징역과 종신금고로 나눈다.

국가인권위원회는 2005년 4월 6일 '사형제도에 대한 국가인권위원회의 의견'을 통하여 사형제도 폐지 입장을 표명하였다. 사형폐지 이후에는 감형·가석방 없는 종신형제도, 일정기간 감형·가석방 없는 무기형제도 및 전쟁 시 사형제도의 예외적인 유지 등을 제시하면서, 이러한 후속조치는 국회가 입법과정에서 고려해야 할 것이라는 의견을 제시하였다. 국가인권위원회의 의견은 구속력이 없는 권고적 성격을 지니고 있다.

4) 제18대 국회의 사형폐지에 관한 특별법안

제18대 국회인 2008년 9월 12일에 박선영 의원 등 39명의 의원이 발의한 '사형폐지에 관한 특별법안'이 2008년 11월 17일에 국회 법제사법위원회에 상정되었으며, 법안심사 소위원회가 구성되어 법안을 심의한 바 있다. 이 법안은 제17대 국회에서 발의된 '사형폐지에 관한 특별법안'과 내용이 유사하다. 형법과 관련 법률에서 형벌의 하나로 규정하고 있는 사형을 전면 폐지하면서, 사형을 가석방과 사면이 불가능한 절대적 종신형으로 대체한다는 내용을 담고 있다.

> **사형폐지에 관한 특별법안 제1조(목적)** 이 법은 형의 종류 중에서 사형을 폐지하고 종신형을 신설함으로써 생명권을 보장하고 인간으로서의 존엄과 가치를 존중하며 범죄자의 인권보호 및 교화·개선을 지향하는 국가형벌체계를 수립함을 목적으로 한다.
>
> **제2조(종신형의 정의)** '종신형'이란 사망할 때까지 교도소 내에 구치하고, 「형법」에 따른 가석방이나 「사면법」에 따른 일반사면·특별사면 또는 감형을 할 수 없는 징역형을 말한다.
>
> **제3조(사형의 종신형 대체)** 형의 종류 중 사형을 종신형으로 대체한다.

또한 제18대 국회인 2009년 10월 8일에 김부겸 의원 등 53명의 의원이 발의한 '사형폐지에 관한 특별법안'도 2009년 11월 18일에 역시 국회 법제사법위원회에 상정되었으며, 법안심사 소위원회가 구성되어 법안을 심의한 바 있다. 이 법안 역시 제17대 국회에서 발의된 '사형폐지에 관한 특별법안'과 내용이 유사하다. 사형제도의 전면 폐지와 절대적 종신형 제도의 도입을 내용으로 한다.

> **사형폐지에 관한 특별법안 제1조(목적)** 이 법은 국가 형벌 중에서 사형을 폐지함으로써 인간으로서의 존엄과 가치를 존중하고 범죄자의 인권보호 및 교화·개선을 지향하는 국가형벌체계를 수립함을 목적으로 한다.
>
> **제2조(사형의 종신형 대체)** 「형법」 및 기타 법률에서 규정하고 있는 형벌 중 사형을 폐지하고 이를 종신형으로 대체한다.
>
> **제3조(종신형의 정의와 종류)** ① '종신형'이란 사망 때까지 형무소 내에 구치하며 「형법」에 따른 가석방을 할 수 없는 형을 말한다.
> ② 종신형은 종신징역과 종신금고로 나눈다.

또한 제18대 국회인 2010년 11월 22일에 주성영 의원 등 10명의 의원이 발의한 '사형폐지에 관한 특별법안'도 2010년 11월 23일에 역시 국회 법제사법위원회에 상정되었다.

> **사형폐지에 관한 특별법안 제1조(목적)** 이 법은 국가 형벌 중에서 인간으로서의 존엄과 가치를 부정하는 사형을 폐지함으로써 범죄자의 인권보호와 교정·교화를 지향하는 국가형벌체계를 수립함을 목적으로 한다.
>
> **제2조(사형의 종신형 대체)** 형법 및 그 밖의 법률에서 규정하고 있는 형벌 중 사형을 폐지하고 이를 종신형으로 대체한다.
>
> **제3조(종신형의 정의)** '종신형'이란 사망할 때까지 교도소 내에 수용하며, 형법에 따른 가석방을 할 수 없고, 사면법에 따른 사면과 감형, 복권을 할 수 없는 징역형을 말한다.

5) 제19대 국회의 사형폐지에 관한 특별법안

제19대 국회인 2015년 7월 6일에 유인태 의원 등 172명의 의원이 발의한 '사형폐지에 관한 특별법안'이 2015년 8월 11일에 국회 법제사법위원회에 상정되어 몇 차례 심의된 바 있다. 국회 재적의원 과반수를 넘은 172명이 공동으로 발의하였고, 여야 의원이 초정당적으로 참여하였다는 의미를 지니고 있다. 이 법안도 역시 제17대 국회와 제18대 국회에서 발의된 '사형폐지에 관한 특별법안'과 내용이 유사하다. 형법과 관련 법률에서 형벌의 하나로 규정하고 있는 사형을 전면 폐지하면서, 사형을 가석방과 사면이 불가능한 절대적 종신형으로 대체한다는 간단한 내용을 담고 있다. 법률 조항의 구체적인 문안은 이전과 다르지만, 법안의 취지와 내용은 대동소이하다.

> **사형폐지에 관한 특별법안 제1조(목적)** 이 법은 국가 형벌 중에서 사형을 폐지함으로써 인간으로서의 존엄과 가치를 존중하고 범죄자의 인권 보호 및 교화·개선을 지향하는 국가형벌체계의 수립을 목적으로 한다.
>
> **제2조(종신형의 정의와 종류)** ① "종신형"이란 사망 때까지 교도소 내에 구치하며 「형법」에 따른 가석방을 할 수 없는 형을 말한다.
> ② 종신형은 종신징역과 종신금고로 나눈다.
>
> **제3조(사형의 종신형 대체)** 「형법」 및 그 밖의 법률에서 규정하고 있는 형벌 중 사형을 폐지하고 이를 종신형으로 대체한다.

제19대 국회의 사형폐지법안도 역시 국회 본회의에 조차 도달하지 못하고 임기만료로 자동 폐기되었다. 제17대 국회에서도 유인태 의원을 포함하여 175명의 국회의원이 공동으로 발의한 법안이 폐기되었듯이, 제19대 국회에서도 국회 재적의원 과반수를 넘은 172명이 공동으로 발의하였음에도 불구하고 법안이 폐기된 것이다. 이러한 점에서, 법안을 발의하는 열정 못지않게 법안을 의결시키는 실천적 노력이 필요하다는 지적이 있다.[44)]

6) 제20대 국회

제20대 국회인 2019년 10월 10일에 이상민 의원 등 75명의 의원이 발의한 '사형폐지에 관한 특별법안'이 2020년 3월 4일에 국회 법제사법위원회에 상정되어 심의된 바는 있지만 이 역시 제20대 국회의 임기만료로 폐기되었다.

> **사형폐지에 관한 특별법안 제1조(목적)** 이 법은 국가 형벌 중에서 사형을 폐지함으로써 인간으로서의 존엄과 가치를 존중하고 범죄자의 인권 보호 및 교화 · 개선을 지향하는 국가형벌체계의 수립을 목적으로 한다.
>
> **제2조(종신형의 정의와 종류)** ① "종신형"이란 사망 때까지 교도소 내에 구치하며 「형법」에 따른 가석방을 할 수 없는 형을 말한다.
> ② 종신형은 종신징역과 종신금고로 나눈다.
>
> **제3조(사형의 종신형 대체)** 「형법」 및 그 밖의 법률에서 규정하고 있는 형벌 중 사형을 폐지하고 이를 종신형으로 대체한다.

위 법안은 제19대 국회에서 유인태 의원이 대표발의한 법안과 제목과 조문이 동일하다. 그리고 제20대 국회의 이러한 사형폐지법안도 역시 국회 본회의에 조차 도달하지 못하고 소관 상임위원회인 법제사법위원회에 머물다가 임기만료로 자동 폐기된 것이다. 이와는 별도로, 2018년 4월 26일에 국가인권위원회는 국회의장와 국방부장관에게 사형폐지에 관한 의견을 표명하였다. 인권위원회의 의견표명에 법적 구속력은 없다.

---

44) 이경렬, "종극 사법살인: 사형법제의 폐지를 위한 보론", 『비교형사법연구』, 제17권 4호, 147쪽.

국가인권위원회 의견표명

국회의장 및 국방부장관에게 헌법과 국제인권규약 등의 정신에 부합하도록 적전, 전시, 사변시 또는 계엄지역인 경우를 제외하고 군형법에 의한 사형집행의 중단을 선언하고, 향후 사형제도를 폐지하는 것이 바람직하다는 의견을 표명한다.

또한 2018년 10월 26일에 국가인권위원회는 국무총리와 외교부장관 및 법무부장관에게 사형집행을 중단하고 사형제도 폐지를 위한 조치를 취해야 한다는 내용을 담고 있는 '시민적 및 정치적 권리에 관한 국제규약 제2선택의정서'에 가입할 것을 전원위원회에서 만장일치로 결정해 권고한 적도 있다.

사형폐지법안이 발의되었다가 임기만료로 폐기되는 이러한 동일한 패턴이 입법기마다 계속 반복되는 것을 보면, 대다수의 국회의원들은 사형제도의 폐지보다는 단지 사형제도를 폐지하기를 원한다는 의지만을 표명하고 싶어 하는 것이 아닌가 한다.

7) 제21대 국회

제21대 국회인 2021년 10월 7일에 이상민 의원 등 30명의 의원이 발의한 '사형폐지에 관한 특별법안'이 2021년 10월 8일에 국회 법제사법위원회에 회부되었지만 회의에 상정조차 되지 않았다.

> **사형폐지에 관한 특별법안 제1조(목적)** 이 법은 국가 형벌 중에서 사형을 폐지함으로써 인간으로서의 존엄과 가치를 존중하고 범죄자의 인권 보호 및 교화 · 개선을 지향하는 국가형벌체계의 수립을 목적으로 한다.
>
> **제2조(종신형의 정의와 종류)** ① "종신형"이란 사망 때까지 교도소 내에 구치하며 「형법」에 따른 가석방을 할 수 없는 형을 말한다.
> ② 종신형은 종신징역과 종신금고로 나눈다.
>
> **제3조(사형의 종신형 대체)** 「형법」 및 그 밖의 법률에서 규정하고 있는 형벌 중 사형을 폐지하고 이를 종신형으로 대체한다.

위 법안은 제19대 국회에서 유인태 의원, 제20대 국회에서 이상민 의원이 대표 발의한 법안과 제목과 조문이 동일하다. 이상민 의원이 제20대 국회에서 이 법안을 발의하였을 때는 75명이 공동으로 발의를 하였으나 제21대 국회에서 발의하였을 때에는 30명만이 공동으로 발의를 하였다.

그리고 2023년 10월 31일에는 정부가 제출한 「형법」 개정안이 제출되었다. 이 법안은 무기형을 받은 범죄자가 20년이 지나면 가석방될 수 있기 때문에 발생하는 국민적 불안을 완화하기 위한 것이 법안의 제안이유[45]이다. 그러나 무기형의 유형에 절대적 종신형을 추가하는 것은, 사형폐지를 위한 전단계로서의 의미를 지닌다고도 볼 수 있다. 즉, 살인을 저지른 중대범죄자를 사회에서 영구격리시킬 수 있는 형의 종류를 신설하는 것은 사형제의 대안을 제도화함으로써 사형폐지 여론을 보다 두텁게 조성할 수 있다는 점에서 긍정적으로 평가한다.

> 형법 제42조(징역 또는 금고의 기간 증) ① 징역 또는 금고는 무기(無期) 또는 유기(有期)로 하고, 유기는 1개월 이상 30년 이하로 한다. 다만, 유기징역 또는 유기금고에 대하여 형을 가중하는 경우에는 50년까지로 한다.
> ② 무기징역 또는 무기금고는 가석방이 허용되는 무기형과 가석방이 허용되지 아니하는 무기형으로 한다.
> ③ 피고사건에 대하여 무기형을 선고하는 경우에는 가석방이 허용되는지 여부를 함께 선고하여야 한다.

우선 이렇게 절대적 종신형의 법적 근거를 마련하고 사형폐지에 관한 논의를 진전시킨다면, 계속 제자리에서 머무는 사형제도 존폐에 관한 생산적 논의를 위해서도 바람직하다고 생각한다.

9. 앞으로의 전망

우리나라의 형벌에서 사형을 폐지하는 문제는 사회적 합의를 필요로 하는 사안이기도 하지만, 헌법 및 17개 관련 법률에 걸쳐 있는 중요한 형사정책적 문제이며, 헌법 개정과 다수의 법률 개정을 필요로 하는 입법정책적 사안이다. 생명권의

---

45) 제안이유, "우리나라는 1997년 12월 이후 사형을 집행하지 않고 있고, 무기(無期)의 징역 또는 금고를 선고받은 범죄자도 20년이 지나면 가석방될 수 있어 국민적 불안이 가중되고 있는바, 앞으로는 「형법」에 따른 무기형을 가석방이 허용되는 무기형과 가석방이 허용되지 아니하는 무기형으로 구분하여 무기형의 유형에 절대적 종신형을 추가하고 무기형을 선고하는 경우에는 가석방이 허용되는지 여부를 함께 선고하도록 하여 살인 등 중대한 범죄를 저지른 사람을 사회로부터 영구히 격리시킬 수 있도록 하려는 것임.", 정부, 형법 일부개정법률안, 2023. 10. 30.

침해라는 인간 존엄성 측면만이 고려 대상이 되는 것이 아니라 사형의 실질적 위하 효과, 피해자의 보호 방안, 사형을 대체하는 형벌 수단, 국민의 법 감정 및 여론, 사형폐지에 대한 외국의 추세 등도 함께 고려되어야 할 사안이라고 할 수 있다. 2007년부터 법무부장관의 자문기구로서 학계 16인과 법조실무계 8인 등 24인으로 구성된 '형사법개정특별분과위원회'가 오랫동안의 논의를 통하여 '형법일부개정법률안'을 입법예고하였는데, 이 법률안 입법예고에서도 사형제도는 존치하기로 하였다. 사형제도의 존치이유는 '국민감정'과 '사형제도 폐지 시 우려되는 파장'인 것으로 알려졌다.

외국의 입법례나 국내외의 여론조사 결과를 통해 보면, 사형제도의 존폐논쟁이 가장 본질적이기는 하지만 사형을 폐지하는 경우 사형을 대신하는 대체형에 관한 논의가 오히려 필요하다는 것을 느낄 수 있다. 사형에 대한 대체형으로 무기징역이나 무기금고 등 무기형을 법정 최고형으로 하는 것은 국민적 법 감정과 일치하지 않을 수 있다. 무기형의 경우 10년을 복역한 후에는 가석방이 가능하고 사면법에 따라 사면이나 감형도 가능하기 때문에 사형제도에 대한 대체형벌로서는 약하다고 생각하는 국민적 법 감정이 존재하기 때문이다.

최근 우리나라에서도 사형폐지에 따른 대체형으로 제시되고 있는 형벌은 종신형이다. 종신형은 가석방이나 사면 등이 불가능하고 사망 시기까지 수형자의 신분을 유지하도록 하는 '절대적 종신형*'과 엄격한 요건 아래에서 가석방이 가능한 '상대적 종신형'으로 구분할 수 있는데, 독일, 영국이나 미국의 14개 주는 상대적 종신형을, 미국의 33개 주의 경우는 절대적 종신형을 채택하고 있다. 사형 존치국에서 사형 폐지국으로 전환하는 국가의 경우, 일단은 절대적 종신형을 채택하려는 경향이 높은데 이는 사형폐지와 그로 인한 국민적 불안감 등을 완충하기 위한 절충적 고려라고 할 수 있다.[46]

> * 절대적 종신형의 수형관리상의 문제점도 있다. 즉, 죽기 전에는 출소할 수 없다는 자포자기적 태도로 인하여 수용질서의 문란, 자살의 증가, 교정업무 부담, 교정예산 부담 등이 문제점으로 지적된다. 특히 수형자 1인단 연간 평균 소요예산이 약 1,200만 원으로서, 절대적 종신형 수형자 평균 수용기간 35.5년을 근거로 하여 1인당 약 4억 3,000만 원의 예산이 소요될 것으로 추산되고 있다(법무부, 사형폐지에 관한 특별법안 검토의견, 2005, 5쪽).

---

46) '사형폐지에 관한 특별법안'에 대한 법제사법위원회 검토의견, 2005. 2. 참조.

이처럼 사형제도를 폐지하는 문제와 동시에 그 대체형에 관한 방안이 함께 논의될 필요가 있다. 앞에서 살펴본 것처럼 국제 여론조사에서도 사형의 존폐에 관해서만 질문을 하면 사형제도를 지지하는 견해의 비율이 꽤 높지만, 사형 대체형으로써 종신형 제도를 도입하게 되면 사형제도를 찬성하는 견해가 현저하게 낮아진다는 것을 알 수 있다. 사형제도의 존치냐 폐지냐의 논의는 대안의 제시가 없기 때문에, 합의점을 발견하기가 쉽지 않은 측면이 있다. 존치론과 폐지론 양자 중 하나를 선택하여 제도화하기보다는 제도적 대안의 발견이 중요하지 않을까 생각한다. 근래 국회에 발의된 사형폐지 법률안들은 사형을 폐지하는 경우 사형대체형의 문제를 포함한 내용으로 발의되고 있다. 논의의 결과는 아직 없지만, 그 동안 논의는 진전되었다고 평가할 수 있다.

CHAPTER

9

LGBT와 법

CHAPTER
9

LGBT와 법

1. LGBT와 법적 문제

성 정체성(sexual identity, 性 正體性)이란 자신이 남성인지 여성인지에 대하여 자기 자신이 느끼는 인식을 의미한다. 성 정체성은 외면적으로 보여지는 성별 혹은 출생신고된 성별과 다를 수 있다. 즉, 사회적 성과 생물학적 성, 법률적 성은 다를 수 있다는 점이 지적되고 있다. 그리고, 대상을 기준으로 개인의 성적 취향을 유형별로 구분하면 이성애(異性愛), 동성애(同性愛), 양성애(兩性愛)로 나눌 수 있다. 이성애가 아닌 동성애와 양성애 및 성전환자 등을 '성적 소수자'라 하고, 영어권에서는 Lesbian, Gay, Bisexual, Transgender 등을 통칭하여 LGBT 혹은 GLBT 라고 부르기도 한다. 근래에는 남성과 여성의 성적 특징을 동시에 가지고 있는 중간성인 Intersex(間性)를 포함하여 LGBTI라 부르기도 한다.

이중에서 특히 성전환자(Transgender)들은 성전환 수술을 통하여 반대의 성을 취함으로써 성적 동일성을 회복하려고 하는 경우도 있고, 동성애를 통하여 성적 동일성을 유지하려는 경우가 있다. 전자의 경우에는 성전환 수술 및 그에 따른 법적 지위 또는 동성 간의 결혼이 논란거리이며, 후자의 경우에는 동성애 행위의 처벌여부가 논란거리이다. 이처럼 성전환자에게 어떠한 성에 대한 법적 지위를 부여하느냐에 따라 동성애가 문제될 수밖에 없다. 이러한 문제를 해결하기 위해서는 본래의 자연적 성과 전환된 성 가운데 어떠한 성을 법률적 성으로 인정할 것인지

가 해결되어야 한다.[1]

세계 어디서나 공통적으로 이성애가 문화적 및 제도적 기반이 되었고, 동성애와 양성애는 윤리적으로 배척되거나 범죄로 취급되었다. 특히, 이슬람 국가는 물론이고 기독교 전통을 지닌 유럽 대부분의 국가에서도 성전환 및 동성애는 종교적·도덕적으로 비난되어 왔을 뿐만 아니라, 동성애는 동성애처벌법(Sodomy Act) 등을 통하여 형사처벌되었다. 유럽국가에서 동성애처벌규정이 폐지된 시기는 그리 오랜 세월을 거슬러 올라가지 않는다. 즉, 프랑스와 네덜란드는 1810년, 이탈리아는 1889년으로 비교적 일찍 폐지가 되었지만, 덴마크는 1930년, 스웨덴은 1944년, 캐나다는 1969년, 핀란드는 1971년, 노르웨이는 1972년, 뉴질랜드는 1986년에야 폐지가 되었다.[2] 그러나 이란과 사우디아라비아, 예멘 등 이슬람 국가에서는 아직도 동성애 행위가 처벌되고 있다. 미국에서는 2002년까지 36개 주에서 동성애 처벌규정이 폐지되었고, 2003년에 연방대법원의 판결(Lawrence v. Texas)을 통하여 동성애처벌규정이 위헌으로 되었다.

사회가 다원화·개방화되면서 동성애를 보는 사회적 시각이 변화된 것처럼 성전환자의 문제도 이들의 성적 취향만을 비도덕적이라고 비난하던 경향에서, 이들의 인권문제를 공론화하고 성전환자의 인권을 보호하기 위한 방향으로 그 시각이 달라지게 되었다. 즉, 최근에는 유럽과 미국을 중심으로 이들의 문제가 성적 소수자의 인권문제로 인식되는 경향이 강해지고 있다. 우리 사회에서도 성전환자를 보는 시각이 약간 변화되면서 이들에 대한 차별과 인권침해가 논의되기 시작하였고, 법적·제도적인 틀 안에서 이들을 수용할 수 있는가에 대한 논의가 진행되고 있다.

성전환이라는 표현이 일반적으로 사용되지만, 성전환의 개념과 유형은 그리 단순하지만은 않다. 즉, 성전환이라 함은 생물학적 성전환, 사회적 성전환, 법적 성전환 등으로 구분될 수 있다. 생물학적 성전환은 생식능력을 제외하고 성기 구조를 중심으로 하는 남녀의 신체적 특징의 전환을 의미하는 성전환 수술을 의미하고, 사회적 성전환은 커밍아웃이나 아웃팅 등 성 정체성이 자의 또는 타의에 의하여 주위에 알려지고 사회가 이를 포용하거나 비난하는 것과 관련된다. 법적 성전

---

[1] 이로문, 『생명과 법』, MJ미디어, 2004, 267쪽.

[2] Yuval Merin, Equality for same-sex couples — The legal recognition of gay partnerships in Europe and the United States, The University of Chicago Press, 2002, p.328.

환은 성별 정정과 이름 변경을 법적으로 허용할 것이냐의 여부 및 동성 간의 결혼을 법제도적으로 허용할 것인가의 여부라고 할 수 있다.

현대사회에 들어오면서 의료기술이 발달한 결과로 성전환자들은 성전환 수술을 통하여 자신이 원하는 성적 외관을 갖출 수 있게 되었지만, 많은 국가의 법률은 성전환을 인정하거나 성전환자의 법적 권리를 인정하지 않고 있다. 또한 몇몇 국가의 경우에는 동성커플의 결혼을 인정하고 있지만 대부분의 국가에서는 인정하고 있지 아니하다. 동성커플의 결혼을 인정하지 않고 있는 국가에서는 이들에게 이성커플과 동등하거나 유사한 권리를 부여할 것인지를 논의하고 있으며, 동성커플의 결혼을 인정하는 국가에서 조차 이러한 제도의 변경이 잘못된 것이라는 논란이 여전하다. 또한 동성 커플의 경우에 입양의 문제가 새로 대두되고 있으며, 우리나라의 경우에는 징병제를 택하고 있으므로 여성으로서의 성 정체성을 느끼는 남성에 대한 병역의무 이행의 문제도 있을 수 있다.

이렇듯 현대에 들어와서는 이성애가 아닌 동성애 · 양성애 · 성전환자 등 LGBT의 권리주장이 하나의 흐름을 이루게 되었고, 이들 성적 소수자에 대한 법정책의 문제가 사회적 쟁점으로 대두되었다. 그러나 이들의 권리주장 즉, 성별변경, 결혼, 입양, 군입대 여부와 군복무에 있어서의 평등대우, 직장에서의 차별금지 등 성전환과 동성커플의 인정 여부에서 파생하는 하나하나의 주제 모두가 해결이 쉽지 않은 논의대상이다.

2. 영화 · 방송 등의 심의기준과 동성애

우리나라에서 1997년에 동성애 장면이 들어있는 영화 '해피투게더'에 대한 공연윤리위원회[3]의 심의과정은, 앞서 말한 동성애에 대한 법령의 현황과 사회적 인식의 단면을 보여주고 있다. 공연윤리위원회는 이 영화에 대하여 '동성애가 주제로서 우리 정서에 반함'이라는 이유로 1차심의와 재심의에서 불합격 판정을 내렸

---

3) 당시에 영화를 상영하기 위해서는 「영화진흥법」에 따라서, 영화 상영 전에 공연윤리위원회의 심의를 받도록 하고 있었다. 이후 「영화진흥법」은 「음반 · 비디오물 및 게임물에 관한 법률」과 합쳐져서 「영화 및 비디오물의 진흥에 관한 법률」이 제정되었다. 「영화진흥법」에 따른 '공연윤리위원회'는 「영화 및 비디오물의 진흥에 관한 법률」에 따라 '영상물등급위원회'로 명칭 등이 변경되었다.

다.[4] 그러나 1년 뒤인 1998년에 19초의 베드신이 삭제된 일명 '아시아 배급판'으로 재심의를 받고 공연윤리위원회 심사에서 통과되어 극장에서 상영되었다. 이후, 영화 '브로크백 마운틴'에서도 동성애 묘사가 문제되었음에도 불구하고, 2006년 2월 영상물등급위원회로부터 '15세 관람가' 판정을 받아서 극장에서 상영되었다.

또한 과거 「정기간행물의 등록 등에 관한 법률[5] 시행령」 별표에서는 '청소년유해 및 사회윤리 침해기준'을 통하여 동성애를 사회 통념상 허용되지 아니하는 성관계로 규정하고 있었다.[6] 그러나 현행 「잡지 등 정기간행물의 진흥에 관한 법률 시행령」에는 이러한 규정 자체를 찾아볼 수 없다. 영화와 비디오물은 등급을 전체관람가, 12세 이상 관람가, 15세 이상 관람가, 청소년 관람불가, 제한상영가로 구분하였다. 그리고 청소년 유해물의 기준 등에 관한 사항은 「청소년보호법」에서만 규정하게 되었다.

2000년에 정보통신위원회와 청소년보호위원회는 1997년부터 운영되어온 국내 최초의 동성애자 사이트로 알려진 엑스존(http://exzone.com)을 청소년 유해매체물로 지정하였고, 운영자는 이에 대하여 소송을 제기하였다. 하급심에 이어 대법원은 이처럼 청소년 유해 매체물로 지정 및 고시된 것을 무효화 해달라는 엑스존 운영자의 청구를 최종적으로 받아들이지 않았다.

▌ **대법원 2007. 6. 14. 2004두619 청소년유해매체물 결정 및 고시처분 무효확인**

동성애에 관하여는 이를 이성애와 같은 정상적인 성적 지향의 하나로 보아야 한다는 주장이 있는 반면 이성간의 성적 결합과 이를 기초로 한 혼인 및 가족생활을 정상적인 것으로 간주하는 전통적인 성에 대한 관념 및 시각에 비추어 이를 사회 통념상 허용되지 않는 것으로 보는 견해도 있는 점, 동성애를 유해한 것으로 취급

---

4) "공륜이 내세우는 규정은 "근친상간 · 윤간 · 동성연애 · 수간 · 집단적 성행위, 기타 변태적인 성행위를 직접적 또는 간접적으로 묘사한 것"(「영화진흥법」 시행규칙 제6조의15)이다. 동성애를 '변태적인 성행위'로 분류하는 심의기준도 문제다." <한겨레신문>, 1997. 7. 18. "방송작가와 변호사, 교수 등으로 구성된 9명의 위원들은 만장일치로 해피투게더의 수입 불허를 결정했다고 한다. 공륜측은 동성애에 대한 사회적 합의가 우선되지 않는 한, 또 보수적 가치를 지닌 시민계층이 엄연히 존재하는 한 이 영화를 허용할 수 없다고 밝혔다.", <동아일보>, 1997. 7. 17.

5) 이 법률은 2008년 6월 5일에 「잡지 등 정기간행물의 진흥에 관한 법률」(정기간행물법)로 명칭이 변경되었다. 정기간행물 중에서 신문은 「신문 등의 진흥에 관한 법률」(신문법)이 규정하고 있다.

6) 청소년 유해 및 사회윤리 침해 기준 2호: "혼음, 동성애, 근친상간, 가학 · 피학성음란증 등 변태성행위, 매춘행위 기타 사회통념상 허용되지 아니하는 성관계를 조장할 우려가 있는 것"

하여 그에 관한 정보의 생산과 유포를 규제하는 경우 성적 소수자인 동성애자들의 인격권·행복추구권에 속하는 성적 자기결정권 및 알 권리, 표현의 자유, 평등권 등 헌법상 기본권을 제한할 우려가 있다는 견해도 있으나, 또한 동성애자가 아닌 다수의 청소년들에 있어서는 동성애에 관한 정보의 제공이 성적 자기정체성에 대한 진지한 성찰의 계기를 제공하는 것이 아니라 성적 상상이나 호기심을 불필요하게 부추기거나 조장하는 부작용을 야기하여 인격형성에 지장을 초래할 우려 역시 부정할 수 없다 할 것인 점 등에 비추어 보면, 이 사건 청소년유해매체물 결정 및 고시처분 당시 위 시행령의 규정이 헌법이나 모법에 위반되는 것인지 여부가 해석상 다툼의 여지가 없을 정도로 객관적으로 명백하였다고 단정할 수 없고, 따라서 위 시행령의 규정에 따른 위 처분의 하자가 객관적으로 명백하다고 볼 수 없다.

당시 「청소년보호법」 시행령 제7조 별표를 보면 수간을 묘사하거나 혼음, 근친상간, 동성애, 가학피학성 음란증 등 변태성행위, 매춘행위, 기타 사회통념상 허용되지 아니한 성관계를 조장하는 것을 청소년유해매체물 개별 심의기준의 하나로 규정하고 있었다. 정보통신윤리위원회는 이러한 동성애 사이트인 엑스존에 대해서 청소년유해매체물로 결정하였고, 그 결정에 따라 청소년보호위원회는 엑스존을 청소년유해매체물로 고시한 것이다. 법원은 이러한 결정과 고시를 무효가 아니라고 본 것이다. 동성애와 관련된 화상과 영상이 육체적·정신적 미성숙단계인 청소년에게 여과장치 없이 노출되는 것이 적절하지 않기 때문에 찬성하는 의견[7]도 있지만, 동성애를 변태성행위의 하나로 본 것은 개인의 성적 자기결정권을 부당하게 제한하는 성적 지향에 대한 인권침해라고 보아 대법원 판례를 비판하는 의견[8]도 있다.

이와 관련하여 「청소년보호법 시행령」 별표의 개정과정을 살펴보는 것도 흥미롭다. 동 시행령 별표에서는 출판·영상·게임 등이 청소년에 해로운 것인지를 심사하는 기준으로 '동성애'를 열거*하고 있었으며, 이러한 기준에 따라 엑스존이 '청소년유해매체물'로 결정·고시되었다는 점은 전술한 바와 같다. 이후 이러한 기준에 대하여 국가인권위원회에 진정이 제기되었고, 인권위는 이를 '성적 지향에 대한 인권침해'로

> *개정 이전의 규정은 "수간을 묘사하거나 혼음, 근친상간, 동성애, 가학·피학성 음란증 등 변태성행위, 매춘행위 기타 사회통념상 허용되지 아니한 성관계를 조장하는 것"이었다.

---

7) 채우석, "인터넷상 유해물에 대한 규제법제의 현황과 과제", 『토지공법연구』, 제63집, 2013, 230쪽.
8) 이민영, "청소년 유해매체물 규제: 엑스존 사건에 대한 평가와 분석", 『정보통신정책』, 제16권 2호, 2004, 20쪽.

** 개정 이후의 규정에는 "수간을 묘사하거나 혼음, 근친상간, 가학·피학성 음란증 등 변태 성행위, 매춘행위 기타 사회통념상 허용되지 아니한 성관계를 조장하는 것"으로 '동성애'가 삭제되었다(청소년보호법 시행령 별표 신新구舊 규정 참조).

보아 동 규정의 개정을 권고하였다. 이러한 권고는 받아들여져 입법에 반영되었다.**

현재는 「청소년보호법」에 의하여 청소년유해매체물에 대한 자율규제가 시행되고 있는데, 여성가족부에 소속된 청소년보호위원회가 '청소년유해매체물'인지를 결정하면 여성가족부장관이 이를 고시하고 있다. 무엇이 '청소년유해매체물'인지는 「청소년보호법 시행령」 별표2에 다음과 같이 규정되어 있다. 즉, 현행 「청소년보호법 시행령」 별표2 '청소년유해매체물의 심의기준'에 아래와 같이 '동성애'는 삭제되어 있다.

▍청소년보호법 시행령 별표2 〈개정 2019. 7. 2〉

청소년유해매체물의 심의 기준

1. 일반 심의기준

　가. 매체물에 관한 심의는 해당 매체물의 전체 또는 부분에 관하여 평가하되, 부분에 대하여 평가하는 경우에는 전반적 맥락을 함께 고려할 것

　나. 매체물 중 연속물에 대한 심의는 개별 회분을 대상으로 할 것. 다만, 법 제7조 제5항에 해당하는 매체물에 대한 심의는 그러하지 아니하다.

　다. 심의위원 중 최소한 2명 이상이 해당 매체물의 전체 내용을 파악한 후 심의할 것

　라. 법 제7조 제5항에 따라 실제로 제작·발행 또는 수입이 되지 아니한 매체물에 대하여 심의할 때에는 구체적·개별적 매체물을 대상으로 하지 않고 사회통념상 매체물의 종류, 제목, 내용 등을 특정할 수 있는 포괄적인 명칭 등을 사용하여 심의할 것

2. 개별 심의기준

　가. 음란한 자태를 지나치게 묘사한 것

　나. 성행위와 관련하여 그 방법·감정·음성 등을 지나치게 묘사한 것

　다. 동물과의 성행위를 묘사하거나 집단 성행위, 근친상간, 가학·피학성 음란증 등 변태 성행위, 성매매 그 밖에 사회 통념상 허용되지 아니한 성관계를 조장하는 것

　라. 청소년을 대상으로 하는 성행위를 조장하거나 여성을 성적 대상으로만 기술하는 등 성 윤리를 왜곡시키는 것

　마. 존속에 대한 상해·폭행·살인 등 전통적인 가족 윤리를 훼손할 우려가 있는 것

　바. 잔인한 살인·폭행·고문 등의 장면을 자극적으로 묘사하거나 조장하는 것

　사. 성폭력·자살·자학행위, 그 밖에 육체적·정신적 학대를 미화하거나 조장하는 것

　아. 범죄를 미화하거나 범죄방법을 상세히 묘사하여 범죄를 조장하는 것

　자. 역사적 사실을 왜곡하거나 국가와 사회 존립의 기본체제를 훼손할 우려가 있는 것

　차. 저속한 언어나 대사를 지나치게 남용하는 것

　카. 도박과 사행심 조장 등 건전한 생활 태도를 현저하게 해칠 우려가 있는 것

> 타. 청소년유해약물등의 효능 및 제조방법 등을 구체적으로 기술하여 그 복용·제조 및 사용을 조장하거나 이를 매개하는 것
> 파. 청소년유해업소에의 청소년 고용과 청소년 출입을 조장하거나 이를 매개하는 것
> 하. 청소년에게 불건전한 교제를 조장 또는 매개할 우려가 있는 것

이렇게 영화나 방송 등 영상매체물의 표현까지 엄격히 규제하던 시기도 있었으나 이제는 방송과 영화에서 다양한 성적 지향이 직·간접으로 표현되고 있고, 청소년보호라는 규정과 기준은 유지되고 있지만 너무나도 다양한 매체와 표현을 모두 규제할 수는 없는 상황이라고 볼 수 있다.

3. 성전환자의 성별 및 성명의 변경

성전환자가 출생 당시부터 지니고 있던 성별과 새로이 느끼거나 지니게 된 성별에 상응하도록 성별정정 및 개명신청을 청구하는 경우에, 국가는 이러한 요구를 받아들여야 하는지의 문제가 대두되었다.

1) 관련 법률의 현황

「호적법」이 폐지되고 만들어진 「가족관계의 등록 등에 관한 법률」[9]을 포함한 현행 법체계는 모든 사람을 남성 또는 여성 중의 하나에 포함되는 것을 전제로 하면서도, 남성과 여성은 무엇을 기준으로 구분되는지에 관한 규정은 두고 있지 않다. 즉, 현행법상 성이 무엇인가를 정의하거나 성을 구분하는 기준 등을 규정하고 있는 법률 규정은 없다는 것이다. 예를 들어, 남성과 여성은 성 염색체를 기준으로 구분하는 것인지, 외부 생식기의 형태를 기준으로 하는 것인지, 본인의 성 정체성을 기준으로 하는 것인지에 관한 법률적인 기준은 없다. 이는 성에 대한 정의가 불필요해서라기보다는, 법이 이를 당연한 것으로 전제하고 있기 때문이다.

「가족관계의 등록 등에 관한 법률」 제44조는 출생신고의 기재사항의 하나로 자녀의 성명·본·성별 및 등록기준지를 적도록 하고 있다. 따라서 출생신고를 통하여 가족관계등록부에 성명과 성별 등을 인식할 수 있는 사항이 기재되면, 같은

---

9) 2007년 5월 17일 제정·공포되어 시행되고 있다.

*「가족관계의 등록 등에 관한 법률」
제99조(개명신고)
① 개명하고자 하는 사람은 주소지(재외국민의 경우 등록기준지)를 관할하는 가정법원의 허가를 받고 그 허가서의 등본을 받은 날부터 1개월 이내에 신고를 하여야 한다.
② 신고서에는 다음 사항을 기재하여야 한다.
1. 변경 전의 이름
2. 변경한 이름
3. 허가연월일
③ 제2항의 신고서에는 허가서의 등본을 첨부하여야 한다.
④ 제1항의 경우에 가정법원의 심리에 관하여는 제96조 제6항을 준용한다.
<신설 2013. 7. 30.>
※ 제96조 제6항은 국적취득자가 새로이 성과 본을 정하고자 하는 경우에 가정법원은 범죄경력 조회를 할 수 있도록 규정하고 있다.

법률 제99조에서의 '개명신고(改名申告)'*에 해당하는 경우가 아니면 이름 등을 바꿀 수 없다. 과거 「호적법」 제120조에서도 일정한 경우에만 가정법원의 허가를 얻어 호적 정정을 신청할 수 있었다. 이처럼 우리나라는 실정법적으로 성전환을 인정하지 않으며, 성전환자들의 성별 정정을 허용하는 직접적인 규정은 없다. 병역법과 민법, 형법 등 여러 법률이 국민의 성별을 기준으로 하여 여러 규정을 두고 있지만, 성별 정정에 대해서는 어떠한 규정도 없다. 기존 법률의 해석을 통하여 성전환자가 성별정정을 위한 소송에서 승소한다 하더라도, 특별법 등 성전환에 대한 구체적 규정이 마련되지 않는 한 이는 단순히 개별적인 사안과 관련하여 '가족관계등록부'를 정정하는 것일 뿐, 법령을 통하여 성별의 변경을 일반화 하는 것을 의미하지는 않는다.

2) 성별정정 등에 관한 법원의 판결

과거 「호적법」은 제120조에서 '위법된 호적기재의 정정'이라는 제목으로 "호적의 기재가 법률상 허용될 수 없는 것 또는 그 기재에 착오나 오류가 있다고 인정한 때에는 이해관계인은 그 호적이 있는 지(地)를 관할하는 가정법원의 허가를 얻어 호적의 정정을 신청할 수 있다."고 규정하고 있었다(새로이 「가족관계의 등록 등에 관한 법률」에서는 제104조에서 '위법한 가족관계 등록기록의 정정'이라는 제목으로 "등록부의 기록이 법률상 허가될 수 없는 것 또는 그 기재에 착오나 누락이 있다고 인정한 때에는 이해관계인은 사건 본인의 등록기준지를 관할하는 가정법원의 허가를 받아 등록부의 정정을 신청할 수 있다."고 규정하고 있다).

성별이나 성명은 이러한 법률 규정에 따라 기재되며, 성별이나 성명의 정정 또한 이러한 법률 규정에 따라 행해진다. 과거 성전환자들은 전술한 호적법 규정에 따라, 성별과 성명의 변경을 허가해 줄 것을 법원에 신청하였으며, 법원은 이러한 신청을 허가할 것인지의 여부를 동 규정의 해석을 통하여 판단해 왔다. 그리고 법원은 성전환자들의 이러한 신청에 대하여 극히 이례적으로만 성전환자들이 후천적으로 취득한 성별을 법적으로 인정하여 왔었다.

(1) 성별정정 불허가 사례

1990년에 법원은 성전환수술을 받은 자에 대하여 성별에 관한 호적기재를 정정할 수 있는지의 여부에 관하여 판단한 적이 있다. 원래 남성이던 항고인은 1990년 2월 7일에 모 대학병원에서 성전환수술을 받은 이후 음성이나 외모 등의 신체구조가 여성화되어 남자와 동거생활을 한 적도 있고 현재는 여성무용수로 근무하는 등 여성으로서의 사회생활을 하고 있음에도 호적상으로는 여전히 남자로 기재되어 있어 사회생활을 함에 막대한 지장이 있으므로 현재의 성에 부합되도록 하기 위하여 이 사건 호적정정을 신청하였다.

> **수원지법 1990. 8. 21. 자 90브10 제1민사부결(호적정정 기각결정에 대한 항고사건)**
> 원래 성염색체상은 물론 육체적으로 완전한 남성으로서의 신체적 구조와 내·외부 성기를 갖추고 있던 이 사건 항고인이 사춘기를 거치면서 여성이 되고 싶어 하고 여성의 복장을 입는 등 정신의학상 성전환증 환자가 되어 이를 치료하기 위하여 호르몬을 투여하는 등 내분비적인 치료를 받고 군복무를 마친 후 30세 때에 자신의 음경과 고환을 절제하고 인공적으로 질을 성형하는 내용의 성전환수술을 받고 무용수로 종사하면서 현재에도 자신과 반대되는 여성으로 지내고 싶어 그렇게 생각하고 행동하고 있는 상태에 놓여진 사실을 알 수 있으나 항고인은 위와 같은 내용의 외과적 수술을 통하더라도 반대의 성인 여성으로서의 주요한 내부성기를 지니지 못한 채 여성에 일치하는 일부의 해부학적 구조가 인위적으로 만들어져 있음에 불과하다 할 것인즉 성별구별에 관한 의학상의 견해를 고려한다 하더라도 현재 우리사회의 상식이나 사회적 가치관에 비추어 항고인을 완전한 여성이라고 볼 수는 없다 할 것이다. 호적법 제120조 소정의 호적정정은 처음부터 진정한 신분관계에 부합하지 아니하는 호적의 기재를 진정한 신분관계와 일치하도록 하기 위한 것이다. 당초 올바른 호적의 기재가 이루어진 다음 후발적으로 신분관계가 변경된 경우에는 그 변경된 신분관계의 내용을 새로이 추가하여 기재하여야 할 뿐 종전의 올바른 호적기재를 정정할 수는 없다. 성염색체나 외부성기 등 육체적 성별에는 아무런 이상이 없는 남성이 성자아 또는 성별 동일성의 인식에 장애가 있어 본인 스스로 여성이라고 믿고 여성처럼 생활하는 성전환증은 일종의 정신질환이다. 성전환

증은 각종의 치료방법에 의하여서도 치유가 불가능하여 부득이 외과적인 수술로써 그 신체에 여성이 가지는 일부 해부학적인 성기의 외관을 갖추어 놓았다면, 이는 여성으로서의 주요한 내부성기를 지니지 못한 채 여성과 일치하는 일부의 해부학적 구조가 인위적으로 만들어져 있음에 불과하여 그를 완전한 여성으로 볼 수 없다. 따라서 성별에 관한 그의 호적기재를 정정할 수 없다.

1995년에 다른 법원은 성염색체의 구성과 다르게 성전환수술을 한 자의 호적정정의 허용 여부에 관하여 판단한 적이 있다. 이 사건 신청인은 자신의 출생 당시 신체외형상 남녀의 구별이 불분명한 채로 출생하였으나 그 후 여성으로서의 성적(性的) 특징을 보여 여성으로 성장 및 생활하여 왔으며 1993년 4월 8일에 이르러 성전환(性轉換)의 외과적 수술까지 받았는바, 이로써 호적상의 항고인의 성이 사실과 다르다고 주장하면서 그 기재를 '남'에서 '여'로 정정하여 줄 것을 청구하였으나 법원은 역시 이를 불허하였다.

> **광주지법 1995. 10. 5. 자 95브10 결정: 항고(호적정정)**
>
> 무릇 인간의 성을 구별하는 기준으로는 여러 가지의 요인이 고려될 수 있으나 인간의 사회생활을 규율하기 위한 호적제도하에 있어서의 성을 결정함에 있어서는 발생학적 성(性)인 성염색체의 구성이 가장 중요한 기준이 되어 특단의 사정이 없는 한 성염색체의 구성에 따라 결정되는 성과 다른 성을 인정할 수는 없다. 비록 항고인이 출생 당시 확인된 성인 남성으로서의 외형적 특징을 더 이상 보이지 않게 되었으며 남성으로서의 성격도 상실하여 외견상 여성으로서의 체형을 갖추고 성격도 여성화되어 여성으로서의 사회생활을 영위해 나가고 있을지라도, 항고인의 성염색체 구성이 아무런 이상이 없는 정상적인 남성의 성염색체 구성을 가지고 있는 이상, 위와 같은 증상이나 사유는 정신의학적으로 성적 동일성(性的同一性)의 이상(異狀)인 변성증(성전환증)이란 증후군의 증상을 보이는 데 불과하다. 따라서 그와 같은 사유만을 가지고 곧바로 법적인 성을 결정하는 호적상의 성을 '여'라 할 수는 없다.

(2) 성별정정 허가 사례

2002년에 법원은 성전환수술을 받은 자에 대하여 호적공부상 성별의 정정 및 개명을 허가하였다. 이 사건 신청인은 남자의 외부성기를 가지고 태어나 호적상 성별이 남자로 기재되어 있으나 어릴 때부터 남자로서의 의식과 행동은 전혀 없었고, 오히려 자신을 여자로 생각하고 여자 옷을 입는 등 신체의 성과는 다른 성으로서의 역할을 하면서 우울하고 힘든 삶을 살아왔다. 그러던 중 정신과 의사로부터 선천성 성전환증이라는 진단을 받은 후 정신요법 등의 치료를 거쳐, 1999년 6월 국내의 한 병원에서 남자에서 여자로의 성전환수술을 받았다. 이에 따라 신청인은 호적에 기재된 성별의 정정과 아울러 남자임을 전제로 지은 이름을 여자 이름으로 바꾸어 달라는 취지의 허가를 구하였다. 이에 대하여 법원은 성전환수술이 합리적인 기준에 따라 정당하게 시행된 경우에는 법률상의 성별정정도 특별한 사정이 없는 한 이에 따라야 한다고 보아 성전환수술을 받은 자에 대하여 호적공부상 성별의 정정 및 개명을 허가하였다.

부산지법 가정지원 2002. 7. 3. 자 2001호파997,998결(호적정정 · 개명)

　신청인은 ① 서로 관련 없이 의료계에 종사하고 있는 3인의 면허 있는 정신과 의사로부터 일정기간의 검사와 관찰을 거쳐 진성의 성전환증 환자라는 진단을 받은 바 있고, ② 2년이 넘는 훨씬 오랜 기간, 심각한 성정체성 장애에 시달려 온 신청인의 증상을 진단한 의료인들은 상당기간에 걸쳐 신청인이 지닌 위 증상을 관찰하면서 이로 인한 고통 경감을 위하여 정신요법과 호르몬 요법을 꾸준히 시행하였으나 특별한 효과를 기하지 못하였으며, ③ 결국 성적 외관을 반대의 성으로 변경하는 외과적 수술을 통하여 외부성기와 외모 및 체형이 여성으로 인식됨에 충분한 정도에 이르렀음은 물론, ④ 위 수술을 통하여 생식능력을 상실하였을 뿐만 아니라 ⑤ 같은 수술을 전후하여 적어도 3년 이상 여성으로서 유흥업소의 종업원으로 종사함으로써 그 성에 상응하는 사회적 역할 또는 행동이 있는 것으로 인정되고, ⑥ 장래 신청인이 지닌 성인식의 재전환 가능성이 있다는 점에 관한 아무런 자료가 없으므로, 신청인에 대한 위와 같은 진단과 성전환수술을 전후하여 관련 의료기관이 행한 일련의 의학상 처우는 정당하고 합리적인 것으로 판단된다. 따라서 신청인에 대한 위와 같은 사정은 성별정정의 의학상 요건을 충족한다. 또한 신청인은 ① 현재 30세의 내국인으로서, ② 의사능력과 행위능력을 구비하고 있고, ③ 성전환증의 확진 전인 1991. 9. 19. 신체등위 5급으로 제2국민역 판정을 받은 바 있으나 위와 같이 성전환증의 확진과 이로 인한 성전환수술로 위 처분은 취소 대상이거나 실효된 것으로 판단되고, ④ 혼인도 아니 하였으므로 신청인에 대한 위와 같은 사정은 성별정정의 법률상 지위에 관한 요건 또한 충족한다.

　문제가 되는 것은 성별의 단순 기재 착오가 아니라 성전환증 환자가 출생당시 확인 · 신고된 자신의 성을 외과적 수술을 통하여 반대 성으로 전환한 경우에 이를 법률이 용인할 것인가 하는 점이다. 이는 법률이 당초 예정하고 있지 아니한 경우에 해당하는 특수한 사안이기 때문이다. 성전환수술로 인한 성별정정을 예상하지 못한 상태에서 제정한 위 조항을 법의 흠결이라고 본다면, 이의 보완으로 이상적인 것은 특별법을 제정하거나 호적법의 개정을 통하여 관련조항을 신설하는 것이 바람직할 것이다. 그러나 그와 같은 관련 법률이나 호적법상 명시적인 조항이 없다는 이유를 들어 성전환수술로 성별정정의 요건을 갖춘 성전환자들의 신청을 배척하고, 그들로 하여금 입법조치가 될 때까지 기다리라고 할 수는 없을 것이다. 인간의 문화적 산물인 법령은 언어를 통하여 그 의미 내용이 지시된다. 그런데 본래 인간의 언어는 다의적인 데다가 시대에 따라 변하기도 하는 것이므로, 이를 해석하는 자는 여러 가지 의미 가운데 가장 적절한 의미를 선택하여야 하고, 때로는 입법자가 미처 예상하지 못한 새로운 의미를 부여할 필요도 생겨날 때도 있다고 보아야 한다. 이와 같이 법관은 법을 해석·적용함에 있어서 형식적이고, 개념적인 자구해석에 얽매이지 아니하고, 그 법이 담보하는 정의가 무엇인가를 헤아려서 정의실현의 방향으로 법의 의미를 부여하여야 하며, 정의실현을 위하여 필요한 한도 내에서 성문규정의 의미를 확대 해석하거나 축소·제한 해석을 함으로써 실질적인 법 창조적인 기능을 발휘하여야 한다. 입법자 또한 시간적 제약 내에 있는 존재이므로 성전환자의 존재를 전혀 예상하지 못한 상태에서 호적정정에 관한 규정을 제정하였다면, 우리는 변화된 새로운 시대상황하에서 입법자의 의사를 유추하여야 하고, 호적정정의 의미에 관하여도 전통적인 해석을 넘어 전혀 새로운 방식의 해석을 통하여 현실과 유리되지 아니한 진정한 정의를 구현할 필요가 있을 것이다. 법률조항의 흠결을 들어 신청인의 주장을 배척하는 것은 성전환증 환자가 인간으로서의 존엄과 가치를 향유하며, 행복을 추구할 권리를 가진 존재로서(「헌법」 제10조), 인간다운 생활을 할 권리가 있고(제34조 제1항), 질서유지나 공공복리에 반하지 아니하는 한 프라이버시에 관한 자기결정권을 가진 성적 소수자로서 마땅히 보호를 받아야 한다(제37조)는 헌법이념에 반하는 것으로서 우선 이 점에서 용인되지 아니한다고 할 것이다.

성전환수술로 인하여 최종적으로 밝혀진 성별이 호적부의 기재와 일치하지 아니하는 이상 「호적법」 제120조에 정한 정정의 대상이 된다고 보아야 할 것이다. 따라서 신청인의 성별란 기재 '남'을 '여'로 정정하는 것을 허가하고, 신청인의 이름을 개명하는 것을 허가한다. 부산광역시 서구청장은 신청인의 신청에 의하여 위와 같은 내용을 위 호적의 정정사유로 기재함과 동시에, 이름란과 성별란의 기재 내용을 위와 같이 정정하고, 「주민등록법」 제17조의11 제1항 2호에 근거한 신청인의 신청에 따라 주민등록번호를 새로이 부여한 후 위와 같이 정정된 내용의 주민등록증을 재발급 교부하여야 한다.

2006년에 다른 법원도 호적정정 신청인의 신체외관, 성역할, 생활관계 등을 종합적으로 고려하여 호적에 기재된 신청인의 성별란의 '남'을 '여'로 정정함을 허가하였다. 원심결정(인천지법 부천지원 2006. 1. 10. 자 2005파386)에서는 호적정정을 불허하였었다. 신청인은 남성의 성기구조를 갖춘 남자로 태어나서 호적에 남자로 기재되었으나, 여자들과 노는 것을 좋아하고 중고등학생시절이나 군복무시절에 여자로 취급을 받아 힘들게 보냈으며 군에서는 이로 인한 정신상의 문제로 의가사 제대를 하였다. 군 제대 이후 여장생활을 하면서 음식점 등에서 일을 하고 성전환수술을 받았으며, 결혼식을 한 후 혼인생활을 계속하고 있고 시댁과 주변사람들은 이러한 사실을 모르고 있는 상태에서 소송이 제기되었다.

> ### 인천지법 2006. 4. 26. 자 2006브11결정(호적정정)
>
> 성별의 단순 기재의 착오가 아니라 성전환수술로 인한 성별정정은 호적법 제정 당시 예상하지 못한 특수한 경우로서 입법의 미비에 해당하는 것으로 보아야 하므로, 법의 흠결을 이유로 성별정정을 거부하는 것보다는 「호적법」 제120조의 확대해석에 의한 성별정정을 허용하는 것이 모든 국민에게 인간으로서의 존엄과 가치 및 행복추구권이 있음을 천명하고 국가에게 모든 국민의 기본적 인권을 보장할 의무를 부여한 헌법정신에 합치된다. 「호적법」 제120조의 '착오'라는 의미를 호적의 기재가 당초부터 사실과 다른 원시적 착오뿐만 아니라 후발적 사유로 말미암아 사실과 달라지게 된 후발적 착오도 포함하는 것으로 본다면, 성전환수술에 의하여 최종적으로 성이 확정된 시점에서는 당초의 호적부상 성별 기재는 착오에 의한 것으로 볼 수 있다. (중략) 그러므로 성전환수술로 인하여 최종적으로 확정된 성별이 호적부의 기재와 일치하지 아니한 이상 「호적법」 제120조에 정한 정정의 대상이 된다고 보아야 한다. (중략) 의학적 진단하에 성전환수술을 받은 성전환증 환자 중 신체의 외관, 심리적·정신적인 성, 사회생활에서 수행하는 주관적·개인적인 성역할, 장래의 재전환 가능성 및 이에 대한 일반인의 평가나 태도, 자신의 성에 대해 판단하고 결정할 수 있는 행위능력자인지 여부, 법령상의 제한을 회피하기 위한 목적 기타 불순한 의도나 목적이 개입되었는지 여부 등 모든 요소를 종합적으로 판단하여 일정한 대상자에 대하여는 호적상의 성별을 정정하여 주는 것이 타당하다.

(3) 성별정정을 불허한 하급심 결정을 대법원이 파기·환송한 사례

미혼으로 자녀가 없으며 성장기부터 여성에 대한 불일치감과 남성으로의 귀속감을 나타내었으며 성인이 된 후에 성전환 수술을 받아 남성의 외부 성기와 신체

외관을 갖춘 이후에 호적정정 및 개명을 신청하였으나 이를 불허한 하급심의 결정에 대하여, 대법원은 사회통념상 남성으로 평가될 수 있는 성전환자이므로 신청인에게 호적정정 및 개명을 허가할 여지가 충분히 있다는 결정을 하였다.

> **대법원 2006. 6. 22. 자 2004스42 개명, 호적정정(청주지방법원 2004. 7. 8. 자 2003가57 결정에 대한 재항고사건)**
>
> 신청인은 호적상 여성으로 등재되어 있으나 성장기부터 남성적 기질과 외관이 뚜렷이 보이고 남자 옷을 입어야 마음이 편해지는 등 일상생활에서 여성에 대한 불일치감과 남성에 대한 기속감으로 혼란을 겪어 왔으며 20대에 이르러 타지로 나가 육체노동에 종사하는 등 남성으로서 생활하다가 41세에 성전환수술을 받고 남성의 신체와 외관을 갖추게 되었을 뿐만 아니라 정신과적 검사결과 남성으로서의 성적 정체성이 확고한 사실을 알 수 있다. 남성으로서의 생식기능은 없지만 성전환수술 이후에 그의 처지를 이해하는 여성을 만나 동거하는 등의 사실로 미루어 볼 때 신청인에게 호적정정 및 개명을 허가할 여지가 충분하다.

2006년의 이 대법원의 결정은 성별변경에 관한 매우 중요한 기념비적인 전환으로 볼 수 있다. 성별변경에 관한 입법이 미비한 상태에서 대법원은 이에 관한 적극적인 결정을 하였으며, 이후 각 법원이 참고하는 선례가 되었다.

3) 성별정정 등에 관한 입법론

성전환자의 이름 변경 및 성별 변경을 가족관계등록부나 주민등록증에 표시하는 방법에는 세 가지가 있다. 하나는 이를 위한 특별한 법률이 없는 경우에 법원의 판결을 통하여 가족관계 등록부를 정정하는 방법이고, 다른 하나는 이름 및 성별 변경을 위하여 「가족관계의 등록 등에 관한 법률」을 개정하는 방법이며, 또 다른 하나는 성별변경에 관한 특별법을 제정하는 방법이다.

지금처럼 성전환을 이유로 하여 성별이나 이름을 바꾸어주는 사유가 「가족관계의 등록 등에 관한 법률」 등의 법령에 명시되어 있지 않은 상태에서는 성별 및 개명 신청을 소송을 통하여 청구하고 이에 대하여 법원이 개별적인 판결을 통하여 허가를 해주는 방식을 택하고 있다. 그 결과 성전환자에 대한 성별정정 허가 여부가 판사들의 성향에 따라 달라질 수 있었고, 이를 청구한 당사자들의 희비가 엇갈렸던 것이다. 이렇게 성별정정에 관한 개별 법원의 판결이 일관되지 않았기 때문에, 대법원은 성별정정허가의 일관성을 유지하기 위하여 2007년 12월 10일 (2008년 1월 1일부터 시행)에 대법원의 예규로서 '성전환자 등 성별정정허가신청사건 등 사무처리지침'을 제정하였다.

이 대법원 예규는 2009년 1월 20일에 개정[10]되면서, 남성에서 여성으로의 성전환 요건 중 병역의무의 이행 또는 면제를 요건으로 하는 규정이 삭제되었다. 이후 예규는 2011년 11월 10일, 2011년 12월 5일, 2013년 6월 7일, 2015년 1월 8일, 2019년 8월 19일에 개정되었고, 현행 예규는 2020년 2월 21일에 개정된 것이다.

▌대법원 예규

(성전환자의 성별정정허가 신청사건 등 사무처리지침)

제2조(적용범위) ① 이 지침은 신청인 겸 사건본인(이하 "신청인"이라 한다)이 성전환증에 의하여 성전환수술을 받았음(이하 "성전환증"이라 한다)을 이유로 성별정정허가신청을 하는 경우에 적용한다.

② 이 지침은 성염색체, 성선(성선), 외부성기 등 3가지 요소 중 어느 하나에 불일치가 존재하여 성보완 수술 또는 성적합 수술을 받은 사람이 성별정정허가신청을 하는 경우에는 적용하지 아니한다. 다만, 성보완 수술 또는 성적합 수술에 의하여 생물학적 성과 가족관계등록부에 기록된 성을 일치시키거나 성보완 수술 또는 성적합 수술을 받고 가족관계등록부의 성별을 정정한 사람이 성전환증을 이유로 성별정정허가신청을 하는 경우에는 이 지침에 의하여 처리할 수 있다.

제3조(참고서면) ① 법원은 심리를 위하여 필요한 경우에는 신청인에게 다음 각 호의 서면을 제출하게 할 수 있다.

1. 가족관계등록부의 기본증명서, 가족관계증명서 및 주민등록표등(초)본
2. 신청인이 성전환증 환자임을 진단한 정신과 전문의사의 진단서나 감정서
3. 신청인이 성전환수술을 받아 현재 생물학적인 성과 반대되는 성에 관한 신체의 성기와 흡사한 외관을 구비하고 있음을 확인하는 성전환시술 의사의 소견서
4. 신청인에게 현재 생식능력이 없고, 향후에도 생식능력이 발생하거나 회복될 가능성

---

10) ① 개정이유

성전환자들의 06진차525 등 진정사건에 대한 국가인권위원회의 권고결정에 따라 인권침해의 소지가 있다고 적시한 규정 중 일부 조항을 수정 및 삭제함.

우리나라의 신분법질서와 양립하기 어려운 권고사항에 대해서는 현재 규정을 그대로 유지함.

② 주요내용

부모가 없는 신청인의 경우 생계를 같이하는 직계존속의 동의서를 첨부할 필요가 없도록 함.

법원으로 하여금 의무적으로 신청인의 병적조회, 전과조회, 신용정보조회, 출입국사실조회를 실시하도록 한 규정을 필요한 경우에 사실조회를 실시할 수 있도록 개정함.

허가기준 중 성전환수술 이후 반대 성으로서의 성공적 삶 및 신청목적의 정당성을 삭제하고 성별정정결정 주문례 및 기재례에서 성전환자임을 나타내는 '전환'이라는 단어를 없앰.

이 없음을 확인하는 전문의사 명의의 진단서나 감정서

5. 신청인의 성장환경진술서 및 인우인의 보증서[11]

6. 삭제 (2019.08.19 제537호)[12]

② 삭제 (2020.02.21 제550호)[13]

제4조(사실조회) 성별정정허가신청사건을 처리하는 법원은 필요한 경우 사실조회를 실시할 수 있다.

제5조(법원의 심리) ① 법원은 신청인을 심문하여야 한다.

② 법원은 신청서와 이에 첨부한 의사의 진단서나 소견서 등 서면의 신빙성에 대하여 합리적인 의심이 있다고 판단되는 경우, 공신력 있는 의료기관에 신청인에 대한 감정을 촉탁할 수 있으며, 인우보증이나 동의의 진실성을 확보하기 위하여 필요한 경우에는 인우인이나 신청인의 친족에 대한 참고인심문을 실시할 수 있다.

③ 심문은 공개하지 아니한다. 그러나 법원은 상당하다고 인정하는 자에게 방청을 허가할 수 있다.

제6조(참고사항) 법원은 성별정정허가신청사건의 심리를 위하여 신청인에 대한 다음 각 호의 사유를 조사한다.

1. 신청인이 대한민국 국적자로서 19세 이상의 행위능력자인지, 현재 혼인중인지, 신청인에게 미성년인 자녀가 있는지 여부

2. 신청인이 성전환증으로 인하여 성장기부터 지속적으로 선천적인 생물학적 성과 자기의식의 불일치로 인하여 고통을 받고 오히려 반대의 성에 대하여 귀속감을 느껴왔는지 여부

3. 신청인에게 상당기간 정신과적 치료나 호르몬요법에 의한 치료 등을 실시하였으나 신청인이 여전히 수술적 처치를 희망하여, 자격있는 의사의 판단과 책임 아래 성전환수술을 받아 외부성기를 포함한 신체외관이 반대의 성으로 바뀌었는지 여부

4. 성전환수술의 결과 신청인이 생식능력을 상실하였고, 향후 종전의 성으로 재 전환할 개연성이 없거나 극히 희박한지 여부

5. 신청인에게 범죄 또는 탈법행위에 이용할 의도나 목적으로 성별정정허가신청을 하였다는 등의 특별한 사정이 있는지 여부

---

11) 이전 규정 : 5. 신청인의 성장환경진술서 및 2명 이상 인우인의 보증서(성장환경진술서 및 인우보증서에는 (i) 신청인의 유아기, 소년기, 청년기, 성년기 등 각 시기별로 이성관계를 포함한 대인관계와 사회생활에 대한 구체적인 진술과 (ii) 신청인이 성전환수술을 받기 전부터 일정기간 이상 지속적으로 생물학적인 성과는 반대되는 성적 주체성과 자아를 가지고 생활하였으며, 그러한 성적 주체성 내지는 자아의 발로로 성전환수술을 받았고, 신청인이 성전환수술을 받은 이후부터 현재까지 확립된 성적 주체성과 자아에 지극히 만족하면서 사회생활을 하고 있다는 취지의 진술이 기재되어야 한다)

12) 이전 규정 : 6. 부모의 동의서

13) 이전 규정 : 신청서를 접수하거나 재판에 참여하는 법원사무관 등은 제1항 각 호의 서면이 첨부되었는지 유무를 면밀히 검토하여야 하며, 제1항 각 호의 서면이 첨부되지 아니하였음을 발견한 때에는 신속히 신청인에게 서류의 보완을 위하여 필요한 사항을 지적하고 그 보정을 권고하여야 한다.

이 대법원 예규는 관련 법률의 개정 또는 제정 때까지 사건을 처리하는 통일된 규범을 마련하기 위해 지침이 만들어졌으며, 이는 성별정정기준을 명확화하고 관련 판결의 일관성을 기대할 수 있다는 관점에서 긍정적이다. 그러나 국회가 만든 법률이 아닌 대법원의 예규를 통하여 이러한 성별정정의 기준을 제시한다는 것은 바람직하지 못하다. 형식 면에서 본다면 개인의 권리와 의무에 관한 사항 특히 사회적 논란이 많은 사안은 국민의 대표기관인 국회가 만든 법률로 제정하는 것이 바람직하다. 절차 면에서 본다면 인우보증서 등 지나친 첨부서류를 요구한다는 점이 지적되었고, 내용 면에서 본다면 '불순한 의도', '반대의 성으로서의 삶을 성공적으로 영위' 등 지극히 주관적이고 불명확한 개념을 사용14)하고 있다는 점이 지적되었다.*

> * "우리 대법원은 성전환이 사회적 일탈 내지는 잠재적인 질서위협 요인이라는 인식에서 벗어나지 않는다. 그래서 신청인은 '범죄 또는 탈법행위에 이용할 의도나 목적'이 없음을 검증받아야 하며, '신분관계에 중대한 영향을 미치거나 사회에 부정적인 영향'을 주지 않음을 사회로부터 승인받아야만 원하는 성별을 가질 수 있게 된다. 주류사회의 의심을 해소하지 못하는 자는 그 성정체성이 무엇이든 그의 생활이 어떠하건 혹은 어떤 인권이 어떻게 훼손이 되건 관계없이 법의 보호 대상에서 배제되는 것이다. 물론 법적 안정과 사회질서의 유지라는 관점도 성별 전환의 판단에 중요한 고려사항이 된다. 그러나 성전환자 특례법의 입법이 거론되고 있음에도 훨씬 가중된 요건을 내세워 성별 전환을 통제하고자 하는 우리 대법원의 편향된 시각은 오히려 그 사회질서가 누구를 위한 것인가라는 의문을 떠올리지 않을 수 없게 한다"(한상희, <한겨레신문>, 2006. 9. 14.).

대법원은 2011년 9월 2일의 판결을 통하여, 16세의 아들을 둔 38세의 성전환자가 가족관계등록부상 성별을 남성에서 여성으로 고쳐달라며 낸 가족관계등록부 정정신청 사건에서 정정을 불허한 원심을 유지했다. 전술한 대법원예규에 따를 때, 혼인 중이거나 미성년자인 자녀를 둔 성전환자의 성별정정 신청은 허용될 수 없다는 것이다. 이에 관한 대법원의 판결요지는 다음과 같다.

---

14) 이전 규정에서는 "4. 반대의 성으로서의 삶을 성공적으로 영위하고 있으며", "5. 남자에서 여자로의 성전환(MTF)인 경우에는 신청인이 병역법 제3조에 의한 병역의무를 이행하였거나 면제받았을 것"과 "7. 기타, 신청인의 성별정정이 신청인의 신분관계에 중대한 영향을 미치거나 사회에 부정적인 영향을 주지 아니하여 사회적으로 허용된다고 인정될 것"을 '성별정정의 허가기준'으로 규정하고 있었으나, 이러한 요건이 타당한지에 대한 논란이 있었고 2009년 1월 20일의 예규 개정으로 삭제되었다.

▒ '대법원 예규' 시행 이후의 대법원 판례

> **대법원 2011. 9. 2. 자 2009스117(등록부정정) (울산지방법원 2009. 9. 15. 자 2009브1 결정에 대한 재항고사건)**
>
> 성전환수술에 의하여 출생 시의 성과 다른 반대의 성으로 성전환은 이미 이루어 졌고, 정신과 등 의학적인 측면에서도 이미 그 전환된 성으로 인식되고 있다면, 전 환된 성으로 개인적 행동과 사회적 활동을 하는 데에까지 법이 관여할 방법은 없 다. 그러나 성전환자가 혼인 중에 있거나 미성년자인 자녀가 있는 경우에는, 가족 관계등록부에 기재된 성별을 정정하여, 그 배우자나 미성년자인 자녀의 법적 지위 와 그에 대한 사회적 인식에 곤란을 초래하는 것까지 허용할 수는 없으므로, 현재 혼인 중에 있거나 미성년자인 자녀를 둔 성전환자의 성별정정은 허용되지 않는다. (중략) 우리 민법은 동성(同性) 간의 혼인은 허용하지 않고 있는데, 현재 혼인 중 인 성전환자의 성별정정을 허용할 경우 결과적으로 동성혼을 인정하는 셈이 되고 이는 상대방 배우자의 법적·사회적 지위에 중대한 영향을 미치게 된다. (중략) 미 성년자인 자녀가 있는 경우, 자녀 입장에서는 부(父)가 남성에서 여성으로, 또는 모 (母)가 여성에서 남성으로 뒤바뀌는 상황을 일방적으로 감내해야 하므로 이로 인한 정신적 혼란과 충격에 노출될 수 있다.

이 대법원 판결에 의하면, 혼인 중에 있는 성전환자는 혼인 해소를 기다려서, 미성년 자녀를 둔 성전환자는 자녀가 성년이 되기를 기다려서 정정을 신청하면 성별정정이 허용된다. 즉, 혼인 중에 있는 성전환자와 미성년 자녀가 있는 성전환 자에게는 성별변경이 불허된다. 이러한 다수의견에 대하여, 대법관 5인의 반대의 견이 있었고, "성전환자에게 그 자녀가 성년에 이르는 오랜 기간 동안 법·제도적 으로 반대의 성으로 살 것을 강요하는 것은 너무나 가혹", "혼인 중에 있다는 것 을 성별정정의 독자적 소극적 요소로 포섭하는 것 역시 납득하기 어렵다."[15], "성 전환자의 성별정정을 허가하는 것이 미성년 자녀의 복리에 부정적인 영향을 주기 때문에 성별정정을 불허해야 하는 경우가 있을지 알기 어렵다"[16]는 등의 비판이 있었다.

2011년에 내려진 이 대법원 판결은 2022년에 변경되었다. 미성년자녀를 둔 성

---

15) 김방호, "성전환자의 성별정정 요건에 관한 고찰", <법률신문>, 제3988호, 2011. 12. 1.
16) 윤진수, "미성년 자녀 있는 성전환자의 '성별정정' 허용으로 선회 ⋯ 2011년 정정불허 판례 에 대한 비판 수용", <법조신문>, 제872호, 2023. 4. 10.

전환자의 성별정정을 허가할 경우 미성년자녀가 사회적 차별과 편견에 무방비상태로 노출되어 방치된다거나 생활상 어려움에 처하게 된다고 단정할 수 없으며, 이를 미성년자녀를 둔 성전환자의 성별정정을 허가하지 않을 이유로 삼는 것은 옳지 않다는 것이다.

위 2011년의 대법원 판례를 변경한 2022년의 대법원 판례

대법원 2022. 11. 24. 자 2020스616(등록부정정) (미성년자녀가 있는 성전환자에 대한 성별정정 허가 여부가 문제된 사안)

인간은 누구나 자신의 성정체성에 따른 인격을 형성하고 삶을 영위할 권리가 있다. 성전환자도 자신의 성정체성을 바탕으로 인격과 개성을 실현하고 우리 사회의 동등한 구성원으로서 타인과 함께 행복을 추구하며 살아갈 수 있어야 한다. 이러한 권리를 온전히 행사하기 위해서 성전환자는 자신의 성정체성에 따른 성을 진정한 성으로 법적으로 확인받을 권리를 가진다. 이는 인간으로서의 존엄과 가치에서 유래하는 근본적인 권리로서 행복추구권의 본질을 이루므로 최대한 보장되어야 한다. 한편 미성년 자녀를 둔 성전환자도 부모로서 자녀를 보호하고 교양하며(민법 제913조), 친권을 행사할 때에도 자녀의 복리를 우선해야 할 의무가 있으므로(민법 제912조), 미성년 자녀가 있는 성전환자의 성별정정 허가 여부를 판단할 때에는 성전환자의 기본권의 보호와 미성년 자녀의 보호 및 복리와의 조화를 이룰 수 있도록 법익의 균형을 위한 여러 사정들을 종합적으로 고려하여 실질적으로 판단하여야 한다. 따라서 위와 같은 사정들을 고려하여 실질적으로 판단하지 아니한 채 단지 성전환자에게 미성년 자녀가 있다는 사정만을 이유로 성별정정을 불허하여서는 아니 된다.

2011년 대법원 판례에서의 5인의 반대의견이 2022년에는 다수의견이 되었고, 2022년의 대법원 판례에는 1인의 반대의견이 있었다. 반대의견을 제시한 대법관은 2011년의 대법원 판례가 "우리 법체계 및 미성년인 자녀의 복리에 적합하고, 사회 일반의 통념에도 들어맞는 합리적인 결정이므로, 그대로 유지되어야 한다. 이를 변경하려는 다수의견에 찬성할 수 없다"는 것이다.

또한 위 대법원예규에 따를 때에는, 성전환수술을 한 사람만이 성별을 변경할 수 있다. 그러나 성전환 수술은 길고 복잡한 과정을 거쳐야 하며 많은 돈이 필요하다는 등의 이유로 성전환수술을 하지 않아도 성별정정을 할 수 있도록 해야 한다는 주장이 있다. 성전환자에게 성별정정을 가능케 하는 요건으로 성전환수술을 필요로 하는 국가는 우리나라와 일본이며, 독일은 성별변경의 요건으로 성전환수술을 받도록 하는 규정에 대해 헌법불합치 결정이 내려진 바 있고 영국 등 대부분의 국가는 이를 성별변경의 요건으로 규정하고 있지 않다.[17] 2013년에 서울서부지방법원, 2017년 청주지방법원 영동지원에서는 성전환수술을 하지 않은 성전환자에게도 성별변경을 허가하는 결정이 내려졌다.

▒ 성별변경 허가 결정

▌ 서울서부지방법원 2013. 11. 19. 2013호파1406(성별정정)

성전환자가 생물학적 성과 반대되는 성정체성을 가지고 있는지 여부의 판단이나 성전환자의 성별정정에 따른 신분관계의 안정을 위하여 외부성기 형성수술이 반드시 필요한 것으로 볼 수 없다. (중략) 외부성기 형성수술을 요구하는 것이 에프티엠(FTM)의 성전환의사가 진정함을 확인할 수 있는 유일한 방법은 아니다. 나아가 에프티엠(FTM)으로서 호르몬 요법, 외과적 수술의 각 단계를 거치는 동안 그는 여성으로서의 외관, 목소리, 생식능력 등의 특성을 불가역적으로 상실한다. 그러한 사람이 뜻을 바꾸어 여성으로 살기를 원하게 되리라고는 쉽게 상상할 수 없고, 설령 그러한 경우가 발생한다고 하더라도, 그것이 그 사람이 외부성기 형성수술을 받지 않았기 때문이라고 볼 근거도 없다. 결국 성별정정의 허가에 있어서 성전환자의 성정체성에 대한 확인 및 신분관계의 안정이라는 목적은 법원이 재판과정에서 신청인의 성별정체성 형성과정과 확고함의 정도를 심리, 판단함으로써 충분히 달성될 수 있다.

대법원의 성별정정판결 및 '성전환자 성별정정허가 신청사건 사무처리 지침'의 제정 및 시행을 통해서 볼 수 있듯이, 사법부인 법원은 성전환을 사유로 하는 성별정정 및 개명을 받아들여 개별적으로 허용 여부를 판단하기로 했다. 그렇다면, 입법부인 국회도 「가족관계의 등록 등에 관한 법률」의 개정이나 독일과 같이 「성전환법」의 제정을 통하여 일정한 요건을 정해놓고 이를 충족한 성전환자에게는 성별 및 이름을 바꾸도록 하는 방안을 검토할 시기가 되었다고 할 수 있다. 우리나라에서도 제16대 국회인 2002년에 김홍신 의원에 의하여 '성전환자의 성별 변경에 관한 특례법안'이 발의된 적이 있고, 제17대 국회인 2006년에 노회찬 의원에

---

17) 한겨레21 선정 올해의 판결 취재팀, 올해의 판결 - 2008~2013년 92개 판결, 북콤마, 2014, 33쪽.

의하여 '성전환자의 성별 변경 등에 관한 특별법안'이 발의된 적이 있었으나 모두 자동폐기되었으며, 아직 관련 법률이 입법되지는 못하였다.

▌2002년의 법률안

성전환자의 성별 변경에 관한 특례법안 제1조(목적) 이 법은 성전환수술을 받은 자의 호적상 성별의 변경에 관한 특례를 정함으로써, 일정한 요건을 갖춘 성전환자가 인간으로서의 존엄과 가치를 누림과 동시에 자신에게 부여된 성적 역할의 수행을 통하여 사회구성원의 한 사람으로서 정당한 권익을 자유로이 실현할 수 있도록 함을 목적으로 한다.

제2조(정의) 이 법에서 사용하는 용어의 정의는 다음과 같다.
1. '성전환자'라 함은 출생 시 확인된 신체의 성이 자신의 진정한 성이 아니라고 확신하면서, 적어도 2년 이상 다른 성의 역할을 수행함과 아울러 외부성기로 표현된 신체의 성을 혐오하여 이를 제거하거나 변형하는 등의 방법으로 상대 성징을 얻으려는 강한 심리적 상태에 놓여 있는 자를 말한다.
2. '성전환수술'이라 함은 성전환자가 지닌 고통의 경감을 위하여 의료법 제2조에 정한 의사가 성전환자의 외부 성기 등을 제거·변형하여 반대되는 성으로 전환할 의도로 외과적 침습을 가하는 의학상의 조치를 말한다.

제3조(성별의 변경) ① 다음 각호의 요건을 갖춘 내국인은 본적지를 관할하는 가정법원에 성별변경의 확인을 신청할 수 있다.
1. 성전환자일 것
2. 성전환수술을 통하여 성적 외관이 반대의 성으로 명백히 변경되었을 것
3. 장래 성 인식의 재전환 가능성이 없을 것이라는 점에 대한 상당한 정도의 개연성이 있을 것
4. 성년자로서 한정치산자나 금치산자가 아닐 것
5. 혼인관계에 있지 아니할 것
② 제1항의 신청을 받은 가정법원은 필요한 경우 성전환 현상을 이해하는 전문 의료인에게 신청인에 대한 신체감정을 명하거나 수술을 한 의사 등에게 사실조사와 관련 자료의 송부를 촉탁할 수 있다.
③ 성별변경을 확인하는 재판이 있었을 때에는 재판의 등본을 받은 날부터 1월 이내에 그 등본을 첨부하여 본적지에서 호적상 성별의 변경을 신청하여야 한다.

제4조(개명) ① 제3조 제1항의 신청을 하는 자는 이와 함께 개명허가의 신청을 할 수 있다.
② 개명을 허가하는 재판이 있었을 때에는 재판의 등본을 받은 날부터 1월 이내에 그 등본을 첨부하여 본적지 또는 주소지나 현재지에서 개명의 신고를 하여야 한다.

제5조(신청 및 재판 등의 절차) 신청 및 재판 등의 절차에 관하여 이 법에 특별한 규정이 있는 경우를 제외하고는 호적법 및 비송사건절차법의 관련 규정을 준용한다.

> 제6조(성별변경의 효력) 이 법에 의하여 성별변경의 확인 결정을 받은 자는 다른 법률에 특별한 규정이 있는 경우를 제외하고는 제3조 제3항의 규정에 의한 신청으로 호적에 그 내용이 기재된 날부터 변경된 성별이 지니는 권리와 의무를 보유한다.

동 법률안에 대하여는 찬성론과 반대론이 있는데, "성전환자의 성별을 바꾸어 주는 것은 현시점에서는 너무 빠른 조치"라고 하는 견해에서부터 "사회가 변화하고 가치관의 혼란과 과학의 발달은 인간의 삶을 편리하고 윤택하게 하지만 반대로 다양한 목소리로 극소수의 주장을 수용하다보면 이 사회를 구성하고 있는 절대 다수의 정상적인 삶의 보편적 원리가 파괴되어서는 안 될 것"이라고 하는 견해도 있다. 그런가 하면 "우리나라의 경우 성전환자의 성별변경을 적극적으로 허용하는 입법은 빠르면 빠를수록 바람직하다고 하겠다."는 견해도 있었다.[18] 이 법안은 결국 법률로 제정되지 못하고 국회의 임기 만료로 인하여 폐기되었다. 이러한 법률안의 국회통과를 위해서는 더욱 많은 논의를 통한 사회적 합의가 필요하다고 평가될 수 있다. 특히 성전환자의 성별변경을 인정할 경우에는 혼인·입양의 허용 여부 등 기존의 가족법질서가 쉽게 수용할 수 없는 결과를 초래할 수밖에 없는 등 수많은 기존의 법률관계에 부작용을 초래할 우려가 있으며, 우리 사회가 아직까지는 성전환자의 성별변경을 법적으로 허용할 수 있을 정도로까지 의식이 변화하지는 않고 있다는 점이 지적되고 있다. 최근 성전환자들이 언론매체에 공개적으로 출연을 하고, 일부 하급심에서는 이들의 호적공부상 성별변경 및 개명 신청을 받아들이기도 하는 등 다소 진보적인 성향을 보이고 있지만, 이는 아직도 소수의 주장 내지 움직임에 불과하다고 할 수 있다. 우리 사회 전체적으로 볼 때는 아직도 성전환자에 대한 인식이나 이들의 성별변경을 허용하는 문제 등에 있어서 사회 일반의 의식 내지 사회통념은 소극적이라는 것이 반대론의 주장이다.[19]

개별사건에 대한 법원의 판결이 아닌, 입법적 해결만이 성전환자에게 성별을 정정하고 개명을 허용할 것인가에 대한 담당판사의 심적 부담을 막을 수 있는 방법이다. 이러한 성별정정 및 개명허가의 통일성을 위하여 대법원이 관련 예규를 만들기는 하였으나, 이러한 임시방편적인 해결책보다는 법률을 통해서 이 문제를 해결하는 것이 바람직하다. 국가인권위원회는 2008년 11월 5일에 성전환자의 성

---

18) 국회, 성전환자의 호적 변경에 관한 입법공청회, 2002. 7, 29-45쪽.
19) 법제사법위원회 검토보고, 2003. 4, 6쪽.

별변경에 관한 엄격한 요건을 규정하고 있는 대법원 예규인 '성전환자의 성별정정 허가신청사건 등 사무처리지침'을 개정할 것을 대법원장에게 권고하였고, 국회의 장에게는 '성전환자의 성별변경에 대한 요건 및 절차를 규정하는 특별법'을 제정할 것을 권고하였다.

▓ 국가인권위원회의 입법권고(2008년)

1. 피진정인(대법원장)에게 「성전환자의 성별정정허가신청사건 등 사무처리지침」상의 성별정정허가 요건 중 '성기수술', '만 20세 이상일 것', '혼인한 사실이 없을 것', '자녀가 없을 것', '반대 성으로서의 삶을 성공적으로 영위할 것', '병역의무를 이행하였거나 면제 받았을 것', '범죄 또는 탈법행위의 의도나 목적이 없을 것', '신분관계에 영향을 미치거나 사회에 부정적인 영향을 주지 아니하여 사회적으로 허용된다고 인정될 것', '부모의 동의서를 제출할 것' 등의 요건에 대해 인권침해 요소가 없도록 개정할 것과 성전환자에 대한 비밀누설 금지 조항을 신설할 것을 권고한다.
2. 국회의장에게 성전환자의 성별변경에 대한 요건 및 절차를 규정한 특별법을 제정할 것을 권고한다.

국가인권위원회의 입법권고 이후에, 전술한 바와 같이 '성전환자의 성별정정허가신청사건 등 사무처리지침'은 개정되었으나, '성전환자의 성별변경에 대한 요건 및 절차를 규정한 특별법'은 제정되지 않았다.

3. 동성결혼

우선, 동성결혼(Same-sex marriage)이라는 용어를 생각해 볼 필요가 있다. 외국에서는 동성 간의 결혼을 Partnership(동반자관계)이나 civil union(시민연대)이라고 표현하고 있는데, 이는 동성 간의 가족형태에 대하여 일정한 법적인 보호를 하고 이를 합법화하기 위한 제한적·대안적인 방법이라고 할 수 있다.[20] 이를 동거, 동반, 결혼 등 우리의 용어로 번역하기에는 정확한 표현을 찾기가 힘들 뿐만 아니라 용어사용의 혼란이 있기에, 일반적인 용례에 따라 편의상 동성결혼이라는 표현을 사용하기로 한다. 용어는 단순한 단어의 선택이 아니라, 사회 평균인의 가치관이

---

20) "Civil unions are a limited, alternative way for gay — and lesbian — headed families to formalize their bonds and gain access to legal protection." Sean Cahill / Sarah Tobias, Policy Issues Affecting Lesbian, Gay, Bisexual and Transgender Families, The University of Michigan Press, 2007, p.69.

투영되기도 하고 때로는 법과 제도적 요소가 반영되기도 한다. 나라를 불문하고 동성 간의 결혼에 대해서는 거부감도 있고, 현재 몇몇 외국에 입법되어 있는 동성결혼에 관한 법률은 엄밀하게 말하자면 이성간의 결혼과 동성간의 결혼을 동일하게 보고 있지는 않다. 말하자면, 해당 국가의 표현 중에서도 '배우자'라는 표현보다는 '동반자'라는 표현이 사용되고 있는 것이다.

동성간의 혼인을 법적으로 인정할 것인가의 여부는 한편으로는 성소수자의 기본적 인권을 보장할 것이냐의 문제와 연결되고 다른 한편으로는 1부1처제(1부(夫)1처(妻)제도는 1부다처제가 아니라는 점과 남녀간의 결혼이라는 점을 전제로 함)라고 하는 사회의 기본단위인 가족공동체의 전형을 유지 혹은 변경할 것인가의 문제와 연결된다.[21]

앞에서 살펴본 것처럼 성전환자들이 법원으로부터 성별정정의 허가를 받는 것은 예외적인 경우라고 말할 수 있다. 따라서 대개의 성전환자의 경우에는 출생 시부터의 성별과 성명이 가족관계등록부에 표시되어 있기 때문에, 현행 「가족관계의 등록 등에 관한 법률」 규정상 법적으로 동성인 두 사람이 혼인신고를 할 수 없다. 이렇게 동성결혼(Same-sex marriage)은 혼인신고가 안 되기 때문에 법률혼 즉, 법적으로 배우자가 되는 것이 불가능하였다. 그리고 사실혼 관계로 인정을 받을 수도 없었기 때문에, 상속권, 재산분할권 등에 있어서 배우자로서의 권리를 인정받을 수 없다.

이는 단순히 윤리나 논리의 문제가 아니라 동성 간의 결혼에 일정한 법적 지위를 부여할 것이냐 하는 사회적·국가적 결정의 문제이며 입법정책의 문제이다. 물론, 동성 간의 결혼을 허용하여야 하는 입법정책의 문제에 대하여도 "동성 간의 결혼은 합법화되어야 한다(Gay marriage should be legal)"는 주장에서부터 "동성 간의 결혼은 합법화되지 말아야 한다(Same-sex marriage should not be legal)"거나 "동성 간의 결혼은 사회에 해를 끼치는 일이다(Same-sex marriage would harm society)"는 주장[22]에 이르기까지 논쟁적임은 두말할 나위가 없다.

---

21) 전훈, 동성혼인법 시행과 호적 공무원의 양심의 자유 - 프랑스 헌법재판소 결정과 국사원 판결의 검토, 공법학연구, 제16권 제4호, 2015, 3쪽.

22) Tamara L. Roleff(edit), Gay marriage, Greenhaven Press, 1998에 16편의 논쟁이 소개되어 있다.

1) 법률의 현황

우리 헌법은 혼인이 남자와 여자간의 결합이라는 명시적 규정을 두고 있지는 않으나, 제36조 제1항에서 "혼인과 가족생활은 개인의 존엄과 양성의 평등을 기초로 성립되고 유지되어야 하며, 국가는 이를 보장한다."라고 하는 규정의 해석을 통하여, 혼인은 이성간의 결합으로 보고 있다. 따라서, 동성 간의 결혼은 법적으로 허용되지 않는다. 즉, 우리나라의 현행 법제에는 동성 간의 결혼을 허용하는 법령이 존재하지 않는다. 만일, 「가족관계의 등록 등에 관한 법률」의 개정이나 「성전환법」 제정 등으로 성전환자의 성별정정이 입법적으로 허용된다면, 성별 정정을 한 후에 결혼을 하는 것은 이성간의 결혼이 되므로, 동성결혼의 문제는 발생하지 않는다. 현재의 법제도하에서는, 법률적으로 동성 간의 결혼은 허용되지 않는다. 2013년에는 김조광수 영화감독의 동성결혼을 '국내 첫 동성결혼'[23]이라고 하였는데, 비록 결혼식은 행해졌더라도 현행법에 의하여 인정받을 수 있다거나 혼인신고를 할 수 있는 결혼은 아니다.

당사자간의 합의에 따른 성인간의 생활공동체를 법률혼에 준하여 인정하려는 '생활동반자관계에 관한 법률안'(생활동반자법)이 2023년 4월 26일에 용혜인 의원 등에 의하여 국회에 발의되어 있다. 법안이 의미하는 생활공동체에는 남녀간 및 동성간의 사실혼 형태를 포함하여, 혼인관계 이외에 생활을 공유하면서 서로 돌보고 부양하는 다양한 형태가 포함될 수 있다.

생활동반자관계에 관한 법률안

제안이유: 최근 우리 사회의 가족은 부모와 자녀로 이루어진 전통적 가족 유형에서 벗어나 1인가구, 한부모가족, 입양가족, 비혼동거가족 등으로 다양해지고 있음. 또한, 2020년 여성가족부 사회조사에 따르면 대다수의 국민이 혼인·혈연 여부와 상관없이 생계와 주거를 공유한다면 가족으로 인정해야 한다고 답변(69.7%)하는 등 가족

---

23) '국내 첫 동성결혼'이라는 언론 표현의 정확성 여부는 생각해 볼 문제이다. 김조광수 감독이 국내의 첫 동성커플은 아니다. '국내 첫 동성결혼'이라는 표현은, 모든 동성커플이 결혼식을 전혀 하지 않았다고 전제할 때 가능한 표현이다. 이전에도 동성커플이 결혼식을 올리거나 혼인신고를 제출한 적이 있으며, 관악구청과 종로구청 등에서 동성커플의 혼인신고가 수리되지 않은 사례가 있다. '국내 첫 동성결혼'이라는 표현 앞에, '공개적인' 혹은 '언론의 주목을 받은' 정도의 수식이 생략되었다고 볼 수 있다. 특히 '국내 첫 동성결혼'이라는 표현은 우리나라에서도 동성결혼이 법적으로 가능한 것이라는 오해를 불러일으킬 수 있다.

에 대한 사회적 인식도 변화하고 있음. 그러나 현행 법체계는 가족을 협소하게 정의하고 있고, 혼인·혈연과 무관하게 생계와 주거를 공유하고 있는 생활동반자관계에 대해서는 규율하고 있지 않음. 따라서 이들은 법률로서 보장하고 있는 다양한 제도에서 배제되고, 기존의 가족관계에 비하여 차별을 받고 있음. 따라서 생활동반자관계의 성립·해소 및 효력과 그에 관한 등록·증명에 관한 사항을 법률로 규정함으로써 생활동반자관계 당사자들이 법률적 보호를 받으며 시민의 권리를 누릴 수 있도록 하고자 함. 또한, 다양한 방식의 상호부양, 돌봄 관계를 인정함으로써 점차 심화되고 있는 고독 문제와 돌봄 공백을 해결하고 국민들의 경제적·정서적 안전망을 강화하는데 기여하고자 함.

주요내용:

1. 생활동반자관계의 성립·해소 및 효력과 그에 관한 등록·증명에 관한 사항을 규정함을 목적으로 함(안 제1조).

2. 생활동반자관계의 성립과 해소에 관한 등록과 그 증명에 관한 사무는 대법원이 관장하되, 그 사무의 처리에 관한 권한은 가정법원장에게, 생활동반자관계증명서 발급 사무의 처리에 관한 권한은 시·읍·면의 장에게 위임하도록 함(안 제5조 및 제6조).

3. 성년이 된 사람은 당사자 간의 합의에 따라 생활동반자관계를 형성할 수 있도록 하되, 혼인 중에 있는 사람, 생활동반자관계 중에 있는 사람은 다른 생활동반자관계를 형성하지 못하도록 하여 기존의 가족관계와 생활동반자관계의 중복을 금지함(안 제7조 및 제8조).

4. 생활동반자관계의 효력은 생활동반자관계 당사자의 주소지 또는 등록기준지를 관할하는 가정법원 또는 가정법원지원에 당사자 쌍방이 연서한 서면으로 신고함으로써 생기도록 함(안 제9조 및 제10조).

5. 생활동반자관계 당사자 쌍방이 해소에 합의를 하거나 일방이 해소를 원하는 경우, 생활동반자관계 당사자가 사망한 경우, 생활동반자관계 당사자가 다른 사람과 혼인한 경우 또는 생활동반자관계 당사자 간 혼인이 성립한 경우에는 생활동반자관계를 해소할 수 있도록 함(안 제16조).

6. 생활동반자관계를 해소한 당사자 간에 재산분할청구권을 인정하였고, 생활동반자관계가 해소된 경우 그 해소에 정당한 이유가 없을 때에는 생활동반자관계를 해소한 당사자 일방은 과실 있는 다른 일방에 대하여 그로 인한 손해의 배상을 청구할 수 있도록 함(안 제20조 및 제22조).

7. 생활동반자관계 당사자에게는 동거 및 부양·협조의 의무, 일상가사대리권, 가사로 인한 채무의 연대책임, 친양자 입양 및 공동입양 등 혼인에 준하는 권리와 의무를 부여함(안 제23조부터 제30조까지 및 부칙 제2조제1항).

8. 생활동반자관계증명서의 교부 청구, 인터넷 또는 무인증명서발급기에 의한 생활동반자관계증명서의 발급 및 생활동반자관계증명서의 기록사항 중 일부사항을 증명

하는 증명서의 발급을 할 수 있도록 함(안 제35조부터 제37조까지).

9. 생활동반자관계 당사자에게 사회보험, 공공부조, 사회서비스, 출산휴가, 인적공제, 가정폭력방지 등의 제도에서 혈연·혼인에 의한 가족과 동등한 권리와 의무를 부여함(안 부칙 제2조제2항부터 제25항까지).

이전에도 '생활동반자법'을 발의하고자 하는 시도는 있었다. 2014년에 진선미 의원이 발의를 준비했지만 종교단체 반발 등으로 무산된 적이 있고, 심상정 정의당 대선 후보는 '시민동반자법'을 만들겠다는 공약을 한 바 있다.

2) 법원의 판결

우리나라의 경우에는 동성 간의 결혼을 허용하여 이들의 혼인신고를 받아들인 사례가 전혀 없다. 전술한 바와 같이 이를 허용하는 법률이 없음은 물론이고, 이를 허용하는 법원의 판례도 전혀 없다. 이는 국가가 동성 간의 결혼을 전혀 인정하지 않는다는 의미이다. 이는 전술한 바와 같이 「헌법」이 제36조 제1항에서 "혼인과 가족생활은 개인의 존엄과 양성의 평등을 기초로 성립되고 유지되어야 하며, 국가는 이를 보장한다."라고 하여 양성간의 결혼을 전제로 하고 있기 때문이다. 법관은 「헌법」 제103조에서 규정하고 있는 바와 같이 "헌법과 법률에 의하여" 심판하여야 하기 때문에, 현재의 헌법과 법률의 해석을 통해서는 동성결혼을 허용할 가능성이 없다.

2013년 9월에 김조광수 영화감독 커플이 청계천에서 야외 결혼식을 하였고 12월에 서대문구청에 혼인신고서를 제출했으나, 서대문구청은 동성혼을 법률상 혼인으로 인정할 수 없다고 하여 혼인신고를 받아들이지 않았다. 이에 대하여 김조광수 커플은 법원에 혼인신고서 불수리처분 취소소송을 제기하였으나 법원은 이를 받아들이지 않았다.

> **서울서부지방법원 2016. 5. 15. 2014호파1842(가족관계등록 공무원의 처분에 대한 불복신청)**
>
> 헌법이나 민법 등 관련법에서 명문으로 혼인이 남녀 간의 결합이라고 규정하지는 않았지만, '혼인'은 '남녀의 애정을 바탕으로 하는 결합'이라고 해석된다. (중략) 동성인 신청인들 사이의 이 사건 합의를 혼인의 합의라고 할 수 없고 이 사건 합의에 따른 신고를 적법한 혼인신고라고 할 수 없으므로, 이 사건 불수리처분은 적

법하다. (중략) 동성 간에도 혼인을 인정할 것인지 여부는 입법을 통해서 이루어져야 하지 사법이 적극적으로 판단할 수 없다.

이러한 법원의 결정에 대하여 김조광수 감독은 서부지법에 항고를 하였지만, 항고도 기각되었다. 이러한 사례 이외에도 앞으로 우리나라에서도 동성결혼을 요구하는 사회적 요구와 법적 소송은 계속될 것으로 예상된다.

전술한 바와 같이, 우리나라에서는 동성 간의 혼인신고를 받아들인 사례가 없다. 그러나 2023년에 법원은 '동성인 사실혼 배우자'에게 건강보험 피부양자 자격을 인정하는 판결을 선고한 바 있다.

> **서울고등법원 2023. 2. 21. 선고 2022누32797 (보험료부과처분 취소)**
>
> 갑이 동성인 을과 교제하다가 서로를 반려자로 삼아 함께 생활하기로 합의하고 결혼식을 올린 후 동거하던 중 국민건강보험공단에 건강보험 직장가입자인 을의 사실혼 배우자로 피부양자 자격취득 신고를 하여 갑이 을의 피부양자(사실혼 배우자) 자격을 취득한 것으로 등록되었는데, 이 사실이 언론에 보도되자 국민건강보험공단이 갑을 피부양자로 등록한 것이 '착오 처리'였다며 갑에 대한 피부양자 자격을 소급하여 상실시키고 지역가입자로 갑의 자격을 변경 처리한 후 그동안의 지역가입자로서의 건강보험료 등을 납입할 것을 고지한 사안이다.
>
> 위 처분은 갑을 피부양자로 등록하였다가 피부양자 자격을 소급하여 박탈하는 것으로 갑의 권익을 제한하는 처분에 해당함에도 사전통지를 하거나 의견제출의 기회를 주지 않았으므로 행정절차법 제21조 제1항에서 정한 절차를 위반한 위법이 있고, 한편 혼인에 관한 헌법 및 민법 규정과 대법원 및 헌법재판소의 해석례에 비추어 보면, 사실혼의 성립 요건인 '혼인의사' 또는 '혼인생활'에서의 '혼인' 역시 '남녀의 애정을 바탕으로 일생의 공동생활을 목적으로 하는 도덕적·풍속적으로 정당시 되는 결합'으로 해석하는 것이 타당하므로, 갑과 을이 서로를 반려자로 맞아 함께 생활할 것에 합의하고, 사회적으로 이를 선언하는 의식을 치렀으며, 상당 기간 생활공동체를 형성하여 동거하면서 서로에 대한 협조와 부양책임을 지는 등 외견상 우리 사회 내에서 혼인관계에 있는 자들의 공동생활과 유사한 관계를 유지하였다는 사정만으로 갑과 을 사이에 사실혼 관계를 인정할 수는 없지만, 피부양자 제도의 의미 및 목적에 비추어 볼 때, 국민건강보험 직장가입자와 ① '사실혼 배우자 관계'에 있는 사람의 집단과 ② '동성(동성)이라는 점을 제외하면 실질적으로 사실혼과 같은 생활공동체 관계'에 있는 사람(이하 '동성결합 상대방'이라 한다)의 집단은 그들이 '성적 지향(성적지향, sexual orientation)에 따라 선택한 생활공동체의

상대방인 직장가입자가 그들과 이성(이성)인지 동성(동성)인지만 달리할 뿐, 본질적으로 동일한 집단으로 볼 수 있으므로 국민건강보험공단이 이성 관계인 사실혼 배우자 집단에 대해서만 피부양자 자격을 인정하고, 동성 관계인 동성결합 상대방 집단에 대해서는 피부양자 자격을 인정하지 않는 것은 성적 지향을 이유로 본질적으로 동일한 집단을 달리 취급하는 차별대우에 해당하고, 그 차별을 정당화하는 합리적 이유가 없어 자의적 차별에 해당하므로, 위 처분은 평등의 원칙에 위배되어 위법하다고 한 사례이다.

서울고등법원은 동성 사실혼 배우자가 국민건강보험공단을 상대로 피부양자 자격을 인정하여 달라는 취지의 청구에서, 이성 사실혼관계와 비교하였을 때 동성 사실혼 배우자의 피부양자 자격을 부여하지 아니하는 것은 평등의 원칙을 위반하였다고 보았다. 따라서 이를 인정하지 아니한 제1심 판결을 취소하고 원고 승소 판결을 하였다. 법원은 동성일 경우에는 법률상 배우자로 인정한 적은 없지만 사실혼 배우자로는 인정할 수 있다는 의미로 받아들일 수 있는 것이다. 이 판결에 대해서도 찬반 논란이 있다.

4. LGBT와 성적 자기결정권

성전환자에게도 당연히 헌법상 보장되는 기본권이 있으며, 기본권의 하나인 성적 자기결정권이 인정된다. 따라서 성전환자의 성적 자기결정권을 침해하는 강간행위 역시 형법상 강간죄로 처벌되어야 하는가의 여부와 관련된 법적인 문제가 있다. 즉, 남성에서 여성으로의 성전환자의 경우에는 특별히 형법상 강간죄의 대상으로 보아야 하는가와 관련된 논란이 있었다.

우리 「형법」 제297조는 강간죄의 객체를 '부녀' 즉, 여자에 한정시켜서 규정하고 있었다. 따라서 남성에서 여성으로의 성전환자가 강간을 당한 경우에는 여성으로 인정되지 않기 때문에 성전환자를 강간죄의 객체로 인정하지 않았다. 이와 관련한 대법원 판례에 따르면 강간죄의 객체가 되는 부녀 즉, 여자에 해당하는지의 여부는 성염색체의 구성을 기본요소로 하여 외부성기를 포함한 신체외관, 심리적·정신적인 성, 성역할, 일반인의 평가나 태도 등을 종합적으로 고려하여 사회통념에 따라 결정하여야 함을 전제로 하고 있다. 동 사건에서 기본적인 성염색체의 구성이나 본래의 내·외부 성기의 구조, 정상적인 남자로서 생활한 기간, 성전환 수술을 한 경위, 시기 및 수술 후에도 여성으로서의 생식능력이 없는 점, 이에 대한 사회 일반인의 평가와 태도 등 여러 요소를 종합적으로 고려하면 사회 통념상 여자로 볼 수 없기 때문에, 그 대상이 '부녀'로 한정되어 있는 강간죄를 적용할 수 없다고 하였다.

대법원 (구)판례

피고인들이 공소외 Y와 합동하여, H호텔 부근에서 호객행위를 하던 피해자 K(36세)를 승용차에 납치하여 H건물 부근의 골목길로 끌고 간 후 폭행과 협박을 가하여 피해자의 반항을 억압한 다음 차안에서 여성으로 성전환 수술을 받은 피해자를 윤간하고 이로 인하여 피해자로 하여금 전치 1주를 요하는 안면부 타박상 등을 입게 하였다. 「형법」 제297조는 '폭행 또는 협박으로 부녀를 강간한 자'라고 하여 객체를 부녀에 한정하고 있고 위 규정에서 부녀라 함은 성년이든 미성년이든, 기혼이든 미혼이든 불문하며 곧 여자를 가리키는 것이다. 무릇 사람에 있어서 남자, 여자라는 성(性)의 분화는 정자와 난자가 수정된 후 태아의 형성 초기에 성염색체의 구성(정상적인 경우 남성은 xy, 여성은 xx)에 의하여 이루어지고, 발생과정이 진행됨에 따라 각 성염색체의 구성에 맞추어 내부생식기인 고환 또는 난소 등의 해당 성선(性腺)이 형성되고, 이어서 호르몬의 분비와 함께 음경 또는 질, 음순 등의 외부성기가 발달하며, 출생 후에는 타고난 성선과 외부성기 및 교육 등에 의하여 심리적·정신적인 성이 형성되는 것이다. 그러므로 「형법」 제297조에서 말하는 부녀, 즉 여자에 해당하는지 여부도 위 발생학적인 성인 성염색체의 구성을 기본적인 요소로 하여 성선, 외부성기를 비롯한 신체의 외관은 물론이고 심리적·정신적인 성, 그리고 사회생활에서 수행하는 주관적·개인적인 성역할(성전환의 경우에는 그 전후를 포함하여) 및 이에 대한 일반인의 평가나 태도 등 모든 요소를 종합적으로 고려하여 사회통념에 따라 결정하여야 한다.[24]

이러한 대법원의 판결에 대하여 반론을 제기한 법학자가 있었다. 대법원의 입장은 성의 생물학적 결정론에 치우친 반면에 성의 사회적 역할과 기능을 무시했기 때문에 목적론적 해석의 관점에서 수긍하기 곤란하다는 것이다. '부녀'의 물리적 해석의 의미는 당연히 정상적인 내·외부 성기를 갖추고 태어난 여자를 뜻하지만, 강간죄의 보호법익이 부녀의 성적 의사결정의 자유를 의미한다면, 그와 같

---

24) 대판 1996. 6. 11. 96도791.

은 부녀의 성적 자유는 최초 염색체 구조에 의해 결정되는 생물학적 성만이 아니라 부녀로서 현실적인 성생활을 영위하는 사회적 성까지 포함한다고 확대 해석해야 할 것이라는 견해를 제시하고 있다. 이 같은 확대해석은 이를테면 게이를 여성으로 취급하는 것과 같은 금지된 유추적용이 아니라 사회적 생활사실과 부녀의 성적 자기결정권의 보호라는 목적론적 관점으로부터 허용된 확장 해석에 속한다고 할 수 있다. 그렇지 않으면 성전환 수술에 의해 여성으로 일정한 사회생활과 역할을 수행하는 자 모두 성의학적인 정신질환자일 뿐만 아니라 법적으로는 위장된 남성에 머물도록 강요받을 수밖에 없다. 이것이야말로 개인의 생활세계에 대한 법적 억압이며 생활과 동떨어진 법개념의 유희이다. 그러므로 성전환 수술에 의해 여성으로 일정한 생활세계를 영위하는 자는 법적 의미에서 여성으로 대해야 하며, 강간죄의 객체 속에 포함시켜도 좋다고 생각한다는 것이다.[25]

이러한 문제는 성전환이라고 하는 사안과는 무관하지만, 일반적인 성범죄 대상과 관련하여 논란이 되고 있다. 즉, 이 문제를 남성의 역차별로 보는 시각도 있다. (구)「형법」을 비롯한 (구)「성폭력 특별법」에는 강간죄의 객체를 '부녀'에 한정시켰고, 피해자가 남성인 경우 강간죄 대신 강제추행죄를 적용하여 가해자의 형량이 '10년 이하 징역 또는 벌금 1,500만 원'으로 강간죄보다 낮아진다.

이 강간죄에 관한 형법 규정은 1953년 형법이 제정될 당시부터 있었고 시대의 흐름과 변화에 맞추어 개정하지 않았기 때문에 이러한 문제가 발생하였다. 즉, 성범죄를 성적 자기결정권의 시각에서 본다면 성적 자기결정권 침해는 구강성교·항문성교 등 다양한 형태로 일어날 수 있고, 이는 여자에게 일어날 수 있는 범죄행위인 것과 마찬가지로 남자에게도 일어날 수 있는 범죄행위이다. 2003년 7월 성폭력의 고통을 견디다 못해 자살한 김모 일병 사건 등 군대와 교도소 내 남성 성폭력 피해자가 늘고 있는 점을 감안한다면 이에 관한 입법적 대처가 필요한 시점이었다. 미국과 같이 강간죄 성립의 대상을 여성에게만 한정하고 있지 않은 나라에서는 이런 문제 자체가 발생하지 않지만, 우리 형법은 강간죄 성립의 대상을 여성에게만 한정하였기 때문에 이러한 법적 문제가 발생하였던 것이다.

이러한 문제제기와 비판이 토대가 되어 2009년 초에 부산지방법원에서는 성전환자에 대한 강간죄를 인정하는 한국 최초의 판결이 나왔다. 이 사건에서는 성전

---

25) 김일수, "진짜강간이냐 가짜강간이냐", <법률신문>, 2531호, 1996. 9.

환 여성을 강간한 혐의로 기소된 피고인에게 강간죄를 인정해 징역 3년에 집행유예 4년을 선고하였다. 재판부에 따르면, 성개념은 자웅개념(sex)을 넘어 성별개념(gender)으로 이해해야 하며 생물학적 요소와 함께 개인의 성별 귀속감, 사회적으로 승인된 성별 고유의 행동과 태도, 성역할 등 정신의학적·심리적·사회적 요소를 종합적으로 고려해 사회통념에 따라 구분해야 한다는 이전의 대법원 판례를 인용하면서도, '종합적으로 판단하여' 피해자를 여성으로 인정하였다. 해당 피해자가 호적상 남성이지만, 출생 당시 신고된 성별은 진정한 성을 표상하지 못하며 정정의 대상에 해당되는 것이라고 하면서 이러한 법적 상태가 강간죄의 객체인 부녀로 인정함에 장애가 되지 않는다는 것이다. '사회통념상 여성으로 평가되는 성전환자'에 대하여 강간죄를 인정한 부산지방법원의 '새롭거나', '전향적이거나' 혹은 '이상한' 판단은 대법원에 의하여도 확인되었다.

대법원 (신)판례

　종래에는 사람의 성을 성염색체와 이에 따른 생식기·성기 등 생물학적인 요소에 따라 결정하여 왔으나 근래에 와서는 생물학적인 요소뿐 아니라 개인이 스스로 인식하는 남성 또는 여성으로의 귀속감 및 개인이 남성 또는 여성으로서 적합하다고 사회적으로 승인된 행동·태도·성격적 특징 등의 성역할을 수행하는 측면, 즉 정신적·사회적 요소들 역시 사람의 성을 결정하는 요소 중의 하나로 인정받게 되었으므로, 성의 결정에 있어 생물학적 요소와 정신적·사회적 요소를 종합적으로 고려하여야 한다. (중략) 이러한 여러 사정을 종합적으로 고려하여 사람의 성에 대한 평가기준에 비추어 사회통념상 신체적으로 전환된 성을 갖추고 있다고 인정될 수 있는 경우가 있다 할 것이며, 이와 같이 성전환자는 출생 시와는 달리 전환된 성이 법률적으로도 그 성전환자의 성이라고 평가받을 수 있을 것이다. (중략) 위와 같은 사정을 종합하여 보면, 피해자는 성장기부터 남성에 대한 불일치감과 여성으로의 귀속감을 나타내었고, 성인이 된 후 의사의 진단 아래 성전환수술을 받아 여성의 외부성기와 신체외관을 갖추었고, 수술 이후 30여 년간 여성으로 살아오면서 현재도 여성으로서의 성정체성이 확고하여 남성으로 재전환할 가능성이 현저히 낮고, 개인생활이나 사회생활에서도 여성으로 인식되어, 결국 사회통념상 여성으로 평가되는 성전환자에 해당한다고 봄이 상당하고, 이 사건 피고인도 피해자를 여성으로 인식하여 강간범행을 저질렀다. 따라서 위와 같은 제반사정을 고려하여 성전환자인 이 사건 피해자를 법률상 여성으로 보고 강간죄의 객체가 된다고 한 제1심 판결을 유지한 원심의 판단은 적법하고, 거기에 강간죄의 객체인 부녀의 해석에 관

│ 한 법리오해의 위법이 없다.[26]

남성에서 여성으로 성전환을 한 사람의 경우에 형법상 강간죄의 대상으로 보아야 하는가에 관해서, 대법원은 기본적인 입장의 변화를 가져왔다. 즉, 대법원은 남성에서 여성으로의 성전환자가 강간을 당한 경우에는 성전환자를 강간죄의 객체로 인정하는 판결을 해 오다가, 2009년의 판결에서는 강간죄의 객체로 보았다.

이러한 논란은 2012년의 형법 개정을 통해서 종결되었다. 즉, 2012년 12월 18일에 개정되고 2013년 6월 19일부터 시행된 개정 형법은, 강간을 포함한 성폭력범죄의 객체를 '부녀'에서 '사람'으로 변경하였다. 학설상 및 해석상의 논란이 입법을 통해서 해소된 것이다. 이러한 법률개정으로 현재 「형법」 제297조(강간)는 "폭행 또는 협박으로 사람을 강간한 자는 3년 이상의 유기징역에 처한다"라고 규정하고 있다.

> **참고** 개정 형법[2012. 12. 18. 일부개정, 2013. 6. 19. 시행]
>
> ■ 개정이유
>
> 변화된 시대 상황을 반영하여 다양화된 성범죄에 효과적으로 대처하기 위하여 유사강간죄를 신설하고, 성범죄의 객체를 '부녀'에서 '사람'으로 확대하며, 친고죄 및 혼인빙자간음죄를 폐지하려는 것임.
>
> ■ 주요내용
>
> 가. 성폭력 범죄의 객체를 '부녀'에서 '사람'으로 변경함(안 제242조, 제288조 제2항, 제297조, 제303조 제1항·제2항, 제305조, 제339조 및 제340조 제3항).
>
> 나. 추행·간음 목적의 약취·유인·수수·은닉죄 및 강간죄 등 성범죄에 관하여 고소가 있어야 공소를 제기할 수 있도록 한 규정을 삭제함(현행 제296조 및 제306조 삭제).
>
> 다. 폭행 또는 협박으로 사람에 대하여 구강, 항문 등 신체의 내부에 성기를 넣거나 성기, 항문에 신체의 일부 또는 도구를 넣는 유사강간행위를 한 자는 2년 이상의 유기징역에 처하도록 하고, 관련 조문을 정비함(안 제297조의2 신설, 제299조부터 제301조까지, 제301조의2, 제305조 및 제305조의2).
>
> 라. 실효성이 미약하고, 여성의 성적 주체성을 훼손하는 혼인빙자간음죄를 폐지함(현행 제304조 삭제).

---

26) 대판 2009도3580 2009. 9. 10.

강간죄의 객체를 부녀로 한정함으로써 남성이 법적 보호를 충분히 받지 못하는 것은, 아동·청소년의 경우에 있어서도 마찬가지의 문제가 있었다. 「아동·청소년의 성보호에 관한 법률」 제7조(아동·청소년에 대한 강간·강제추행 등)는 "① 여자 아동·청소년에 대하여 「형법」 제297조의 죄를 범한 자는 5년 이상의 유기징역에 처한다."라고 규정하고 있었다.

이후 2011년 9월 15일에 개정되어 2012년 3월 16일부터 시행된 규정은 "① 폭행 또는 협박으로 아동·청소년을 강간한 사람은 5년 이상의 유기징역에 처한다."라고 규정되었다. 즉, 아동·청소년을 대상으로 한 강간죄에 있어서도, 이전에는 여자 아동·청소년만을 범죄의 객체로 하고 있었는데, 이를 모든 아동·청소년으로 확대하였다.

5. LGBT와 병역문제

성전환자가 사회생활에 참여함에 있어서 사회 내지 제3자가 인식하고 있는 성과 이들의 법률적 성이 다름으로 인하여 앞서 언급한 결혼문제 이외에도 병역의무와 관련해서도 문제가 발생할 수 있다. 특히, 남성에서 여성으로의 법률적 성전환 이전이나 여성에서 남성으로의 법률적 성전환 이후에는, '법률적 성'이 남성이기 때문에 원칙적으로 병역의 의무를 부담하게 되어 있다. 성전환증을 의학적으로 증명하는 진단서를 제시하거나 가슴 발달 등 외관상의 변화가 뚜렷한 사람은 신체검사를 받는 과정에서 병역을 면제받을 가능성은 있다.

「징병 신체검사 등 검사규칙」은 신체검사 대상자의 질병·심신 장애의 정도 및 평가기준을 규정하면서 '성주체성 장애 및 성선호 장애'를 들고 있다. 「군인사법 시행규칙」 별표1에는 전역 등의 기준으로 과거에는 '성적 동일성 장애 및 성적 선호장애'가 규정되어 있었으나 현재는 84호에 '성인 인격장애 및 성인 행동장애'가 규정되어 있다. 또한 병역판정 신체검사 등 규칙 별표 3에는 '성별불일치'가 '질병·심신장애의 정도 및 평가기준'으로 규정되어 있다.

> 병역판정 신체검사 등 검사규칙
>   별표 3(질병·심신장애의 정도 및 평가기준) 102의3. 성별불일치(gender incongruence)
>   주: 생활기록부, 정밀심리검사결과 등의 자료와 정신건강의학과적 평가 등으로 성별불

일치 상태가 확인된 사람 가운데 사회적 변화나 신체적 변화로 인한 군 복무의 적응가 능성을 판단한다.

이러한 기준이 있기는 하지만, 징병제인 우리나라에서 동성애자라는 이유로 군 복무를 면제받는 것을 허용할 수 없다는 주장이 있는 반면에, 동성애를 범죄시 하면서 동성애자에게 군복무를 강요하는 것은 모순이기 때문에 동성애자의 군복무를 면제함이 타당하다는 주장도 있다.

여성에서 남성으로 성별을 정정한 경우에는 법적인 성이 남성으로 되었기 때문에, 원칙적으로 병역의 의무를 진다. 이와 관련하여, 징병검사에서 성전환자에 대한 신체검사 방법이 문제가 된 적이 있다. 2007년 8월에 여성에서 남성으로 성별을 바꾼 김모(29세) 씨는 성별정정에 관한 법원결정문과 진단서 등 자료를 충분히 제출하였지만, 징병전담의사가 김씨의 바지를 내리게 한 후 신체상태를 직접 검사하였다. 이에 김씨는 인격권 등을 침해당했다며 국가인권위원회에 진정을 하였다.[27]

이후 이 사건은 결국 소송으로 진행되었고, 서울중앙지방법원은 5,000만 원의 지급을 청구하는 이 손해배상소송 사건에서 "징병신체검사 담당의사들의 시진(視診)행위와 관련하여 법령위반의 점을 인정하기 부족하다."라고 하여 다음과 같이 원고의 청구를 기각하였다.

2009년의 서울중앙지방법원(2008가단105575) 판결

원고와 같은 성전환자 내지 성적 소수자의 권리를 위하여 국가가 적극적으로 나서 선도적으로 이들의 권리를 보호하여야 하는 것이 바람직하기는 하지만, 원고와 같은 성전환자에 대하여 호적정정을 인정하여 준지 오래지 않고, 아직 우리 사회가 이러한 성전환자를 어떻게 처우하여야 하는지에 관하여 뚜렷한 콘센서스가 형성되어 있지 않은 상황에서, 국가가 선도적으로 법령을 개정하여 이들의 권리확장에 노력하는 것은 쉽지 않다. 원고가 주장하는 이 사건 청구권원은 바람직한 법령에 대한 원고의 열망의 표시 내지 성전환자 또는 성적 소수자의 권리확대에 대한 의지만으로는 유지될 수 없고, 징병신체검사 담당의사의 직무활동상의 고의, 과실로 인한 위법행위를 전제로 하는 것인데 앞서 본 바와 같이 이를 인정할 증거 없어, 원고의 위 주장을 받아들일 수 없다.

---

27) <한겨레신문>, 2007. 8. 21.

　　그러나 이 건에 대한 손해배상 청구소송과는 별도로 국가인권위원회는 여성에서 남성으로 성별을 정정한 병역의무자의 징병검사 때 수치심 유발을 최소화하도록 「징병 신체검사 등 검사규칙」을 개정하라고 국방부장관과 병무청장에게 권고하였다. 국방부장관은 2008년 2월 14일에, 관련서류 등 자료를 통하여 해당 징병검사를 대체하도록 하는 규칙 개정안을 통과시켰다. 개정된 「징병 신체검사 등 검사규칙」[28]의 제8조 제2항 10호는 "피부과 및 비뇨기과의 검사는 개인별로 칸막이를 하고 검사한다. 다만, 성전환자인 경우에는 법원 결정서, 성전환자임을 알 수 있는 신체검사서 또는 방사선 소견서 등으로 해당 검사를 대체한다."[29]라고 규정되어 있다.

　　이와는 다른 문제이지만, 군대 내에서의 동성애 행위는 (구)「군형법」 제92조에 따라 '계간(鷄姦)' 또는 '기타 추행'이라 하여 처벌되고 있었다.

> **(구)군형법 제92조(추행)** 계간(鷄姦) 기타 추행을 한 자는 1년 이하의 징역에 처한다.
>
> **(구)군형법 제92조의5(추행)** 계간(鷄姦)이나 그 밖의 추행을 한 사람은 2년 이하의 징역에 처한다.
>
> **(신)군형법 제92조의3(강제추행)** 폭행이나 협박으로 제1조 제1항부터 제3항까지에 규정[30]된 사람에 대하여 추행을 한 사람은 1년 이상의 유기징역에 처한다.
>
> **(신)군형법 제92조의6(추행)** 제1조 제1항부터 제3항까지에 규정된 사람에 대하여 항문성교나 그 밖의 추행을 한 사람은 2년 이하의 징역에 처한다.[31]

---

28) 「징병 신체검사 등 검사규칙」은 2016년에 「병역판정 신체검사 등 검사규칙」으로 제목이 변경되었다.

29) 현행 규정 : "피부과 및 비뇨의학과의 검사는 이상이 있는 사람이나 관련 질환을 호소하는 사람에 대하여 정밀검사하고, 수치를 느끼는 부위의 검사는 개인별로 칸막이를 하고 검사한다. 다만, 성전환자인 경우에는 법원 결정서, 성전환자임을 알 수 있는 신체검사 결과 또는 영상의학적 검사 결과 등으로 해당 검사를 대체한다.

30) 군형법 제1조(적용대상자) ① 이 법은 이 법에 규정된 죄를 범한 대한민국 군인에게 적용한다. ② 제1항에서 "군인"이란 현역에 복무하는 장교, 준사관, 부사관 및 병(兵)을 말한다. 다만, 전환복무(轉換服務) 중인 병은 제외한다. ③ 다음 각 호의 어느 하나에 해당하는 사람에 대하여는 군인에 준하여 이 법을 적용한다. 1. 군무원 2. 군적(軍籍)을 가진 군(軍)의 학교의 학생·생도와 사관후보생·부사관후보생 및 「병역법」 제57조에 따른 군적을 가지는 재영(在營) 중인 학생 3. 소집되어 복무하고 있는 예비역·보충역 및 전시근로역인 군인

31) 1962년 개정된 (구)군형법은 모든 단계의 강제력 행사로 인한 추행을 단일조항인 제92조의 '기타 추행'으로 규제하여 처벌범위의 광범위성으로 인한 문제가 발생하였다. 2009년 이후의 군형법 개정을 통하여, 현재는 폭행·협박에 의한 강제추행(제92조의3)과 심신상실·항거불능을 이용한 준강간·준강제추행(제92조의4) 및 항문성교와 그 밖의 추행(제92조의6)을 각

이러한 (구)「군형법」제92조에 대하여, 동 규정상의 '기타 추행'이라는 개념이 지나치게 추상적이고 불명확하며, 추행의 정도나 행위유형을 무시한 채 단순한 추행행위에 대해서까지 이 조항이 적용된다는 이유로 헌법재판소에 소송이 제기되었다. 헌법재판소의 다수의견은 동 규정을 다음과 같은 이유로 합헌으로 보았다.

2002년의 헌법재판소 결정

군형법 제92조 헌법소원심판: '추행'은 '군이라는 공동사회의 건전한 생활과 군기'라는 보호법익을 침해하는 동시에 일반인의 입장에서 추행행위로 평가될 수 있는 행위이다. (중략) '추행'이란 일반적으로 정상적인 성적 만족행위에 대비되는 다양한 행위태양을 총칭하는 것이고, 그 구체적인 적용범위도 사회적 변화에 따라 변동되는 동태적 성격을 가지고 있기 때문에, 입법자가 이러한 변태성 성적 만족행위의 모든 형태를 미리 예상한 다음, '추행'에 해당하는 행위를 일일이 구체적, 서술적으로 열거하는 방식으로 명확성의 원칙을 관철하는 것은 입법기술상 불가능하거나 현저히 곤란하다. (중략) 추행의 유형이나 그 상대방의 피해상황 등을 구체적으로 구분하지 아니하고 위와 같은 사회적 법익을 침해한 모든 추행행위에 대하여 일괄적으로 1년 이하의 징역형으로 처벌하도록 규정하였다는 사유만으로 입법재량권을 자의적으로 행사하였다고 볼 수는 없다.[32]

다만, 헌법재판관 2인은 "'추행'에 강제에 의하지 아니하고 군형법 피적용자 상호간에 은밀하게 행해짐으로써 타인의 혐오감을 직접 야기하지 않는 행위가 포함된다면, 이러한 행위에 대해서까지 1년 이하의 징역형에 처하는 것은 과잉금지원칙에 위반"된다는 반대의견을 내었다.

(구)「군형법」제92조에 대하여, 명확성의 원칙에 위반되고 성적 자기결정권, 사생활의 비밀과 자유 및 평등권을 침해한다는 이유로 2009년에 헌법소송이 다시 제기되었다. 2011년에 재차 헌법재판소의 다수의견은 동 규정을 다음과 같은 이유로 합헌으로 보았다. 2011년 결정에서도 헌법재판관 4인은 위 조항이 위헌 또는 한정위헌이라는 반대의견을 내었다.

2011년의 헌법재판소 결정

군형법 제92조 위헌법률심판: 성적자기결정권이나 사생활의 비밀과 자유의 제한

각 별도의 조항으로 분리하여 규정하고 있다.

32) 헌재 2002. 6. 27. 2001헌바70.

정도가, '군이라는 공동사회의 건전한 생활 및 군기의 보호', 나아가 '국가안보'라는 공익보다 크다고 할 수 없어, 법익 균형성을 일탈하였다고 보기도 어려우므로, 이 사건 법률조항은 과잉금지원칙에 위반하여 군인들의 성적자기결정권이나 사생활의 비밀과 자유를 침해한 것으로 볼 수 없다. (중략) 군대는 동성 간의 비정상적인 성적 교섭행위가 발생할 가능성이 현저히 높고, 상급자가 하급자를 상대로 동성애 성행위를 감행할 가능성이 높으며, 이를 방치할 경우 군의 전투력 보존에 직접적인 위해가 발생할 우려가 크므로, 이 사건 법률조항이 동성 간의 성적 행위만을 금지하고 이를 위반한 경우 형사처벌한다고 볼 경우에도, 그러한 차별에는 합리적인 이유가 인정되므로 동성애자의 평등권을 침해한다고 볼 수 없다.[33]

이후에는 (구)「군형법」 제92조의5에 대하여, 명확성의 원칙에 위반되고 성적 자기결정권, 사생활의 비밀과 자유, 신체의 자유 및 평등권을 침해한다는 이유로 2012년에 헌법소송이 또 다시 제기되었다. 2016년에도 헌법재판소의 다수의견은 동 규정을 다음과 같은 이유로 합헌으로 보았다. 2016년 결정에서도 헌법재판관 4인은 위 조항이 위헌이라는 반대의견[34]을 내었다.

2016년의 헌법재판소 결정

군형법 제92조의5 헌법소원심판: 위 조항은 이후 심판대상조항으로 개정되면서 2년 이하의 징역으로 법정형이 상향되었으나, 여전히 다른 법률에 규정된 추행 관

---

33) 헌재 2011. 3. 31. 2008헌가21.
34) "형법과 성폭력범죄의 처벌 등에 관한 특례법(이하 '성폭력처벌법'이라 한다)은 강제력에 의하여 개인의 성적 자유를 침해하는 '추행'과 강제성을 수반하지 않으면서 선량한 풍속을 침해하는 '음란한 행위'를 엄격히 구별하고 있다. 그러나 심판대상조항은 범죄구성요건을 '그 밖의 추행'이라고 규정하면서 강제성 수반 여부에 대해서는 불명확하게 규정함으로써, 강제성이 없는 자발적 합의에 의한 음란행위와 강제성이 강한 폭행·협박에 의한 추행을 동일한 형벌조항에서 동등하게 처벌하도록 하여 형벌체계상 용인될 수 없는 모순을 초래하고 있다." (중략) "나아가 심판대상조항은 행위의 객체에 대하여 아무런 규정을 두고 있지 않으므로 '그 밖의 추행'이 남성간의 추행만을 대상으로 하는지, 아니면 여성간의 추행이나 이성간의 추행도 그 대상으로 하는지 모호하다. 또한 심판대상조항은 군인간의 추행만 처벌하는 것인지, 군인이 일반국민을 추행한 것까지 처벌하는 것인지를 알 수 없게 규정하고 있다. 한편 군형법 제정 당시부터 군대에서의 추행을 형법이나 성폭력처벌법과 달리 규정하게 된 이유를 '군영 내에서 동성간 집단숙박을 하고 엄격한 상명하복관계에 있어 상관의 지시를 사실상 거역하기 불가능하다는 점'에 있다고 본다면, 심판대상조항에 해당하는 추행은 '동성 군인간 군영 내에서 이루어진 음란한 행위'로 한정되어야 한다. 그러나 심판대상조항은 행위의 시간·장소에 관하여도 아무런 규정을 두지 않고 있고 법원의 판례에 의하여 설시된 보호법익마저 광범위하고 포괄적이다 보니, '군영 외에서 이루어진 음란행위' 등이 심판대상조항에 해당되는지 여부도 불분명하다."

련 범죄와 비교하여 그 법정형이 지나치게 무겁다고 단정하기 어렵고, 구체적 사정에 따라 선고유예 또는 집행유예가 가능하다는 점을 고려하면, 이 사건에서 위 선례의 판단을 변경할 만한 특별한 사정변경이 있다고 보기 어렵다. 따라서 심판대상조항은 과잉금지원칙을 위반하여 군인의 성적자기결정권, 사생활의 비밀과 자유, 신체의 자유를 침해하지 아니한다. (중략) 심판대상조항은 단지 동성 군인 사이에 성적 행위가 있었다는 이유만으로 처벌하는 규정이 아니라, 객관적으로 일반인에게 혐오감을 일으키게 하고 선량한 성적 도덕관념에 반하며 계간에 이르지 아니한 동성 군인 사이의 성적 만족행위로서 군이라는 공동사회의 건전한 생활과 군기를 침해하는 것만을 처벌하는 규정이므로, 가사 그로 인하여 동성 군인이 이성 군인에 비하여 차별취급을 받게 된다 하여도 이는 앞서 살펴본 군의 특수성과 전투력 보존을 위한 제한으로써 차별취급의 합리적 이유가 인정된다. 따라서 심판대상조항은 평등원칙도 위반하지 아니한다.[35)]

이후 2017년 4월에 (신)군형법 제92조의6(추행)에 대하여 인천지방법원에서 헌법소송(위헌법률심판 제청)을 제기하였다. 군내 추행에 관한 처벌을 규정하고 있는 군형법 조항에 대한 4번째 헌법소송이다. 헌법재판소가 이에 대하여 결론을 내리지 못하고 있는 사이, 2022년에 대법원은 "동성인 군인 사이의 항문성교나 그 밖에 이와 유사한 행위가 사적 공간에서 자발적 의사 합치에 따라 이루어지는 등 군이라는 공동사회의 건전한 생활과 군기를 직접적·구체적으로 침해한 것으로 보기 어려운 경우"에는 군형법 제92조의6이 적용되지 않는다고 보아 사건을 고등군사법원으로 파기환송하였다.[36)] 그러나 2023년 10월에 헌법재판소는 군형법상의 추행 조항에 대한 4번째 헌법소송에서 「군형법」 제92조의6(추행) 조항을 합헌이라고 결정하였다.[37)]

미국에서는 동성애자라는 이유로 군에서 파면을 당한 사람이 미국연방헌법이 보장하는 기본권을 침해당했다고 하여 소송을 제기한 사건이 여러 차례 발생하였다. 군의 입장은 "명백한 동성애행위가 없어도 동성애적 경향, 욕망, 관심이 있다는 것이 밝혀지면 강제 면직된다"는 육군 규칙에 따라서, 군의 훈련, 질서, 사기를 유지하기 위해서는 게이와 레즈비언을 금지함이 필요하다는 것이었다.[38)] 1994년부

---

35) 헌재 2016. 7. 28. 2012헌바258.
36) 대법원 2022. 4. 21. 선고 2019도3047 전원합의체 판결 [추행]
37) 헌재 2023. 10. 26. 2017헌가16등.
38) 배금자, 『인간을 위한 법정』, 도서출판 책, 1999, 200쪽.

터 채택된 'Don't ask, don't tell' 정책(동성연애자임을 묻지도 말고, 말하지도 말라는 정책, 약칭 DADT)는, 동성애를 사생활의 영역으로 보아 동성애자가 '조용히' 지내는 한(so long as they do so quietly) 군복무가 허용되었지만, 이 정책이 시행되던 1994년부터 2003년까지 9,000명이 동성애자로 밝혀짐을 통하여 전역을 하였다. 이러한 정책은 성적 취향으로 인한 군복무에서의 차별이라는 논쟁을 야기하였고, 동성애로 인한 차별이 없는 군복무를 보장하라는 주장과 이에 반대하는 주장간의 논란이 계속되었다. 2010년 12월에는 17년간 계속되어온 'DADT정책'이 폐지되어, 동성애자라는 것이 밝혀짐으로 인하여 강제 전역이 되는 일이 없도록, 정책이 변경되었다. 이러한 정책변경 이후에도 논란은 계속되고 있다.

6. 외국의 입법례

성전환자의 이름 및 성별 변경을 위한 몇몇 주요국의 법적 대응을 보면 다음의 3가지로 나누어 볼 수 있다. 첫째는 이름 및 성별 변경을 전혀 인정하지 않는 경우(보수적·일반적 대응), 둘째는 법률의 입법은 하지 않고 법원의 판결을 통하여 해결하는 경우(보수적·개별적 대응), 셋째는 특별법의 제정 또는 기존의 관련법의 개정을 통하여 이를 허용하는 입법적 대응을 하는 경우(진보적·일반적 대응)이다. 몇몇 외국에서는 외형의 성과 자기가 느끼는 성이 다른 성전환자들에게 판례나 특별법을 통하여 원하는 성을 인정해주고 있다. 독일의 경우는 1980년에 성전환자의 성별 변경에 관한 특별법을 마련하여 성전환자의 성별 변경을 가능하게 해 왔으며, 프랑스의 경우도 유럽인권재판소의 1992년 3월 25일 결정에 따라 성전환자의 성별 변경을 허용하고 있다. 이밖에도 대부분의 서구에서 입법의 유무에 불구하고 성전환자의 성별 변경을 허용하는 것이 근래 외국의 경향이라고 할 수 있다.

성별 변경과 이름 변경에서 더 나아가 일부 국가에서는 동성 간의 결혼을 허용하기 시작하였다. 1989년 덴마크를 시작으로 유럽 북부의 스칸디나비아 여러 나라와 중남부 유럽의 나라들로 이러한 경향이 확대되었는데, 노르웨이(1993년), 스웨덴(1995년), 아이슬란드(1996년), 헝가리(1996년), 네덜란드(1997년), 벨기에(1998년), 프랑스(1999년), 캐나다(2000년), 독일(2001년), 포르투갈(2001년), 핀란드(2002년), 영국(2004년) 등의 국가에서 동성 간의 파트너십을 규정하는 법률을 통과시켰다.[39] 2013년에는 프랑스와 뉴질랜드, 영국에서 동성결혼을 허용하는 법률을 제정하여 전 세계적인 화제가 되었다. 2015년에 아일랜드에서는 동성결혼을 허용하는 헌법개정을 위한 국민투표에서 유권자 62.1%가 찬성하였다. 이미 2000년 3월 15일에 유럽연합의 의회는 회원국들에게 동성부부에게도 이성부부와 같은 권리를 부여하도록 권고하는 결의안을 채택한 적도 있다. 이 권고 결의안은 회원국들에 결손가정, 사실혼부부, 동성부부에게 세제 및 재산상의 권리, 사회적 권리 등에서 차별을 받지 않도록 하여 이성부부가 지니는 것과 동일한 권리를 보장하여 줄 것을 내용으로 한다. 몇 나라의 입법사례는 다음과 같다.

1) 덴마크

동성 간의 결혼의 문제를 입법을 통하여 해결한 최초의 국가는 덴마크인 것으로 알려져 있다. 덴마크에서는 1989년 10월 1일부터 「파트너십의 등록에 관한 법률」(The Registered Partnership Law)이 시행되었다. 이 법률은 "동성의 두 사람은 그들의 관계를 등록할 수 있다(영어번역으로 "Two people of the same sex may have their partnership registered"라는 문장으로 시작된다). 동 법률에서는 상호부양, 공동생활에의 협력의 의무 등과 파트너십 기간 동안에 형성된 재산의 분할, 기타 권리 등에 관한 규정을 두고 있다. 1989년의 법률에서는 자녀의 입양을 불허하고 있었으나, 1999년의 법률개정을 통하여 입양을 허용하고 있다.

2) 네덜란드

네덜란드는 우선 1985년 성전환을 법제화하였다. 더 나아가서 법적 요건에 부합하는 성전환 수술의 경우에는 공적 의료보험의 혜택을 받도록 하였다. 유럽인권재판소는 성전환수술 및 치료를 위한 비용에 대하여 의료보험이 적용되어야 한다는 판결을 한 바 있다. 네덜란드를 포함하여 영국, 프랑스 등은 이와 같은 취지로 성전환수술 및 치료를 위한 의료비용에 대하여 공적 의료보험의 급여로 지급되도록 하고 있다. 그리고 1998년에는 「동반자등록법」(National Registered Partnership)을 제정하여 동성애자 커플도 일정한 법적 지위를 받을 수 있도록 제도화하였다. 더

---

39) William N. Eskridge Jr. / Darren R. Spedale, Gay Marriage: For Better or for Worse, Oxford University Press, 2006, pp.57-89.

나아가, 네덜란드 의회는 2000년 12월에 동성결혼을 인정하는 「혼인제도 개방법」 (Act Opening the Institute of Marriage)을 제정하였다. 2001년 4월 1일부터 시행된 이 법은 동성결혼을 이성결혼과 동등하게 인정하는 것으로서 동성 부부도 시청에서 결혼식을 올릴 수 있고 입양을 할 수 있으며 이혼에 관한 규정도 두고 있다. 네덜란드 통계청에 의하면 동법이 시행되기 시작한 초반에 해당되는 2004년 4월 1일부터 9월 30일까지의 6개월 동안에 1,902건(레즈비언커플 849쌍, 게이커플 1,053쌍)의 동성커플이 결혼하였는데, 이는 동 기간 네덜란드 전체 결혼의 3.6%에 해당하는 수치라고 한다.[40]

3) 독 일

독일은 성별 정정과 이름 변경을 개별적인 법원의 결정을 통하여 하지 않고, 1980년의 「성전환법」을 통하여 입법적으로 해결하였다. 동법 제1조에서는 '이름변경의 조건'이라는 제목하에 "성적 특징이 출생부에 기재된 성별과 다르며 출생 시의 성별과 반대의 성에 속한다는 인식이 있고, 다른 성별로서의 생활 기간이 3년을 넘은 경우에는 이름변경 신청을 할 수 있다."고 규정하고 있다. 동법 제8조에서는 '성별 변경의 전제조건'이라는 제목하에 "성적 특징이 출생부(우리의 호적부에 해당)에 기재된 성별과 다르며 출생 시의 성별과 반대의 성에 속한다는 인식이 있고, 다른 성별로서의 생활 기간이 3년을 넘은 경우로서 당사자의 신청이 있고 법원에 의하여 이것이 확인된 경우에는 성별변경 신청을 할 수 있다."고 규정하고 있다. 이러한 사항 외에도 이전에 사용하던 이름과 성별의 누설을 금지하고, 이를 위반하는 경우 처벌 규정을 두고 있다. 또한 성별 및 성명의 변경과 관련된 소송 절차에 관한 자세한 사항을 동법에서 규정함을 통하여 법의 실효성을 강화하고 있다. 2001년에는 동성 커플을 대상으로 배우자 관계임을 확인하는 신고제도를 허용하여 「민법」 중 「가족법」 개정에 포함시켰다. 이 개정 법률은 후술하는 프랑스의 시민연대계약을 참고한 것으로서, 동성커플에게도 이성결혼의 배우자에게 주어지는 경제적인 혜택과 관련한 법적 권리를 허용하는 내용을 담고 있다.

---

40) 조여울, 『국가인권정책기본계획 수립을 위한 성적 소수자 인권 기초현황조사』, 국가인권위원회, 2005, 106쪽.

4) 프랑스

프랑스의 경우에는 1994년에 『생명윤리법전』[41)에서 성전환자의 권리를 보호하려는 규정을 넣으려 하였으나 동 개정 법률안은 부결되었다. 이외에 프랑스에서는 성전환자에 대한 차별금지 조항을 마련하고 있고, 성전환을 하는 데 드는 의료비용도 사회보장제도에서 1979년부터 부담하고 있다. 또한 프랑스에서는 2000년 10월에 동성부부도 이성부부와 동등한 권리를 인정하기로 한 「시민연대 계약법」을 통과시켰다. 여기서 '시민연대계약(PACS, Pacte Civil de Solidarité)'이란, 공동생활을 영위할 목적으로 이성 또는 동성의 성년 자연인 사이에서 체결되는 계약을 의미한다. 비유하자면, 시민연대계약이란 결혼과 동거의 중간형태라고 할 수 있다. 이에 대하여 보수주의자들이 이 법률이 위헌이라는 소송을 제기하였지만 프랑스 최고법원은 이 법률에 위헌적 요소가 없다는 이유로 청구를 기각하였다. 이후 2013년 6월 18일에 프랑스 의회는 동성결혼 및 동성부부의 입양을 허용하는 법률(일명 '모두를 위한 결혼' 'le mariage pour tous')을 가결하여, 프랑스에서는 동성결혼을 합법화하였다. 프랑스는 동성결혼을 합법화한 유럽의 9번째 국가이며 세계의 14번째 국가이다. 현재 프랑스에서는 커플이 함께 사는 방식으로 동거, 계약동거(PACS), 법적 결혼(mariage)의 세 가지가 있다. 2000년부터 2010년까지 10년간 전통적인 '결혼(mariages civils)'은 점차 감소하는 반면, PACS는 늘어나는 현상을 보였다.[42) 그러나 동성결혼 합법화 이후에도, 이를 반대하는 논란과 시위가 그치지 않을 정도로 프랑스에서도 동성결혼은 논쟁적 주제이다.

5) 캐나다

캐나다의 대법원은 배우자 개념에 '동성 배우자'도 포함시켜야 한다는 온타리오(Ontario) 주 법원의 1심과 2심 판결을 확인한 바 있으며, 또한 『인권법전』에서는 모든 형태의 인간 차별을 불법으로 간주하므로, 동성연애자(homosexual), 게이, 레즈비언, 양성(bisexual), 나아가 성전환자에 대한 고용, 주거, 공공서비스, 계약에서 차별을 해서는 안 된다는 것을 명시하고 있다. 2003년에 온타리오 주, 브리티시컬럼비아 주 등을 시작으로 하여, 캐나다 인구의 90% 정도를 차지하는 8개 주에

41) 「인체의 기부와 이용, 출산의료지원 및 생체윤리 진단에 관한 법률」(제94-654호, 1994. 7. 29).
42) 채형복, 프랑스 동성결혼법 - 모두를 위한 어떤 결혼인가?, 강원법학, 제54호, 2018, 43쪽.

서는 법원의 판결을 통하여 동성부부의 결혼을 허용하고 있었다. 캐나다 연방은 2005년에 혼인법(Civil Marriage Act)을 제정함으로써, 그 이후부터는 연방차원에서 동성결혼(same-sex marriage)이 법적으로 인정되고 있다. 캐나다 연방의회의 보수 당은 이러한 법률에 대하여 재의를 요구하였으나, 2006년 12월 7일에 연방의회에 서는 175대 123의 표 차이로 동 법률의 유효성은 재차 확인되었다.

6) 미 국

미국에서 10년 간격으로 시행되는 인구조사(Census)의 결과 1990년에는 145,130의 커플이 2000년에는 약 600,000의 커플이 동성 간에 동거를 하고 있다고 응답하였 다. 많은 동성커플이 동거를 하고 있지는 않으며, 동거를 하고 있더라도 이러한 사실이 알려지지 않기를 바라는 수가 있음을 감안하면, 미국에는 통계보다 더욱 많은 수의 동성커플이 있음을 추측할 수 있다.[43] 동성커플에게 결혼한 권리를 부 여하자는 움직임은 1970년대부터 관찰되는데, 1990년대 중반에 들어서면서 본격 적으로 논란이 되었다. 특히 1993년에 하와이 주 대법원이 동성결혼이 가능하다는 입장을 지닌 판결을 내리면서, 논란에 불을 붙였다. 이 사건은 두 쌍의 레즈비언 커플과 한 쌍의 게이 커플이 하와이 주정부에 혼인신고를 하려 했으나 거절당하 자, 평등권과 프라이버시권이 침해되었다고 소송을 제기한 것이다. 하와이 대법원 은 "관습은 진화하는 사회질서와 함께 변한다. 결혼에 대한 제약이 인종에 따른 것이든 성에 따른 것이든, 국가가 강력한 이유를 제시하지 못한다면 동성결혼의 금지는 '성차별'로서 평등권에 위배된다."라고 하였다. 하와이 주 의회는 하와이 주 헌법에 '동성결혼금지조항'을 삽입하여 주 대법원의 판결을 무효화시키려고 시 도하였으나 동 헌법개정안은 주민투표안건으로 상정되지 못하였다.[44] 이러한 하와 이 대법원의 판결에 대한 반발로 각 주에서는 동성결혼을 금지하는 법률을 입법 하기 시작하였으며, 1996년까지 16개 주가 2005년까지 39개 주가 「동성결혼금지 법」(Anti-gay marriage laws 또는 Anti-gay marriage laws)을 입법하는 결과를 낳았다. 또한 미국의 몇 개 주에서는 동성결혼의 금지와 동성가정에 대한 지원을 금지하 는 주헌법개정안을 통과시켰다.[45] 이어 1996년에 연방의회는 「혼인보호법」

---

43) Sean Cahill / Sarah Tobias, Policy Issues Affecting Lesbian, Gay, Bisexual and Transgender Families, The University of Michigan Press, 2007, p.16.
44) 벤살롬 대 육군(Ben Shalom v. Marsh) 사건, 배금자, 앞의 책, 194쪽.

(Defence of Marrige Act)을 제정하여, 동성결혼은 연방법을 통하여 부인되었다. 2000년대에 들어와서는 동성결혼의 합법화를 지지하는 여론이 점차 상승하였고, 2010년 8월의 한 여론조사(The AP-National Constitution Center Poll)에서는 조사대상자의 50% 이상이 동성결혼 합법화를 지지하는 것으로 조사되었다.[46] 이와 같이 결혼에 관한 사항에 대해서는 연방의회도 법률을 제정할 수 있지만, 원칙적으로 결혼에 관한 사항은 주의 입법사항이다.[47] 따라서 동성애자의 결혼문제는 각 주별로 그 법적 허용 여부가 다르다. 매사추세츠(2003), 코네티컷(2008), 아이오와(2009), 버몬트(2009),[48] 뉴햄프셔(2010), 펜실베이니아(2014) 주가 입법이나 법원의 판결을 통하여 동성결혼을 인정한 주이다. 메인 주에서는 2009년 11월에 동성결혼을 허용하는 내용의 법률이 주민투표(referendum)에 붙여졌으나 부결되었고, 그 외 31개 주에서도 이러한 법률이 부결되었다. 이러한 입법상황은 미국에서 얼마나 동성결혼의 문제가 사회적으로 및 법적으로 논란이 큰 문제인지 알 수 있다. 2006년에 동성결혼 반대자들은 "결혼은 한 남성과 여성의 결혼이어야 한다."는 헌법개정안을 제출하였고, 이는 연방상원 법사위원회를 통과하여 본회의에 회부되었지만, 이러한 헌법개정안은 연방 상하 양원 본회의에서 부결되었다.

7) 영 국

영국의 경우에도 동성커플을 인정하는 시민연대계약(Civil Union)을 2005년부터 인정하였다. 그리고 2013년에 동성결혼을 합법화하는 법률을 연방 상원과 하원에서 통과시켜서, 잉글랜드와 웨일즈에서는 동성결혼이 법적으로 인정된다. 영국에

---

45) Sean Cahill / Sarah Tobias, op. cit., p.66.

46) 성인 1,007명을 대상으로 하는 2010년 8월의 여론조사는 찬성 52%, 반대 46%, 무응답 2% 이고, 성인 1,001명을 대상으로 하는 2009년 9월의 여론조사에서는 찬성 46%, 반대 53%, 무응답 1%였다. Associated Press, The AP-National Constitution Center Poll, p.8.

47) 동성결혼을 연방법에서는 인정하지 않고, 일부 주에서는 인정하고 있다. 이러한 연방국가인 미국에서의 입법권한의 차이는 연방국가가 아니고 단일국가로서의 법제도를 지닌 우리에게는 혼란스러울 수 있다. 동성결혼을 인정하는 주에서는 동성부부에게 이성부부와 동일한 법적 지위를 부여하고 있다. 그러나 예를 들어 연방법에 의하여 보장되는 사회보장혜택의 수혜자가 될 수는 없다. 연방법은 동성결혼을 금지하는 것이 아니라, 동성결혼을 인정하지 않는다고 이해하면 쉬울 것이다.

48) 버몬트 주는 이미 2000년에 동성 간의 결합을 civil union의 형태로 인정하는 법률을 만들었으며, civil union법에 따라 2000년 9월 1일에 첫 증명서를 발급한 이래, 2001년까지 2,700건의 증명서를 발급하였다. William N. Eskridge Jr, Civil unions and the future of gay rights, Routledge, 2002, p.82.

서도 동성결혼의 법제화 과정에서 논란이 심했다. 이 법률에 대하여 성공회는 동성결혼에 반대하고 있으며, 스코틀랜드와 북아일랜드에는 이 법률이 적용되지 않는다. 1993년부터 동성애인과 동거하고 있는 것으로 알려진 가수 엘튼 존은 이 법률에 따라 2014년 5월에 결혼하였다.

8) 아일랜드

아일랜드는 2015년 5월에 동성결혼을 합법화할 것인가를 두고 국민투표를 실시하였는데, 국민투표에서 찬성이 62.1% 반대가 37.9%가 나와서 동성결혼을 합법화하는 것으로 결정되었다. 대부분의 국가에서는 대의제를 채택하여 의회에서 법률을 입법하고 있는데, 직접민주주의 제도를 일부 채택하여 국민투표를 통해 입법 여부를 결정하는 국가가 있다. 동성결혼을 허용한 국가 중에서 국민투표를 통해 합법화를 결정한 국가는 아일랜드가 처음이다. 국민 대부분이 가톨릭 신자인 아일랜드는 1993년에 의회입법을 통해 동성애를 처벌하는 규정을 삭제하였고, 1995년에 이르러서야 국민투표를 통해 이혼을 합법화하였다.

7. 앞으로의 전망

LGBT의 문제는 현대 사회의 뜨거운 논의 주제이다. 특히 현대에 들어와서 동성커플에게도 결혼을 할 권리를 포함하여 이성커플이 지닐 수 있는 권리를 부여하자는 생각들이 서구국가들을 중심으로 하여 뜨거운 논쟁을 일으키게 되었다. 이러한 논쟁은 각국의 법원과 의회 및 국제기구로 하여금 동성커플에게 어떠한 권리와 혜택 및 법적 보호를 주어야 할 것인지에 관한 논의로 이어졌고, 근래 몇몇 국가들에서는 동성커플에게도 결혼과 입양을 허용하고 결혼상태의 배우자에게 주어지는 사회복지급여를 부여하는 법률의 개정과 제도의 전환이 이루어지고 있음을 알 수 있다.[49]

우리나라에서도 성전환자 및 동성애자들의 적극적인 권리 주장이 나타나고 있으며, 이러한 주장을 검토하는 사회적 논쟁도 적지 않게 접할 수 있다. 제도적 차원에서 보면, 가족관계등록부나 주민등록부에서 이들의 성별이나 이름을 정정하는

---

49) Yuval Merin, op. cit., p.1.

것에 대하여 일부 법원은 이를 인정하고 일부 법원은 이를 인정하지 않고 있었지만, 대법원이 나서서 이를 인정하였고 이에 관한 대법원 규칙의 제정을 통하여 앞으로의 법원판결의 방향을 제시하였다.

지금까지는 성전환자의 성별과 성명의 정정을 국가가 허용할 것이냐가 사회적 논쟁의 주제였는데, 앞으로는 동성 간의 결혼 문제와 입양 등의 문제가 논쟁의 주제가 될 것으로 보인다. 예명 '하리수'는 2002년 12월에 인천지방법원의 성별과 성명정정허가를 통하여 법적인 '여성'이 되었으며, 2007년 5월에는 '남성'과 결혼식을 올렸다. 그러나 이 경우에는 하리수가 이미 여성이 되었으므로, 동성 간의 결혼이 아닌 이성간의 결혼이므로 법적으로 문제될 것이 없다. 이와 같이 우리 사회에서는 유명 연예인인 성전환자들의 커밍아웃과 영화 등을 통하여 성전환자에 대한 문제가 공론화되었고 이들에 대한 사회적 인식도 변화하고 있다. 통계청에서 발표한 '한국의 사회동향 2023'에 따르면, 성적 소수자에 대한 '수용못함'의 비율은 감소(2013년 62.1% → 2022년 55.9%)하는 추세에 있으며, 직장동료로 포용할 수 있다는 비율은 증가(2013년 7.9% → 2022년 14.0%)하는 추세[50]에 있음을 확인할 수 있다. 미주나 유럽 국가에 비해서는 보수적인 경향성을 보이고 있지만, 다소간의 변화는 감지되고 있는 것이다.

유럽과 미국에서도 논란은 있지만 전통적인 가족 개념 및 전통적인 결혼의 개념이 변화하고 있으며, 이와 함께 이들의 기본권 특히 혼인의 자유와 관련한 법적 대응책이 마련되어야 한다는 법학 분야에서의 논의도 있다. 또한 일부 국가에서는 동성결혼 또는 동성사실혼 가정에서도 입양을 할 수 있도록 법적으로 허용해야 한다는 주장도 있으며, 캐나다 미국 등의 많은 동성결혼 가정에서는 입양자녀를 양육하고 있다.[51] 그러나 이 문제는 동성결혼 가정의 시각에서만 볼 것이 아니라, 입양아의 시각에서의 접근이 필요한 문제라는 지적도 있다. 즉, 아동인권의 관점에서, 입양의 문제에 접근해야 한다는 인식이다. 어느 인간도 자기가 태어나거나 양육될 가정을 선택할 수는 없지만, 부모의 복지가 아닌 아동의 복지를 고려한다면 정서적·정신적으로 과중한 부담을 가지게 될 동성부모 가정에 입양되는 것에

---

50) 보도자료, 한국의 사회동향 2023, 통계청, 2023. 12. 15, 12쪽.
51) 국가 및 주마다 다른 규정을 지니고 있지만, 한 사람(single gay persons)에게는 입양이 허용되지 않고, 가족의 형태(gay couples)를 지닌 경우에는 입양이 허용되는 경향으로 변화하고 있다.

대하여 아동의 자발적인 동의가 없다는 점이 문제로 지적될 수 있다.

현대사회에서 특히 강하게 나타나는 전통적인 가족 유형의 변화라고 하는 사회적 변화에 대하여 우리의 법은 아무런 대책을 강구하지 못하고 있다는 견해가 제기[52]되고 있으며, 성전환자나 동성커플의 문제도 질병이나 윤리의 관점이 아닌 개인의 성적 정체성에 대한 존중이나 가족유형의 변화라는 관점에서도 평가되어야 한다는 주장이 있다. 따라서 이들을 인륜과 자연의 질서를 거스르는 용서받지 못할 죄인이거나 '성전환증'(성 정체성 장애 gender identity disorder라고 표현되기도 한다)이라고 표현되는 병적 증상의 보유자 또는 반윤리적인 성적 취향의 소유자로 볼 것인가, 아니면 억압받는 성적 소수자로서 최소한의 권리 주장은 받아들일 것인가에 대한 논쟁이 매우 뜨겁다.*

> * 성전환자를 특별입법을 통하여 보호하는 경우에는 입법의 방식과 성전환자를 위한 구체적 기준 또는 요건이 과제가 될 것이다. 이러한 특별입법이 없는 경우에는 현행법의 틀 안에서 법원의 판결을 통하여 이러한 문제를 해결하는 길밖에 없다(한인섭·양현아(편), 『성적 소수자의 인권』, 2002, 91쪽).

성중립 화장실(all gender restroom, gender neutral bathroom, unisex toilet) 설치에 관한 논쟁도 있다. 성중립 화장실은 성별에 관계없이 누구나 이용할 수 있는 화장실이라는 의미에서 사용되는 개념과 용어이다. 남자화장실과 여자화장실로 구분되는 현재의 화장실 말고, 제3의 성 혹은 성소수자를 위하여 성중립 화장실을 설치하자는 주장이 있는 것이다. 그러나 2016년 강남역 근처 남녀공용화장실 살인사건 이후에는 남녀 화장실을 더욱 확실하게 분리하여 안전을 확보하여야 한다는 주장도 있다.

LGBT와 관련된 논쟁은 '학생인권조례'와 '차별금지법' 제정에 관한 사안에서도 극명하게 나타나고 있다. 학교에서의 체벌과 법에서 전술한 바와 같이 학생인권조례가 제정되기 시작한 초기단계에서는 학교에서의 체벌이 주된 쟁점이었는데, 이제는 성적 소수자의 차별금지와 관련된 문제가 주된 쟁점이 되었다. 또한 20년 가까이 이어지고 있는 차별금지법 제정 논의에서 가장 주된 쟁점도 '성적 지향'을 차별금지사유로 포함시킬 것인가에 관한 것이다. "우리가 동성혼 허용논의를 본격화하지 못한 사이에, 많은 나라들이 동성혼을 합법화했고, 동성부부에게 입양을 허용했으며, 관련 법들을 정비했다. 현재는 발달된 의료기술의 힘을 빌려 동성부부

---

52) 강달천, "동성애자의 기본권에 관한 연구", 중앙대학교 법학박사학위 청구논문, 2000, 275쪽.

도 아이를 가질 수 있는가의 문제까지 논의 중"[53]이라는 의견도 있고, 차별금지법은 "법안 자체가 성도덕과 사회적 혼란을 야기할 수 있다는 점을 명확히 알아야 한다"[54]는 의견도 있다.

　LGBT와 법의 문제는 워낙 민감한 사회적 쟁점이기도 하지만, 사회적 쟁점을 법적 논점으로 전환함에 있어서도 합의할 수 있는 지점을 발견하기가 매우 어려운 논제라고 할 수 있다.

---

53) 김송옥, 사적 영역에서 동성애자의 평등권 보장을 둘러싼 헌법적 쟁점 − 차별금지법 제정을 중심으로, 헌법재판연구, 제7권 제1호, 2020, 238쪽.

54) 이상현, 미국의 포괄적 차별금지법과 관련 사례 연구, 교회와 법, 제7권 제1호, 2020, 205쪽.

낙태와 법

CHAPTER

10

낙태와 법

1. 머 리 말

낙태에 관한 법적 규율이 지구상의 거의 모든 국가에서 계속 논란되는 이유는, 낙태행위가 생명의 문제와 밀접하게 관계되어 있으며, 기본적 가치와 사회적 변화에 관련된 사안이기 때문이다. 낙태는 죄악이니 처벌하여야 한다거나 낙태를 자유화시켜야 한다는 등의 주장으로 낙태행위에 대하여 단순하게 선악의 잣대를 들이대는 것은 문제를 지나치게 단순하게 보는 것이다. 낙태는 사회적 필요, 여성의 인권, 태아의 생명권, 낙태를 피할 수 없는 경우, 낙태가능기간 등 여러 가지 윤리적 쟁점들이 복잡하게 얽혀있는 주제이기 때문이다.[1]

즉, 낙태죄에 관한 문제는 법률의 개정이 시급한 과제로만 볼 수도 있지만, 낙태수술이나 약물복용이 필요하기 때문에 의료윤리학의 사안이고, 태아가 생명인지에 대한 판단이 필요하기 때문에 종교적 및 과학적 논의의 대상이며, 여성의 권리와 인간 존엄에 대한 성찰을 요구하는 철학적 통찰의 주제이기도 한 것이다.[2]

또한 성의 문제는 우리의 일상생활과 분리할 수 없기 때문에, 남녀 간의 성적 결합의 결과인 임신과 출산을 부인하는 행위인 낙태 또한 모든 국가에서 문제가 되는 보편적인 논의주제이자 정책사안이다. 낙태는 성적 결합에의 욕구와 자녀의

---

1) 김희수, "변화하는 시대상황과 낙태", 『기독교사회윤리』, 제15집, 2008, 115쪽.
2) 엄정식, "낙태의 생명윤리학", 『철학과 현실』, 2018 봄, 7쪽.

출생을 기대하는 욕구가 일치하지 않는다는 점에서 그 근본적인 이유를 찾을 수 있기 때문에, 낙태행위에 대한 엄한 형사적 처벌이라는 해결책보다는 다양한 정책적 배려가 필요하다는 주장이 점차 힘을 얻고 있다.

동서고금을 통하여 도덕적이고 종교적인 가치관을 정신적인 기반으로 하는 인간의 문화는 이러한 원치 않은 임신 문제를 어떻게 법적으로 해결하느냐에 대해서 대개는 임산부의 낙태행위에 대한 무겁고 잔인한 형벌을 통하여 해결점을 찾아왔다. 근래 낙태죄 관련 행태를 보면 낙태를 권했던 남편이 이혼 후 아내의 낙태를 처벌해 달라고 고발을 하는 일도 있다고 한다. 낙태를 범죄로 처벌하다 보니 낙태시술을 한 의사 역시도 처벌을 피할 수 없게 되었다.

> 한국의 낙태죄는 시술한 의사와 여성만을 처벌한다. 그렇다고 사법기관이 부지런히 단속하는 범죄는 아니다. 고소·고발에 의해 입건할 뿐이다. 의료사고가 일어났을 경우 가족이 고발하는 경우도 있지만 고발인 대부분은 상대 남성이다. 낙태는 애당초 고발의 위험을 안고 있는 데다 판례상 의사에겐 일정 기간 자격정지까지 내려지는 형사 범죄이다 보니 낙태시술은 음성적으로 이루어질 수밖에 없다.
>
> – 중앙일보(2018. 5. 5.)

근대적 상황에서는 이와 관점이 다른 설명이 가능했다. 근대 이후 대부분의 유럽국가에서는 점점 줄어드는 인구문제에 대한 대응책이 필요하였다는 것이다. 출산이나 낙태가 본질적으로 개인과 가정의 문제임에도 불구하고, 국가가 관심을 가져야 할 공공정책으로 본 것은 낙태가 인구를 감소시키는 결과를 가져온다는 점 때문이기도 하였다. 따라서 인구를 감소시켜 극단적으로는 '인종적 자살(race suicide)'을 야기할 수도 있는 낙태는 범죄로 규정될 필요가 있었다는 것이다.[3]

일반적으로 종교계에서는 태아보호와 생명침해금지라는 입장을 고수하고 있다. 그러나 여권신장의 관점에서는, 남녀 간의 성행위로 인한 원치 않는 임신의 책임을 여성 홀로이 감내하여야 하는가 라는 불만과 저항으로 나타난다. 낙태가 여성만의 문제라는 시각에서 '낙태는 남녀 공동의 책임'이라는 시각을 넘어, 이제 '낙태는 사회 공동의 책임'이라는 시각으로 바뀌어가고 있다[4]는 평가도 있다. 이러한 입장에 동의하건 동의하지 않건 낙태논쟁은 심화되고 있으며, 이러한 사회적 논쟁

---

3) Ruth A. Miller, The limits of bodily integrity, Ashgate, 2007, p.17.
4) 이은영·김소윤·손명세·이일학, "낙태관련 의사결정의 합리화", 『한국의료법학회지』, 제18권 1호, 2010, 122쪽.

에 대한 입법적·사법적 대응이 요청되고 있다.

2. 태아의 생명권 대 여성의 자기결정권

법적으로 보면, 태아의 생명권과 태아를 임신한 여성이 스스로 출산 혹은 낙태를 결정할 수 있는 권리인 여성의 자기결정권(혹은 여성의 프라이버시권)이라는 두 기본권이 충돌하는 것이며, 생명권과 자기결정권에 어느 정도의 범위에서 우선권을 부여할 것이냐가 해결되어야 할 문제인 것이다. 다양한 의견 중에는 태아의 생명권을 부정하는 견해도 있다.[5]

현대에 들어와 성의 개방화·저령화와 더불어 세계적으로 낙태가 증가하고 있고, 피임과 함께 낙태는 인구정책이나 여성의 사회활동의 편이 또는 사회 진출을 위한 방법으로 정당화되는 경향이 있다. 또한 피임 내지 낙태기술의 발달과 더불어 낙태는 증가하고 있으며, 법제도적으로도 일정한 기간과 조건하에 낙태를 허용하자는 움직임이 있다는 점 등이 법의 변화를 요구하고 있다.

이러한 낙태문제는 많은 국가에서 끊임없이 논의되는 주요 관심사 중의 하나이다. 낙태란 임산부의 뱃속에 있는 태아를 인위적인 방법으로 제거하는 행위를 의미한다. 낙태행위에 대한 입법태도는 낙태를 금지하는 국가에서부터 낙태를 허용하는 국가에 이르기까지 다양하게 나타난다. 물론 낙태를 허용하는 경우에는 그 시기와 사유를 규정하고 있으며, 낙태를 금지하는 경우에도 낙태가 허용되는 예외규정을 두고 있다.

이러한 다양한 입법태도는 낙태문제에 대한 세 가지 주요한 입장에 대응하는 것이라고 할 수 있다. 가장 관대한 입장은 낙태는 언제나 허용될 수 있다는 것이고, 가장 관대하지 못한 입장은 낙태란 결코 용납될 수 없다는 것이다. 낙태가 경우에 따라 허용될 수 있다는 견해는 이러한 두 극단론의 중간에 존재하며, 이러한 예로는 임산부의 건강이나 생명이 심각한 위협을 받을 때, 태아가 심한 기형일 때, 강간이나 근친상간에 의하여 임신이 되었을 때 등을 들고 있다.[6]

미국을 포함하여 유럽국가에서는 낙태를 법적으로 허용하느냐 아니면 금지하

---

5) 박이대승, 임신중단에 대한 권리 – 비합리는 헌법재판소에서 시작된다, 오월의봄, 2020, 15쪽 이하.
6) 바루흐 브로디, 황경식(역), 『응용윤리학』, 철학과 현실사, 2000, 220쪽.

> * 미국에서는 1973년의 낙태를 전면적으로 금지하는 Texas주법이 위헌이라고 하는 Roe v. Wade 사건이 유명하며, 독일에서는 낙태를 일부 허용하는 연방법률을 위헌이라고 판단한 1975년과 1993년의 제1차 및 제2차 낙태판결(Abtreibungsurteil)이 유명하다.

느냐를 두고 수십 년간 사회적·법적인 논쟁*을 지속하고 있으며, 낙태문제는 매번 미국 대통령선거의 주요 논쟁사안이다.

우리나라에서도 낙태 문제는 대통령 선거에서 주요 의제로 다루어지고 있으며, 헌법재판관 임명을 위한 인사청문회에서도 단골 질의사항이 된 바 있다. 낙태처벌반대를 주장하는 의견들이 늘어나고 있는 반면에, '낙태반대운동연합'[7]이 결성되고 '프로라이프 의사회'[8]가 창립하는 등 낙태근절을 위한 활동을 하는 등 찬반논의가 활발해지고 있다.

낙태는 위헌이며 「모자보건법」이 규정하고 있는 낙태정당화사유 또한 정당화될 수 없다는 의견[9]과 낙태를 처벌하지 않게 되면 낙태가 늘어날 것이고 이는 생명경시풍조로 이어질 것이라는 경고도 있다. 낙태반대 입장이 가장 강력하고 분명한 곳이 종교계라는 것은 별도의 설명을 요하지 않는다. 반면에, 사회의 제반 환경을 개선하지 않은 채 규범적 당위성을 앞세운 낙태죄 존치는 여성을 출산도구로 보거나 정부정책의 대상으로 볼 뿐 여성 자신의 몸에 대한 권리나 자기결정권의 주체로 인정하지 않는 것이라는 의견[10]도 있다. 낙태찬성의 입장은 여성의 자기결정과 선택의 권리를 보다 중시한다. 이

> * 낙태를 반대하는 주장은 낙태가 태아의 생명권(pro-life)을 침해한다고 하는 관점을 중시하고, 낙태를 찬성하는 주장은 낙태가 여성의 선택권(pro-choice)을 침해한다고 하는 관점을 중시한다.

렇듯 낙태에 관해서 사회적으로는 보수세력과 진보세력이 대립하고 있으며, 법적으로는 태아의 생명권과 여성의 자기결정권의 대립*으로 논의를 압축할 수 있다. 어느 국가에서든 전통적으로는 태아의 생명권이 보다 강하게 보호되고 있다.

---

7) 낙태를 방지하기 위하여 개별적으로 활동하던 모임들과 낙태반대 취지에 동의하는 단체들이 1994년 4월 26일에 모여 만든 연합운동모임이다. http://www.prolife.or.kr 2016년 7월 18일 방문.

8) 2009년 11월 1일에 진오비(진정으로 산부인과를 걱정하는 모임 - 오비(OB)는 산과(Obsterics)의 약자)가 낙태근절운동 선포식을 하였으며, 2010년 1월 22일에 프로라이프 의사회로 명칭을 바꾸어 창립총회를 개최하였다.

9) 홍성방, "낙태와 헌법상의 기본가치", 『서강법학연구』, 제3권, 2001, 50쪽.

10) 조희원, "한국의 낙태규제정책: 쟁점과 딜레마", OUGHTOPIA, 제28권 제1호, 2013, 133쪽.

헌재 2019. 4. 11. 2017헌바127 결정

모든 인간은 헌법상 생명권의 주체가 되며, 형성 중의 생명인 태아에게도 생명에 대한 권리가 인정되어야 한다. 태아가 비록 그 생명의 유지를 위하여 모(母)에게 의존해야 하지만, 그 자체로 모(母)와 별개의 생명체이고, 특별한 사정이 없는 한, 인간으로 성장할 가능성이 크기 때문이다. 따라서 태아도 헌법상 생명권의 주체가 되며, 국가는 헌법 제10조 제2문에 따라 태아의 생명을 보호할 의무가 있다.

낙태문제에 관한 여성의 자기결정권이란 원치 않는 어머니가 되지 않을 자유, 임신과 출산의 과정상 특별한 희생을 강요당하지 않을 자유를 의미하는 것이다.[11] 우리 헌법재판소는 "역사적으로 성의 문제에 있어서는 산아제한과 낙태 등 여러 쟁점에서 여성만이 법적 규제의 대상이 되어 왔다. 오랫동안 규제의 대상이 되어 온 여성이 자신의 신체에 대하여 자기 스스로 결정할 권리가 있다는 의미에서 성적 자기결정권의 개념이 태동되었다."[12]라고 설명한 바 있다.

헌재 2017. 4. 11. 2017헌바127 결정

여성은 남성과 달리 임신, 출산을 할 수 있는데 이에 관한 결정은 여성의 삶에 중대한 영향을 미친다. 따라서 자기결정권에는 여성이 그의 존엄한 인격권을 바탕으로 하여 자율적으로 자신의 생활영역을 형성해 나갈 수 있는 권리가 포함되고, 여기에는 임신한 여성이 자신의 신체를 임신상태로 유지하여 출산할 것인지 여부에 대하여 결정할 수 있는 권리가 포함되어 있다.

1994년 카이로 국제인구개발회의(ICPD, International Conference on Population and Development)에서부터 본격적으로 사용된 여성의 재생산권(reproductive rights)이라는 개념도 주목할 필요가 있다. 여성의 재생산권이란 여성이 남성과 동등하게 사회에 참여할 수 있기 위해서 여성은 자신의 신체와 재생산될 생명에 대하여 통제할 권리,[13] 커플들과 개인들이 그들의 자녀의 수와 터울을 자유롭고 책임있게 결정할 수 있는 기본권[14]으로 정의된다. 이러한 개념의 재생산권은 여성의 재생산

---

11) 김재윤, "합리적인 낙태규제방안", 『입법정책』, 제7권 2호, 2013, 29쪽.
12) 헌재 2016. 3. 31. 2013헌가2.
13) Sharyn L. Roach Anleu, Law and Social Change, Sage Publications, second edition, 2010, p.205.
14) 양현아, "낙태에 관한 다초점 정책의 요청", 『한국여성학』, 제26권 제4호, 2010, 68쪽.

능력을 국가의 통제대상으로 여기는 것이 아니라, 외부의 강요나 억압 없이 자신의 자율성을 실천할 수 있는 권한강화에 초점을 맞추고 있다.[15]

여성의 재생산권이란 구체적으로 임신 및 출산과 관련하여 자녀를 가질 것인지의 여부, 언제 몇 명의 자녀를 가질지 등을 결정할 수 있는 권리를 의미한다. 따라서 여성의 의사에 반해 인구학적 측면에서 일정 수의 자녀를 강요하거나 여성에게 특정한 성별의 자녀를 낳도록 하는 요구 등은 여성의 재생산권을 침해하는 것으로 볼 수 있다. 여성들이 사회·경제적 이유로 인해 자녀를 출산할 수 없을 경우에는 자유롭게 낙태할 수 있는 권리가 보장되어야 하고, 이는 낙태가 합법화되어야 한다는 견해이다.[16] 재생산권의 내용 구성 면에서는 여성의 자기결정권에 속한다고 볼 수 있으며, 이는 결국 태아의 생명권과 여성의 재생산권 또는 자기결정권의 대립구도를 그대로 지니고 있다고도 평가될 수 있다.

3. 낙태의 실태와 원인

1) 낙태의 실태

세계보건기구의 2003년 조사에 의하면 전 세계적으로 연간 임산부의 약 1/5이 낙태를 결정하여 약 4천2백만 건의 낙태가 행해진다고 한다. 해마다 2억 1천만 명의 여성들이 임신하고 1억 3천만 명의 아이가 태어나지만 8천만 명 이상의 임신이 사산·자연유산·낙태로 끝난다는 것이다.[17] 우리나라에서도 해마다 약 150만 건의 낙태가 행해지고 있다는 주장[18]이 있지만, 이러한 낙태 건수의 추정이 사실에 근거하지 않는 것이라는 주장[19]도 있다.

---

15) 김선혜, "모성의 의무에서 재생산 권리로: 모자보건법의 비판적 검토 및 개정방향 모색", 이화젠더법학, 제12권 제2호, 2020, 3쪽.
16) 조영미, "여성의 재생산권에서 본 낙태와 모자보건정책", 『낙태죄에서 재생산권으로』, 2005, 60쪽.
17) 박형민, 『낙태의 실태와 대책에 관한 연구』, 한국형사정책연구원, 2011, 50쪽.
18) 낙태반대운동연합 http://www.prolife.or.kr/mm1_love/mm1_history.php 2016년 7월 18일 방문.
19) "산부인과 의사들을 매우 분노케 하는 것은, 작금의 보도 사태와 관련하여 일부 언론에서 일제히 "연간 150만~200만 건의 낙태수술 성행"이라는 기사와 함께, 의료계에서 제공한 자료라고 출처를 밝힌 점이다. 과연 의료계 어느 기관의 객관적인 분석을 거친 자료인지, 신뢰도 있고 검증된 자료인지를 밝혀야 할 것이다." 보도자료, 인공임신중절수술 보도 관련 대한

우리나라에서는 낙태행위가 엄연히 「형법」 제269조 등에서 금지되고 있으며, 「모자보건법」 제14조에는 임신중절이 허용되는 예외가 규정되어 있다. 즉, 예외적인 경우가 아니면 낙태행위는 처벌되었다. 우리나라의 경우 이렇게 낙태는 형법에서 금지되고 있음에도 불구하고 낙태의 실태는 심각한 것으로 조사되고 있었다. 매 3년마다 한국보건사회연구원에서는 '전국 출산력 및 가족보건 실태조사'를 통하여 인공 임신중절의 현황을 조사하고 있다. 낙태율이 높은 것으로 평가되는 1985년의 조사에 따르면 15세에서 44세 사이의 기혼여성의 53%가 낙태를 경험하였으며, 1988년 조사에서는 52%의 낙태경험률이 보고되고 있다.[20] 기혼여성의 절반 이상이 낙태를 한 경험이 있다는 것으로 놀라운 수치이다. 낙태의 특징으로는 학력이 낮거나 중소도시나 읍면소재지 지역에서 성장기를 보낸 여성이 낙태경험률이 높은 것으로 조사되었다.[21]

이는 낙태행위가 몇몇 외국에서처럼 하나의 권리로서 인식되었다기보다는 지식과 정보의 부족으로 인하여 행하여졌다는 것을 의미한다고 볼 수 있다. 낙태는 알려지기를 꺼려하는 행위이기 때문에, 낙태 조사는 암수(暗數)가 많을 가능성이 있다. 이러한 낙태조사의 특성을 감안하더라도, 기존의 낙태조사는 기혼여성을 조사대상으로 하고 있기 때문에 낙태의 전반적인 실태파악으로서는 한계가 있다.

2005년 5월부터 8월까지 전국에 분포한 201개의 의료기관 등을 대상으로 조사하여 2005년 9월에 발표된 실태조사 결과에 따르면, 우리나라 인공 임신중절의 규모는 연간 시술건수가 350,590건으로, 이 중 기혼인 경우가 203,230건이고 미혼인 경우가 147,360건으로 추정되고 있다.

<표 10-1>을 통해, 태아가 어느 정도 성장했을 때 낙태하였는가를 보면 대개의 경우 12주 미만이지만, 미성년자가 임신을 하였을 경우에는 임신 12주 이상인 경우에도 낙태가 이루어지고 있음을 알 수 있다.*

> * 이러한 통계는 보건복지부의 용역에 의하여 고려대학교 의과대학에서 작성한 인공 임신중절 실태의 조사와 대책에 관한 보고서에 따른 것으로, 2005년 5월부터 8월까지 200여 개의 전국의 산부인과 개설 병·의원과 2005년 8월부터 9월까지 전국의 가임기 미혼 여성 2,500명, 기혼 여성 1,500명을 전화 조사한 결과이다(보건복지부, 「전국 인공 임신중절 실태조사 및 종합대책 마련」 참조).

산부인과의사회 성명서, 2010. 10. 13, http://www.kaog.org, 2016년 7월 18일 방문.

20) 한국인구보건연구원, 『출산력 및 가족보건 실태조사』, 1989, 141쪽.

21) 심영희, 『낙태의 실태 및 의식에 관한 연구』, 형사정책연구원, 1991, 198쪽.

| 표 10-1 | 연령에 따른 인공 임신중절 임신주수 분포(%) |

구 분	20세 미만	20~24세	25~29세	30~34세	35세 이상
12주 미만	88.0	96.4	96.0	97.1	97.0
12주 이상, 16주 미만	7.8	2.8	3.5	2.6	2.5
16주 이상, 20주 미만	2.6	0.4	0.3	0.3	0.3
20주 이상	1.6	0.4	0.2	0.0	0.2

이는 낙태가 양적인 측면뿐만 아니라 질적 측면에서도 심각한 문제라는 점을 시사해준다. 또한 낙태에 대한 인식은 낙태라는 현상에 대한 지표로서의 의미가 있는데, 인공 임신중절 허용에 대한 가임기 일반여성 및 전문가 의견조사 결과, 일반여성 85.1%, 변호사 및 법대 교수로 구성된 법조계 96.6%, 전국 여성 단체로 구성된 여성계 96.6%, 불교, 기독교, 천주교 임원으로 구성된 종교계 40.9%가 인공 임신중절을 허용해야 한다고 응답하였다. 「모자보건법」에 규정되어 있는 임신중절 허용범위의 확대에 대한 의견을 물은 결과 찬성 비율은 일반여성 46.5%, 법조계 60.1%, 여성계 67.4%, 종교계 23.8%로 나타났다.

2018년에 가임기여성(16세-44세) 2,006명을 대상으로 하는 조사에서 낙태죄 폐지에 77.3%는 찬성, 22.7%는 반대를 하였다. 특히 찬성 응답은 20대 이하, 미혼에서 많은 것으로 나타났다. 실제로 임신중단을 경험한 조사 응답자 21.0%(422명) 중에서 46.0%는 낙태죄가 '안전하게 임신중단 할 수 있는 의료기관을 찾는데 제약이 되었다', 38.2%는 '임신중단 관련 전문상담기관을 찾는데 제약이 되었다'고 응답하였다. 우리 형법에는 낙태를 행한 여성과 낙태 시술을 행한 의료인에 대한 처벌 규정을 두고 있는데, 이러한 처벌규정 때문에 임신부가 의사에 의한 전문상담을 받는 것을 어렵게 하는 원인으로 나타났다.[22]

2018년 보건복지부의 인공임신중절 실태조사에 따르면, 조사에 응답한 여성(10,000명) 중 인공임신중절 경험 여성은 756명(성경험 여성의 10.3%, 임신경험 여성의 19.9%)으로 조사되었고, 인공임신중절 사유(복수응답)도 '학업, 직장 등 사회활동에의 지장'(33.4%), '경제적 어려움'(32.9%), '자녀계획 문제'(31.2%)가 높게 나타났다.

---

22) 보도자료-"낙태죄 폐지 찬성 77.3%, 낙태죄로 인해 여성의 자기결정권 및 건강권 침해받아", 한국여성정책연구원, 2018. 4. 9, 1쪽.

또한 인공임신중절수술의 허용한계를 규정한 「모자보건법」 제14조에 대해 응답자의 48.9%가 개정이 필요하다고 응답하였다.[23]

2) 낙태의 원인

우리나라는 1960년대부터 시작된 산아제한정책 때문에 어느 정도 불법적인 낙태가 묵인되었다고 볼 수 있다. 즉, 낙태를 하는 것이 국가의 산아제한 정책의 일환으로 생각될 수도 있던 시절이 있었기 때문에, 형법에서 낙태죄를 처벌하고 있음에도 불구하고 아무런 죄의식 없이 낙태를 행하게 되었다. 산아제한은 피임을 통하여 달성되어야 함에도 불구하고, 낙태행위에 대한 처벌을 외면하여 낙태도 실질적으로는 산아제한으로 받아들여졌다.

2011년에 형사정책연구원이 1,000명의 여성을 대상으로 조사한 설문을 분석한 결과에 따르면, 낙태는 여성이 결정해야 하는 것으로 인식되고 있으며 여성의 인생설계에 따라 낙태를 할 수 있어야 하고 원하지 않는 임신의 경우에는 낙태를 할 수 있다고 생각하고 있었으며, 절반 이상의 응답자들은 법으로 낙태를 처벌하거나 금지하는 것에 반대하고 있었다.[24]

낙태의 원인은 개인별로 여러 가지가 있겠지만 가장 일반적인 원인으로는 미혼모들이 아이를 편하게 양육할 수 없는 사회적·문화적 환경, 가부장제에 근거한 뿌리 깊은 남아선호 사상 등을 들 수 있다. 또 다른 낙태의 원인으로는 별 어려움이 없이 낙태시술을 받을 수 있고 낙태죄로 처벌받은 자가 거의 없으며, 성개방과 전통윤리의 붕괴, 산아제한 정책의 영향 등을 들 수 있다.[25] 낙태 원인은 기혼여성과 미혼여성 간에 약간의 차이가 있는데, 미혼여성의 95%는 사회적·경제적 이유(미혼이어서, 미성년자, 경제적 어려움 등), 기혼여성의 75%는 가족계획(자녀 불원, 터울 조절), 17.6%는 경제적 어려움 때문으로 조사되었다.

2011년의 '전국 인공임신중절 변동실태조사'에 따르면, 인공임신중절 건수는 168,738건이고 인공임신중절율은 15.8%로 추정되었다. 이는 2005년의 같은 조사에 따른 인공임신중절건수 342,433건 인공임신중절율 15.8%와 비교하여 큰 폭으

---

23) 권인숙 의원 등 11인, 모자보건법 일부개정안 제안이유, 2020. 10. 12.
24) 김도경·허윤주, "낙태에 대한 여성의 인식과 태도", 『여성학연구』, 제23권 3호, 2013, 38쪽.
25) 윤종행, "낙태방지를 위한 입법론", 『법학연구』 제13권 제1호, 연세대학교 법학연구소, 2003, 171-172쪽.

로 감소되었음을 보여준다. 가임기여성 대상 조사(88.7%)와 산부인과의사 대상 조사(73.9%)에서 일관되게 '혼전성교 및 미혼임신의 증가'가 인공임신중절의 가장 큰 원인으로 나타났다.[26]

미혼인 관계에서 임신을 한 경우에 고려할 수 있는 선택지는 ① 결혼을 한다 ② 출산해서 입양을 보낸다 ③ 미혼모로서 아이를 키운다 ④ 이럴 수도 저럴 수도 없으니 낙태를 한다.[27] 이러한 선택지 중에서 ①의 가능성이 없는 경우에, 입양절차를 잘 모르며 입양과정에서 신분이 노출될 가능성이 있다는 염려로 인하여 ②의 가능성도 크지 않다. 또한 우리의 사회적 환경과 제도적 지원은 ③을 선택하는 것을 주저하게 한다. 결국 ④를 선택하는 경우가 많은데 이러한 불가피한 선택은 범죄가 되었던 것이다.

4. 낙태와 관련한 현행법 규정과 판례

1) 동서고금(東西古今)의 낙태 규제

서구에서 역사적으로 낙태행위에 대하여 국가가 형벌로서 처벌하는 일이나 도덕적으로 비난하는 일은 중세 기독교사회 이전에는 드물었다.[28] 고대 그리스 시대에는 낙태가 인구정책과 관련해서 논의되었다. 당시 인구정책의 목표는 인구의 증감이 없는 인구의 고정이었으며, 이를 유지하기 위해서 낙태를 하나의 정책수단으로 이용하였다. 아리스토텔레스나 플라톤도 낙태가 불가피하고 윤리적으로 비난의 여지가 없는 인구정책의 수단이라고 생각했다. 또한 인간 생명의 시작을 언제로 볼 것인가의 질문은 이때부터 이미 시작되었다. 아리스토텔레스는 영혼이 인간의 육체에 들어오는 영혼입주(靈魂入住)의 시기를 생명의 시작으로 보았으며, 남아에게는 40일 여아에게는 90일이 걸린다고 생각하였다. 따라서 이 기간에는 인간으로 여겨지지 않은 영혼이 없는 태아의 낙태는 전혀 문제되지 않았다. 생물학적·사회적·인구정책적 이유로 낙태는 당시의 도시국가 정책과 결부되어 허용되었다.[29]

고대 로마법에서는 태아는 모체의 일부에 지나지 않는다고 보아 처벌되지 않

---

26) 보건복지부·연세대학교, 『전국 인공임신중절 변동 실태조사』, 2011. 10, 요약문.

27) 특별좌담, "낙태와 생명윤리", 『철학과 현실』, 2018 봄, 23쪽.

28) 김기두, "낙태죄에 관한 연구", 『법학』, 서울대학교, 제20권 제2호, 1980년, 10쪽.

29) Hauner, Andrea / Reichart, Elke(Hrsg.), §218-Zur aktuellen Diskussion, 1992, p.12 이하.

앉다. 서기 200년경 세베루스(Severus) 황제 때에 이르러 낙태죄가 처벌되기 시작하였으나, 처벌의 이유는 태아를 보호하기 위함이 아니라 아버지의 자녀 출생에 대한 기대를 파괴하는 것이기에 범죄로 파악되었다. 이후로 로마형법에 따라 낙태한 여성은 유배형에 처해졌다.[30]

근대 이전의 게르만법에서는 오랫동안 태아 자체가 보호할 만한 법익을 지니고 있다고 생각하지 않았지만, 낙태는 남편과 혈족의 이해관계를 해하는 것으로 보았다.[31] 태아도 인간이라는 관점에서 태아 자체가 보호할 만한 법익을 지니고 있는 존재로서 보고, 낙태를 범죄로 처벌한 것은 중세교회법에서 시작되었다.

중국의 대명률(大明律)에서도 자낙태는 처벌되지 않았으며, 일본의 봉건질서 하에서도 낙태를 범죄로 처벌하지 않았다. 우리나라에서도 조선시대에는 부녀의 자낙태(自落胎)를 처벌하지 않았다. 타낙태(他落胎)의 처벌규정이 있었으나 상해죄의 일종으로 처리되었고, 구한말의 형법 초안에서는 자낙태도 처벌하는 것으로 구상되었다. 그러나 『형법대전』에서는 전통에 입각하여 부녀 자신의 자낙태는 처벌하지 않고 타낙태는 처벌하도록 규정하였다. 자낙태까지 처벌하기 시작한 것은 조선형사령에 의하여 일본형법이 의용(依用)되면서부터이다.[32]

우리나라의 형법이 제정되던 1953년에도 형법 제정안 심의과정에서 형법에 낙태죄 규정을 넣지 말자고 하는 의견이 있었으나, 이러한 의견은 재석의원 107인 중에 27인의 동의만을 얻어 부결되었다.[33] 그리하여 대한민국 최초의 제정형법에는 낙태행위를 금지하고 낙태죄를 처벌하는 규정이 들어갔다. 이후 1992년의 형법 개정 법률안에서는 부녀의 자기낙태 행위와 의사 등의 동의낙태 행위를 비범죄화하자는 주장이 강하게 대두되었지만, 이러한 개정안도 채택되지 못하여 형법상 낙태죄 규정은 제정형법상의 규정이 거의 그대로 존치되었다.[34]

2) 낙태 관련 법률과 판결

실질적인 낙태율이 다른 국가에 비교하여 높다는 평가를 받고 있음에도 불구

---

30) 조규창, 『로마형법』, 고려대학교 출판부, 1998, 209 이하.
31) Wilkitaki / Lauritzen, Schwangerschaftabbruch in der BDR, 1981, p.9.
32) 신동일, 『형법개정과 관련하여 본 낙태죄 및 간통죄에 관한 연구』, 한국형사정책연구원, 1991, 9쪽.
33) 『형법제정자료집』, 한국형사정책연구원, 1990, 469쪽.
34) 차용석, "사회변동과 형법", 『법학논총』 제11집, 한양대학교 법학연구소, 1994, 42쪽.

하고, 우리나라는 과잉형벌이라고 부를 만큼 낙태행위에 관하여 비관용적인 규정을 두고 있었다. 낙태 혹은 임신중절에 관하여, 우리나라의 법률은 낙태죄를 규정하고 있는 「형법」과 임신중절이라는 명칭으로 낙태의 위법성 조각사유를 규정한 「모자보건법」으로 이원화되어 있다. 이를 일원화하기 위한 입법적 노력이 1990년대에 있었지만 성공을 거두지 못하였고,35) 현행 법률은 이러한 이원화 체제를 그대로 유지하고 있다.

「형법」은 제27장 낙태의 죄에서 자기낙태죄(제269조 제1항), 동의낙태죄(제269조 제2항), 업무상 동의낙태죄(제270조 제1항), 부동의낙태죄(제270조 제2항), 낙태치사상죄(제269조 제3항, 제270조 제3항) 등의 규정을 두어 낙태행위를 처벌하고 있다.

그리고 「모자보건법」상 의학적·우생학적·윤리적 사유 등 5가지 정당화사유가 있는 경우에 한해서 임신한 날로부터 24주 이내에만 형법상 낙태죄의 적용을 배제함으로써 특정한 경우의 낙태를 처벌하지 않고 있다(「모자보건법」 제14조). 그리고 「모자보건법」 제28조에서는 이 법에 의하여 인공임신중절수술이 이루어진 경우에는 「형법」의 낙태죄를 적용하지 않도록 하여 「형법」과 「모자보건법」이 연동되어 있다. 낙태죄에 관한 논의를 하기 위해서는 「형법」과 「모자보건법」을 함께 논의하여야 하고, 낙태죄를 개정하는 경우에도 「형법」과 「모자보건법」을 동시에 개정하여야 한다.

용어의 문제에도 주목할 필요가 있다. 태아는 수정란이 자궁벽에 착상한 때36)부터 분만이 개시되기까지의 생명체를 의미하는데, 인공 임신중절(人工姙娠中絕, artificial abortion)이나 낙태(落胎, abortion)나 '태아가 모체 밖에서는 생명을 유지할 수 없는 시기에 태아와 그 부속물을 인공적으로 모체 밖으로 배출시키는 행위'를 지칭한다. 다만, '낙태'는 「형법」에서 사용되는 용어이고, '인공 임신중절'은 「모자

---

35) 1992년 7월 7일에 정부는 「형법」 개정안을 제출하였다. 제안이유는 "1953년 刑法 制定이래 政治·經濟·社會등 모든 영역의 발전과 윤리의식의 변화로 발생한 法規範과 現實과의 乖離를 해소하고, 우리사회의 産業化·정보화의 추세에 따른 컴퓨터犯罪등 新種犯罪에 효율적으로 대처하여 국민생활의 안정을 도모함과 아울러 그간 制定된 暴力行爲等處罰에관한法律등 각종 刑事特別法을 統合·再調整하려는 것임."이었다. 낙태죄를 처벌하는 것에는 변함이 없지만, 「모자보건법」의 임신중절 규정을 형법 제135조(낙태의 허용범위)로 가져와서, 낙태에 관한 「형법」과 「모자보건법」의 이원화된 체계를 통합·정비하고자 하였으나, 이러한 입법적 시도는 성공하지 못하였다.

36) 형법과 의료계의 일반적인 입장은 수정란이 자궁에 착상할 때(수정 후 약 14일) 부터를 태아로 보고 있지만, 카톨릭 등 종교계의 일반적인 입장은 생명체의 시기(始期)를 자궁에 착상되기 이전으로 보고 있다.

보건법」에서 사용되는 용어이다.

낙태를 허용해야 한다는 입장을 지닌 사람들은 낙태보다 인공임신중절이라는 용어를 선호하고, 의료현장에서도 인공임신중절이라는 용어가 사용된다. 낙태는 대개 이를 부정적으로 생각하는 사람들에 의해 사용된다. 즉, 낙태는 태아의 권익에 초점을 두는 표현이지만, 인공임신중절은 임산부의 권익에 초점을 두는 표현이라고 할 수 있다.[37] 어떠한 용어를 선택하는가 하는 것도 입장에 따라 좌우될 수 있다. 용어의 선택도 가치중립적이지 않을 때가 있는 것이다.

우리나라의 법률 규정을 보면, 자낙태이든 타낙태이든 간에 낙태 행위는 「형법」 제269조 등에서 명시적으로 금지하고 있었다.

> **형법 제269조(낙태)** ① 부녀가 약물 기타 방법으로 낙태한 때에는 1년 이하의 징역 또는 200만 원 이하의 벌금에 처한다.
> ② 부녀의 촉탁 또는 승낙을 받아 낙태하게 한 자도 제1항의 형과 같다.
> ③ 제2항의 죄를 범하여 부녀를 상해에 이르게 한 때에는 3년 이하의 징역에 처한다. 사망에 이르게 한 때에는 7년 이하의 징역에 처한다.
>
> **제270조(의사 등의 낙태, 부동의 낙태)** ① 의사, 한의사, 조산사, 약제사 또는 약종상이 부녀의 촉탁 또는 승낙을 받아 낙태하게 한 때에는 2년 이하의 징역에 처한다.
> ② 부녀의 촉탁 또는 승낙 없이 낙태하게 한 자는 3년 이하의 징역에 처한다.
> ③ 제1항 또는 제2항의 죄를 범하여 부녀를 상해에 이르게 한 때에는 5년 이하의 징역에 처한다. 사망에 이르게 한 때에는 10년 이하의 징역에 처한다.
> ④ 전3항의 경우에는 7년 이하의 자격정지를 병과한다.

형법에서 낙태행위가 원칙적으로 금지되고 있지만, 낙태행위는 기소되거나 처벌되는 일이 드물기 때문에 거의 사문화된 규정으로 인식되고 있었다. 지난 십여 년간 우리나라에서 행해진 낙태행위의 기소현황은 <표 10-2>와 같다.

표 10-2 14년간의 낙태죄 기소현황(기소된 사건의 수)

연도	2006	2007	2008	2009	2010	2011	2012	2013	2014	2015	2016	2017	2018	2019
접수	25	26	33	30	56	34	39	47	64	88	58	31	43	43
기소	5	3	4	4	7	8	5	10	3	7	9	5	6	21

* 자료: 대검찰청, 『검찰연감』, 2020, 658-663쪽을 근거로 하여 정리함.

---

37) 이경직, "낙태에 관한 한국 교회의 입장", 『기독교와 철학』, 제8호, 2007, 68쪽.

이처럼 해마다 10건 미만이 기소되어 재판이 이루어지고 있는 낙태사건에서 대부분은 선고유예가 되고 있었다. 한해 40만 건 이상의 낙태가 이루어지고 그 중 95% 이상이 불법낙태라고 본다면, 실제 불법낙태를 한 후 법원에서 재판을 받을 확률은 0.002% 이하이고, 그 중 선고유예가 아닌 실제적인 형을 선고받을 확률은 0.0005% 이하이다.[38] 낙태죄가 엄연히 존재하고 있음에도 불구하고, 기소율이나 처벌율은 현저하게 낮다는 것을 알 수 있다.

위에서 본 바와 같이 「형법」에는 낙태행위를 금지하고 이를 처벌하는 규정이 있지만, 「모자보건법」 제14조에는 인공 임신중절 즉, 낙태가 허용되는 예외적인 사유들이 다음과 같이 규정되어 있다.

> **모자보건법 제14조(인공 임신중절 수술의 허용 한계)** ① 의사는 다음 각 호의 어느 하나에 해당되는 경우에만 본인과 배우자(사실상의 혼인관계에 있는 사람을 포함한다. 이하 같다)의 동의를 받아 인공임신중절수술을 할 수 있다.
> 1. 본인이나 배우자가 대통령령으로 정하는 우생학적(優生學的) 또는 유전학적 정신장애나 신체질환이 있는 경우
> 2. 본인이나 배우자가 대통령령으로 정하는 전염성 질환이 있는 경우
> 3. 강간 또는 준강간(準强姦)에 의하여 임신된 경우
> 4. 법률상 혼인할 수 없는 혈족 또는 인척 간에 임신된 경우
> 5. 임신의 지속이 보건의학적 이유로 모체의 건강을 심각하게 해치고 있거나 해칠 우려가 있는 경우
> ② 제1항의 경우에 배우자의 사망·실종·행방불명. 그 밖에 부득이한 사유로 동의를 받을 수 없으면 본인의 동의만으로 그 수술을 할 수 있다.
> ③ 제1항의 경우 본인이나 배우자가 심신장애로 의사표시를 할 수 없을 때에는 그 친권자나 후견인의 동의로, 친권자나 후견인이 없을 때에는 부양의무자의 동의로 각각 그 동의를 갈음할 수 있다.
>
> **모자보건법 시행령 제15조(인공 임신중절 수술의 허용 한계)** ① 법 제14조에 따른 인공임신중절수술은 임신 24주일 이내인 사람만 할 수 있다.
> ② 법 제14조 제1항 1호에 따라 인공임신중절수술을 할 수 있는 우생학적 또는 유전학적 정신장애나 신체질환은 연골무형성증. 낭성섬유증 및 그 밖의 유전성 질환으로서 그 질환이 태아에 미치는 위험성이 높은 질환으로 한다.
> ③ 법 제14조 제1항 2호에 따라 인공임신중절수술을 할 수 있는 전염성 질환은 풍진. 톡소플라즈마증 및 그 밖에 의학적으로 태아에 미치는 위험성이 높은 전염성 질환으로 한다.

---

38) 신진화, "낙태죄에 관한 제 문제 지정토론문", 『저스티스』, 121호, 한국법학원, 2010, 428쪽.

그리고 「모자보건법」 제28조에는 위에서 설명한 형법상의 낙태죄와 「모자보건법」 상의 인공 임신중절 간의 관계를 명확히 해주는 조항을 다음과 같이 두고 있다.

> **모자보건법 제28조(형법의 적용배제)** 이 법에 따른 인공임신중절수술을 받은 자와 수술을 한 자는 「형법」 제269조 제1항·제2항 및 제270조 제1항에도 불구하고 처벌하지 아니한다.

이처럼 「형법」에서 낙태행위를 금지하고 있으며 「모자보건법」에서 인공 임신중절이라는 표현으로 규정된 일정한 사유가 있는 낙태행위만을 허용하고 있음에도 불구하고, 낙태는 많이 행해지고 있으며 앞의 통계에서 본 바와 같이 기소되는 경우는 아주 드물다. 그럼에도 불구하고 다음의 대법원 판례는 낙태행위가 위법한 행위임을 명확히 하고 있으며, 「모자보건법」상 임신중절이 허용되는 예외적인 사유를 엄격히 해석하여 낙태죄를 처벌하고 있음을 보여주는 사례이다.

의사가 부녀의 촉탁 또는 승낙을 받아 행한 낙태행위

인간의 생명은 잉태된 때부터 시작되는 것이고 회임된 태아는 새로운 존재와 인격의 근원으로서 존엄과 가치를 지니므로 그 자신이 이를 인식하고 있는지 또 스스로를 방어할 수 있는지에 관계없이 침해되지 않도록 보호되어야 한다 함이 「헌법」 아래에서 국민일반이 지니는 건전한 도의적 감정과 합치되는 바이므로 비록 「모자보건법」이 특별한 의학적·우생학적 또는 윤리적 적응이 인정되는 경우에 임산부와 배우자의 동의 아래 인공 임신중절 수술을 허용하고 있다 하더라도 이로써 의사가 부녀의 촉탁 또는 승낙을 받으면 일체의 낙태행위가 정상적인 행위이고 「형법」 제270조 제1항 소정의 업무상 촉탁낙태죄에 의한 처벌을 무가치하게 되었다고 할 수는 없으며 임산부의 촉탁이 있으면 의사로서 낙태를 거절하는 것이 보통의 경우 도저히 기대할 수 없게 되었다고 할 수도 없다. 「모자보건법」 제8조 제1항 5호 소정의 인공 임신중절 수술 허용한계인 임신의 지속이 보건의학적 이유로 모체의 건강을 심히 해하고 있거나 해할 우려가 있는 경우라 함은 임신의 지속이 모체의 생명과 건강에 심각한 위험을 초래하게 되어 모체의 생명과 건강만이라도 구하기 위하여는 인공 임신중절 수술이 부득이하다고 인정되는 경우를 말하며 이러한 판단은 치료행위에 임하는 의사의 건전하고도 신중한 판단에 위임되어 있다.[39]

---

39) 대법원 1985. 6. 11. 선고 84도1958 판결(살인미수, 업무상 촉탁 낙태).

형법상 낙태죄는 엄연히 존재하고 있고 「모자보건법」에 의한 임신중절의 허용한계도 엄격하지만, 현실에서는 낙태죄가 사문화되었다거나 낙태법제의 실효성이 부족하다는 지적이 있다.[40] 그러나 낙태죄로 기소되는 여성이 있는 한 결코 낙태죄는 사문화되었다고 할 수 없으며, 「형법」에 낙태를 처벌하는 규정이 엄존하는 한 여성들은 위협적으로 느낄 수밖에 없다는 지적도 있었다.

어떠한 견해를 취하든지 간에, 우리나라 「형법」의 낙태죄 규정은 1953년에 제정된 이후 60년이라는 오랜 기간이 지나는 동안에도 거의 그대로 유지되고 있다는 것 자체가 시대적 변화의 요청에 부응하지 못한 것[41]이라고 할 수 있다. 「형법」의 낙태죄 및 「모자보건법」의 인공임신중절 규정이 현실성과 실효성을 갖출 수 있도록 사회 변화를 반영할 필요가 있다.

5. 낙태죄에 관한 헌법재판소의 결정

우리나라도 근래에 낙태에 관한 헌법소송이 벌어진 바 있다. 즉, 임신부의 부탁을 받고 6주된 태아를 낙태시킨 조산사(助産師)가 낙태죄로 기소되어 재판을 받게 되자, 헌법재판소에 헌법소원을 청구하였다. 청구인은 낙태죄 조항이 임부의 임신 초기의 낙태행위까지 금지하고 이를 형사처벌하는 것은 임부의 기본권을 침해하므로, 조산사의 낙태행위를 금지하고 처벌하는 이 사건 법률조항도 당연히 위헌이라고 주장하였다. 이에 대하여 2012년에 헌법재판소는 낙태죄가 위헌이 아니

---

40) 낙태법제의 실효성을 제고하기 위한 방안으로 다음과 같이 제시되고 있다. ① 형법상 낙태죄의 개정 내지 폐지 ② 모자보건법을 개정하여 사회적·경제적 사유를 허용 ③ 낙태를 처벌하는 경우에도 여성만을 처벌하지 않고 남성에게도 동등하게 낙태책임을 부과 ④ 성적 자기결정권 내지 재생산권을 가진 주체로서의 여성의 권리를 확인하고 장려 ⑤ 여성이 임신과 출산으로 인한 차별과 불이익을 배제할 수 있는 실질적이고 지속적인 배려와 제도적 보장이 필요함. 윤진숙, "낙태법제에 대한 이론적 고찰", 『법조』, 664호, 2012, 69쪽.

41) 특히 「형법」에 의한 낙태죄 처벌에 관하여 상반된 입장이 대립되기도 한다. 즉, "낙태규제에 있어서의 「형법」의 효용성에 관하여는 긍정과 부정의 입장차이가 매우 크다. 어떤 사람들은 낙태와의 싸움에서 「형법」의 적극적인 사용을 선호하는데 비해, 다른 한편에서는 「형법」이 전혀 소용이 없다고 주장하기도 한다. 현실에서 낙태가 성행하는 것은 규제의 정도가 약하기 때문에 「형법」으로 더 엄격하게 규제해야 한다든가, 더 엄격하게 집행해야 한다는 주장이 있는가 하면, 정반대의 입장에서 현실적인 낙태의 성행은 「형법」의 실패를 드러내는 것이며, 결국 「형법」만으로는 적절한 방지효과를 기대할 수 없다고 하는 것이다." 정현미, "낙태규제에 있어서 형법의 효용성", 『이화여자대학교 법학논집』, 제16권 제2호, 2011, 155쪽.

라는 결정을 하였다.

> **헌재 2012. 8. 23. 2010헌바402 결정**
>
> 입법자는 생명의 유지와 보호, 건강의 회복과 증진을 본분으로 하는 업무에 종사하는 조산사가 그에 반하는 낙태를 하게 한 경우에는 일반인보다 책임이 무거우며, 실제로 낙태시술의 기능이나 낙태에 사용하는 약품 등을 알고 있는 조산사가 이를 남용하여 영리행위에 이르게 될 우려가 있다는 판단하에 조산사의 낙태를 징역형으로만 처벌하도록 함으로써 태아의 생명을 보호하고자 한 것임을 알 수 있는바, 이러한 입법목적은 정당하고, 조산사의 낙태를 징역형으로 처벌하는 것은 이러한 입법목적을 달성하기 위한 효과적이고 적절한 방법이다. 이 사건 법률조항은 조산사가 임부의 촉탁이나 승낙을 받아 낙태를 하게 한 경우를 징역형으로만 처벌하도록 규정하고 있으나, 그 법정형의 상한이 2년 이하의 징역으로 되어 있어 법정형의 상한 자체가 높지 않을 뿐만 아니라, 비교적 죄질이 가벼운 낙태에 대하여는 작량감경이나 법률상 감경을 하지 않아도 선고유예 또는 집행유예 선고의 길이 열려 있으므로, 행위의 개별성에 맞추어 책임에 알맞은 형벌을 선고할 수 없도록 하는 지나치게 과중한 형벌을 규정하고 있다고 볼 수 없다. (중략) 사회적·경제적 사유로 인한 낙태로까지 그 허용의 사유를 넓힌다면, 자칫 자기낙태죄 조항은 거의 사문화되고 낙태가 공공연하게 이루어져 인간생명에 대한 경시풍조가 확산될 우려마저 없지 않다.

낙태를 처벌하지 않거나 형벌보다 가벼운 제재를 가하게 된다면 현재보다도 훨씬 더 낙태가 만연하게 될 것이고, 성교육과 피임법의 보편적 상용, 임부에 대한 지원 등은 불법적인 낙태를 방지할 효과적인 수단이 되기에는 부족하기 때문에, 낙태죄는 위헌으로 볼 수 없다는 것이다. 또한 임신 초기의 낙태나 사회적·경제적 사유에 의한 낙태를 허용하고 있지 아니한 것이 임부의 자기결정권에 대한 과도한 제한이라고 볼 수 없다는 것이다.

이러한 헌법재판소의 법정의견(다수의견)에 대하여 반대의견도 있었다. 자기낙태죄 조항은 임신 초기(임신 1~12주)의 낙태까지 전면적, 일률적으로 금지하고 처벌하고 있다는 점에서 임부의 자기결정권을 침해하는 것이며, 따라서 「헌법」에 위반된다는 것이다. 특히, 태아의 생명보호라는 공익은 낙태행위를 형사처벌함을 통하여 달성하려 하지 말고, 성교육 내지 피임 관련 교육, 낙태상담 등의 실시, 임부에 대한 사회복지 차원에서의 부조와 국가적 지원 등의 더욱 실효성 있는 수단을 통해 달성하라는 의견을 제시하고 있다.

> **■ 헌재 2012. 8. 23. 2010헌바402 결정 – 4인의 반대의견**
>
> 태아에 대한 국가의 보호의무에는 여성이 임신 중 또는 출산 후 겪게 되는 어려움을 도와주는 것까지 포함된다고 보아야 할 것이고, 국가는 생명을 보호하는 입법적 조치를 취함에 있어 인간생명의 발달단계에 따라 그 보호정도나 보호수단을 달리할 수 있다. 현대 의학의 수준에서는 태아의 독자적 생존능력이 인정되는 임신 24주 이후에는 임부의 낙태를 원칙적으로 금지하고, 임부의 생명이나 건강에 현저한 위해가 생길 우려가 있는 등 특단의 사정이 있는 경우에만 낙태를 허용함이 바람직하다. 임신 중기(임신 13주–24주)의 낙태는 임신 초기(임신 1주–12주)의 낙태에 비하여 임부의 생명이나 건강에 위해가 생길 우려가 증가한다는 점에서 국가는 모성의 건강을 증진하기 위하여 낙태의 절차를 규제하는 등으로 임신중기의 낙태에 관여할 수 있다고 할 것이다. 그런데 임신 초기의 태아는 고통을 느끼지 못하는 반면, 임신 초기의 낙태는 시술방법이 간단하여 낙태로 인한 합병증 및 모성사망률이 현저히 낮아지므로 임신 초기에는 임부의 자기결정권을 존중하여 낙태를 허용해 줄 여지가 크다. 따라서 임신 초기의 낙태까지 전면적, 일률적으로 금지하고 처벌하고 있는 자기낙태죄 조항은 침해의 최소성 원칙에 위배된다. 한편, 형법상 낙태죄 규정이 현재는 거의 사문화되어 자기낙태죄 조항으로 달성하려는 태아의 생명보호라는 공익은 더 이상 자기낙태죄 조항을 통하여 달성될 것으로 보기 어려운 반면, 자기낙태죄 조항으로 제한되는 사익인 임부의 자기결정권은 결코 가볍게 볼 수 없어 법익의 균형성 요건도 갖추지 못하였다. 그러므로 자기낙태죄 조항은 임신 초기의 낙태까지 전면적, 일률적으로 금지하고 처벌하고 있다는 점에서, 임부의 자기결정권을 침해하여 헌법에 위반된다.

이러한 법정의견과 반대의견 모두에 대하여 낙태죄 규정이 태아의 생명권 보호라는 공익과 임산부의 자기결정권이라는 사익의 충돌의 구조로 이해하는 것은 오류라는 점을 지적하며, 태아와 모체는 대척점에 있는 관계가 아닌 상호의존적인 관계로 이해해야 하고, 낙태죄 처벌규정은 수범자의 기대가능성과 자기책임성을 무시하였다는 비판[42]도 있었다.

이후 69회의 낙태시술을 했다는 혐의로 기소된 산부인과 의사가 2018년에 낙태죄에 대한 헌법소원심판을 청구하면서, 낙태를 처벌하는 대신에 다양한 제도를

---

42) 이연우, "낙태 범죄화와 여성 섹슈얼리티 통제", 『공익과 인권』, 통권 제15호, 2015, 184쪽 이하.

도입하거나, 낙태죄의 예외사유 확대 등으로 임신부가 출산 여부를 선택할 수 있도록 해야 한다고 주장하였다. 법무부는 헌법재판소에 현행 형법상의 낙태죄가 합헌이라는 의견서를 제출한 반면에, 여성가족부는 낙태죄는 폐지되어야 한다는 상반된 의견서를 제출하였다.

헌법재판소의 이러한 소수의견이 2019년에는 다수의견이 되어 헌법재판소의 판례가 변경되었다.

> ### 헌재 2019. 4. 11. 2017헌바127 결정
>
> 자기결정권은 인간의 존엄성을 실현하기 위한 수단으로서 인간이 자신의 생활영역에서 인격의 발현과 삶의 방식에 관한 근본적인 결정을 자율적으로 내릴 수 있는 권리다. 자기결정권에는 여성이 그의 존엄한 인격권을 바탕으로 하여 자율적으로 자신의 생활영역을 형성해 나갈 수 있는 권리가 포함되고, 여기에는 임신한 여성이 자신의 신체를 임신상태로 유지하여 출산할 것인지 여부에 대하여 결정할 수 있는 권리가 포함되어 있다. (중략) 자기낙태죄 조항은 모자보건법이 정한 일정한 예외를 제외하고는 임신기간 전체를 통틀어 모든 낙태를 전면적·일률적으로 금지하고, 이를 위반할 경우 형벌을 부과하도록 정함으로써 임신한 여성에게 임신의 유지·출산을 강제하고 있으므로, 임신한 여성의 자기결정권을 제한하고 있다. (중략) 따라서, 자기낙태죄 조항은 입법목적을 달성하기 위하여 필요한 최소한의 정도를 넘어 임신한 여성의 자기결정권을 제한하고 있어 침해의 최소성을 갖추지 못하고 있으며, 법익균형성의 원칙도 위반하였다고 할 것이므로, 과잉금지원칙을 위반하여 임신한 여성의 자기결정권을 침해하는 위헌적인 규정이다(헌재 2019. 4. 11. 2017헌바127).

헌법재판소의 2019년 헌법불합치 결정으로 2012년의 합헌 결정은 변경되었으며, 헌법재판소의 결정에 따라 국회는 2020년 12월 31일까지 관련 규정을 개정하여야 했다. 즉, 임신중절의 결정가능기간을 어떻게 정하고 결정가능기간의 종기를 언제까지로 할 것인지, 결정가능기간 중 일정한 시기까지는 사회적·경제적 사유에 대한 확인을 요구하지 않을 것인지 여부까지를 포함하여 결정가능기간과 사회적·경제적 사유를 구체적으로 어떻게 조합할 것인지, 상담요건이나 숙려기간 등과 같은 일정한 절차적 요건을 추가할 것인지 여부 등을 고려하여 관련법을 개정하여야 했지만 워낙 논란이 심해서 2024년 현재까지도 법률은 개정되지 못하고 있다.

6. 입 법 론

낙태문제에 관한 입법론으로서는 원론적으로 낙태죄 존치론과 낙태죄 폐지론이 있으며, 이러한 양극단의 중간지점에 조건과 기한이 한정된 다양한 방안이 있다. 즉, 낙태죄 존치론에서는 모자보건법상 임신중절의 사유를 폐지하거나 엄격하게 제한하자고 하는 견해, 형법상 낙태죄의 적용과 집행을 강화하자는 견해도 있을 수 있다.

낙태죄 폐지론을 법제도에 반영하는 방법으로는 형법상 낙태죄 조항을 삭제하는 방법과 모자보건법상 인공임신중절 허용한계를 확대하는 방법이 있을 수 있다. 기간과 사유를 묻지 않고 낙태행위를 전면적으로 허용하자는 의견[43]도 있고, 상담절차를 주된 내용으로 하는 절차규정을 도입하면 효율적인 제도가 될 것이라는 제안도 있다.[44]

위에서 본 바와 같이 인공 임신중절을 허용하는 사유에 대하여 규정하고 있는 「모자보건법」이 적절한가에 대한 의견조사에서 55.4%가 허용 사유를 대폭 확대, 29.7%가 약간 확대해야 한다는 견해를 가지고 있고, 6.7%가 허용 사유를 축소해야 한다는 견해를 지지하고 있다. 전체적으로 보면 임신중절의 허용사유를 확대하여야 한다는 의견이 85.1%로 우세한 모습을 보이고 있는 것이다.

허용 사유를 확대하는 이유로는 사회적으로 용인될 수 있는 시술의 합법화가 79.0%, 여성의 건강에 대한 선택권 보장이 55.8%, 불법적 시술의 감소가 33.8%[45]로서, 이러한 여론조사 결과만을 놓고 볼 때에는 법률 개정에의 사회적 요청이 강하다고 할 수 있다. 여론조사의 주체와 시기 및 방법에 따라 다양한 여론조사결과가 있지만, 낙태를 허용하자는 견해가 점차 늘어나는 경향성을 보이고 있다.

* 초기의 「모자보건법」에는 우생학적 또는 유전학적 정신장애나 신체질환의 유전 또는 전염의 방지를 위한 불임수술 명령제도도 있었다. 국가가 불임수술을 명령할 수 있었던 것이다. 그러나 이 조

인공임신중절수술의 허용한계 등을 규정하고 있는 「모자보건법」*이 1973년 2월 8일에 제정·공포된 이후 많은 개정법률안이 제출되었으나, 인공임신중절수술의 허용한계

---

43) 도규협, "낙태에 대한 합리적 대응방안", 『비교형사법연구』, 제22권 제3호, 2020, 65쪽.
44) 주호노, "낙태에 관한 규정의 현황과 모자보건법의 합리적 개정방안", 『한국의료법학회지』, 제20권 제2호, 2012, 76쪽.
45) 고려대학교·보건복지부, 『인공임신중절 실태조사 및 종합대책수립』, 2005. 9, 100-103쪽.

를 규정한 조문의 내용은 조문의 위치만 약간 달리한 것 이외에는 거의 변하지 않고 남아 있다. 그러나 '임신중절의 범위 확대' 또는 '임신중절 허용한계의 현실화[46]를 통한 불법낙태의 방지'에 관한 사회적 논의와 개정법률안 제출은 앞으로도 계속될 것으로 보인다.

항은 인권침해의 논란이 있자 1999년 2월에 법률 개정을 통하여 이 제도를 폐지하였다. 그러나 오히려 우생학적 이유 등으로 인한 임신중절 조항이 장애인을 차별하는 것이라는 이유로 동 조항의 삭제를 내용으로 하는 법률안이 발의된 적이 있다.

전술한 바와 같이 낙태죄 존치론 중에서 모자보건법상 임신중절의 사유를 폐지하자는 견해를 언급하였다. 2000년에는 이러한 입장을 반영한 법률안이 입법청원된 적이 있었다. 즉, 123만명이 서명하여 천주교회의 교구 주교들이 국회에 청원서를 제출하였다.

모자보건법 개정을 위한 입법청원의 요지

모자보건법 중 제14조(낙태의 허용범위)는 인간의 존엄성과 기본권보장에 대한 헌법 제10조에 위배될 뿐만 아니라, 형법 제269－270조 낙태죄의 규범적 효력을 잃게 하고 무분별한 낙태를 조장하여 낙태일반화, 생명경시풍조와 성윤리 문란의 사회문제를 야기하고 있기에 모자보건법 중 제14조의 폐지를 청원합니다.

일정한 사유가 있는 경우에 임신중절을 가능케 하는 「모자보건법」 상의 낙태처벌 예외사유를 폐지하면 어떠한 경우에도 낙태는 규범적으로는 불가능하게 된다. 이러한 입법청원은 2000년 12월 27일에 국회의원 46인의 소개로 국회에 제출되어 보건복지위원회에서 심의[47]되었으나 본회의에 넘기지 않는다는 '본회의 불부의'라는 결정을 내렸다. 청원인들에게는 이러한 처리결과를 약 2년이 경과한 2002년 11월 6일에 통지하였는데, 본회의 불부의 사유는 '여건결여로 인한 실현불가'였다.

제18대 국회기간 중인 2010년 4월 12일에는 위의 청원과는 전혀 다른 방향과

---

46) 김종세, "낙태와 헌법상의 근본가치", 『젠더와 문화』, 제3권 제2호, 2010, 102쪽; 양현아, "여성 낙태권의 필요성과 그 함의", 『한국여성학』, 제21권 제1호, 2005, 33쪽.

47) "견해차는 낙태문제가 여성의 사회적 지위(임부의 자기결정권) 및 사회의 도덕적 가치관(자유권과 태아의 생명)과 직결된 예민한 쟁점을 담고 있기 때문인데, 낙태죄에 관한 입법론은 "태아의 생명보호"와 "임부의 자기결정권 확보"라는 두 요청간의 조화를 추구하는 방향에서 모색되어져야 할 것으로 생각됨." 모자보건법 개정에 관한 청원 심사보고서, 보건복지위원회, 2002. 11, 5쪽.

내용의 「모자보건법」 개정안이 발의되었다. 동법 제14조의 '인공 임신중절 수술의 허용한계'의 사유로서 6호를 두어 "임신의 유지나 출산 후 양육이 어려운 사회·경제적 사유로서 대통령령으로 정하는 경우"라는 내용을 신설하고, 이 조항 집행의 악용을 막기 위하여 상담절차와 숙려기간 조항 등을 두자는 법안이다. 이러한 개정안은 여성의 자기결정권을 어느 정도 보호하고, 합법적 인공임신중절수술이 가능해 질 수 있는 방안[48]을 법안에 반영한 것으로 볼 수 있다. 그러나 이 법안은 제18대 국회의 임기만료로 폐기되었다.

모자보건법 개정법률안 입법취지와 주요내용

현행법 체계상 인공임신중절수술은 태아의 생명보호를 위하여 「형법」에서 원칙적으로 금지하면서 부득이한 경우에 한하여 허용하고 있음. 그러나 인공임신중절수술 허용 사유가 현실과 많은 차이가 발생하고 있어 불법적인 인공임신중절수술이 성행하는 등 이에 관한 대책이 필요한 상황임. 실례로 2005년 전국의 산부인과를 대상으로 실시된 인공임신중절수술 실태조사에 따르면 인공임신중절수술 추정건수는 34만 2,300건이고, 이 중 현행법상 허용되는 인공임실중절수술 추정건수는 1만 4,900건으로 인공임신중절수술의 약 4.4퍼센트만이 합법적인 수술이라고 할 수 있을 것임. 그러나 인공임신중절수술로 처벌된 현황을 살펴보면 2007년에 7건, 2008년에 9건, 2009년 8월까지 3건에 불과한 실정으로 이는 불법적인 인공임신중절수술 추정건수와 비교하여 볼 때 현행 법규정이 문제가 있다는 것을 보여주는 것임. 따라서 인공임신중절수술 전에 전문가와의 상담절차를 거치도록 숙려기간을 두고, 인공임신중절수술 허용 사유에 사회·경제적인 사유를 추가하여 현실에 맞도록 개정함으로써 불법적인 인공임신중절수술을 줄여 산모의 건강과 태아의 생명을 보호하려는 것임.

① 인공임신중절수술 허용 사유에 대통령령으로 정하는 사회·경제적인 사유를 추가하되, 임신한 날부터 12주 이내의 경우에만 할 수 있도록 함.

② 인공임신중절수술을 받고자 하는 자가 미성년자인 경우 그 친권자 또는 후견인의 동의를 받아 수술을 하도록 함.

③ 인공임신중절수술을 받고자 하는 자는 상담소에서 상담을 받도록 하고, 보건복지부장관, 특별자치도지사 또는 시장·군수·구청장은 인공임신중절수술 상담소를 설치·운영하도록 함.

④ 인공임신중절수술 상담사의 자격과 상담절차를 규정함.

⑤ 인공임신중절수술은 상담 후 2일이 경과한 후부터 시행하도록 함.

---

48) 김재윤, "합리적인 낙태규제방안", 『입법정책』, 제7권 2호, 2013, 36쪽.

이러한 「모자보건법」 개정안과는 다른 관점에서 개정안이 발의된 적도 있다. 본인 또는 배우자가 우생학적 또는 유전학적 정신장애나 신체질환이 있는 경우에는 인공임신중절수술이 가능하게 한 것은 장애인의 출산권을 침해하는 것이기 때문에 해당 조항을 삭제하여야 한다는 내용의 법률안이 2007년 6월 19일에 발의되었으나, 제17대 국회의 임기만료로 폐기되었다.

모자보건법 개정법률안 입법취지

「헌법」 제10조는 "모든 국민은 인간으로서의 존엄과 가치를 가지며, 행복을 추구할 권리를 가진다. 국가는 개인이 가지는 불가침의 기본적 인권을 확인하고 이를 보장할 의무를 진다."라고 명시함으로써 인간의 생명은 누구에게나 소중한 것이고 또한 그것을 유지할 권리가 있음을 선언한 것으로 장애인이라고 해서 이를 차별하거나 예외가 되도록 할 수는 없음. 그러나 위의 「헌법」 규정에도 불구하고 이 법 제14조에서는 본인 또는 배우자가 대통령령이 정하는 우생학적 또는 유전학적 정신장애나 신체질환이 있는 경우에는 예외적으로 낙태를 허용하고 있는데, 이는 장애인의 출산권을 인정하지 않고 오히려 장애인에 대한 임신중절이 합법적이고 당연하다는 위험한 사고를 국가가 법률에 명시함으로써 장애인을 차별하고 있는 것임. 또한 2007년 3월 6일 국회를 통과한 「장애인차별금지 및 권리구제 등에 관한 법률」 제28조에서는 누구든지 장애인의 임신, 출산, 양육 등 모·부성권에 있어 장애를 이유로 제한·배제·분리·거부하여서는 아니 된다고 하고 있어 동 법률과도 명백히 충돌하고 있다 할 것임. 따라서 장애인의 출산권은 인간 본연의 불가침의 권리로써 보장되어야 할 것으로 이 법에 규정된 장애인의 낙태 허용에 관한 규정을 삭제하려는 것임.

법률안은 아니지만, 고려대학교 의과대학이 2005년 9월에 보건복지부에 제출한 용역보고서 '인공임신중절 실태조사 및 종합대책수립'에서는 임신중절 허용기준을 다음과 같이 정리하고 있다.[49] 물론 이러한 제안에 대하여는 반대론도 있음은 앞에서 지적한 바와 같다.

임신 중절 허용기준

1. 임신 12주 이내로서, 다음 각 호의 1에 해당하는 경우에 한하여 허용한다. 시술의는 다음 각 호의 1에 해당하는 사유가 존재한다는 점을 당해 시술과 관련이

없는 1인 이상의 의사가 확인하여 작성한 서면을 제출받아 확인하여야 한다.

1호. 태아에 심각한 이상이 있어 출생 후 생존이 불가능한 경우나 신체적·정신적 기형으로 심각한 고통을 받을 수 있는 경우

2호. 임신의 유지나 출산이 모체의 신체적, 정신적 건강에 심각한 손상을 가져오는 경우

3호. 강간 또는 준강간에 의해 임신된 경우

4호. 법률상 혼인할 수 없는 혈족 또는 인척간에 임신된 경우

5호. 사회경제적인 이유로 인해 임신의 유지나 출산 후 양육이 어렵다고 판단되는 경우

6호. 미성년자가 임신한 경우

2. 임신 24주 이내로서. 태아가 모체 밖에서 생존이 가능하기 전에는 다음 각호의 1에 해당하는 사유가 있는 경우에 한하여 허용한다. 시술의는 다음 각 호의 1에 해당하는 사유가 존재한다는 점을 당해 시술과 관련이 없는 1인 이상의 의사가 확인하여 작성한 서면을 제출받아 확인하여야 한다.

1호. 태아에 심각한 이상이 있어 출생 후 생존이 불가능한 경우나 신체적, 정신적 기형으로 심각한 고통을 받을 수 있는 경우

2호. 임신의 유지나 출산이 모체의 건강에 심각한 손상을 가져오는 경우

3호. 강간 또는 준강간에 의해 임신된 경우

4호. 법률상 혼인할 수 없는 혈족 또는 인척간에 임신된 경우

5호. 미성년자가 임신한 경우

3. 임신 24주 이후로서, 태아가 모체 밖에서 생존이 가능한 경우에는 다음 각호의 1에 해당하는 사유가 있는 경우에 한하여 허용 한다. 시술의는 다음 각 호의 1에 해당하는 사유가 존재한다는 점을 당해 시술과 관련이 없는 1인 이상의 의사가 확인하여 작성한 서면을 제출받아 확인하여야 한다.

1호. 태아에 심각한 이상이 있어 출생 후 생존이 불가능한 경우

2호. 임신의 유지나 출산이 모체의 건강에 심각한 손상을 가져오는 경우

제19대 국회기간 중인 2013년 11월 8일에도 양승조 의원이 「모자보건법」 개정안을 대표발의하였다. 이 법안은 인공임신중절의 사유를 확대하기 위한 것이 아니라 임신중절을 받으려는 임산부에게 상담 및 교육을 받을 수 있도록 하려는 간단한 내용이다. 이 법안도 제19대 국회의 임기만료로 자동폐기되었다.

모자보건법 개정법률안 입법취지와 주요내용

인공임신중절은 현행 「모자보건법」상 본인이나 배우자가 정신박약·혈우병 등의 우생학적 또는 유전학적 정신장애나 신체질환이 있는 경우 유전적·보건의학적 이유에 한하여 제한적으로 허용되고 있고 그 외의 임산부나 임산부의 부탁을 받은 의료인 등이 낙태를 하는 경우 「형법」에 따라 처벌하고 있음. 그럼에도 현실적으로는 국내 인공임신중절의 약 80% 정도가 법의 허용한계를 벗어나 불법으로 이루어지고 있고 더욱이 의사와 충분한 상담 없이 인공임신중절수술을 결정하는 경우가 많기 때문에 수술 후에도 사후관리를 제대로 받지 못하여 상당수 임산부들이 생명·건강상의 위해와 정신적 고통 등을 겪고 있는 실정임. 이에 인공임신중절수술을 받거나 받으려는 임산부에 대하여 신체적·정신적 관리에 필요한 상담 및 교육을 받을 수 있도록 함으로써 인공임신중절로 인한 후유증을 최소화하고 모성의 생명과 건강을 보호하려는 것임(안 제14조의2 신설).

2019년의 헌법재판소 결정 이전에는, 낙태죄 폐지를 내용으로 하는 「형법」 개정안이 발의된 적은 없어도, 위에서 살펴본 것처럼 「모자보건법」의 개정을 통해서 변화된 사회현실과 국민인식을 반영하려는 노력이 지속되고 있었다. 1980년에도 이미 "단순한 인도주의에 입각하여 낙태죄의 처벌을 주장하는 것은 지나친 것이며 과학적 합리주의에 입각하여 낙태죄를 재평가해야 할 것"이라는 형법학자의 의견이 발표된 적이 있었다.[50)]

전술한 2019년의 헌법재판소 헌법불합치 결정 취지에 맞추어 정부는 2020년 11월 18일에 「모자보건법」 개정안을 국회에 제출하였다.

모자보건법 개정안

제안이유: 헌법재판소가 「형법」상 임신한 여성의 자기낙태와 의사가 임신한 여성의 촉탁 또는 승낙을 받아 낙태하게 한 행위를 처벌하는 규정에 대하여 헌법불합치 결정(헌법재판소 2019. 4. 11. 선고, 2017헌바127)을 한 취지를 반영하여 인공임신중절수술의 허용 한계 및 형법 적용 배제 규정을 삭제하는 한편, 인공임신중절 시 의사의 정신적·신체적 합병증 등에 관한 설명, 임신한 여성의 서면 동의 등 인공임신중절에 필요한 절차를 정하고, 국가 및 지방자치단체가 임신·출산에 관한 정보 제공 및 상담 등의 지원을 할 수 있는 근거를 마련하려는 것임.

---

50) 김기두, "낙태죄에 관한 연구", 『서울대학교 법학』, 제20권 제2호, 1980, 14쪽.

주요내용:

1. 인공임신중절의 방법 확대(안 제2조 제7호)

인공임신중절의 방법으로 수술 외에 약물 투여 등 의학적으로 인정된 방법을 추가함.

2. 종합상담기관의 설치 등(안 제2조 제13호, 제7조의3 및 제7조의4 신설)

1) 보건소에 종합상담기관을 설치하거나 보건복지부장관 등이 종합상담기관을 지정하여 임신·출산 등에 대한 정보 제공, 임신의 유지·종결에 대한 상담 등의 업무를 수행할 수 있도록 함.

2) 임신한 여성이 임신의 유지 여부를 스스로 결정할 수 있도록 하는 등 임신의 유지·종결에 대한 상담 시 준수 사항을 정하고, 종합상담기관의 장은 임신의 유지·종결에 대한 상담을 받은 여성이 요청하는 경우에는 상담사실확인서를 지체 없이 발급하도록 함.

3. 임신·출산 지원기관의 설치·운영(안 제7조의2 신설)

보건복지부장관은 임신·출산 등의 지원을 위한 긴급전화의 운영 및 온라인 상담 등의 업무를 수행하기 위하여 임신·출산 지원기관을 설치·운영할 수 있도록 함.

4. 생식건강 증진 사업의 실시(안 제12조 제3항 신설)

국가와 지방자치단체는 피임 교육 및 홍보, 인공임신중절 관련 실태조사 및 연구 등 국민의 생식건강 증진과 관련된 사업을 실시할 수 있도록 함.

5. 인공임신중절수술의 허용 한계 등의 삭제 및 인공임신중절 시 서면 동의 등 절차 마련(안 제14조, 현행 제28조 삭제)

1) 낙태의 허용 요건이 「형법」에 신설되는 것에 맞추어 인공임신중절수술의 허용 한계 및 형법 적용 배제 규정을 삭제함.

2) 의사가 인공임신중절을 할 때에는 인공임신중절을 요청한 여성에게 인공임신중절에 따라 발생할 수 있는 정신적·신체적 합병증 등을 설명하고, 임신한 여성 본인의 자기결정에 따른 인공임신중절임을 확인하는 서면 동의를 받도록 함.

3) 임신한 여성이 심신장애로 의사표시를 할 수 없거나 만 19세 미만인 경우에는 그 법정대리인에게도 인공임신중절에 따라 발생할 수 있는 정신적·신체적 합병증 등을 설명하고 서면 동의를 받도록 하되, 만 19세 미만인 여성이 법정대리인으로부터 학대를 받은 경우 등에는 상담사실확인서를 제출하면 법정대리인의 서면 동의 없이 인공임신중절을 할 수 있도록 함.

6. 인공임신중절 요청에 대한 거부(안 제14조의2 신설)

1) 의사는 개인의 신념에 따라 인공임신중절 요청을 거부할 수 있고, 이를 거부하는 경우에는 요청한 사람에게 임신·출산 종합상담기관 등에 관한 정보를 안내하여 임신의 유지·종결에 필요한 정보를 제공받을 수 있도록 하여야 함.

2) 인공임신중절 요청의 수락 또는 거부를 이유로 의사를 해고하거나 그 밖에

불리한 처우를 하는 행위를 금지함.

또한 정부는 2020년 11월 25일에 「형법」 개정안도 국회에 제출하였다. 정부의 「형법」 개정안은 기존 「모자보건법」상 낙태 허용요건을 「형법」에도 규정하고, 임신 14주 이내에는 여성 본인의 의사에 따라 낙태를 결정할 수 있도록 하고, 그 이후 24주 이내에는 사회적·경제적 사유가 있는 경우를 포함하여 「모자보건법」에 규정된 사유가 있는 경우에는 낙태가 가능하도록 하였다.

형법 개정안

제안이유 및 주요내용: 임신한 여성의 자기낙태를 처벌하는 제269조 제1항 및 의사 등이 임신한 여성의 촉탁 또는 승낙을 받아 낙태하게 한 경우를 처벌하는 제270조 제1항 중 의사에 관한 부분에 대하여 헌법재판소가 헌법불합치결정(헌법재판소 2019. 4. 11. 선고 2017헌바127)을 함에 따라, 헌법재판소의 결정 취지를 반영하여 의사에 의하여 의학적으로 인정된 방법으로 임신 14주 이내에 이루어진 낙태행위를 처벌 대상에서 제외하고, 임신의 지속이 사회적 또는 경제적 이유로 임신한 여성을 심각한 곤경에 처하게 하거나 처하게 할 우려가 있는 경우로서 「모자보건법」에 따른 임신의 유지·종결 등에 대한 상담을 받고 24시간이 지난 후에 의사에 의하여 의학적으로 인정된 방법으로 임신 24주 이내에 이루어진 낙태행위 등을 처벌 대상에서 제외하려는 것임.

「형법」 개정안은 법무부에서 준비하였고 「모자보건법」 개정안은 보건복지부에서 준비한 것인데, 「형법」상 낙태죄 규정은 개정이 아니라 삭제를 해야 한다는 비판을 받았고, 「모자보건법」 개정안은 여성의 자기결정권을 보장하기에 충분하지 않다는 비판을 받았다.[51]

정부가 제출한 법안 이외에도 국회의원들에 의하여 여러 건의 「형법」과 「모자보건법」 개정안이 발의되었다. 이 중 대표적으로 권인숙 의원이 2020년 10월 12일에 대표발의한 「모자보건법」 개정안과 「형법」 개정안은 다음과 같다.

---

51) 김지민, "낙태법제 개정에 따른 법정책 및 보건정책을 위한 시론", 『한국의료법학회지』, 제28권 제2호, 2020, 117쪽.

모자보건법 개정안

제안이유: 현행법 상 「형법」에서 원칙적으로 낙태행위를 금지·처벌하면서 24주 이내 법에서 규정한 허용사유에 한하여 인공임신중절수술을 허용하고 있음. 그런데 여성의 신체적 조건이나 상황이 다르고 정확한 임신주수를 인지하거나 특정하기 어려운 현실에서 임신주수 내지 허용사유로 인공임신중절수술의 허용 여부를 구분하는 것은 여성의 임신중단 현실과도 맞지 않을 뿐만 아니라 불법적·음성적 낙태시술로 인해 여성에게 양질의 안전한 임신중단 서비스가 제공되지 못함으로써 그간 여성의 생명과 건강을 위협해 왔던 것이 우리의 법현실이었음. (중략) 여성이 원치 않는 임신·출산으로부터 안전하게 임신중단할 권리를 보장하기 위하여 적절한 피임서비스 보장을 통해 임신중단서비스를 최소화하고, 불가피하게 발생하는 임신중단에 대해 정부는 모든 여성에게 안전한 임신중단서비스의 접근을 보장하여 여성의 건강과 인권을 보호하기 위한 방향으로 법정책이 전환될 필요가 있음. 이에 「형법」 상 낙태죄 처벌 규정 폐지(제27장 낙태의 죄 삭제)를 전제로 인공임신중절수술의 허용한계 규정(제14조)을 삭제하여 허용주수나 사유 제한 없이 충분한 정보 제공과 지원을 통해 임산부의 판단과 결정으로 의사에 의한 인공임신중단이 가능하도록 개정하고자 함.

주요내용:

1. '인공임신중절수술'을 '인공임신중단'으로 변경하고 수술뿐만 아니라 약물에 의한 방법으로 인공임신중단이 가능하도록 함(안 제2조 제7호).

2. 모자보건사업에 재생산건강 관리와 임신·출산, 인공임신중단에 대한 지원을 포함함(안 제2조 제8호).

3. 국가와 지방자치단체가 모든 국민에게 피임, 월경, 임신·출산, 인공임신중단 등에 대한 안전하고 정확한 보건의료 정보와 서비스를 제공할 책무를 신설함(안 제3조 제3항 신설).

4. 모성 등의 의무 조항을 삭제함(안 제4조).

5. 임신·출산, 인공임신중단 등과 관련된 보건의료 정보 및 서비스 제공, 상담 지원을 위한 체계를 구축하기 위하여 중앙·지역재생산건강지원센터를 설치함(안 제7조의2 신설).

6. 국가와 지방자치단체의 통합적인 피임·성교육 실시, 임신·출산 및 인공임신중단 등에 관한 종합적 정보제공 및 심리상담 지원, 임신·출산 및 인공임신중단 관련 실태조사 및 연구 등 국민의 재생산건강 증진 사업의 추진근거를 마련함(안 제12조 제3항 신설).

7. 임산부가 충분한 정보 및 상담을 토대로 인공임신중단 여부를 스스로 판단·결정할 수 있는 권리를 보장하고, 임산부가 인공임신중단을 결정한 경우 의사가 정당한 사유가 없는 한 임산부의 요청에 따라 인공임신중단을 하도록 규정함(안 제14조의2

제1항부터 제4항까지 신설).

8. 의사는 인공임신중단에 대한 정보를 임산부의 연령, 심신 상태, 그 밖의 사정을 고려하여 이해할 수 있는 방식으로 충분히 설명하되, 의사가 설명한 정보의 이해와 임산부의 의사결정 과정에 조력이 필요하다고 판단할 경우 의사 또는 임산부가 신뢰관계자의 조력 지원을 요청할 수 있는 규정을 신설함(안 제14조의2 제5항 신설).

9. 국가와 지방자치단체가 임산부의 경제적인 능력을 고려하여 의료비를 지원할 수 있는 규정을 신설함(안 제14조의3 신설).

10. 인공임신중절수술의 허용한계 및 형법 적용배제 규정을 삭제함(안 제14조 및 제28조 신설).

형법 개정안

제안이유 및 주요내용: 2019년 4월 11일 헌법재판소는 낙태죄 처벌 조항에 대한 헌법불합치 결정을 통해 형법 상 제재가 여성에게 임신을 유지하고 출산을 강제하는 효과가 제한적임을 인정하고, 형법상 자기낙태죄 조항의 실효성을 의문시하면서 사회·경제적 사유로 인한 낙태갈등상황의 중대성을 종합하여 볼 때 낙태죄가 임신한 여성의 자기결정권을 침해하는 위헌적 규정이라고 판결하였음. 여성의 신체적 조건이나 상황이 다르고 정확한 임신주수를 인지하거나 특정하기 어려운 현실에서 임신주수 내지 허용사유별로 낙태의 허용 여부를 구분하여 처벌하는 현행법은 여성의 임신중단 현실과도 맞지 않을 뿐만 아니라 명확성의 원칙에도 어긋남. 게다가 낙태죄는 불법적·음성적 낙태시술을 낳고 여성이 양질의 안전한 임신중단 서비스가 제공되지 못하게 함으로써 그간 여성의 생명과 건강을 위협해 왔음. 따라서 낙태행위 처벌이 아닌 원치 않는 임신·출산으로부터 안전하게 임신중단할 여성의 권리를 보장하고 낙태죄 폐지를 전제로 적절한 피임서비스 보장을 통해 인공임신중단서비스를 최소화하고, 불가피하게 발생하는 임신중단에 대해 정부는 모든 여성에게 안전한 임신중단 서비스의 접근을 보장하여 여성의 건강과 인권을 보호하기 위한 방향으로 법정책이 전환될 필요가 있음. 이에 낙태죄를 폐지하고, 여성의 임신중단에 대한 자기결정권 보장을 위하여 형법 제27장 낙태의 죄를 삭제함(안 제269조·제270조).

향후 낙태 혹은 임신중절에 관한 논의는 보다 구체적이고 실질적인 관점에서 접근하여야 할 것으로 본다. 현 시대의 사회현실과 다양한 사회적 요구에 따라서 낙태에 관한 규범체계를 바꿀 필요가 있다.[52]

---

52) 김학태, "낙태에 관한 법이론적 담론과 법정책적 판단에 관한 연구", 『외법논집』, 제33권 제3호, 2009, 25쪽.

그러나 낙태에 관한 논쟁의 양상과 경향을 보면, 인공임신중절의 사유를 확대하는 등의 내용을 포함한 법률과 관련한 논의의 종식은 여전히 쉽지 않을 것으로 여겨진다. 즉, 낙태죄에 관한 헌법재판소의 헌법불합치 결정 이후에 논쟁이 더욱 격렬해진 것을 보면, 「형법」과 「모자보건법」이 어떻게 개정되더라도 낙태 관련 논쟁은 계속될 것으로 보인다.

정부의 개정안에 대해 대한변협은 "낙태죄가 여성의 자기결정권, 건강권과 생명권 등을 침해한다는 헌법재판소의 이번 헌법불합치 결정 취지가 이번 개정안에 전혀 반영되지 못했다", "각종 통계 등을 통해 확인해 보면 사실상 사문화됐다고 봐도 무방할 낙태죄에 대한 현실적 이해와 고민이 법안에 전혀 반영되지 못했다"는 의견서를 낸 바 있다.[53] 임신 14주 이내에는 아무런 상담없이 낙태할 수 있게 하는 내용의 정부발의 형법 개정안은 국가의 태아생명보호의무를 이행하지 아니한 것이고 임신 24주차 이후의 낙태까지 전면적으로 허용하도록 하는 내용의 법률안은 여성의 자기결정권만을 우선시 하는 태도이고 태아의 생명권을 지나치게 경시하는 태도라는 의견[54]도 있다.

낙태관련 정책은 인류보편의 문제이며 모든 사람의 일상과 매우 밀접하게 관련되어 있으며 특히 우리나라에서는 찬반론의 간극이 워낙 크다. 그럼에도 불구하고 최소한 낙태를 형사법적 관점에서만 보는 시각의 교정은 필요하며, 법률개정 이후에도 사회복지적 관점의 시각이 법령에 반영되기 위한 논란과 입법작업은 지속될 것으로 보인다.

7. 외국의 사례

카톨릭의 영향력이 큰 일부 국가를 제외하면 다수의 국가에서는 임신초기의 낙태(인공임신중절)를 허용하는 경향으로 나아가고 있다. 사회경제적 이유로 인한 초기낙태를 허용하고 있는 국가는 74개국이며, 34개 OECD국가 중에서 29개 국가가 이를 허용하고 있다. 비교법적으로 보아도 낙태행위에 대한 형사처벌은 시대의 흐름과 맞지 않는다는 주장이 있다.[55] 유엔 여성차별철폐위원회(CEDAW)에서도

---

53) 대한변협신문, 제809호, 2020. 11. 30, 5쪽.
54) 박경철, "형법상 자기낙태죄에 대한 헌법재판소 결정(2017헌바127)에 관한 헌법적 검토", 『법학논총』, 제47권 제4호, 한양대학교 법학연구소, 2020, 21쪽.

2011년에 이어 2018년에도 임신중절을 비범죄화하고 임신중절 여성에 대한 형사처벌조항을 삭제할 것을 권고하였다. 유엔이나 세계보건기구 등의 국제기구에서는 낙태에 관한 정책과 법령을 결정함에 있어서 여성의 건강이 최우선적으로 고려되어야 한다는 점을 강조하고 있다.

1) 미 국

미국에서는 1973년의 낙태를 전면적으로 금지하는 텍사스(Texas) 주법이 위헌이라고 하는 로(Roe)사건[56]이 낙태문제를 다룬 소송으로 유명하다. 1969년 순회서커스단의 매표원인 21세의 미혼녀가 3명으로부터 강간을 당하여 임신을 한 후에 낙태를 원하였으나 텍사스 주법이 산모의 생명이 위태로운 경우를 제외하고는 낙태를 금지하고 있었다. 이 여성은 로라는 가명으로 텍사스 주 댈러스(Dallas)주의 검사인 웨이드(Wade)를 상대로 하여 이러한 텍사스 주의 낙태금지규정이 위헌 무효라는 소송을 제기하였다. 이 사건에서 미국 연방대법원은 7대 2로 낙태를 금지하고 있는 주법은 임신한 여성의 프라이버시(privacy)를 침해하는 것이므로 위헌이라고 하였으며, 이는 결과적으로 일정기간내의 낙태를 허용하는 취지의 판결로 평가받고 있다.

이후 연방대법원의 유사한 판결이 이어졌는데, 일련의 연방대법원 판결을 통하여 여성의 낙태권은 연방헌법상의 프라이버시권으로 확고하게 인정되었다. 1992년에 연방대법원은 케이시(Casey)사건[57]을 통하여 낙태를 제한하는 펜실베이니아 주법의 합헌성 여부를 심사하게 되었는데, 이 판결은 미국헌법상 낙태의 결정권은 여성에게 주어진 권리라는 점을 확인하고 있다. 이후에도 로(Roe)사건과 케이시(Casey)사건은 낙태에 관한 연방대법원의 확고한 선례로 자리잡고 있다.[58]

---

55) 이연우, "낙태 범죄화와 여성 섹슈얼리티 통제", 『공익과 인권』, 통권 제15호, 2015, 184쪽이하.

56) Roe v. Wade사건.

57) Planned Parenthood of Southeastern Pennsylvania v. Casey사건. 펜실베니아 주지사인 로버트 케이시가 임신중절을 제한하는 주법을 만들었는데 이에 반발한 시민단체가 해당 주법이 위헌이라고 주장하며 소송을 제기함. 연방대법원은 해당 펜실베니아 주법을 위헌으로 판결함으로써 결과적으로 여성의 낙태권이 보장됨.

58) 이종근, "낙태규제이론의 최근 동향", 『헌법학연구』, 제15권 제3호, 2009, 417쪽.

2) 독 일

독일에서는 일정한 요건하에 낙태를 일부 허용하는 연방법률을 위헌이라고 판단한 연방헌법재판소의 1975년의 제1차 낙태판결 및 1993년의 제2차 낙태판결(abtreibungsurteil)이 유명하다.[59] 1974년 6월 18일 독일연방의회는 형법을 개정하여 예외적으로 임신 후 12주까지는 일정한 사유가 있을 경우 낙태죄로 처벌하지 않는다는 규정을 두었다. 이러한 개정된 형법규정에 대하여 위헌법률심판이 제기되었고 독일 연방헌법재판소는 임신 12주까지의 낙태행위에 대하여 형사처벌을 배제하도록 하는 개정법률은 위헌이며 무효라고 판결하였다. 태아의 생명권은 헌법에 의하여 보장되며 이는 임신부의 자기결정권(selbstbestimmungsrecht)보다 우선하고, 이러한 태아의 권리는 임신 초기라고 하여 존재하지 않는 것은 아니라고 하였다. 이것이 독일에서 유명한 제1차 낙태판결[60]이다. 연방의회는 이러한 헌법재판소의 위헌결정에 따라, 1976년에 원칙적으로 낙태를 금지하면서 우생학적 이유 등 일정한 경우에만 낙태가 허용되도록 법률을 개정하였다.

이후 잠잠하다가 동서독 통일 후 독일연방의회는 1992년에 무수한 사회적 논의를 거쳐 낙태행위는 원칙적으로 처벌되며 이에 대한 처벌의 예외를 규정하는 것과 함께, 임신 후 12주까지의 낙태는 일정한 요건을 갖춘 경우에는 처벌하지 않도록 하는 법률을 다시 만들었다. 그러나 이번에도 위헌법률 심판이 제기되었는데, 연방헌법재판소는 12주까지의 낙태행위를 처벌하지 않는 내용의 개정법률은 헌법에 위배되기에 무효라고 판결한 것이 제2차 낙태판결[61]이다. 이 판결의 중요한 이유로는 태아가 생명권과 인간으로서의 존엄권을 지니고, 국가의 법질서는 태아의 생명권을 보장하도록 입법되어야 한다는 것이다. 임신부도 법적인 보호를 받아야 하지만 임신 후 12주의 기간 내에 낙태를 할 수 있는 권리는 가질 수 없다. 다만, 12주 이내에 정당한 사유로 임신중절을 하는 경우에는 상담절차를 거쳐야 하고, 출산과 양육에 필요한 국가적 지원을 받도록 입법되어야 함을 지적하였다. 이후 연방의회는 성범죄에 의하여 임신되거나 의학적 사유로 임신을 지속할 수

---

59) 상세한 내용은 김학태, "독일과 한국에서의 낙태의 규범적 평가에 관한 비교법적 고찰", 『EU연구』 제26호, 2010, 301-325쪽; 홍완식, "독일 연방헌법재판소의 낙태판결에 관한 고찰", 『강원법학』 제10권, 1998, 537-570쪽 참조.
60) 독일 연방헌법재판소에 의하여 1975년 2월 25일에 내려진 판결.
61) 독일 연방헌법재판소에 의하여 1993년 5월 28일에 내려진 판결.

없는 경우에는 상담절차를 거친후 의사에 의하여 임신후 12주 이내에는 임신중절(낙태)를 할 수 있도록 법률을 개정하였다.

3) 네덜란드

네덜란드는 유럽국가 중에서도 피임기술과 피임정책이 가장 발달한 국가로 인정되고 있으며, 낙태의 허용범위가 제일 넓은 국가로 평가받고 있다. 그러나 네덜란드에서도 1970년대와 1980년대에 낙태를 합법화하여야 하는가를 두고 사회적인 논쟁이 진행되었고, 사회적 합의를 바탕으로 의회에서는 1984년에 낙태를 폭넓게 허용하는 법률을 제정하였다. 네덜란드에서는 낙태시술이 허용된 병원에서 의사에 의한 낙태상담을 거친 이후에 5일간의 숙려기간을 두고 의사에 의하여 낙태시술이 시행될 수 있다. 임신 후 13주 이후에는 엄격한 기준에 충족되는 경우에만 낙태가 허용되기 때문에, 낙태는 원칙적으로 임신 후 12주 내에만 허용되는 것으로 볼 수 있다. 합법적인 낙태시술비용에 대해서는 공적 지원이 있고, 외국인도 네덜란드에서 낙태를 할 수는 있지만 비용은 스스로 부담하여야 한다.[62]

8. 태아 성감별과 낙태

남아 선호사상이 오랜 동안 사람들의 인식을 지배하고 있던 한국 사회에서는, 태아에 대한 성감별을 하여 여아를 낙태하는 경우가 과거에 종종 있었다. 그래서 국회는 1987년에 「의료법」을 개정하여 태아에 대한 성감별을 통해 알게 된 성별을 알려주는 것을 다음과 같이 금지하고 있었다.

> 구 「의료법」 제19조의2(태아의 성감별행위 등의 금지) ② 의료인은 태아 또는 임부에 대한 진찰이나 검사를 통하여 알게 된 태아의 성별을 임부 본인, 그 가족 기타 다른 사람이 알 수 있도록 하여서는 아니 된다.

2008년 7월에는 헌법재판소가 태아의 성(性) 감별 고지를 금지한 「의료법」 조항에 대해 헌법불합치 결정을 내렸다. 불법 낙태의 대부분은 임신 초기에 이루어지기 때문에 낙태가 불가능한 임신 후반기까지 성별 고지를 금지하고 성별을 고

---

62) 정진주, "유럽 각국의 낙태접근과 여성건강", 『페미니즘연구』, 제10권 1호, 2010, 138쪽.

지하는 경우 이를 처벌하는 것은 의료인의 직업수행의 자유와 태아 부모의 태아 성별 정보에 대한 접근을 방해받지 않을 권리를 제한하여 「헌법」에 위반된다는 것이다.

> **헌재 2008. 7. 31. 2005헌바90(의료법 제19조의2 등 위헌소원) 결정**
>
> 태아성별 고지금지는 낙태, 특히 성별을 이유로 한 낙태를 방지함으로써 성비의 불균형을 해소하고 태아의 생명권을 보호하기 위해 입법된 것으로서 자녀의 출산과 관련하여 현재에는 남아에 대한 뚜렷한 선호가 존재한다고 단언하기는 곤란하지만, 그 입법 배경이나 남아에 대한 선호가 유난히 두드러졌던 지난날 우리나라의 현실에 비추어 볼 때, 태아의 생명을 보호하기 위해 그 성별의 고지를 금지하여야 할 이유는 존재한다고 할 것이다. 그러나 임신 기간이 통상 40주라고 할 때, 낙태가 비교적 자유롭게 행해질 수 있는 시기가 있는 반면에, 낙태를 할 경우 태아는 물론, 산모의 생명이나 건강에 중대한 위험을 초래하여 낙태가 거의 불가능하게 되는 시기도 있다. (중략) 임신 후반기에 접어들면 대체로 낙태 그 자체가 위험성을 동반하게 되므로 태아와 산모를 보호하기 위해 이를 절대적으로 금지하고 있는 것이다. 따라서 이와 같이 낙태 그 자체의 위험성으로 인하여 낙태가 사실상 이루어질 수 없는 임신 후반기에는 태아에 대한 성별 고지를 예외적으로 허용하더라도 성별을 이유로 한 낙태가 행해질 가능성은 거의 없다고 할 것이다. 그럼에도 불구하고 성별을 이유로 하는 낙태가 임신 기간의 전 기간에 걸쳐 이루어질 것이라는 전제하에, 이 사건 규정이 낙태가 사실상 불가능하게 되는 시기에 이르러서도 태아에 대한 성별 정보를 태아의 부모에게 알려 주지 못하게 하는 것은 의료인과 태아의 부모에 대한 지나친 기본권 제한으로서 피해의 최소성 원칙을 위반하는 것이다. 한편, 우리 「형법」은 성별에 따른 낙태뿐만 아니라 모든 경우의 낙태를 방지하기 위하여 낙태죄를 형사처벌하는 규정을 두고 있다. 그런데 이와는 별도로 이 사건 규정은 여러 가지 낙태 중에서 특히 성별을 이유로 한 낙태를 근절시킨다는 명목 하에 태아의 성별 고지를 금지하고 있다. 형법상 낙태죄만 가지고는 성별을 이유로 한 낙태를 방지하는 것이 어렵다고 보고, 이 사건 태아의 성별고지금지 제도를 추가한 것으로 보인다. 그러나 오늘날에 와서는 이 사건 규정의 입법 당시에 비하여 남아선호경향이 현저히 완화되고 있고, 전체 성비가 2006년 107.4로 자연 성비 106에 근접하고 있는 점에 비추어 볼 때, 과연 성비불균형이 심각한 사회문제인가 하는 것과 태아에 대한 성별고지가 낙태의 원인행위로 작용하고 있는가 하는 점에 의문을 갖지 않을 수 없다. 그럼에도 불구하고 이 사건 규정이 임신기간 전 기간에 걸쳐 태아의 성별 고지를 금지하는 것은 과도한 대처라고 할 것이다.

이러한 헌법재판소의 헌법불합치 결정으로 인하여, 2009년 12월 31일에 「의료법」 제20조 제2항은 "의료인은 임신 32주 이전에 태아나 임부를 진찰하거나 검사하면서 알게 된 태아의 성(性)을 임부, 임부의 가족, 그 밖의 다른 사람이 알게 하여서는 아니 된다."는 내용으로 개정되었다.

기존 「의료법」과 가치관에 바탕을 두고 있는 '대한의사협회의 의사윤리지침' 제15조는 '태아의 생명보호 및 성감별행위 등 금지'라는 제목 하에 제4항에서 "의사는 태아 또는 임부에 대한 진찰이나 검사 등 의료행위를 통하여 알게 된 태아의 성별을 임부 본인, 그 가족 기타 다른 사람이 알 수 있도록 하여서는 아니 된다."라고 규정하고 있었다. 「의료법」의 태아성감별 고지금지 규정에 대하여 헌법불합치 결정이 내려졌고 해당 「의료법」 조항도 개정되었으며, 의사윤리지침이 개정되면서 태아 성감별에 관한 규정 자체가 삭제되고 제33조에 태아관련윤리[63]에 관한 규정이 신설되었다.

2024년의 시점에서는 태아의 성감별을 통하여 여아를 낙태하는 경우를 이해하거나 상상하기조차 어렵다. 그러나 불과 몇 십 년 전에는 이러한 일이 발생하였고 이러한 현실이 태아성별 고지금지라는 규정으로 법령에 반영되었다. 이후 사회변화에 발맞추어 태아성별 고지금지 규정은 또한 역사 속으로 사라졌다. 이것도 또한 법과 사회의 역동적인 관계를 알 수 있는 사례의 하나로 볼 수 있다.

9. 앞으로의 전망

"시대상황의 변화에 맞추어 임신한 여성의 낙태행위 내지 임신중단행위에 대한 법적 평가도 달라져야 한다"[64]는 기본적인 방향성에 주목할 필요가 있다. 형법에서 낙태가 금지되고 인공임신중절의 허용범위가 좁고 임신과 관련한 상담 및 사회복지제도 등이 부족하면, 음성화된 시술로 인하여 임신한 여성의 건강과 생명이 위험에 노출되어 있는 것이다. 강력한 낙태규제는 위험한 낙태를 유발하는 결과를

---

63) 2017년에 개정된 『대한의사협회 의사윤리지침』 제33조(태아 관련 윤리) ① 의사는 태아의 생명보전과 건강증진에 최선을 다하여야 한다. ② 의사는 의학적으로 적절하고 합당한 경우라도 인공임신중절수술을 시행하는데 신중하여야 하며, 산모의 건강과 태아의 생명권에 특별한 주의를 기울여야 한다.

64) 박경철, "형법상 자기낙태죄에 대한 헌법재판소 결정(2017헌바127)에 관한 헌법적 검토", 『법학논총』, 제47권 제4호, 한양대학교 법학연구소, 2020, 21쪽.

초래한다.[65] 우리나라에서는 아직도 음성적 낙태가 적지 않게 시행되고 있는데, 수술비용은 매우 비싸고 수술은 비위생적이며 건강을 해치는 경우도 많은 것으로 조사되고 있다. 근래에는 낙태를 태아의 생명권과 관련하여 보기 보다는 음성적으로 행해지는 낙태시술의 특성상 여성의 건강침해는 물론이고 여성인권의 사각지대와 관련하여 보는 경향이 강하다.

우리 사회에서 낙태죄 규정이 실효성을 상실하게 된 배경에 대한 다음과 같은 분석은 생생하고 신랄하기 그지없다. 즉, "입법자는 엄격한 낙태금지 규정을 입법하고 그 내용으로 삼고 있는 생명보호에 충실한 우월한 가치관에 흡족해 하고 있으며, 이를 집행하는 사법기관은 범죄로 처벌하기에는 너무 방대하여 무관심한 척 방관하고, 사회 구성원들은 낙태를 원하는 여성과 의료진들이 수단껏 보이지 않는 곳에서 처리하는 것을 묵인하고 있는 실정"[66]이라는 것이다.

이러한 비판은 국가는 낙태상황에서의 산모의 특수성을 고려하지 않은 생명보호라는 엄숙주의(Rigorismus)와 결별하고, 사회적으로 타당한 수단을 통해 헌법적 가치의 보장에 나서야 한다는 견해[67]로 이어진다. 물론 "낙태를 허용할 수밖에 없는 피치 못할 부득이한 경우라고 하는 경우들도 대부분은 개인적 사회적 무책임을 회피하기 위한 핑계들이라고 볼 수 있다. 예를 들어 장애아라고 할지라도 산모나 그 가족에게만 짐을 지우지 말고 사회 전체가 우리의 아이라고 생각하고 키워주면 된다."는 견해도 있다.[68]

법학 분야에서 낙태 문제는 형법적인 관점에서만 논의되는 것이 아니라, 헌법적인 관점 즉, 태아의 생명권과 임신부의 자기결정권이라는 측면에서 논의가 되고 있다. 더 나아가서는 낙태를 원하는 임신부에게 어떠한 의료적 지원이나 사회복지 혜택을 줄 것인가와 관련하여 사회보장법적인 측면에서도 많은 논의가 전개되고 있다.[69] 낙태의 감소는 낙태의 범죄화와 형사처벌로 달성되는 것이 아니라 청소년 시기부터의 피임교육, 상담절차의 의무화, 미혼모·비혼모에 대한 지원, 입양문화

---

65) 도규엽, "낙태죄에 대한 외국 입법례와 시사점", 『이슈와 논점』, 국회 입법조사처, 2018, 4 쪽.
66) 이인영, "낙태죄 입법의 재구성을 위한 논의", 『낙태죄에서 재생산권으로』, 2005, 161쪽.
67) 정철, "상담을 통한 낙태 결정방식의 헌법적 검토", 『공법연구』, 제40권 제1호, 2011, 322 쪽.
68) 김희수, 앞의 논문, 137쪽.
69) 홍완식, 앞의 논문, 560쪽.

의 활성화 등 비형법적 정책을 통해 가능한 것이다.[70] 이러한 관점은 낙태를 권리의 충돌이나 이념문제로서만 접근하지 말고 현재의 사회복지 수준과 이에 따른 여성의 현실을 고려하여 하나의 대안으로 접근하자는 생각과 맥락을 같이 한다.[71] 낙태를 고려하고 있는 여성에게 필요한 것은 처벌이 아니라 도움이라는 기본적인 인식이다. 이는 낙태를 둘러싼 문제제기와 논의가 낙태행위의 허용 또는 불허라는 단순한 문제가 아니라, 태아의 생명보호라는 목표 이외에도 태아의 출산을 둘러싼 여러 가지 권리와 목표의 비교 형량이 이루어져야 하는 어려운 문제라는 것을 의미한다. 다시 말해서, 낙태행위에 대한 형법적인 제재행위가 유일하고 효과적인 정책이 아니라, 「사회보장법」, 「노동법」, 「가족법」 등 여러 법 영역에 걸치는 다양한 해결 방법이 모색되어야 한다.

낙태와 관련한 전통적인 입법론으로는 낙태행위를 강력하게 형사처벌하는 것이 있으며, 낙태행위를 일부 허용하는 방식으로는 기간방식과 사유방식이 있다. 기간방식이란 예를 들어 12주까지의 낙태는 법이 정하는 일정한 절차만 거치면 허용하는 방식이며, 사유방식(이를 '적응방식'이라 표현하기도 한다)은 법이 정하는 일정한 사유가 있다면 허용하는 방식이다. 전자는 일정한 사유를 조건으로 하며, 후자도 일정한 기간 내에만 가능하다는 점에서 큰 차이가 발생하지 않는다고도 할 수 있다. 우리나라에서도 낙태죄의 입법론과 관련하여 낙태행위를 일정한 기간까지는 처벌하지 않는 것으로 하고, 그 다음 일정기간 내에는 낙태의 허용 사유를 인정하자는 제안[72]이나 낙태죄는 폐지하고 「모자보건법」을 보완하여 동의하지 아니하거나 의사에 의하여 시술되지 않는 낙태만을 처벌하자는 제안[73] 등은 이미 오래되었다.

대부분의 국가에서는 낙태법을 완화하는 방향으로 낙태관련법을 개정하고 있다. 그런데 엄격한 낙태법을 가진 국가라고 해서 낙태율이 낮은 것도 아니고, 반대로 완화된 낙태법을 가진 국가의 낙태율이 더 높은 것도 아니라는 분석[74]을 참고할 필요가 있다. 즉, 낙태행위를 엄격히 형사처벌하는 규정만을 고집할 것이 아니라, 낙태를 하지 않도록 유도하는 제도를 규범화하는 입법정책이 필요하다. 전

---

70) 조국, "낙태 비범죄화론", 『서울대학교 법학』, 제54권 제3호, 2013, 723쪽.
71) 심영희, 앞의 책, 59쪽.
72) 김종원, "형법개정의 기본방향", 형사법개정특별심의위원회, 1985, 13쪽.
73) 김봉태, "형법개정의 기본방향", 형사법개정특별심의위원회, 1985, 25쪽.
74) 박형민, 『낙태의 실태와 대책에 관한 연구』, 한국형사정책연구원, 2011, 367쪽.

술한 바와 같이 사회경제적 이유로 인한 임신초기의 낙태를 허용하고 있는 국가는 74개국이며, OECD국가 중에서 29개 국가가 임신초기의 낙태를 허용하고 있다는 점에 주목해야 한다. 비교법적으로 볼 때에도 낙태를 처벌하는 것 위주가 아니라, 임신 및 출산에 관한 상담과 복지를 강화하는 방향으로 나아가고 있다.

2011년의 '전국 인공임신중절 변동실태조사'에 따르면, 낙태의 예방정책으로 ① 원치 않는 임신을 예방하기 위한 성교육 및 피임교육(31.6%) ② 피임, 임신, 출산, 양육에 대한 남녀공동 책임의식의 강화(25.6%) ③ 임신, 출산, 육아와 관련된 사회적, 제도적 여건의 개선(18.1%) 등으로 조사되었다.[75] 제도개신도 필요하지만 피임교육과 책임의식 강화가 더욱 중요하다는 지적에 귀를 기울일 필요가 있다.

헌법재판소에 의하여 헌법불합치 결정이 내려졌다고 하더라도, 낙태에 관한 여러 논란은 쉽게 사회적 합의를 이룰 수 있는 간단한 주제가 아니다. 또한 현재의 법령을 개정하는 방향에 대해서도 여러 다양한 의견이 대립되고 있어서, 어떠한 방향의 입법정책을 취할지를 결정하기가 쉽지 않다. 우리나라에서의 낙태 실태에 대한 조사결과와 국민들의 의견 및 법학자 등의 의견을 종합하더라도, 국민들 사이의 의견대립은 물론이고 낙태에 관한 현실과 규범의 괴리는 매우 현저[76]하다는 점을 확인할 수 있다. 전술한 바와 같이, 2019년 4월에는 헌법재판소가 낙태죄에 대한 두 번의 합헌 결정을 번복하여 헌법불합치 결정을 내리면서 관련 법률을 개정하라고 하였지만, 2020년 12월 31일까지 법률이 개정되지 못하면서 낙태죄 규정은 효력을 잃은 상태이다. 아직도 헌법재판소의 결정에 따른 법률개정논의는 진행되고 있지만, 법률이 개정되더라도 논쟁은 계속되리라 본다.

---

75) 보건복지부·연세대학교, 『전국 인공임신중절 변동 실태조사』, 2011. 10, 요약문.
76) 이영란, "낙태죄: 실태와 입법정책을 중심으로", 『현대사회연구』 제8집, 2000, 30쪽.

반려동물과 법

CHAPTER

11

반려동물과 법*

1. 반려동물 현황과 법적 지위

반려동물의 수와 중요성은 날로 커가고 있다. 특히 개와 고양이는 이제 '애완동물'을 넘어 '반려동물'로서 사람들의 사랑과 관심을 받고 있으며, 저출산에 따른 핵가족화와 고령화의 가속화로 인하여 반려동물을 자녀처럼 여기는 현상도 나타나고 있다. 농림축산검역본부가 2022년 9월에 전국 17개 시도의 만 20~64세의 성인남녀 5,000명을 대상으로 조사를 한 결과, 현재 반려동물을 기르는 사람은 25.4%이며, 반려동물 미양육자 3,627명을 대상으로 과거 양육경험에 대해 물어본 결과, 52.7%가 과거에 반려동물 양육경험이 있다고 응답하였다.[1] 농협경제연구소에 따르더라도 한국 역시 반려동물을 키우는 가구가 늘고 있음을 알 수 있는데, 2027년에는 1,320만 마리가 될 것이라고 예측하고 있다.[2]

개와 고양이를 기르는 가구 중에서 개 보유 가구 비율은 2004년 96%에서 2016년 85.8% 고양이 보유 가구비율은 2004년 5%에서 2016년 26.6%로 변화하였다. 반려동물로는 대부분이 개를 선호하지만 고양이를 기르는 가구도 점차 늘어왔다.[3] 반려동물을 기르고 있는 1,272명의 반려동물 양육자를 대상으로 현재 기르고

---

* 이 장의 내용은 홍완식, 반려견 법률상식, 제3판, 피앤씨미디어, 2022의 내용을 발췌 및 보완한 것임.

1) 『2022 동물보호에 대한 국민의식조사』, 농림수산식품교육문화정보원, 2022. 11, 14쪽.

2) 지인배 등, 반려동물 연관산업 발전방안, 한국농촌경제연구원, 2017, v쪽.

있는 반려동물 종류에 대하여 물어본 결과 '개'가 75.6%로 가장 많았고, '고양이'가 27.7% '물고기'가 7.3%의 순으로 나타났다. 이 중에서 개만 양육하는 비율은 61.9%, 고양이만 양육하는 비율은 15.4%, 개와 고양이 등 2종 이상의 반려동물을 양육하는 비율은 15.0%이다.[4] 이렇듯 반려동물은 그 어느 때 보다도 인간과 밀접해지고 많아졌으며, 그 수나 친밀도에서 대표적인 반려동물은 반려견이라 할 수 있다. 따라서 이 장에서는 반려동물 일반에 관해서 서술하기도 하지만, 대표적인 반려동물이자 동물등록제의 대상이 되는 반려견에 관해서 주로 서술하기로 한다.

반려동물이 늘어나면서 반려동물 관련 업종도 증가하고 있으며, 앞으로 반려동물 관련 산업은 확대되고 반려동물 업종 관련 일자리도 계속 증가할 것으로 예상되고 있다. 「수의사법」에 규정된 수의사와 동물보건사를 제외하고 「동물보호법」에 규정된 반려동물 관련 영업종류와 현황은 다음과 같다.

표 11-1 2022년 기준 반려동물 관련 영업 현황[5]

구 분	업 종	개소수	비 율	종사자(명)	비 율
허 가	동물생산업	2,086	9.4%	2,744	10.5%
	동물판매업	3,944	17.9%	4,868	18.7%
	동물수입업	125	0.6%	177	0.7%
	동물장묘업	68	0.3%	256	1.0%
등 록	동물미용업	8,868	40.2%	9,767	37.4%
	동물운송업	1,313	5.9%	1,468	5.6%
	동물전시업	638	2.9%	822	3.2%
	동물위탁관리업	5,034	22.8%	5,991	23.0%
합 계		22,076		26,093	

---

3) 유기영, 서울시 반려동물센터 도입방안, 서울연구원, 2017, 4쪽.
4) 『2022 동물보호에 대한 국민의식조사』, 농림수산식품교육문화정보원, 2022. 11, 14쪽.
5) 2023년 4월 27일부터 동물장묘업, 동물판매업, 동물수입업이 등록제에서 허가제로 변경되었다. 기존의 동물생산업과 합하여 8개 업종 중에서 4개 업종이 허가제로 운영되고 있다. 보도자료, 2022년 반려동물 보호·복지실태 조사결과, 농림축산식품부, 2023. 8. 13, 14쪽.

반려동물의 법적 지위는 현행 법규에서 동물을 어떻게 규정하고 해석하느냐에 의하여 결정된다. 우리나라에서는 1991년에 「동물보호법」을 제정하여 동물에 대한 학대행위 등을 금지하고 있지만, 반려동물을 포함한 동물의 법적 지위는 민법상 '물건'이다.[6) 「민법」에 따르면 모든 생물은 사람과 물건으로 구분되고, 사람이 아니라면 생명이 있건 없건 불문하고 물건으로 구분되는 것이다. 즉, 동물은 사람이 아니기 때문에 법률상으로는 「민법」에 의하여 "유체물 및 전기 기타 관리할 수 있는 자연력"으로 정의되는 '물건'에 해당한다. 따라서 사람과 반려동물과의 관계는 가족법의 규율사항이 아니고, 재산법의 규율사항으로 다루어지고 있으며, 반려동물은 법적으로 따지자면 가족이 아닌 재산인 것이다. 이러한 이유로 현행 법체계 내에서 동물의 법적 지위를 개선하여, 인간까지는 아니라고 하더라도 물건보다는 나은 법적 지위를 보장하자는 주장과 운동이 있는 것이다. 독일·스위스·오스트리아에서는 동물은 물건이 아니라는 규정을 「민법」에 두고 있다.

우리나라에서도 「민법」을 개정하여 동물의 법적 지위를 개선하자는 논의가 있고, 정부와 국회의원들이 발의한 몇건의 개정안이 국회에 제출되어 있다. 이 중에서 정부가 제출한 「민법」 개정안은 아래와 같다.

민법 개정안

제안이유: 반려동물을 양육하는 인구가 지속적으로 증가하고 있고, 동물 학대·유기 방지, 동물에 대한 비인도적 처우 개선 및 동물권 보호 강화 등을 위한 움직임이 필요하다는 사회적 인식이 확산되고 있으나, 현행 「민법」에서는 동물을 물건으로 취급하고 있어 이러한 사회적 인식 변화에 부합하지 못하고 있다는 지적이 꾸준히 제기되어 왔음. 이에 「민법」상 동물은 물건이 아님을 규정하여 동물에 대한 국민들의 변화된 인식을 반영하고, 동물의 법적 지위를 개선하려는 것임.

---

6) "동물에 대하여 인간이 말하는 것과 실제로 동물을 대하는 것 사이에 존재하는 심각한 불일치는 인간이 동물의 지위를 재산으로 간주하기 때문에 발생한다. 동물은 인간의 소유물로서 재산의 소유주인 인간이 동물에게 부과하는 선택 이상의 어떠한 가치도 가지고 있지 못한 단순한 소모품인 것이다. 재산으로서의 동물의 지위는 재산 소유주의 이익을 넘어설 수 없기 때문에 인도적 대우 원칙이나 동물복지법에서 요구하는 어떠한 균형도 완전히 의미가 없는 것으로 전락한다." 김진석, 동물의 권리와 복지, 건국대학교 출판부, 2005, 194쪽.

표 11-2 **민법 개정안: 신·구 조문 대비표**

현행 규정	개정안
<신설>	제98조의2(동물의 법적 지위) ① 동물은 물건이 아니다. ② 동물에 관하여는 법률에 특별한 규정이 있는 경우를 제외하고는 물건에 관한 규정을 준용한다.

위 개정안은 정부가 2021년 10월 1일에 국회에 제출한 것으로, 아직 주관 상임위원회인 법제사법위원회에 상정되지도 못하였다. 이 상태로 2024년 5월 말에 제21대 국회의 임기가 만료되면, 만건 이상의 다른 법률안과 함께 이 「민법」 개정안도 자동 폐기될 것으로 예상된다.

2. 반려견의 출생과 사망

반려동물 등록제는 잃어버린 반려동물을 쉽게 찾고, 유기동물로 인한 질병 및 인수공통전염병 예방 및 유기·유실을 방지하기 위하여 2008년에 도입되었다. 모든 반려동물을 등록하여야 하는 것은 아니고 반려견만이 등록대상이다. 그리고 반려묘 등록은 의무사항이 아닌 시범사업으로 시행되고 있다. 반려견 등록의 경우에도, 도입 당시에는 임의등록제로 운영되다가 2014년 1월 1일부터 반려견 등록이 의무화되었다.

반려견 등록이 의무화됨에 따라서, 「동물보호법」이 정한 바에 따라 반려견을 등록을 하지 않은 경우에는 반려견의 소유자에게 100만원 이하의 과태료가 부과된다. 등록대상은 단독주택, 공동주택, 주거시설로 이용가능한 주택 이외의 건축물과 그 부속토지(준주택) 등에서 키우는 3개월령 이상의 개[7]로서, 등록대상 반려견의 소유자는 주소지를 관할하는 시·군·구청에 동물등록을 하여야 한다. 동물등록업무를 대행할 수 있는 자를 지정할 수 없는 읍·면과 일부 섬지역은 제외된다.

---

7) 동물보호법 시행령 제4조(등록대상동물의 범위) 법 제2조 제8호에서 "대통령령으로 정하는 동물"이란 다음 각 호의 어느 하나에 해당하는 월령(月齡) 2개월 이상인 개를 말한다. 1. 「주택법」 제2조 제1호에 따른 주택 및 같은 조 제4호에 따른 준주택에서 기르는 개 2. 제1호에 따른 주택·준주택 외의 장소에서 반려(伴侶) 목적으로 기르는 개

다만, 2018년 3월의 「동물보호법」 개정으로 2018년 9월부터 5종류의 맹견은 지역에 관계없이 모두 등록을 하여야 한다.[8]

2022년말 기준으로 등록된 반려견은 총 3,025,859마리이다. 반려견을 등록할 수 있는 대행기관은 총 4,161개소가 지정되어 있는데, 이 중 80.8%가 동물병원이고, 다음으로는 동물판매업소가 15.3%이다. 등록형태로는 내장형 무선식별장치를 체내에 삽입하는 내장형이 1,506,650마리(49.8%) 외장형이 1,160,305마리(38.3%)로서, 등록된 반려견의 88% 이상이 무선식별장치로 관리가 가능하다.[9] 과거에는 인식표로 등록이 가능하였으나, 2021년부터는 무선식별장치가 아닌 단순 인식표로는 신규등록이 불가능하게 되었다. 등록된 반려견 이외에 등록되지 않는 반려견을 포함하면 그 수가 600만 마리 이상으로 추산되며, 반려동물을 양육하는 가구원의 총수를 의미하는 반려인구는 1,500만에 이른다고 추산되고 있다.

서울시와 농림축산식품부 추산에 따르면 한해 죽는 반려동물은 15만마리 정도인데 이는 하루 약 410마리에 해당된다.[10] 농림축산식품부의 반려동물 사육 통계와 개와 고양이 평균수명을 감안하여 한해 50만마리 정도의 반려동물이 사망한다는 추정[11]도 있고, 한해 70만 마리 정도가 사망한다는 추정[12]도 있다. 반려동물이 죽은 경우에는, 동물등록이 되어있는 반려견은 등록 말소신고를 하여야 하고, 동물의 사체는 아무데나 함부로 버리지 말아야 한다. 반려동물을 포함한 동물의 사체를 처리하는 방법에는 두 가지가 있다. 가장 좋은 방법은 동물장묘업자에게 위탁하는 것이고, 여의치 않은 경우에는 법령이 정한 바에 따라서 스스로 '버리는' 것이다. 법률에 따르자면 동물의 사체는 「폐기물관리법」 제2조 1호[13]에 따라 폐기물로 분류된다. 따라서, 동물병원에서 배출되는 의료폐기물이 아닌 한, 동물의 사체는 '생활폐기물'로 분류되기 때문에 폐기물 종량제 봉투에 담아서 처리하여야 한

---

8) 「동물보호법」 제15조(등록대상동물의 등록 등)의 단서가 "다만, 농림축산식품부령으로 정하는 바에 따라 시도의 조례로 정하는 지역은 제외한다"에서 "다만, 등록대상동물이 맹견이 아닌 경우로서 농림축산식품부령으로 정하는 바에 따라 시도의 조례로 정하는 지역에서는 그러하지 아니하다"로 개정되었다.

9) 보도자료, 2022년 반려동물 보호·복지실태 조사결과, 농림축산식품부, 2023. 8. 13, 1쪽.

10) 중앙일보, 2017. 6. 27.

11) 데일리팝, 2022. 10. 11.

12) 아시아경제, 2022. 9. 26.

13) 「폐기물관리법」 제2조 1호 "폐기물"이란 쓰레기, 연소재(燃燒滓), 오니(汚泥), 폐유(廢油), 폐산(廢酸), 폐알칼리 및 '동물의 사체(死體)' 등으로서 사람의 생활이나 사업활동에 필요하지 아니하게 된 물질을 말한다.

다. 또한 「폐기물관리법」 제8조에 따라서, 죽은 동물을 함부로 매립하거나 소각하는 것은 금지되어 있으며 공원·도로 등에 무단으로 투기하는 것도 물론 아니 된다. 동물을 야산 등 공공지역에 매립하는 경우에는 생활쓰레기 무단 매립과 동일하게 70만원의 과태료가 부과될 수 있다. 죽은 동물을 무단투기하면 5만원, 종량제 이외의 봉지 등에 담아서 버리면 10만원 혹은 20만원의 과태료가 부과될 수 있다(「폐기물관리법」 제68조 및 동법 시행령 별표 8 참조). 바다나 강 등에 동물의 사체를 버리는 것도 당연히 법률[14]에서 금지하고 있으며, 이렇게 하천 등에 동물의 사체를 버리는 경우에는 형사처벌을 받을 수도 있다.[15] 동물상묘업 등록을 한 자가 설치·운영하는 동물장묘시설에서 처리되는 동물의 사체는 「폐기물처리법」상의 폐기물이 아니다. 이러한 법률 규정에 맞추어 반려동물장례서비스가 등장하고 이를 직업으로 하는 사업자와 관련 시설도 늘어나고 있다.

반려동물장례서비스는 반려동물의 장례를 치러주는 서비스로 반려동물을 위해 화장 및 납골당 안치 등을 동물장묘시설에서 진행하는 것이다.[16] 반려동물장례서비스를 '동물장묘업'이라고 한다. 2020년 2월 현재 총 55개 동물장묘업체가 등록되어 있는데, 동물장묘업체는 경기도에 21개소와 경상남도에 8개소, 충청북도에 5개소 등 도시를 중심으로 분포되어 있으며, 서울과 제주 등에는 등록된 동물장묘업체가 없다. 동물보호관리시스템(www.animal.go.kr)에서 동물장묘업체의 홈페이지 주소와 연락처 등을 확인할 수 있다. 2017년 6월의 농림축산식품부 점검 결과 미등록 동물장묘업체가 19개소나 적발되기도 하였다.[17] 등록된 동물장묘업체에서 화장되는 동물의 수는 연간 31,000~33,000마리 정도에 이르지만, 아직도 동물의 사

---

14) 「물환경보전법」 제15조(배출 등의 금지) 누구든지 정당한 사유없이 다음 각호의 어느 하나에 해당하는 행위를 하여서는 아니된다. 2. 공공수역에 분뇨, 가축분뇨, <u>동물의 사체</u>, 폐기물(「폐기물관리법」에 따른 지정폐기물은 제외한다) 또는 오니(汚泥)를 버리는 행위; 「공유수면 관리 및 매립에 관한 법률」 제5조(금지행위) 누구든지 공유수면에서 정당한 사유 없이 다음 각 호의 어느 하나에 해당하는 행위를 하여서는 아니 된다. 1. 폐기물, 폐유, 폐수, 오수, 분뇨, 가축분뇨, 오염토양, 유독물, <u>동물의 사체</u>, 그 밖에 해양수산부령으로 정하는 오염물질을 버리거나 흘러가게 하는 행위; 「항만법」 제22조(금지행위) 누구든지 정당한 사유 없이 항만에서 다음 각 호의 행위를 하여서는 아니 된다. 1. 유독물이나 <u>동물의 사체</u>를 버리는 행위.
15) 수십마리의 소와 돼지를 제물로 사용하여 제사를 지낸 후 한강에 버린 행위에 대하여 「수질 및 수생태보전에 관한 법률」 위반으로 징역 1년에 집행유예 2년, 사회봉사명령 200시간이 선고된 사건이 있음(2016. 11. 10. 서울중앙지방법원 2016고단6979). 이후 2017년에 「수질 및 수생태보전에 관한 법률」은 「물환경보전법」으로 제목이 변경됨.
16) 김홍석/정진구, 반려동물 장례관련법의 이해, 화산미디어, 2016, 5쪽.
17) 농림축산식품부, 보도자료-동물장묘업체 점검결과, 불법 영업장 7개소 적발, 2017. 6. 22.

체는 아무데나 버려지고 있기도 하다. 기르던 반려동물이 죽은 경험(펫로스, Pet Loss Syndrome)을 겪은 응답자 2,152명을 대상으로 반려동물의 사체처리 방법에 대해 물어본 결과, '직접 땅에 묻음'이 54.4%로 가장 많았고, '동물장묘업체를 이용'하였다는 응답이 16.6%, '직접 처리하지 않아 모르겠음' 14.2%의 순으로 나타났다.[18]

서울시와 농림축산식품부 추산에 따라 한해 죽음을 맞는 반려동물이 최소한 15만 마리 이상이라고 해도, 등록된 장묘업체에서 화장되는 동물의 수는 약 3만여 마리뿐이다. 화장되지 않는 나머지 12만 마리 이상은 생활폐기물이나 의료폐기물로 분류돼 민간 소각장에서 화장되거나, 야산·길거리 등에 몰래 매장되거나 버려진다. 장묘업체 수가 많지 않아 불편하기도 하지만, 약 20만원 이상이 들어가는 장묘비용이 반려동물 주인들에게 부담이 되기 때문이라고 한다.[19] 죽은 반려동물을 쓰레기와 함께 버리거나 아무 곳에나 묻으면, 환경이 오염되고 공중위생에 해가 될 수 있다. 따라서 어느 정도 비용이 들어가더라도 반려동물의 사체는 동물장묘업자를 통해 위생적으로 처리하는 것이 바람직하다. 아직도 동물의 장례를 사치스러운 것으로 생각하는 사람들도 있지만, 아끼고 사랑하던 동물과의 헤어짐을 안타까워하여 장례식을 통해 이별을 하는 것은 자연스러운 것이다. 반려동물의 사망으로 인한 상실감에 대하여 비반려인들도 이해하고 존중할 필요가 있다. 또한 반려동물의 개체수는 나날이 늘어나고 있고 이들은 언젠가 죽기 때문에, 동물장묘시설을 규제하고 반대할 것이 아니라 지리적 및 경제적 접근성을 강화하고 환경에의 부담이 적어지도록 국가와 지방자치단체는 노력하여야 한다.

3. 반려견의 양육과 관리

일반적으로 동물판매업소나 일반인으로부터 반려견을 구입하기도 하고, 동물보호센터나 친지로부터 반려견을 분양받기도 한다. 반려동물 획득경로에 관한 최근 조사에 따르면, 지인에게서 무료로 분양받음(40.3%)이 가장 많고, 펫샵에서 구입(21.9%), 지인에게서 유료로 분양받음(11.6%), 길거리에서 유기동물을 데려옴(9%)의

---

18) 『2022 동물보호에 대한 국민의식조사』, 농림수산식품교육문화정보원, 2022. 11, 14쪽.
19) 서준석, 반려동물 1,000만시대 – 종량제봉투에 버려졌다 극적으로 살아난 반려견 – 존중없는 동물의 최후, 중앙일보, 2017. 6. 26.

순으로 나타났다.[20]

반려동물 1마리당 양육비용(병원비 포함)은 월평균 약 15만원 정도인데, 20대의 양육비는 월평균 21만원으로 다른 연령층보다 많고, 1인가구는 17만원으로 2명 이상인 가구보다 많은 것으로 조사되었다. 최근 1년 이내의 반려동물관련 서비스 이용경험에 대한 질문에는 동물병원(71.8%), 미용업체(51.3%), 동물놀이터(28.3%)의 순으로 응답하였다.[21]

「동물보호법」 및 「동물보호법 시행규칙」에 따르면, 맹견은 도사견, 아메리칸 핏불테리어, 아메리칸 스태퍼드셔 테리어, 스태퍼드셔 불테리어, 로트와일러 5가지 종류와 그 잡종의 개들이다. 근래 맹견에 의한 물림사고로 인하여 맹견에 대한 사육 및 등록규제 등이 이루어 졌다. 전술한 바와 같이 2018년 3월의 「동물보호법」 개정(2018년 9월 21일 시행)을 통해서 맹견은 지역에 따른 예외없이 반드시 등록하여야 한다. 그리고 맹견의 소유자는 맹견을 소유한 날로부터 6개월 이내에 안전한 사육 및 관리에 관하여 교육을 받아야 하며, 이후에도 매년 3시간씩 정기적으로 교육을 받아야 한다.

반려견을 사육함에 있어서는 적절한 관리를 하여야 한다. 반려견의 특성에 맞도록 적절한 사육을 하여야 하고, 또한 반려견의 사육으로 인하여 이웃이나 다른 사람의 휴식과 권리가 침해되지 않도록 주의하여야 한다. 이를 위해서 동물보호법령에서는 동물의 사육과 관리에 관해서 규정하고 있다. 특히 「동물보호법 시행규칙」 제8조와 별표2에서는 '동물의 사육·관리방법에 관한 기준'을 일반기준과 개별기준으로 구분하여 규정하고 있는데, 이 규정들에서는 동물의 사육환경, 건강관리, 훈련 등에 관한 상세한 사항을 정하고 있다.

아파트 등 공동주택에서 위생·소음·안전 등에 관한 갈등과 분쟁 때문에 반려견의 사육이 문제되기 때문에 반려견을 기르기 위해서는 원칙적으로 이웃의 동의를 받아야 한다. 또한 「공동주택관리법 시행령」 제19조(관리규약의 준칙)에는 각 공동주택에 관리규약준칙을 만들어 시행하도록 하고 있는데, 제2항 제4호에서 가축을 사육하는 경우에는 관리주체의 동의를 받도록 하고 있다. '공동주택 관리규약'은 공동주택에서 지켜야 할 사항들을 규정하고 있으며, 시장이나 도지사가 정한 공동주택 관리규약 준칙을 참조하여 각 공동주택의 입주자들이 자율적으로 정

20) 『2022 동물보호에 대한 국민의식조사』, 농림수산식품교육문화정보원, 2022. 11, 85쪽.

21) 『2022 동물보호에 대한 국민의식조사』, 농림수산식품교육문화정보원, 2022. 11, 21, 102쪽.

하는 규칙이다.[22] 그리고 반려견이 짖거나 뛰어다니는 소음으로 인한 분쟁이 종종 발생하는데, 특히 공동주택에서 이웃 간에 소음으로 인한 분쟁이 문제되고 있다. 따라서 「공동주택관리법」 제20조(층간소음의 방지 등)[23]에 이와 관련된 관련 규정을 두고 있으며, 「공동주택관리법 시행령」 제19조(관리규약의 준칙)에는 각 공동주택에 관리규약준칙을 만들어 시행하도록 하고 있는데, 제1항 제22호에서 '공동주택의 층간 소음에 관한 사항'이 동 준칙에 포함되도록 하고 있다.

예를 들어, 서울특별시 공동주택관리규약 준칙 제68조에는 오후 10시부터 오전 6시까지 동물이 짖도록 관리를 소홀히 하는 행위를 금지하고 있다. 다른 시도의 경우에도 이와 유사한 규정을 가지고 있다. 반려동물로 인해 발생하는 층간소음이 발생한 경우에는 일차적으로 해당 공동주택에 구성된 '층간소음 관리위원회'에서 분쟁을 조정하도록 하고, 여기서 조정에 실패하여 분쟁이 계속될 경우에는 서울시나 경기도 등 광역지방자치단체에 구성되어 있는 환경분쟁조정위원회나 각 자치구 등에 구성되어 있는 공동주택관리 분쟁조정위원회에 조정을 신청할 수 있다.

반려견을 데리고 외출하는 경우에는 반드시 인식표를 부착하고 목줄을 채워야한다. 즉, 「동물보호법」 제16조(등록대상동물의 관리 등)에 따르면, "등록대상동물의

---

22) 「공동주택관리법」 제18조(관리규약) ① 특별시장·광역시장·특별자치시장·도지사 또는 특별자치도지사(이하 "시·도지사"라 한다)는 공동주택의 입주자등을 보호하고 주거생활의 질서를 유지하기 위하여 대통령령으로 정하는 바에 따라 공동주택의 관리 또는 사용에 관하여 준거가 되는 관리규약의 준칙을 정하여야 한다. ② 생략 ③ 입주자등이 관리규약을 제정·개정하는 방법 등에 필요한 사항은 대통령령으로 정한다. <신설 2016. 1. 19.> ④ 관리규약은 입주자등의 지위를 승계한 사람에 대하여도 그 효력이 있다. <개정 2016. 1. 19.>

23) 「공동주택관리법」 제20조(층간소음의 방지 등) ① 공동주택의 입주자등은 공동주택에서 뛰거나 걷는 동작에서 발생하는 소음이나 음향기기를 사용하는 등의 활동에서 발생하는 소음 등 층간소음[벽간소음 등 인접한 세대 간의 소음(대각선에 위치한 세대 간의 소음을 포함한다)을 포함하며, 이하 "층간소음"이라 한다]으로 인하여 다른 입주자등에게 피해를 주지 아니하도록 노력하여야 한다. <개정 2017. 8. 9.> ② 제1항에 따른 층간소음으로 피해를 입은 입주자등은 관리주체에게 층간소음 발생 사실을 알리고, 관리주체가 층간소음 피해를 끼친 해당 입주자등에게 층간소음 발생을 중단하거나 차음조치를 권고하도록 요청할 수 있다. 이 경우 관리주체는 사실관계 확인을 위하여 세대 내 확인 등 필요한 조사를 할 수 있다. ③ 층간소음 피해를 끼친 입주자등은 제2항에 따른 관리주체의 조치 및 권고에 협조하여야 한다. <개정 2017. 8. 9.> ④ 제2항에 따른 관리주체의 조치에도 불구하고 층간소음 발생이 계속될 경우에는 층간소음 피해를 입은 입주자등은 제71조에 따른 공동주택관리 분쟁조정위원회나 「환경분쟁 조정법」 제4조에 따른 환경분쟁조정위원회에 조정을 신청할 수 있다. ⑤ 공동주택 층간소음의 범위와 기준은 국토교통부와 환경부의 공동부령으로 정한다. ⑥ 관리주체는 필요한 경우 입주자등을 대상으로 층간소음의 예방, 분쟁의 조정 등을 위한 교육을 실시할 수 있다. ⑦ 입주자등은 필요한 경우 층간소음에 따른 분쟁의 예방, 조정, 교육 등을 위하여 자치적인 조직을 구성하여 운영할 수 있다.

소유자등은 등록대상동물을 동반하고 외출할 때"에는 2미터 이내의 목줄을 하여야 한다. 이를 위반한 경우에는 1차 위반시 20만원, 2차 위반시 30만원, 3차 이상 위반시 50만원의 과태료가 부과될 수 있다. (동물보호법 시행령 별표4) 월령이 3개월 이상인 맹견의 경우에는 목줄과 함께 입마개를 하고 외출을 하여야 한다. 맹견에게 목줄과 입마개를 하지 않고 외출하는 경우에는 1차 위반시 100만원, 2차 위반시 200만원, 3차 이상 위반시 300만원의 과태료가 부과될 수 있다. (동물보호법 시행령 별표4)

그리고 맹견에게 목줄과 입마개를 하지 않고 다니는 등으로 사람을 사망케 한 자에게는 「동물보호법」 제97조에 의하여 3년 이하의 징역 또는 3천만원 이하의 벌금, 상해에 이르게 한 자에게는 2년 이하의 징역 또는 2천만원 이하의 벌금에 처한다.

반려견을 데리고 버스나 지하철을 이용하는 경우에 전용 운반도구를 이용해야 하기 때문에 장애인보조견을 제외한 대형견은 데리고 탈 수가 없다. 반려견을 데리고 버스나 지하철을 타는 것이 불편하거나 대형견의 경우에는 반려동물 전용 택시인 '펫택시'(pet+taxi)를 이용할 수 있는데, 예약제로 운영되고 있는 펫택시 관련 정보는 인터넷에서 어렵지 않게 찾아볼 수 있다.

4. 반려동물의 질병과 치료

반려동물을 키우는데 있어서 가장 어려움에 처하는 경우가 바로 반려동물이 아플 때이다. 반려동물 유기의 원인 가운데 하나도 반려동물의 질병이다. 제20대 대통령선거 후보자들은 대부분 반려동물 공약을 제시하였는데, 반려동물 동반 쉼터 확대, 대통령 직속의 동물복지위원회 설치, 중앙 동물보호센터 설립 등도 있지만, 동물병원 표준수가제, 동물병원 진료비 표준화, 반려동물 건강보험도입 등 주로 반려동물의 질병치료에 관한 것이 반려동물 공약의 대부분을 차지하였다.

동물병원의 진료비는 사람이 다니는 병원의 진료비에 비하여 높게 느껴진다는 의견이 많다. 반려동물 진료비는 동물병원에 따라 진료비가 천차만별이고, 진료비를 비교할 수 있는 기준이나 방법도 없기 때문에, 비싸고 불투명한 동물병원 진료비에 대하여 반려견 소유자들의 불만과 불신이 적지 않았다.[24] 이러한 문제점을 개선하기 위하여 동물병원 이용자의 알권리와 진료선택권 보장을 위한 「수의사법」 개정이 있었다. 그동안 반려동물을 기르는 반려인들의 요구사항이었던 ① 수술 등 중대진료에 관한 설명의무, ② 중대진료의 예상 진료비용 고지, ③ 진료비용의 게시에 관한 의무를 수의사와 동물병원에 부여하였다. 이러한 사항들은 반려인들이 동물의 질병치료와 관련하여 문제를 제기하고 제도개선을 요구하여 오던 것들이 었으며, 2022년의 「수의사법」 개정은 이러한 제도개선 요구가 받아들여진 것이다.

동물병원에서 과잉진료행위를 하였다는 불만과 민원이 종종 제기되었기 때문에 진료거부나 과잉진료행위 등에 대한 과태료 항목이 확대되었고 과태료가 상향 조정되었다.

표 11-3 과잉진료행위에 대한 과태료 부과기준 및 액수(동물보호법 시행령 별표2)

위반행위	관련 「수의사법」 규정	과태료 액수 (만원)		
		1회	2회	3회 이상
정당한 사유없는 진료거부	제11조, 제41조 제1항 1호	150	200	250
정당한 사유없는 진단서, 검안서, 증명서, 처방전 발급거부	제12조 제3항, 제41조 제2항 제1호의3	50	75	100
거짓이나 기타 부정한 방법으로 진단서, 검안서, 증명서, 처방전 발급	제12조 제1항, 제41조 제2항 1호	50	75	100
진료부, 검안부 미기록 또는 허위기록	제13조, 제41조 제2항 2호	50	75	100
중대진료비용 미고지 및 고지·게시한 금액을 초과한 진료비용 징수	제20조의2 제3항, 제41조 제2항 6호의2	30	60	90

대한동물약국협회의 조사(2017년 3월 24일~30일, 국내 거주 만 20세~59세 반려동물 보호자 450명 대상)에 따르면 반려동물보호자들이 직접 가정접종을 하는 비율은 개가 40.8%, 고양이가 45%로, 비용절감(69.5%) 동물병원 방문의 어려움(20.1%) 등을 직접 예방접종의 이유로 답하였다. 그러나 동물용 의약품이 오·남용되어 동물 및 축산물에 잔류하거나 항생제 내성균의 출현 등을 예방할 필요가 있기에, 2013

---

24) 반려동물보험의 문제점으로 표준진료수가 체계가 부재하고, 등록제도의 미비에 따른 정보의 비대칭성, 반려동물 보험금청구의 복잡성 등이 지적되고 있다. 김창호, 반려동물보험 현황 및 향후 과제, 이슈와 논점 제1577호, 국회입법조사처 2019, 5, 2, 1쪽 이하.

년 8월부터는 일부 동물용의약품에 대한 수의사 처방제가 시행되고 있다. 수의사 처방제는 동물용의약품의 관리를 강화하기 위하여 도입된 것으로, '처방대상 동물용의약품'을 구입·사용할 경우에는 수의사의 직접진료 후에 수의사에게 직접 조제 받거나 처방전으로 발급받아 동물약품을 구매하도록 하는 제도이다. 처방전에 따라 구입한 이러한 동물용의약품은 수의사 뿐만이 아니라 소유자(또는 관리자)도 반려견에게 직접 투약할 수 있다. 그리고 동물약국에서 일반 동물약을 구입하여 투약할 수도 있는데, 예를 들어 심장사상충약이나 구충약 등은 약국에서 구입하여 투약할 수 있다.

5. 개물림 사고

반려견이 늘어나면서 반려견이 사람을 무는 사고도 매년 증가하고 있다. 소방청 통계자료에 따르면, 일일 평균 6건 정도의 크고 작은 개물림사고로 환자가 발생하였다. 특히 5월부터 8월까지 야외활동이 많은 시기에 개물림사고가 많이 발생하고 있다.

| 표 11-4 | 개물림사고 환자 이송 통계[25] |

구 분	2016년	2017년	2018년	2019년	2020년
개물림사고건수	2,111	2,405	2.368	2,154	2,114
일일평균 사고 건수	5.78	6.59	6.49	5.90	5.79

개물림 사고에 적용될 수 있는 현행 법령은 우선 형법 제268조의 과실치사상죄, 민법 제759조에 따른 동물 소유자 또는 점유자의 책임 등이 있다.

> 형법 제266조(과실치상) ① 과실로 인하여 사람의 신체를 상해에 이르게 한 자는 500만원 이하의 벌금, 구류 또는 과료에 처한다.
> ② 제1항의 죄는 피해자의 명시한 의사에 반하여 공소를 제기할 수 없다.
>
> 제267조(과실치사) 과실로 인하여 사람을 사망에 이르게 한 자는 2년 이하의 금고 또는

---

25) 보도참고자료, 야외활동시 개물림사고 주의 당부, 소방청, 2021. 5. 24, 1쪽.

700만원 이하의 벌금에 처한다.

제268조(업무상과실·중과실 치사상) 업무상과실 또는 중대한 과실로 인하여 사람을 사상에 이르게 한 자는 5년 이하의 금고 또는 2천만원 이하의 벌금에 처한다.

민법 제759조(동물의 점유자의 책임) ① 동물의 점유자는 그 동물이 타인에게 가한 손해를 배상할 책임이 있다. 그러나 동물의 종류와 성질에 따라 그 보관에 상당한 주의를 해태하지 아니한 때에는 그러하지 아니하다.
② 점유자에 갈음하여 동물을 보관한 자도 전항의 책임이 있다.

그리고 특별히 「동물보호법」에는 제16조에 등록대상동물의 관리등, 제21조에 맹견의 관리, 제22조에 맹견의 출입금지 등의 규정을 두고 있다.

동물보호법 제16조(등록대상동물의 관리 등) ① 등록대상동물의 소유자등은 소유자등이 없이 등록대상동물을 기르는 곳에서 벗어나지 아니하도록 관리하여야 한다.
② 등록대상동물의 소유자등은 등록대상동물을 동반하고 외출할 때에는 다음 각 호의 사항을 준수하여야 한다.
  1. 농림축산식품부령으로 정하는 기준에 맞는 목줄 착용 등 사람 또는 동물에 대한 위해를 예방하기 위한 안전조치를 할 것
  2. 등록대상동물의 이름, 소유자의 연락처, 그 밖에 농림축산식품부령으로 정하는 사항을 표시한 인식표를 등록대상동물에게 부착할 것
  3. 배설물(소변의 경우에는 공동주택의 엘리베이터·계단 등 건물 내부의 공용공간 및 평상·의자 등 사람이 눕거나 앉을 수 있는 기구 위의 것으로 한정한다)이 생겼을 때에는 즉시 수거할 것
③ 시·도지사는 등록대상동물의 유실·유기 또는 공중위생상의 위해 방지를 위하여 필요할 때에는 시·도의 조례로 정하는 바에 따라 소유자등으로 하여금 등록대상동물에 대하여 예방접종을 하게 하거나 특정 지역 또는 장소에서의 사육 또는 출입을 제한하게 하는 등 필요한 조치를 할 수 있다.

제21조(맹견의 관리) ① 맹견의 소유자등은 다음 각 호의 사항을 준수하여야 한다.
  1. 소유자등이 없이 맹견을 기르는 곳에서 벗어나지 아니하게 할 것. 다만, 제18조에 따라 맹견사육허가를 받은 사람의 맹견은 맹견사육허가를 받은 사람 또는 대통령령으로 정하는 맹견사육에 대한 전문지식을 가진 사람 없이 맹견을 기르는 곳에서 벗어나지 아니하게 할 것
  2. 월령이 3개월 이상인 맹견을 동반하고 외출할 때에는 농림축산식품부령으로 정하는 바에 따라 목줄 및 입마개 등 안전장치를 하거나 맹견의 탈출을 방지할 수 있는 적정한 이동장치를 할 것
  3. 그 밖에 맹견이 사람 또는 동물에게 위해를 가하지 못하도록 하기 위하여 농림축산식품부령으로 정하는 사항을 따를 것
② 시·도지사와 시장·군수·구청장은 맹견이 사람에게 신체적 피해를 주는 경우 농

> 림축산식품부령으로 정하는 바에 따라 소유자등의 동의 없이 맹견에 대하여 격리조치 등 필요한 조치를 취할 수 있다.
> ③ 제18조제1항 및 제2항에 따라 맹견사육허가를 받은 사람은 맹견의 안전한 사육·관리 또는 보호에 관하여 농림축산식품부령으로 정하는 바에 따라 정기적으로 교육을 받아야 한다.
>
> **제22조(맹견의 출입금지 등)** 맹견의 소유자등은 다음 각 호의 어느 하나에 해당하는 장소에 맹견이 출입하지 아니하도록 하여야 한다.
> 1. 「영유아보육법」 제2조제3호에 따른 어린이집
> 2. 「유아교육법」 제2조제2호에 따른 유치원
> 3. 「초·중등교육법」 제2조제1호 및 제4호에 따른 초등학교 및 특수학교
> 4. 「노인복지법」 제31조에 따른 노인복지시설
> 5. 「장애인복지법」 제58조에 따른 장애인복지시설
> 6. 「도시공원 및 녹지 등에 관한 법률」 제15조제1항제2호나목에 따른 어린이공원
> 7. 「어린이놀이시설 안전관리법」 제2조제2호에 따른 어린이놀이시설
> 8. 그 밖에 불특정 다수인이 이용하는 장소로서 시·도의 조례로 정하는 장소

또한 반려견을 포함하여 개의 관리를 소홀히 하면 「경범죄처벌법」으로도 처벌될 수 있다. 즉, 「경범죄처벌법」 제3조 제1항 25호(위험한 동물의 관리 소홀)에 규정된 "사람이나 가축에 해를 끼치는 버릇이 있는 개나 그 밖의 동물을 함부로 풀어 놓거나 제대로 살피지 아니하여 나다니게 한 사람"과 제26호(동물 등에 의한 행패 등)에 규정된 "소나 말을 놀라게 하여 달아나게 하거나 개나 그 밖의 동물을 시켜 사람이나 가축에게 달려들게 한 사람"에게는 10만원 이하의 벌금, 구류 또는 과료에 처해지거나, 일정한 경우에는 특례 규정에 의해 5만원과 8만원의 범칙금이 부과될 수 있다.

반려견이 사람을 문 '개물림 사고'의 경우에는 견주나 관리자 등 책임이 있는 사람에게 「형법」상의 과실치상죄나 과실치사죄 등이 적용되기도 한다. 특히 개가 사람을 공격하여 상처를 입거나 심한 경우 사망에 이르게 되면 개의 주인 또는 관리자가 형사처벌을 받는 경우가 발생할 수도 있다. 반려견을 포함하여 개가 사람을 물어 상해를 입히거나 사망에 이르게 하면 소유자 등에게 과실치상 또는 과실치사의 책임을 묻는다. 과실치상의 경우에는 500만원 이하의 벌금과 구류 또는 과료, 과실치사는 3년 이하의 금고 또는 700만원 이하의 벌금에 처한다. 그리고 개를 관리하는데 중대한 과실이 인정되는 경우에는 5년 이하의 금고 또는 2,000만원 이하의 벌금에 처해지는 중과실치사의 책임을 질 수 있다. 반려견을 기르는 사

람은 공공장소 등에서 반려견을 동반할 경우 목줄을 묶어서 타인을 공격하지 못하게 하여야 할 주의의무가 있다.[26]

개물림사고가 발생한 경우에는 형사책임과 별도로 견주 또는 관리자는 개물림으로 발생한 손해에 대하여 민사상 손해배상책임을 지기도 한다.[27] 민사상 손해배상책임은 치료비와 위자료가 합쳐져 산정되는데 그 액수가 평균적으로 늘어나고 있다. 그리고 개물림사고에 대비하기 위해서 일상생활책임보험 등 개물림사고를 위한 보험상품이 출시되어 있다. 맹견의 경우에는 2021년 2월부터 맹견책임보험이 의무화되어, 맹견을 키우는 사람은 맹견보험에 반드시 가입하여야 한다.

6. 동물학대

반려동물의 수가 증가하고 있는 것만큼이나, 반려동물을 오락이나 장난의 대상으로 삼거나 학대를 하는 사례도 늘어나고 있다. 근래에는 더욱 빈번하게 동물을 학대한 자에 대하여 고발·수사·기소·재판·처벌이 이루어지기도 하고, 동물보호단체에서는 동물학대 금지를 위한 서명운동을 하거나 캠페인을 벌이기도 한다. 동물학대를 금지하는 것은 동물의 보호 나아가서는 동물의 복지를 위한 것이며, 나아가서는 인간의 안전을 위한 것이고, 더 나아가서는 인간과 동물의 조화로운 공존을 위한 것이다.

동물학대에 관한 논의 전개를 위해서는 반려동물과 비반려동물을 구분하는 것이 현실적이라 본다. 반려동물은 개와 고양이 등 집에서 기르는 것이고, 비반려동물은 반려동물 이외의 동물로서 소, 돼지, 닭, 오리 등이다. 물론 비반려동물로 구분되는 종류의 동물이라고 하더라도 반려의 목적으로 기르는 경우가 있기 때문에, 반려동물과 비반려동물의 구분이 절대적인 것은 아니다. 동물윤리의 관점에서는 모든 동물을 학대하지 말아야 하지만, 법적인 관점에서는 법령에 규정된 대상동물

---

26) 집에서 기르던 개 4마리가 목줄을 묶지 않은 상태에서 열린대문으로 나가 행인의 종아리를 물은 견주에게 200만원의 벌금이 선고되었다. 서울북부지방법원 2018. 5. 18. 선고 2017고정2295[과실치상].

27) 공원의 의자에서 이야기를 하다 반려견의 목줄을 놓쳐서 4세 어린이의 종아리를 물어 2주간의 치료를 요하는 손상을 입힌 반려경의 견주에게 위자료 250만원을 포함하여 약 560만원을 배상하라고 판결하였다. 서울동부지방법원 2015. 5. 13. 선고 2014나22750. (형법상 과실치상죄로 인한 벌금 50만원은 별도)

에 대하여 법령에 규정된 학대행위를 하지 말아야 한다. 동물학대를 금지·처벌하는 근거법률인 「동물보호법」의 규율대상은 동법 제2조에 따라 "고통을 느낄 수 있는 신경체계가 발달한 척추동물"인데, 포유류와 조류를 포함하여 식용을 목적으로 하지 않는 파충류·양서류·어류가 「동물보호법」이 규정하는 동물이다. 새총으로 비둘기를 쏘아 죽인 사람에게 벌금형이 선고된 경우도 있었다.[28]

현실세계에서의 동물학대의 유형은 다양하다. 기르던 동물을 낯선 곳에 버리거나 음식을 적절히 주지 않는 행위, 동물에게 도구·약물 등 물리적·화학적 방법을 사용하여 상해를 입히거나 살아 있는 상태에서 동물이 신체를 손상하거나 제액을 채취하고 도박·광고·오락·유흥 등의 목적으로 동물에게 상해를 입히는 행위 등의 학대행위들이 종종 보도되고 있으며, 노출되지 않는 동물학대는 더욱 많을 것으로 추측해볼 수 있다.

현행 「동물보호법」 제2조에는 동물학대의 개념이 정의되어 있는데, "동물학대란 동물을 대상으로 정당한 사유 없이 불필요하거나 피할 수 있는 신체적 고통과 스트레스를 주는 행위 및 굶주림, 질병 등에 대하여 적절한 조치를 게을리하거나 방치하는 행위를 말한다."고 정의하고 있다. 그리고 「동물보호법」 제10조(동물학대 등의 금지)에는 동물학대의 구체적인 유형이 규정되어 있다.

> **동물보호법 제10조(동물학대 등의 금지)** ① 누구든지 동물을 죽이거나 죽음에 이르게 하는 다음 각호의 행위를 하여서는 아니된다.
> 1. 목을 매다는 등의 잔인한 방법으로 죽음에 이르게 하는 행위
> 2. 노상 등 공개된 장소에서 죽이거나 같은 종류의 다른 동물이 보는 앞에서 죽음에 이르게 하는 행위
> 3. 동물의 습성 및 생태환경 등 부득이한 사유가 없음에도 불구하고 해당 동물을 다른 동물의 먹이로 사용하는 행위
> 4. 그 밖에 사람의 생명·신체에 대한 직접적인 위협이나 재산상의 피해 방지 등 농림축산식품부령으로 정하는 정당한 사유 없이 동물을 죽음에 이르게 하는 행위
> ② 누구든지 동물에 대하여 다음 각 호의 행위를 하여서는 아니 된다.
> 1. 도구·약물 등 물리적·화학적 방법을 사용하여 상해를 입히는 행위. 다만, 해당 동물의 질병 예방이나 치료 등 농림축산식품부령으로 정하는 경우는 제외한다.
> 2. 살아있는 상태에서 동물의 몸을 손상하거나 체액을 채취하거나 체액을 채취하기 위

---

28) 아파트의 어린이 놀이터에서 새총으로 쏘아 비둘기 4마리를 죽게 하고 2마리에게 상해를 입힌 사람에게 150만원의 벌금이 선고되었다. 부산지방법원 서부지원 2019. 8. 28. 선고 2019고단136.

한 장치를 설치하는 행위. 다만, 해당 동물의 질병 예방 및 동물실험 등 농림축산식품부령으로 정하는 경우는 제외한다.

3. 도박·광고·오락·유흥 등의 목적으로 동물에게 상해를 입히는 행위. 다만, 민속경기 등 농림축산식품부령으로 정하는 경우는 제외한다.

4. 동물의 몸에 고통을 주거나 상해를 입히는 다음 각 목에 해당하는 행위

    가. 사람의 생명·신체에 대한 직접적 위협이나 재산상의 피해를 방지하기 위하여 다른 방법이 있음에도 불구하고 동물에게 고통을 주거나 상해를 입히는 행위

    나. 동물의 습성 또는 사육환경 등의 부득이한 사유가 없음에도 불구하고 동물을 혹서·혹한 등의 환경에 방치하여 고통을 주거나 상해를 입히는 행위

    다. 갈증이나 굶주림의 해소 또는 질병의 예방이나 치료 등의 목적 없이 동물에게 물이나 음식을 강제로 먹여 고통을 주거나 상해를 입히는 행위

    라. 동물의 사육·훈련 등을 위하여 필요한 방식이 아님에도 불구하고 다른 동물과 싸우게 하거나 도구를 사용하는 등 잔인한 방식으로 고통을 주거나 상해를 입히는 행위

③ 누구든지 소유자등이 없이 배회하거나 내버려진 동물 또는 피학대동물 중 소유자등을 알 수 없는 동물에 대하여 다음 각 호의 어느 하나에 해당하는 행위를 하여서는 아니 된다.

1. 포획하여 판매하는 행위
2. 포획하여 죽이는 행위
3. 판매하거나 죽일 목적으로 포획하는 행위
4. 소유자등이 없이 배회하거나 내버려진 동물 또는 피학대동물 중 소유자등을 알 수 없는 동물임을 알면서 알선·구매하는 행위

④ 소유자등은 다음 각 호의 행위를 하여서는 아니 된다.

1. 동물을 유기하는 행위
2. 반려동물에게 최소한의 사육공간 및 먹이 제공, 적정한 길이의 목줄, 위생·건강 관리를 위한 사항 등 농림축산식품부령으로 정하는 사육·관리 또는 보호의무를 위반하여 상해를 입히거나 질병을 유발하는 행위
3. 제2호의 행위로 인하여 반려동물을 죽음에 이르게 하는 행위

⑤ 누구든지 다음 각 호의 행위를 하여서는 아니 된다.

1. 제1항부터 제4항까지(제4항제1호는 제외한다)의 규정에 해당하는 행위를 촬영한 사진 또는 영상물을 판매·전시·전달·상영하거나 인터넷에 게재하는 행위. 다만, 동물보호 의식을 고양하기 위한 목적이 표시된 홍보 활동 등 농림축산식품부령으로 정하는 경우에는 그러하지 아니하다.
2. 도박을 목적으로 동물을 이용하는 행위 또는 동물을 이용하는 도박을 행할 목적으로 광고·선전하는 행위. 다만, 「사행산업통합감독위원회법」제2조제1호에 따른 사행산업은 제외한다.
3. 도박·시합·복권·오락·유흥·광고 등의 상이나 경품으로 동물을 제공하는 행위
4. 영리를 목적으로 동물을 대여하는 행위. 다만, 「장애인복지법」제40조에 따른 장애인 보조견의 대여 등 농림축산식품부령으로 정하는 경우는 제외한다.

특히 동물을 버리는 것을 의미하는 동물유기는 동물학대의 전형적인 유형이라 할 수 있으며, 동물을 유기해서는 안된다는 규정은 「동물보호법」 제10조(동물학대 등의 금지)에 있다. 유기동물과 유실동물은 사실상 구분하기 어려워서, 법령에서도 유기동물과 유실동물은 함께 규정되어 있다. 2022년 말을 기준으로 보면, 구조된 유기·유실동물은 모두 113.400마리로 전년 대비 4.1%가 감소하였으며, 유기·유실동물 중에서는 개가 71.6%이고 고양이가 27.8%, 햄스터, 토끼 등 기타 1.3%였다. 시·도별 발생현황을 보면 경기도가 제일 많고(18.93%), 경남(10.8%), 전남(8.3%), 경북(8.2%) 순이었으며, 유기·유실동물은 주로 반려동물을 많이 키우는 도시를 중심으로 발생되고 있다. 유기동물의 처리상황을 보면 분양 31,182마리(27.5%), 자연사 30,490마리(26.9%), 안락사 19,043마리(16.8%), 소유주 반환 14,031마리(12.4%) 순이었다.[29]

표 11-5 **2000년-2022년의 구조동물 현황**[30]

연도별	전체	개		고양이		기타(토끼 등)	
	합계	마리	비율	마리	비율	마리	비율
2020년	130,401	95,261	73.1%	33,572	25.7%	1,568	1.2%
2021년	118,273	84,723	71.6%	32,098	27.1%	1,452	1.2%
2022년	113,440	80,393	71.6%	31,525	27.8%	1,522	1.3%

근래 들어와 우리 사회는 동물을 학대하지 말아야 한다는 사회운동이 강해졌고, 이러한 인식과 사회운동에 힘입어 법원에서도 동물학대에 대하여 적극적으로 대처하고 있다. 동물학대로 기소되는 사건수가 늘어나고 있으며, 법원에서도 동물학대를 가볍게 여기지 않는 판결들을 내놓고 있다. 사람이 반려견을 때려서 상처를 입히거나 죽인 경우에는 대개 「동물보호법」 위반과 「형법」 재물손괴죄 위반으로 처벌될 수 있다. 즉, 「형법」상의 재물손괴죄(3년 이하의 징역 또는 700만원 이하의 벌금)와 「동물보호법」상의 동물학대죄(3년 이하의 징역 또는 3천만원 이하의 벌금)가 적용된다.[31] 그리고 타인의 반려동물을 학대한 경우에는 민사상 손해배상책임을

29) 보도자료, 2022년 반려동물 보호·복지실태 조사결과, 농림축산식품부, 2023. 8. 13, 4-5쪽.
30) 보도자료, 2022년 반려동물 보호·복지실태 조사결과, 농림축산식품부, 2023. 8. 13, 14쪽.
31) 자동차 뒷 부분에 개의 목줄을 달고 5km를 달려 기르던 반려견을 죽음에 이르게 한 견주에

지기도 한다.[32)]

　동물학대는 동물에 대한 학대에 그치지 않는다. 동물학대는 심각한 정신적 장애의 징표이며, 동물을 학대하는 인간이나 인간에게 폭력을 행사하는 인간이나 정신상태는 비슷하다는 것이다. 나아가 동물학대는 가정폭력과도 상관관계가 있으며, 동물학대는 인간 생명에 대한 경시와도 연결된다고 한다.[33)] 따라서 동물학대 행위를 엄격히 통제하고 처벌하는 것은 우리 모두를 안전하게 만드는 일이기도 하지만 우리 사회에 생명 존중과 타자 존중의 문화를 확고히 하는데 필요한 일이기도 하다.

7. 개식용금지법 입법 문제

　개식용에 관한 국내에서의 반성과 외국에서의 지적이 있었음은 주지의 사실이다. 따라서 개식용을 금지하자는 주장과 운동이 나타났고, 보다 많은 여론의 지지를 받고 있다. 국내 식용개고기 농장은 2,862곳, 식용으로 유통되는 개는 연간 78만 내지 100만 마리로 추정되고 있다.[34)] 더욱이 식용으로 사육되는 개들은 대부분 비위생적인 환경에서 사육되고 있다. 공장식 축산이 대세라고 하더라도 소ㆍ돼지ㆍ닭 등의 사육은 일정한 관리ㆍ감독하에 있지만, 식용으로 사육되는 개들은 생존에 필요한 최소한의 조건에도 미치지 못하는 비위생적인 환경에서 사육당하고 있다. 밀도축을 하는 과정에서의 비위생적인 환경과 고통도 지적되고 있다.[35)] 국가의 관리ㆍ감독하에 있지 않은 식용견의 사육과 도축과정의 문제점에 대해서는 수많은 지적이 있어 왔다. 동물학대방지연합 등 동물보호단체에서는 개와 고양이

　　게 징역 4개월에 집행유예 1년이 선고되었다. 대구지방법원 상주지원 2021. 11. 17. 선고 2021고단221판결[동물보호법 위반]; 대소변을 가리지 못한다는 이유로 주먹과 손바닥으로 강아지의 몸통과 머리를 때려 안구충혈과 다리탈골을 시킨 견주에게 벌금 100만원이 선고되었다. 인천지방법원 부천지원 2018. 11. 2. 선고 2018고정692판결[동물보호법 위반]

32) 동물미용사가 반려견을 미용하는 과정에서 반려견의 목을 조르고 얼굴을 때려 뒷다리 슬개골 탈구 등의 상해를 입힌 행위에 대하여 기왕 치료비 705,000원, 향후 치료비 600,000원, 위자료 500,000원을 합하여 총 1,805,000원을 배상하라고 판결하였다. 부산지방법원 2019. 5. 30. 선고 2018나56626.판결[손해배상 및 위자료]

33) 황성원 역, 캐서린 그랜트 저, 동물권, 인간의 이기심은 어디까지인가?, 이후, 2012, 186쪽.

34) 조선일보, 2017. 9. 14.

35) 일반적인 공장식사육과 도축의 문제점에 관해서는 박상표, 가축이 행복해야 인간이 건강하다, 개마고원, 2012, 14쪽.

의 식용금지를 법률에 명시적으로 규정해 줄 것을 요청하고 있다.

개식용금지법이 없는 현행 법령의 해석상으로도 개는 식용으로 할 수 없지만, 개식용을 금지하는 법률을 제정하여 개식용금지를 법률로 명확히 하자는 의견이 많았다. 우선, 「축산법」에는 개가 가축으로 분류되어 있다. 즉, 「축산법」 제2조 제1호에 '가축'이란 사육하는 소·말·면양·염소·돼지·사슴·닭·오리·거위·칠면조·메추리·타조·꿩, 그 밖에 농림축산식품부령으로 정하는 동물(動物) 등을 말한다고 하여 개가 명시되어 있지 않지만, 「축산법 시행규칙」 제2조에 의하여 노새, 당나귀, 토끼, 개, 꿀벌이 「축산법」 규정이 적용되는 동물로 규정되어 있다. 다음으로, 「축산물위생관리법」에는 개가 가축으로 분류되어 있지 않다. 즉, 「축산물위생관리법」 제2조 제1호에 '가축'이란 소, 말, 양, 돼지, 닭, 오리, 그 밖에 식용(食用)을 목적으로 하는 동물로서 대통령령으로 정하는 동물을 말한다고 하여 역시 개가 명시되어 있지 않은데, 「축산물위생관리법 시행령」 제2조 제1항에서도 대통령령으로 정하는 동물에 사슴, 토끼, 칠면조, 거위, 메추리, 꿩, 당나귀만 명시되어 있을 뿐, 개는 축산물위생관리법령의 규율대상이 아니다.

정리하자면, 「축산법」에서는 개를 (사육)가축으로 분류하고 있지만, 「축산물위생관리법」에서는 개를 (식용)가축으로 분류하고 있지 않다. 이러한 현행 법령의 입법태도와 입법내용을 보자면, 개를 '키우는 동물'(사육동물)로는 볼 수 있지만 '먹는 동물'(식용동물)로는 볼 수 없다는 해석을 가능케 한다. 따라서, 현행 법령에 대한 해석에 따를 때에도 개를 식용으로 사용하는 것은 허용되지 않는 것이지만, 개식용금지법의 제정은 개를 식용으로 사용하는 것은 허용되지 않는다는 것을 법률로 명확히 선언하자는 의미를 지닌다.

개식용금지를 위한 여러 건의 법률안이 국회에 제출되었으며, 여러 건의 법률안을 하나로 통합하여 입법된 것이 아래의 법률이다.

개의 식용 목적의 사육·도살 및 유통 등 종식에 관한 특별법

제안이유: 세계적으로 '개'는 반려동물이라는 인식이 확대되고 있으며, 대만 홍콩, 필리핀 등 개를 식용 목적으로 사육하고 소비하는 것이 오랜 관행처럼 지속되어 온 국가에서도 관련 법 제정 등을 통해 개의 식용을 금지하는 등 제도적 노력을 기울이고 있음. 또한 우리나라도 최근 반려동물 등록 수와 가구 수가 크게 확대되는 등 동물복지에 대한 인식이 크게 향상되어 사회적으로 개의 식용을 금지해야 한다는 목소

리가 지속적으로 표출되고 있음. 그런데 현재도 여전히 개고기를 먹는 식문화가 일부 남아있고 개의 열악한 사육환경과 비인도적인 도살방식 등으로 인하여 동물학대 논란 등 관련 문제가 지속적으로 발생하고 있음. 이에 제정안은 개를 도살·처리하여 식용으로 사용하거나 판매하는 것을 명시적으로 금지하고, 개사육농장 분포 현황 등 실태조사를 바탕으로 개 식용 종식을 위한 개사육농장의 폐쇄 및 폐업에 관한 사항을 담은 기본계획을 마련하여 폐업한 개사육농장 농장주의 폐업·전원 지원하도록 함으로써, 식용목적의 개 사육과 소비문화를 변화시키고 관련 영업의 폐업 신고와 업종전환을 유도하여 동물의 생명을 보호하고 개고기 식용과 관련된 사회적 갈등을 해소하려는 것임.

주요내용: 1. 이 법은 개의 식용을 종식하는 데 필요한 사항을 규정함으로써 생명 존중과 사람 및 동물의 조화로운 공존을 지향하는 동물보호의 가치 실현에 이바지하는 것을 목적으로 함.

2. 식용을 목적으로 개를 사육·증식 및 도살을 금지하고 개 또는 개를 원료로 조리·가공한 식품을 유통·판매하는 행위까지 금지하고, 도살에 대해서는 3년 이하의 징역 또는 3천만원 이하의 벌금에 처하고 사육·증식·유통·판매에 대해서는 2년 이하의 징역 또는 2천만원 이하의 벌금에 처함.

3. 농림축산식품부장관은 개의 식용을 종식하기 위하여 개사육농장주, 개식용 관련 도축·유통상인 및 개식용 관련 식품접객업자의 폐업 또는 전업에 대한 지원에 관한 사항 등이 포함된 개식용 종식 기본계획을 수립하도록 함.

4. 개사육농장주, 개식용 도축·유통상인 또는 개식용 식품접객업자는 시설 명칭, 주소, 규모 및 영업 사실 등을 이 법 공포일부터 3개월 이내에 지방자치단체장에게 신고하도록 함.

5. 국가 또는 지방자치단체는 제10조제1항에 따른 신고를 하고 이행계획서를 제출한 자에 대하여 폐업 또는 전업에 필요한 지원을 하도록 함과 동시에 해당 사업장의 폐쇄 및 신규운영을 금지하는 등 필요한 이행조치를 명령함.

위 법률은 8건의 개식용금지 관련 법안을 통합되어 농림축산식품해양수산위원장이 제출한 것인데, 2024년 1월 9일에 국회 본회의를 통과하여 대통령에 의하여 공포되었다. 이 특별법의 제정으로 개식용을 위한 사육·도살·유통 등은 「동물보호법」이 아니라 이 특별법에 의하여 처벌되고, 관련 업주에 대해서는 폐업·전업시 국가 또는 지방자치단체에 의한 지원이 이루어진다. 법률은 3년의 유예기간 이후에 시행되는데, 일명 '개농장'에 남아있는 수십만 마리의 식용견 처리가 문제로 떠오르고 있다.

8. 반려동물 양육권 분쟁

유럽이나 미국·캐나다 등에서는 부부가 이혼하거나 동거하다가 헤어질 때 반려동물의 양육권이 문제되고 있고, 당사자 간에 합의에 이르지 못하는 경우에는 반려동물에 대한 양육권 및 면접교섭권을 법원에서 다투는 사례가 증가하고 있다. 우리나라의 경우에도 이혼시 혹은 동거관계의 청산시 반려견을 누가 기를 것이냐가 문제된 적이 있지만, 반려견의 양육권만을 대상으로 하여 소송이 제기된 적은 없고 주로 당사자 간의 합의로 해결되고는 하였다. 그러나 반려견을 우리보다 많이 키우고 있는 외국의 사례를 볼 때, 반려견의 양육권을 둘러싼 법적 분쟁은 향후 우리에게도 발생할 가능성이 있다.

우선, 반려견을 둘러싼 문제에 우리가 관심을 가져야 하는지 및 법원이 이러한 '개의 양육권 문제'조차도 결정을 내려주어야 하는지에 대해 논란이 있을 수 있다. 미국에서도 이러한 비슷한 논쟁이 있었다. 즉, 판례를 바꾸어야 할 만한 반려동물 분쟁사례가 있는가 및 이러한 이슈를 과연 법원이 다루어야 하는가라는 질문에 대하여, 이혼시 분쟁의 최근 양상을 볼 때 반려동물 양육권에 대해서 법원이 개입해야 한다는 결론에 이르고 있다.[36]

이혼시 반려견에 대한 양육권 결정의 문제는 원칙적으로 이혼시 재산분할의 문제로 보고 있다. 이 관점에서는 이혼시 반려견을 팔아 가액을 반분하거나 혹은 일방이 타방에게 반액을 주고 반려견의 소유권을 취득하는 방법이 있을 수 있다. 그러나, 반려견은 단순한 물건과는 다르다[37]고 보기 때문에, 부부가 이혼하는 경우의 자녀 양육권을 결정하는 문제와 유사한 방식으로 문제를 해결할 수 있다. 즉, 이혼을 하는 경우 반려견 양육에 관한 당사자 간에 합의가 이루어진다면 아무런 문제가 없지만, 합의가 이루어지지 않는다면 법원은 두 사람 중에서 누가 반려견을 키울지를 결정해 주어야 한다. 우리의 현행 법률상 반려동물은 물건이기 때문에, 반려동물의 소유자를 결정하는 문제는 재산분할에 관한 문제라고 할 수 있다. 그러나 반려동물을 물건 이상으로 생각하는 사람들에게 있어서는, 이혼시 반

---

36) Emily Franklin, How to give the dog a home: Using Mediation to solve companion animal costody disputes, 12 Pepperdine Dispute Resolution Law Journal, Issue 2, 2012, p. 362.

37) Danyelle Melissa Shapiro, Pets as Persons Under ther Law in Custody Disputes, 2013, p. 31.

려동물을 누가 키울지의 문제는 일종의 양육권 결정의 문제라고 할 수 있는 것이다. 이러한 문제로 인해서도 앞에서 언급한 바와 같이, 반려견을 단순한 물건으로 보는 법령과 판례를 변경해야 한다는 주장이 있는 것이다.

반려견의 양육권 문제를 어떻게 생각하건 간에, 앞으로는 우리나라에서도 이혼시 반려견의 소유권 및 양육권을 둘러싼 법적 분쟁의 발생이 예견되기 때문에 이러한 문제에 관심을 기울여서 법적 분쟁에 미리 대비할 필요가 있다. 이혼시 반려견 양육권 문제에 대해서는 반려견과 자녀를 동일시할 수는 없기 때문에 재산권 대상인 반려견에 관한 양육권 논란은 필요조차 없다는 견해도 있지만, 반려견을 가족처럼 여기는 사람들에게 있어서는 양육권 분쟁시 반려견을 자녀처럼 보아야 한다는 견해를 가지는 것이 당연한 것이다. 따라서 향후에는 이혼시 반려동물 양육권의 문제에 관해서 외국의 반려견 양육권을 해결에 관한 법원 판례를 참조하고, 반려동물을 단순한 물건이 아닌 양육 대상이라는 관점에서 고려할 필요가 있다. 즉 우리나라에서도 부부가 이혼하거나 동거인들이 헤어지는 경우에, 자녀의 양육권에 대한 분쟁의 경우와 유사하게 반려견을 위한 최선의 이익을 고려하여 양육권을 결정하는 것이 필요한 시기가 올 것으로 본다.

9. 맺 음 말

개를 물건이나 음식으로 보는 인식과 법령은 변화되고 개선되어야 한다. 개를 '애완견'을 넘어 '반려(伴侶, companion)견'이라고 부르는 이유는 개가 인생을 동반하는 가족이자 친구 등과 같은 존재라고 여겨지기 때문이다. 개를 친구이자 가족처럼 보는 인식과 개를 단순히 물건이나 음식으로만 보는 인식은 이제 공존할 수가 없다. 따라서 변화된 인식과 사회환경에 맞게 제도와 법령을 개선할 필요가 있다고 본다. 우리나라의 반려동물 인구가 1,000만명을 넘어 1,500만명 정도로 추산되고 있고, 빈번히 발생하는 동물학대행위에 분개하고 동물보호운동에 공감하는 사람들이 많아지고 있다.

반려동물이 늘어나면서 반려동물의 등록이나 장묘에 관한 규정을 어느 정도는 알아야 할 필요가 있고, 반려동물의 양육이나 소음으로 인한 이웃간의 갈등도 늘어나고 있으며, 외출시 배변수거와 관련된 분쟁이 일어나면서, 이와 관련된 정보나 법령에 관한 관심도 늘어나고 있다. 또한 개물림 사고나 동물학대에 관한 규정과 판례도 많아지고 변경되고 있기 때문에, 이에 관한 정보도 어느 정도 알 필요가 있다. 그래서 반려동물을 기르기 위해서는 반려동물을 기르는데 필요 최소한의 의무사항이나 에티켓 등을 교육 받을 필요성이 강조되고 있다. 반려동물 소유자에 대한 의무교육 도입 필요성에 대한 조사에서 5천명 응답자 전체의 89.1%가 도입이 필요하다고 응답하였다. 반려동물 양육자의 89.2%, 미양육자의 89.1%가 도입이 필요하다는 한 것을 보면, 반려동물 양육 여부에 상관없이 의무교육이 필요하다는 인식을 가지고 있다는 것을 알 수 있다. 공동주택일수록 그리고 소득이 높을수록 반려동물 소유자의 의무교육이 필요하다는 의견이 높게 나타났다.[38]

반려동물정책은 중요한 선거이슈로도 등장하고 있다. 2017년의 제19대 대통령선거에서는 거의 모든 후보가 반려동물정책을 제시하였고, 2022년의 제20대 대통령선거에서도 반려동물정책은 중요한 선거이슈의 하나였다. 전술한 바와 같이 제20대 대통령선거 후보자들은 대부분 반려동물 공약을 제시하였는데, 동물병원 표준수가제, 동물병원 진료비 표준화, 반려동물 동반 쉼터 확대, 대통령 직속의 동물복지위원회 설치와 중앙 동물보호센터 설립, 반려동물 건강보험도입 등의 정책을 제시하였다. 특히 반려동물의 진료비 문제에 대한 정책이 공통적으로 제시되었다. 반려동물을 양육하는 유권자가 증가하면서 반려동물 정책이 이제는 대선이슈까지 될 정도로 중요해진 것이다. 앞으로는 대통령선거 만이 아니라 국회의원선거나 지방자치단체의 의원이나 단체장을 뽑는 선거에서도 반려견 관련 정책과 공약은 더욱 많아지리라 본다.[39]

또한 반려동물 인구가 1,500만명으로 추산되고 있는 시점에서, 반려견은 인간과 "감정을 나누는 소중한 동반자"로 인식되고 있다. 반려동물과 동반하는 "시대를 반영하는 법률적·제도적 장치가 뒤따라야 한다"[40]는 주장은 많은 지지를 받고 있다. 동물이 대접받는 나라는 사람을 함부로 대하지 않는다. 인권수준이 높고 권리와 복지가 보장되어 있는 나라들이 동물권과 동물복지를 실현하고 있는 상황은 우연이 아니라는 것이다. 인권과 동물권은 양자택일의 문제가 아니라 오히려 상관관계로 보게 된다.[41] 반려인구 1,500만 시대에 들어오면서 동물을 보는 시각

---

38) 『2022 동물보호에 대한 국민의식조사』, 농림수산식품교육문화정보원, 2022. 11, 52쪽.

39) 홍완식, 『반려견 법률상식』, 제3판, 피앤씨미디어, 2022, 280쪽.

40) 심재축, '순천형 반려 동·식물 산업' 청사진 나왔다, 전남일보, 2017. 8. 28.

은 현저히 개선되어가고 있다. 동물은 아무렇게나 다루어도 되고 마음대로 죽여도 되는 인간을 위한 '물건'이라는 생각에서 인간과 물건 사이에 위치하는 '존중되어야 하는 존재'로 사고와 행동의 전환이 이루어지고 있는 것이다. 다만 반려동물 사이에도 '부익부 빈익빈(富益富 貧益貧)' 현상이 나타나고 있다는 지적에는 유념할 필요가 있다. 일부 반려견은 사람보다 호화롭게 사는 경우가 있고, 일부 반려견은 학대를 당하는 경우도 있으며, 잔인하게 도살당하는 반려견도 있다. 또한 일부 반려견은 사람보다 더욱 대우를 받는 경우가 있다고 여겨지고 있으며, 이는 사람들의 상대적 박탈감을 초래한다는 점이 지적되기도 한다.[42]

반려견 관련 법령과 정책에는 균형감이 필요하며, 앞으로 일어날 반려견 관련 법적 분쟁을 미리 대비할 필요가 있다. 반려견을 기르는 사람은 반려견을 무서워하거나 싫어하는 사람에게 피해가 가지 않도록 배려하여야 하고, 반려견을 기르는 사람에게는 불필요하거나 과도한 제약이나 제제가 가해지지 않도록 정책적인 배려가 있어야 한다.[43] 이 세상에는 반려견을 좋아하는 사람과 싫어하는 사람 그리고 반려견을 무서워하는 사람이 함께 살아가고 있으며, 이러한 모두를 존중하는 반려동물 정책과 법령이 만들어져야 하리라 본다.[44]

---

41) 하재영, 아무도 미워하지 않는 개의 죽음, 창비, 2018, 281쪽.
42) 장은혜, 사회통합관점에서의 동물정책의 법적 쟁점과 전망, 한국법제연구원, 2018, 29쪽.
43) 홍완식, 반려견 정책의 쟁점과 과제, Law School 창, 2018. 9/10, 32쪽.
44) 홍완식, 개물림사고 방지 위한 제도개선 시급, 에너지경제신문, 2019. 7. 22.

사법개혁과 법

CHAPTER

12

사법개혁과 법

1. 사법개혁의 의의와 필요

검찰[1]의 수사와 기소는 물론이고 법원의 판결이나 헌법재판소의 결정은 대통령의 당선을 무효로 할 수도 있고 대통령을 탄핵하여 파면할 수도 있다. 개인의 재산을 박탈하거나 인신을 구속하여 자유를 박탈할 수도 있는 것이 사법권력이다. 이러한 막강한 힘을 지닌 사법권의 정당성은 국민들의 신뢰에서부터 나온다. 성 아우구스투스는 이미 중세시대에 '신국론'에서 정의가 없는 나라는 커다란 강도집단에 지나지 않는다[2]고 하였다. 검찰과 법원은 인권수호의 최후의 보루라고 할 수 있기 때문에, 공정하고 신뢰할 수 있는 검찰과 사법부를 확립하는 문제는 국가 전체에 대한 신뢰형성에 결정적인 영향을 미친다. 다시 말해서, 국민들은 공정하고 신뢰할 수 있는 검찰권 행사와 법원의 판결을 기대한다. 법조비리와 전관예우, 관료화된 사법시스템, 정치권력이나 경제권력과의 유착 등에서 자유로운 검찰과 법원을 만들기 위한 사법개혁이 끊임없이 거론되고 추구되는 이유이다.

판사, 검사, 변호사를 구성원으로 하는 법원, 검찰, 변호사회를 법조 삼륜(法曹三輪)이라 부르는데 이들은 한국 사법시스템의 중심축이다. 이 중에서도 특히 법원

---

[1] 검찰은 행정부 소속이지만, 우리나라 사법시스템의 중요한 축을 담당하고 있다. '사법개혁'(司法改革)은 '사법부 개혁'만이 아니라 '검찰개혁'을 포함하여 사법시스템 전반의 개혁을 의미한다.

[2] 조호연·김종흡(역), 『성 아우구스티누스, 신국론』, 현대지성사, 1997, 226쪽.

과 검찰의 개혁은 이 시대 대한민국의 화두요 중요한 과제이다. 그렇기 때문에 끊임없이 검찰과 법원을 대상으로 하는 사법개혁의 문제가 제기되고 있다. 그간 검찰에서는 현직 검사가 자살하는 일이 발생하기도 하고 성추행으로 인한 미투운동의 진원지가 되기도 했다. 또한 법원에서는 블랙리스트와 화이트리스트 작성과 관리, 재판거래, 재판개입, 법관탄핵, 불공정한 판결 등의 문제가 매우 격렬하게 제기되었다. 이러한 문제의 근본적 원인으로는 법원 내의 관료적 권위주의와 철저한 위계질서가 지적되고 있다. 검찰이나 법원도 조직사회이고 조직이 운영되기 위해서는 인사권을 통한 통제나 위계질서가 필요하지만, "그러한 인사권이나 위계질서가 조직 본연의 임무, 즉 법원의 경우 공정하고 합리적인 분쟁해결의 기능을 향상시켜야 할 목적을 벗어나서 다른 방향으로 작용"[3]하는 경우에는 파벌이 형성되고 조직이 경직되는 것은 물론이요 검찰과 법원 본연의 임무가 불공정하게 수행될 수 있다. 이러한 정신상태와 조직문화에서는 검찰과 법원에 대한 신뢰가 형성될 수 없다. 어떠한 주요 외국에서도 관찰하기 어려운 시대착오적인 인식과 경직된 조직문화가 개선되기 전에는, 법령이나 제도를 아무리 개선하더라도 사법개혁은 요원하다고 본다.

우리나라에 근대적 사법제도가 도입된 것은 대한제국 시기인 1895년에 「재판소 구성법」이 공포·시행되면서, 재판권이 왕권으로부터 분리되어 행정기관과는 별개의 독립된 재판소가 설치되면서였다.[*] 이후 우리

> * 공휴일은 아니지만 우리나라의 기념일 중에 '법의 날'이라는 것이 있다. 법의 날인 4월 25일은 1895년 4월 25일에 재판소구성법이 공포·시행된 것을 기념하기 위하여 제정되었다.

나라의 사법제도는 일제시대, 대한민국 정부수립, 권위주의 정부 등의 시기를 거치면서 비민주적이고 불합리한 요소를 제거하고 법률시장 개방에 대비하여 국가경쟁력을 높이기 위한 노력을 해왔다. 그러나, 사법개혁을 위한 논의와 방안이 무성함에도 불구하고, 만족할 만한 개혁의 성과는 거두지 못하고 있다. 사법개혁을 일의적으로 개념정의 할 수는 없지만, "사법제도 자체가 불충분·불완전하거나 사법제도나 사법작용을 둘러싼 헌법현실이 헌법규범과 멀어질 때 단순한 개선만으로는 그 효과를 이룰 수 없어 사법전반에 걸친 총체적 해결 또는 부분적인 획기적인 변화를 시도하려는 모든 노력과 그 결과"[4]를 의미한다. 가시적인 사법개혁은 1990년대

---

3) 김정오, 『한국의 법문화』, 나남출판, 2006, 150쪽 이하 참조.
4) 김배원, "차기정부의 '사법개혁' 과제", 『공법연구』, 제41권 제2호, 2012, 91쪽.

에 들어와서 사법부 내·외부의 요구로 시작되었다. 특히 이전의 '내부적 개혁'에서 '외부로부터의 개혁'의 요구가 거세진 것은 그동안 법원 내부에서 모색된 사법 개혁의 한계성이 인식되었기 때문이라고 할 수 있다. 또한, 그동안 크게 성장한 시민단체 및 시민의식의 형성이 강하게 사법개혁을 촉구하였다.

법원, 검찰, 변호사회는 사안에 따라 사법개혁방안에 대하여 공감을 나타내거나 혹은 이견을 보이기도 하였지만, 특히 법조인 양성방안과 사법시험과 변호사시험의 합격자 수의 조정 문제 등에 대하여는 공동보조를 취하는 경우가 많았다. 1990년대의 사법개혁논의에서는 '법률서비스의 소비자'인 시민층이 사법개혁논의의 또 하나의 축으로 등장하여 사법개혁에 관한 논의에 참여하기 시작하였다. 사법개혁의 문제는 이른바 법조삼륜의 문제나 일부 시민단체의 문제만이 아니라 법학 교육의 주체인 법과 대학의 구성원 등을 포함하여 국가로부터 법률 서비스를 제공받는 모든 국민의 문제[*]라고 보는 것이 사법개혁의 방향성을 옳게 정립하는 제1보라고 할 수 있을 것이다.[**]

> [*] 후술하는 세계화추진위원회의 사법개혁의 목표도 법질서의 선진화를 기치로 하여 "사법도 국민들의 이용이 용이하도록 관행과 제도를 합리화하는 개혁이 필요"하다는 점을 강조하고 있다(『세계화백서』, 세계화추진위원회, 1998, 32쪽).
>
> [**] 사법개혁의 기본적인 관점을 세 가지 정도로 요약하는 견해가 있다. 이는 ① 사법권은 정치권력에 대한 통제기능을 수행하여야 한다. ② 국가의 사법작용을 국민에 대한 서비스의 일종으로 이해해야 한다. ③ 법률가 양성제도의 개혁이 요구되는데 법조교육과 대학의 법학교육을 근본적으로 개혁하여야 한다(양건, "사법의 근본적인 개혁을 생각한다", 『법과 사회』 제8호, 1993. 9쪽).

2. 사법개혁에 관한 논의의 연혁

1) 1990년대의 사법개혁 논의

1990년대 한국의 사법개혁 구상은 '사법제도발전위원회', '세계화추진위원회', '새교육공동체위원회', '사법개혁추진위원회' 등이 주도적인 역할을 하였다. 이들 위원회가 내놓은 사법개혁 구상들은 모두 법원 내부의 조직개편안에 그치거나 별도의 구체적 실천이 필요한 '강령'의 성격을 지니고 있어서 구체성이 부족했다는 평가를 할 수 있다. 다만, 이들 세 위원회의 구상은 그간 부분적으로 실현된 것도 있고 상호간에 중복되는 구상도 있고 이견도 있지만, 우리나라의 사법개혁의 필요성에 대한 공감대 형성에 기여하였으며 사법개혁의 중요 쟁점들을 제시하여 주었다는 점에서는 긍정적으로 평가될 수 있다.

2) 사법제도발전위원회의 사법개혁안

> *이러한 한계로 인하여 사법제도발전위원회의 사법개혁은 사법개혁사의 '족보'에서 누락되는 경우가 많다. 그 이유는 동 사법개혁의 시각과 방안이 한정되어 있기 때문인 것으로 생각된다.

1993년에 만들어진 사법제도발전위원회는 대법원장이 위촉한 법조인, 법학교수, 언론인 등 31명의 위원으로 구성되어 26건의 안건을 선정하여 심의하였다. 그러나 동 위원회의 주요 실무 그룹은 '9인의 판사로 구성된 연구실' 중심으로 '사법개혁의 본질은 재판제도의 운영과 개혁'이라는 기조하에 개혁 구상이 입안되었기 때문에 국민의 입장에서 바라보는 개혁의 본질과 범위에서 차이를 보이는 한계가 드러났다.*

사법제도발전위원회에서 검토한 안건

(1) 고등법원 지부의 설치 (2) 법관회의의 입법화 (3) 상설 간이법원의 설치 (4) 대법원의 예산안 요구권 (5) 법원경찰의 창설 (6) 대법원의 법률안 제출권 (7) 법관 임용자격의 강화 (8) 부판사제도의 도입 (9) 행정사건의 심급구조 (10) 특허소송의 심급구조 (11) 상고제도의 개선 (12) 구속영장실질심사제도 (13) 전문법원의 설치 (14) 서울시내 합의지원의 지방법원 승격 (15) 서울 민형사지방법원의 통합 (16) 사법정책연구원의 설치 (17) 등기·호적청의 설치 (18) 사법보좌관제도 (19) 법관인사위원회제도 (20) 법관에 대한 근무평정 (21) 법관직급제도 (22) 지역별 법관임용제 (23) 사법연수원제도의 개선 (24) 원로법조인력의 활용방안 (25) 법원모욕행위에 대한 제재 (26) 제1심의 구조조정, 민사항소심의 구조조정

위의 심의안건 중 판사의 업무 경감, 사법부의 위상 강화, 판사의 전문화, 법원의 강제력 확보 방안 등 대부분은 판사의 재판 업무에 관련된 것이거나 사법부 내부의 문제에 국한된 것이었다. 동 위원회의 구성과 심의 안건의 내용 그리고 사법개혁의 본질을 '재판제도 운영의 개혁'으로 좁게 파악한 것 등을 보면, 동 위원회의 구성과 방향에서 부터 이미 사법개혁의 한계성이 드러난 것으로 평가될 수 있다.

3) 세계화추진위원회의 사법개혁안

세계화추진위원회는 1995년 1월 21일에 국무총리 소속의 대통령자문위원회로 발족하여 여러 개의 안건 중 하나로 사법개혁 방안을 검토한 후에, 미국식 로스쿨 도입을 중심으로 한 법조인 양성제도를 포함한 사법개혁 방안을 마련하였다. 세계 화추진위원회와 대법원은 공동으로 사법개혁 구상을 입안하여 1995년 12월에 '법률서비스 및 법학교육의 세계화방안'을 발표하였다.

세계화추진위원회의 사법개혁 구상

(1) 법조인 선발인원은 당시 300명 선에서 96년 500명, 97년 600명, 98년 700명, 99년 800명, 2000년 이후에는 1,000~2,000명으로 대폭 확대한다.
(2) 변호사 보수의 적정화를 위하여 제반 제도적 장치(예: 보수기준 결정 시 외부인사 참여)를 강구한다.
(3) 전관 예우 등 부정적인 법조 관행을 개선하고 법조 윤리의식을 강화하기 위한 제도적 장치(예: 특별관리제도)를 강구한다.
(4) 국선 변호인의 확대, 판검사의 증원 및 근무여건 개선, 공익법무관 제도 및 형사당직 변호사제의 확대 실시 등을 통하여 법률복지를 강화한다.
(5) 법조인의 자질 향상을 위하여 단독 개업을 제한하고 중장기적으로 법조 일원화를 실현하기 위하여 경력 변호사의 판·검사 임용을 단계적으로 확대한다.
(6) 법치주의의 창달을 위하여 법조인이 사회 각계로 진출할 수 있도록 하고 국가 경쟁력의 강화를 위한 제반 조치(예: 법무법인의 대형화)를 강구한다.

동 위원회의 법조인 양성제도의 개편 방안은 별도로 비중 있게 제시하고 있으며, 법학교육 제도의 개편, 사법연수 제도의 개편, 사법시험 제도의 개편 등을 통하여 대학 교육의 정상화를 통한 인력 낭비의 방지, 전문 법학교육 기반의 조성, 경쟁력을 갖춘 전문법조인을 양성할 것 등이 제안되었다. 그러나 동 위원회의 사법개혁 구상은 행정부 내 이견과 법조계, 학계의 반대 등으로 인하여 법조인 양성 제도의 본질적 개혁에는 접근하지 못하고 사법시험 합격자 수만을 단계적으로 늘리는 것으로 마감되었다.

4) 새교육공동체위원회와 사법개혁추진위원회의 사법개혁안

1998년 6월 공포된 대통령령 '새교육공동체위원회 규정'에 의하여 새교육공동체위원회가 1998년 7월 24일에 설치되었다. 학부모와 교원, 시민단체 및 지역사회 인사들로 구성된 동 위원회는 교육개혁 방안을 만드는 것을 주된 임무로 하는 대통령자문기구였다. 위원회에서는 '학사 후 법학교육제도'의 도입을 건의하였는데, 이는 기존의 법과대학과 대학원을 그대로 두고 그 수료자에게 법무 박사학위를 수여하고 1차시험을 면제하되 사법연수원을 폐지하고 판사·검사·변호사의 실무수습을 각각 나누어서 실시하는 것을 골자로 하는 방안이다. 이 개혁안은 법조인 단체와 법과대학 교수들의 반발에 의하여 추진되지 않았다.

새교육공동체위원회가 제시한 방안의 추진이 좌절되면서, 얼마 후인 1999년 5월에 사법제도개혁추진위원회가 구성되었다. 사법제도개혁추진위원회는 변호사 5명, 판사 2명, 검사 2명, 법학교수 3명, 언론인 2명, 대학총장 2명, 전직 행정자치부차관 1명, 여성특위 사무처장 1명, 시민단체 1명, 기업인 1명 등 총 20인으로 구성되었다. 동 위원회는 32회에 걸친 회의와 2회에 걸친 공청회 등을 통하여 만든 최종 보고서를 2000년 5월에 발표하였는데, 동 보고서에 따른 사법제도개혁추진위원회의 사법개혁안은 다음과 같다.

사법제도개혁추진위원회의 사법개혁안

(1) 공정하고 신속한 권리구제: 인신구속 제도 및 수사절차의 개선, 공정하고 신속한 형사재판, 행형 제도의 개선, 보안처분제도의 개선, 민사재판의 기능 강화, 재판에 대한 헌법소원
(2) 법률서비스의 질적 향상: 변호사 및 변호사 단체의 공익활동 강화, 국선변호 제도의 개선과 법률지원 제도의 활성화, 변호사 보수의 합리적 개선, 소송비용의 경감, 인접 업종 간의 제휴 허용, 법률보험 제도
(3) 법조의 합리화·전문화·현대화: 변호사 단체, 법원, 법무부·검찰 영역에서의 개혁
(4) 법조인양성제도의 개선: 법조인 선발 및 양성제도, 법조일원화와 판·검사 임용제도의 개선
(5) 법조비리 근절: 전관예우 근절 방안, 비리 법조인에 대한 징계 강화, 법조 브로커 근절 방안
(6) 세계화 조류에의 대응: 법률사무소의 대형화·전문화, 국제거래 전문인력의 단기

양성, 통상 분야의 법률 지원

새교육공동체위원회와 달리 사법제도개혁위원회는 사법개혁 전반에 관한 문제를 검토[5]하였으며, 특히 사법시험을 장기적으로는 자격시험으로 운영하고 사법연수원 제도를 폐지하며 대법원 소속으로 학문과 실무 병행의 사법대학원을 신설하는 방안을 골자로 하는 '한국사법대학원' 방안을 제시하였다. 그러나 사법개혁 방안의 구체성 및 실천 가능성에 대한 문제가 제기되었으며, 학계 등의 반발에 의하여 추진이 무산되었다.

1990년대의 사법개혁은 재판제도와 운영의 개혁(사법위)−재판제도를 운영하는 사람들을 공급하고 양성하는 제도의 개혁(세추위)−사법제도 전반에 걸친 개혁(사개추)으로 그 중점이 이동하여 왔다. 이러한 1990년대의 사법개혁안에 대해서 "몇 차례 제도의 개선이라는 이름하에 제도의 개선이 시도되었으나 대부분이 지엽 말단적이거나 예산과 인원 충당, 구성원의 복지 향상 등 법원의 권력을 강화하는 쪽으로 행해졌다."고 하는 신랄한 비판도 있었다.[6] 1990년대의 이러한 사법제도 개혁방안들의 부족한 점이 지적되고 있지만, 1990년대의 사법개혁 논의를 통하여 우리나라 사법제도의 문제점들을 확인할 수 있었다는 점에서 최소한의 의의를 찾을 수 있다.

5) 2000년대 이후의 사법개혁 논의

2000년대 들어서도 미완의 사법개혁을 추진하기 위한 논의가 지속되었다. 2003년 8월 22일에 대통령과 대법원장은 사법개혁의 공동 추진에 합의하고 2003년 10월 28일 대법원에 사법개혁위원회를 설치하였다.

동 사법개혁위원회는 27회의 전체회의와 13회의 분과위원회를 개최하여 새로운 사법개혁안을 마련하였다. 2004년 12월 31일에 사법개혁위원회는 활동을 마감하면서 2005년 1월 12일 위원회가 마련한 사법개혁 건의안을 대통령에게 전달하였다. 동 건의안의 주요 내용은 다음과 같다.

---

5) 민주사회를 위한 사법개혁 ― 대통령자문위원회보고서, 사법개혁추진위원회, 2000 참조.
6) 정종섭, 『한국의 사법제도와 발전모델』, 집문당, 1998, 217쪽.

사법개혁건의안의 주요 내용

1. 대법원의 기능과 구성

가. 대법원의 기능 강화: 구체적인 개선안으로 다수의견은 고등법원에 상고부를 설치하는 방안을, 소수의견은 대법관 증원 방안을 제안하였다.

나. 대법관 제청 자문기구의 구성: 사회의 다양한 가치관을 충분히 반영할 수 있도록 경력·성별·가치관 등 다양성을 반영하는 대법원의 구성을 위한 대법관제청자문기구가 제안되었다. 사개위의 건의에 따라 2004. 6. 21. 대법관제청자문위원회 내규가 전면 개정되었고, 이에 따라 새로운 대법관제청자문위원회가 구성되었다.

2. 법조일원화: 법조일원화는 법관 임용방식의 개선을 주된 내용으로 한다. 즉,
2012년까지 신규임용 법관 중 50%를 변호사 등으로부터 선발하는 것을 주요 내용으로 한다. 법관 임용에 있어서 법조일원화를 유지하여, 모든 법관은 법관으로 임명되기 전에 5년 이상 변호사, 검사 등 영역에서 법률 사무에 종사한 경험을 갖도록 한다는 취지이다.

3. 법조인 양성과 선발: 2008년부터 법학전문대학원을 설치하고, 사법시험은 자격
시험인 변호사 시험으로 전환하자는 안이다. 법학전문대학원을 설립하는 대학의 법학사 과정을 폐지하도록 하고 변호사 시험의 응시자격을 법학전문대학원 수료자에 한정하도록 한다.

4. 국민의 사법 참여: 국민이 재판절차에 직접 참여하는 제도를 도입한다. 다만,
현실적인 여건 등을 고려하여 완화된 형태의 '1단계 국민사법참여제도'의 시행을 거쳐 2012년에는 우리나라에 적합한 '완성된 형태의 국민사법참여제도'를 시행하기로 한다. 제1단계 국민사법제도(2007년도)의 시행에 있어서는 배심·참심 요소를 혼용하여 중죄 형사사건을 대상으로 하되, 피고인이 희망하지 않는 사건은 제외하며 구성은 직업법관 3인과 일반시민 5~9명으로 구성하며 일반시민의 의견은 권고적 효력을 지니게 한다.

5. 사법 서비스 및 형사사법제도: 형사사건 처리절차를 이원화(통상 처리절차와 신
속 처리절차)하고, 인신구속 제도의 개선, 변호인의 조력을 받을 권리의 실질적인 보장, 공판중심주의적 법정심리 절차의 확립, 군사법 제도의 개혁 등 형사사법제도 전반에 걸쳐 근본적인 개혁 방안을 마련한다. 또한 법조 윤리의 확립 방안으로 전국 단위의 법조윤리협의기구(가칭 중앙법조윤리협의회)의 설립, 전관(판사, 검사, 군 법무관) 출신 변호사의 형사사건 및 일정 민사사건 수임 시 대한변협을 통한 중앙법조윤리협의회에 대한 신고 의무, 법관윤리규정 및 검사 윤리규정 유형화, 변호사 징계절차의 정비, 선임계 미제출 변호 금지 등 개선 방안을 제안하고 있다. 이외에 법률구조 제도를 개선하고, 법무담당관 제도의 도입 등을 제안하고 있다.

2005년 1월 18일에는 사법개혁위원회가 마련한 사법개혁 방안을 추진할 사법개혁추진위원회가 출범하였다. 사법개혁추진위원회는 사법개혁위원회의 건의안을 제도화하기 위하여 대통령 직속으로 설치되었으며, 사법개혁에 필요한 법안을 만들어 입법을 추진하는 임무를 맡았다. 이러한 사법개혁방안의 결실은 관련입법의 제정·개정을 통해서 달성할 수 있으며, 이러한 사법개혁법제의 입법은 국회의 권한임은 물론이다. 사법개혁위원회의 사법개혁방안 중 관련 법률의 제정을 통하여, 국민참여재판제도와 법학전문대학원제도가 시행되었다. 사법서비스의 일부 개선이 있었으며, 2010년 12월에는 경력 변호사·검사 중에서 18명의 판사를 임명한 이후에 해마다 법조일원화의 취지를 반영하는 법관인사[7]가 행해지고 있다.

6) 2010년대의 사법개혁 논의

제18대 국회 임기 중인 2010년 2월에는 국회에 사법제도개혁특별위원회가 설치되어 활동하기 시작하였고 이후 제19대 국회(사법제도개혁특별위원회)와 제20대 국회(사법개혁특별위원회)에서도 유사한 특별위원회가 구성되어 활동을 하였다. 특히 제20대 국회에서는 후술하는 「공수처법」의 처리를 두고 여야간 대립이 극심했는데, 결국은 반대하는 의원을 사임하고 찬성하는 의원을 보임하여 법안을 신속처리안건(소위 '패스트 트랙')으로 지정하는 등의 과정을 거친 후에 「공수처법」은 국회 본회의를 통과하였다. 법원에서 추진한 사법개혁방안으로는 특허소송 관할 집중과 도산(파산)전문법원의 설치가 있었다. 즉, 특허청에서의 2단계 행정심판을 거친 후 대법원에서 최종심을 하던 것을 2015년 12월 1일의 「민사소송법」 개정을 통하여 특허법원이 항소심을 전속관할 하도록 하는 등으로 특허소송의 관할을 법원으로 집중시켰고, 2016년 12월 27일의 「법원조직법」 개정을 통하여 2017년에 서울회생법원이 개원하여 회생·파산 등 관련사건을 처리하게 되었다.[8]

---

7) 경력 10년 이상의 변호사 중에서 법관 등을 선발하는 법조일원화의 본격적인 시행시기에 대해서, 법원은 2023년을 시행시기로 예정하고 있다. 2009년에 개원한 로스쿨을 졸업하여 변호사 자격을 가진 법조인들이 2023년 부터 10년 이상의 경력을 갖게 된다.

8) 권순일, "대한민국의 사법개혁 현황과 전망", 『사법』, 제39호, 2017, 485쪽 이하.

3. 법원 분야의 개혁

1) 법관의 증원

2024년 현재 「각급 법원판사 정원법」에 의한 판사의 정원은 3,214명이다.[9] 판사 정원이 꾸준히 증가하여 왔음에도 불구하고, 현재의 판사 수로는 기하급수적으로 증가하는 사건 수를 감당할 수 없기 때문에, 판사들의 과중한 업무부담을 줄일 수 있는 방안을 마련할 필요가 있다. 2019년을 기준으로 법관의 수를 비교한 자료에 따르면, 독일은 23,835명, 프랑스 7,427명, 일본 3,881명으로 우리나라의 판사의 수보다 월등히 많다. 대법관 1인당 한 해에 3,000건 이상의 사건을 처리하고 있는 문제도 심각하다. 1998년도 전국 법관 1인당 본안사건 부담 건수가 우리는 1,051건, 일본은 426.7건(1997년), 미국은 454건(1995년)으로 우리나라 법관의 업무부담이 과도함을 볼 수 있다. 이렇게 판사들에게 과도한 업무의 경감이 이루어지지 않을 경우, 재판 심리에 필요한 시간이 부족하거나 또는 사건이 많아서 재판이 지연되는 등 국민들에 대한 사법 서비스의 질이 저하될 우려가 있다.

> 수도권 법원 민사합의부에 배치된 그는 일주일에 6건 가량을 선고했다고 한다. 대단한 사명감이 있었던 것도 아니다. 로펌에서 일하던 정도만 하면 간단한 사건들은 그 정도 선고할 수 있을 것 같았다고 한다. 그런데 동료 배석판사들이 술렁이기 시작했다. 그에게 "그러면 안된다" "당신이 그러면 우린 뭐가 되느냐"고 했다고 한다. 전국 법원 민사합의부에서 불문율로 자리잡은 '일주일에 3건 선고' 룰을 깼다는 것이다. 당황한 그는 왕따가 될까봐 선고 건수를 절반으로 줄였다. 동료판사들의 '하향 평준화' 요구에 맞춘 것이다.
> – 조선일보(2024. 1. 10.)

공정한 재판 이전에 정확한 재판이 이루어질 수 있기 위해서는 재판준비에 충분한 시간이 주어져야 할 것이다. 재판사건이 줄어드는 것을 기대할 수 없다면, 판사의 수가 늘어야 하는 것은 당연한 해법일 것이다.

그러나 판사의 증원을 주장하는 견해에 대해서는 판사 수의 증가가 판사의 질적 저하를 유발한다는 주장이 있고, 이러한 주장에 대해서는 이와 같은 사법귀족적 논리와 사고가 근원적 문제라는 재반박이 있다. 예를 들어, 많은 미국의 기초

---

9) 2014년 2,844명에서, 2015년부터 2019년까지 5년간 해마다 50, 60, 80, 90, 90명씩 판사를 증원하여 2019년 1월 1일에 3,214명이 되었다.

지방자치단체의 판사는 지역사회의 일원 중에서 선거로 선출하는 제도를 유지하고 있다. 법률전문가의 전문적 판단이 필요한 사안도 물론 있지만, 건전한 상식을 지닌 '시민'의 중립적이고 신속한 판단이 요구되고 있는 사안도 많다는 것이다. 기초 지방자치단체인 군(county) 판사 선거제도는 미국의 특이한 역사적 경험이 반영된 것이지만, 이러한 제도를 유지하는 배경과 이유는 참고할 필요가 있다. 경력 변호사를 판사로 임용하는 법조일원화를 지금보다 대폭 확대하여, 적정수의 판사 수를 유지하는 것도 적극적으로 검토할 만하다.

2) 법관 및 법원의 전문화

"우리의 전문법관, 전문변호사제의 취약성 때문에 시골이나 동네의사처럼 만능이어야 하는데서 오는 직업적 고충에서 해방되기는 어렵다"[10]는 의견이 있다. 오늘날 대부분의 법률문제는 매우 복잡하고 다양한 전문적 이슈를 담고 있으며, '법조 전문화'는 급변하는 현대 사회에서 법조인에게 요구되는 과제라고 할 수 있다.[11] 우리나라에는 특정한 사건을 관할하는 전문법원으로는 특허법원과 행정법원 및 가정법원 등이 있다. 일부 고등법원과 지방법원에는 전문재판부가 설치되어 있으나 법관들의 잦은 인사이동과 과중한 업무 부담은 법관의 전문성을 저하시키고 있다. 또한 전술한 바와 같이 판사의 수가 충분하지 않고 업무 부담이 과중하기 때문에, 전문법원이나 법관의 전문화는 전제 조건이 결여되어 있다고도 할 수 있다.

독일의 경우에는 노동법원, 사회법원, 재정법원, 행정법원, 특허법원 등의 전문법원이 연방차원에서 설치되어 있다. 또한 법관 본인의 의사에 반하여 인사이동이 이루어지지 않기 때문에 전문법원에 소속된 법관은 해당 분야에 대한 전문성이 강화되는 제도이다. 미국의 경우에도 연방법원으로 조세법원, 국제거래법원, 파산법원이 설치되어 있다. 현재도 전문법원의 설치 및 법원과 법관의 전문화 방안이 논의되고는 있지만, 앞으로 사회보장과 관련한 소송이 많아질 것이어서 이를 담당하는 사회법원과 노동법원 및 기타 전문법원 등을 준비하여야 할 것이다. 노동법원 도입논의는 1980년대부터 제기[12]되었고, 노동법원 설립을 내용으로 하는 법안

---

10) 이시윤, "전문법관·전문변호사에 의한 재판", <대한변협신문>, 2016. 7. 11, 9쪽.

11) 김성만, "법조전문화의 현황과 제고방안", 『저스티스』, 제121호, 2010, 647쪽.

12) "법관은 인사이동으로 인해 노동사건 특수성에 대한 이해가 부족하고 노동위원회는 법률적 전문성이 떨어진다.", "부당해고, 임금체불, 직장내 차별, 내부 고발 등 다양한 노동문제가 민사법원, 국가인권위원회, 국민권익위원회 등으로 흩어져 진행된다.", "노동위원회부터 법원까

은 제18대·제19대·제20대 국회에서 계속 발의되었지만 결실을 거두지는 못하고 있다. 그리고 환경문제와 환경분쟁의 중요성에 비추어 환경법원의 설립을 주장[13] 하는 의견도 있다. 또한 대법원의 개편에 있어서도 대법관 숫자 이상으로 중요한 점은 대법원의 전문화인 것으로 지적되고 있다. 대한변호사협회는 2010년 3월 대법원의 사법제도 개선안에 대하여 "민사법 전문가인 대법관은 민사사건을, 형사법 전문가인 대법관은 형사사건을 전담하는 식으로 전문화되어야 대법원 판결의 권위가 설 수 있다. 유감스럽게도 대법원의 개혁안은 대법원 전문화의 중요성을 간과하고 있다."[14]는 지적을 한 바 있다.

3) 판결문의 공개

대법원이나 고등법원 등의 일부 판결문은 인터넷이나 법원공보 등을 통해서 전문이나 요약문의 형태로 공개되고 있었다. 그러나 이러한 방식의 판결문 공개는 법원이 '국민들에게 보여주고 싶은 판결문'만을 공개하는 것이라고 할 수 있다.[15] 여기서 지적하는 판결문의 공개는 원칙적으로 '모든 판결문'의 공개이다. 특히, 사건당사자가 아니면 보기 어려운 1·2심 판결문의 공개를 의미한다. 물론, 판결문 중의 이름과 주소 등의 개인정보는 삭제하여야 하며, 국가기밀이나 기업의 영업비밀 등에 관련된 사항은 합리적인 범위 내에서 제한될 수 있을 것이다.

국가기관이 작성한 문서는 원칙적으로 저작권의 보호대상이 아니라 알권리의 대상이다. 또한 판결문의 공개는 신중하고 충실한 판결이유의 작성을 유도하고, 보다 합리적이고 중립적인 판결을 유도할 것이다. 더불어 연구자들에게 연구자료를 제공하고 일반인들에게 행위판단의 자료를 제공하는 등 학문발전과 사법발전에 기여하고 궁극적으로는 국민들에 대한 사법서비스 향상에 기여할 것이다. 조금 범위를 넓혀 말하자면, '국민들에게 고용된' 공무원들이 작성하는 모든 문서는 체

지 이어지는 복잡한 권리구제절차로 인해 권리구제 역시 늦어지고 있는 실정" 대한변협신문, 2019. 6. 10.

13) 강정혜, "환경법원과 환경분쟁조정위원회의 역할에 대한 전망", 『환경법연구』, 제35권 3호, 2013, 5쪽.

14) 대한변호사협회 성명서, 대법원 사법제도 개선안에 대하여, 2010. 3. 26.

15) 대법원은 2006년부터 서울 서초동 법원도서관 3층에 컴퓨터를 설치해 누구나 모든 판결문을 검색하고 열람할 수 있도록 하고 있다고 한다. 최유정, 『법원사람들』, 2010. 3. 그러나 국민들 중 누가 이와 같은 사실을 알고 있으며, 왜 판결문을 검색하기 위해 지방에서 서울의 법원도서관에 가야만 하는지에 대하여 법원은 답을 주어야 한다.

계적으로 수집·관리되어야 하며, 적정한 방식으로 국민들에게 공개되어야 한다. 법원의 판결문도 예외가 될 수 없다.

대한변호사협회도 이미 오래전인 2010년 2월 7일 "모든 재판의 심리와 판결은 국민에게 공개되어야 한다."는 성명서를 발표하여 판결문의 공개를 촉구하였다.

대한변호사 협회의 성명서

40대의 판사가 69세의 노인에게 재판 중 "버릇없다"라는 표현을 하였다는 이유로 지난 4일 국가인권위원회가 서울중앙지방법원장에게 주의 권고 조치를 하였다. (중략) 이번 사건과 같이 판사가 법정에서 사건 관계자들의 인격을 모독하는 부적절한 언행을 할 수 있는 원인은 바로 재판의 심리와 판결을 공개하라는 헌법의 명령이 제대로 지켜지지 않는 데에 있다. 대한민국 「헌법」 제109조는 재판의 심리와 판결의 공개원칙을 선언하고 있다. 그러나 실제 법정에 가본 사람이라면 헌법 제109조는 규정일 뿐 현실과는 동떨어져 있다는 사실을 누구라도 경험할 수 있다. (중략) 판결 선고를 들어보면 판결 결과만을 알 수 있을 뿐 왜 그런 판결을 하게 되었는가 하는 판결 이유를 일반 국민들이 알 수 있는 방법은 없다. 이를 두고 헌법의 재판공개원칙을 지키고 있다고 할 수 없다. (중략) 판결문은 문서의 형태로 국민에게 모두 공개되어야 한다. 그래서 국민들이 직접 재판과정을 지켜보고 판결에 대한 견해를 밝힐 수 있는 권리를 보장해야 한다. 재판의 과정이나 결과는 국민의 것이지 사법부가 독점할 수 있는 비공개 정보가 아니기 때문이다. 이렇게 재판과정과 결과가 모두 공개된다면 온당치 못한 재판 진행을 하는 판사는 발붙일 곳이 자연스럽게 없어지게 될 뿐 아니라, (중략) 전관예우와 같은 뿌리 깊은 악습도 한꺼번에 해소할 수 있게 된다.

대법원도 2010년 3월 25일에 '사법제도 개선안'을 발표하였는데, 개선안 중의 하나가 '판결문 전면 공개'였다.

대법원의 사법제도 개선안

판결문 전면 공개

2심 대법원 판결 등 모든 판결문을 공개하기로 함. 그동안 법원은 원칙적으로 모든 판결문 공개에 대하여 찬성한다는 입장을 견지해 왔으나, 개인의 사생활 보호, 비실명화에 따른 비용 등 문제로 비공개 상태임. 현재 법원도서관에서 전체 판결 열람이 가능하고, 중요 판결은 비실명화를 거쳐 온라인을 통해 공개중임. 그럼에도 법원 판결에 문제가 있기 때문에 비공개한다는 비판이 있음. 그러한 우려를 불식시키고 국

민들에게 투명한 사법서비스를 제공하기 위해 1, 2심, 대법원 판결 등 모든 판결문 전면 공개

그러나 구체적인 방법에 대해서는 "대한변협, 국회도서관 등 공신력 있는 기관이 공개를 위하여 판결문의 제공을 요청할 경우 언제든지 제공"할 것이라고 하고, "구체적인 공개방법은 관련기관과 협의, 국민적 공감대 형성 정도 등에 따라 진행"된다고 발표하였다. 이렇게 조건과 단서를 다는 대법원의 태도에서, 실질적으로 판결문의 전면공개 의지가 있는지에 대한 의문이 제기되었다.[16) 이러한 건의와 요청 등에 힘입어 법원에서는 판결서 인터넷열람제도를 2019년 1월 1일부터 운영하고 있다. 모든 법원 홈페이지 하단에 있는 '판결서 인터넷열람' 서비스에 접속하여 실명확인을 거치면 비실명처리가 완료된 전국 법원의 2013년 이후 형사사건 및 2015년 이후 민사·행정·특허사건 판결서의 검색 및 열람이 가능하다. 그러나 2023년 8-9월에 변호사 554명을 대상으로 한 설문조사에서도 판결문 공개가 더 폭넓게 제공되어야 한다는 의견이 64.26%(356명)에 이를 정도로 판결문 공개를 제대로 하라는 의견이 아직도 많다.[17)

또한 아쉬운 것은 판결서 열람에 1건당 1,000원의 요금을 받는다는 점이다. 판결서 인터넷 열람을 위해서는 이름과 주민번호를 입력하고 실명확인을 거쳐야 한다는 점도 특징이라면 특징이다. 헌법재판소의 결정문이나 다른 공공기관의 문서는 무료로 제공되며 본인확인 절차 없이 접근성을 높였다는 점과는 대비된다. 민원24 인터넷페이지를 이용하여 가족관계증명서나 주민등록등본 등의 증명서를 발급받는 경우에도, 주민자치센터에서 발급받을 때 받는 수수료를 면제하여 준다는 점을 참고할 필요가 있다.

4) 심리불속행 제도의 개선방안

대법원에 소송이 많아지는 것을 방지하기 위하여 민사·가사·행정사건에 한하여 심리불속행 제도를 두고 있다. 심리불속행 제도는 대법원에 상고를 남용하는 '남상고(濫上告)'를 방지하여 대법원에서의 재판의 신속성과 효율성을 도모하기 위한 제도이다.[18) 「상고심절차에 관한 특례법」 제4조에 규정된 사유가 있는 경우에

---

16) 김배원, 앞의 논문, 112쪽.
17) <세계일보>, 2023. 9. 24.

는 대법원에의 상고를 제한하고 있다. 대법원이 심리불속행 판결을 내리는 경우에 더욱 문제되는 것은 심리불속행 판결을 하면서 그 이유 조차도 적지 아니할 수 있다고 규정되어 있다는 점이다. 소송당사자나 변호인으로서는 아무런 이유도 모른채 대법원 상고심의 판단을 받지 못하는 것이다.[19]

대한변협신문도 사설을 통하여 "심리불속행 제도를 둘러싼 국민의 불만과 불신은 방치할 수 없는 단계에 이른 것으로 보인다. (중략) 다른 무엇보다도 법원의 신뢰보호를 위하여 개선이 시급하다"[20]는 의견을 개진하고 있다. 국민의 법감정과 일반적인 상식에 비추어볼 때도, 어떠한 결정에는 그러한 결정을 하게 된 이유가 제시되어야 한다. 특히 심리불속행 상고기각판결에 있어서 이유 기재를 생략할 수 있게 하는 현행제도는 위헌적이다. 즉, "국민의 재판청구에 있어 법원이 수행하여야 할 적절한 응답의무를 부정한다는 측면에서, 그리고 판결의 정당성을 확보하기 위하여 법원이 당연히 행하여야 할 논증의무를 결국 부정한다는 측면에서 재판청구권을 침해"[21]하여 위헌이라는 것이다. 헌법재판소의 다수의견은 이 제도가 위헌은 아니라고 판단하였지만, 3인의 반대의견은 이 제도를 위헌으로 보았다.[22]

---

18) "현행 민사소송법에서는 법률상의 상고이유에 해당하는 때에 한하여 상고할 수 있도록 규정하고 있으나, 이러한 상고이유에 해당하지 아니하면서도 마치 이에 해당하는 것처럼 주장하는 무익한 상고 내지 남상고가 행하여짐에 따라 대법원의 업무처리에 큰 부담을 주고 있는 바, 이를 해소할 수 있도록 함으로써 대법원이 법률심으로서의 기능을 효율적으로 수행할 수 있도록 하려는 것임" 상고심절차에 관한 특례법 제정이유, 1994. 7. 27. 법률 제4769호.

19) 정권현, 상고기각 이유라도 알고 싶다. "심리불속행의 가장 큰 폐해는 들쭉날쭉하거나 '튀는' 판결이 속출하는 하급심 판결을 더욱 무질서하게 만든다는 것이다. 한 원로법조인은 "과거 하급심에선 당사자가 대법원에 상고할 것 같으면 더 심리할지 고민이라도 했는데, 요즘은 대법원에서 뚜껑도 안 열어 보니까 판사들이 안이해진 측면이 없지 않다"고 꼬집었다. 대법원을 의식하지 않게 되니까 '모럴 해저드' 같은 게 쌓이고 있다는 지적이다", <조선일보>, 2013. 12. 19.

20) "사설 – 심리불속행제도 개선, 더 이상 미룰 수 없다", <대한변협신문>, 2014. 1. 27, 4면.

21) 박종현, "심리불속행 상고기각판결에서 이유 기재 생략제도의 위헌성 검토", 『공법학연구』, 제14권 제2호, 2013, 376면.

22) ▌헌재 2007. 7. 26. 2006헌마551 결정의 반대의견▌ "심리불속행 상고기각 판결에 있어서 이유를 기재하지 않을 수 있도록 한 이 사건 제5조 제1항은 대법원의 심리불속행 상고기각 판결에 대해서 그 이유를 전혀 기재하지 않을 수 있도록 함으로써, 그 판결이 과연 적정한 것이었는지, 혹시 상고인의 주장에 대한 판단을 누락하였거나 잘못 판단한 점은 없는지 등에 대해 살펴볼 가능성을 원천적으로 차단하고 있으므로 상고인의 재판청구권을 침해할 소지가 생겨난다. 아무런 이유를 기재하지 않은 채 재판의 결론만을 선고하면서 선고와 동시에 재판이 확정되었으니 그 결과에 대해 승복하라고 요구하는 것은 일방적이고 권위주의적 권력관계를 기초로 한 과거의 전제군주 통치체제하에서라면 몰라도 근대민주주의 국가에서의 재판 이념과는 부합하지 아니하며 사법에 대한 국민의 불신을 초래하여 민주주의 국가의

'상고가 기각되었는데, 왜 기각되었는지 이유도 알 수 없다'는 국민들의 불평을 초래하는 제도를 방치하는 것은 문제가 있다. 이러한 심리불속행제도의 문제점은 일반 국민들은 물론이고 법학자들과 변호사들에 의해서도 지적되고 있다. 대법원은 자유와 권리를 침해당한 국민이 하소연할 수 있는 마지막 수단이기 때문에, 대법원에 재판부를 현재의 3개부에서 12개부로 획기적으로 늘리는 등,[23] 국민의 재판받을 권리를 보장하기 위한 개선방안이 마련될 필요가 있다.

5) 상고법원 설치 방안

주시하는 바와 같이 상고법원 설치방안은 법원이 많은 관심을 가지고 추진하였다. 국민들의 권리의식이 높아져서 각급 법원의 소송사건이 증가하고, 이와 더불어 대법원에 올라오는 상고사건의 수도 증가하고 있기 때문에, 상고법원을 설치하여 상고심을 담당하도록 하자는 방안이다.

대법원에는 한해 4만건 이상의 상고사건이 접수되고 있다. 대법관 14명 중에서 대법원장과 법원행정처장을 제외한, 재판업무를 담당하는 12명의 대법관이 처리하는 대법관 1인당 상고사건은 2013년을 기준으로 약 3,000건이었고 2020년 기준으로는 3,850건이다. 대법원의 과중한 부담을 해소하기 위하여 1981년에 상고허가제를 도입하여 운영하였으나, 재판받을 권리를 침해한다는 주장이 받아들여져서 10년 만에 폐지되었다.

표 12-1 **대법원 및 상고제도의 변천**

법원조직법 제·개정	대법관의 수	부의 구성	상고제도 변천
1948. 5. 4. (과도법원조직법)	대법관 11인 이내	5인 이상으로 구성된 소부 (민사부, 형사부, 특별부) +전원연합부	고법상고부 설치 (단독사건에 한함)
1949. 9. 26. (제정법원조직법)	대법관 9인 이내		고법상고부 폐지

사법제도의 존립 근거를 위협하게 될 우려마저도 없지 않고, 또한 이유기재가 없는 재판이 가능하도록 한 이 사건 제5조 제1항은 헌법과 법률이 정한 바에 따라 재판이 이루어져야 한다는 법치주의원리에 따른 재판을 무의미하게 만들고 당사자의 주장에 대해 실질적으로 아무런 대답이 없는 재판을 가능하게 하는 것으로 재판의 본질에도 반하는 부당한 규정이다."
23) 성낙인, "대법원의 재판지연 안된다", <국민일보>, 2013. 1. 7.

1959. 1. 13.	대법관 9인 이내 + 대법원판사 11인 이내	대법관 1인 이상 포함된 법관 5인으로 구성된 소부 (민사, 형사, 특별) +대법관만으로 구성된 소부 +대법관 전원으로 구성된 연합부	대법원의 이원적 구성
1961. 8. 12.	대법원장 포함 대법원판사 9인	전원합의체만 구성됨	고법상고부 설치 (단독사건에 한함) 대법관의 명칭을 '대법원판사'로 변경
1963. 12. 13.	대법원장 외 12인		고법상고부 폐지
1969. 1. 20.	대법원장 외 15인		
1981. 1. 29.	대법원장 외 12인	3인 이상으로 구성된 소부 +전원합의체	상고허가제 실시 (1981. 3. 1.)
1987. 12. 4. ~ 현재	대법원장 외 13인		대법관으로 명칭변경 상고허가제 폐지 (1990. 9. 1.) 심리불속행제 시행 (1994. 9. 1.)

* 자료: 법제사법위원회, 「법원조직법」 일부개정법률안 등 검토보고서, 2015. 2, 13쪽.

　　대법원 상고제도의 개선방안으로는 대법관을 증원하자는 의견, 상고법원을 다시 도입하자는 의견, 고등법원 상고부를 설치하자는 의견, 별도의 상고법원을 설치하자는 의견 등이 있다. 1994년부터는 민사·가사·행정사건을 대상으로 심리불속행제도를 도입하여 운영하고 있으나, 전술한 바와 같이 여러 문제점이 지적되고 있다. 2009년 6월에는 고등법원에 상고부를 설치하자는 내용의 「법원조직법」 개정안[24]이 발의되었다. 그러나 이 법안도 제18대 국회 임기만료로 폐기되었다. 이후 제19대 국회에서는 상고법원 설치방안이 대두되었다. 즉, 고등법원 상고부 정도가 아니라 별도의 상고법원을 설치하여 상고심 사건 중에서 단순한 사건은 상고법원이 담당하고, 중요한 사건은 대법원이 담당하도록 하자는 방안이다. 제19대 국회인 2014년 12월에 여야의원 168명이, 법령해석 통일이나 공적 이익과 관련이 있는 사건은 대법원에서, 그렇지 아니한 사건은 상고법원에서 담당하도록 하

---

24) 의안번호 1805257, 이주영 의원 대표발의, 2009. 6. 23.

자는 내용의 「법원조직법」 개정안[25])을 발의하였다. 상고법원을 설치하고자 하는 입법취지는, 대법원은 전원합의체 토론을 통해 법령해석을 통일하고 법적 가치기준을 제시하는 최고법원 기능을 담당하고, 상고법원은 경륜 있는 법관의 충실한 상고심 심리를 통해 개별 사건의 권리구제 기능을 담당하도록 하자는 것이다. 그러나 상고법원을 도입하는 내용의 법안은 제19대와 제20대 국회에서도 통과되지 못하고 임기만료로 폐기됨으로써, 대법원이 역점을 두고 추진한 상고법원 설치방안은 결실을 보지 못하고 사장되었다.

대법원의 기능과 역할을 강화하는 문제는 전체 사법시스템의 문제와도 연관되어 있다. 일반국민들에게는 상고심보다도 하급심이 더욱 중요할 수 있다. 따라서 하급심에의 접근성을 비롯하여 심리여건 및 심리방식을 개선하는 것이 필요하고 하급심에서의 업무부담 완화, 소송구조제도의 확대, 소송절차 및 사법제도의 개선 등이 이루어져야 한다. 하급심 절차의 제도개선 등을 통해 재판승복률을 제고하면 대법원이 소수의 중요사건에 집중할 수 있을 것이다. 이러한 전반적인 사법시스템의 개선을 바탕으로 판결문 공개, 심리불속행제도의 개선 및 상고제도 개혁 등이 추진되어야 할 것이다.

4. 검찰 분야의 개혁

1) 검찰권 통제의 필요

우리나라 검찰의 권력은 다른 나라의 검찰권과 비교할 때 막강한 것으로 지적되고 있다. 특히, OECD국가 중 우리나라 검찰의 권력이 가장 큰 것으로 평가되고 있다.[26]) 검사가 직접적인 수사권을 포함하여 경찰에 대한 수사지휘권과 수사종결권을 지니고 영장청구권·기소권·공소유지권·형집행권 등을 지니고 있다. 검찰의 권력이 막강하다는 것은 별다른 논거를 제시하지 않더라도 일상의 생활과 언론의 보도를 통해서 모든 국민들이 느끼고 있다. 수사는 경찰이 하고 기소는 검찰이 담당하는 것이 아니라, 검찰 독자적인 수사권과 수사인력을 보유하고 있으며,

---

25) 의안번호 1913138, 홍일표 의원 대표발의, 2014. 12. 19.
26) "검찰권의 남용과 부패가 끊이지 않는 것은 견제 받지 않는 권력이기 때문이다. 기소독점주의, 기소편의주의, 검사동일체원칙이 동시에 합쳐진 우리나라의 검찰권은 세계에서 유례를 찾아볼 수 없을 정도로 막강하다." 대한변호사협회 성명서, 2016. 8. 22.

경찰에 대한 수사지휘권을 지니고 있고, 공소권도 지니고 있기 때문에 검찰권이 막강해질 수 있는 제도적 기반이 형성되었고, 그 이외에도 우리나라에 특유한 정치적·사회적 요인도 검찰권력이 강화되는 계기를 제공하였다. 또한, 검찰은 타 기관의 적절한 견제와 통제를 받지 않으면서 거대한 권력기관으로 힘을 키워왔으며, 검찰 고위직 인사에 대한 정치권의 영향력으로 인하여 검찰권과 정치권의 유착이 심화되어 왔다.

사법개혁 즉 사법의 민주화라는 측면에서 볼 때 검찰개혁, 다시 말해서 검찰권한의 분산과 이에 대한 민주적 통제 또한 현시대의 중요한 과제일 것이다. 전 세계적으로 유례가 없을 정도로 수사권, 영장청구권, 기소권, 재판참여권, 형집행권이라는 형사절차 전반에 관한 권한을 가지고 있는 우리나라 검찰을 개혁해야 한다는 점에는 별 이견이 없을 것이다.

– 윤영철. "검찰개혁과 독립된 특별수사기관의 신설에 관한 소고",
『홍익법학』, 제13권 제1호, 2012, 68쪽.

우리나라 검찰제도의 가장 큰 문제점은 집중되고 획일화된 검찰권의 구조[27]와 검찰 내부의 권위주의적이고 폐쇄적인 문화에 더하여 정치권과의 유착에 있다. 따라서, 검사 개개인의 독립적인 업무수행을 보장하기 위하여 검사동일체의 원칙*을 폐지할 것이 주장되기도 하였는데, 「검찰청법」의 개정을 통하여 원칙적으로 상명하복에 관한 현행 조

> * 모든 검사는 검찰총장을 정점으로 하는 피라미드형의 계층적 조직체를 형성하고 일체불가분의 유기적 통일체로서 활동한다는 원칙이다. 이는 검찰권의 행사가 전국적으로 균형을 이루게 하여 검찰권 행사의 공정을 기하려는 데 주된 이유가 있다고 하지만, 그동안 준사법기관으로서 검사의 독립성을 위협하는 요소로 지적되어 왔다.

문은 유지하되 상사의 지휘·감독에 대하여 이의를 제기할 수 있도록 하였다.[28] 또한 대검찰청 중앙수사부를 폐지하자는 주장이 계속되어 왔고, 2013년 4월 23일에 중수부는 해체되었다.[29] 1981년에 창설된 중수부는 검찰총장이 명하는 범죄사

---

27) 이헌환, "검찰개혁 – 원인과 처방", 『헌법학연구』, 제16권 1호, 2010, 93쪽.

28) 「검찰청법」 제7조(검찰사무에 관한 지휘·감독) ① 검사는 검찰사무에 관하여 소속 상급자의 지휘·감독에 따른다. ② 검사는 구체적 사건과 관련된 제1항의 지휘·감독의 적법성 또는 정당성 여부에 대하여 이견이 있는 때에는 이의를 제기할 수 있다." 구법에는 제2항과 같은 이의제기를 할 수 있는 법적인 근거가 없었다. 그러나 이러한 이의제기권을 신설하였다고 하여 검사들의 독립성과 중립성이 보장되는지의 여부에 관하여 의문이 제기되기도 한다.

29) 2013년 7월 26일에 대통령령 제24674호로 개정·시행되고 있는 중앙수사부의 법적 근거인

건을 수사하는 '직할 수사조직'으로서 고위공직자나 그 친인척 등이 연루된 대형사건의 수사를 맡아 왔는데, 표적수사 등 정치적 중립을 침해한다는 논란에 휩싸여 왔었다. 그리고 중수부를 폐지하는 것이 본질적인 검찰개혁은 아니라는 비판도 있었다.[30] 이러한 검찰권에 대한 제한이나 견제 주장에 대해서 수사력의 약화 등 검찰 내부의 강력한 반발도 있지만, 국민들은 검찰과 정치권력과의 관계에 대한 성찰, 권력자가 아닌 국민에 봉사하는 검찰로의 변화 등을 요구하는 것이 아닌가 한다.

2) 검찰시민위원회 제도 등

검찰권 행사에 대한 견제와 사법과정에서의 민간참여를 위하여 일본에서 시행하고 있는 검찰심사회 제도가 검토되었다. 일본의 검찰심사회란 검사의 불기소 처분에 대한 당부 심사, 검찰 사무의 개선에 관한 건의 및 권고 등을 주 업무로 하며, 지방재판소 또는 지부마다 1개 이상 설치되어 있다. 우리나라는 2010년에「검찰시민위원회 운영지침」을 만들어서 검찰시민위원회 제도를 도입하여 운영하고 있다. 지방검찰청마다 위원을 모집하고 위원회를 구성하여 운영하고 있는데, 지방검찰청에 따라서 활성화된 곳도 있다.「검찰시민위원회 운영지침」제1조(목적)에 따르면, 검찰시민위원회는 검사의 공소제기, 불기소 처분, 구속취소, 구속영장 청구 및 재청구 등에 관한 의사결정 과정에 국민의 의견을 직접 반영하여 수사의 공정성과 투명성을 제고하고 국민의 인권을 보장하기 위하여 설치되었다. 그러나, 동 위원회의 결정은 구속력이 없기 때문에, 제도의 실효성이 크지 않다. 검찰시민위원회의 활성화를 위해서는 대검찰청의 예규인「검찰시민위원회 운영지침」를 법제화하는 것이 필요하다는 견해[31]가 있다. 그러나 보다 근본적으로는, 우리나라의 검찰시민위원회는 검찰 내부 절차에 머물러 있다는 한계가 있다. 즉, 형식적으로는 기소권 행사에 국민들이 참여하는 제도이지만 검찰의 기소·불기소 처분을 합

「검찰청 사무기구에 관한 규정」제4조(대검찰청에 둘 부와 대검찰청 검사의 직무) 제1항에는 아직도 "대검찰청에 기획조정부, 중앙수사부, 형사부, 강력부, 공안주, 공판송무부 및 감찰부를 둔다."는 규정이 있다. 제6조(대검찰청 중앙수사부에 둘 과 및 수사기획관과 그 분장 사무) 규정도 여전히 삭제되지 않고 남아 있다.

30) 김영란,『이제는 누군가 해야 할 이야기』, 쌤앤파커스, 2013, 211쪽.

31) 김준성·천정환, "올바른 검찰권행사를 위한 검찰시민위원회제도의 활성화 방안",『인권복지연구』, 제10호, 2011, 22쪽.

리화하는 도구로 사용되고 있다는 평가가 있다.[32] 검찰시민위원회제도가 어느 정도로 검찰을 통제할 수 있을지에 대해서는 여전히 의문이 있다.

또한 「검찰수사심의위원회 운영지침」을 만들어서 검찰수사심의위원회 제도를 도입하여 운영하고 있다. 150-250명의 외부위원으로 구성되는 이 위원회에서는 사회적 이목이 집중되거나 국민적 의혹이 제기되는 경우라고 판단되는 경우에 수사계속 여부, 공소제기 또는 불기소처분 여부, 구속영장 청구 및 재청구 여부, 공소제기 또는 불기소 처분된 사건의 수사 적정성·적법성 등, 기타 검찰총장이 위원회에 부의하는 사항에 관하여 심의를 한다. 사건관계인은 검찰심의위원회에 위원회 소집을 신청[33]할 수 있는데, 부의심의위원회가 별도로 구성될 수 있으며, 현안위원회도 있고 수사점검위원회도 있으며 수사점검단도 규정되어 있다. 이러한 여러 위원회의 결정도 역시 구속력이 없기 때문에, 제도의 실효성이 크지 않다.

3) 특별검사 제도의 상설화

특별검사는 정치권력과 연관된 대통령 등 고위 공직자에 대한 범죄 수사와 공소 제기에서의 독립성과 공정성을 확보하기 위하여 임명되는 독립적 지위를 지니는 검사를 의미한다. 지금까지 고위공직자에 대한 수사에 있어서 검찰은 정치적 영향력으로부터 자유스럽다는 신뢰를 국민들에게 주지 못하였고, 검사동일체의 원칙 등 상하 위계질서에 종속된 검사가 고위층의 권력형 범죄를 수사하고 기소하는 데는 한계가 있기 때문에, 검찰업무의 공정성 확보를 위하여 특별검사 제도가 등장하였다.

소위 '옷로비 사건' 등 특정사건에 관하여 특별입법을 통하여 특별검사가 임명되어 한시적으로 활동한 것을 시작으로, 특정사건이 문제될 때마다 별개의 특별검사법이 제정되었다. 이러한 특별검사 제도에 관한 법률은 15대 국회에서 1회, 16대 국회에서 3회, 17대 국회에서 3회, 18대 국회에서 3회, 19대 국회에서 1회, 20대 국회에서 1회가 입법되어, 모두 13건의 특별검사법이 제정되고 14명의 특별검사가 활동하였다.

---

32) 장승일, "검사의 기소재량권 통제와 시민참여제도에 대한 검토", 『강원법학』, 제39권, 2013, 370쪽.

33) 2020년 6월에는 이재용 삼성전자 부회장의 신청으로 검찰수사심의위원회가 개최되어 수사중단 및 불기소를 검찰에 권고한 바 있다. 이후 검찰은 검찰수사심의위원회의 결정과는 달리, 이 부회장을 기소하였다.

1. 1999년 9월 30일에 공포·시행된 「한국조폐공사노동조합 파업유도 및 전검찰총장 부인에 대한 옷로비 의혹사건 진상규명을 위한 특별검사의 임명 등에 관한 법률」(최병모 특검·강원일 특검)

2. 2001년 11월 26일의 「주식회사지앤지대표이사 이용호의 주가조작·횡령사건 및 이와 관련된 정·관계 로비의혹사건 등의 진상규명을 위한 특별검사의 임명 등에 관한 법률」(차정일 특검)

3. 2003년 3월 15일의 「남북정상회담관련 대북비밀송금의혹사건 등의 진상규명을 위한 특별검사임명 등에 관한 법률」(송두환 특검)

4. 2003년 12월 6일의 「노무현대통령의 측근 최도술·이광재·양길승 관련 권력형 비리의혹사건 등의 진상규명을 위한 특별검사의 임명 등에 관한 법률」(김진흥 특검)

5. 2005년 7월 21일의 「한국철도공사 등의 사할린 유전개발사업 참여관련 의혹사건 진상규명을 위한 특별검사의 임명 등에 관한 법률」(정대훈 특검)

6. 2007년 12월 10일의 「삼성 비자금 의혹 관련 특별검사의 임명 등에 관한 법률」(조준웅 특검)

7. 2007년 12월 28일의 「한나라당 대통령후보 이명박의 주가조작 등 범죄혐의 진상규명을 위한 특별검사의 임명 등에 관한 법률」(정호영 특검)

8. 2010년 7월 12일의 「검사 등의 불법자금 및 향응수수사건 진상규명을 위한 특별검사의 임명 등에 관한 법률」(민경식 특검)

9. 2012년 2월 22일의 「2011.10.26 재보궐선거일 중앙선거관리위원회와 박원순 서울시장 후보 홈페이지에 대한 사이버테러 진상규명을 위한 특별검사의 임명 등에 관한 법률」(박태석 특검)

10. 2012년 9월 21일의 「이명박 정부의 내곡동 사저부지 매입의혹사건 진상규명을 위한 특별검사의 임명 등에 관한 법률」(이광범 특검)

11. 2016년 11월 22일의 「박근혜 정부의 최순실 등 민간인에 의한 국정농단 의혹 사건 규명을 위한 특별검사의 임명 등에 관한 법률」(박영수 특검)

12. 2018년 5월 29일의 「드루킹의 인터넷상 불법 댓글 조작 사건과 관련된 진상규명을 위한 특별검사의 임명 등에 관한 법률」(허익범 특검)

13. 2022년 4월 26일의 「공군 20전투비행단 이예람 중사 사망 사건 관련 군 내 성폭력 및 2차 피해 등의 진상규명을 위한 특별검사 임명 등에 관한 법률」(안미영 특검)

그러나, 특별검사가 본래의 제도도입취지와 입법목적대로 독립적이고 중립적으로 업무를 수행하였는지 및 특별검사의 수사와 재판의 결과에 대해서 국민들이 만족하고 있는지 등과 관련하여 특별검사제도 무용론이 제기되기도 하였다. 따라서, 특별검사제의 채택 대신 재정신청 제도의 확대, 검찰 인사제도의 개선, 고위공직자 수사비리처의 설치 등이 대안으로 거론되었던 것이다. 또한 한시적인 특별검사제도 대신 상설적인 특별검사(상설특검) 제도를 도입할 것이 지속적으로 주장되었지만, 특별검사 제도가 상설화될 경우에는 사법절차의 정치화, 일반검찰과의 업무중복과 마찰, 여론수사에의 위험성, 권력분립주의에 대한 위반 등 반론도 만만치 않았다.

그러나 결국 2014년 3월 18일에 「특별검사의 임명 등에 관한 법률」이 제정되었고, 특검이 필요할 때마다 법률을 만들어서 특검을 임명할 필요가 없게 되었다. 즉, 상설적인 기구가 설치되는 특검(기구특검)은 아니지만, 상설적인 특검을 법률에 의하여 제도화 한 특검(제도특검)이 도입되었다. 이 특별검사법에 의하면, 국회가 특별검사의 수사가 필요하다고 본회의에서 의결한 사건 등에 대해서는 법무부 차관과 법원행정처 차장과 대한변협회장 및 국회에서 추천한 4인 등 총 7인으로 구성된 '특별검사후보추천위원회'에서 2명의 특별검사를 추천하면 대통령이 이 중에서 1인을 특별검사로 임명하게 되어 있다. 특별검사로 하여금 특정 사건을 수사하게 하는 제도는 특별검사가 독립적이고 중립적으로 사건을 수사한다는 기대와 장점을 지니고 있다. 그러나 특별검사의 발동을 둘러싸고 정쟁이 상시 발생하고 있으며,[34] 특히 특별검사의 추천과 임명에 관한 규정에 관해서는 매 특검법마다 정당간의 이견과 갈등이 극심하다. 또한, 특별검사제도는 검찰권을 이원화하고 비효율적이며, 특별한 수사결과도 내놓지 못하고 있다는 한계만을 드러내고 있다는 비판이 있다.

2014년에 특검에 관한 일반법이라고 할 수 있는 「특별검사의 임명 등에 관한 법률」이 제정되었음에도 불구하고, 2016년과 2018년 그리고 2022년에 개별사건법률로서의 특검법이 다시 만들어져서 활동한 바 있다. 2024년 1월에는 소위 '쌍특검법'에 대한 재의요구권(거부권)이 행사되면서, 개별사건에 대한 특별검사법이 또다시 논란이 되었다.

4) 고위공직자 범죄수사처의 설치

위에서 언급한 문제점을 지닌 상설 특검제는 진정한 특검이라고 할 수 없다는

---

34) 노명선, "검찰의 중립성 제고를 위한 상설특검의 신설방안 연구", 『성균관법학』, 제26권 1호, 2014, 104쪽.

비판과 함께, 고위공직자의 범죄에 대한 수사를 전담하는 고위공직자비지수사처 혹은 고위공직자범죄수사처(이를 '고비처' 혹은 '공수처'라고 부름)를 신설하자는 주장35)이 계속되었다. 경찰 및 검찰 수사에 이어 특별검사까지 수사를 진행하였으나 국민적 의혹을 해소하지 못하고 오히려 많은 인원과 예산을 투입하고도 명백한 실체를 규명하지 못하는 경우가 있었고, 검사 혹은 특별검사라고 하더라도 고위공직자의 범죄를 수사하고 처벌함에는 한계가 있다는 것이다.

이와는 별도로 2014년 3월 18일에 「특별검사의 임명 등에 관한 법률」과 동시에 「특별감찰관법」이 제정되었다. 「특별감찰관법」에 따르면, 대통령 소속의 특별감찰관이 대통령의 배우자 및 4촌 이내 친족과 청와대 수석비서관 등에 대한 감찰을 담당하도록 하였다. 「특별감찰관법」에 의하여 2015년 3월에 이석수 초대 특별감찰관이 임명되었고 2016년 7월에 청와대 민정수석에 대한 특별감찰을 하였으나 오히려 특별감찰관이 검찰의 조사를 받았다. 결국 초대 특별감찰관은 법률로 보장된 3년의 임기를 마치지 못하고 사직하였으며, 이후에는 특별감찰관이 임명되지 못한 채 2024년 1월 현재까지도 유명무실한 기관이 되었다. 「특별감찰관법」에 비록 직무의 독립성과 중립성을 규정하였다고 하더라도, 대통령에게 감찰개시의 보고의무가 있는 대통령 소속의 특별감찰관36)이 이들 대상자를 엄중히 감찰한다는 것은 현실적이지 않다는 것이 밝혀졌다고 볼 수 있다. 이외에도 대통령 소속의 특별감찰관의 감찰대상자를 ① 대통령의 배우자 및 4촌 이내 친족 ② 대통령비서실의 수석비서관 이상의 공무원으로 한정한 것은 감찰대상의 범위가 지나치게 좁고, 현직 이후의 행위만 감찰대상이라는 한계가 있었다. 또한 특별감찰이 오히려 감찰대상자의 역공을 받아 무력화되었다는 점을 보더라도, 특별감찰관 제도의 실효성 여부를 알 수 있다. 따라서 실질적으로 독립적인 고위공직자범죄수사처를 설치하자는 주장이 지속적으로 제기되었으나, 법률 제정에 대하여 여당은 찬성하고 야당이 반대하면서 공수처법 제정은 오랜기간 동안 민감한 정치적 이슈가 되어 왔다.

이 제도는 1998년 이회창 한나라당 총재가 고위공직자비리특별수사처의 도입을 주장하고, 김대중 대통령 때는 공직비리수사처, 노무현대통령 때는 공직자부패수사처, 고위공직자범죄수사처의 도입을 추진하는 등 25년 가까이 매 정권 마다

---

35) 윤동호, "고위공직자비리수사처 신설의 정당성과 필요성", 『형사정책연구』, 제22권 1호, 2011, 70쪽.
36) 특별감찰관법 제3조(지위) ① 특별감찰관은 대통령 소속으로 하되, 직무에 관하여는 독립의 지위를 가진다. ② 특별감찰관은 감찰의 개시와 종료 즉시 그 결과를 대통령에게 보고한다.

찬반 양론으로 나뉘어 논쟁을 해 오던 이슈였다.[37] 제16대 국회에서 제20대 국회까지를 합하여 10건 이상의 '고위공직자비리조사처' 혹은 '고위공직자범죄수사처'를 설치하기 위한 법안이 발의되었지만, 모두 임기만료로 폐기되었다. 발의된 법안 중에서 제20대 국회에서 노회찬 의원이 2016년 7월 21일에 대표발의한 '고위공직자비리조사처 설치에 관한 법률안'의 입법취지는 다음과 같다.

법률안 입법취지

지금 대한민국에서는 현직 검사장이 120억원이 넘는 뇌물을 받은 혐의로 긴급체포되어 구속되는 사상초유의 일이 벌어졌음. 그리고 전직 검찰 고위 간부가 15억원이 넘는 세금을 탈세한 혐의로 기소되고, '몰래 변론' 등 전관예우 비리를 통해 수백억원이 사건수임료를 벌어들였다는 의혹이 제기되고 있음. 또한, 현직 청와대 민정수석비서관의 비리 의혹이 연일 주요 언론사들에 의해 제기되고 있음. 현행 「특별검사의 임명 등에 관한 법률」과 「특별감찰관법」은 이러한 사상초유의 검찰비리 앞에서 무력했음. 급기야 우리 사회의 부정부패를 뿌리 뽑는 일을 해야 할 검찰이 자신들 내부에서 '부정부패 범죄자'들을 배출하는 광경을 국민들은 참담한 심정으로 봐야 했음.

이제 지난 10여 년간 무성한 논의만 한 채 결론내리지 못했던 「고위공직자비리수사처 설치에 관한 법률안」을 제20대 국회가 여야 합의로 통과시켜야 함. 「고위공직자비리수사처」를 만들어 공직사회에서부터 먼저 부정부패를 뿌리 뽑는 일이야말로 국민들께서 제20대 국회의원에게 부여한 역사적 임무라고 생각함. 그리고 지금이야 말로 '검찰개혁의 최적기'임. 이에 독립적인 수사권과 기소권을 가진 상설기구로써 고위공직자비리수사처를 설치해 고위공직자 등의 범죄를 상시적으로 수사할 수 있도록 하려는 것임.[38]

오랜 논란이 거듭된 후 제21대 국회에 들어와서 「고위공직자범죄수사처 설치 및 운영에 관한 법률」(이하 「공수처법」)이 2020년 1월 14일에 제정되었다.

공수처법의 주요내용

1. 고위공직자[39]와 가족, 고위공직자범죄 및 관련범죄의 범위를 정의함(제2조).

---

37) 서보건, 「고위공직자범죄수사처 설치 및 운영에 관한 법률(공수처)」에 대한 법제도적 과제와 전망, 공법학연구, 제21권 제4호, 2020, 124, 126쪽.

38) 노회찬 의원 대표발의, 법률안 제안이유, 고위공직자비리조사처 설치에 관한 법률안, 의안번호 1057, 2016. 7. 21.

39) 대통령, 국회의장 및 국회의원, 대법원장 및 대법관, 헌법재판소장 및 헌법재판관, 국무총리

2. 고위공직자의 재직 중에 본인 또는 본인의 가족이 범한 고위공직자범죄 및 관련 범죄의 공소제기와 그 유지에 필요한 직무를 수행하기 위하여 고위공직자범죄수 사처를 둠(제3조).

3. 고위공직자범죄수사처에 처장 1명과 차장 1명을 두고, 처장은 처장후보자 추천을 위하여 국회에 두는 고위공직자범죄수사처장후보추천위원회로부터 일정한 요건을 갖춘 사람 중에서 2명을 추천받아 대통령이 그 중 1명을 지명한 후 인사청문회를 거쳐 임명하고, 차장은 일정한 요건을 갖춘 사람 중에서 처장의 제청으로 대통령 이 임명함(제4조부터 제7조까지).

4. 고위공직자범죄수사처검사는 일정한 요건을 갖춘 사람 중에서 고위공직자범죄수 사처에 두는 인사위원회의 추천을 거쳐 대통령이 임명하고, 고위공직자범죄수사처 수사관은 일정한 요건을 갖춘 사람 중에서 처장이 임명함(제8조부터 제10조까지).

5. 처장, 차장, 고위공직자범죄수사처검사는 퇴직 후 일정기간 동안 특정한 직위에는 임용될 수 없도록 하고, 고위공직자범죄수사처에 근무하였던 사람은 퇴직 후 1년 동안 고위공직자범죄수사처의 사건을 변호사로서 수임할 수 없도록 함(제16조).

6. 처장, 차장 및 고위공직자범죄수사처검사의 직무와 권한, 고위공직자범죄수사처 소속 공무원의 정치적 중립 및 직무상 독립 등에 관한 사항을 정함(제17조부터 제 22조까지).

7. 고위공직자범죄수사처검사는 고위공직자범죄의 혐의가 있다고 사료하는 때에는 범인, 범죄사실과 증거를 수사하도록 하고, 고위공직자범죄수사처와 다른 수사기 관과의 관계 등 수사와 공소의 제기 및 유지에 관한 사항을 정함(제23조부터 제 31조까지).

8. 고위공직자범죄수사처검사가 재직 중 정치운동에 관여하거나 금전상의 이익을 목 적으로 하는 업무에 종사하는 등의 행위를 한 경우 징계하도록 하는 등 징계사유 와 징계절차 등에 관한 사항을 정함(제32조부터 제43조까지).

9. 이 법에 규정된 사항 외에 고위공직자범죄수사처의 조직 및 운영에 관하여 필요 한 사항은 고위공직자범죄수사처 규칙으로 정하도록 하고, 그 밖에 고위공직자범 죄수사처 검사 및 수사관의 직무와 권한 등에 관하여는 이 법의 규정에 반하지 아니하는 한 「검찰청법」 및 「형사소송법」을 준용하도록 함(제45조 및 제47조).

와 국무총리비서실 소속의 정무직공무원, 중앙선거관리위원회의 정무직공무원, 「공공감사에 관한 법률」 제2조 제2호에 따른 중앙행정기관의 정무직공무원, 대통령비서실·국가안보실· 대통령경호처·국가정보원 소속의 3급 이상 공무원, 국회사무처, 국회도서관, 국회예산정책 처, 국회입법조사처의 정무직공무원, 대법원장비서실, 사법정책연구원, 법원공무원교육원, 헌 법재판소사무처의 정무직공무원, 검찰총장, 특별시장·광역시장·특별자치시장·도지사·특 별자치도지사 및 교육감, 판사 및 검사, 경무관 이상 경찰공무원, 장성급 장교, 금융감독원 원장·부원장·감사, 감사원·국세청·공정거래위원회·금융위원회 소속의 3급 이상 공무원

공수처법은 법률의 제정과정에서도 논란이 컸지만, 법률의 제정 이후에도 논란은 지속되었다. 법적으로는 권력분립원칙에 반하는 법률이라는 주장이 있고,[40] 정치적으로는 야권을 탄압하기 위한 제도라는 주장이 있다. 공수처장의 추천과 임명 과정에서도 격렬한 논란을 거치며 오랜 시간이 소요되었다. 법률이 통과되고 공수처가 출범한 이후에도 여전히 논란은 계속되고 있다.

> 반대론자는 공수처라는 것은 수사 기소권을 가진 형사사법기관으로 검찰권을 행사하는 또 다른 검찰이므로, 검찰개혁의 핵심은 검찰의 정치적 중립성과 검찰권의 민주적 통제이며, 이를 위해 또 다른 수사기관과 기소기관을 창설한다는 것은 오히려 국민의 기본권의 측면에서 볼 때 권력의 총량만을 늘리는 것이라는 비판이며, 찬성론은 정검유착(政檢癒着, 정치권과 검찰의 유착)에 비하면 공수처는 처장추천위원회의 추천을 통해 처장이 임명되고, 공수처의 인사는 처장과 인사위원회의 심의를 거치므로 정치적 영향을 받을 일이 거의 없는 우수한 제도라고 본다. 이러한 팽팽한 의견대립을 조율해 나아갈 앞으로의 과제가 중요한다. 이를 위해서는 앞서 언급한 비판적인 문제점, 즉 수사처 규칙의 문제, 불명확한 규정의 정립, 방대한 권한의 조정 등에 대한 조정이 필요할 것이다.
> – 서보건, "「고위공직자범죄수사처 설치 및 운영에 관한 법률(공수처)」에 대한 법제도적 과제와 전망", 『공법학연구』, 제21권 제4호, 2020, 146쪽.

5) 검찰과 경찰의 수사권 조정

경찰의 수사권 독립 혹은 검찰과 경찰 간의 수사권 조정의 문제도 해결이 쉽지 않은 문제이다. 오랫동안 검찰이 경찰에 대한 수사지휘권을 가지고 있었는데, 검찰의 수사지휘권을 폐지하고 경찰이 온전한 수사권을 가져야 한다는 주장이 계속되어 왔다. 경찰의 수사권 독립 혹은 검찰과 경찰의 수사권 조정 논쟁은 오랜 기간 지속되어 왔으며, 특히 1998년·2005년·2011년에 이어 2019년에 특히 논의가 치열하게 전개되었다. 일부 수사권조정이 이루어진 2012년 이후로 경찰이 검찰의 수사지휘를 받는 비율은 14%에서 0.5%로 감소되었다. 강도·절도와 같은 일반범죄는 대부분 경찰이 수사한 대로 검찰이 기소하고 있다. 대검찰청에서 발간한 2015년 검·경 사건처리 건수 비교 통계에 따르면, 전체 163만8549건의 범죄 중 검찰은 1.82%에 해당하는 2만9837건을 처리하였고 경찰은 98.18%에 해당하는

---

40) 공수처법이 권력분립원칙을 위반하여 평등권과 신체의 자유를 침해하고, 영장주의원칙 및 적법절차원칙 등에 위배된다고 하여 공수처법의 위헌확인을 구하는 헌법소원심판이 청구되었으나, 각하(청구가 부적법하다는 의미)되거나 기각(청구가 이유 없으므로 받아들이지 않는다는 의미)되었다. 헌재 2021. 1. 28. 2020헌마264 등.

160만8712건의 사건을 처리하였다. 경찰이 수사를 함에 있어서 검사의 지휘를 받게 하는 것은 수사과정의 투명성확보와 적법절차를 준수하여 인권침해를 최소화하고[41] 수사에 대한 책임을 지는 법무부장관의 지휘계통으로 이어지게 함으로써 경찰수사의 민주적 정당성의 근거가 된다는 주장[42]이 있지만, 검찰은 기소권만 가지고 수사권은 경찰에 부여[43]하거나 혹은 경찰에 1차적인 수사권을 부여하고 검찰은 선거사범 등에 한정된 수사권을 부여[44]하자는 주장도 있었다. 법률소비자연맹이 대학생·대학원생 4천259명을 설문 조사한 결과 73.49%가 대선후보들의 공통 공약인 경찰 수사권 독립에 찬성했다는 결과가 나왔다.[45]

> 검찰은 범죄수사권, 수사지휘권, 영장청구권, 수사종결권, 공소권, 재판의 집행권 등 방대한 권한을 가지고 있다(검찰청법 제4조 제1항). 검찰은 공소권을 독점적으로 가지고 있고, 제한 없는 직접수사와 경찰에 대한 수사지휘를 통하여 수사권을 사실상 독점하고 있다. 검찰의 권한 남용은 무소불위의 권력이 부여된 필연적 결과인지도 모른다. 주요사건에서 검찰의 직접수사는 어떤 혐의든지 무엇인가가 나올 때까지 계속되거나 정치권력 앞에서 무기력하다. 또한 목적 달성을 위해서 때로는 반칙도 불사한다. 피의사실을 공표하거나 언론에 흘려 혐의를 받는 자를 사실상 유죄로 단죄하는 것이 그 대표적인 예이다. 절대권력은 부패할 수밖에 없다. 더 이상 검찰이 스스로 강력한 권한을 절제하여 행사하기를 기대할 수 없는 이유이다.
>
> – 장승혁, "검찰권의 제한", 『형사법연구』, 제32권 제2호, 2020, 262쪽.

오랜 사회적 논쟁, 개혁안 추진 및 법안처리과정을 거친 검경수사권 조정 방안은 2022년 5월 9일에 공포된 「형사소송법」과 「검찰청법」 개정법률을 통해 법제화되었다.[46] (이를 검찰수사권을 완전 박탈하는 내용이라 하여 '검수완박' 법이라 함) 이후

---

41) 허일태, "한국에서 수사권에 대한 규제와 통제", 『형사소송 이론과 실무』, 제7권 2호, 2015, 4쪽.
42) 이완규, "민주적 정당성의 관점에서 본 현행법상 수사권 구조와 지휘체계", 『법조』, 제64권 2호, 2015. 2, 133쪽.
43) 서보학, "법조비리 근절방안 모색", 『경희법학』 제51권 4호, 2016, 246쪽; 표창원, "경찰수사권 독립이 인권보장의 첨경", 『형사정책』, 제15권 1호, 2003, 37쪽 이하.
44) 김원중·양철호, "경찰과 검찰의 수사구조 개선방향에 관한 검토", 『치안정책연구』, 제30권 3호, 2016, 77쪽 이하.
45) <연합뉴스>, 2017. 4. 25.
46) 이러한 「형사소송법」과 「검찰청법」 개정법률의 입법절차와 입법내용에 대한 권한쟁의심판은 기각(이유없음) 및 각하(적법하지 않음)되었다. 즉, 절차와 내용이 헌법에 위반되고 권한을 침해하였다는 주장은 받아들여지지 않았다. 헌재 2023. 3. 23. 2022헌라2; 헌재 2023. 3. 23. 2022헌라4

검찰에서는 2022년 9월 8일에 공포된 「검사의 수사개시범죄 범위에 관한 규정」과 2023년 10월 17일에 공포된 「수사준칙에 관한 규정」의 개정을 통해, 축소된 검찰 권한의 일부를 회복시키는 내용을 법제화하였다. (이를 검찰수사권을 원상복구하는 내용이라 하여 '검수원복' 법이라 함)

표 12-2 **검찰수사권의 축소와 확대**

검수완박	검수원복
「검찰청법」 개정내용 - ① 검사가 수사를 개시할 수 있는 범죄의 범위를 부패범죄 및 경제범죄 등으로 축소 ② 검사는 자신이 수사개시한 범죄에 대하여는 공소를 제기할 수 없도록 함	「검사의 수사개시범죄에 관한 규정」 개정내용 - 부패범죄 및 경제범죄 등으로 축소된 검찰의 직접수사범위를 확대
「형사소송법」 개정내용 - ① 사법경찰관으로부터 송치받은 사건에 대한 검사의 보완수사 범위를 축소 ② 수사기관의 준수사항으로서 별건수사 금지에 관한 내용을 신설 ③ 사법경찰관의 불송치결정에 대하여 이의신청을 할 수 있는 사람에서 고발인을 제외	「검사와 사법경찰관의 상호협력과 일반적 수사준칙에 관한 규정」(수사준칙) 개정내용 - 보완수사에 대한 경찰전담 원칙 폐지 등 (이를 통하여 검찰은 보완수사의 범위를 확대하여 '검수완박' 이전과 같은 범위로 보완수사가 가능해짐)

개정된 법령상으로 보자면, 검찰의 권한은 약화되고 경찰의 권한은 강화된 것으로 검경 수사권 조정의 특징을 포괄적으로 평가할 수 있다. 경찰과 검찰의 수사권 조정 문제는 오래도록 입법적 쟁점이었고 한번 매듭이 지어졌다고 해서 쟁점이 완전히 해결되었다고 볼 수 없다. 향후에도 수정과 보완이 있어야 할 것으로 본다. 그러나 이러한 과정에서 방향성은 잃지 말아야 한다고 본다. 이 논의가 경찰과 검찰의 권한경쟁이나 이해득실에서 그쳐서는 아니되고, 경찰과 검찰의 본연의 업무와 기능이 최적화되도록 제도화가 이루어져야 한다는 점이다. 개혁의 목표는 실종되고 검경 간의 알력만 남아서는 아니된다. 이러한 점에서 여러 수사조직의 수사범위를 명확히 설정하려는 노력도 필요하지만, 수사조직간 원활한 협조체계를 구축하려는 노력이 더욱 절실하고 중요할 것[47]이라는 의견이 설득력이 있어 보인다.

---

47) 윤동호, "검찰개혁 이후 수사권 분산의 체계와 과제 - 특사경과 자치경찰을 중심으로", 『형사정책』, 제31권 3호, 2019, 118쪽.

5. 변호사 분야의 개혁

1) 변호사의 적정한 숫자

해마다 신규로 등록하는 변호사의 수는 매년 늘어나고 있는데, 2001년까지만 하더라도 5,000명을 넘지 않았던 우리나라의 변호사의 수는 2008년에는 10,000명을 넘어섰으며, 2024년 1월 현재 대한변협에 등록된 변호사는 34,684명이고 개업변호사수는 29,265명이다.[48] 일반적으로 법조계에서는 이와 같이 해마다 증가하는 변호사의 수를 많다고 하고, 많은 국민들은 변호사 1인당 국민의 수·개업지의 대도시 편중·법률 서비스의 양적 확대 등을 이유로 이 정도의 변호사 수는 많지 않다고 한다. 이러한 주장들의 한쪽에서는 변호사 1인당 수임사건의 수 등을 제시하며 변호사가 많이 배출됨으로써 발생하는 문제를 제기하고 있는 반면, 다른 쪽에서는 재판업무만을 변호사의 유일한 업무로 여기는 현재의 법률서비스시장을 선진화하기 위해서라도 다양한 전공과 배경의 변호사를 배출하는 것이 바람직하다는 주장을 하고 있다. 한쪽에서는 변호사 수를 줄이거나 현상 유지를 하자고 하고, 한쪽에서는 그 수를 늘리자는 것이다.

대한변협이 2010년 조사한 바에 따르면 2009년 말 기준 서울지역 변호사 1인당 연간 사건수임건수는 54.4건으로 14개 지회 중 가장 낮았다. 광주지역 변호사들은 139건을 수임한 것으로 나타났다.[49] 서울지방변호사회의 자료에 따르면 서울변회 소속의 변호사 1인당 한 달 평균 사건 수임건수는 2011년 2.83건에서 2015년에는 1.69건으로 줄었다.[50] 2017년 10월에 한 국회의원실에서 발표한 자료에 따르면, 국세청에 소득신고한 변호사 중에서 18.49%는 월 매출이 200만원 이하로 나타나고 있다.[51] 변호사 수의 문제는 후술하는 법률가 양성제도와 밀접히 관련되어 있으며, 날로 치열해지고 있는 법률 서비스 시장과도 관련이 있다.

2) 변호사의 적정한 보수

변호사 분야의 또 하나의 논점은 각종 법조비리의 원인으로 지목되고 있는 변

---

48) http://www.koreanbar.or.kr 대한변호사협회 회원 현황 참조. 2024. 1. 8. 방문.
49) <대한변협신문>, 2013. 11. 4.
50) <대한변협신문>, 2017. 4. 17.
51) "위기의 변호사 업계, 해답은 어디에", <대한변협신문>, 2017. 4. 17.

호사의 과다 수임료 문제이다. 변호사의 과다 수임료로 인한 사회적 불신을 불식하고 의뢰인과 변호사 간의 잦은 분쟁을 해소하기 위한 방안이 필요하다는 주장이 지속적으로 제기되고 있다. 현재 변호사 보수에 대한 법률상의 규제는 없다. 독일은 「연방변호사보수법」을 통해 과도한 보수를 규제하고 있고, 미국은 자율규제 방식 하에서 형사사건의 성공보수를 금지하고 있다. 미국, 영국, 독일 등 국가에서 시행하고 있는 변호사 보수의 시간제 산정 방식이 비교적 합리적인 것으로 평가받고 있다. 우리나라에서는 종전에 변호사법 제19조에서 "변호사의 보수기준은 대한변호사협회가 이를 정한다"고 규정하고 있었으며, 이에 따라 「변호사 보수기준에 관한 규칙」을 제정하기도 하였다. 그러나 공정거래위원회의 권유에 따라 국제기준에 따른 자율경쟁을 제한하는 규제를 폐지하도록 하였고, 이에 1999년 2월 5일에 「변호사법」이 개정된 이후에는 수임료에 관한 기준이 없었다.

그럼에도 불구하고, 「변호사법」에 변호사 보수의 상한을 규정하는 등의 방법으로 과도한 변호사 보수를 제한하려는 입법적 시도가 있었다. 우선, 제18대 국회인 2010년 4월 21일에 양승조 의원이 변호사 수임료 기준을 법제화하기 위하여 「변호사 보수 등의 기준에 관한 법률안」을 대표발의하였으나, 입법에는 성공하지 못하였다.

법률안 제안이유와 주요내용

변호사는 기본적 인권을 옹호하고 사회정의를 실현시키는데 앞장서야할 사명을 지고 있고 공공성을 지닌 법률전문직으로서 독립하여 자유롭게 활동하고 있음. 그러나, 법률서비스에 대한 국민적 관심과 수요가 높아짐에도 불구하고 변호사 보수 기준에 대해서는 아무런 제도적인 장치가 마련되어 있지 아니한 실정임. 이에 변호사 보수에 관한 기준을 마련하여 법률서비스에 대한 대가를 투명하게 규율함으로써 법조계의 한 축인 변호사 제도에 대한 국민적 신뢰를 높이고자 함.

1. 보수의 종류는 사무보수와 사건보수로 하고, 대통령령으로 정함.
2. 형사 및 가사사건의 성공보수는 금지됨.
3. 보수금액은 사무·사건의 종류에 따라 대통령령으로 정함.
4. 초과보수는 반환하도록 함.
5. 이 법에 정한 보수 이외의 여하한의 명목의 경제적 이익을 받은 자는 1년 이하의 징역 또는 1천만원 이하의 벌금에 처하고, 2년 이하의 자격정지를 병과할 수 있음.

또한, 2016년 7월 19일에는 김동철 의원의 대표발의로 "과다한 수임료가 법조비리의 가장 큰 원인을 제공하고 있는 만큼 변호사의 수임료 상한을 정하고 성공보수를 금지시킴으로써 법조비리를 근절시키고 법률소비자를 보호"하기 위한 「변호사법」 개정안이 발의되기도 하였으나, 제20대 국회의 임기만료로 법안은 자동폐기되었다.

법률안 주요내용

1. 변호사 또는 법무법인 등은 횡령·배임 또는 업무상 횡령과 배임 사건의 경우 법인 또는 단체로부터 사건을 수임하거나 수임료 또는 그에 상응하는 일체의 대가를 받을 수 없도록 하고 이를 위반할 경우 7년 이하의 징역 또는 5천만원 이하의 벌금에 처함(안 제31조 제6항 및 제109조 제1호의2).
2. 형사사건에 관한 변호사 보수의 상한을 대통령령으로 정하고 성공보수를 금지하며 이를 위반할 경우 2년 이하의 징역 또는 제공받은 금액의 5배에 상당하는 금액의 벌금에 처하도록 함(안 제33조의2 및 제113조의2).

3) 변호사 성공보수

성공보수란 의뢰인이 변호사에게 사건을 맡기면서 의뢰인이 기대하는 결과가 나오면 변호사에게 주기로 한 사례금을 말한다. 형사사건에서는 변호사가 사건을 맡을 때 착수금을 받고, 계약 내용에 따라 성공보수를 받는 경우가 있었다. 기업인이나 유력인사의 경우에는 구속영장 기각이나 집행유예 등 유리한 판결을 받아주는 대가로, 현직 판사 등에게 영향력을 미칠 수 있는 전관 출신의 변호사가 고액의 성공보수를 받는 경우가 있었다. 대법원은 종래 변호사와 의뢰인간의 성공보수 약정을 인정하는 판결을 내려왔다.[52] 그러나 형사사건을 맡긴 한 의뢰인이 성공보수로 미리 지급한 1억원을 반환하라는 사건에 대하여, 대법원은 형사사건에서의 성공보수약정을 무효로 본다는 만장일치의 판결을 내렸다.

---

52) 소송의뢰인이 500만원의 착수금과 1억 4,400만원의 성공보수금을 지급하기로 한 위임계약에 따라 변호사에게 지급한 성공보수금이 부당하게 과다하다고 하면서 부당이득반환을 구한 사안에서, 성공보수금이 착수금의 28배가 넘는다는 등의 사정만으로 성공보수금이 부당하게 과다하여 신의성실 원칙이나 형평 원칙에 반한다고 할 수 없다고 보았다. 대법원 2014. 7. 10. 선고 2014다18322 판결[성공보수금반환]; 대법원 2009. 9. 10. 선고 2009다40677 판결.

2015년 대법원 판례(대법원 2015. 7. 23. 선고 2015다200111)

그동안 대법원은 수임한 사건의 종류나 특성에 관한 구별 없이 성공보수약정이 원칙적으로 유효하다는 입장을 취해 왔고, 대한변호사협회도 1983년에 제정한 '변호사보수기준에 관한 규칙'에서 형사사건의 수임료를 착수금과 성공보수금으로 나누어 규정하였으며, 위 규칙이 폐지된 후에 권고양식으로 만들어 제공한 형사사건의 수임약정서에도 성과보수에 관한 규정을 마련하여 놓고 있었다. 이에 따라 변호사나 의뢰인은 형사사건에서의 성공보수약정이 안고 있는 문제점 내지 그 문제점이 약정의 효력에 미칠 수 있는 영향을 제대로 인식하지 못한 것이 현실이고, 그 결과 당사자 사이에 당연히 지급되어야 할 정상적인 보수까지도 성공보수의 방식으로 약정하는 경우가 많았던 것으로 보인다. 이러한 사정들을 종합하여 보면, 종래 이루어진 보수약정의 경우에는 보수약정이 성공보수라는 명목으로 되어 있다는 이유만으로 민법 제103조에 의하여 무효라고 단정하기는 어렵다. 그러나 대법원이 이 판결을 통하여 형사사건에 관한 성공보수약정이 선량한 풍속 기타 사회질서에 위배되는 것으로 평가할 수 있음을 명확히 밝혔음에도 불구하고 향후에도 성공보수약정이 체결된다면 이는 민법 제103조에 의하여 무효로 보아야 한다.

형사사건에서의 성공보수약정은 수사·재판의 결과를 금전적인 대가와 결부시킴으로써, 기본적 인권의 옹호와 사회정의의 실현을 사명으로 하는 변호사 직무의 공공성을 저해한다는 것이다. 또한 성공보수는 의뢰인과 일반 국민의 사법제도에 대한 신뢰를 현저히 떨어뜨릴 위험이 있으므로, 선량한 풍속 기타 사회질서에 위배되는 것으로 평가할 수 있다고 하였다. 대법원은 형사사건에 관하여 체결된 성공보수약정이 가져오는 여러 가지 사회적 폐단과 부작용 등을 고려하여야 한다고 보았다. 그러나, 구속영장청구 기각, 보석 석방, 집행유예나 무죄 판결 등과 같이 의뢰인에게 유리한 결과를 얻어내기 위한 변호사의 변론활동이나 직무수행 그 자체는 정당함은 물론이다. 형사사건에서의 성공보수를 무효화한 대법원 판결은 '전관예우'나 '유전무죄 무전유죄'와 같은 우려를 불식시킬 수 있다고 평가되었다. 그러나, 일부에서는 전관 변호사들의 착수금이 인상되고, 성공보수금이 더욱 음성화될 것이라는 의견도 있다. 전관예우를 통해 목적을 달성하지 못한 경우에는 이렇듯 갈등과 분쟁이 생길 수가 있지만, 소기의 목적을 달성한 경우에는 성공보수에 관해 갈등이 생기는 경우가 드물기 때문에, 형사사건에서 음성적으로 주고받는 성공보수가 외부에 드러나기는 쉽지 않다. 이러한 대법원 판결에도 불구하고 성공보수를 법률로 유효화하기 위한 법제화 시도[53]도 있다.

4) 국선변호의 확대

일반 국민 특히 저소득층이 법률 서비스에 접근할 수 있는 기회를 확대하는 방안으로서 국선변호의 확대가 주장된다. 1998년을 기준으로 전체 형사재판 중 43.4%의 사건에 변호인이 선임되었으며 이 중 46%의 사건에 국선변호인이 선임되었다. 과거 국선변호 제도가 부실한 이유는 지나친 선임 요건, 피의자단계에서의 선임이 불가능함, 과소 보수 등에 의한 실질적인 도움 곤란 등이 지적되고 있었다. 이러한 지적에 따라 「형사소송법」의 관련 규정이 다음 <표 12-3>과 같이 개정되었다. 2005년 사법제도개혁 추진위원회가 마련하여 정부가 제출한 국선변호인에 관한 「형사소송법」 개정안이 통과되어, 국선변호제도는 이전보다 확대·개선되었다. 2016년에는 전체 형사공판사건(치료감호사건 포함) 피고인 389,155명중에서 33.5%에 해당하는 130,506명이 국선변호인의 조력을 받았다.[54]

표 12-3 「형사소송법」 제33조(국선변호인) 구 조항과 현행 조항의 비교

구 형사소송법 제33조 [1954. 9. 23. 제정]	현행 형사소송법 제33조 [2020. 12. 8. 개정]
다음 경우에 변호인이 없는 때에는 법원은 직권으로 변호인을 선정하여야 한다. 1. 피고인이 미성년자인 때 2. 피고인이 70세 이상의 자인 때 3. 피고인이 농아자인 때 4. 피고인이 심신장애의 의심 있는 자인 때 5. 피고인이 빈곤 기타 사유로 변호인을 선임할 수 없는 때 단, 피고인의 청구가 있는 때에 한한다.	① 다음 각 호의 어느 하나에 해당하는 경우에 변호인이 없는 때에는 법원은 직권으로 변호인을 선정하여야 한다. 1. 피고인이 구속된 때 2. 피고인이 미성년자인 때 3. 피고인이 70세 이상인 때 4. 피고인이 듣거나 말하는데 모두 장애가 있는 사람인 때 5. 피고인이 심신장애가 있는 것으로 의심되는 때 6. 피고인이 사형, 무기 또는 단기 3년 이상의 징역이나 금고에 해당하는 사건으로 기소된 때 ② 법원은 피고인이 빈곤이나 그 밖의 사유로 변호인을 선임할 수 없는 경우에 피고인이 청구하면 변호인을 선정하여야 한다. ③ 법원은 피고인의 나이·지능 및 교육 정도 등을 참작하여 권리보호를 위하여 필요하다고 인

---

53) 대한변협, 형사사건 성공보수 유효화 관련 세미나, 2017. 3. 30.
54) 『2017 사법연감』, 법원행정처, 2017, 609쪽.

> 정하면 피고인의 명시적 의사에 반하지 아니하
> 는 범위에서 변호인을 선정하여야 한다.

국선변호인이 선정된 사건은 2021년에 113,180건으로, 2007년의 80,360건에 비하여 증가하였다.[55] 국선변호의 확대는 사회적 약자를 위한 정책적 배려라는 측면에서 바람직한 현상이다. 국선변호를 담당하는 변호사에는 일반 국선변호사와 국선전담변호사가 있다. 전자는 국선변호를 담당하도록 무작위로 지정한 변호사이고, 후자는 국선변호만을 담당하는 전담변호사이다. 국선전담변호사 제도는 2006년부터 정식으로 도입되어 운영되고 있다.

헌법재판소에 사건이 제일 많은 헌법소원사건의 경우에는 변호사가 반드시 선임되어야 하는 '변호사 강제주의'가 적용된다. 따라서, 변호사를 반드시 선임하여야 하는 헌법소원심판의 경우에도 필요한 경우에는 국선변호인가 선임될 수 있다.

▓ 헌법재판소 규칙

헌법재판소 국선대리인의 선임 및 보수에 관한 규칙 제4조 ① 법 제70조 제1항에서 규정한 변호사를 대리인으로 선임할 자력이 없는 자의 기준은 다음 각호의 1에 의한다.
1. 월평균 수입이 300만 원 미만인 자
2. 삭제
3. 「국민기초생활보장법」에 따른 수급자 및 차상위계층
4. 「국가유공자 등 예우 및 지원에 관한 법률」에 의한 국가유공자와 그 유족 또는 가족
5. 「한부모가족지원법」에 따른 지원대상자
6. 「기초연금법」에 따른 기초연금 수급자
7. 「장애인연금법」에 따른 수급자
8. 「북한이탈주민의 보호 및 정착지원에 관한 법률」에 따른 보호대상자
9. 위 각호에는 해당하지 아니하나, 청구인이 시각 · 청각 · 언어 · 정신 등 신체적 · 정신적 장애가 있는지 여부 또는 청구인이나 그 가족의 경제능력 등 제반사정에 비추어 보아 변호사를 대리인으로 선임하는 것을 기대하기 어려운 경우

5) 법률시장 개방에의 대응

변호사가 법률문제에 대한 상담을 행하고 소송을 준비 · 수행하는 등의 행위는 '법률서비스'라 하기도 하지만, 유료의 법률서비스가 '거래'되는 것이기 때문에 이

---

55) 『2022사법연감』, 법원행정처, 2022.

러한 영역을 '법률시장'이라고 표현하기도 한다. 법률시장 개방은 국내에서 자격을 취득한 변호사만이 변호사업무를 독점적으로 담당하도록 하고 있던 법률시장을 외국 로펌에 개방하는 것을 의미한다. 법률시장 개방일정은 2011년 발효된 한EU FTA와 2012년 발효된 한미 FTA에 의하여 결정되었다. 법률시장 개방은 3단계로 진행되고 있는데 1단계는 외국변호사에게 외국법자문을 허용하고 2단계는 국내외 법이 혼재된 법률사건에 대하여 공동수임 및 수익분배가 허용되었다. 이에 따라 외국의 변호사는 법무법인(Law Firm) 등에서 자문을 행하거나, 외국법자문법률사 무소를 개설하여 외국법자문사[56]로서 국내에서 활동하고 있다. 우리나라에 등록된 외국법자문법률사무소는 미국로펌 21개 영국로펌 5개 등이다. 이 중에서 영국로펌 인 클리포드 챈스는 2016년 1분기 국내 M&A 법률자문 분야에서 1억 2,000만 달 러 규모의 거래로 5위를 차지했으며 외국로펌으로는 처음으로 연간 매출액 100억 원 이상에 해당되는 퇴직공직자 취업제한대상 법무법인에 포함되었다.[57] 3단계에 서는 합작법무법인(joint venture)의 설립이 허용되고, 합작법무법인이 한국변호사를 고용하고 한국의 법률업무도 처리할 수 있다. EU에 대해서는 2016년 7월 1일부터 3단계 개방이 시작되었고, 미국에 대해서는 2017년 3월 15일부터 3단계 개방이 시작되었다. 다만, 국내로펌이 외국로펌에 예속되거나 사실상 흡수되는 것을 방지 하기 위하여, 외국로펌의 지분율을 49% 이하로 제한[58]하고 있다.

법률시장 개방에 대한 대응책으로서 법률사무소의 대형화·전문화가 진행되고 있는데, 그럼에도 불구하고 외국의 거대 자본에 의한 한국계 법률사무소의 경쟁력 약화가 우려되고 있다. 독일이 1998년 법률시장을 개방하면서 영미계 로펌이 독일 로펌을 인수·합병하여 5대 로펌 중에서 독일계 로펌은 1곳만 남았다는 점에서 교훈을 얻어야 할 것이다. 법률시장이 개방되면 법률 서비스 비용의 해외 유출, 법률시장 잠식 후의 수임료 대폭 인상, 자본과 힘에 의한 사법 정의의 붕괴, 변리 사·세무사 등 법조 인접직역의 피폐, 대학 법학교육의 황폐화 등이 우려되고 있 다.[59] 법률사무소의 대형화·전문화의 강력한 추진 및 국제거래 전문인력의 강화,

---

56) 외국법자문사법은 2009년 9월 26일부터 제정·시행되고 있다. 외국에서 변호사자격을 취득 한 외국변호사는 법무부장관으로부터 자격승인을 받고 대한변호사협회에 등록한 이후에 국 내에서 외국법자문사로서 활동할 수 있다.

57) "법률시장 전면 개방, 위기를 기회로 삼아야", <대한변협신문>, 2016. 6. 20, 1쪽.

58) 외국법자문사법 제35조의16(지분) ① 외국 합작참여자는 100분의 49를 초과하여 합작법무 법인의 지분을 보유할 수 없다.

통상 분야의 법률지원 등을 포함한 사법제도 전반적인 대응책이 마련되고 강화될 필요가 있다.

6. 법조인 선발 및 양성제도 분야의 개혁

1) 법학전문대학원 제도의 도입

우리나라의 법조인 양성제도는 오랫동안 법학교육, 선발시험 및 연수제도의 세 단계로 나누어졌으며, 법학교육은 대학에, 선발시험은 법무부가 주관하는 사법시험 제도를 통하여, 선발된 예비 법조인은 대법원 산하의 사법연수원에서 담당하여 왔다. 그러나 '교육을 통한 법률가의 양성'을 목표로 법조인의 교육과 선발을 일원화하는 제도 도입에 힘이 실렸다. 즉, 미국의 Law School을 모범으로 하는 법학전문대학원 제도의 도입이 1990년대 중반에 본격적으로 논의되었고, 2000년 이후에 사법개혁추진위원회에서 본격 추진된 결과로 2009년 3월에 25개의 법학전문대학원이 개원하였다.

법학전문대학원의 개원 초기에는 "법학전문대학원 제도 도입의 취지와 목적에 반하는 소위 안티 로스쿨 법안",[60] "섣부른 로스쿨 제도 도입이 고비용, 저효율을 초래한다는 이유로 반대",[61] "정부법안의 법학전문대학원 제도는 제도가 갖추어야 할 최소한의 합리성과 공정성도 갖추지 못하고 있음"이라는 부정적인 평가도 있었다.

법학전문대학원은 3년의 교육과정으로 교육부장관이 정한 물적·인적 설치인가 기준에 부합하는 대학교에 설치될 수 있었는데, 법학전문대학원이 되기 위해서는 교육부장관의 인가가 반드시 필요하였다. 즉, 일정한 기준을 충족한 대학에는 법학전문대학원이 설치되도록 하는 '준칙주의'를 채택하는 것이 아니라, 일정한 기준을 갖춘 대학을 대상으로 하는 평가를 통하여 법학전문대학원이 설치되도록 하는 '인가주의'를 채택하도록 하였다. 따라서 예비인가와 본인가의 과정을 거쳐서

---

59) 김대인, "법률시장개방, 사법개혁 그리고 국민의 선택권", 법률시장개방·사법개혁과 국민의 선택권 심포지엄, 법률소비자연맹, 1999. 11. 18, 22쪽.

60) 정용상, "법학전문대학원 설치·운영에 관한 법률안의 문제점", 국회 교육위원회 공청회, 2006. 2. 15, 15쪽.

61) 민경식, "법학전문대학원 제도의 도입과 전망", 국회 교육위원회 공청회, 2006. 2. 15, 82쪽.

총 2,000명의 입학정원을 기준으로 하여 전국적으로 25개의 대학이 법학전문대학원으로 인가를 받아 현재 운영 중에 있다. 법학전문대학원이 설치된 대학은 법학에 관한 학사학위 과정을 둘 수 없다.[62]

2) 변호사시험 제도의 도입

법학전문대학원의 3년 과정을 졸업한 자는 변호사시험 응시자격을 취득하는데, 변호사시험의 합격자를 정하는 방법과 비율 특히 합격률[63]이 논란이 되었다. 법학전문대학원의 첫 졸업생이 배출되는 해인 2012년 1월에 치러진 1회 변호사시험에서 응시자 대비 87.15%가 합격한 이후 2018년 1월에 치러진 7회 시험에서는 응시자 대비 49.35%로 합격률은 계속 하락하고 있다.

표 12-4 변호사시험 통계

	응시자	합격자	응시자대비 합격률	정원대비 합격율
1회(2012)	1,663	1,451	87.25%	72.55%
2회(2013)	2,046	1,538	75.17%	76.90%
3회(2014)	2,292	1,550	67.63%	77.50%
4회(2015)	2,561	1,565	61.11%	78.25%
5회(2016)	2,864	1,581	55.20%	79.05%
6회(2017)	3,110	1,600	51.45%	80.00%
7회(2018)	3,240	1,599	49.35%	79.95%
8회(2019)	3,330	1,691	50.78%	84.55%
9회(2020)	3,316	1,768	53.32%	88.40%
10회(2021)	3,156	1,706	54.06%	85.30%
11회(2022)	3,197	1,712	53.55%	85.60%
12회(2023)	3,255	1,725	53.00%	86.25%

변호사시험의 도입취지는 법학전문대학원의 교육과정을 충실하게 이수한 경우 비교적 어렵지 않게 합격할 수 있는 자격시험[64]으로 운영하자는 것이고, 이는 「변

---

62) 일본의 경우에는 로스쿨을 두는 대학의 경우에도, 법학부는 폐지되지 않도록 제도화하였다.
63) 변호사시험의 합격률 등은 법무부에 설치된 '변호사시험관리위원회'가 결정한다.

호사시험법」[65])에도 반영되어 있다. 로스쿨교육의 정상화와 전문법률과목의 정상적 교육을 위해서는 현재의 변호사시험제도가 개선되어야 한다는 주장[66])이 있다. 로 스쿨제도의 도입이 '시험에 의한 법률가의 선발'에서 '교육에 의한 법률가의 양성' 에 목적이 있다면, 변호사시험을 '자격시험'으로 운영하는 것이 중요하다는 주장이 다. 그러나 앞의 <표 12-4>에서 볼 수 있는 바와 같이 변호사시험은 1,500명 전후의 정원제 선발시험으로 운영되고 있다. 변호사시험이 지금처럼 운영된다면, 합격률이 20% 중반까지 떨어질 것으로 예측되고 있다.[67]) 일본의 경우에는 2004년 에 74개의 로스쿨이 개원을 하였는데, 이후 55%의 로스쿨이 폐원을 하였고 변호 사 배출은 매년 1,500명 수준으로 줄어들었다.

3) 개선방안

2009년에 법학전문대학원이 개원하고 2012년에 변호사시험이 시행되기 시작한 이후에도, 법학전문대학원 제도와 변호사시험 제도의 존폐는 계속 논란이 되어왔 다. 특히 로스쿨이 현대판 음서제(蔭敍制)[68])이고, '희망의 사다리'[69])인 사법시험을 존치하여야 한다는 주장이 제기되었지만, 2017년의 2 · 3차 시험을 마지막으로 사 법시험 제도는 폐지되었다.

법학전문대학원 진입장벽과 입시비리, 높은 학비와 낮은 장학금 수혜율, 로스 쿨 출신 변호사의 진로 등이 법학전문대학원 및 변호사시험 제도의 문제로 지적 되었다. 그간 로스쿨제도와 변호사시험제도를 개선하기 위하여 변호사시험 예비시

---

64) 교육인적자원부, 법학전문대학원 설치인가 심사기준, 2007. 10. 30, 24쪽.
65) 「변호사시험법」 제2조(변호사시험 시행의 기본원칙) 변호사시험은 「법학전문대학원 설치 · 운 영에 관한 법률」에 따른 법학전문대학원의 교육과정과 유기적으로 연계하여 시행되어야 한다.
66) 송기춘, "법학전문대학원 체제에서의 변호사 양성과 법학교육", 『민주법학』, 2016, 309쪽; 김 인재, "전문법률 과목의 정상적 교육을 위한 변호사시험 개선방안", 『인하대학교 법학연구』, 2015, 291쪽.
67) 김창록, "한국 로스쿨의 의의와 과제", 『저스티스』, 제146-2호, 2015, 203쪽.
68) 고려시대에 시행되던 음서제(蔭敍制)는 왕족 · 공신 · 고관의 자손들을 과거에 의하지 않고 관리로 채용하던 제도이다.
69) 자원과 배경이 없는 사람들에게도 계층이동을 할 수 있는 역할을 했던 사법시험제도가 '희 망의 사다리'라는 것이다. 그러나 실증적 연구를 통해 보면, 로스쿨 졸업자와 사법시험 합격 자 부모의 사회경제적 배경은 거의 차이가 없다. 이재협 · 이준웅 · 황현정, "로스쿨출신 법률 가, 그들은 누구인가? 사법연수원출신 법률가와의 비교를 중심으로", 『서울대학교 법학』, 제 56권 제2호, 2015, 384쪽 이하.

험제도[70] 도입, 야간 및 온라인 로스쿨[71]을 통칭하는 파트타임 로스쿨 도입[72] 등의 개선방안이 제시되기도 하였지만, 채택되지는 않았다.

7. 헌법재판 분야의 개혁

1) 재판관의 구성에 관한 문제

헌법재판소는 여러 권한을 지니지만 위헌인 법률을 무효화할 수 있는 위헌법률심사권이나 탄핵심판권 등을 지니기 때문에, 우리나라의 법률과 제도뿐만 아니라 정치에 있어서도 중요한 역할을 담당한다. 예를 들어, 행정수도 이전을 위한 법률이 위헌이냐 아니냐 하는 문제나 대통령의 탄핵 여부에 관한 결정 등은 국가적으로 대단히 중요한 결정이었다. 국민이 직접 선출한 대통령을 '선출되지 않은 권력'인 헌법재판소가 탄핵할 수 있느냐는 문제나 국민의 대표기관인 국회에서 만든 법률을 위헌 무효할 수 있느냐의 문제도 제기되었지만, 이는 이미 우리 헌법이 규정하고 있는 사항들이다. 일상생활과 정치지형을 바꿀 수 있는 헌법재판소는 우리나라의 법률과 정치에 있어서 대단히 중요하기 때문에, 헌법재판소의 재판관들은 국민들의 다양한 의견을 반영할 수 있는 다양한 인적 구성을 가져야 한다는 주장이 제기되었다. 즉, 보다 다양한 연령 및 직역과 생각을 지닌 사람들이 헌법재판관으로 선출되어야 헌법재판소의 결정도 우리 사회의 보다 다양한 의견들이 반영될 수 있다는 주장이다. 이러한 주장의 대두는 그간 헌법재판소의 결정에 대한 보수·진보 양측에서의 불만이 누적되고 있다는 표시이기도 하다.

---

70) 일본에서도 예비시험제도는 경제적 사정 등으로 로스쿨을 거치지 않고 사법시험을 볼 수 있도록 하자는 본래의 취지와 달리, 로스쿨생이나 로스쿨과정을 생략하고 사법시험을 치르기 위한 사람들이 조기에 사법시험을 합격하기 위한 편법으로 이용되고 있는 것으로 평가되고 있다. 우리나라에 예비시험제도를 도입하는 경우에는 법학부 졸업생과 경제적 약자층에게만 문호를 허용하는 방식으로 제도화해야 할 것이다. 양만식, "일본에서의 법조양성의 현황과 과제", 『법학논총』, 단국대학교 법학연구소, 2015, 469쪽 이하.

71) 야간 및 온라인 로스쿨 도입은 법률가 양성의 진입장벽을 낮추어 직장인, 경력단절여성, 장애인 등에게 문호를 확대할 것으로 기대된다. 김재원, "야간 및 온라인 법학전문대학원 도입 – 법학전문교육 문호확대 방안의 일환으로 –", 『법조』, 제65권 3호, 2016, 211쪽.

72) 한상희, 토론문, 법학전문대학원의 미래와 해법: 10주년 기념 심포지엄, 대한변호사협회, 2018. 4. 11, 71쪽.

2) 재판소원의 허용에 관한 문제

헌법소원이란 공권력에 의한 기본권 침해가 있을 경우 헌법재판소가 침해된 권리를 구제하는 제도를 말하는데, 입법 및 행정권에 의한 기본권 침해의 경우에는 헌법소원이 인정되지만 재판에 의한 기본권 침해의 경우에는 헌법소원이 인정되지 않는다. 즉, 지금은 법원의 재판에 대해서 헌법재판소가 심사를 할 수가 없는데, 잘못된 재판에 의해서 기본권이 침해받은 경우에도 헌법소원이 인정되어야 한다는 것이 재판소원제도이다. 재판소원 제도는 법원의 재판도 오판(誤判) 등으로 재판을 받는 자의 기본권을 침해할 수 있다는 전제에 입각하고 있다. 헌법소원 제도를 채택하고 있는 국가 중 독일, 체코, 스페인, 러시아는 법원의 재판에 대한 헌법소원을 인정하고 있는데, 우리의 경우에도 기본권의 효과적 보장을 위해서는 재판에 대한 헌법소원(재판소원, 裁判訴願)을 인정하자는 주장이 제기되고 있다.[73] 이러한 주장에 대하여 소송 지연과 소송 불경제를 초래할 우려 등이 있다는 이유의 반론도 있다.

3) 헌법소원 시 변호사 강제주의의 폐지

헌법소원을 청구하기 위해서는 반드시 변호사를 대리인으로 선임하여야 한다. 이러한 헌법소원 제도에 있어서의 변호사 강제주의로 인하여 국민들의 사법 접근권이 일정 부분 차단되는 효과가 있다고 평가되는바, 변호사 강제주의의 폐지가 주장되고 있다. 변호사 강제주의 폐지의 전단계로 국선 변호인 제도의 확대가 주장되기도 하지만, 독일의 입법례에서와 같이 국민의 기본권 보호를 강화하기 위해서는 변호사 강제주의를 폐지하는 것이 궁극적으로 바람직하다는 견해가 있다. 변호사 강제주의를 궁극적으로 폐지하는 경우에는 헌법재판소 업무의 폭증 등에 대한 대비책이 강구되어야 할 것이다.[74]

---

[73] 김철수, 『정치개혁과 사법개혁』, 서울대학교 출판부, 1995, 175쪽; 홍완식, "재판소원의 기본권보장에의 실용성", 『공법연구』 제29권 제2호, 2001, 299쪽.
[74] 이외에도 헌법재판소의 구성, 관할 등의 문제점이 제기되고 있다.

8. 법조비리 근절을 위한 방안

1) 법조비리와 전관예우 근절

1997년 의정부 법조비리사건, 1999년 대전 법조비리 사건, 2006년 법조브로커 김홍수 사건, 2007년 법조브로커 윤상림 사건을 비롯하여 2010년의 검사와 스폰서간의 비리폭로가 있었다. 또한 네이처리퍼블릭 관련 법조비리로 전 검사장에게 징역 2년이 선고되었고, 넥슨 관련 법조비리로 또 다른 전 검사장에게 징역 4년이 선고된 바 있다. 법조비리가 근절되지 않고 꾸준히 발생하고 있다. 이러한 법조비리 중에서도 전관예우의 문제는 법조비리의 핵심 사안으로 인식되었고, 고위직 검사나 판사 출신 변호사에 대한 사건 수임의 집중과 고액보수가 사회문제화되었다.[75] 검사나 판사를 포함하여 공무원의 직책에 있던 자가 퇴직한 후에 부당한 특혜를 받는다는 것이 전관예우이다.

전관예우는 법조비리의 대표적인 유형이다. 전직 판검사에 대한 전관예우가 가능한 것은 과도한 수임료 때문이며, 현직 판검사가 전직들의 영향력으로부터 자유롭지 못하면 사건 처리의 공정성을 잃게 된다. 또한 일반인들은 상상할 수도 없는 수임료 액수와 이에 영향을 받은 재판결과는 '유전무죄 무전유죄'라는 자조(自嘲)의 원인이 되기도 한다. 특히 형사구속 사건과 관련된 사건에서 전관예우의 관행이 많은 것은 형사사법의 공정성에 대한 국민의 불신을 초래하고 있다. 전관예우의 폐해로 ① 사법제도에 대한 불신조장 ② 사법의 공정성과 공무원 직무의 엄결성 저해 및 불공정한 경쟁 ③ 공정한 수사와 재판의 저해 ④ 과다수임료 및 사건브로커의 양산 ⑤ 수임질서 파괴 및 동료변호사의 근로의욕 저하 ⑥ 경륜 있고 유능한 중견 판사와 검사의 잦은 사직 등이 지적된다.[76]

---

75) "유명 로펌 소속 전관(前官) 변호사는 변호사비로 얼마나 받을까. 쉽게 공개되지 않던 변호사 수임료·성공보수가 의뢰인과 소송과정에서 드러났다. 한 통신사 재무담당 직원이던 노모(48)씨는 A증권사에 개설된 회사명의 계좌에 2006년 거액의 회사돈을 예치해주는 대가로 A증권사측에서 뒷돈을 모두 11억원 받아 챙긴 혐의로 구속 기소됐다. (중략) "노씨 아내가 다른 유명 로펌에서 상담할 때 그 로펌도 모두 2억 4,000만원을 요구했다"며 "로펌들이 제시한 금액, 변호사들의 능력 등을 감안해 성공보수를 약속한 것이기 때문에 노씨는 L로펌에 처음 약속한 돈을 마저 지급해야 한다"고 판결했다", <조선일보>, 2014. 7. 3.

76) 민경한, "전관예우의 문제점과 개선방안", 전관예우의 문제점과 개선방안에 대한 토론회, 대한변호사협회, 2013, 20-23쪽.

전관예우에 대한 개선방안으로 법관윤리강령의 엄격 준수, 불구속재판 원칙의 준수, 법관의 조기 퇴직을 방지하는 법관 인사제도의 개선, 변호사 수임자료 제출 의무의 실질화, 변호사 수임내역 및 보수산정방법 공개 등 투명성의 확대, 변호사 업무정지제도 신설, 공직자윤리법의 현실화 등이 요구되어진다. 또한 전관예우의 근절책으로 공무원에 의한 부당한 사건처리의 공소시효 배제, 고위공직자비리수사처 신설, 판검사 징계제도의 충실화, 법조윤리협의회 권한강화, 법조윤리교육 강화 등도 제시되었다.[77]

개업지 제한 및 사건수임 제한 등도 개선 방안으로 제시되지만, 이러한 방안은 직업 수행의 자유를 제한하는 위헌의 소지가 있으며, 과도한 개업지 제한의 경우에는 이미 위헌결정이 내려진 바 있다. 자신이 법관 재직 중에 취급하였던 사건에 대한 수임 제한이나 적정한 기간 동안의 수임 제한은 합리적이라고 할 수 있다. 특히 대법원은 2016년 6월 '재판의 공정성 훼손 우려에 대한 대책'이라는 보도자료를 통해, "대법관 출신 변호사가 수임한 사건은 대법원에서 하루라도 함께 근무한 대법관에게는 배당하지 않는 방안을 시행하기로"[78] 했지만, 이러한 조치가 전관예우를 막는 것에 효과가 없다는 비판[79]도 있다. 전직 대법관이 대법원 상고심 변호인단으로 선임되었다가 사임한 적이 있다. 이 과정에서 대한변협은 "전직대법관인 차변호사가 삼성그룹 이재용 부회장의 상고심 사건 변호를 맡는 것은 부적절하다", "차 변호사의 이번 형사사건 수임은 전관예우 근절을 위한 그동안의 모든 노력에 찬물을 끼얹는 것"[80]이라는 성명서를 발표한 바 있다. 대한변협은 2016년 6월에도 전관비리 근절대책으로 몰래변호 척결, 사건수임제한기간 3년으로 연장, 변호사보수 신고제도, 변호인과 재판부의 연고관계에 의한 사건처리회피 의무화 등을 제안하였다.[81]

---

77) 신평, "전관예우의 근절책", 『법학논고』, 제43권, 경북대학교 법학연구원, 2013, 24쪽.
78) 대법원, "재판의 공공성 훼손 우려에 대한 대책", 2016. 6. 16, 3쪽. 이외에도 통화녹음 등 부당한 전화변론 근절방안, 가칭 부당변론신고센터 개설, 윤리자문시스템, 변호사법 등 법규 정비 노력 등이 제시되고 있다.
79) <시사저널>, 2016. 7. 15.
80) <대한변협신문>, 2018. 3. 12, 1쪽.
81) 보도자료, 대한변호사협회, 2016. 6. 20. 또한 단기대책으로는 경력법관 임용시 변호사개업 포기 서약자 우선임용, 재판시 재판장의 연고관계 고지제도, 대법관 퇴임 변호사의 모든 사건에 대해 대법관의 연고관계를 공개, 수임제한해제 광고금지, 브로커와 무자격자의 불법행위 지속적 단속, 공소제기된 비리변호사는 판결확정 전이라도 사안이 중대하고 명백한 증거가 있는 경우 징계 등의 방안이 제시되었다.

서울지방변호사회는 2013년에 변호사 개업회원 9,680명을 대상으로 전관예우에 관한 설문조사를 실시하였는데, 761명의 변호사가 설문에 참여하였다. "전관예우가 존재한다고 생각하느냐"는 질문에, 존재한다가 90.7% 존재하지 않는다가 8.5%였다. 또한 "재판절차 혹은 수사절차에서 전관 변호사들의 영향력이 어떠한가"에 대한 질문에는, 민형사재판 모두에서 결론에 영향이 있다는 응답이 47%, 형사절차에서는 결론에 영향이 있다는 응답이 25%였다.[82] 2005년에 노회찬 의원도 판사(5명)와 검사(2명), 변호사(378명)를 대상으로 설문조사를 하였는데, 전관예우가 형사재판에 영향을 미친다는 의견이 76%나 됐다. "형사재판에서 피고인이 선임한 변호사가 바로 직전에 판·검사에서 퇴직하여 개업한 변호사라면 더 유리한 판결을 받을 것이라고 생각하십니까"라는 질문에 대하여 '그렇다'가 61%, '매우 그렇다'가 15% 등 전관예우를 인정하는 의견이 무려 76%에 달하였다. '그렇지 않다'는 응답은 24%에 불과했다.[83] 전관예우는 형사사건에 있어서 판사·검사 출신 변호사에 대한 법원이나 검찰의 특혜 내지 예우로 보았으나, 최근에는 신청사건(공사중지 가처분 등)이나 민사사건(상고사건 등)에서 전관예우 현상이 나타나고 있다고 하여 변호사들의 불만이 많다. 그리고 공정거래위원회·금융감독원·국세청·특허청 등 국가기관에 재직하던 고위공무원들이 퇴임후 대형로펌 등 유관기관에 고문이나 자문위원으로 근무하면서 많은 특혜를 받는 '신 전관예우' 현상이 등장하였다.[84]

전관예우를 방지하기 위하여 다음과 같은 수임제한 규정이 「변호사법」에 2011년에 신설되고 이후 개정을 통해 보완되었다.

> **변호사법 제31조(수임제한)** ③ 법관, 검사, 장기복무 군법무관, 그 밖의 공무원 직에 있다가 퇴직(재판연구원, 사법연수생과 병역의무를 이행하기 위하여 군인공익법무관 등으로 근무한 자는 제외한다)하여 변호사 개업을 한 자(이하 '공직퇴임변호사'라 한다)는 퇴직 전 1년부터 퇴직한 때까지 근무한 법원, 검찰청, 군사법원, 금융위원회, 공정거래위원회, 경찰관서 등 국가기관(대법원, 고등법원, 지방법원 및 지방법원 지원과 그에 대응하여 설치된 「검찰청법」 제3조 제1항 및 제2항의 대검찰청, 고등검찰청, 지방검찰청, 지방검찰청 지청은 각각 동일한 국가기관으로 본다)이 처리하는 사건을 퇴직한 날부터 1년 동안 수임할 수 없다. 다만, 국선변호 등 공익목적의 수임과 사건당사자가 「민법」 제767조에 따른 친족인 경우의 수임은 그러하지 아니하다. 〈신설 2011. 5. 17, 2013.

---

82) 보도자료, 서울지방변호사회, 2013. 6. 11, 1쪽.
83) <경향신문>, 2005. 11. 19.
84) 민경한, 앞의 책, 9쪽.

5. 28)

④ 제3항의 수임할 수 없는 경우는 다음 각 호를 포함한다. 〈신설 2011. 5. 17. 2016. 3. 2.〉

1. 공직퇴임변호사가 법무법인, 법무법인(유한), 법무조합 또는 「외국법자문사법」 제2조 제9호에 따른 합작법무법인(이하 이 조에서 "법무법인등"이라 한다)의 담당변호사로 지정되는 경우

2. 공직퇴임변호사가 다른 변호사, 법무법인 등으로부터 명의를 빌려 사건을 실질적으로 처리하는 등 사실상 수임하는 경우

3. 법무법인 등의 경우 사건수임계약서, 소송서류 및 변호사의견서 등에는 공직퇴임변호사가 담당변호사로 표시되지 않았으나 실질적으로는 사건의 수임이나 수행에 관여하여 수임료를 받는 경우

그러나 전관예우를 방지하기 위한 규정의 신설에도 불구하고, 전관 변호사의 현직 판검사에 대한 은밀한 청탁이나 부당한 영향력의 행사를 근절할 수 있을지 의문이 제기되고 있다. 또한 "명의를 빌려 사건을 실질적으로 처리하는 등 사실상 수임"하는 '대리수임'을 금지하는 규정의 실효성 확보도 의문시되고 있다. 전관예우는 법조계의 현상만이 아니고, 우리사회에서 오랜 기간 연고(緣故)가 힘을 발휘하는 과거의 전통이 빚어내는 현상이라는 지적이 있다. 전관예우는 한국 사법의 낙후성을 나타내는 가장 큰 징표이며, 이를 타개하기 위해서는 가혹하더라도 과감하게 근절방안을 시행해야 한다는 요청이 강력하다.[85] 전관예우의 뿌리는 깊고, 대책은 무력하다. 따라서 보이지 않는 곳에서 작동되는 전관예우를 근절하기 위해서는 제도개선과 함께 법조인들의 자성과 의식의 변화가 필수적이다.

2) 비리 법조인에 대한 징계

판사·검사·변호사에 대한 징계는 「법관징계법」·「검사징계법」·「변호사법」에서 각각 규정하고 있다. 그러나 이들 징계제도가 실효를 거둘 수 있도록 징계위원회를 구성하고, 일정 기간 변호사 등록을 제한 또는 취소할 수 있는 제도를 엄격히 운용할 것이 요구되기도 한다.

현행 「변호사법」은 징계 최고 수위인 파면과 해임처분을 받은 검사에 대해 각각 5년과 3년 동안 변호사 개업을 금지해왔다. 그러나 해임보다 낮은 면직 처분의

---

85) 신평, "전관예우의 근절책", 전관예우 근절방안 모색을 위한 심포지엄, 서울지방변호사회, 2013. 6. 11, 41쪽.

경우 지방변호사회의 등록거부사유가 될 뿐 개업제한사유는 아니다. 2013년 6월에
는 변호사법을 개정하여, 면직처분을 받은 검사의 경우에도 2년간 변호사개업을
금지하도록 하였다. 또한 판·검사를 포함한 공직에 근무하던 변호사 자격자가 공
무원 재직 중 직무와 관련된 위법행위만을 변호사등록 거부사유로 규정하고 있었
는데, 이제는 직무와 관련하지 않은 위법행위를 저지른 경우에도 변호사 등록을
거부할 수 있도록 하였다.

　최근에 와서는 변호사가 징계나 처벌을 받는 사례가 늘어나고 있다. 변호사법
제90조 이하에 따르면, 변호사의 직무와 관련히여 2회 이상 금고 이상의 형을 선
고받아(집행유예를 선고받은 경우를 포함한다) 그 형이 확정된 경우(과실범의 경우는
제외한다) 등은 영구제명되며, 변호사법과 변호사협회의 회칙을 위반하거나 품위손
상 등의 경우에는 제명이나 3년 이하의 정직, 3천만원 이하의 과태료, 견책 등의
징계를 당할 수 있다. 지금까지 영구제명을 당한 변호사는 없으며, 제명을 당한
변호사는 총 10명인데 2002년 명의대여로 제명을 당한 변호사에 이어 2016년에
수차례 비위행위를 저지른 변호사에게 제명이 결정[86]된 적이 있다.

　대한변호사협회의 변호사 징계건수는 2008년 37명, 2009년 30명, 2010년 32명,
2011년 35명, 2012년 46명 등으로 점차 늘어나고 있다. 주요 징계사유는 기소 등
에 따른 품위유지의무 위반, 불성실 변론 등 성실의무 위반, 브로커를 통한 사건
수임 등 수임비리, 명의대여, 직원고용 미신고, 허위문서 작성, 서류변조 등이다.[87]
이후 변호사 징계건수는 2014년 50건, 2015년 68건, 2016년 188건이며, 징계사유
는 대부분 업무광고규정 위반과 동업금지 위반이다.[88] 변호사가 형사처벌되는 사
례도 보고되고 있다. 대검찰청이 발간한 '2013년 범죄 분석'에 따르면 각종 범죄
혐의로 입건된 변호사가 544명이고 그 중 재산 범죄에 연루된 변호사가 238명에
이르러 40%를 넘었다.[89] 범죄혐의로 입건된 변호사의 수는 2014년에는 566명
2016년에는 605명으로 점차 증가하고 있다.[90]

---

86) 제명된 변호사는 조건부 수임료 반환약정 불이행, 변론기일 불출석 등 불성실한 업무 수행,
　　수임료 미반환, 변호사가 아닌 자와의 동업금지 위반 등 9개의 징계사유가 인정되었다.
　　＜대한변협신문＞, 2016. 7. 25.
87) 법무부 국정감사 자료, 2013. 10.
88) ＜머니투데이＞, 2017. 10. 10.
89) ＜법률신문＞, 2013. 11. 27.
90) ＜대한변협신문＞, 2017. 4. 24.

변호사의 윤리를 강화하기 위하여 대한변협은 자체적으로 '변호사윤리장전'을 제정하였고, 2014년 2월 24일에는 전관예우에 대한 징계가 강화되는 등의 내용으로 개정되었다.

3) 법조 브로커 근절

변호사법에 의하여 법률관계업무의 대부분은 변호사만이 담당할 수 있으며, 변호사 아닌 자가 이러한 업무를 행하거나 알선하는 경우에는 처벌된다.

> **변호사법 제109조(벌칙)** 다음 각 호의 어느 하나에 해당하는 자는 7년 이하의 징역 또는 5천만 원 이하의 벌금에 처한다. 이 경우 벌금과 징역은 병과할 수 있다.
> 1. 변호사가 아니면서 금품·향응 또는 그 밖의 이익을 받거나 받을 것을 약속하고 또는 제3자에게 이를 공여하게 하거나 공여하게 할 것을 약속하고 다음 각 목의 사건에 관하여 감정·대리·중재·화해·청탁·법률상담 또는 법률관계 문서 작성, 그 밖의 법률사무를 취급하거나 이러한 행위를 알선한 자
>   가. 소송 사건, 비송 사건, 가사 조정 또는 심판 사건
>   나. 행정심판 또는 심사의 청구나 이의신청, 그 밖에 행정기관에 대한 불복신청 사건
>   다. 수사기관에서 취급 중인 수사 사건
>   라. 법령에 따라 설치된 조사기관에서 취급 중인 조사 사건
>   마. 그 밖에 일반의 법률사건

특히, 사건 수임을 위하여 돈을 주고 받는 법조 브로커 행위가 문제되고 있다. '법조 브로커'란 손해배상 사건이나 형사사건 등을 주 대상으로 일정한 대가를 받고 특정 변호사에게 의뢰인을 소개하는 사람을 말한다. 이러한 브로커는 법조계 주변에서 적지 않은 수가 활동하는 것으로 알려지고 있다.[91] 브로커에는 전업 전문 브로커도 있지만 법원, 검찰, 경찰의 일부 현직 공무원이 사건을 소개하고 대가를 받는 경우도 있는 것으로 알려지고 있다. 이에 더하여 최근에는 교도소에서 자신과 동료 재소자의 재판과정을 통해 '독학'한 브로커도 있는 것으로 알려지고 있다. 친분관계를 과시 또는 날조하거나 거짓말을 일삼으며 재판당사자 등에게서 돈을 뜯어내는, '브로커형 사기범'도 있다.[92] 변호사들이 늘어나 사건수임경쟁이

---

91) "상당수 변호사들이 다양한 형태의 브로커를 고용하고, 고수익을 올리는 변호사들은 예외없이 그렇다는 사실은 법조계 주변에서 더 이상 비밀이 아닙니다." 김두식, 『불멸의 신성가족 - 대한민국 사법패밀리가 사는 법』, 창비, 2009, 184쪽.
92) "고위법관 또는 국세청 고위직과의 친분을 가장해 의뢰인에게 돈을 뜯어낸 법조브로커 김모

| 표 12-5 | 변호사법 위반사범 처분결과 예[93] |

피고인	공소사실의 요지	처분결과
A○○ (41세, 무직)	- 2012. 4.~11. 필로폰 판매사범 ㄱ○○로부터 부장판사 등에게 청탁하여 실형 선고를 막아주겠다는 명목으로 2회에 걸쳐 합계 3,200만원 수수【변호사법위반】	2013. 8. 14. 구속 기소
B○○ (57세, 양은이파 부두목)	- 2012. 11. ㄴ○○로부터 아는 경찰관을 통해 담당 경찰관에게 청탁하여 형사사건을 잘 처리해 주겠다는 명목으로 5,000만원 수수【변호사법위반】	2013. 9. 6. 구속 기소
C○○ (52세, 건설 시행업)	- 2008. 10.~2011. 12. ㄷ○○ 등으로부터 담당 경찰관과 검찰수사관에게 청탁하여 형사사건을 잘 처리해 주겠다는 명목으로 8회에 걸쳐 합계 4,500만원 수수【변호사법위반】	2013. 8. 29. 구속 기소

치열해 지면서 변호사는 을(乙)이 되고 브로커는 갑(甲)이 되는 경우도 있다. 통상 수임료의 30% 정도를 가져갔던 브로커의 몫은 최근 50%까지 오르기도 했다는 것이다. 일부 큰 사건은 브로커가 60%를 요구하는 것으로 알려졌다.[94]

법조 브로커로 인하여 과다비용 발생, 부실한 변호, 불공정한 사건처리, 변호사 업무의 공정성 저해, 사법비리의 원인제공 등의 문제가 발생하고 있는데, 이에 대한 개선방안으로 비위 전력자의 변호사 사무직원 채용 금지, 법조 브로커 내부비리 고발자의 보호, 브로커 이용 변호사에 대한 처벌규정의 강화 및 정비, 법조 브로커의 법원·검찰청 등 출입 금지 등이 거론되고 있다.

---

(68) 씨도 검찰수사망에 걸렸다. 김씨는 2008~2009년 서울의 한 법원에서 재판받는 사람에게 "법원장이 고향후배인데, 내가 골프도 가르쳐주고 용돈도 줬다. 유리한 판결을 받게 해주겠다"며 4,300만 원을 받은 혐의로 기소돼 2011년 11월 징역 8개월에 집행유예 2년의 확정판결을 받았다. 검찰에 따르면 김씨는 2010년 6~9월 서울고법에서 민사재판을 받던 의뢰인에게 "법원장과 주심판사에게 부탁해 재판에 이기게 해 주겠다."며 5차례에 걸쳐 1억 800만 원을 받는 등 비리가 끊이지 않았다." <조선일보>, 2013. 6. 25.

93) 서울중앙지방검찰청, "전국구 거물급 조직폭력배 등 법조비리사범 수사결과", 보도자료, 2013. 9. 9, 3쪽.

94) <조선일보>, 2013. 8. 12.

9. 기타 사법 분야의 개혁

1) 국민참여재판

사법분야에 국민들이 참여하는 제도는 배심제도와 참심제도이다. 국민들이 재판에 참여하는 것은 사법에 있어서 국민주권주의의 실현, 사법의 민주화, 사법에 대한 통제 등의 측면에서 정당성을 얻고 있다.[95] 국민의 사법참여는 국민주권의 이념을 국가의 사법작용에 실현시키고 재판의 정당성과 신뢰감을 강화하는 등의 취지와 장점을 지니고 있다. 배심제는 일반 시민들이 재판에 참여하여 사실 인정 또는 기소 여부를 결정하는 제도를 의미하는데, 배심제도는 영미법계 국가에서 주로 채택하고 있으며 배심원이 직업법관과 독립하여 사실문제에 대한 평결을 내리고 법관은 배심원의 평결 결과에 구속되어 재판이 이루어지는 제도이다. 이와 비교하여 참심제는 일반 시민인 참심원이 직업 법관과 함께 재판부의 일원으로 참가하여 직업 법관과 동등한 권한을 가지고 사실 문제 및 법률문제를 모두 담당하는 제도인데, 영미에서 발전한 배심제도가 프랑스와 독일 등 대륙법계 국가에서 변용·수용되어 참심제도로 정착되었다. 배심제도는 재판에서 민주적 정당성을 확보하는 제도이며, 참심제도는 민주적 정당성과 전문성을 동시에 확보하기 위한 제도로 평가되고 있다.[96]

우리나라에서는 2008년 1월 1일부터 시행된 「국민의 형사재판 참여에 관한 법률」을 통하여 배심제도를 '국민참여재판'이라는 이름으로 도입하여 운영하고 있다. 피고인이 국민참여재판을 원하지 아니하는 경우에는 국민참여재판을 하지 않는다. 국민참여재판에 변호인이 없는 때에는 법원이 직권으로 변호인을 선정하여야 한다. 20세 이상의 국민 5~9인으로 구성된 배심원은 사실의 인정, 법령의 적용, 형의 양정 등에 관한 의견을 제시할 권한이 있다. 배심원의 평결과 의견은 법원을 기속하지 않는다. 배심제도의 절차에 관한 구체적인 사항은 대법원규칙인 '국민의 형사재판 참여에 관한 규칙'에 규정되어 있다.

그간의 국민참여재판 운영을 통해 볼 때, 국민참여재판이 단순히 법관에 의한 재판의 추인과정으로 전락할 우려가 있다는 비판[97] 등이 있었다. 그러나 그간의

---

95) 황성기, "한국에서의 참심제·배심제의 헌법적합성", 국민의 사법참여 공청회, 사법개혁위원회·공법학회, 2004, 67쪽.
96) 정종섭, 앞의 책, 201쪽.

국민참여재판 실시를 통해 신청율 상승, 배제율 감소, 대법원의 배심평결 존중과 배심원의 출석률 증가 등으로 인하여 긍정적인 평가를 받았다.[98] 2008년 시작부터 2022년까지 국민참여재판 희망의사 확인서가 접수된 사건은 피고인수 기준 총 9,439건이고, 이 중에서 2,894건(30.7%)이 국민참여재판으로 진행되었다.[99] 국민참여재판제도는 국민의 상식과 법감정에 부합하여 법조비리를 차단할 수 있는 장점도 가지는 것으로 평가되고 있다.[100]

2) 법조 일원화

법관 임용제도의 일대 전환은 사법의 민주화라는 측면에서 이미 오래전부터 지적되고 있었다.[101] 법조 일원화는 법관이나 검사 및 변호사의 양성과 자격 기준이 통일되어 변호사나 검사 중에서 판사를 임용할 수 있는 방안을 의미한다. 법조 일원화는 사회적 경험이 풍부한 법관에 의한 재판을 통하여 국민의 신뢰를 얻기가 용이해진다는 장점이 부각되고 있다. 이렇게 장기간의 경험을 쌓은 법률가 특히 변호사 가운데서 판사를 선임하는 제도를 법조 일원화라고 하는데, 이 제도의 도입은 사회변동을 위한 법원·법률가의 적극적인 역할을 가능케 하는 가장 본질적인 요인이라고 평가되기도 한다.[102]

영미나 대표적인 대륙법계 국가에서는 이미 법조 일원화를 시행하고 있으며, 2010년 12월에는 우리나라에서도 18명의 판사를 경력 변호사 중에서 임용한 이후로, 법조일원화 취지에 맞춘 법관인사를 시행하고 있다. 또한 2011년 7월 18일에 「법원조직법」 제42조 제2항을 개정하여, 판사는 10년 이상 판사·검사·변호사의 직에 있던 사람 중에서 임용하도록 함으로써, 법조일원화의 법적 근거를 마련하였다. 이는 지속적으로 요구되어온 법조일원화 주장을 반영한 것이다.

---

97) 강구민, "국민참여재판제도의 몇 가지 개선점", 『성균관법학』, 제24권 제3호, 2012, 563쪽.
98) 김배원, 앞의 논문, 107쪽.
99) 『2023 사법연감』, 법원행정처, 2023, 767쪽.
100) 이동희, "국민참여재판의 성과와 과제", 『저스티스』, 제146-3호, 2015, 94쪽.
101) 박홍규·강경선·이상영, 『법과 사회』, 한국방송통신대학교출판부, 1994, 301쪽.
102) 양건, 『법사회학』, 아르케, 2000, 357쪽.

법조일원화 실시에 따른 새로운 법관 임용방안 마련[103]

2013년부터 개정 법원조직법이 시행됨에 따라 경력법조인만을 대상으로 법관을 선발하는 법조일원화가 실시될 예정임.

− 판사로 임용되기 위한 최소 법조경력은 원칙적으로 10년이나, 부칙의 경과 규정을 통하여 2017년까지 3년, 2019년까지 5년, 2021년까지 7년으로 경력요건을 완화하였음.

법조일원화를 시행하는 과정에서는 전술한 '전관예우'와 비교하여 '후관예우'의 문제점과 함께 주로 대형로펌 출신의 변호사들이 판사로 임용되고 있는 문제점이 지적되었다. 대형로펌 출신 판사가 자신이 재직하던 로펌과 관련된 사건을 공정하게 처리할 수 있겠느냐는 우려가 제기되고 있는 것이다. 법조일원화가 여러 문제를 한꺼번에 해결해 줄 수는 없으며 시행과정에서 예기치 못한 문제가 나올 수도 있다. 그러나 법조일원화는 단점보다는 장점이 많이 거론되어 왔던 만큼, 제기되는 문제점을 점차로 개선하면서 추진할 필요가 있다.

10. 사법개혁의 진로와 목표

사법제도도 사회의 변화와 시대적 요청에 부응하여야 함은 물론이며 이러한 이유로 사법개혁의 요구가 지속적으로 제기되어 왔다. 그러나 우리의 법원과 검찰을 포함하여 사법제도는 이러한 시대와 사회의 변화에 따른 요구에 적절히 대응하지 못하고 오히려 모순을 심화시키는 방향으로 나아갔다는 평가도 있다.[104] 사법개혁이 특정 집단의 이해관계 및 기득권 수호를 위하여 왜곡되고 저지되는 것은 바람직하지 않으며, 국민 전체의 이익을 위하여 진행되는 것이 바람직하다는 원론에 대하여는 아무런 이의가 없을 것이다. 그러나 구체적인 각론에 들어가면 각 직역 또는 이해 집단의 입장 차이가 크다.

사법개혁에 관한 문제는 1990년대 이후 본격적으로 사회적 이슈가 되어 여러 위원회가 설치되었고 수많은 공청회와 토론회가 개최되었음에도 불구하고, 각 이해 집단의 이해관계가 일치되지 않음으로 인하여 실제 추진되거나 실행되는 사법

---

103) 대법원 보도자료, 2012. 8. 24, 1−2쪽.
104) 정종섭, 앞의 책, 217쪽.

개혁의 내용은 만족스럽지 않은 것으로 평가되기도 한다. 물론 사법제도와 같은 중요한 제도의 변화로 인하여 발생할 부작용과 저항은 일반적으로 인정되지만, 많은 사람들이 사법개혁의 필요성을 공감하고 있다는 점을 감안한다면, 보다 충실한 사법개혁을 추진할 필요가 있다. 가장 먼저, 일반 국민들에게 양질의 법률 서비스를 저렴하고 편리하게 공급하는 것이 사법제도의 존재 이유이며 사법개혁의 궁극적 목적이라는 점이 인식되어야 할 필요가 있다.[105] 이와 동시에 현재 우리 사회와 기업이 필요로 하는 전문적인 법률 전문가가 양성되어 우리나라의 국제 경쟁력을 향상시키려는 노력이 병행되어야 한다.[106]

법률가의 공급 빚 법학교육의 측면에서는 사법고시 제도가 폐지되고, 법학전문대학원제도 및 변호사시험제도가 도입되었는데, 새로운 제도의 문제점과 시행착오를 줄여서 도입 취지가 충실히 실현될 수 있도록 하여야 할 것이다. 이외에도 법원·검찰·변호사 영역 등 사법제도의 전반적인 분야에서의 개혁이 추진되었고, 이중 일부는 제도화되기도 하였다. 그러나 사법개혁이 목표를 잃지 않고 국민들의 공감을 얻어내는 실체적·절차적 정당성의 관점에서 그리 만족할 만한 개혁 과정과 내용을 갖추고 있는지의 여부에 관해서는 꾸준한 성찰이 필요하다.

---

105) 김창록, "사개추위초안의 구조적 문제점", 『법과 사회』 제28호, 2005, 12쪽에서는 사법개혁의 기본방향으로 국민을 위한 개혁, 충실한 법학교육을 위한 개혁, 자율과 경쟁원리에 입각한 개혁, 법률가들의 치열한 자기개혁, 법적인 사법개혁을 주장하고 있다.
106) 권오승, 『사법도 서비스다』, 미래미디어, 1996, 139쪽 참조.

존엄사와 법

CHAPTER

13

존엄사와 법

1. 존엄사의 개념 및 유형 등

죽음은 무조건 저지되어야 하고 생명은 무조건 연장되어야 한다는 것을 우리 인류는 오랫동안 당연한 것으로 인식하여 왔다. 의학 분야에서도 생명연장은 최고의 과제였으며 현재의 의학교육도 이러한 방향에서 이루어지고 있다. 그러나 자유주의 원리 및 자기결정권이라는 기본권이 보장되기 위해서는 부자연스럽고 과잉된 의료를 거부할 자유와 권리가 있다는 주장이 현대에 들어와서는 힘을 얻고 있고, 비인격적인 연명치료가 오히려 심각한 사회문제로 대두되고 있다.[1] 웰빙(well being)에 이어 웰다잉(well dying)이 주장될 만큼 죽음을 보는 시각에도 큰 변화가 있기 때문에, 삶의 질에 관계없이 오래 연명을 한다는 것에 대한 반성과 반대도 있다.

이러한 사회적인 논의는 자연스럽게 재판과정이나 입법과정에서의 법적 논쟁으로 확대되었다. 즉, 의술이 발달하기 전에는 자연사할 수밖에 없던 사람들이 현대의학의 도움으로 생명이 연장되거나 삶과 죽음을 선택할 수 있게 되면서 우리들은 존엄사를 허용할 것인가 라는 문제에 접하게 되었다. 우리나라에서도 존엄사의 허용 여부가 문제되고 있으며, 이는 단순히 윤리적·종교적 논쟁에서 벗어나 존엄사의 허용 여부에 관한 법적 대응이 문제되고 있는 것이다.

---

1) 문국진, "안락사와 존엄사", 『대한법의학회지』 제23권 제1호, 1999, 125쪽.

후술하는 바와 같이 우리나라에서는 「연명의료법」이 2018년부터 시행됨으로 인하여 논의는 일단락되었지만, 존엄사에 관한 논란은 여전하고 특히 적극적 존엄사 도입 여부에 관한 논쟁은 향후에도 계속될 것으로 본다. 우선 존엄사에 관한 사회적 논의가 어떻게 법원 판결과 국회 입법에 반영되었는지, 그리고 존엄사와 연명치료중단은 무엇을 의미하고 어떻게 다른지, 어떠한 요건과 절차 하에 연명치료의 신청과 중단이 가능한지, 현재의 연명의료법은 어떠한 한계와 문제점이 있는지, 향후에는 어떻게 개선되어야 하는지 등에 관한 점을 유의해 볼 필요가 있다.

1) 존엄사의 개념 정의

존엄사(Euthanasia, Sterbehilfe) 허용 여부의 문제는 국가마다 해결책을 쉽게 찾지 못하는 해묵은 문제 중의 하나이다. 존엄사는 일반적으로 치료가 불가능한 환자, 의식을 잃고 인공호흡장치 등으로 목숨을 이어가는 환자 등의 경우에 인공호흡기 등의 생명 보조장치를 제거함으로써 고통 없이 죽음을 맞이할 수 있도록 해주는 것을 의미한다. 존엄사의 개념은 학자에 따라 일치하지는 않지만, 당대의 의학기술에 의하여서는 치료가 불가능한 환자가 통증으로 고통스러워할 때 본인 또는 가족의 승낙에 의하여 고통 없는 방법으로 죽음을 맞이하도록 도와주거나, 의식을 잃고 인공호흡장치 등으로 목숨을 이어가는 식물인간과 뇌사로 판명된 사람에게 인공호흡기 등의 생명 보조장치를 제거함으로써 고통 없이 죽음을 맞이할 수 있도록 해주는 것이다.

'존엄사＝고통 없는 죽음'이라는 입장에서 보면, 존엄사를 자비로운 죽음(mercy killing)으로 생각한다. 그리스어에서 유래한 존엄사(Euthanasia)라는 용어의 어원(語源)도 Eu(good or easy)와 thanatos(death)가 합성된 것이다. 자발적 및 비자발적인 경우를 모두 포함하는 존엄사가 살인과 구분되어지는 것은, 이렇게 존엄사 개념에 내재하는 '자비로움'이라는 기반 때문이다. 특히 본인의 의사를 확인할 길이 없는 비자발적인 존엄사의 경우 살인과 구분되는 것은, 존엄사 행위를 결정하고 수행하는 사람이 선의를 베풀고자 하는 의도가 있는가 하는 점이다.[2] 존엄한 죽음을 의미하는 존엄사의 개념이 지속적으로 논의되는 이유는, 존엄사의 허용 여부가 현대 사회의 중요한 쟁점이 되었기 때문이다.

---

2) 바루흐 브로디, 황경식(역), 『응용윤리학』, 철학과 현실사, 2000, 215쪽.

2) 존엄사의 유형

존엄사의 종류로는 환자 의사의 개입 여부에 따라, 본인의 의사에 따른 자발적 존엄사(voluntary euthanasia)와 가족 등의 동의에 의한 비자발적 존엄사(nonvoluntary euthanasia)로 나뉜다. 그리고 시술 방법에 따라, 독극물 투여 등의 방법을 사용하는 능동적 존엄사(active euthanasia)와 생명유지에 필요한 조치를 중단하는 수동적 존엄사(passive euthanasia)로 나뉜다. 이외에도 여러 다양한 기준에 따른 존엄사의 유형 구분이 있을 수 있다.

현재 일부 국가에서는 특수한 상황을 제외하고는 능동적 존엄사는 불법, 수동적 존엄사는 합법으로 대하고 있다. 네덜란드 등에서는 소생 불가능한 환자의 경우에는 존엄사 허용을 통해 환자 및 가족의 고통뿐 아니라 막대한 사회비용을 덜어줘야 한다는 주장이 일찍이 나왔으며, 입법이나 판결을 통하여 일정한 요건 하에 존엄사를 공식적으로 허용하고 있다. 근래 "의사가 삶을 마치기를 희망하는 환자에게 자살의 수단과 방법을 제공하여 환자의 자살을 도와주는 행위를 의미"[3]하는 의사조력자살(physician-assisted suicide)에 관한 논의와 연구가 많아졌기 때문에, 의사조력자살도 존엄사의 한 유형으로 볼 수 있을 것이다. 스위스에서는 일정한 조건 하에 의사조력자살을 허용하고 있는데, 이러한 일종의 적극적 존엄사 방식을 비난하는 주장도 있지만 스위스처럼 엄격한 요건과 절차를 두고 시행하는 의사조력자살이 필요하다는 주장도 있다.

3) 용어의 문제

치료가 불가능한 환자, 의식을 잃고 인공호흡장치 등으로 목숨을 이어가는 환자 등의 경우에 인공호흡기 등의 생명 보조장치를 제거함으로써 고통 없이 죽음을 맞이할 수 있도록 해주는 행위를 지칭하는 용어에는, 안락사·존엄사·연명치료중단·의사조력자살 등 다양한 용어가 사용되고 있다. 이러한 용어는 말하는 사람의 가치관·관점이나 맥락 혹은 국가마다 다른 제도적 형태에 따라 다른 의미로 구별되어 사용되기도 한다. 이전에는 안락사라는 용어가 사람을 대상으로 해서도 사용되고 있었으나, 2009년 일명 '세브란스병원 사건' 혹은 '김할머니 사건'을

---

3) 성경숙, "의사조력자살의 허용에 관한 고찰", 『법학연구』, 경상대학교 법학연구소, 제27권 제4호, 2019, 213쪽.

전후로 안락사와는 구별되는 의미에서 존엄사라는 용어가 사용되고 있다. 안락사라는 "부정적이고 오래된 낡은 용어" 대신 새로운 표현으로 대체하고자 하는 경향은 우리나라만의 현상이 아니라 세계적인 추세이다.[4)]

법령에서는 존엄사라는 용어는 사용되고 있지 않지만, 안락사라는 용어는 여러 규정에서 동물을 대상으로 사용되고 있다. 예를 들어, 「실험동물사용 및 사육관리규정」 제24조(실험동물에 대한 윤리적 배려) 제2항 제2호에는 "실험자는 실험이 종료되거나 실험 중에 실험동물을 처분할 경우 각 동물별로 적합한 안락사 방법에 따라 도태한다."는 규정이 있고, 「해양동물전문구조·치료기관의 관리와 지원 등에 관한 고시」 제5조(해양동물보호위원회의 역할) 제5호에는 "해양동물의 안락사 또는 사후 조치"라는 규정이 있다. 즉, 우리나라에서 존엄사는 법령용어로서 사용되지 않고 있는 반면에, 안락사는 동물을 대상으로 지금도 법령에서 사용되고 있는 용어이다.

존엄사라는 용어를 대중적으로 사용하는 것에 대하여 "안락사는 윤리적으로 논란의 여지가 크고 존엄사는 논란의 여지가 작은 비교적 안전한 개념인 것은 결코 아니다."[5)]라거나 "현재 우리 사회에서 일반적으로 사용 중인 '존엄사'라는 말은 '안락사'를 미화하거나 소극적·적극적 안락사를 포함한다는 문제점을 안고 있다"[6)]라는 지적도 있다. 「연명의료결정법」이 제정되는 과정에서는 '존엄사' '안락사' '치료중단' 등 오해를 불러일으킬 수 있는 용어를 사용하면 개념의 혼란을 일으킬 수 있어서 사용하지 않기로 한 바도 있다.[7)] 그럼에도 불구하고 존엄사라는 용어는 통상적으로 사용되고 있으며, 존엄사라는 용어의 사용이 바람직하건 아니건 간에 사용을 금지할 수 있는 것도 아니다. 전술한 바와 같이 「연명의료결정법」이 시행되고 있기에 연명의료나 연명치료라는 법률용어는 빈번하게 사용될 것이므로, 앞으로는 당분간 '존엄사'라는 통상적인 용어와 '연명치료중단'이라고 하는 법률용어가 혼용될 것으로 본다. 근래는 의사조력자살에 관한 관심이 늘어나고 있는데, 의사조력자살은 연명치료중단보다 적극적으로 "죽음의 시기와 방법을 스스로 선택할 수 있는 권리"[8)] 즉 '죽을 권리'를 입법을 통해 법제화하자는 주장이다.

---

4) 손미숙, "연명치료 중단의 형법이론적 근거", 『형사정책』, 제28권 제1호, 2016. 4, 39쪽.
5) 박재현, "세브란스병원사건 판결 이후의 당면과제", <대한변협신문>, 제274호, 2009. 6. 1, 5쪽.
6) "국내 첫 '무의미한 연명치료 중단' 시행 파장과 교회 입장", <가톨릭신문>, 2009. 7. 5, 3쪽.
7) 연명의료결정 법제화 백서, 국가생명윤리정책원, 2018, 24쪽.

존엄사와 관련한 개념이나 용어 등에 관한 논의가 중요하기는 하지만, 이에 관한 지나친 논쟁은 존엄사 혹은 연명치료중단과 관련된 문제의 본질을 파악하거나 문제해결로 나아가지 못하도록 하여 문제의 실질적 해결에 방해가 될 수 있으므로 바람직하지 않다.

2. 존엄사의 허용 여부에 대한 찬반론

인류의 역사를 보면, 그리스나 로마 시대에도 존엄사가 행하여진 기록이 있을 정도로 존엄사의 허용 여부에 대한 논쟁은 그 역사가 꽤 길다. 지금도 세계 각국에서는 존엄사 허용 여부를 놓고 열띤 논쟁을 벌이고 있다. '환자가 고통 없이 죽을 권리'를 존중하는 존엄사 옹호론자들과 '생명은 신성불가침'이라는 존엄사 반대론자들의 주장이 팽팽히 맞서고 있다. 법적인 용어로 표현하자면, 존엄한 죽음을 선택할 말기환자의 자기결정권을 존중해야 한다는 입장[9]과 죽음을 선택하는 자기결정권은 인정될 수 없다는 입장[10]이 대립되고 있다.

1) 존엄사 허용 반대론

존엄사를 반대하는 의견은 존엄사의 공리주의적인 측면만을 강조하는 주장에 반대하여, 존엄사는 인간생명 존엄에 대한 명백한 위협이요 도전이며, 이는 생명경시 풍조[11]의 반영이라고 한다. 특히 종교계에서는, 모든 생명은 신의 선물이기

---

8) 문재완, "죽을 권리에 관한 연구 – 의사조력자살을 중심으로", 『헌법학연구』, 제26권 제3호, 2020, 4쪽.

9) "환자가 장차 죽음에 임박한 상태에 이를 경우에 대비하여 미리 의료인 등에게 연명치료 거부 또는 중단에 관한 의사를 밝히는 등의 방법으로 죽음에 임박한 상태에서 인간으로서의 존엄과 가치를 지키기 위하여 연명치료의 거부 또는 중단을 결정할 수 있다 할 것이고, 위 결정은 헌법상 기본권인 자기결정권의 한 내용으로서 보장된다." 헌재 2009. 11. 26. 2008헌마385.

10) "기독교적 사생관의 관점에서는 생명의 종결에 대한 환자의 자기결정권 자체가 성립되지 않는다." 이상원, "'연명치료중단'을 둘러싼 한국사회의 법적 논쟁에 관한 연구: 개혁주의적 인간관과 윤리관의 관점에서", 『성경과 신학』, 제62권, 2012, 126쪽; "자기결정권을 행사할 수 있는 기회가 주어진 경우를 가정하여 의사결정능력이 없는 환자가 연명치료중단을 선택했을 것이라고 인정되는 경우에 이를 허용하는 것은 자기결정권의 본질에 비추어볼 때 옳지 못하다" 허순철, "헌법상 연명치료 중단", 『공법학연구』, 제11권 제1호, 2012, 182쪽.

11) 윤종행, "안락사의 법정책", 『생명인권보호를 위한 법정책』, 삼우사, 2004, 381쪽.

때문에 존엄사의 긍정은 신이 부여한 생명의 존엄을 부인하는 신에 대한 도전이며, 따라서 존엄사를 허용할 수 없다는 입장을 보이고 있다. 김수환 추기경의 선종 이후에 가톨릭 교회는 "단지 자연적인 목숨이 다했는데 기계적인 장치에 의해 시간만을 연장하려는 시도는 윤리적인 선택이 아니라는 입장이다. 반면 자연적인 목숨이 다하지 않았는데 소생 가능성이 별로 없다고 해서, 또는 고통스럽다거나 경제적인 이유 등으로 생명을 유지하는 치료 노력을 포기하는 선택은 환자의 당연한 권리라고 말할 수 없다"[12]는 입장을 보이기도 했다.

일반적으로는 연명치료의 의료적 수월성이나 합리성보다는 남용의 위험성이 경계된다.[13] 존엄사를 합법화할 경우, 의료보험 혜택이 모두에게 공평하게 돌아가지 않는 지금과 같은 상황에서는 많은 소수 민족, 빈곤층, 노인들과 같은 의료의 사각지대에 있는 사람들이 자신의 의도와는 달리 가족들의 강압이나 경제적 부담으로 인해 죽어갈 것이라는 우려도 있다. 그리고 존엄사가 허용될 경우, 말기환자의 가족들이 심리적인 고통과 경제적 부담을 줄이기 위해 이를 악용할 소지가 있다는 점도 우려하고 있다. 환자 가족의 경제적·정신적 부담을 해소하기 위하여 존엄사를 허용하는 법을 만드는 것은 매우 위험한 일[14]로서, 경제적 부담을 느끼는 환자 가족들이 치료중단을 요구할 가능성이 있으며, 이러한 우리 현실에서 존엄사의 제도화는 위험하다는 지적이다.[15] 말기환자의 죽음이 임박한 경우 '치료를 해야 한다'와 '치료를 하지 않아도 좋다'라는 결정은 일반적인 법률 규정으로 정해 놓는 것은 거의 불가능하다는 것이고, 이러한 사항을 법률로 규정하는 것보다 담당 의료진과 환자의 보호자, 원목팀, 법률팀, 사회복지팀 등이 위원으로 구성된 일종의 윤리위원회가 그 몫을 담당하는 것이 바람직하다는 의견도 있다.[16]

이러한 관점에서 존엄사의 문제는 현대의학으로도 치유가 불가능한 병으로 고통 받고 있는 환자와 그 가족, 그리고 그를 치료하는 의사와 병원 등 여러 사회주

---

12) "국내 첫 '무의미한 연명치료 중단' 시행 파장과 교회 입장", <가톨릭신문>, 2009. 7. 5, 3쪽.
13) 이주희, "무의미한 연명치료 중단: 정당화가능성과 방향", 『법학연구』, 제20권 제1호, 2012, 106쪽; 김재경, "연명치료중단의 요건과 정당화", 『중앙대학교 법학논문집』, 제36집 제3호, 2012, 212쪽.
14) 이상원, 앞의 책, 126쪽.
15) 신동일, "무의미한 연명치료중단에 관한 법적 고찰", 안락사와 존엄사 토론회, 2008. 12. 22, 40쪽.
16) 천주교 서울대교구 생명윤리위원회, '존엄사' 및 '존엄사법 제정' 논란에 대한 가톨릭교회의 입장 강론자료, 2009. 6, 2쪽.

체의 다양한 이익이 고려되어야 하기 때문에 섣불리 존엄사를 허용하는 법률을 제정해서는 안 된다.[17] '미끄러운 경사길(the slippery slope)' 이론에 따르면, 존엄사법이 허용되면 처음에는 존엄사의 요건과 절차를 엄격하게 지키겠지만, 결국에는 존엄사가 무분별하게 시행되게 된다는 것이다. 특히 의식불명 환자의 경우에는 본인의 의사를 확인할 길이 없기 때문에 환자가족들의 동의를 얻어 존엄사를 시키게 되는데, 이러한 경우에 의식이 없는 환자의 생명을 보호할 수 있는 길이 없게 된다. 모든 의식불명 환자가 존엄사에 동의할 것이라는 가정(假定)은 확인되지 않은 것이며 잘못되었다는 것이다.

2) 존엄사 허용 찬성론

존엄사를 찬성하는 의견은, 무조건적인 생명유지만이 인간존엄에 상응하는 것이 아니라는 것이다. 즉, 죽음에 임박한 환자의 견딜 수 없는 고통을 덜어주는 것이 환자가 존엄하게 죽을 수 있는 권리를 보장하는 것이라는 견해이다. 존엄사는 치료가능성이 전혀 없는 환자의 고통을 줄여준다는 측면에서 인간에 대한 애정에서 비롯되었으며, 본인의 진지한 요청에 의한 존엄사는 환자 자신을 위하는 일이라는 것이다. 더 나아가, 현실적으로 절실한 연명치료중단에 관해서 어떠한 기준을 제시하거나 대안을 제시하지도 않고, 의사·환자·가족들에게 판단을 위임하여 문제를 해결하라는 것은 국가 스스로 직무를 유기하는 것이라는 의견도 있다.[18]

존엄사 찬성론자들은 죽어가는 환자에게는 자신이 언제, 어떤 방법으로 죽을 것인가를 결정할 권리가 있고, 가능한 고통 없이 존엄하게 죽을 권리가 있다고 주장한다. 즉 죽음을 선택할 '자유'와 '고통으로부터 해방될 권리'가 개개인에게 있다는 관점을 중요하게 여기고 있다. 더 나아가 환자의 소망을 존중하고 고통을 덜어주는 것이 의료행위가 추구해야 할 이상이며 의사의 임무이기도 하다는 논리를 펴고 있다. 따라서 환자가 원한다면 의사는 환자에게 자살할 수 있는 지식이나 수단을 제공하는 것이 도덕적인 측면에서뿐만 아니라 법적으로도 허용되어야 하며, 이는 존엄사를 '의사 원조 자살'로 보아서 합법화시켜야 한다는 주장이다. 이에 더하여 치료가 아닌 생명연장을 위한 의료적 조치들은 환자가족들의 정신적이고 경

---

17) 김재윤, "안락사허용론에 대한 고찰", 『형사법연구』, 제26집, 2006, 612쪽.
18) 문성제, "무의미한 연명치료 중단 등의 기준에 관한 재고", 『의료법학』, 제10권 제2호, 2009, 335쪽.

제적인 부담이 되기 때문에, 이러한 현실적인 문제도 고려되어야 한다는 주장이다. 또한 소생 불가능한 환자에게 무의미한 치료를 하기보다는 한정된 의료자원을 회생 가능한 환자들에게 투입하는 것이 더 효율적이라는 주장도 있다.

존엄사에 관한 사항을 법률로 정하기보다는 지금처럼 법원이 개별적으로 연명치료중단의 허용 여부를 판단하면 될 것이라는 의견도 있다. 그러나 "이들 개개의 사례들을 모두 소송사건화하여 일일이 법원의 판단을 받게 하는 것도 비현실적"[19]이라는 법원의 견해가 타당해 보인다. 앞으로 발생할 '유사 사건'에 대한 판단을 법원에만 맡겨두는 것은 혼란과 차별의 문제가 발생할 수 있으며, 이들 민감한 사회적 문제에 대한 법원의 부담을 줄여줄 필요도 있다. 또한 우리 사회에서 벌어진 그간의 '사건'들을 통해 볼 때에, 연명치료중단에 관한 문제를 병원과 환자가족이 자율적으로 해결하도록 하는 단계는 이미 지났다고 할 수 있으며, 이를 자율적으로 맡겨둘 경우에는 병원 간의 기준의 상이함으로 인한 혼란과 차별의 문제가 역시 발생할 수 있다. 존엄사의 요건을 명시한 법을 만들어서 국민들에게 예측가능성을 줄 필요가 있으며, 일정한 요건하에 존엄사를 허용하는 법률을 만들자는 주장이 지속적으로 제기되어 왔다.[20] 존엄사 중에서도 연명치료중단의 대상·요건·절차와 함께 악용방지를 위한 방안 등이 포함된 법률이 제정되어야 한다는 주장이 지속적으로 제기되어 왔다.

3. 존엄사에 대한 법적 평가

모든 인간은 '살 권리' 즉, 생명권을 가진다. 헌법상 생명권이 명시되어 있지는 않지만, 「헌법」 제37조 제1항의 "국민의 자유와 권리는 헌법에 열거되지 아니한 이유로 경시되지 아니한다."는 헌법 조항 등을 근거로 하여 모든 인간은 기본권으로서 '생명권'을 보유하고 있다는 것이 통설이다. 태아와 사람을 구분하는 시점이 출생이고, 사람과 사체를 구분하는 시점이 사망이다. 이러한 출생과 사망의 시점을 기준으로 하여 낙태죄와 살인죄, 살인죄와 사체손괴죄가 구분되는데, 헌법과 법률은 출생과 사망의 시점에 대한 기준을 명백히 정해 놓고 있지 않다. 따라서

---

19) 서울고등법원 2009. 2. 10. 2008나116869.
20) 홍완식, "'존엄사' 법안의 분석과 평가 — 입법학적 관점에서", 『입법학연구』, 제6집, 2009, 185쪽.

출생과 사망의 시기는 학설과 판례 등에 의하여 구체적인 시기가 정해지지만, 출생과 사망의 시기에 관한 학설과 판례는 그 시대의 문화와 가치관 등을 반영하는 것이다. 모든 인간은 헌법상 보장받는 생명권(the right to live)의 주체이기 때문에, 각 국가는 생명권을 침해하는 행위를 한 자에게는 형사 및 민사상의 제재를 가하는 법제도를 지니고 있다.

이처럼 형법체계는 생명을 중요한 법익으로 보호하고 있으며, 존엄사를 실행하는 것은 형법상 살인죄 또는 촉탁, 승낙에 의한 살인죄의 구성요건에 해당한다. 사망시점에 대하여 「형법」에서는 호흡종지설, 맥박종지설, 호흡·맥박종지설, 뇌사설, 삼징후설(종합판단설) 중에서 맥박종지설(脈搏終止說)이 통설이다. 인간의 여러 장기 중에서 심장을 가장 중요한 것으로 생각하고, 심장의 정지를 사망으로 인식하는 가치관이 반영된 것으로 볼 수 있다. 따라서 뇌사자·식물인간 등 맥박이 멎지 않은 사람을 존엄사 시킨다면 형법에 의한 처벌을 감수해야 한다.

20세기 들어와서는 '심장사'(心臟死)가 아닌 '뇌사'(腦死)의 개념이 등장하였다. 뇌가 회복불가능한 손상을 입은 경우에 심장은 정지하지 않았지만 살아있는 것으로 볼 수 없는 '뇌사'의 개념이 등장하였고 뇌사를 사망으로 인정하여야 한다는 의견이 등장하였다. 1968년 8월 호주 시드니에서 열린 세계의사회총회에서는 장기이식에 관한 여러 문제를 다루었으며, 뇌사를 사망의 시점으로 인정하는 내용을 포함하는 '시드니선언'을 채택하였다. 뇌사와 존엄사는 개념도 다르고, 각각에 대한 법적 평가도 다르다. 존엄사에 관한 법률은 아니지만 우리나라를 포함하여 많은 국가에서는 뇌사의 경우에 장기 적출을 할 수 있도록 하는 장기이식법이 있다. 우리나라는 1999년에 「장기 등 이식에 관한 법률」을 제정하여 시행하고 있다. 동법은 뇌사의 판정권자, 판정기준 및 장기이식 절차 등에 관하여 정하고 있다. 이 법에 의하여 뇌사자에게서 장기를 적출하여 이식하는 의료행위는 물론 적법하다. 이렇게 맥박이 멈추지 아니한 뇌사자를 인위적으로 사망에 이르게 하는 것은, 법학계의 통설인 '맥박종지설'의 관점에서 보면 그 실질에 있어서 존엄사의 한 유형에 해당하는 행위라고 할 수도 있다. 그러나 뇌사에 따른 장기적출은 특별히 법률에서 합법적인 것으로 규정하고 있는 의료행위이며, 이는 위법성이 없는 것으로 보기 때문에, 뇌사를 결정하고 장기이식을 시술하는 의료인이 처벌되지 않는 것이다.

근래 들어와서는 죽을 권리(the right to die)도 보장되어야 한다는 주장이 등장하였다. 즉, '고통스러운 삶'을 유지하거나 '무가치한 삶'을 연명하기보다는, '존엄한 죽음'을 선택하는 방식으로 연명치료를 중단할 권리가 보장되어야 하며, 국가는 이러한 죽을 권리를 침해해서는 안 될 뿐 아니라 연명치료 중단에 관한 입법을 해야 한다는 주장으로 이어졌다. 그동안 우리의 법체계에서는 존엄사로 표현되든 연명치료 중단으로 표현되든, 연명치료를 중단하여 '존엄사'를 시키는 행위는 법률로 허용되지 않았다. 다만, 극히 예외적인 경우에만 법원의 판결을 통해 허용된 경우가 있을 뿐이었다. 그러나 2018년 2월 4일부터 「연명의료결정법」이 시행되고 있기 때문에, 일정한 요건을 갖춘 연명치료 중단은 허용된다. 「연명의료결정법」이 어떠한 과정을 거쳐서 만들어졌는지 및 어떠한 내용인지에 대해서는 후술한다.

4. 존엄사가 문제된 대표적 사례

1) 일명 '보라매병원 사건'

보호자의 적극적인 요구가 있더라도 퇴원 시 환자의 사망 가능성을 알고 있다면 담당의사에게도 살인방조죄가 적용된다는 대법원의 판결이 있었다. 2004년에 대법원은 인공호흡기에 의존하여 생명을 유지해오던 환자를 보호자의 요구로 퇴원시켜 숨지게 한 혐의로 기소된 의사 양모 씨와 3년차 수련의 김모 씨에 대해 각각 징역 1년 6월에 집행유예 2년을 선고한 원심을 확정했다. 재판부는 판결문에서 "피고인들의 행위가 살인죄 성립요건을 모두 충족시키진 않지만, 피해자를 퇴원시키면 보호자가 피해자를 사망케 할 수 있다는 미필적 인식은 있었다며, 이 과정에서 피해자를 집으로 후송하고 호흡 보조장치를 제거하는 등 살인행위를 도운 점이 인정되므로 살인방조범으로 본 원심의 판단은 정당하다."라고 밝혔다.

> **대법원 2004. 6. 29. 2002도995 판결**
> 피해자는 1997년 12월 4일 14시 30분경 술에 취한 채 화장실을 가다가 중심을 잃어 기둥에 머리를 부딪치고 시멘트 바닥에 넘어지면서 다시 머리를 바닥에 찧어 경막 외 출혈상을 입고 병원으로 응급후송되었다. 피해자는 의료진에 의하여 수술을 받고 중환자실로 옮겨져 의식이 회복되고 있었으나 뇌수술에 따른 뇌부종으로

자가호흡을 할 수 없는 상태에 있었으므로 호흡 보조장치를 부착한 채 계속 치료를 받고 있었다. 피해자의 처는 여러 차례 의료진에게 집으로 퇴원시키겠다는 의사를 밝혔으나 위와 같은 피해자의 상태에 비추어 인공호흡장치가 없는 집으로 퇴원하게 되면 호흡을 제대로 하지 못하여 사망하게 될 것이라는 설명을 들었으므로 피해자를 집으로 퇴원시키면 호흡정지로 사망하게 된다는 사실을 명백히 알게 되었음에도, 피해자가 차라리 사망하는 것이 낫겠다고 생각한 나머지 피해자를 퇴원시키는 방법으로 살해할 것을 결의하고, 1997년 12월 6일 14시 20분경과 18시경 주치의에게 도저히 더 이상의 치료비를 추가 부담할 능력이 없다는 이유로 퇴원을 요구하였다. 주치의 등 의료진은 수차례에 걸쳐 피해자의 상태에 비추어 지금 퇴원하면 죽게 된다는 이유로 퇴원을 극구 만류하였으나 피해자의 처는 피해자의 퇴원을 지속적으로 요구하였고, 의료진은 퇴원 시 사망가능성에 대한 설명을 재차 설명한 후에 퇴원 후 피해자의 사망에 대한 법적인 이의를 제기하지 않겠다는 귀가서약서에 서명을 받고 피해자를 퇴원시킴으로써 피해자는 퇴원 후 곧 사망하였다.

보호자가 담당의사의 의학적 권고에도 불구하고 치료를 요하는 환자의 퇴원을 강청하여, 담당 전문의와 주치의가 치료 중단 및 퇴원을 허용하는 조치를 취함으로써 환자를 사망에 이르게 한 행위에 대하여 보호자, 담당 전문의 및 주치의가 부작위에 의한 살인죄의 공동정범으로 기소되었다. 대법원은 담당 전문의와 주치의에게 환자의 사망이라는 결과 발생에 대한 정범의 고의는 인정되나 환자의 사망이라는 결과나 그에 이르는 사태의 핵심적 경과를 계획적으로 조종하거나 저지·촉진하는 등으로 지배하고 있었다고 보기는 어렵다고 하여 살인죄의 공동정범으로 처벌하지는 않았지만, 작위에 의한 살인방조죄가 성립하는 것으로 보았다.

뇌를 다친 환자는 수술을 받은 뒤 중환자실에서 인공호흡기에 의존해 치료를 받고 있었는데, 치료비가 260만 원에 이르자 부인은 더 이상 치료비를 감당할 수 없다는 등의 이유로 의사에게 퇴원을 거듭 요구했다. 담당의사는 환자가 퇴원할 경우 사망한다는 이유로 퇴원을 허용하지 않았으나, 환자의 부인이 계속 퇴원을 요구하자 환자를 퇴원시켰다. 환자는 퇴원해 인공호흡기를 제거한 뒤 5분 만에 숨졌다.

검찰은 의사와 3년차 수련의를 살인 혐의로 기소했다. 1심 재판부는 의사와 수련의에 대하여 살인죄를 인정했다. 2심 재판부는 공소장 변경 없이 재판부 직권으로 살인죄 대신 살인방조죄를 인정했으며 대법원은 2심 판결을 확정했다. 대법원에 따르면, 의사 등 피고인이 환자가 퇴원할 경우 사망할 수도 있다고 생각했으면서도 부인이 환자를 집으로 이송하는 것을 허락하였고, 호흡 보조장치를 제거하는 것을 도운 점이 인정되므로 원심의 판단은 정당하다고 밝혔다. 다만, 피고인들이 환자의 사망에 이르는 핵심적 경과를 계획적으로 조종했다고 보기 어려우므로 살인죄가 성립되지는 않는다고 보았다. 환자의 아내는 항소심에서 징역 3년에 집행유예 4년을 선고받고 상고를 포기했다.

이 판결을 계기로 잠잠했던 '소극적 안락사' 문제가 다시 쟁점화되었다. 대한의사협회는 이러한 대법원의 판결에 대하여 의식불명 환자 보호자의 입장을 존중한 것임에도 불구하고 살인방조죄를 적용한 것은 의료 현실을 전혀 모르는 처사라며 비난 성명을 냈다. 보라매병원 사건은 가족과 의료진과의 사이에서 관행적으로 이루어지던 '존엄사'에 대하여 사회적 및 법적으로 공론화되는 계기가 되었던 사건이다.

2) 일명 '세브란스병원 사건' 또는 '김 할머니 사건'

김 할머니(당시 76·여)는 2008년 2월 신촌 세브란스 병원에서 폐암 조직 검사를 받던 중에 과다출혈로 저산소증에 의한 뇌손상을 입어 인공호흡기에 의지해 수개월 간 지속적인 식물 상태(PVS; persistent vegetative state)로 있었다. 환자의 자녀들이 병원을 상대로 하여 '어머니의 평소 뜻에 따라 자연스러운 사망을 위해 인공호흡기를 제거해 달라'는 요청을 하였다. 이러한 요청이 받아들여지지 않자 자녀들은 '노모가 평소 무의미한 연명치료는 원하지 않았다'며 법원에 병원을 상대로 하여 '무의미한 연명치료장치 제거 등'을 청구하는 소송을 제기하였다.[21]

> **서울 서부지방법원 2008. 11. 28. 2008가합6977 판결**
> 의식불명의 식물상태로 인공호흡기에 의존하여 생명을 유지하고 있는 환자는 ① 치료가 계속되더라도 회복가능성이 없어 치료가 의학적으로 무의미하고, ② 환자가

---

21) "기침이 멈추질 않았다. 혹시 폐암이 아닐까 해 조직검사를 받던 중 혈관이 터지면서 어머니는 심장이 멎고 뇌사에 빠졌다. 온몸이 퉁퉁 부어올라 사람인지 조차 모를 지경이 되어갔다. 회복이 불가능하다고 해 호흡기 제거를 부탁했다. 어머니는 깨끗하게 눈을 감겠다고 입버릇처럼 이야기했었기 때문이었다. 하지만 의사는 치료중단은 살인죄가 된다면서 거절했고 할 수 없이 호흡기제거 소송을 하게 되었다. 세브란스병원 존엄사 사건은 이렇게 시작되었다." 신현기, "존엄사법은 환자인권법이다", <중앙일보> 2013. 12. 2.

사전에 한 의사표시, 성격, 가치관, 종교관, 가족과의 친밀도, 생활태도, 나이, 기대 생존기간, 환자의 상태 등을 고려하여 환자의 치료중단 의사가 추정되는 경우, 자연스러운 죽음을 맞이하는 것이 더 인간의 존엄과 가치에 부합하여 죽음을 맞이할 이익이 생명을 유지할 이익보다 더 크다고 할 것이어서, 생명의 연장을 원하지 아니하고 인공호흡기의 제거를 요구하는 환자의 자기결정권의 행사는 제한되지 아니하고 의사는 이를 거부할 수 없다고 봄이 상당하다(이에 따른 인공호흡기의 제거행위는 응급의료 중단의 정당한 사유가 있는 것으로 보는 것으로 의사는 민·형사상 책임을 부담하지 않는다고 할 것이다).

1심 재판에서는 원고 김 할머니가 피고 병원에 대하여, 자신에게 부착된 인공호흡기의 제거를 요구할 권리가 있으며, 병원은 이러한 요구에 응할 의무가 있다고 판결하였다. 이에 대하여 피고 병원은 항소하였다.

서울고등법원 2009. 2. 10. 2008나116869 판결

인간의 생명이 최대한 보호되어야 하고, 의사에게 환자의 생명을 보호·유지하기 위한 최선의 조치를 다할 의무가 있다고 해서, 항상 가능한 모든 의술이나 의약을 사용해보아야 한다거나 꺼져가는 인간 생명을 어떤 수단을 동원해서라도 연장시켜야 한다고 할 수는 없다. 인간은 생물학적인 의미의 생명 그 자체만은 아니며, 인간의 생명 역시 인간으로서의 존엄성이라는 인간 존재의 근원적인 가치에 부합하는 방식으로 보호되어야 하기 때문이다. 그리고 환자에게 의학적으로 무용한 처치를 계속 받도록 하거나 의사로 하여금 그러한 치료를 계속하도록 강제하는 경우, 환자의 인간으로서의 존엄성이 훼손될 수 있는 것이다. 우리 헌법의 최고이념인 인간으로서의 존엄과 가치 및 행복을 추구할 권리에는 자신의 삶을 스스로 결정할 수 있는 인간의 인격적 자율성이 당연한 전제이자 본질적인 구성요소가 된다고 보아야 하고, 그에 따라 인간의 존엄을 실현시키는 자기결정권도 보장된다. 그러므로 인간의 생명이 회생가능성도 없는 상태에서 별다른 인간성의 지표 없이 단지 기계장치 등에 의하여 연명되고 있는 경우라면 헌법이 보장하는 자기결정권에 근거하여 구체적인 사정에 따라 더 이상 연명치료의 중단을 요구할 수 있고, 그 경우 연명치료를 행하는 의사는 환자의 자기결정권에 근거한 치료중단 요구에 응할 의무가 있다고 보아야 한다. 기계에 대한 의존상태를 벗어나 자연스러운 죽음에 이르는 편이 인간으로서의 존엄과 가치를 회복하는 길이 될 수 있는 것이다.

2심인 서울고등법원 민사 9부는 1심과 마찬가지로, 병원은 김씨에게 부착한 인공호흡기를 제거하라고 판결했다. 인간의 생명은 치료나 회생의 가능성이 희박한 경우에도 최대한 존중받고 보호되어야 하나, 인간의 존엄과 가치에 근거한 자기결정권에 의하여 연명치료의 중단이 가능하다. 그 요건은 "첫째, 환자가 회생가능성이 없는 비가역적인 사망과정에 진입하여 있어야 한다. 둘째, 환자의 진지하고 합리적인 치료중단의 의사가 있어야 한다. 셋째, 중단을 구하는 치료행위의 내용은 환자의 연명 즉 사망과정의 연장으로서 현 상태의 유지에 관한 것에 한정되고, 환자의 고통을 완화하기 위한 치료나 일상적인 진료는 중단할 수 없다. 넷째, 치료중단은 반드시 의사에 의하여 시행되어야 한다."는 것이다. 그리고 연명치료중단은 전문성과 자격을 갖춘 의사가 치료를 중단하는 경우에만 가능하다. 이에 대하여 피고 병원은 대법원에 상고하였다.

> **대법원 2009. 5. 21. 2009다17417 판결**
>
> 생명권이 가장 중요한 기본권이라고 하더라도 인간의 생명 역시 인간으로서의 존엄성이라는 인간 존재의 근원적인 가치에 부합하는 방식으로 보호되어야 할 것이다. 따라서 이미 의식의 회복가능성을 상실하여 더 이상 인격체로서의 활동을 기대할 수 없고 자연적으로는 이미 죽음의 과정이 시작되었다고 볼 수 있는 회복 불가능한 사망의 단계에 이른 후에는 의학적으로 무의미한 신체침해행위에 해당하는 연명치료를 환자에게 강요하는 것이 오히려 인간의 존엄과 가치를 해하게 되므로, 이와 같은 예외적인 상황에서 죽음을 맞이하려는 환자의 의사결정을 존중하여 환자의 인간으로서의 존엄과 가치 및 행복추구권을 보호하는 것이 사회상규에 부합되고 헌법정신에도 어긋나지 아니한다고 할 것이다.

대법원도 역시 1심 및 2심과 마찬가지로, 병원은 김씨에게 부착한 인공호흡기를 제거하라고 판결했다. 대법원에 따르면, 생명을 연장하는 것보다 연명치료를 중단하는 것이 오히려 인간존엄에 부합하는 경우가 있음을 인정하고 있다. 다만, 대법원 판결에서는 환자가 회복 불가능한 사망에 들어섰는지와 의식을 상실한 환자에게 연명치료 중단의 의사가 추정되는지에 관한 반대의견과 연명치료 중단의 허용기준에 대한 반대의견이 있었다.

2009년 5월 21일에 이 대법원 판결이 내려진 이후 2009년 6월 23일에 병원 측에 의하여 환자의 인공호흡기는 제거되었지만, 환자는 스스로 호흡을 하여 201일간을 연명하다가 2010년 1월 10일에 별세하였다. 이 사건은 보라매병원 사건에 이어 우리나라에서 존엄사 논쟁을 촉발시킨 대표적인 사건이라고 할 수 있다.

3) 카렌 퀸란 사건

1975년 4월 14일 미국 뉴저지 주에서 당시 21세이던 카렌(Karen Ann Quinlan)은 아스피린과 신경안정제를 혼합복용한 후에 급성 약물중독으로 쓰러져 의식을 상실한 후에 인공호흡기에 의하여 생명을 연장하게 되었다. 카렌의 부모는 1975년 9월에 약 5개월 동안 무의식 상태에서 인공호흡기에 의한 생명 연장은 자신들의 딸에게 고통만을 줄 뿐이라고 하여 의사에게 인공호흡기를 떼어 줄 것을 요구하였다. 의사는 이러한 요구를 거절하였고, 카렌의 부모는 뉴저지 주의 고등법원에 카렌에게 부착된 인공호흡기를 제거하여 줄 것을 요청하였다. 고등법원은 이러한 요청을 거부하였기에 카렌의 부모는 주 대법원에 상소하였다. 주 대법원에서는 "인명존중의 대원칙보다는 죽음을 선택하는 개인의 권리가 우선되어야 한다. 치료를 하여도 회복가능성이 전혀 없는 경우에는 인공호흡기를 제거하여도 된다."고 하여 부모의 요청을 수용하였다.

이 판결에 의하여 병원 측에서는 인공호흡기를 제거하였으나, 카렌은 예상과 달리 독자적인 호흡을 되찾았다. 카렌은 인공호흡기를 제거한 이후 9년 동안 생존하다가, 1985년 6월 11일에 폐렴에 의한 호흡곤란으로 사망하였다. 이 사건은 소생 가능성이 없는 환자가 인간으로서의 존엄한 죽음을 맞이할 수 있도록 의사의 생명유지 행위를 중단하여야 한다고 하는 존엄사의 허용 여부에 대한 논쟁을 촉발시키는 계기가 되었다.

4) 잭 케보키안

미시건 주를 비롯하여 미국 대부분의 주는 자살방조의 금지와 함께 존엄사를 금지하고 있다. 케보키안(Jack Kevorkian)은 죽음의 의사(doctor death)라고 불리는 병리학자로 오리건, 미시건, 캘리포니아 등지에서 말기환자 130여 명의 자살을 도운 것으로 알려져 있다. 그는 1989년에 타나트론(그리스어로 '죽음의 기계'를 의미, Mercitron이라고도 함)을 고안하여 1990년 4월 알츠하이머병 환자인 자넷 애드킨(Janet Adkins)의 존엄사를 도움으로써, 존엄사에 대한 그의 생각을 실천에 옮겼다.

1991년에 그는 미시간과 캘리포니아 주의 의사자격증을 박탈당하고, 1990년 이후 존엄사와 관련해 6차례 기소되어 4차례 법정에 섰으나 매번 무죄 판결을 받았었다. 1998년 11월에는 케보키안 박사가 52세의 루게릭병 환자를 존엄사시키는 장면을 CBS방송이 방영함으로써, 존엄사 허용 여부에 관한 논쟁이 첨예하게 대중화되었다. 미시건 주의 오클랜드 카운티 법정은 1999년 7월에 루게릭병 환자에게 독극물을 투입하여 사망시킨 케보키안 박사의 행위에 대하여 2급 살인죄(second degree murder)를 적용하여 그에게 최고 징역 10~25년형을 선고하였고, 케보키안 박사는 8년여의 형기를 마치고 2007년 6월에 가석방되었다. 그는 가석방 시 가진 CBS와의 인터뷰에서 "가석방 기간 동안 시한부 환자의 존엄사 상담을 모두 거절하기로 가석방위원회와 약속했다."며 "존엄사 요구를 거부하는 것은 나에게 매우 고통스러운 일이지만 어쩔 수 없다."고 말한 것으로 전해지고 있다.[22] 그는 83세이던 2011년 6월 3일에 사망(자연사)하였다.

5) 낸시 크루잔 사건

교통사고로 의식을 잃은 채 영양공급장치 등을 통하여 생명을 연장해 오던 미국 여성이 가족의 결정에 의하여 존엄사할 수 있느냐의 문제가 대두되었던 사건이다. 특히 이 사건은 미국 연방대법원에까지 상소가 제기되고 판결이 내려지면서 유명해진 사건이다.

1983년 1월 11일에 낸시 크루잔(Nancy Cruzan)은 안전벨트도 없는 낡은 차를 몰고 가다가 사고를 당하였다. 응급구조대원이 그녀를 발견하고 응급처치를 하여 호흡과 맥박은 되돌아 왔으나, 그녀는 지속적인 식물 상태(PVS, persistent vegetative state)에 있게 된다. 스스로 음식을 섭취할 수 없는 상태이기 때문에 영양공급튜브를 연결하였고, 이러한 상태가 4년간 계속되자 그녀의 부모와 남편은 희망을 상실하고 영양공급관을 제거해달라는 요구를 병원에 하였고, 병원이 이를 거부하자 법원에 소송을 제기하였다. 1988년 7월에 미조리 주 Jasper County의 법원에서는 낸시의 영양공급장치를 제거하라는 판결을 하였으나, 1988년 11월에 미조리 주 대법원은 4 대 3으로 낸시의 부모와 남편은 낸시의 사망을 선택할 권리가 없으며, 의사표시가 불가능한 환자도 삶의 질에 관계없이 삶을 선택할 수 있어야 한다는 판결을 내렸다.

---

22) <한국일보>, 2007. 6. 4.

이 사건은 다시 미국 연방대법원으로 보내졌고, 미국 연방대법원은 2백년 역사상 처음으로 존엄사에 관한 사건을 심리하게 되었다. 연방대법원 판사들도 의견이 나누어졌지만, 5대 4로 연방대법원의 다수의견은 미조리 주 대법원의 판결을 지지하였고, 결과적으로 낸시의 영양공급장치를 제거하여 달라는 가족의 요청을 기각하였다. 연방대법원의 다수의견에 의하면, 모든 개인은 자기 스스로 의식이 있는 경우에는 원칙적으로 연명치료를 거부할 권리를 가지지만, 의식이 없는 환자를 대신하여 그 가족이 치료거부권을 행사할 수는 없다는 것이다. 이러한 점에 착안하여 가족들은 낸시가 의식이 있었다면 이 상태에서의 치료를 거부할 것이라고 주장하였으나, 다수의견은 이러한 주장이 '명백하고 납득할 만한 증거(clear and convincing evidence)'에 의하여 입증되지 않는다고 결론지었다.

이러한 연방대법원의 판결이 있은 후 낸시 크루잔 사건은 언론보도 등을 통하여 더욱 유명하게 되었고, 과거에 지니고 있던 낸시의 연명치료 거부에 관한 언급들을 입증할 친구들이 나타났다. 이러한 새로운 증인의 등장에 힘입어, 낸시의 영양공급관을 제거하라는 판결을 내린 미조리 주 Jasper County의 법원에서 다시 재판이 재개되었다. 낸시의 건강상태 및 담당의사의 의견, 낸시의 과거 언급에 관한 친구들의 증언 등을 종합하여, 법원은 낸시가 입원해 있는 병원에 낸시의 영양공급관을 제거하라는 판결을 내리게 된다. 이러한 판결에 대하여 일부 시민, 시민단체와 동 병원 의사 등의 반대가 있었으나, 1990년 12월 14일에 담당의사[23]는 낸시의 영양공급관을 제거하였다. 의사들은 낸시가 영양공급관을 제거한 이후 10일에서 14일 정도 생존할 것이라고 예측하였고, 낸시는 1990년 12월 26일에 마지막 숨을 거두었다.[24]

6) 테리 시아보 사건

15년간 식물인간 상태로 급식관에 의존해 생명을 연장해온 미국의 테리 시아

---

23) 담당의사인 Dr. James Davis는 당초 낸시의 영양공급관 제거에 반대하였으나, 네 번째 재판이 되어 버린 미조리 주 재스퍼 카운티 법원의 재판에서는 그의 마음이 바뀌었다. 그는 낸시가 평화롭게 죽을 수 있도록 허용되어야 한다고 증언하였다. Lila Perl, Cruzan v. Missouri: The right to die, Marshall Cavendish Benchmark, 2008, p.79.

24) "마지막 숨을 거두었다"는 "she took her final breath"라는 표현을 번역한 것이다. 인간으로서의 실질적인 사망은 이전에 있었다는 의미가 그 표현에 포함되어 있다고 해석될 수 있다. 이와 유사한 맥락에서, 낸시의 묘비에는 (전략) "departed Jan. 11, 1983 / at peace Dec. 26, 1990"라는 문구가 새겨져 있다.

보(Schiavo)의 존엄사 문제를 놓고 미국에서는 뜨거운 논쟁이 벌어진 바 있다. 시아보는 1990년 사고로 뇌에 치명적 손상을 입은 이후에 영양공급관을 통하여 생명이 연장되어 왔다. 그녀는 겉보기에는 웃음을 짓고 눈도 깜박이는 등 의식이 있는 것처럼 보이지만, 이는 반사적 행동일 뿐 실제로는 두뇌활동을 상실해 당시의 의료기술로는 회복이 불가능하다고 평가되었다. 시아보의 남편은 시아보가 생전에 인공적으로 생명을 연장하는 것을 원하지 않았다며 시아보의 사망 7년 전부터 법원에 영양공급관을 제거하게 해 달라는 소송을 제기했다. 그러나 시아보의 부모는 의료기술의 발달과 의료진의 노력이 있다면 딸의 의식이 돌아올 수 있다며 영양공급관의 제거에 반대했다. 이 사건은 존엄사에 찬성하는 시아보의 남편과 반대하는 시아보의 부모 간의 대립으로도 비추어졌다.

2005년 3월 18일 플로리다 주 지방법원은 시아보 남편의 주장을 받아들여 영양공급관을 제거하도록 명령하면서 논란이 더욱 치열하게 촉발되었다. 미국 하급법원은 영양공급관을 제거해 달라는 남편과 영양공급관을 그대로 유지해 달라는 부모 간의 상충되는 주장 중에서 남편의 주장을 받아들였으며, 이후 주 상급법원과 연방대법원까지 이 논리를 견지했다. 테리 시아보가 숨지기 전날 미국 대법원도 치료를 중단하지 말아달라는 시아보 부모의 청원을 기각함으로써 모든 법적 수단에 종지부를 찍었다. 미국뿐만이 아니라 세계적인 관심과 논쟁을 불러 모았던 이 사건은 2005년 3월 31일, 테리 시아보의 영양공급관이 제거되어 13일 만에 42세의 나이로 시아보가 사망함으로써 종지부를 찍었다.

이 사건은 처음에는 존엄사 논쟁으로 시작되었으나 영양공급관의 재연결을 둘러싼 부모와 남편과의 법적 분쟁의 형태로도 비화되었고, 2003년 법원의 결정으로 영양공급관이 제거된 뒤에는 젭 부시 플로리다 주지사가 급히 새 법을 만들어 다시 영양공급관을 연결하면서 정치적 논쟁으로도 비화되기도 하였다. 시아보의 영양공급관이 제거되자, 공화당이 다수의 의석을 점하고 있던 연방의회도 시아보의 생존을 위한 법률을 급히 통과시켰다. 또한 당시 조지 부시 대통령이 연방의회에서 통과된 법안을 1시간 만에 서명할 정도로 보수적인 정치세력 대 진보적인 세력 간에 정치적으로도 치열한 다툼을 일으킨 바 있다.

7) 알피 에반스 사건

영국 리버풀에서 태어난 알피 에반스는 퇴행성 신경질환이라는 희소병으로 인하여 아동병원에 1년 넘게 입원해 있었다. 병원에서는 알피가 치료가능성이 없는 반(半) 식물인간 상태이기 때문에 의미없는 연명치료를 중단할 것이라고 통보하였다. 알피의 부모는 병원에 알피에 대한 치료를 계속하게 해달라고 요구했으나 받아들여지지 않자 영국법원과 유럽인권재판소에 소송을 제기하였다. 영국법원과 유럽인권재판소가 이러한 알피 부모의 청구를 기각하자, 알피의 부모는 교황청에 지지를 호소하였으며, 알피를 둘러싼 연명치료 논란은 국제적으로 주목을 받았다.

교황은 알피가 교황청 산하 아동전문병원인 제수 밤비노 병원에서 계속 치료받을 수 있도록 약속했고, 이탈리아 정부는 알피를 로마로 데려올 수 있도록 알피에게 시민권을 발급하였다. 그러나 영국 항소법원은 사법 관할권을 주장하며 알피의 이송이 오히려 알피의 고통을 가중시킨다면서 알피의 해외이송을 허용하지 않았다.

이에 병원은 연명치료를 중단하라는 법원의 판결에 따라 알피의 인공호흡기를 제거했다. 이후 알피는 자가호흡을 하기는 했으나 5일 만인 2018년 4월 28일에 23개월을 일기로 세상을 떠났다. 치료가 어려운 아동환자의 생명결정권 및 연명치료중단에 관한 사례로 기억되고 있다.

5. 존엄사와 관련한 주요국의 법적 대응

1) 네덜란드

네덜란드는 2002년 의회에서 의사에게 불치병 환자의 존엄사를 허용하는 법안을 통과시켜 존엄사를 합법화한 세계 최초의 국가가 되었다. 네덜란드의 존엄사법은 다음의 조건을 충족시켜야 존엄사가 실행될 수 있도록 하고 있다.

① 존엄사 결정은 환자 스스로 내릴 것
② 환자가 심사숙고한 뒤 자발적으로 요청할 것
③ 치료 가망이 없고, 극심한 고통에 직면해 있을 것
④ 자신의 건강상태에 대하여 인식하고 있을 것
⑤ 환자 및 의사가 다른 대안이 없음에 동의할 것
⑥ 의사는 한 명 이상의 다른 의사와 상의할 것
⑦ 의학적으로 적절한 방법으로 시행할 것

네덜란드에서는 지난 1996년 이후 수천건의 존엄사가 있었던 것으로 알려지고 있으며, 존엄사의 90%는 말기 암환자들을 대상으로 시행되었다. 2002년에 네덜란드에서 존엄사를 허용하는 입법을 한 것은 그동안 묵인되어 오던 존엄사를 합법화한 것이라는 의미를 지니고 있다는 평가가 있을 정도로 존엄사법 제정 이전에도 존엄사는 행해지고 있었다고 한다. 존엄사를 허용하는 법률의 제정 이전에는 존엄사를 실행한 의사들이 현행법상 징역 12년형을 두려워하여 존엄사 시술 사실의 공개를 꺼렸다는 것이다.

2) 미 국

미국의 오리건 주는 미국에서 처음으로 치료가 불가능한 시한부 생명의 환자에게 존엄사를 선택할 수 있도록 허용하는 「존엄사법」(DWDA, Oregon's Death with Dignity Act)을 만들었다. 1994년에 오리건 주 주민들의 투표를 통하여 '의사의 도움을 받는 존엄사'를 허용했지만, 반대론 때문에 법안의 실행이 보류되었다. 그러나 1997년 11월 6일 존엄사를 선택할 수 있는 요건을 규정한 법률이 재차 주민투표에서 가결되어, 오리건 주의 존엄사법은 1998년부터 시행되고 있다. 연방 항소법원이 존엄사를 합법이라고 인정한 데 이어서, 미연방 대법원은 1997년 10월에 오리건 주의 존엄사법에 대해 합헌 결정을 내렸다. 그러나 2001년 11월에 존 애쉬크로프트 당시 법무장관은 의사의 존엄사 지원은 법률이 정한 정당한 의료목적에 어긋나고, 연방정부 관리하의 약물을 존엄사를 위해 사용하는 것은 위법이라며 이를 금지하는 행정명령을 내렸다. 오리건 주는 이러한 행정명령에 반발하여 소송을 제기한 결과 1심과 2심에서 승소했다. 또한 2006년 1월 17일 미연방 대법원도 존엄사를 원하는 말기의 불치병 환자들에게 존엄사를 지원하는 오리건 주의 의사를 처벌할 수는 없다고 판결하였다. 이 판결에서, 존엄사를 허용하는 오리건 주의 법률이 연방헌법에 위반된다며 이 법률의 시행을 금지하려는 연방 법무장관의 청구를 6대 3으로 기각하였다. 기각판결의 주된 이유로는 의료제도는 각 주의 소관인 만큼 특별한 권한을 부여받지 않은 연방 법무장관의 행정조치는 연방의 원리에 어긋나 부당하다는 취지이다. 이 판결에서 존엄사가 합헌 또는 위헌인지에 대해서는 판단하지 않았지만, 동 판결은 존엄사를 간접적으로 옹호한 판결로 받아들여졌다. 오리건 주의 현행 존엄사법의 요건은 다음과 같다.

① 18세 이상의 성인일 것

② 오리건 주의 주민일 것
③ 스스로 건강상태에 관하여 소통할 수 있고 결정을 내릴 수 있을 것
④ 의사로부터 6개월 내에 사망한다는 진단을 받은 말기 환자일 것

오리건 주의 존엄사법은 오리건 주정부에 존엄사 연례 보고서(Death with Dignity Act Annual Report)을 발간하도록 의무화하였고, 이 법에 따라 매년 초에 존엄사에 관한 통계를 포함한 존엄사 보고서가 발표되고 있다. 2023년 3월에 발간된 연례보고서에 따르면, 오리건 주에서는 「존엄사법」이 발효된 1998년부터 2022년까지 3,712명이 의사에 의하여 존엄사약을 처방받았으며, 처방받은 환자 중에서 2,454명(66%)이 존엄사하였다. 1998년부터 2022년까지 오리건 주에서 존엄사한 환자 2,454명의 평균 나이는 73세(25세~102세)이고 75세 이상이 45.4%였다. 존엄사한 사람 대부분이 백인(96.3%)이며, 고졸 이상(95.1)이고, 암환자(71.6%) 비중에 제일 크다. 대부분이 호스피스에 등록(91.5%)되어 보살핌을 받고 있었고, 사적 의료보험(40.2%) 공적 의료보험(58.9%)의 보험급여를 받은 것으로 나타나고 있다.[25] 오리건 주 이외에도 워싱턴 주와 사우스 캐롤나이나 주 등에서도 존엄사를 허용하는 법률을 시행하고 있다. 그러나 아직도 미국의 많은 주는 존엄사를 불법으로 보거나 존엄사의 허용 또는 금지 여부를 명시적으로 규정하고 있지 않다.

3) 호 주

호주에서는 1996년 7월 1일 세계 최초로 「존엄사법」이 발효되었다. 그러나 그해 12월에 이 법안을 무효화하는 존엄사 반대법이 제정되어 1997년 3월 25일에 상원을 통과하고 27일에 총리가 서명·공포함으로써 존엄사를 허용하는 법률은 1년도 시행되지 않은 채로 폐지되었다. 수개월간 시행되었던 존엄사 허용법에서 정하고 있던 존엄사의 허용 요건은 다음과 같다.
① 18세 이상의 환자일 것
② 말기 단계의 질환으로 인한 견딜 수 없는 고통이 있을 것
③ 환자가 스스로 존엄사 요청을 해야 함.
④ 환자 담당의사가 존엄사 자격을 동의하고 특정 질환 분야의 의료 전문가와

25) Oregon Death with Dignity Act 2022 Data Summary, Oregon Public Health Division, 2023. 3. 8, pp.3-13.

정신병 전문가로부터 승인을 받아야 함.

⑤ 이러한 조건이 갖추어진 후에도 7일간의 준비 기간을 두고 환자가 다시 한 번 존엄사 요청을 하여 48시간을 더 기다리도록 하고 있다.

호주의 일부 주에서 엄격한 요건과 절차에 따라 연명치료중단을 시행하는 것을 제외하고, 현재 호주 대부분의 주에서는 존엄사가 허용되지 않는다. 이러한 이유로 2018년 5월에 호주의 생태학자인 104세 데이비드 구달 박사는 스위스에 가서 존엄사를 하였다. 참고로, 그는 스위스에 위치한 존엄사 혹은 조력자살을 돕는 기관인 세계죽을권리연합회(The world federation of right to die societies)[26]의 도움을 받았으며, 연합회의 홈페이지에는 '죽을 권리'에 관한 여러 정보가 게시되어 있다.

4) 일 본

존엄사를 허용하자는 법률안이 국회에 제출되기도 하였으나, 아직은 법원에서 개별 사안을 검토해 존엄사의 처벌 여부를 판단하고 있다. 즉, 죽음이 임박했을 경우의 생명 연장만을 위한 치료를 거부하는 것은 일정한 조건하에서 인정될 수 있다. 일본의 존엄사 논쟁사에 있어서는 1962년 나고야 재판소의 판례, 1995년 요코하마 재판소의 판례, 2007년 도쿄 고등재판소의 판례가 널리 알려져 있다. 대학 병원에서 가족의 요청에 의하여 환자에 대한 연명치료를 중단한 의사에 대하여 집행유예를 선고하면서, 요코하마 법원은 ① 환자의 극심한 고통 ② 죽음의 임박성 ③ 본인의 자발적 의사 표시 ④ 다른 고통 제거의 수단이 없음 등을 조건으로 하여 소극적 안락사를 허용하는 듯한 태도를 취하고 있다. 이 판결에서는 환자 본인의 자기결정권이 존중되어야 한다는 점과 연명치료 중단이라고도 부를 수 있는 소극적 존엄사의 경우에는 형사처벌되지 않을 수도 있다는 점에 의미를 찾을 수 있다. 일본에서는 1976년부터 일본 존엄사협회(초기의 명칭은 일본 안락사협회였음)가 조직되어 연명치료 중단운동이 전개되고 있고, 존엄사법 입법운동도 지속적으로 전개되고 있다. 그러나 "존엄사의 법제화를 희망하는 목소리도 높지만, 여전히 일본에서는 법제정에는 신중을 기하고 있"[27]는 단계에 있으며, 일본은 법률이 아닌 가이드라인을 통하여 연명의료중단의 문제에 대응[28]하고 있다.

---

26) https://wfrtds.org 2021. 2. 3. 방문, 2024. 1. 1. 또 방문.

27) 서보건, "일본에서 존엄사 법제에 대한 비교법적 연구", 『가천법학』, 제3권 제3호, 2010, 31쪽.

5) 독 일

환자의 자기결정권을 보장하자는 독일에서의 논의는 1970년대부터 시작되었으나, 독일은 오랫동안 존엄사를 인정하는 법률을 두고 있지 않았다. 다만, 뇌사의 경우에 장기 이식 등을 허용하는 법률을 두고 있었다. 즉, 1997년 9월 26일(동년 12월 1일부터 시행)에 장기의 제공, 적출 및 이식에 관한 법률을 정하여 일정한 기준을 통하여 뇌사자에게서 장기 적출을 허용하고 있다. 독일에서도 국가에 의하여 연명치료중단을 위한 법률이 제정되기 이전에 독일 연방의사회에서 1979년에 '존엄사지원을 위한 독일연방의사회 지침'(Sterbehilfe der Deutschen Bundesärztekammer für die Sterbehilfe)이 먼저 만들어졌다. 독일도 우리의 경험처럼 존엄사법이 입법되지 않은 상태에서 연명치료중단을 요구하는 소송이 수차례 제기되었고, 이러한 소송을 통해서 연명치료중단의 문제를 해결하기 보다는 존엄사법이 필요하다는 사회적 공감대가 형성되었다. 이러한 공감대를 기반으로 하여, 2009년에 환자가 작성한 사전의료지시서의 법적 지위와 절차 등을 정하는 「사전의료지시법」(Patientenver-fügungsgesetz)이 연방법률로 제정되어 시행되고 있다.[29]

6) 프랑스

프랑스에서 일어난 유명한 존엄사 논쟁은 교통사고를 당한 전직 소방관 뱅상 욍베르의 존엄사와 관련한 것이다. 욍베르는 당시 시라크 대통령에게 존엄사를 허용해 달라는 편지를 쓸 정도로 명확하게 자기가 존엄사를 원한다는 의사를 공개적으로 나타내었고 그의 어머니는 2003년 9월에 의사의 도움을 받아 아들을 존엄사시켰다. 어머니와 의사는 조사를 받았지만 검찰은 기소를 유예하였다. 이러한 존엄사에 관한 사회적 경험을 한 프랑스는 2004년 11월 30일에 「환자와 임종의 권리에 관한 법률」을 제정하였다. 이 법률은 소생 가망이 없는 말기환자가 생명연장 치료를 거부할 수 있는 권리를 갖도록 하는 것을 내용으로 한다.[30] 이로써 프랑스는 네덜란드처럼 존엄사를 인정하는 것은 아니지만, 말기환자에게 연명치료중단에 관한 권리를 부여함으로써 '존엄하게' 죽을 권리를 법적으로 인정하였다.

---

28) 양천수, "연명의료중단을 통한 생명의 처분가능성−일본의 논의를 예로 하여", 『인권법평론』, 전남대 법학연구소 공익인권법센터, 제24호, 2020, 159쪽.

29) 주호노, "존엄사의 법제화에 관한 최근 동향", 『한국의료법학회지』, 제21권 제2호, 2013, 182쪽.

30) <서울신문>, 2004. 12. 17.

6. 연명의료결정법의 제정에 이르기까지의 과정

1) 존엄사를 인정하는 법률의 필요성

하나의 시점을 기준으로 생사가 명확히 갈라지는 것이 아니라, 죽음은 생명이 소멸해가는 하나의 과정이라고 이해되고 있다. 즉, 죽음의 과정 중에서 인체의 장기와 조직은 각각 다른 속도로 그 기능이 정지된다. 대개 호흡이 정지된 후에 수십 초가 지나면 의식이 사라지고 산소공급이 중단되며, 약 6분 정도가 지나면 뇌세포의 혈액순환이 중단되고, 다시 3~4분 정도가 흐르면 심장기능이 영원히 정지된다. 사망 원인에 따라 순서가 다를 수 있고 사람에 따라 시간이 다를 수 있지만, 사람은 기본적으로 호흡, 혈액순환, 뇌기능의 3가지 요소에 의하여 생명이 유지된다고 할 수 있다. 의료기술이 발달되기 전에는 사망을 과정이 아닌, 하나의 현상으로 파악하였기에 뇌사나 식물인간 등의 복잡한 문제가 야기될 소지가 없었고, 존엄사의 문제는 제기되지 않았다.

법적인 관점에서 사망의 시점을 정하는 것은 의학적인 사망의 개념을 도외시할 수가 없을 것이다. 의학적인 사망의 시점이 당겨지거나 늦추어질 경우에 이러한 기준에 무조건 종속되어서는 안 되지만, 생명보호의 범위와 한계 그리고 타 법익과의 조화를 꾀하는 법적인 고려는 필요하다. 따라서 의학수준 및 의료기술의 발전에 따른 법적 대응의 문제가 대두된다.

공청회 의견

우리나라에는 1년에 25만 명의 국민이 사망하고 있다. 의학의 발전으로 진료현장에는 연명치료 등 복잡한 문제들이 점점 증가하고 있음에도 불구하고, 임종과 관련한 의료제도는 수십 년 전의 상황과 달라진 것이 없다. 그러다 보니, 임종과정에서 환자및 보호자들이 불필요한 고통을 받고 있고, 국가적으로는 엄청난 의료자원이 무의미한 연명치료 등에 낭비되고 있다.(허대석, "호스피스: 진료현장에서 해결되어야 할 문제들", 호스피스완화의료법 토론회, 2008. 7. 31, 61쪽)

존엄사가 논의되는 경우가 다양하기는 하지만, 존엄사를 원칙적으로 허용하자는 의견과 금지하자는 의견이 대립하고 있으며, 이에 관한 법원의 판결도 변화하고 있다. 우리 법원의 경우에는 전술한 바와 같이 존엄사 유사사건을 살인 또는 살인방조죄로 형사처벌하고 있었다. 앞에서 살펴본 바와 같이, 2004년 6월에 대법원은 중환자실에서 인공호흡기를 부착하고 치료를 받던 환자의 치료를 중단하고 퇴원케 하여 환자가 사망한 사건에서, 의사에게 살인방조죄로서 징역 1년 6월에 집행유예 2년을 선고한 원심을 확정함을 통하여 존엄사 또는 연명 치료를 중단한 의사의 형사책임을 묻는 판결을 내린 적이 있다. 이후 2009년 5월에 대법원은 중환자실에서 인공호흡기를 부착하고 치료를 받던 환자의 가족들에 의한 연명치료 중단 요청을 결과적으로 허용하는 판결을 내린 적도 있다.

이처럼 2004년의 일명 '보라매병원 사건'이나 2009년의 일명 '세브란스병원 사건' 등 2건의 대법원 판결은 2001년 대한의사협회가 연명치료 중단 또는 존엄사를 허용하는 의사윤리지침을 만들었을 때와 유사한 사회적 논란을 일으키는 계기가 되었다. 의사를 형사처벌하는 방법을 통하여 존엄사를 규제하려는 방식은 바람직하지 못하다. 존엄사의 허용 여부와 범위 및 요건 등에 관한 사회적 합의를 바탕으로 하여 존엄사 문제에 대한 신중한 입법적 접근[31]이 요구되었다.

2) 존엄사법의 입법에 관한 헌법재판소의 결정

앞서 설명한 '세브란스병원 사건'과 관련하여, 연명치료 중인 환자의 자녀들은 국회가 '연명치료의 중단에 관한 기준, 절차 및 방법 등에 관한 법률'을 입법하지 않은 것에 대하여 헌법재판소에 소송을 제기하였다.

우리나라에는 자연사에 관한 입법 즉, 무의미한 연명치료의 중단에 관한 법률이 없기 때문에 죽음의 과정에 있거나 식물인간 상태의 환자에게도 생명의 절대적 보호라는 명분 아래 무의미한 치료가 계속된다. 따라서 국가는 위와 같은 환자에 대한 무의미한 연명치료를 중단하고 자연스럽게 죽음을 맞이할 권리를 보호하기 위하여 자연사에 관한 법률을 마련하여야 한다는 취지의 주장이다. 즉, 국회가 법률을 만들지 않아 환자의 기본권이 침해되었다고 하는 헌법소원(입법부작위 위헌확인)을 헌법재판소에 제기하였다.

이에 대하여 헌법재판소는 "연명치료를 중단하고 자연스런 죽음을 맞이하는 문제는 생명권 보호라는 헌법적 가치질서와 관련된 것으로 법학과 의학만의 문제가 아니라 종교, 윤리, 나아가 인간의 실존에 관한 철학적 문제까지도 연결되는 중대

---

31) 이상돈, "보라매병원 사건에 대한 대법원 판례의 문제점과 법제화 대안", 연명치료중단의 정책적 대토론회, 대한의사협회, 2004, 15-19쪽.

한 문제이므로 충분한 사회적 합의가 필요한 사항이다. 따라서 이에 관한 입법은 사회적 논의가 성숙되고 공론화 과정을 거친 후 비로소 국회가 그 필요성을 인정하여 이를 추진할 사항"[32]이라고 하였다. 비록, '연명치료 중단에 관한 자기결정권'을 보장하기 위해 반드시 입법이 필요한 것은 아니지만, 연명치료의 중단에 관한 사안은 '사법기관의 결정례에서 제시된 기준'에 의하기보다는 '국회의 법률을 통한 요건과 절차'에 의하여 규율되는 것이 대의제나 법률유보원칙에 충실한 문제해결방식이라는 것이다.

3) 발의된 법안들

2006년 2월 24일에 안명옥 의원은 '연명치료중단'을 인정하기 위한 「의료법」 개정안을 발의하였다.

> **참고** 안명옥 의원이 대표 발의한 의료법 개정안의 제안 이유
>
> 의학적으로 회생 불가능한 환자를 특수 기계장치 등을 통해 억지로 연명시키는 것은 환자 본인에게나 그 가족에게 큰 고통이며 사회적인 부담도 큰 것이 현실이다. 회생 불가능한 환자의 의료비 지원이나 생계비 보조 등 경제적 지원 장치도 없고, 환자나 보호자의 의사에 반해 치료를 강행할 수 있는 제도적 장치가 없는 상태에서 여러 가지 이유로 연명치료 중단을 요구하는 보호자나 이를 승인한 의사에게 일방적으로 책임을 묻는 것은 불합리하다. 따라서 의학적으로 회복 불가능한 환자에 관하여 무의미한 치료의 지속으로 발생하는 사회적 문제를 의료인과 환자 등의 당사자가 아닌 사회 전체의 입장에서 해결하기 위하여 의료인은 법 제54조의2에 의한 중앙의료심사조정위원회 및 지방의료심사조정위원회의 심사결정에 따라 치료중단을 할 수 있도록 하였다.

> **의료법 일부개정법률안 제16조의2(치료계속의 결정 등)** ① 의료인은 제16조의 규정에 불구하고 환자 등의 치료중단 요구 또는 의학적 기준에 따른 치료 중단 등이 필요하다고 판단되는 경우에는 제54조의2의 규정에 따른 중앙의료심사조정위원회 및 지방의료심사조정위원회에 심의 · 결정을 요청할 수 있다.
> ② 의료인은 제54조의2의 규정에 따른 중앙의료심사조정위원회 및 지방의료심사조정위원회의 심의 · 결정에 따라 환자의 치료를 중단할 수 있다.
> ③ 중앙의료심사조정위원회 및 지방의료심사조정위원회의 장은 제2항의 규정에 따른 심의 · 결정 결과를 대통령령이 정하는 바에 따라 보건복지부장관에게 보고하여야 한다.

---

32) 헌재 2009. 11. 26. 2008헌마385.

위 법안은 법률로 만들어지지 못하고, 2008년 5월에 제17대 국회의 임기만료로 인하여 자동 폐기되었다.

이후 2009년 1월 12일에 경제정의실천시민연합(경실련)은 존엄사법을 제정하여 달라는 입법청원을 국회에 제출하였는데, 그 내용은 다음과 같다.

존엄사법 제정을 위한 입법청원

현대 의학으로 회복가능성이 거의 없고 치료가 불가능한 환자를 대상으로 엄격한 요건하에 존엄사를 허용하도록 하는 법 제정을 요구하는 청원임.
- 말기치료 단계에서 환자들은 존엄성 및 자아상실과 같은 인격성을 위협하는 증상들을 두려워하여 존엄하게 죽을 권리, 원하지 않는 치료를 거부할 권리를 주장하지만 이런 요청들은 의료현장에서 의사와 환자보호자들에 의해 무시되거나 법에 의해 허용되지 않는 현실임.
- 이에 현대 의학으로 회복가능성이 거의 없고 치료가 불가능한 환자에 한하여, 인위적으로 생명만 연장하는데 불과한 생명유지 장치를 환자 스스로가 보류하거나 중단할 수 있도록 하는 등 환자가 존엄한 죽음에 대한 자기결정권을 행사할 수 있도록 존엄사법의 제정을 요구함.

또한 제18대 국회인 2009년 2월 5일에는 신상진 의원의 대표발의로 존엄사법안이 발의되었다. 그 중요 내용은 다음과 같다.

> **참고** 신상진 의원이 대표 발의한 존엄사법 제정안의 제안 이유
>
> 존엄사는 안락사와는 명확히 구분되는 것으로 현대 의학으로 회복가능성이 거의 없고 치료할 수 없는 환자에 한정하여, 단지 인위적으로 생명만 연장하는 데 불과한 생명유지 장치를 환자 스스로가 보류하거나 중단할 수 있도록 자기결정권을 행사할 수 있게 하고, 이러한 의사결정을 존중하고 보호할 수 있도록 하는 데 그 목적을 두고 있음. 이에 변화된 우리 사회의 실정과 인식을 반영하여 말기환자에 대한 인권의 차원에서 존엄한 죽음과 관련된 말기환자의 자기결정권을 존중하기 위해 존엄사에 대한 개념, 절차, 요건 등을 법제화하려는 것임.

존엄사법안 제1조(목적) 이 법은 말기환자의 인간의 존엄과 가치에 위해를 주는 것을 방지하고, 말기상태에서 말기환자의 의사표시를 존중하여 자기결정권에 따른 의료처치를 가능하게 함으로써 말기환자의 권익을 보장하고 그 적정성을 유지함을 목적으로 한다.

제2조(정의) 이 법에서 사용하는 용어의 정의는 다음과 같다.

1. ‘말기환자’란 의학적 기준에 따라 2인 이상의 의사에 의하여 말기상태임을 진단받은 환자를 말한다.
2. ‘말기상태’란 상해나 질병으로 인하여 의학적 판단으로 회복가능성이 없고 치료가 불가능하여, 연명치료가 없는 경우 단기간 내에 사망에 이르게 되는 상태로서, 이 상태에서의 연명치료의 적용은 단지 죽음의 과정을 연장하는데 기여하고 있는 것을 말한다.
3. ‘담당 의사’란 의료법상의 의사의 자격을 취득한 자로서 말기환자의 치료를 책임지도록 선택되거나 선임된 의사를 말한다.
4. ‘연명치료’란 기계적 또는 다른 인위적 수단을 사용하는 의학적 간섭으로 말기환자의 필수적 기능을 유지하기 위하여 사용되지만, 단지 말기환자에게 죽음의 과정을 연장하는 형태의 시술을 말한다.
5. ‘응급의료처치’란 기관 내 삽관 또는 체외의 심장마사지, 심장 전기충격 등의 의료처치로서 보건복지가족부령으로 정한 것을 말한다.

제11조(연명치료의 선택권) ① 말기환자는 연명치료 시술 여부에 대한 선택권이 있으며, 이에 대해 충분한 설명을 받을 권리가 있다.
② 말기환자는 말기상태에서 연명치료가 행해지는 경우를 예상하여 사전에 연명치료를 거부하는 의사결정을 할 수 있다.
③ 말기환자에게 연명치료를 이미 행하고 있는 경우에는 말기환자는 연명치료의 중단을 요구하는 의사결정을 할 수 있다.

이외에도 2008년 12월 9일에 김충환 의원의 대표발의로 ‘호스피스 · 완화의료에 관한 법률안’이 발의되었고, 2009년 6월 22일에는 김세연 의원의 대표발의로 ‘삶의 마지막 단계에서 자연스러운 죽음을 맞이할 권리에 관한 법률안’이 발의되었다. 그러나 제18대 국회에서 발의된 존엄사 법안들은 제18대 국회의 임기만료로 모두 자동 폐기되었다.

2013년 5월에 대통령소속 국가생명윤리심의위원회 산하 특별위원회는 ‘환자의 연명의료 자기결정에 관한 권고안(초안)’을 마련하였다.[33] 의료계, 종교계, 윤리계, 시민단체 등에서 추천된 11인으로 구성된 특별위원회의 입법권고안에는 말기환자가 연명의료 대신 호스피스나 완화의료를 선택할 수도 있도록 하는 내용을 담고 있었다.

제19대 국회에 들어와서도 존엄사법안 발의는 계속되었다. 2015년 6월 5일에는 신상진 의원이 제18대 국회에 이어 존엄사법안을 재차 발의하였다. ‘존엄사법안’은 환자의 존엄사를 ‘2명 이상의 의사가 말기 상태로 진단해 의학적으로 회복

---

33) 국가생명윤리위원회 특별위원회, 환자의 연명의료 자기결정에 관한 권고안, 2013. 5. 참조.

가능성이 없는 경우'로 정했다. 의료지시서를 등록하지 않은 말기환자가 연명치료에 대한 의사표시를 할 수 없을 때에는, 환자의 배우자나 직계존비속 전원의 동의가 있는 경우에 한해 이들이 연명치료 실시 여부를 대신 결정할 수 있게 하였다.

2015년 7월 7일에는 김재원 의원이 '호스피스·완화의료의 이용 및 임종과정에 있는 환자의 연명의료 결정에 관한 법률안'을 발의했다. 국립연명의료관리기관을 설립하여 성년자가 작성한 사전연명의료의향서 DB를 구축하도록 하고, 보건복지부에서 일정한 기준을 충족하는 의료기관을 호스피스·완화의료전문기관으로 지정하도록 하였다. 연명의료계획서 또는 사전연명의료의향서가 있고 담당의사가 환자에게 그 내용을 확인한 경우에는 이를 연명의료결정에 관한 환자의 의사로 보고, 연명의료계획서나 사전연명의료의향서가 없는 경우에는 환자가족 2명 이상의 일치하는 진술이 있고 담당의사 등의 확인을 거친 때에는 이를 연명의료결정에 관한 환자의 의사로 본다는 내용을 담고 있다.

그간 의료현장에서의 필요, 연명치료환자 가족들의 요청, 비교입법적 경향성, 법원의 입법권고 등이 있음에도 불구하고, 이때까지 발의된 존엄사 혹은 연명치료 중단과 관련된 법안은 모두 폐기되었다. 어떠한 내용과 절차를 담고 있든 간에 연명치료중단을 허용하는 입법은 "생명에 대한 침해를 공인하는 것을 의미"[34]한다는 비판론이 당시에는 우세하였다고 할 수 있다.

4) 제정된 법률

그간의 입법운동과 수차례 발의된 법안 등에 힘입어 제19대 국회 말기인 2016년 2월 3일에 「호스피스·완화의료 및 임종과정에 있는 환자의 연명의료결정에 관한 법률」(약칭 「연명의료결정법」)이 제정·공포되었고, 이렇게 제정된 법률은 일부 조항은 1년 6개월, 일부 조항은 2년이라는 오랜 시행준비기간을 거쳐 2018년 2월 4일부터 본격적으로 시행되고 있다.

「연명의료결정법」에서는 연명의료, 말기환자, 호스피스 등이 무엇을 의미하는지 법률적으로 정의하고 있다. 연명의료란 임종과정에 있는 환자에게 심폐소생술, 혈액 투석, 항암제 투여, 인공호흡기 착용 등을 의미하는 것으로, 치료효과 없이 임종과정의 기간만을 연장하는 것이다. 또한 말기환자란 암, 후천성면역결핍증, 만

---

34) 주호노, "존엄사의 허용요건과 법제화의 방향", 『한국의료법학회지』 제21권 제1호, 2013. 6, 120쪽.

성 폐쇄성 호흡기질환, 만성간경변 등의 질환에 걸려 회복가능성이 없고 증상이 악화되어 수개월 이내에 사망할 것으로 예상되는 진단을 받은 환자이다. 그리고 호스피스란 말기환자 또는 임종과정에 있는 환자와 그 가족에게 통증과 증상의 완화 등을 포함한 신체적·심리사회적·영적 영역에 대한 종합적인 평가와 치료를 목적으로 하는 의료를 의미하는 것이다. '연명의료계획서'와 '사전연명의료의향서'의 구별이 다소 난해한데, '연명의료계획서'란 말기환자 등의 의사에 따라 담당의사가 환자에 대한 연명의료중단등결정 및 호스피스에 관한 사항을 계획하여 문서로 작성한 것이고, '사전연명의료의향서'란 19세 이상인 사람이 자신의 연명의료중단등결정 및 호스피스에 관한 의사를 직접 문서로 작성한 것이다. 연명의료를 중단하는 경우에도, 통증 완화를 위한 의료행위와 영양분 공급, 물 공급, 산소의 단순 공급은 보류되거나 중단되어서는 아니된다.

> **참고** 연명의료결정법 주요내용
>
> 1. 연명의료결정의 관리 체계(제9조-제14조): 연명의료결정 및 그 이행에 관한 사항을 적정하게 관리하기 위하여 국립연명의료관리기관을 두고, 연명의료계획서의 작성 및 내용, 등록·보관 및 변경·철회 등에 관한 사항과 사전연명의료의향서의 작성 및 내용, 등록기관의 지정 등에 관한 사항을 규정
> 2. 연명의료결정의 이행(제15조-제20조): 담당의사는 환자가 임종과정에 있는지 여부를 전문의 1명과 함께 판단하고, 의료기관에서 작성된 연명의료계획서가 있는 경우, 사전연명의료의향서가 있고 담당의사가 환자에게 그 내용을 확인한 경우에는 이를 연명의료결정에 관한 환자의 의사로 봄. 연명의료계획서나 사전연명의료의향서가 없는 경우에는 환자가족 2명 이상의 일치하는 진술이 있고 담당의사 등의 확인을 거친 때에는 이를 연명의료결정에 관한 환자의 의사로 봄.
> 3. 호스피스·완화의료(제6조, 제21조, 제23조, 제24조 및 제26조): 보건복지부장관은 말기환자 대상 호스피스전문기관을 설치·운영하려는 의료기관 중 보건복지부령으로 정하는 시설·인력·장비 등의 기준을 충족하는 의료기관을 호스피스전문기관으로 지정할 수 있고, 말기환자의 통증관리 등 증상 조절을 위한 지침 등을 개발

이 법률에 따라서 인공호흡이나 심폐소생술 등의 연명의료행위를 하지 말라는 내용의 사전연명의료의향서(AD; Advance Directives)를 미리 작성하여 가족이나 병원 등에 맡겨두는 사람이 점차 늘어나고 있다. 2018년 법률 시행 이후 2022년까지 5년 동안, <표 13-1>에서 보는 바와 같이, 이 제도를 통해 사전연명의료의향

서를 작성한 건수는 1,575,477건(19세 이상 인구의 3.61%)이고 연명의료계획서를 작성한 건수는 104,799건이다.

표 13-1 사전연명의료의향서 등록현황[35]

	누적	2018년	2019년	2020년	2021년	2022년
등록	1,575,477	93,395	432,488	257,957	370,317	413,683
남성	494,856	30,400	122,772	81,432	120,045	137,779
여성	1,080,621	62,995	309,716	176,525	250,272	275,904

「연명의료결정법」시행의 초기 모니터링 결과로는 연명의료중단등결정 및 이행의 효과가 심폐소생술, 인공호흡기, 혈압상승제라는 제한된 의료행위로만 그치고 있으며, 이러한 수준의 영향이 과연 생애 말기와 사망 과정에 있어서의 삶의 질을 증진하고 "환자의 최선의 이익을 보장"하였는지 확신할 수 없다는 평가가 있다.[36] 특히 연명의료중단 이후에 의료적 방치 혹은 방임이 발생하며 생애말기 돌봄 서비스로 이어지지 못한다는 지적[37]에 주목하여, 환자의 연명의료중단 이후에 호스피스·완화의료로 이어질 수 있도록 법령과 서비스를 개선해 나갈 필요가 있다.

「연명의료결정법」의 향후과제로는 연명의료중단대상과 연명의료의 범위를 확대하고 의사와 병원윤리위의 권한을 확대하여야 한다는 의견,[38] 법률이 정하고 있는 각종 서식을 작성할 가족이 없는 '무연고 환자'의 연명치료중단에 관한 규정이 없다는 것과 의사능력이 없게 되는 경우 의료결정을 대신 행사한 권한을 위임할 '대리인 지정 제도'에 관한 근거 규정이 없다[39]는 점 등이 지적되고 있으며, 주요 외국의 연명의료결정에 관한 법률에서는 이러한 경우를 대비하는 규정을 두고 있는데, 「연명의료결정법」의 제정과정에서는 이에 관한 사항이 합의에 이르지 못하

---

35) 『2022 연명의료결정제도 연보』, 국립연명의료관리기관, 2023. 6, 64쪽.

36) 김정아, 김도경, 문수경, 손민국, "국민건강보험공단 빅데이터를 통해 본 연명의료중단 등 결정의 이행 현황", 『생명, 윤리와 정책』, 제7권 제1호, 2023, 19쪽.

37) 이은상, "고령자 웰다잉을 위한 법제 개선 방안 – 호스피스·완화의료과 연명의료결정을 중심으로", 『행정법연구』, 제72호, 2023, 85쪽; 이은영, 이소현, 백수진, "연명의료결정제도의 한계와 개선방향 모색을 위한 고찰", 『한국의료법학회지』, 제30권 제2호, 2022, 116쪽.

38) 강다롱, "비교법적 검토를 통한 연명의료결정법의 개선방향에 관한 제언", 『과학기술과법』, 제9권 제1호, 2018, 52쪽 이하.

39) 연명의료결정 법제화 백서, 국가생명윤리정책원, 2018, 102쪽 이하.

였다. 이러한 점에 관해서도 논란은 있지만, 개선이 필요한 사항이다.

또한 연명치료중단의 요건이 너무 엄격하여 실효성이 없다는 지적도 있는 반면에, 제도가 악용될 수 있다며 연명치료중단에 반대하는 주장도 여전하다. 현실에서 발생하는 연명치료의 양상과 사례가 워낙 다양하기 때문에, "법의 취지에 맞지 않는 결과들이 우리의 의료현실에서 보여진다면 당연히 지속적인 토론과 개선이 필요"[40]하다는 의견이나, "실제 법률 절차대로 연명의료중단등결정을 하고 이행을 해보고, 해보니 실제 문제가 무엇인지를 수집하고 분석하여 적절한 해결방안을 의견을 마련하여야 할 것"[41]이라는 의견에 주목하여, 법령과 제도를 지속적으로 보완하여야 할 필요가 있다.

7. 향후 과제

'보라매병원 사건'이나 '세브란스병원 사건' 이외에도 우리나라에서는 여러 건의 연명치료 중단이 법적으로 문제되고 이로 인하여 사회적 논쟁이 진행되었다. 2003년에는 아버지가 희귀병을 앓고 있는 딸의 산소호흡기 전원을 꺼서 사망한 사건이 발생하였다. 아버지에게는 살인죄가 적용되어 1심에서 징역 2년 6개월과 집행유예 3년이 선고되었다.[42] 2007년 7월에 72세의 간경변 말기환자의 산소호흡기를 떼어낸 의사와 이에 동의한 가족이 살인 등의 혐의로 고소된 사건에서, 검찰은 의사와 가족에 대하여 무혐의처분을 한 경우도 있다. 2024년 현재의 시점에서도 혼수상태로 누워있는 가족의 인공호흡기를 떼어내거나 법률이 허용하는 요건과 절차를 무시하고 생명유지에 필요한 장치나 도구를 제거하여 사망에 이르게 한 행위에 대한 처벌 여부와 관련한 사례와 법적 분쟁은 여전히 발생하고 있다. 연명치료중단 혹은 존엄사의 상황도 다양하지만, 이에 대한 법적 처리 역시 차이가 크다.

그간 존엄사의 개념과 절차, 요건, 처벌 규정 등 엄격하면서도 실용적인 내용이 담겨야 한다는 의견[43] 또는 연명치료를 중단할 수 있는 합리적인 요건과 절차

---

40) 안희준, "연명의료결정법 1주기 평가와 종양내과 의사로서 느끼는 법과 임상현장의 괴리", 『한국의료윤리학회지』, 제22권 제2호, 2019, 126쪽.
41) 김명희, "연명의료결정법의 문제점 및 개선방안", 『한국호스피스완화의료학회』, 제21권 제1호, 2018, 7쪽.
42) 권혁남, "연명치료중단에 관한 사례비교 및 존엄사의 정당화 가능성 연구-고 김수환 추기경과 고 김대중 전 대통령의 사례를 중심으로", 『생명윤리』, 제11권 제1호, 2010. 6, 35쪽.

에 대한 입법을 추진할 필요가 있다는 의견44) 등이 제시되었다. 이러한 입법운동에 힘입어 제정된 「호스피스·완화의료 및 임종과정에 있는 환자의 연명의료결정에 관한 법률」45)이 2018년 2월 4일부터 시행되고 있다. 보라매병원 사건이 발생한 지 약 20년이 지나는 동안의 많은 사건 처리와 오랜 논쟁을 겪은 후에 「연명의료결정법」이 만들어져 시행되고 있는 것이다.

또한 죽음을 선고받은 사람들이 죽음의 순간까지 인간다운 삶을 살도록 하자는 의미에서 시작된 호스피스(hospice, 安息院, '완화의료'로 번역되기도 함) 운동이 존엄사에 대한 대안으로서 평가를 받았으며, 우리나라에도 1990년대에 민간차원에서 도입되어 지지를 받고 일부 활용되기도 하였다.46)47)48) 2009년에 선종(善終)한 김수환 추기경도 연명치료를 하지 않겠다는 뜻을 사전에 밝히고 연명치료를 받지 않은 바 있으며, 이를 통해 호스피스에 대한 관심이 높아지기도 했다. 호스피스는 죽음을 앞둔 말기환자와 그 가족을 돌보는 행위로 치료 목적보다는 '삶을 마감하는 과정'을 도와주는 것으로, 죽음을 앞둔 환자에게 연명치료 대신 통증완화와 상담 등을 제공하는 의료행위이다. 즉, 심폐소생술, 인공호흡 등은 하지 않지만, 통증완화나 영양공급, 물공급, 간병 등이 호스피스 혹은 완화치료의 주요 내용이다. 호스피스·완화의료는 말기환자 등에게 안락사, 존엄사, 연명치료 중단, 의사원조자살보다는 '품위 있고 적절한' 보살핌을 제공한다고 평가받는다. 앞으로는 호스피스 전문인력을 양성하고 시설을 개선하며 비용부담을 적정화하여야 한다. 호스피

---

43) <서울신문>, 2009. 5. 22.

44) <법률신문>, 2013. 6. 14.

45) 약칭 '환자연명의료결정법'이며, 제안이유는 "연명의료에 대한 기본원칙, 연명의료결정의 관리 체계, 연명의료의 결정 및 그 이행 등에 필요한 사항을 정하여 임종과정에 있는 환자의 연명의료결정을 제도화함으로써 환자의 자기결정을 존중하고 환자의 존엄과 가치를 보장하며, 암환자에만 국한되어 있는 호스피스 서비스를 일정한 범위의 말기환자에게 확대 적용하도록 하고, 호스피스에 대한 체계적이고 종합적인 근거 법령을 마련하여 국민 모두가 인간적인 품위를 지키며 편안하게 삶을 마무리할 수 있도록 하려는 것임"이다.

46) "연명치료 중단의 허용여부와 관련하여 호스피스제도의 도입이 필요하므로 이에 관한 논의가 병행되어야 할 것임." 보건복지위원회 수석전문위원, 의료법 일부개정법률안(안명옥 의원) 검토보고서, 2006. 4, 17쪽.

47) "정부로서도 국민의 삶의 질을 높이는데 밀접한 관련이 있는 호스피스의 제도화를 더 이상 뒤로 미룰 수 없는 시급한 문제가 되었다." 문국진, 『생명윤리와 안락사』, 여문각, 1999, 271쪽.

48) "안락사/의사조력자살 등의 과격한 수단에 비하면 완화의학과 호스피스는 의료본연의 목적에 충실하면서 임종환자들을 자연스럽고 인간적으로 돌볼 수 있다는 장점이 있으므로 이 분야에 대한 관심과 지원이 더 커져야 할 것이다." 권복규·김현철, 『생명윤리와 법』, 이화여자대학교출판부, 2005, 111쪽.

스 전문시설이 '죽으러 가는 곳'이 아니라 '편안하게 생을 마감할 준비를 하는 곳'으로 인식될 수 있도록 제도와 서비스가 개선되어야 한다.

존엄사를 인정하느냐 마느냐는 논쟁이 명분론 논쟁이라고 한다면, 연명치료중단 또는 호스피스의 제도화는 실리를 추구하는 실용론으로 볼 수 있는 바람직한 방향이라고 본다. 그간의 입법운동에 힘입어 2016년 2월 3일에 「연명의료결정법」이 제정·공포되고, 2018년 2월 4일부터 본격 시행되고 있으며, 이러한 웰다잉법의 입법은 일단 긍정적으로 평가되고 있다. 그러나 「연명의료결정법」이 만들어졌다고 하여 존엄사 혹은 연명치료중단에 관한 모든 문제가 해결되거나 논쟁이 종료된 것은 아니다. 「연명의료결정법」의 미비점을 계속 보완해 나가야 하는 것은 물론이고, 존엄사의 범위가 무분별하게 확대되거나 존엄사가 남용·악용되는 등의 위험도 경계되어야 한다.

그리고 연명치료 중단 뿐만 아니라, 데이비드 구달 박사의 경우 혹은 논쟁을 불러온 스위스의 의사조력자살처럼, 보다 적극적인 존엄사를 허용하자는 의견도 있다. 즉, "의사조력자살은 전면 금지가 아니라 허용하되 남용을 방지하는 구체적인 입법을 연구할 때가 되었다"[49]는 의견이나 "우리나라에서도 의사조력자살의 합법화가 논의될 경우 아마도 심각한 사회적 갈등과 대립을 겪을 것으로 보인다"[50]는 등의 다양한 의견이 있는 것이다. 향후 논의는, 지난 안락사-존엄사-연명치료중단의 논의단계를 뒤로 하고, 의사조력자살에 관한 논의[51]가 이 분야에서의 떠오르는 사회적 의제가 될 것으로 보인다. 법적으로는 「연명의료결정법」의 지속적인 보완 그리고 사회적으로는 의사조력자살에 관한 논의가 향후 진행방향이라고 볼 수 있는 것이다.

---

49) 문재완, "죽을 권리에 관한 연구-의사조력자살을 중심으로", 『헌법학연구』, 제26권 제3호, 2020, 33쪽.

50) 김선택, "의사조력자살의 합법화: 세계적 동향", 『한국의료법학회지』, 제26권 제1호, 2018, 68쪽.

51) 최인화, "조력존엄사법안에 대한 헌법적 검토", 『서강법률논총』, 제12권 제1호, 2023, 91쪽; 차승연, 이봄이, 전우휘, 백수진, "국회 의사조력자살 입법례 고찰", 『생명, 윤리와 정책』, 제7권 제1호, 2023, 49쪽.

CHAPTER

14

인구구조의
변화와 법

CHAPTER

14

인구구조의 변화와 법

1. 세계적인 현상 - 인구구조의 변화

인구구조의 변화가 가져올 파장은 심각한 위기를 초래할 수 있다. 한 나라의 흥망성쇠에도 영향을 줄 수 있을 만큼 강력한 것이기 때문이다.[1] 인구구조의 변화는 세계적으로 보편적인 특성을 지니기도 하지만, 국가적 특성을 지니기도 한다. 따라서 대부분의 국가에서는 인구의 변화를 상시 관찰하고 있으며, 예측되는 인구 및 인구구조의 변화에 기반하여 관련 정책을 수립하고 법령을 입법하고 있다. 인구성장률은 인구변화의 대표적인 지표로 총인구와 함께 국가의 장·단기 발전계획 수립이나 각종 경제 및 사회 정책 수립에 필요한 가장 기본적인 자료이다. 인구성장률은 출생과 사망의 격차에 의한 자연 증가와 인구이동에 의한 사회적 증가를 반영한다.

한국의 인구는 광복 이후 크게 증가하였다. 만주와 일본에서 대규모 인구가 국내로 귀환하고 한국전쟁 기간 동안 북한에서 많은 피난민들이 유입되었다. 또한 전쟁 이후 1955-1960년 사이에 베이비붐 현상으로 1960년에는 3.0%의 높은 성장률을 기록하였다. 이후 한국의 인구성장률은 1970년 2.18%, 1980년 1.56%, 1990년 0.99%, 2000년 0.84%. 2010년 0.50%, 2017년 0.28%, 2019년 0.20%, 2020년 0.14이었으며, 이후에는 2021년 -0.18, 2022년 -0.23, 2023년 -0.14로 한국의 인

---

1) 김현기 외, 『2018 인구변화가 대한민국을 바꾼다』, 한스미디어, 2008, 25쪽.

구는 이제 마이너스 성장률을 기록하고 있다.[2]

　국제연합(UN)에서는 지난 1987년 7월 11일 세계 인구가 50억 명을 돌파한 것을 계기로 매년 7월 11일을 '세계 인구의 날(World Population Day)'로 선포하였다. 2021년의 장래인구추계를 반영하여 통계청이 2022년에 발표한 '세계 및 한국의 인구 현황'에 따르면, 2022년에 79억 7천 5백만 명인 세계 인구는 2040년에는 약 92억명, 2070년에는 약 103억명이 될 것으로 전망된다.

표 14-1 세계와 한국의 인구 규모　　　　　　　　　　　　(단위: 백만 명, %)

	1970년		2022년		2040년		2070년	
	인구	구성비	인구	구성비	인구	구성비	인구	구성비
세　　계	3,695	100.0	7,975	100.0	9,189	100.0	10,299	100.0
아프리카	365	9.9	1,427	17.9	2,093	22.8	3,206	31.1
아 시 아	2,145	58.1	4,722	59.2	5,177	56.3	5,206	50.5
유　　럽	657	17.8	744	9.3	723	7.9	648	6.3
라틴아메리카	287	7.8	660	8.3	732	8.0	738	7.2
북아메리카	222	6.0	377	4.7	411	4.5	436	4.2
오세아니아	19	0.5	45	0.6	54	0.6	64	0.6
남 북 한	47	1.3	78	1.0	77	0.8	61	0.6
한　　국	32	0.9	52	0.6	50	0.5	38	0.4
북　　한	15	0.4	26	0.3	26	0.3	24	0.2

* 자료: 통계청 보도자료, 세계와 한국의 인구현황 및 전망, 2022. 9, 6쪽.

　그리고 2023년 12월에 발표된 통계청의 장래인구추계(2022-2072년)에 따르면, 우리나라의 총인구는 2022년 현재 5,167만명에서 2024년 5,175만명 수준으로 증가한 후 감소하여 2030년 5,131만명, 2072년에는 3,622만명에 이를 전망이다.[3]

---

2) 인구성장률, 대한민국 공식 전자정부 누리집 http://www.index.go.kr/unity/potal, 2024. 1. 1. 방문.
3) 보도자료, 『장래인구추계: 2022~2072년』, 통계청, 2023. 12. 13, 1쪽.

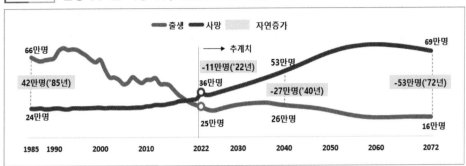

표 14-2 출생아수 및 사망자수, 1985년 ~ 2072년

* 자료: 보도자료, 『장래인구추계: 2022~2072년』, 통계청, 2023, 1쪽.

인구구조의 변화 특히 출산율의 감소나 노령인구의 증가 등의 현상은 법과 별 관련이 없는 것처럼 보인다. 그러나 법은 사회현상을 반영하거나 규제하는 경우도 있지만, 국가의 일정한 정책을 유도하여야 하는 경우도 있다. 국가는 인구구조의 변화가 우리 국가와 사회에 미칠 영향을 예측하여 이에 대한 정책적 대응을 하여 야 한다. 인구구조 변화에 대한 정책적 대응은 물론이고, 국가의 중요 정책은 법 률로서 규정되어야 하기 때문에, 인구변화와 법은 무관하지 않은 것이다.

2. 인구구조의 변화와 그 원인

국제연합유엔의 정의에 따른 고령화 사회의 분류는 다음과 같다. 즉, 고령화 사회(aging society)는 전체 인구 중 65세 이상 고령인구 비율이 7% 이상~14% 미 만인 사회이고, 고령사회(aged society)는 14% 이상~20% 미만인 사회이며, 초고령 사회(super-aged society)란 20% 이상인 사회를 의미한다. 우리나라의 총인구 중 65세 이상 인구는 지난 2000년에 이미 7.2%에 이르러 고령화 사회(aging society) 에 들어섰으며, 2020년의 65세 이상 인구는 전체 인구의 15.7%로 고령사회(aged society)에 이르렀고, 2025년에는 20.3%에 이르러 초고령사회에 진입할 것으로 예 상되고, 2065년에는 65세 이상 인구가 46.1%대까지 늘어날 전망이다.[4]

<표 14-3>에서 보는 바와 같이 초고령 사회(super aged society)에 도달한 국 가는 독일·일본·이탈리아 등이다. 우리나라는 지금 고령사회(aged society)인데,

---

4) 보도자료, 『장래인구특별추계: 2017~2067년』, 통계청, 2019. 3. 27, 19쪽.

초고령 사회로 진입하는 소요기간이 다른 주요국가에 비하여 빠르다. 즉, 프랑스 40년, 미국 16년, 이탈리아 20년, 독일 38년, 일본 12년 등 다른 국가에 비하여 보더라도 8년이라는 매우 빠른 기간에 인구의 초고령화가 진행됨을 보여주고 있다.

표 14-3 주요국의 고령화 소요 연수

국 가	도달 연도(년)			소요 연수(년)	
	고령화사회	고령사회	초고령사회	7% → 14%	14% → 20%
프 랑 스	1864	1979	2019	115	40
미 국	1942	2014	2030	72	16
이탈리아	1927	1988	2008	61	20
독 일	1932	1972	2010	40	38
일 본	1970	1994	2006	24	12
한 국	2000	2018	2026	18	8

* 자료: UN, World Population Prospects, 2009.

14세 미만 인구 대비 65세 이상 노령인구의 백분율을 뜻하는 노령화지수(老齡化指數)는 1980년에 11.2%, 1990년에 20.0%, 2000년에 34.3%, 2009년에 63.5%, 2010년에 67.7%로 높은 편이었는데, 2016년에는 100.7%로 100%를 돌파하였다. 그리고 2067년에는 고령인구가 유소년인구(0~14세)보다 5.7배 많을 것으로 전망되고 있다.[5] 이러한 수치에서 유소년인구 대비 노인인구의 비율은 꾸준히 증가하는 추세에 있음을 확인할 수 있으며, 이는 출산율의 저하를 동반하는 인구노령화의 특성을 강하게 나타내는 것이다. 즉, 65세 인구가 총인구에서 차지하는 비율이 점점 늘어나는 이유는 평균수명(longevity)의 증가와 출산율(fertility rate)의 감소에 따른 복합적인 현상이다.

전체 인구에서 차지하는 고령 인구의 비율은, 점차 낮아지는 출산율로 인하여 그 대책 마련의 심각성을 가중시키고 있다. 우리나라는 1983년부터 저출산현상(합계출산율 2.1명 미만)이 나타났으며 2001년부터는 초저출산현상(합계출산율 1.3명 미만)이 나타나고 있다. 출산율 감소의 가장 큰 원인은 가임여성(15-49세)의 감소이다. 1980년대 저출산현상이 나타난 시기의 세대가 혼인연령에 도달한 것이다. 우리나라

---

5) 보도자료, 『장래인구특별추계: 2017~2067년』, 통계청, 2019. 3. 27, 4쪽, 7쪽.

합계출산율[*]은 1970년 4.53명, 1972년 4.14명, 1982년 2.42명, 1992년 1.78명, 2002년 1.17명, 2003년 1.18명, 2004년 1.15명, 2005년 1.08명, 2006년 1.12명이었다. 2006년의 우리나라의 합계출산율인 1.12명은 OECD 평균 합계출산율인 1.65명보다 낮으며, 이러한 출산율의 저하는 다른 국가에서도 그 사례를 찾아보기 힘들 정도로 급격하였다. 이후의 합계출산율은 2016년에 1.17명, 2017년에 1.05명이었는데, 2018년에는 0.98명을 기록하며 합계출산율이 최초로 1명 이하로 떨어졌다. 그리고 2019년에 0.92명, 2020년에

> * 합계출산율(合計出産率, Total Fertility Rate; TFR)이란 한 여성이 가임기간(15~49세) 동안 평균 몇 명의 자녀를 낳는가를 나타낸 수치이다. 예를 들어 2006년의 주요국 TFR은 일본 1.32, 미국 2.1, 프랑스 1.98, 스웨덴 1.85, 영국 1.84, 노르웨이 1.90이다(OECD Family Database, 2009). 2009년에는 일본 1.26, 미국 2.08, 프랑스 1.88, 스웨덴 1.87, 영국 1.85, 노르웨이 1.89이다. 2009년의 세계평균 TFR은 2.54, 선진지역(More developed regions)은 1.64, 저개발지역(Less developed regions)은 2.70, 최저개발지역(Least developed regions)은 4.29이다(UNFPA State of world polulation 2009, p.86 이하).

0.84명, 2021년에 0.81명, 2022년에 0.78명으로 우리나라의 합계출산율은 지속적으로 하락하고 있다. 우리나라 합계출산율이 1960년 6.0명에서 1983년 2.1명으로 낮아지는데 불과 23년이 소요되었다. 더욱 문제인 것은, 국가의 여러 출산장려정책에도 불구하고 앞으로 합계출산율이 높아지리라는 기대를 하기 어렵다는 점이다.

출산율의 저하는 남녀 모두 초혼 연령이 지속적으로 상승함과 함께, 젊은 여성층의 미혼율 급증과 기혼여성의 출산기피 등의 요인이 복합적으로 작용하는 데 기인한다. 초혼연령을 살펴보자면, 1972년에 남자 26.7세, 여자 22.6세에서 2004년 남자 30.5세, 여자 27.5세, 2015년에는 남자 32.6세, 여자 30.0세, 2022년에는 남자 33.7세, 여자 31.3세로 초혼연령이 점점 높아지고 있다.[6] 이러한 구체적인 통계수치를 들지 않더라도, 전 연령층에서 미혼율은 증가하고 있고, 결혼을 하는 경우에도 평균 출산연령이 매년 높아지고 있음은 체감적으로도 알 수 있을 정도가 되었다.

3. 인구구조의 변화와 법적 문제

합계출산율의 급격한 하락과 기대수명의 증가는 많은 문제를 발생시키며, 이로 인하여 국가적으로는 많은 해결해야 할 과제가 생겨나는 것이다. 2021년 한국의

---

6) e-나라지표, 통계청, 2024년 1월 1일 방문.

합계출산율(0.81명)은 세계의 합계출산율(2.32명)보다 1.51명 낮은 수준이고, 2020년 한국인의 기대수명(83.5세)은 세계인의 기대수명(72.0)보다 11.5세 높은 수준이다.[7] 쉽게 말해, 한국에서 아이는 적게 태어나고 노인은 오래 산다는 것이다. 또한 2020년에 1955년생이 65세 이상 노인이 되면서 2028년에는 모든 베이비부머 세대(1955년 1963년 출생자[8])가 노인이 된다.[9]

노령인구의 급격한 증가와 출산율의 저하는 국가적으로 많은 문제를 초래한다. 노동력이 줄고 경제성장은 둔화되는 반면에 재정부담은 급증하게 된다. 특히 구매력이 높은 노동인구가 감소하고 구매력이 낮은 노인인구가 증가하면 경제가 위축되고, 저출산으로 학령인구가 줄고 병역자원도 부족하게 된다. 2022년 현재 15~64세인 생산연령인구는 총인구의 71.1%(3,674만명), 65세 이상 고령인구는 17.4%(898만명), 0~14세인 유소년인구는 11.5%(595만명)이다. 2072년에는 생산연령인구가 45.8%, 고령인구는 47.7%, 유소년인구는 6.6%를 차지하게 된다.[10] 즉, 생산연령인구가 2022년에 3,674만명에서, 2030년 3,417만명, 2072년 1,658만명(총인구의 45.8%)으로 감소하는 것인데, 2072년에는 고령인구가 생산연령인구보다도 많게 되는 것이다.

가장 시급한 대책이 요구되는 것은 적은 노동인구가 많은 비노동 인구를 부양하여야 하는 사회 전체적 차원에서의 부양 문제이다. 통계청에 따르면, 65세 이상의 노령인구를 15세에서 64세의 생산연령 인구로 나눈 노년부양비(elderly dependency ratio: 65세 이상 인구/15~64세 인구)가 2023년에는 25.8명이고, 2026년에는 31.3명, 2029년에는 36.3명으로 늘어날 것이다.[11] 그리고 2038년에는 70명을 넘고, 2056년에는 100명을 넘어설 것으로 추산된다.[12]

OECD자료에 따르면, 2050년 한국의 노인부양비율 69.4%는 OECD평균 48.9%를 상회하는 수치이며, 일본의 노인부양비율 71.3%에 이어 세계 두 번째로 높은 수준이 될 것이라는 전망이다. 이는 2000년에는 10명이 노인 1명을 부양하였지만 2030년에는 3명이 1명을 부양하게 됨을 의미한다.

---

7) 보도자료, 『장래인구추계: 2022~2072년』, 통계청, 2023. 12. 13, 3쪽.
8) 2022년을 기준으로 1955-1963년생은 총 697만명으로 전체 인구의 약 13.6%를 차지하고 있다. 『인구동향조사』, 통계청, 2022.
9) 『제3차 장기요양기본계획(안)』, 보건복지부, 2023. 8, 5쪽.
10) 보도자료, 『장래인구추계: 2022~2072년』, 통계청, 2023. 12. 13, 8쪽.
11) KOSIS, 통계청, 2024. 1. 1. 방문.
12) 보도자료, 『장래인구특별추계: 2017~2067년』, 통계청, 2019. 3. 27, 17쪽.

| 표 14-4 | 주요국의 노인부양 비율 추이 및 전망 | | | | (단위: %) |

구 분	1980	1990	2000	2030	2050
한 국	6.1	7.4	10.0	37.3	69.4
미 국	16.9	18.9	18.6	32.9	34.9
일 본	13.4	17.2	25.2	51.7	71.3
영 국	23.5	24.1	24.1	40.1	47.3
프랑스	21.9	21.3	24.5	39.8	46.7
OECD평균	18.0	18.8	20.6	37.5	48.9

* 자료: OECD Economic Outlook.

사회적 부양이란 개인적 부양과 달리 노인에게 직접적으로 부양비용 등을 지급하는 것은 아니지만, 세금이나 사회보험료 등의 형태로 노령세대에게 간접적으로 부양비용을 지급하게 되는 것을 의미한다. 노인부양비율이 높아질수록 생산인구의 사회적 부양비용은 늘어나는 결과가 되며, 이러한 사회적 부양비용의 부담은 법령을 통하여 의무화된다.

이렇듯 고령화의 급격한 진전에 따라, 세금을 내는 생산가능 인구의 비중은 줄어드는 반면에 연금 등 각종 사회보장 및 의료비 지출이 늘어나 재정수지 부담은 가중될 것으로 전망된다. 또한 정부의 노인복지 예산의 규모는 갈수록 증가하여 각국 정부에 재정적인 부담이 될 것으로 전망되는데, OECD 전망에 따르면 한국은 2050년 노인 관련 재정지출의 증가로 7.7%의 적자를 기록할 것으로 추정된다.

| 표 14-5 | 고령화에 따른 주요국 재정수지의 변화(GDP대비 비중, %) | | | | | |

구 분	2000			2050		
	재정수입	재정지출	수지	재정수입	재정지출	수지
한 국	28.1	25.6	2.5	26.3	34.0	−7.7
일 본	29.4	32.3	−2.9	29.5	35.3	−5.8
미 국	29.7	25.5	4.2	29.4	30.4	−1.0
스웨덴	56.5	52.2	4.3	53.2	55.8	−2.6

* 자료: OECD Economic Outlook.

한편 국민 부담률 및 부담액[(사회보장부담금＋조세) / GDP]은 1998년에 22.9%, 102조 원에서 2002년에는 28.0%, 167조 원으로 급속히 증가하였다. 국민연금 제도 등 노인들을 위한 소득보장 제도에 있어서 연금 보험료 부담의 형평성과 연금급여 지급액의 적정성이 확보되지 않으면, 후세대에 과중한 세금 부담과 장기적인 재정 불안을 초래할 우려가 있기 때문에 이에 대한 대책이 필요하다.

이러한 고령인구 비중의 증가 및 생산인구 비중의 감소라는 문제를 국가적인 차원에서 본다면 세금이 걷힐 곳은 적고 세금을 쓸 곳은 많아지게 되어 현재의 재정 시스템으로서는 재원 조달과 사용이 불가능해지는 것을 의미한다. 또한 앞으로 사회보험료를 재원으로 하여 운영되는 사회보험 체계 특히 연금보험과 건강보험은 고령시대에 대비하여 인구 구조의 변화로 인한 재정 불균형에 대처할 방안이 마련되어야 할 것이다. 2015년의 세계노인복지지표[13]에 따르면, 우리나라의 노인복지수준은 조사대상 96개국 중에서 60위를 차지하고 있을 정도로 개선을 필요로 한다. 따라서, 노인들에게 알맞은 직업을 마련하는 문제, 치매에 걸리거나 거동이 불편한 노인들을 돌보아야 하는 노인 요양에 관한 국가적인 대책,[14] 빈곤 노인에 대한 국가의 소득보장 대책 등이 사전에 종합적으로 마련되어야 하고 적절한 시기에 시행되어야 할 것이다.[15]

4. 인구구조의 변화에 따른 입법적 대책의 필요성

인구노령화의 주요 원인은 영양개선과 의료기술의 발달 등으로 비교적 간단하지만, 출산율저하의 원인은 사회·경제·교육·복지·문화적으로 다양하기 때문에 출산율향상을 위한 정책수립이 쉽지만은 않다. 혼인과 출산에 대한 가치관의 변화도 저출산현상의 원인이다. '결혼해도 좋고 안해도 좋다'는 답변이 2009년에는 36.7%였는데 2015년에는 60.4%이고, '자녀가 없어도 상관없다'는 답변은 2009년 10.3%에서 2015년 30.8%로 증가하였다.[16] '결혼을 반드시 해야 한다'는 질문에 대

---

13) http://www.helpage.org.
14) 후술하는 노인요양 보험제도 또는 노인수발 보장제도 참조.
15) OECD의 연금보고서(Pension at a glance 2015)에 의하면 우리나라는 2014년 기준으로 OECD 국가 중 65세 이상 노인빈곤율이 약 50%로 OECD 평균의 약 4배에 달하여 회원국 가운데 최고 수준으로 나타났다(Pensions at a Glance 2015, p.299, OECD).
16) <조선일보>, 2016. 7. 29.

하여 미혼(20세-44세) 남성은 18.1% 여성은 7.7%만이 그렇다고 답변을 하였다.[17] 이러한 가치관의 변화 앞에서는 아무리 좋은 정책이라고 하더라도 출산율 향상의 효과를 거두기가 쉽지 않은 것이다.

저출산·고령화 현상은 경제에도 많은 변화를 줄 것이다. 예를 들어, 건강산업과 관련 서비스업은 급성장하는 반면 유아·아동용품은 물론이고 주택건축과 가구시장은 위축될 것이다. 한국에서도 저출산·고령화현상은 개인적인 차원만이 아니라 국가·사회적인 수준에서 커다란 도전이 된다. 저출산·고령화는 노동력 공급감소와 취업인구의 노령화를 불러 기업과 국민경제에 심각한 타격을 줄 수 있다.[18] 노인비율의 증가는 경제 분야만이 아니라, 복지·사회·문화·정치 등 분야에도 많은 변화를 초래하게 된다. 저출산·고령화는 사회전반에 큰 영향을 미칠 뿐만 아니라, 지금까지는 경험하지 못한 새로운 유형의 과제를 우리에게 부여하고 있는 것이다.

주요 국가들은 수십 년 전부터 저출산·고령화에 대비한 국가적 차원의 노력을 진행하여 왔으며, 그 정책적 성과가 나타나고 있다고 평가된다.[19] 우리나라를 포함한 많은 국가에서는 저출산·고령화와 함께 인구가 도시로 집중되어 지방의 인구가 줄고 고령화되는 문제도 발생하고 있으며, 일본은 이러한 문제해결을 위해 1970년에 「과소지역대책긴급조치법」을 제정하였고, 1980년에 「과소지역진흥특별조치법」 1990년에 「과소지역활성화특별조치법」 2000년에 「과소지역자립촉진특별조치법」으로 법명과 내용을 개정하면서 저출산·고령화·도시화 문제에 대응하고 있다.[20]

우리나라는 OECD국가 최저수준의 출산율과 급속한 고령화진행이 가시화되고 있음에도 불구하고 정책적 대응이 늦었기 때문에, 인구구조의 변화에 따른 입법적 대응의 필요성이 크다. 저출산을 일차적인 원인으로 하는 인구의 노령화로 인한 장기적인 대책은 행정부 차원에서도 필요하지만, 입법부 차원에서의 미래사회를

---

17) 이삼식 외, "2015년 전국출산력 및 가족보건·복지실태조사", 한국보건사회연구원, 2016, 331쪽.

18) 프랑크 쉬르마허, 장혜경(역), 『고령사회 2018 다가올 미래에 대비하라』, 나무생각, 2005, 74쪽.

19) 김민재, 『출산장려 및 고령화 대응정책의 주요 선진국 동향과 시사점』, 국회 예산정책처, 2009. 10, 37쪽.

20) 하혜영, 『일본 인구감소지역 대책 입법동향』, 외국입법 동향과 분석, 국회 입법조사처, 2019. 9. 4, 2쪽.

대비하는 노력이 절실하다. 인구의 노령화를 대비하는 정책은 관련 입법의 통과를 전제로 할 수밖에 없다. 따라서 고령사회의 문제에 대한 보건, 복지, 교육, 노동, 문화, 주택, 도시계획 등 모든 분야에 걸치는 사회 시스템 차원에서의 입법정책적 접근[21]은 시급하다고 할 수 있다.

2005년 5월에 「저출산·고령사회기본법」이 제정되었고 2005년 9월에는 저출산·고령사회위원회가 대통령 소속으로 설치되어, 범정부 차원에서 '저출산·고령사회에 대한 대책을 마련하는 작업을 하였다. 2016년에 정부는 제1차(2006년) 제2차(2010년)에 이어 제3차 저출산·고령화기본계획[22]을 발표하면서 2020년에는 합계출산율 목표를 1.5명으로 설정하고, 노인상대빈곤율 39%를 목표로 하였다. 그러나 전술한 바와 같이 합계출산율은 이미 1 이하로 떨어졌고 노인빈곤율은 44%까지 올라갔다. 고령자들의 소득보장과 고용은 인권보장을 위한 필요적 수단이다.[23] 앞으로도, 고령자에게 가장 절실한 연금·의료·고용·주거 등을 위한 정책과 출산율 향상을 위한 정책이 마련될 필요가 있다.

* '상대적 빈곤율'이란 균등화 소득을 기준으로 한 사회 내에 속한 전체 인구 중 다른 사람에 비해 상대적으로 빈곤한 인구의 비율을 나타낸다. 그리고 65세 이상 노인인구의 상대적 빈곤율은 65세 이상 인구 중에서 균등화 소득이 빈곤선 이하인 인구의 비율을 의미하는데, 2019년 기준 균등화 소득의 중위소득은 2,875만원이며, 50%기준의 빈곤선은 약 1,438만원이다. 노인빈곤율을 수식으로 표시하면, 65세 이상 노인인구의 상대적 빈곤율(%)=균등화 소득이 빈곤선 이하인 65세 이상 인구수÷65세 이상의 총인구수×100이다.

1) 연금 분야

우리나라의 급격한 출산율 하락은 노동인구 및 연금보험가입자의 감소로 이어져 연금보험료 수입이 감소할 뿐만 아니라 기대수명의 상승으로 연금수급기간이 길어져서 연금급여의 지출은 갈수록 증가하고 있다.

65세 이상 고령자들을 대상으로 한 조사결과에 따르면, 노인들이 겪고 있는 가장 어려운 점은 경제적 곤란과 건강문제이다. 특히, 우리나라 노인빈곤율*은 1990년대 후반

21) 「고령사회기본법」 제정을 위한 입법공청회, 국회 복지사회포럼, 2004, 5쪽.
22) 저출산대책은 ① 청년 일자리·주거대책 강화 ② 난임 등 출생에 대한 사회적 책임 강화 ③ 맞춤형 돌봄확대·교육개혁 ④ 일·가정양립 사각지대 해소 등이고, 고령사회대책은 ① 노후소득보장 강화 ② 활기차고 안전한 노후 실현 ③ 여성, 중고령자, 외국인력 활용확대 ④ 고령친화경제로의 도약 등이다. 대한민국정부, "2016-2020 제3차 저출산·고령사회 기본계획", 54쪽 이하.
23) 배희옥, 『인권과 사회복지』, 나남, 2015, 189쪽.

이후로 급격히 악화되었고, 2010년 기준 47.2%, 2017년 기준 44%로 OECD 국가 평균 14.8%의 3배를 넘으면서 수년째 1위를 차지하고 있음에도, 노인빈곤을 해결하기 위한 국가적 노력은 미흡[24]하다고 평가되고 있다. 가장 최근 통계인 2023년 기준으로 보아도, 우리나라 노인빈곤율은 40.4%로 다른 OECD회원국보다 여전히 높다.[25]

표 14-6 ㅣ OECD 주요국가 은퇴연령층의 상대적 빈곤율(중위소득 50% 이하, 2020)

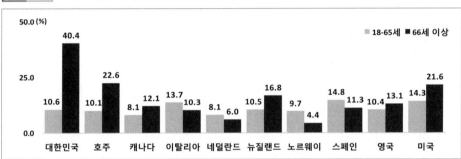

* 자료: OECD Social and Welfare Statistics, 2023. 9. 1 기준, 『2023 고령자통계』, 통계청, 2023.

　　따라서 고령자의 기초소득 보장에 관한 정책에 우선순위를 둘 필요가 있다. 현재의 노인은 현재 젊은이들의 미래의 모습이다. 사회보장의 목표 중 하나는 국민 모두의 최저한의 생활보장이기 때문에 노인들의 기초생계를 위한 사회보장급여는 물론이고, 국민연금보험을 사회보험으로 도입하여 그 가입과 보험료 납부를 의무화하고 있다. 그러나 국민연금보험의 재정고갈이 예측되고 있어서, 국민연금의 소득대체율*과 연금재원고갈의 해결방안이 지속적으로 논의되고 있다.

> * '소득대체율' (연금급여율)이란 연금가입기간 중의 평균소득을 연금을 수령하는 시기의 가치금액으로 환산한 연금지급액을 말한다. 소득대체율 60%라고 하면, 연금지급액이 연금가입기간 평균소득의 60% 정도 된다는 의미이다.

　　기본적인 방향성으로는 노후소득보장의 적정성을 제고하고 재정적 지속 가능성을 고려하여 연금제도와 기초생활보장제도를 개선하고 노인 일자리를 확대하는 등의 정책을 강화해야 할 것이다.[26] 특히 노인부양에 대하여 가족보다는 사회적

---

24) 김남희, "기초연금법 제정의 의미와 헌법적 문제점", 『사회보장법학』, 제3권 2호, 2014, 55쪽.
25) 2023 고령자통계, 통계청, 2023, 34쪽.
26) 고제이, 『노인빈곤율 변동의 원인 분해 및 정책과제』, 한국보건사회연구원, 2019. 10, 159쪽.

책임에 대한 가치관의 강화, 저출산, 여성경제활동 증가 등으로 가족부양능력이 점차 감소되고 있으며,[27] 국민연금의 소득대체율이 너무 낮아서 노후 최저생활 수준의 보장을 위한 대책이 마련되어야 한다는 요구가 있다. 이를 위한 대책의 하나는 연금보험료를 올려서 소득대체율도 올리고 장기적으로 연금 재정의 안정을 기하는 것이다. 또 하나는 소득에 비례한 연금제도와 함께 최소한의 생활을 보장하는 기초연금제도를 도입[28]하자는 것이었다. 적은 부담으로 풍족한 노후를 누릴 수 있는 환상적인 정책은 존재하지 않을 것이지만, 노인빈곤을 막기 위한 최소한의 생활보장과 적절한 수준의 연금정책은 국가적 과제라고 할 수 있다. 연금보험료는 적게 내면서 연금급여를 많이 받는 방안은 가능하지 않다. 다만, 인구 변화에 적절히 상응하고 보험료와 연금급여의 수준이 적절히 조화되어, 노후의 소득 보장이 안정적으로 예견되는 국민연금보험 제도가 상시 유지될 필요가 있다.

국민연금보험에도 가입하지 못하여 노후소득보장의 사각지대에 있는 노인들을 위한 방안이 기초연금제도이다. '국민연금'은 자기가 납입한 연금보험료를 재원으로 하는 연금체계이고, '기초연금'은 국민들이 납입한 세금을 재원으로 하는 기초소득 보장체계인 점에서 차이가 있다. 2007년 4월 25일 제정·공포된 구 「기초노령연금법」은 2014년에 폐지되고, 새로 만들어진 「기초연금법」이 2014년 7월 1일부터 시행되고 있다. 기초연금은 소득인정액이 보건복지부 장관이 매년 정하여 고시하는 선정기준액 이하인 사람에게 지급되는 것으로, 공무원연금·사학연금·군인연금·별정우체국연금 등을 받지 않으면서, 소득인정액이 일정한 금액(선정기준액[29]) 이하인 65세 이상의 노인은 기초연금을 받을 수 있다. 국민연금 월급여액이 484,770원 이하이거나 국민연금의 유족연금이나 장애연금을 받는 노인이나 국민기초생활보장 수급권자, 장애인연금을 받고 있는 노인은 2023년 기준 월 최대 323,180원을 받을 수 있으며, 기초연금액은 월 최대액수를 기준으로 소득과 재산,

---

27) 보건복지부, 『사회보장 장기발전방향: 2009~2013』, 2010, 130쪽.

28) 보건복지부는 2014년 7월부터 기초연금제도를 시행하여, 만 65세 이상 소득이 하위 70%에 해당하는 노인들에게 매달 최대 20만원의 기초연금을 지급하는 제도를 시행하고 있다(보건복지부 기초연금 북클릿).

29) 2023년을 기준으로, 선정기준은 단독가구 202만원, 부부가구 323.2만원이하인 가구이다. 즉, 소득(인정액)이 이 액수 이하이면 기초연금을 지급받을 수 있다. 기초연금은 65세 이상인 사람 중에서 기초연금 수급자가 노인인구의 70% 정도가 될 수 있도록 이러한 선정기준을 정한 것이다. 보건복지부 기초연금(http://basicpension.mohw.go.kr, 2024년 1월 5일 방문) 참조.

가구유형 등에 따라 액수가 조정될 수 있다.[30] 이러한 기초연금제도에 대하여 노인을 위한 '기초적인 사회안전망'이라는 평가도 있지만, 이러한 '용돈' 수준의 기초연금으로는 노인빈곤 감소에 한계가 있다[31]는 견해도 있다.

인구추계와 재정추계를 기초로 한 연금개혁을 지속적으로 할 필요가 있으므로, 보건복지부에서는 국민연금 종합운영계획을 수립하고 연금개혁을 추진하여 왔다. 2023년 10월 30일에는 제5차 국민연금 종합운영계획을 발표하였지만, 결정된 것은 없이 논란만 가중되고 있다. 연금개혁의 계획은 정부가 수립하더라도, 국민연금법 등 법률의 개정을 통해 최종적으로 결정되는 것이다. 연금보험료는 높이고 연금급여액은 낮추는 연금개혁이 쉬울 리는 없지만, 현 세대의 고통을 감수하는 연금개혁이 이루어지지 않는다면 현재의 연금제도는 붕괴될 수 밖에 없다. 현 세대와 미래 세대가 부담을 나누어지는 연금제도의 '세대간 계약'이 절실히 필요한 이유이다.

2) 의료 분야

대부분의 노인들은 각종 질병에 시달리기 때문에, 노인들에 대한 보건의료정책은 대단히 중요하다. 따라서 치매와 당뇨 및 암 등은 물론이고 각종 만성질환에 취약한 노인들을 위한 보건의료정책이 필요하다. 이를 위해 노인의료보장과 의료서비스에 투자를 하고 적절한 의료정책을 추진하여 노인들이 건강하게 여생을 보낼 수 있는 기틀을 마련하여야 한다.[32] 노인인구 중 86.7%가 장기간의 치료나 요양을 필요로 하는 당뇨, 관절염, 고혈압 등의 만성질환을 앓고 있다. 또한 노인의 30.8%가 버스타기, 전화걸기 등 일상생활에 장애가 있는 경증장애 상태이며, 노인의 10.5%는 식사나 목욕 등 일상생활을 위한 활동을 스스로 하는 것이 곤란한 중증장애 상태이고, 모든 일상적 활동이 어려운 노인도 1.3%에 이르고 있다. 노인 중 7.6%가 치매증상을 지니고 있으며 14.7%는 치매로 의심되며 이러한 치매노인 수는 지속적으로 증가할 것으로 전망되고 있다.

노인들에 대한 의료대책이 더욱 시급한 이유는 일본·미국·독일·스웨덴 등

---

30) 상세한 내용은 보건복지부 기초연금(http://basicpension.mohw.go.kr) 참조.

31) 석재은, "기초연금 도입과 세대간 이전의 공평성", 『보건사회연구』, 제35권 2호, 2015, 96쪽.

32) 정순형, "한국 노인의료보장제도의 현황과 제도적 개선방안", 『인문사회21』, 제9권 2호, 2016, 502쪽.

주요 외국과의 비교에서 한국의 노인들의 건강상태는 열악하며, 반대로 노후건강에 대한 고민은 높은 것으로 조사되었다.[33] 2023년 기준 65세 이상 고령자의 1인당 진료비는 연간 497.4만원이고 본인부담 의료비는 116.8만원이다. 이러한 고령자의 1인당 진료비 및 본인부담 의료비는 전체 인구와 비교했을 때, 각각 2.7배, 2.5배 높은 수치이다.[34] 건강보험심사평가원에 따르면 2019년 기준 65세 이상 노인 인구의 진료비는 34조 9,294억원으로 전체 진료비의 40.6%를 차지하고 있다.[35] 그리고 2019년을 기준으로, 65세 이상 인구의 사망원인은 암, 심장질환, 폐렴, 뇌혈관질환, 당뇨병의 순이다.[36] 이러한 데이터를 기반으로 한 노인질병대책도 필요하다. 노인의 건강상태를 보다 객관적으로 반영하는 지표로서 만성질환 유병률이 있다. 만성질환 여부는 현재 3개월 이상 앓고 있는 질환이 있는지에 관한 것인데, 1998의 만성질환 유병률은 86.7%이고,[37] 2014년에는 89.2%가 만성질환을 한 가지 이상 앓고 있는 것으로 조사되었고,[38] 2017년에는 89.5%가 만성질환을 앓고 있는 것으로 조사되었는데, 평균만성질환은 2.7개로 2008년 1.9개에 비하여 증가하였다.[39]

'노인장기요양보험'의 근거 법률은 「노인장기요양보험법」인데 2007년 4월에 제정·공포되고, 2008년 7월 1일부터 시행되었다.

> **노인장기요양보험법 제1조(목적)** 이 법은 고령이나 노인성 질병 등의 사유로 일상생활을 혼자서 수행하기 어려운 노인 등에게 제공하는 신체활동 또는 가사활동 지원 등의 장기요양급여에 관한 사항을 규정하여 노후의 건강증진 및 생활안정을 도모하고 그 가족의 부담을 덜어줌으로써 국민의 삶의 질을 향상하도록 함을 목적으로 한다.

노인장기요양보험에서 '노인 등'이란 65세 이상의 노인 또는 65세 미만의 자로서 치매·뇌혈관성질환 등 대통령령으로 정하는 노인성 질병을 가진 자를 말한다.

---

33) 조임영, 『고령사회와 노인복지법제의 체제개선』, 한국법제연구원, 2004, 12쪽.

34) 보도자료, 『2023 고령자통계』, 통계청, 2023, 28쪽.

35) 『2020년 상반기 진료비 주요통계』, 건강보험심사평가원, 2021. 1. 7, 12쪽.

36) 보도자료, 『2020 고령자통계』, 통계청, 2020, 2쪽.

37) 정경희 외, 『2004년도 전국노인생활실태 및 복지욕구조사』, 한국보건사회연구원·보건복지부, 2005, 420쪽.

38) 2014년 현재 한 가지 이상의 만성질환을 앓고 있는 65세 이상 노인은 89.2%이며, 평균 2.6개의 만성질환을 앓고 있다. 통계포털, 2016년 7월 26일 방문.

39) 보도자료, "2017 노인실태조사결과 발표", 보건복지부, 2018. 5. 24, 6쪽.

국민건강보험에 가입한 가입자는 노인장기요양보험에 의무적으로 가입하여야 하고, 장기요양보험료(건강보험료의 10.25%)가 건강보험료와 함께 부과된다. 장기요양급여의 종류는 크게 재가급여, 시설급여, 특별현금급여로 구분된다. 노인의 집에서 이루어지는 재가급여는 방문요양, 방문목욕, 방문간호, 주·야간보호, 단기보호 및 기타 재가급여 등 6가지이다. 시설급여는 노인의료복지시설에서 이루어지는 급여를 말하고, 특별현금급여에는 가족요양비, 특례요양비, 요양병원간병비의 세 가지가 있다. 시설급여가 주어지는 경우에는 급여비용의 20%를 본인이 부담하게 하고, 재가급여가 주어지는 경우에는 급여비용의 15%를 본인이 부담하도록 하고 있다.

생활이 어려운 노인들의 비용부담을 감경하기 위하여, 「국민기초생활보장법」에 따른 의료급여 수급자는 본인일부부담금을 전액 면제하고, 기타의 경우 60% 또는 40%를 감경하고 있다. 노인들에 대한 전문적인 간병은 국가자격증인 요양보호사 제도를 두어, 이 자격증을 가지면 노인장기요양서비스를 할 수 있도록 하고 있다. 2022년 기준으로 노인장기요양보험 수급자는 101만 9천명인데, 이는 2008년 21만 4천명에서 대폭 증가한 것이다.[40]

3) 고용 분야

2020년을 기준으로 한국인의 기대수명은 83.5세이고, 이는 북아메리카 77.9세 유럽 77.7세 보다 각각 5.6세, 5.8세 높은 수준이다.[41] 1970년 한국인의 기대수명은 62.3세였으니 약 40년간 기대수명이 20살 이상이 연장되었다.[42]

표 14-7 세계와 한국의 기대수명 (단위: 세, %)

	1970년 (A)	2000년	2020년 (B)	1970년 대비 2020년	
				증감(B-A)	증감률
세 계	56.1	66.5	72.0	15.9	28.4
아프리카	44.8	53.4	62.2	17.5	39.0
아 시 아	53.9	67.6	73.7	19.8	36.7
유 럽	70.0	73.5	77.7	7.8	11.1

40) 『제3차 장기요양기본계획(안)』, 보건복지부, 2023. 8, 5쪽.
41) 보도자료, 『장래인구특별추계: 2017~2067년』, 통계청, 2019. 3. 27, 4쪽, 7쪽.
42) 보도자료, 『세계와 한국의 인구현황 및 전망』, 통계청, 2022. 9. 5, 22쪽.

라틴아메리카	58.6	71.1	73.1	14.5	24.7
북아메리카	70.9	77.0	77.9	7.0	9.8
오세아니아	66.6	75.4	79.5	12.9	19.3
한 국	62.3	76.0	83.5	21.2	34.0
북 한	60.6	60.8	73.3	12.7	21.0

* 자료: 보도자료, 『세계와 한국의 인구현황 및 전망』, 통계청, 2022. 9. 5, 22쪽.

따라서 노후에 연금을 받는 것도 필요하지만 노후에 적합한 소득활동의 기회를 갖는 것이 소득 뿐만 아니라 건강을 위해서도 더욱 중요해졌다. 2012년에 조사한 55세에서 79세까지의 고령인구 중 취업희망자의 비율은 59%[43]였으며, 2015년에는 61.0%로 나타났다.[44] 2017년 조사에서는 노인의 30.9%가 일을 하는데, 주로 단순 노무직(40.1%), 농림어업(32.9%) 등에 종사하고 있는 것으로 나타났다. 산업구조의 변화로 농림어업 종사자 비중은 감소('08년 60.5% → '17년 32.9%)했으나, 급여가 낮은 단순노무 종사자 비율이 증가('08년 24.4% → '17년 40.1%)하였다. 그리고 노인의 9.4%는 현재 일하고 있지 않으나, 향후 근로를 희망하였으며, 초기 노인, 고학력 노인의 희망비율이 높은 것으로 나타났다.[45] 이와 같이 노령인구 중 취업희망자의 수와 비율은 지속적으로 증가하고 있다. 고령자의 일자리는 노인 스스로의 소득창출과 사회참여의 기회가 제공된다는 의미를 지니기 때문에 중요하다.

인구 구조의 변화에 대응하여 1992년도에 이미 「고령자고용촉진법」이 제정·시행된 바 있다. 그러나 동법이 시행되었음에도 불구하고 고령자의 고용이 눈에 띄게 개선되지는 않은 것 같다. 법률 하나 통과시켜서 그에 관한 모든 문제가 해결되지는 않는다. 고령사회의 문제는 전술한 바와 같이 우리 사회의 특수한 문제라기보다는 전 세계가 공히 안고 있는 숙제이다. 노인들의 고용문제에 대비하기 위해서는 임금, 정년 및 차별적 고용제도의 개선, 직업능력의 개발, 고용의 촉진, 노인에게 적합한 일자리의 창출 등이 우선적인 정책과제 및 입법내용으로서 지적되고 있으며,[46] 직무 재배치, 임금 피크제, 재고용 제도, 평생학습 시스템의 구축 등도 고령사회에 대비한 방안으로 제시되고 있다. 1992년에 제정된 「고령자고용촉

---

43) 2012 고령자통계, 통계청, 2012.
44) 2015 고령자통계, 통계청, 2015.
45) 보도자료, "2017 노인실태조사결과 발표", 보건복지부, 2018. 5. 24, 5쪽.
46) 김영문, 『고령사회와 고령자고용촉진을 위한 법제개선방안』, 한국법제연구원, 2004, 109쪽.

진법」은 2009년 3월부터는 「고용상 연령차별금지 및 고령자 고용촉진에 관한 법률」로 법률의 명칭이 바뀌고 내용이 추가되었다. 기존의 고용촉진에 관한 내용 이외에 '연령'으로 인하여 노인들이 고용에서 차별을 받지 않도록 하기 위한 입법적 의지가 읽혀진다. 그러나 노인의 취업문제도 중요하지만 청년실업도 적지 않은 문제가 되는 상황이라면, 일자리의 세대간 배분도 고려되어야 할 것이다.

노인들이 느끼는 고령자 취업활성화를 위한 정부 지원방안은 노인들의 필요와 눈높이에서 정책을 시행하여야 할 것이다. 즉, 노인들은 필요한 정부지원으로서 '노인에게 적합한 일자리의 마련'을 58.9%로 들고 있으며 일자리 연계가 9.3%, '노인적합 직종에 대한 노인고용 의무화'가 6.4%, '노인고용사업장에 대한 임금보조'가 6.1%로 조사되었다.[47] 60대 이상이 일을 하는 것이 바람직한 것으로 평가되기도 하지만, 연금이나 재산소득이 생활비에 미치지 못해서 일을 한다면 바람직하다고 볼 수 없다. 한국고용정보원과 조선일보가 2014년에 1938년부터 1953년생 3,517명을 대상으로 조사한 결과에 따르면, 노인이 일하는 이유는 '생계비마련'이 65.3% '용돈벌이'가 10.8% '건강유지'가 8.3%이었다.[48] 통계청에 따르면, 일하는 60세 이상 인구는 2000년에 100만명을 돌파하였고 2013년에는 189만 8,000명이었다. 노령인구 고용의 품질과 동기가 변화되어야 함을 시사하는 것이다. 노후에 일을 하는 것은 즐거운 일일 수 있지만, 살기 위해 일을 해야만 한다면 이는 고된 일이다. 노인에 적합한 일자리 창출과 지원을 통해서 노후소득이 안정되도록 국가는 노력을 하여야 한다.

4) 주거 분야

일반적으로 노년기에는 일상적인 활동이 가정 내에서 이루어지기 때문에 노인들의 주거환경이 심리적 안정에 미치는 영향이 크다. 또한 노인들을 일상생활에 적합한 장소에서 생활할 수 있도록 하여 열악한 주거환경으로 인한 안전사고 등을 예방함으로써 의료비용 등 사회적 비용을 절감할 수도 있다. 2004년에 자녀와 동거하고 있는 노인은 56.1%로 나타났지만 2014년에는 28.4%로 절반 가까이 줄었으며, 2021년에는 27.2%가 자녀와 동거하고 있는 것으로 조사되었다.[49]

---

47) 정경희 외, 앞의 책, 402쪽.
48) <조선일보>, 2014. 6. 3. A10쪽.
49) 보도자료, 『2023 고령자통계』, 통계청, 2023, 15쪽.

노인들의 주거환경 선호도를 조사해 보면 자녀와의 동거 희망률이 감소하는 조사 결과를 보이고 있는데, 이러한 희망에 상응하는 주거패턴으로의 변화이다. 즉, 65세 이상 노인의 75.7%는 자녀와 동거를 원치 않고 있으며 이들 중 89.7%가 자기 집에서, 10.2%가 실버타운 등 양로·요양시설에서 살기를 원하는 것으로 조사되었다.[50]

이와 다른 조사에서는 자녀와의 동거 이유를 자녀와 사는 것이 당연하다고 대답한 노인이 30.2%, 경제적 능력이 부족해서 및 가사 / 양육의 도움이 필요해서라고 대답한 노인이 20.4%, 기타 이유는 10% 미만이다. 이러한 조사 결과는 노인들 다섯 명 중 한 명은 기혼 자녀와 같이 살고 싶은 적극적 의사에 의해서 동거하는 것이 아니라, 단독 가구를 형성하고 살아갈 수 있는 경제적 능력의 부족으로 인하여 기혼 자녀와의 동거를 선택하고 있다는 점을 보여준다.[51] 이미 2017년의 노인실태조사결과에 따르더라도, 자녀와 동거하는 것이 바람직하다는 응답('08년 32.5% → '14년 19.1% → '17년 15.2%)도 10년 만에 절반으로 하락하였다.[52] 이러한 조사결과에 비추어 보더라도, 날이 갈수록 독거노인은 증가하는 추세가 지속될 것으로 예상할 수 있다.

표 14-8 **향후 자녀와의 동거 의향**(2021)

	취업여부	같이 살고 싶다	같이 살고 싶지 않다	자기 집	양로·요양 시설	기타
65세 이상	전체	24.3	75.7	89.7	10.2	0.1
65세 이상	취업자	18.1	81.9	91.5	8.5	0.0
65세 이상	비취업자	27.1	72.9	88.8	11.1	0.1
65~74세	취업자	17.7	82.3	92.0	8.0	0.0
65~74세	비취업자	22.0	78.0	89.7	10.1	0.1
75세 이상	취업자	19.3	80.7	89.8	10.2	–
75세 이상	비취업자	32.2	67.8	87.7	12.2	0.1

* 자료: 보도자료, 2023 고령자 통계, 2023, 16쪽.

---

50) 보도자료, 『2023 고령자통계』, 통계청, 2023, 16쪽.
51) 정경희 외, 앞의 책, 206쪽.
52) 보도자료, "2017 노인실태조사결과 발표", 보건복지부, 2018. 5. 24, 3쪽.

이러한 조사 결과는 자녀와의 독립된 주거 공간 및 독립적인 일상생활 환경과 별도의 사회생활을 할 수 있는 노인 주거정책이 요청되는 것으로 해석할 수 있다. 즉, 노인끼리의 또래문화가 형성될 수 있고 의료기관이 가까운 '실버타운' 등 노인 전용 주거시설의 공급확대가 필요하다. 경제력이 있는 노인들을 위한 고급실버타운도 필요하겠고, 중산층을 위한 적정한 가격의 실버타운의 조성도 국가에서 정책적으로 유도할 필요가 있으며, 저소득층이나 무소득층을 위한 복지시설차원의 실버타운도 조성되어야 할 것이다. 주요 외국에서는 노인 주거시설의 정비 및 확대를 위한 정책을 이미 시행하고 있으며,[53] 우리나라의 경우에도 고령사회에 대비하여 노인들을 위한 주거환경 개선책을 마련하여야 한다.

고령화 사회에 대응한 주거 정책의 방향으로는 첫째 고령자 전용주택의 공급의 확대, 둘째 자가 주택에서 거주하는 노인들을 위한 주택 개조 지원, 셋째 역저당제도[*]의

> * 역 모기지론이라고 한다. 소유하는 주택에 저당을 설정하고, 이를 통하여 매달 생활비를 조달할 수 있는 제도이다.

활성화, 넷째 신규 건설되는 노인 주거에는 노인 친화적인 설계기준의 마련 유도,[54] 다섯째 저소득층 노인들의 주거 개선을 위한 정책적 배려 등을 들 수 있다. 「장애인·고령자 등 주거약자 지원에 관한 법률」의 미비점을 개선하여 보다 실효성있는 노인주거 복지정책을 강화할 필요도 있다.

2015년 기준 독거노인은 138만명으로 2000년의 독거노인 54만명에 비해 2.5배 증가하였다. 향후에 독거노인의 수는 점차 증가할 것으로 본다. 이러한 독거노인 중에서 도움이 필요한 독거노인은 약 60만명으로 추정되는데 이는 전체 독거노인 138만명 중 44%에 달하는 수치이다. 독거노인은 <표 14-9>에서 보는 바와 같이 위기집단, 취약집단, 관심필요집단, 안전·자립생활집단으로 구분될 수 있는데, 안전·자립생활집단을 제외하고는 공공보호서비스의 도움이 필요하다.[55]

---

53) 『고령사회의 노인주거관련법제의 과제』, 한국법제연구원, 2004, 참조.
54) 김정순, 『노인주거관련법제의 개선』, 한국법제연구원, 2005, 105-106쪽.
55) "독거노인이 마음을 터놓고 의지할 수 있는 친구만들기", 보건복지부 보도자료, 2015. 2. 13, 4쪽.

표 14-9 독거노인 유형분석

위기집단 (11.1%)	사회적으로 소외되어 있고 결식과 일상생활 제한의 문제가 심하지만 가족 등의 지지를 받지 못하는 집단
취약집단 (17.3%)	사회적으로 소외되어 있고 결식과 일상생활 제한의 문제가 일부 있으며 가족 등의 지지를 받지 못하는 집단
관심필요집단 (15.7%)	사회적으로 소외되어 있고 결식과 일상생활 제한의 문제가 일부 있으며 가족 등의 지지가 일부 있는 집단
안전·자립생활집단 (55.9%)	사회적 교류가 이루어지며 일상생활 제한의 문제가 심하지 않아 자립능력을 갖춘 집단

* 자료: 권중돈, 독거노인 생활실태분석 및 적정 보호인구 추계, 목원대학교, 2012. 11.

이미 1955년 출생한 베이비붐 세대가 70세 이상의 노인의 되는 2015년 경에 이르면 고령자의 주거문제가 심각한 사회문제로 부각될 것이라는 예측도 있었다.[56] <표 14-10>에서 보는 바와 같이 2035년에는 독거노인이 2015년보다 2.5배나 증가한 343만명으로 예상되고 있기에, 독거노인에 대한 정책수립이 더욱 필요하다고 본다.

일본에서 독거노인이 외로이 사망하는 '고독사'가 늘어나는 것처럼 우리의 경우에도 고독사가 점차 늘어가고 있다. 2013년을 기준으로 서울시에서는 하루 6.4건의 고독사가 발생하고 있다. 독거노인에 대한 안부확인과 식사 및 후원물품 제공의 차원을 넘어서, 생활체육·교육·보호자역할·상담 등 독거노인 서비스의 다양화도 필요하다.[57]

표 14-10 독거노인수(추계)　　　　　　　　　　　　　　　　　　　　(단위: 천명, %)

구분	2000년	2010년	2015년	2025년	2035년
노인인구수 (총인구 중 비율)	3,395 (7.2)	5,452 (11.4)	6,624 (13.1)	10,311 (19.9)	14,751 (28.4)
독거노인인구수 (총인구 중 비율)	544 (16.0)	1,056 (19.4)	1,378 (20.8)	2,248 (21.8)	3,430 (23.3)

* 자료: 장래가구추계 2012, 통계청/장래가구추계 2010−2035, 통계청.

---

56) 김영국, "고령사회 주거복지저책의 법적 쟁점과 개선방안 - 국민연금기금의 활용방안을 중심으로", 『법학논총』, 숭실대학교 법학연구소, 2018, 3쪽.

57) 송인주, "독거노인 돌봄 유형별 지원체계 연구", 서울복지재단, 2014, 94쪽.

5) 결혼·출산 분야

20-30대 청년들의 결혼에 대한 태도는 지속적으로 감소하는 추세에 있다. 이 중에서도 남성보다는 여성이 30대보다는 20대에서 결혼에 대한 긍정적 태도가 더 낮은 결과를 보이고 있으며, 결혼에 대한 긍정적 태도는 남녀 모두 30대 보다 20대의 감소폭이 훨씬 크다. 2008년의 동일한 조사결과와 그로 부터 14년이 경과한 2022년의 조사결과를 비교해 보면, 결혼에 대한 긍정적 태도가 20대 남성은 30.0%p 20대 여성은 25.4%p나 감소하였다.[58] 나이가 젊어질수록 결혼을 늦게 하거나 결혼할 생각이 없는 비율이 점점 늘어나고 있는 것이다. 결혼을 하지 않는 주된 이유로는 '결혼자금 부족'이 가장 많으며 이러한 응답은 중장년층보다 청년층에서 더 높게 나타났다. 그리고 40대 이하에서는 결혼의 필요성을 느끼지 못한다는 이유가 상대적으로 높게 나타났다.[59]

결혼과 출산은 개인의 선택이라고 할지라도 국가적 차원에서는 인구소멸의 문제를 경시할 수 없기 때문에, 대부분의 국가에서는 결혼과 출산을 촉진하기 위한 정책수단을 도입하고 있다. 비혼·미혼·저출산의 문제를 해소하기 위한 결혼·출산을 촉진하기 위한 정책수단은 대단히 많아 보인다. 결혼을 장려하기 위한 신혼부부 주거지원, 결혼·자녀에 대한 세제혜택, 난임치료에 대한 비용지원, 육아휴직제도 활성화, 영육아보육지원, 영유아보육시설 확충, 다자녀가정에 대한 주거지원, 유치원 종일제 운영 강화, 자녀교육비 지원, 아동건강에 대한 국가책임강화, 경력단절여성에 대한 배려 등 다양한 결혼·출산·육아를 지원하기 위한 정책적 배려가 있다. 국가나 공공단체가 주도하는 단체맞선도 정책방안의 하나로 등장할 정도이다.

그러나 이러한 다양한 정책적 배려에도 불구하고 정책의 효과는 신통치 않아 보인다. 우리나라의 10년 동안의 저출산 대책이 스웨덴, 프랑스 등 성공적인 서구 선진국들의 정책을 모방·답습한 것에서 실패원인을 찾을 수도 있고,[60] 젊은이들의 의식과 가치관이 변화된 것일 수도 있으며, 결혼과 육아를 위한 사회적 인프라가 너무 부족하기 때문일 수도 있다. 항간에는 유례없는 취업난과 집값 결혼비용과 육아비용 때문에, 젊은이들이 연애와 결혼과 출산을 포기한다고 하여 '3포 세대'라는 신조어가 등장할 정도이다. 대상별로 정책을 세분함이 필요하다는 주장이

---

58) 보도자료, 한국의 사회동향 2023, 통계청, 2023. 12. 15, 1쪽.
59) 보도자료, 한국의 사회동향 2023, 통계청, 2023. 12. 15, 9쪽.
60) 조흥식, "저출산 대책 10년 평가: 성과와 과제", 『지상세미나』, 현대경제연구원, 2016, 1호, 3쪽.

있다. 우선, 미혼자들에게는 만혼방지를 위한 정책이 필요하다. 그리고, 기혼자의 출산율 제고를 위한 방안으로, 저소득층은 가처분소득 증대를 위한 직간접적인 경제적 지원이 필요하며 중산층 이상에는 일가정양립지원과 문화적 접근이 필요하다.[61] 그러나, 국가의 저출산 대책이 국가재정의 지출수준을 최소화하는 정책을 열거하고 있기 때문에 성과를 기대하기 어렵다는 분석도 있다. 10여년 전인 2012년을 기준으로 볼 때에도, GDP대비 가족에 대한 OECD평균 지출은 2.2%(프랑스 2.9%, 스웨덴 3.6%)임에 비해 우리의 지출은 1.2%에 불과하다는 점을 감안하면, 재정을 적게 지출하고 충실한 정책효과를 거둘 수 있는 방법은 없다는 것이다. 이러한 이유로 재원확대 없는 저출산·고령화 대책은 탁상공론이고 증세없는 재원확대는 불가능하다는 의견이 있는 것이다.[62]

5. 앞으로의 전망

고령 인구가 총인구의 다수를 점하는 고령사회의 등장에 대하여 국가적인 차원에서의 여러 대책 특히 입법적 대응이 필요하다는 점에서는 많은 공감대가 형성되어 있다. 일본에서는 경제적 곤란에 시달리는 노인이 오랫동안 치매에 걸린 배우자를 간병하다가 저지르는 간병살인이 종종 발생하고 있으며 우리나라에서도 이와 유사한 사건이 발행하고 있다. 가족이나 이웃 등 아무도 신경쓰지 않는 듯한 고독사의 발생도 이제는 드물지 않다. 외롭고 비참한 노년은 사회 전체의 책임으로 볼 수 있고, 외롭고 비참한 노년을 방치하는 사회가 건강한 공동체라고 말할 수 없으며, 지속가능성있는 공동체라고도 할 수 없다. 노후를 위한 사회의 역할로는 노후 소득지원, 의료·여양서비스, 노후 취업지원의 순서이다.[63] 국가는 인구구조의 변화에 정책적으로 대응하여야 하며, 그러한 정책의 중심은 저출산과 고령화 문제에 대한 대응방안이 되어야 한다.

그러나, 이러한 고령사회 대책에 있어서 우려되는 점은 노인 인구가 국가적 대책의 대상으로 단순히 대상화되어서는 안 된다는 점이다. 노인은 타자가 아니라 우리 모두가 노인이 된다는 점에서, 이 문제는 우리 자신의 일이라는 점을 기억할

---

61) 이삼식, "최근의 임신 및 출산실태와 정책적 함의", 『보건복지포럼』, 2016. 6, 17쪽.
62) 윤홍식, "제3차 저출산·고령사회 기본계획 종합평가", 『복지동향』, 208호, 2016, 8쪽.
63) 보도자료, 『2023 고령자통계』, 통계청, 2023, 18쪽.

필요가 있다. 노인 문제가 나와는 상관없는 다른 사람의 일이라면 단순한 대책 차원에서 접근되겠지만, 나의 일이라면 국가적인 대책에 있어서도 최소한의 소득이나 최소한의 의료만을 생각할 것이 아니다. 자라나는 세대를 부양하였으며 산업화와 민주화에 대한 기여도 때문이라도, '인간다운 노후'를 보낼 수 있도록 제도화되어야 할 것이다.

저출산·고령사회의 대응책으로는 단편적인 정책(piecemeal reform)은 실효성이 없으며 노동·의료·연금·주거·사회복지 정책을 포괄하는 대응 방안을 수립하여 체계적이고 단계적으로 추진하는 정책이 필요하다.[64] 노인이 더 능동적이고 적극적으로 활동에 빈번히 참여할수록 성공적으로 노화한다는 '성공적 노화'[65]라는 노인정책의 목표가 모색되기도 한다. 그리고, 이러한 저출산·고령사회에 대한 정책들을 법률로 제도화하는 작업이 필요함은 물론이다. 여기서 가장 중요하게 생각할 것은 정책 집행에 필요한 재원의 조달이다. 재정적인 고려가 없는 정책이나 법률은 공허한 것이기 때문이다. 사회보험료나 세금 등의 재원이 적절히 배분되어야 하고, 국민들 스스로의 사회보험료 납부를 통한 건강, 연금, 고용, 노인장기요양보험 등의 사회보험 제도가 장기적인 측면에서 설계되어야 할 것이다.

현재 노인의 연령기준은 65세인데, 연령기준을 70세로 올리자는 의견이 있다. 2017년 조사에서는 노인들의 86.2%가 2008년 조사에서는 노인들의 68.3%가 노인연령기준을 70세 이상으로 생각하고 있었다. 노인연령 기준에 대한 노인들의 인식도 변화하고 있음을 알 수 있다. 지하철 무임승차 기준 65세에 대해서는, 현행 유지(67.6%)가 다수이나, 매우 동의(11.7%)보다는 동의(55.9%)가 많아 소극적 찬성이 우세하다. 지하철 무임승차 시간을 출퇴근 시간을 제외한 시간으로 제한하자는 의견도 있다. 지하철 무임승차에 대해 중립 또는 부정적인 노인은 제도개편 시 '운임 일부 본인부담'(67.1%)보다는 '무임승차 연령 상향조정'(86.6%)을 선호하는 것으로 나타났다.[66] 노인의 연령기준을 70세로 상향하자는 논의가 무성하고 이러한 주장은 점차 힘을 얻을 것으로 보인다.

64) 경제협력개발기구(OECD)도 포괄적이고 구조적인 개혁의 중요성을 강조하면서 퇴직제도의 개혁, 연령에 기초한 인사관행의 변화, 직업훈련 기회확대, 근로조건 변화 등의 구체적인 방안도 제시하고 있다. 『한국의 고령화와 고용정책』, 경제협력개발기구(OECD), 2005, 110쪽.
65) 강소랑·김병수, "노인일자리사업이 고령자의 성공적 노화에 미치는 영향", 『한국행정학보』, 2016, 170쪽.
66) 보도자료, "2017 노인실태조사결과 발표", 보건복지부, 2018. 5. 24, 10쪽.

저자약력

▪ 홍 완 식

건국대학교 법과대학 법학사·법학석사
독일 퀼른대학교 법과대학 법학박사
현 건국대학교 법학전문대학원 교수
　한국 동물법연구회 회장
　국회 입법지원위원
　법무부 보호위원
　한국법무보호복지공단 이사
　학교법인 정신학원 이사
　대검찰청 검찰수사심의위원회 위원
　법제처 국민법제관
　한국입법학회 입법학연구 편집위원장
　국회도서관 법률도서관 자문위원
　대통령비서실 청원심의회 위원
　한국연극인복지재단 감사
　강원도의회 입법평가위원회 부위원장
　한국입법학회 고문
　유럽헌법학회 고문
　제주특별자치도 워킹그룹 제1분과위원장
　국제공법학회 한국지부 자문위원

전 한국입법학회 회장
　유럽헌법학회 회장
　한국헌법학회 부회장
　한국공법학회 부회장
　한국법학교수회 부회장
　한국토지공법학회 부회장
　한국비교공법학회 부회장
　한국법학회 부회장
　세계헌법대회 조직위원회 부위원장
　국회 입법조사처 자문위원
　대한변협 입법평가위원회 부위원장
　울산광역시의회 입법평가위원회 위원장
　국회 소청심사위원회 위원장
　유럽헌법학회 유럽헌법연구 편집위원장
　송파구 민원조정위원회 부위원장
　한국식품안전연구원 자문위원
　건국대학교 인권센터장
　건국대학교 법학연구소장
　전국시도의회의장협의회정책자문위원회 부위원장
　서울시의회 정책연구위원회 정책연구위원
　변호사시험·사법시험·입법고시·행정고시·공무
　원시험 등 출제·채점위원
　대학입시 등 출제위원장
　국회의장배 토론대회 심사위원
　KBS 객원 해설위원

≫≫ 주요 저서 및 논문

『자치법규 입법평가론』(2023)
『로스쿨헌법』(2023)
『반려견 법률상식』(3판, 2022)
『청탁금지법 핸드북』(개정판, 2018)
『법학개론』(공저, 10판, 2023)
『실명입법론』(3판, 2020)
『입법학논고』(2020)
『입법학연구』(2014)
『사회변화와 입법』(공저, 2008)
『사회보험료 관련 입법에 있어서 헌법원칙의 적용에 관한 연구』(2005)
『독일사회복지론』(공저, 2005)
『헌법』(공저, 2004)
지방의회 인사청문회 조례와 조례안의 입법론적 검토 (2023)
한복진흥법 제정안의 검토와 과제 (2022)
금융분야 위임입법에 대한 검토와 과제 (2022)
행정기본법에 대한 입법평론 (2021)
국회 법제사법위원회의 체계·자구 심사권에 대한 고찰 (2020)
연동형 비례대표제의 입법적 개선에 관한 연구 (2020)
신속처리안건의 심사기간에 관한 연구 (2019)
가짜뉴스 규제법안에 대한 입법평론 (2019)
연동형 비례대표제 법안에 대한 입법평론 (2019)
화학물질 관련법에 대한 입법평론 (2018)
독일의 동물보호법제에 관한 고찰 (2018)
입법에서의 협치 확대를 위한 고찰 (2017)
제주특별자치도에 연방제 수준의 자치권을 부여하는 헌법개정방안 (2017)
신정부의 선거법 공약의 내용과 그 실현을 위한 헌법적 과제 (2017)
징벌적 손해배상제도에 관한 입법평론 (2017)
관세법 개정에 대한 입법평론 - 면제점 특허규정을 중심으로 (2017)
청탁금지법 적용대상의 문제점 - 언론사를 중심으로 (2017)
연명의료결정법에 대한 입법평론 (2017)
규제와 입법 - 동아시아 국가와의 비교법적 고찰 (2017)
독일의 입법현황과 국가규범통제위원회 (2016)

제20대 국회의 과제로서의 입법영향분석제도 도입 (2016)
'국회선진화법'에 관한 보론 (2016)
직권상정 완화론에 대한 비판적 검토 (2016)
의사공개원칙에 관한 연구 (2016)
김영란법의 체계성에 관한 연구 (2015)
선거제도 개편에 관한 연구 (2015)
세월호사고에 관한 입법적 성찰 (2014)
부정청탁금지 및 공직자의 이해충돌 방지법안에 대한 입법평론 (2014)
안전권 실현을 위한 입법정책 (2013)
성희롱관련법에 대한 입법평론 (2013)
케냐헌법에 관한 연구 (2013)
'국회선진화법'에 관한 고찰 (2012)
처분적 법률에 관한 연구 (2012)
특별부담금에 관한 연구 (2011)
한국법제에 대한 연구 (2011)
헌법재판소에 의한 입법절차 통제 (2011)
법인·단체의 정치자금 기부금지 (2011)
미국의 아동대상 성범죄 관련 법률에 대한 입법론적 검토 (2010)

법과 사회 [제4판]

2016년 8월 30일 초 판 발행
2018년 8월 25일 개정판 발행
2021년 3월 10일 제 3 판 발행
2024년 3월 10일 제 4 판 1쇄 발행

저 자 홍   완   식
발행인 배   효   선

발행처 도서
출판 **法 文 社**

주 소 10881 경기도 파주시 회동길 37-29
등 록 1957년 12월 12일 / 제2-76호(윤)
전 화 (031)955-6500~6 FAX (031)955-6525
E-mail (영업) bms@bobmunsa.co.kr
        (편집) edit66@bobmunsa.co.kr
홈페이지 http://www.bobmunsa.co.kr
조 판 법 문 사 전 산 실

정가 25,000원   ISBN 978-89-18-91482-4